MUT ZUR IDENTITÄT

Veröffentlichung des
THULE-SEMINAR e. V.
(Arbeitskreis für die Erforschung und das Studium
der europäischen Kultur)

Band 2

MUT ZUR IDENTITÄT

Alternativen zum Prinzip der Gleichheit

herausgegeben von

Pierre Krebs

THULE BIBLIOTHEK

1988

Verlag für ganzheitliche Forschung und Kultur

Druck: Breklumer Druckerei Manfred Siegel KG
Übersetzung der französischen Beiträge: Claude Michel

CIP-Kurztitelaufnahme der Deutschen Bibliothek

Mut zur Identität
Alternativen zum Prinzip d. Gleichheit / hrsg. von Pierre Krebs.
Übers. d. franz. Beitr.:
Claude Michel. –
Struckum: Verlag f. ganzheitl. Forschung und Kultur, 1988
(Veröffentlichungen des Thule-Seminars e. V.; Bd. 2)
ISBN 3-922314-79-1
NE: Krebs, Pierre (Hrsg.)

Inhaltsverzeichnis

Die neuen Streitgespräche über die Problematik der Einwanderung und der mehrrassischen, mehr- und mischkulturellen Gesellschaft, über den Verlust von kulturellem Erbe und der Tradition eines Volkes sowie über die technische Entwicklung werfen bezeichnenderweise stets als eine entscheidende Frage die nach der Identität auf. Auch die Bedrohungen auf militärischem und wirtschaftlichem Gebiet stehen im Mittelpunkt der Identitätsdiskussion.
Im Kampf gegen die universale Mischkultur muß man die nationalen europäischen Identitäten vereinigen, sie als einander ergänzend betrachten und sie nicht gegenüberstellen. Es gilt, die nationale Identität von oben (Europa) zu ergänzen und von unten (die Region) zu verankern. *Mut zur Identität* verficht das Modell einer heterogenen Welt homogener Völker, und nicht umgekehrt!

Weltanschauung

Pierre Krebs

Unser inneres Reich

I Allgemeine Betrachtung über die Identität

1. Die politische Komponente des identitären Bewußtseins

Auf politischer Ebene ist eine Entwicklung der soziokulturellen Verhältnisse festzustellen, welche den Nomadismus der Massen zugunsten der Verwurzelung der Menschen verleugnet, welche die Rechte legitimierter Völker gegen die Folgsamkeit anonymer Individuen behauptet, welche Ursprünglichkeit und Eigentümlichkeit der einzelnen Kulturen gegen das Hin und Her einer universalen, einebnenden und unsteten Zivilisation verteidigt.

Die gesamte Dritte Welt wird sich ihrer Wurzeln und ihrer Identität immer bewußter, und zwar genau in dem Augenblick, da die Weißen – auf Regierungsebene – das Bewußtsein der eigenen verlieren. Die Dritte Welt fordert mit immer größerem Nachdruck das Recht auf Verschiedenheit, und zwar genau in dem Augenblick, da die Weißen – auf Institutionsebene – ihr Schicksal der Willkür, Respektlosigkeit und Intoleranz der egalitären Ideologie (der Gleichheitslehre) überlassen.

Von entscheidender Bedeutung ist die sich hierbei geradezu aufdrängende Feststellung, daß die Berufspolitik, deren Wesen bereits Nietzsche untersucht hatte, sich jeden Tag mehr aus dem bürgerlichen Konsens der Volksgemeinschaften verflüchtigt. Auf dieser Ebene rüttelt ein immer ausgeprägterer Ethnismus die Gemüter und setzt – parallel zu den etablierten Strukturen der Berufspolitik – die revolutionären *einer Politik des Lebendigen* ein.

Von nun an gliedert sich das wieder aufkommende ethnische Bewußtsein immer mehr in eine sogenannte *dialektische Nische* ein, die die ohnehin komplementären Interessen des kulturellen Kampfes (in der Behauptung des Rechts auf Verschiedenheit) und der politischen Forderung (in der Bewußtwerdung der volklichen Identität) miteinander verbindet. Eine dialektische Nische, die sich mit der Zeit zu einer echten soziologischen Erscheinung europäischen – unter Berücksichtigung der Entwicklung in der Dritten Welt gar weltweiten Ausmaßes entwikkelte. Das Recht auf Verschiedenheit der Bretonen, der Basken, der Tiroler, der Irländer oder der Korsen unterscheidet sich, von den Triebkräften her, in der Tat keineswegs von jenem Willen, der manche Volksbewegung in Biafra, Pakistan, Kongo oder Palästina anzuspornen vermochte. Damit meinen wir jenen tausendjährigen Willen, der die Völker, wie sie alle heißen und wo sie auch immer sein mögen, dazu bewegt, sich über die Behauptung ihrer Identität, d. h. ihrer Andersheit, hinaus, das Recht zu erringen, ihr eigenes Schicksal selber zu len-

ken. Denselben Standpunkt vertrat Heidegger mit besonderem Nachdruck und nahezu verblüffender Vorahnung, als er den Willen des Volkes zur Schaffung eines eigenen Schicksals als Voraussetzung dafür anerkannte, sich von sämtlichen düsteren Mächten zu befreien; denn ein Volk kann sich „nur dann ein Schicksal erwirken, wenn es *in sich selbst* erst einen Widerhall, eine Möglichkeit des Widerhalls für diese Bestimmung schafft und seine Überlieferung schöpferisch begreift"[1]
Eine alte, noch etablierte politische Ära geht zu Ende: die anorganische Politik der Gleichheitslehre. Eine neue politische Ära, die legitimen Anspruch auf die Macht haben wird, steht bevor: die organische Politik, die das Recht auf Verschiedenheit wahrnimmt. Gegen den etablierten Totalitarismus der Gleichheitslehre wird eine Alternative allmählich artikuliert, welche die alten unveräußerlichen Freiheiten der Menschen (in der Beachtung ihrer Unterschiede enthalten und durch das Recht auf Verschiedenheit gewährleistet) mit den neuen Verantwortungsaufgaben des auf uns zu kommenden Jahrhunderts (im neuen Humanismus der Völkerrechte im Gegensatz zum Humanitarismus der Menschenrechte) verbinden wird.

2. Die kulturelle Komponente der Identität

Das Recht auf Verschiedenheit setzt selbstverständlich das Recht auf Kultur voraus, sofern sich die Unterschiede durch die Kultur in eben demselben Maße konkretisieren, wie die menschliche Identität innerhalb der kulturellen Identität aufkommt, sich ausgestaltet und sich authentifiziert.
Die kulturelle Identität deckt eine, die gesamte *Differenzierungslehre* kennzeichnende Bipolarität auf: gebildet von einem Anziehungspol der Dauer (der Wille, eine Übereinstimmung zwischen Landschaft, Kultur und Mentalität aufrechtzuerhalten) und einem des Wechsels (der unablässige Wille, das gestrige Stammgut an die heutigen Realien anzupassen); Kultur wird als ereignisvoller und intellektueller Augenblick aufgefaßt, der einen anderen Ausdruck oder eine andere Hülle aufweisen kann, ohne daß sich deshalb dessen innere, d. h. psychische Strukturen verändern. Hierin stimmt die Differenzierungslehre mit einer globaleren Kritik der ‚Modernität' überein. Damit meinen wir eine Kritik an der modernen Welt, sofern die Modernität unserer Epoche darin besteht, die Menschen zu vermassen, sie ungeachtet ihrer Herkunft gegeneinander zu tauschen; diese Modernität zerstört sie letzten Endes, indem sie die Wurzeln ausreißt, die die Menschen an eine bestimmte Gruppe mit besonderem Lebensrhythmus verbinden. J.-P. Vernant hat zu zeigen gewußt, daß der Europäer eher eine Bewegung

herbeisehnt, die ihn innerhalb seiner wiedererkannten Werte rehabilitiert, als eine, die ihn nomadisieren läßt und ihn verzettelt: „Es gilt, jeden Menschen aus seiner Isolation herauszuholen, indem er in einer ihn stärkenden und verwirklichenden Gemeinschaft ‚eingewurzelt' wird."[2]

Daher begreift man umso besser, weshalb die Differenzierungslehre in erster Linie eine Bewegung der kulturellen Formen war, bevor sie eine politische Akzentuierung erfuhr.

Nun sind wir aber mit Wirklichkeitsausschnitten konfrontiert, die, zur gleichen Zeit, Träumer und Ideologen, abweisen. An diesem Ort geht es ja um eine Realität, die zu bevorzugen oder zu verachten es doch nicht gilt; es handelt sich um eine *hoch zu achtende* Realität; eine solche Realität, wie Robert Ardrey es vielfach unterstrich, aufgrund deren der Mensch nach seiner Identität trachtet, wie eine Pflanze nach der Sonne. Von nun an geht es nicht mehr um irgendwelche politischen Trennungslinien oder ideologischen Präferenzen, sondern vielmehr um eine scharfsinnige Einstellung zum Wirklichen, um eine klare Einsicht in das Reale – wenn man sich im Leben, optimal, zurechtfinden will. „Das Biologische und das Kulturelle sind im Grunde eins: eine Gesellschaft stellt ein biokulturelles System dar, in dem beide Sphären ineinander dringen und aufeinander wirken."[3] Deshalb ist es wenig verwunderlich, daß manche durch eine unterschiedliche politische Option getrennte Menschen den Rubikon nicht zu überschreiten zögern, wenn es um den Fortbestand bzw. die Erhaltung eines sie formenden Erbes geht. Oder daß (wenn auch nur für kurze Zeit) politische Persönlichkeiten über ihr an sich recht bestreitbares Programm hinaus zu jener klaren Einsicht in die Gesetzmäßigkeiten des Realen zurückfinden. Giscard d' Estaing bot ein solches Beispiel, als er zu erkennen gab: „Das geistige Erbe einer kollektiv durchlebten Zivilisation kommt dem genetischen Erbe einer biologischen Herkunft gleich."[4] C. D. Darlington stellt seinerseits fest: „Die verschiedenen Welten, in denen die Menschen leben, beruhen auf verschiedenen Sinneseindrücken des Schmeckens und des Riechens, des Sehens und Hörens, in denen sich die Menschen voneinander unterscheiden, die jedoch bei ... Menschen mit gemeinsamen Rassenmerkmalen weitgehend übereinstimmen. Auf diesen Sinneswelten beruhen andere Welten der Denkweisen und geistigen Vorstellungen, in denen sich die einzelnen Völker wesentlich voneinander unterscheiden. Die alten Ägypter und die Maya, die Inder und die Chinesen, die Europäer des Mittelalters und der Neuzeit, sie alle lebten in verschiedenen kulturellen Welten, die sich alle in ihren charakteristischen Kunststilen, die niemals ineinander umgesetzt werden können, offenbaren und widerspiegeln und die in ihnen zusam-

mengefaßt werden. Sie stehen einander verständnislos gegenüber, voneinander getrennt durch unüberbrückbare Abgründe ..."[5]
Die Einsicht in die kulturelle Verwurzelung läßt, wie bereits angedeutet, die allzu engen Begriffe ‚links' und ‚rechts' sprengen. In diesem Zusammenhang schlägt ein Forscher mit Rechts-Etikett Alarm gegen den Egalitarismus, der uns auf einen Morgen hinführt, „wo die *Mannigfaltigkeit* des Menschengeschlechts die Morgenröte nicht mehr beleuchten wird (...), auf den *Morgen der Einförmigkeit*, der festgelegten Bewegungen, der besten aller Welten, der absoluten Ordnung, der *gleichgemachten Wirklichkeit*, des grauen Einerlei, der einförmigen Antwort auf einen einförmigen Anreiz ... Das ist auch der Morgen, dessen Kommen wir erbitten in unseren Wirtschaftsbünden, in unseren Kollektivfarmen, in unseren Kirchenräten, in unseren Verwaltungskörpern, in unseren zwischenstaatlichen Beziehungen, in unserem edlen Bemühen um eine Weltregierung. Das ist der Morgen, nach dem wir streben, wenn wir beten, eines Tages ein Hirt oder eine Herde zu sein."[6] In einer diesmal als ‚links' katalogisierten Zeitschrift schreibt ein Journalist: „Sollte die Welt morgen platzen, werde ich mein Land immer noch vor dem Sterben gesehen haben (...) Der moderne Mensch muß sich nämlich darauf vorbereiten, dem Zukunftsschock entgegenzutreten. Angepaßt, entschlossen, wirksam, lebensbejahend im Vergänglichen, in einer Bildflut, die schneller ist als er, ohne Bindungen und ohne Wurzeln."[7]

3. Die ethologische Komponente oder Betrachtung über die Verwurzelung

Die Ethologie befaßt sich mit Sinn und Bedeutung des Territoriums bzw. Gebiets. Edward T. Hall bemerkt, daß die Umgrenzung eines bestimmten Gebiets soziale Folgen nach sich zieht.[8] Die Ansicht wonach der in Architektur und Planung waltende Egalitarismus zu einer Zunahme der Gewalttätigkeit führe, wurde mittlerweile vielfach bekräftigt. Diese Zunahme fördert einen langsamen, unaufhaltsamen Zersetzungsprozeß der gesellschaftlichen Beziehungen.[9]
Innerhalb der Tiergemeinden, vornehmlich bei den Primaten, konnte eine Tendenz zur Ausstoßung aller heterogenen Elemente festgestellt werden, sobald eine kritische Schwelle erreicht wurde. Experten folgerten daraus, daß Tiere sich mit denjenigen zu identifizieren trachten, die ihnen ähneln.[10] Diese Beobachtung gilt ebenfalls für die Menschenwelt. Deshalb auch ist eine gerechte Gesellschaft vorwiegend eine, „innerhalb deren eine hinlängliche Ordnung ihre einzelnen Mit-

glieder, was sie auch immer auszeichnen mögen, schützt; innerhalb deren aber eine hinlängliche Unordnung einem jeden Individuum dazu verhilft, seine Anlagen zu entwickeln. Dieses Gleichgewicht zwischen Ordnung und Unordnung ist es, das meines Erachtens den *Gesellschaftsvertrag* ausmacht; eine Untersuchung der einzelnen Arten wird zur Genüge demonstrieren, daß es sich hierbei um einen biologischen Imperativ handelt".[11]

Das organische Leben ist u. a. eine Struktur des in der Natur der Lebewesen verankerten Grundunterschieds. Schon Aristoteles vertrat den Standpunkt, daß die Natur, indem sie Menschen zu dem macht, was sie sind, unter ihnen tiefgreifende Unterschiede schafft. In der Tat: Wo der Tod homogenisiert, heterogenisiert das Leben. Es ist ferner bekannt, daß Geistesstörungen am häufigsten mit dem begründet werden, was man als Veränderungen bzw. Verunstaltungen der Persönlichkeit bezeichnen kann. Die Einbindung eines Volksstamms in ein System, das dessen Lebensnormen nicht mehr in Betracht zieht, kommt somit, in der gesellschaftlichen Praxis, einer echten kollektiven *Neurose* gleich, die sich entweder durch allmähliche Degeneration[12] durch Störungen bzw. epidemische politische Unruhen äußert. Simone Weil schreibt in diesem Zusammenhang: „Tatsächlich entwurzelte Menschen können nur zwei Verhaltensweisen aufzeigen: entweder verfallen sie in eine seelische, todähnliche Inertie, oder sie stürzen sich in eine stets darauf hinauslaufende Tätigkeit, diejenigen, die es noch nicht sind oder nur teilweise sind, mit den häufig gewaltsamsten Methoden zu entwurzeln".[13]

In einer Zeit des organisierten Hin und Her von Menschen und Anschauungen fühlten die Individuen noch nie eine so starke Bindung an eine sie schützende und identifizierende Gruppe; noch nie forderten die Anschauungsträger mit solcher Heftigkeit die Bindung an ein kulturelles Erbe: ob es gefällt oder nicht, diese Tatsache kann nicht mehr bestritten werden! Nicht selten äußern Menschen ihren Willen zum Leben durch Festhalten an einem Leben an einem *bestimmten Ort* oder in einer *bestimmten Landschaft,* weil dieser Ort oder diese Landschaft sie mit Menschen verbindet, zu denen sie sich hingezogen fühlen, weil die Art dieses Ortes oder dieser Landschaft mit ihrer Persönlichkeit harmoniert; und weil diese Persönlichkeit mit einem Psychismus, einer Lebens- und Denkungsart übereinstimmt, welche ein bestimmtes an diesem Ort oder in dieser Landschaft auftretendes biologisches Erbe aktualisieren.

Der Begriff der Verwurzelung verweist auf den allgemeineren Begriff der Tradition. Kann aber die Rückkehr zu einer Tradition nichts anderes bedeuten als die Rückkehr zu einem erstarrten, statischen, ‚verkalkten' Existenzmodus? Wäre sie somit der Rückzug in das Gestrige, um einer Realität zu entgehen, die sie nicht zu beherrschen vermag? In einer dem bretonischen Regionalismus gewidmeten Schrift vertrat ein Schriftsteller den Standpunkt, daß die Folklore der Schandfleck einer zwar weiterhin lebendigen Ethnie sei, die aber ihre Souveränität zu behaupten sich nicht mehr getraue.[14] Die Treue zur Tradition setzt die Bereitschaft voraus, die lebendige Anpassung dieser Tradition an die Gegenwart zu gewährleisten, ohne dabei den Kern der Tradition preiszugeben. Die Treue zur Tradition ist im Grunde die *geistige Aufrecht-Erhaltung*, die diese Tradition lenkt. Heidegger behauptete entschieden: „Ein Anfang wird aber nicht wiederholt, indem man sich auf ihn als ein Vormaliges und nunmehr Bekanntes und lediglich Nachzuahmendes zurückschraubt, sondern indem der Anfang *ursprünglicher* wiederangefangen wird ..."[15] Das setzt voraus, daß „wir durch unser Fragen in eine Landschaft treten, innerhalb deren zu sein die Grundvoraussetzung ist, um dem geschichtlichen Dasein eine Bodenständigkeit zurückzugewinnen".[16] Wohl bemerkt, die menschliche Verwurzelung hat nichts mit Fixierung zu tun. Der verwurzelte Mensch ist durchaus in Bewegung. Er bewegt sich aber dergestalt, daß er trotzdem weiterhin einer Kette angegliedert ist; diese Kette sorgt dafür, daß er nicht verkommt oder zugrunde geht. Der verwurzelte Mensch ist in Bewegung, ohne daß er deshalb seine Wurzeln löst: er versetzt und modifiziert sie vielmehr im Laufe seiner Entwicklung. Bewegen kann sich ein Volk im Raum, innerhalb seiner Anschauungen, in der Geschichte, die es schafft oder abschafft. Das Volk bleibt dennoch so lange es selbst, wie die Wurzeln nicht gelöst worden sind, die es an eine bestimmte Spezifität, an eine anerkannte Identität binden. Europas Geschichte, Strukturen und geistige Strömungen erstarrten zu keiner Zeit. Seine tiefen Werte, sein charakteristisches In-der-Welt-Sein, die Natur und das Leben sind sich im Kern gleichgeblieben. Europa wird weiterhin in Bewegung sein, die Menschen werden die Dinge immer wieder neu ausgestalten, ihre Anschauungen werden immer wieder neue Perspektiven schaffen und neue Alternativen artikulieren, ihr Wille wird weiterhin Ordnung mitten im Chaos schaffen, – *solange* Europa im Kern seiner biokulturellen Entität (Wesenheit) nicht modifiziert wird. Die biokulturelle Verwurzelung hat demnach mit der geographischen, die von der Geschichte und dem Willen verändert werden kann, nichts zu tun, auch wenn letztere nicht ohne Bedeutung ist.

Somit bedeutet Verwurzelung weder Einschränkung noch Lokalisierung. Sie stellt weder eine Versperrung noch eine Begrenzung dar. Verwurzelung ist vielmehr die der Entfaltung und Entwicklung, dem Wachstum innewohnende Kraft. Erst ein in seinen biokulturellen

Strukturen verwurzeltes Volk ist imstande, in jeder Generation alle die Werte, Bausteine, Alternativen und Veränderungen aufs neue zu ‚erfinden', die das biologische und kulturelle Fortleben des Volkes herbeiführt. Sie ist also keine Wiederholung, sondern vielmehr eine Innovation innerhalb zivilisatorischer Strukturen, die sozusagen wechseln, ohne sich im Kern wesentlich zu verändern. Dagegen trägt der Egalitarismus die Gefahren des Bruches in sich. Der Egalitarismus will die Welt *verändern*, d. h. vor allem sie den biokulturellen Strukturen *entfremden*, die sie heutzutage noch gründen. Er ist im Begriff das zu desintegrieren bzw. zu ver*wüst*en, was die Verwurzelung durch Innovation integriert.

Verwurzelung gehört zum Wesen des Lebens: Wechselerscheinung (=die Evolution) innerhalb der Aufrecht-Erhaltung (=der Erblichkeit). Sie gibt uns ein, daß „die schlimmste Geistesstörung in dem *Unvermögen* liegt, die anderen anders als sich selbst aufzufassen".[17] Sie weist uns schließlich darauf hin, „daß die Menschen, ebensowie die Ereignisse, ewig zu sich selbst zurückfinden. So erfahren sie ihre Verwirklichung".[18] Neulich ließ ein Türke erkennen, daß die meisten seiner Landsleute „nach Deutschland gekommen sind, um hier Geld zu verdienen, und nicht, um sich integrieren zu lassen. In der Praxis kann das nämlich bedeuten, spätestens in der zweiten Generation germanisiert zu werden – und das will tatsächlich keiner von uns". Dem fügte er, als ob er denjenigen unter den Deutschen, die ihre Identität sehr schnell aufgaben, eine Lektion erteilen wollte: „Wir sind stolz, Türken zu sein, und wollen es auch bleiben. Wenn die Deutschen ihre nationale, ethnische und kulturelle Identität so leicht aufgeben, so glaube ich, liegt es daran, daß die Deutschen 1945 nicht nur den Krieg verloren haben. In meinen Augen sind die wahren Ausländerfeinde vor allem diejenigen, die weder Achtung vor dem eigenen noch vor fremdem Volksstum haben. Ihr Ideal scheint mir ein Völkerbrei geschichts- und traditionsloser Konsumidioten zu sein."[19] Denn ohne Verwurzelung ist es den Menschen unmöglich, zu dem zu werden, was sie sein sollen.

4. Die ethisch-philosophische Komponente

Ursprünglich war die fremdstämmige Immigration eine sozioökonomische Erscheinung mit begrenzten, überschaubaren Folgen; mittlerweile entwickelt sie sich zu einer soziobiologischen Erscheinung, mit umgekehrten Folgen. Zu den rein ökonomischen, an sich fluktuierenden Antrieben der Konsumgesellschaft kommen heute ethisch-philosophische ‚Rechtfertigungen', deren Ursprung viel weiter zurückliegt als die sozioökonomischen Veränderungen der letzten Jahrzehnte. Damit meinen wir den egalitären Humanitarismus.

Es ist unseres Erachtens sowohl geraten als auch dringend nötig, das verbrecherische Gedankengut zu demaskieren, das sich hinter dem pseudo-humanistischen Vokabular der meisten Immigrationsbefürworter verbirgt: es ist eine heuchlerische Ethik, unter deren Deckmantel sich eine Riesenapparatur zur Vernichtung aller Menschen entwickelt; eine Nebelwand entstellter Freiheits- und Toleranzslogans, hinter der die Brandschiffe der Sklaverei und der Willkür lauern.

Der auf Gleichheit gerichtete Humanitarismus erweist sich von der Logik der Differenzierungslehre her als ein erstaunlicher Schwindel. Schlimmer noch: Vom Gesichtspunkt dieser Lehre aus enthüllt er sich als Träger des größten Völkermords, der jemals unternommen wurde, und zwar gegen alle Völker unseres Planeten. Denn durch seine Vermischung der Rassen, der Kulturen und Weltanschauungen, d. h. durch die Kreuzung und Einebnung der Unterschiede, mißachtet der Egalitarismus nicht nur die grundlegendsten Begriffe von Achtung und Toleranz, sondern darüber hinaus die Freiheit und das Grundrecht auf Verschiedenheit. Diese bloße Schein-Demokratie birgt in Wirklichkeit den barbarischsten und perversesten Totalitarismus, einen Totalitarismus, der im Namen der Freiheit alle Völker der Menschheit in der Panmixie (Rassenmischung) auslöscht.[20]

Im Namen der Toleranz macht sich die Lehre von der völligen Gleichheit der Menschen der Intoleranz schuldig, die darin besteht, die Verschiedenheit, Originalität und Besonderheit überall da systematisch zu bekämpfen, wo sie sich der Mühle der Gleichmacherei nicht fügen. So kommt es, daß die Vertreter der ‚Religion der Liebe' im Namen einer Wahrheit, über die man heute nur lächeln kann, ruhig und guten Gewissens zur Vernichtung von Gemeinschaften schreiten konnten – mitunter auch ganzer Bevölkerungen –, die ihren Ahnen und ihren Göttern treu bleiben wollen.[21]

Dem Wort des Paulus, dem zufolge es einmal „weder Juden noch Griechen" geben werde, und der angestrebten ‚Rückführung' der Menschen und der Lebensweisen auf ein Einheitsmodell sei entschlossen das Recht auf Verschiedenheit entgegengesetzt. Unser Humanismus basiert weder auf trennendem Ausschluß noch auf Angleichung; diese wäre ja mit einer Unterdrückung der Verschiedenheit gleichbedeutend. Unser Humanismus will ein Erbe antreten. Das bedeutet, daß er grundsätzlich die Vermächtnisse der anderen achtet. Er möchte die Europäer in ihrer Besonderheit und ihrer Unterschiedlichkeit bestärken und ermutigt gleichzeitig alle anderen Rassen und Völker, ihre Eigenheit zu bewahren. Unser Humanismus will die Verantwortung für

das kulturelle Erbe Europas übernehmen und möchte den ganzen geheimnisvollen Reichtum wiedergewinnen, der in der Geschichte unserer Völker enthalten ist, aber auch alle jene menschlichen Werte, die durch zweitausend Jahre Christentum in Vergessenheit gerieten oder ausgebeutet und verstümmelt wurden.
Unser Humanismus ist vertikal: er wünscht den Menschen innerhalb einer Hierarchie auf einem Platz zu sehen, der seinem Wesen entspricht und der seiner Eigenart dient – im Gegensatz zum egalitären Humanitarismus, der horizontal ist und den Menschen am Beginn einer Nivellierung sieht, die ihn austauschbar macht innerhalb des großen anonymen und seelisch eingeebneten Kollektivs.
Der Humanitarismus verschlingt die Einzelpersönlichkeit wie das Einzelvolk, um an dessen Stelle das anonyme Individuum und die Masse zu setzen. Es ist dies ein Humanismus der Gleichmacherei und daher der Entfremdung, letztlich der Entwertung; ein Humanitarismus also, der vermengt und damit zersetzt, der entwurzelt und daher zerstört. Ein Humanitarismus der Auflösung. Gehlen stellte sehr treffend fest, daß Humanitarismus (unterschiedslose Menschenliebe) und Massendaimonismus aufs engste verbunden sind.[22] Thierry Maulnier bemerkt dazu: „Wenn es darum geht zu erwägen, was auf kürzere oder längere Sicht wünschenswert wäre ... Ist es etwa die allgemeine Rassenmischung, das Verschwinden der Unterschiede, eine Menschheit, die auf einen einzigen morphologischen und psychischen Typus reduziert ist? ... Was aber wird in diesem Fall aus den Negern? Was aus den amerikanischen Indianern und dem, was von ihrer ursprünglichen Kultur übrig ist? Was wird aus den Eingeborenenstämmen ..., die vielleicht das gleiche Recht auf ihre besondere Lebensweise haben wie jene Tierarten, über die wir uns aufregen, weil sie vom Aussterben bedroht sind? Besitzen einzelne Volksgruppen hinsichtlich ihrer Identität Rechte, die andere nicht haben? Wird das Recht auf Besonderheit bestimmten Zweigen der Gattung Mensch zugestanden, anderen aber verweigert? Verweigert insbesondere uns unglücklichen Abendländern, die anscheinend als einzige vom Recht auf Erhaltung unserer Eigenart ausgeschlossen sind."[23]

Versuchen wir die dargelegten Gedanken in einem schematischen Rahmen näher auszuführen:
Die Gleichheitslehre redet vom *Menschen*. Doch indem sie ihr abstraktes und degradierendes Konzept vom Menschen aufstellt, verneint sie auf einen Schlag alle Menschen. Wir stoßen hier auf einen totalitären Willen: die ‚Rückführung' der gewachsenen Vielfalt auf ein Einheitsmodell. Das ist der Grund, weshalb wir vom egalitären Humanitaris-

mus als von einem ‚Humanismus' sprechen, der den Unterschied – d. h. das Andere – verschwinden läßt in der Einheit – d. h. im Gleichen. Aus dem Willen zur Gleichmacherei wachsen in der Tat die wirklichen Wurzeln der Intoleranz.
Wir dagegen sprechen vom menschlichen Pluralismus. Denn von Mensch*en* zu reden setzt schon deren Verschiedenartigkeit voraus. Unser Humanismus beruht auf der Aufrechterhaltung der Verschiedenheit. Auf dieser Grundlage bringt er Ethik und Leben, die Toleranz und die Menschen wieder in Übereinstimmung.

Die Gleichheitslehre redet von der *Menschheit im Singular*. Doch indem sie ihr Menschheits-Konzept aufstellt, verneint sie mit einem Schlag alle Völker. Wir stoßen hier wiederum auf einen totalitären Willen: die Uniformierung der Rassen und die Nichtachtung der Unterschiedlichkeit der Kulturen. Aus diesem Grunde sagen wir vom egalitären Humanitarismus, er sei ein ‚Humanismus', der die Identität, die Unterschiedlichkeit der Rassen und Völker einebnet, auslöscht, entwertet. Aus dem egalitären Willen zur Uniformierung sprießen die wichtigsten Wurzeln von Sektierung und Gewalt.[24]
Was uns betrifft, sprechen wir von der Menschheit im Plural. Unser Humanismus basiert auf der Anerkennung der Völker und ihrer Kulturen, also auf der Achtung vor ihnen. Daher bringt er die Geschichte und das Leben, das Erbe und die Menschen wieder in Einklang.

Die Gleichheitslehre redet vom *Weltstaat*. Doch indem sie das Konzept eines planetaren Staats aufstellt, negiert sie mit einem Schlag alle Kulturen. Wir treffen auch hier auf einen totalitären Willen: den politischen Willen zur Negation und zur Zerstörung der kulturellen Verschiedenheiten, der innerhalb des Weltstaats zum Phänomen der kulturellen Anpassung führen muß. Deshalb sprechen wir vom egalitären Humanitarismus als von einem ‚Humanismus', der zerstückelt und deshalb ärmer macht. Aus dem egalitären Willen zur universellen Verstaatlichung des Planeten wachsen die wichtigsten Wurzeln der Diktatur.
Wir dagegen sprechen von den völkischen Identitäten und den Vaterländern. Unser Humanismus gründet auf der Freiheit der Völker, sie selbst zu sein. Auf dieser Basis bringt er den Geist und das Leben, die Kultur und die Menschen wieder in Übereinstimmung.

Die Gleichheitslehre redet von einem *Nomadentum der Massen*. Doch indem sie ein willkürliches soziologisches Konzept aufstellt, verneint sie mit einem Schlag alle traditionellen Menschengemeinschaften. Wir

stoßen hier auf einen totalitären Willen, in dem das Phänomen der Entfremdung gründet. Aus diesem Grund sprechen wir davon, daß der egalitäre Humanitarismus vermischt und deshalb zersetzt, entwurzelt und damit zerstört. Das ist es, was sich hinter dem Projekt der Panmixie verbirgt, mit anderen Worten: hinter dem weltweiten Genozid an der menschlichen Identität, aus der sich die ethnokulturelle Zugehörigkeit zu einer bestimmten Gruppe ergibt. Aus dem egalitären Willen zur Rassenmischung sprießen die Wurzeln der Entfremdung und des Völkermordes.[25]
Wir dagegen sprechen von *Verwurzelung*. Unser Humanismus ist organisch, er basiert auf den erworbenen Erkenntnissen des Lebens. So bringt er Natur und Leben, Volkstum und Menschen wieder in Einklang.

Das Gebot der Stunde ist nicht nur, darzulegen und zu handeln; das eigentliche Gebot der Stunde ist, wachzurufen; das Gedächtnis unserer Völker wachrufen, um in ihnen das Bewußtsein ihrer Wurzeln zu erwecken; die Einsicht in ihre Wurzeln hervorrufen, damit sie ihre Identität erfahren; ihnen zur Bewußtwerdung ihrer Identität verhelfen, um ihr Recht auf Verschiedenheit zu legitimieren; ihnen schließlich beibringen, wie sie auf der Schule der Achtung vor den Menschen die Völkerrechte wieder erlernen können. Es geht ja im Grunde um ihre Freiheiten, um jene Freiheiten, die dort anfangen, wie jeder wissen sollte, wo die Verachtung von Kultur und Mentalität aufhört; d. h. mit anderen Worten, die Verachtung des Lebens in seinem höchsten Grad. Diese Verachtung wird bei mangelndem Bewußtsein mit einem profanen Wort umschrieben, das Willkür, Haß und Sklaverei gründet; genauso wie Freiheiten, bei ausgeprägtem Bewußtsein, mit einem sakralen Wort umschrieben werden, das das Recht auf Verschiedenheit, auf Respekt und Achtung gründet: es ist das Wort Toleranz.

II Deutsche Identitätsperspektiven

Bilanz

Zu einer Zeit, da sich politische Parteien und Gruppierungen mehren, betrachten wir es als Gebot der Stunde, eine *Partei des Geistes* – eine Schule der Metapolitik – zu gründen. Diese neue weltanschauliche Schule soll die bevorstehenden kulturellen Entscheidungen legitimieren, aus denen die politischen Verwirklichungen hervorgehen werden. In diesem Sinne gründete eine Gruppe von jungen Schriftstellern, Journalisten und Akademikern im Juli 1980 das *Thule-Seminar*. Sieben Jahre eines intensiven Kampfes, die Veröffentlichung von vier grundlegenden Werken, nicht weniger als 200 Vorträge, die in Deutschland, Österreich, Belgien, Holland, Frankreich und in der Schweiz gehalten wurden, haben die Erwartungen übertroffen und ließen diese weltanschauliche Partei ihre erste bedeutende Schlacht gewinnen: nämlich in Deutschland den Eckstein, jenes Fundament zu schaffen, auf dem die Neue Kultur entstehen soll.

In *Das unvergängliche Erbe* haben wir das Erbe des intellektuellen und ethnischen Gedächtnisses definiert, indem wir eine erste Reihe von differentialistischen Alternativen zum Egalitarismus skizzierten. In *Heidesein zu einem neuen Anfang* wurde das heidnische Gedächtnis der europäischen Spiritualität dargelegt. In *Die entscheidenden Jahre* wurde eine Bilanz über das System und seine ideologischen Analogien (Liberalismus, Bolschewismus) gezogen. In *Die europäische Wiedergeburt* schließlich entwarfen wir eine Strategie der Zurückeroberung.

In der Gründungsphase dieser ‚Partei des Geistes' hielt das *Thule-Seminar* entschieden Abstand von der Berufspolitik. Das *Thule-Seminar* vertrat immer wieder den Standpunkt, daß es um die Reifung neuer Werte gehe, die unserem Volk die Wiederkehr des Vaterlands ermögliche, und zwar durch die Wiederverwurzelung seiner ureigensten Mentalität. Denn was im Ursprung steht, schreibt Heidegger, bleibt immer ein Zukünftiges ...

Sieben Jahre Kampf lehrten uns, die Macht eines im materiellen Bereich tausendfach mächtigeren Gegners zu erfahren, ließen aber gleichzeitig erkennen, daß dieser Gegner im Bereich der Interessiertheit, des revolutionären Idealismus und vor allem der ideologischen Alternative tausendfach schwächer ist. Er war tausendfach mächtiger, da in allen Strukturen der Regierungsmacht, von der rechten bis zur linken Seite des Systems installiert, aber paradoxerweise zugleich tausendfach schwächer, verwundbarer, da in der wesentlichen Ideenkrise des-installiert.

Diese sieben Jahre Kampf haben uns ersten Prüfungen unterzogen. Weitere, größere werden folgen. Aber wir wissen, daß wir noch dem Morgigen angehören. Doch das Morgige leuchtet schon in der Dämmerung des 21. Jahrhunderts.

Deutschland ist nicht mehr. Deutschland hat den politischen Karneval, die Maskerade der Foren verlassen, wo die Schönredner nur Beamte des Systems sind, wo falsch gespielt und die eigentliche Volksidee allmählich auf den Index gesetzt wird. Nirgendwo anders bietet ein Land ein noch verächtlicheres Bild der Durchkolonisierung durch zwei Mächte, die lediglich die Ausgeburten ein und desselben egalitaristischen, von Martin Heidegger bereits entlarvten Ungeheuers sind: „Rußland und Amerika sind beide, metaphysisch gesehen, dasselbe; dieselbe trostlose Raserei der entfesselten Technik und der bodenlosen Organisation des Normalmenschen."[26] Mit anderen Worten: Europa wird nirgendwo anders so verhöhnt, so entwürdigt, so verleugnet – wie in Deutschland.

Der tiefste Sturz enthält dennoch immer die stärkste, die gewagteste Hoffnung. Im Jahre 1963 traf Julius Evola folgende tragische Schlußfolgerung über Deutschland: „Mit Deutschland, das zuvor in verschiedener Hinsicht einen fruchtbareren Boden geboten hatte, ist nicht mehr zu rechnen: auf den militärischen Zusammenbruch folgte ein innerer, geistiger Zusammenbruch, folgte die quasi neurotische Ablehnung jeglichen höheren Gedankens oder Interesses." Deutschland ist nicht mehr: das will jedoch auch heißen, daß es wieder *wird sein können*. Dies dürfte auch keinen derjenigen wundern, die, einem Gedanken Schillers folgend, die Überzeugung niemals verloren haben, daß die deutsche Größe immer aus einem tiefen Sturz des deutschen Volkes hervorgegangen ist, aus dem Chaos herausgeboren wurde, um mit Nietzsche zu sprechen.

Statt zu sein, was es nicht ist, entschied sich *unser* Deutschland (das Deutschland der Neuen Kultur), nicht mehr zu sein. Deutschland ist nicht mehr. Deutschland ist zur Essenz, zum Mythos und zur Legende zurückgekehrt. Seine Wiedergeburt kann nur durch den Einsatz der noch freien geistigen Kräfte erreicht werden; sein Fortbestehen hängt bedingungslos von den noch wagenden Willenskräften ab, sein Wiederaufwachen ist mehr denn je an die noch verwurzelten Kräfte der Treue gebunden. Deutschland ist zur Idee zurückgekehrt, die den Intellekt seines Volkes prüft; zur Idee mit allen Querverbindungen, die sie in sich schließt: Deutschland ist zum Nährboden der Revolution geworden! Deutschland ist zum Entwurf zurückgekehrt, zur Quelle der Initiative, des Muts und der Kampflust mit allen Risiken, die dies für sein Volk birgt. Deutschland ist, ohne es eigentlich zu wissen, mit der unsteten Seele des Zweiflers zu den alten Göttern zurückgekehrt, die über die Mentalität, die Psychologie, das Verhalten seines Volkes Aufschluß geben: Deutschland ist wieder zur Heimat des Werdens und der Verwurzelung geworden, zum Vaterland im Exil sozusagen, das die Forderung stellt, man möge es suchen und verdienen, man möge es zurückerobern. Deutschland ist wieder zum großen Land der Zukunft geworden, zu dem Land, das es wiederzufinden und wiederzuschaffen gilt. Deutschland ist zu unserem längsten Gedächtnis zurückgekehrt, um uns den verborgensten, den tiefsten, den authentischsten Teil unseres identitären Bewußtseins zurückzugeben. Deutschland machte uns wieder zu Europäern im schicksalhaften Zentrum vom Reich der Mitte.

Deutschland wird uns nicht zufallen, wie man ein wertloses Strandgut am Wege findet – wir werden ihm vielmehr unter Beweis stellen müssen, daß wir die Kraft haben, es wiederzugewinnen. Es prüft unsere Wurzeln, weil es uns zwingt, uns selbst wieder zu finden: Es fordert, daß wir eine Legitimierung, eine Modernität, eine höhere Begründung des Rechts auf Verschiedenheit und auf Identität darlegen. Es prüft unser Gedächtnis, weil es uns zwingt, wieder grundlegende Mythen zu schaffen, die Geschichte wieder zu gestalten, d. h. wieder ein Schicksal zu erfüllen. Deutschland prüft unseren Intellekt, weil es von uns eine seelische Stärkung der Ideen, der Alternativen und der Werte erwartet, die die Vaterländer zum Leben benötigen.

Deutschland hat mit den Zufälligkeiten der Berufspolitik, mit der ganzen Parteienkarawanserei gebrochen. Es hat den Flitterkram des Systems in die Mülltonne der Anekdote geworfen. Deutschland ist nicht mehr von heute. Indem es zur Essenz, zum Mythos und zur Legende zurückkehrte, knüpfte es wieder an die Geschichte und die tätige Vorausschau an. Es wurde wieder historisch und ist bereits postmodern. Deutschland ist wieder grundlegend, ist also im Ursprünglichen wieder Reich-gemäß geworden: das europäische Geburtszentrum unserer gründenden Ideen, unserer aufrührerischen Freiheiten, unserer faustischen Bestrebungen, unserer aristokratischen Herausforderungen. Es entwickelt unser inneres Reich.

Das Land, wo Zarathustra still wurde

In dem Land Goethes hat Mephisto aufgehört, ein Verführer zu sein. Sein einst gleich einem Degen schmales Gesicht ist aufgedunsen; die Zauberkraft seiner Augen verendete im Rinderblick eines *cow-boy* aus Dallas; seine Eckzähne sind durch *chewing gum*-Kauerei stumpf geworden, und von seinem luziferischen Gelächter ist nur noch die schmierige Grimasse eines *businessman* aus Wall-Street wahrzuneh-

men, die bösartige Grimasse des *American Way of Life*, die sich wie ein trüber Schatten über die deutsche Agonie – die verderblichste dieses Jahrhunderts – breit macht. Faust hängt – wieder – am Schicksalsbaum, sein Genie ist verbannt und seine Seele zwischen den Teilen Deutschlands zerrissen. Im Bamberger Reiter scheint die deutsche Geschichte auf ewig versteinert zu sein. Auf dem verlassenen Brocken werden die Walpurgisnächte nur noch von den kalten Scheinwerferstrahlen fremder Wachttürme erhellt. Tristan langweilt sich zu Tode, verendet aus Langeweile in den von Amerika überfluteten Diskotheken, in diesen neuen Hysteriestätten eines neuen Babylon, das in dem vermarkteten Sänger Michael Jackson das vorläufig spektakulärste und elendste Gegenstück zu Siegfried gefunden hat. Hameln ist überall in Deutschland, aber sein in den Bundestag gewählter Flötenspieler hat dem Besatzer seine Magie verkauft, und nun sind es die Ratten, die über das liberalkapitalistische Schicksal des zerstörten Reichs bestimmen. Mozart liegt hingegen ermordet da, und seine zerbrochene Flöte nicht mehr die Elfen und Nixen des germanischen Waldes.
Zarathustra schweigt. Man sagt, daß er sich in die heimlichen Tiefen des längsten Gedächtnisses zurückgezogen habe ... Die amerikanischen Strategen von Cosmopolis, die, wie der Filmregisseur Volker Schlöndorff es kürzlich hervorhob, nur für den Augenblick leben, haben das allerdings nicht zur Kenntnis genommen. Die Augenblicklichkeit gehört ihnen; die Geschichte interessiert sie kaum.
Zusammen mit Martin Heidegger wissen wir, daß wir uns in der Mitternacht befinden, „in der schon anbrechenden Geistlosigkeit, der Auflösung der geistigen Mächte, der Abwehr alles ursprünglichen Fragens nach Gründen".[28] Gerade dieses Fragen an unsere Wurzeln, dieses unverjährbare Recht auf Identität werden wir in den Vordergrund rücken müssen. Dieses heute als ketzerisch bewertete Fragen ist nicht neu. Bereits vor einem halben Jahrhundert stellte Oswald Spengler folgende grundlegende Frage: „Hat heute irgend ein Mensch der weißen Rasse einen Blick für das, was rings umher auf dem Erdball vor sich geht? Für die Größe der Gefahr, die über dieser Völkermasse liegt und droht?"[29] Deutschland ist derzeit ein Beispiel von Dynamik in dem einzigen Bereich, wo es seinen Willen behaupten *darf*, dem Konsumbereich, und zwar im gleichen Maße wie seine Identität, seine nationale Verantwortung und sein historisches Schicksal fast bedingungslos eingeschränkt ist. Diese Dynamik ist aber insofern vergänglich, als sie keine geistigen, ethischen, kulturellen oder politischen Werte mehr gründet. Diese Dynamik ist nicht mehr prometheisch. Sie ist merkantil und amerikanisch. Sie wurde zu einer ungeheueren Selbstzerstörungskraft, sie leistet dem ‚Countdown' der deutschen Identität Vorschub.

Gerade auf dem Grund dieser merkantilen Raserei erkennt Heidegger den dämonischen Aspekt,[30] die vernichtende Böswilligkeit, die den nunmehr zwischen Sowjetrußland und Amerika eingeklemmten europäischen Geist verfinstert.[31] Der Philosoph zählt auch die Ereignisse auf, die zu dieser Verfinsterung führten: Es sind „die Flucht der Götter, die Zerstörung der Erde, die Vermassung des Menschen, den Vorrang des Mittelmäßigen".[32] Die Zange zog sich zusammen, und Deutschland begab sich in die dunkelste Nacht dieses Jahrhunderts, die mit unseren Treulosigkeiten, unseren Schwächen, unseren Erniedrigungen geschwängerte Nacht; die undurchsichtige, einförmige Nacht; die laue Nacht des von Konrad Lorenz erkannten Wärmetods; die grenzenlose Nacht der gefährlichsten Gleichschaltung aller Zeiten, weil sie der gesamten verdummten Welt die gleichen Moden und Torheiten aufschwatzt, die gleichen kubischen Bauten und die gleichen Diskotheken, die gleichen Mac Donalds aus Kunststoff, um die Mägen zu täuschen, die gleichen Holliday Inns aus Beton, um die Träume zu zermalmen. Es ist die längste Nacht dieses Jahrhunderts, die plebejische Nacht des amerikanischen Mondialismus, der uns verdummt und unter der Dollar-Maske der Wallstreetgangster triumphiert.

„Wir liegen in der Zange", sagt Heidegger. „Unser Volk erfährt als in der Mitte stehend den schärfsten Zangendruck."[33] Spengler prophezeite mit einer weltumfassenden Erkenntnisgabe, die Heidegger nur bestätigen kann, daß Amerika seine Metastasen im Vaterland von Novalis, Rilke und George wuchern läßt. Diese Wahl ist kein Zufall. Indem es Deutschland zum Satelliten macht, weiß Amerika sehr wohl, daß es das Herz Europas, das Reich der Mitte, das geistige und historische Epizentrum unseres Kontinents lahm legt. Thomas Mann sagte über Deutschland zu Recht, daß es Europa zusammenfaßt, der Inbegriff Europas ist. Und gerade in diesem „zusammengefaßten" Europa ist die liberalkapitalistische Gesellschaft amerikanischer Prägung dabei, mit größter Wirksamkeit die Herrschaft des vermassten und die Versklavung des geistigen Menschen herzustellen. Gegen dieses Deutschland empörte sich Thomas Mann, als er schrieb: „Wessen Bestreben es wäre, aus Deutschland einfach eine bürgerliche Demokratie im römisch-westlichen Sinn und Geiste zu machen, der würde ihm sein Bestes und Schwerstes ... nehmen wollen, der würde es langweilig, klar, dumm und undeutsch machen wollen ..."[34]! Thomas Manns Zwangsvorstellung wurde zur alltäglichen Gegebenheit. In dem um sein Germanentum gebrachten Deutschland wächst ein Homo Occidentalis, der uns durchaus um unseren Glauben an den europäischen Menschen schlechthin bringen könnte, da dieser von jener allumfassenden Herrschaft der Verkleinerung ergriffen wird, die Nietzsche anprangerte: „Denn so steht es: die Verkleinerung und Ausgleichung des europäischen Menschen birgt unsre größte Gefahr, denn dieser Anblick macht müde... Wir sehen heute nichts, das größer werden will, wir ahnen, daß es immer noch abwärts geht, in's Dünnere, Gutmütigere, Klügere, Behaglichere, Mittelmäßigere, Gleichgültigere, Chinesischere, Christlichere ... Hier eben liegt das Verhängnis Europa's – mit der Furcht vor dem Menschen haben wir auch die Liebe zu ihm, die Ehrfurcht vor ihm, die Hoffnung auf ihn, ja den Willen zu ihm eingebüßt. Der Anblick des Menschen macht nunmehr müde ..."[35]

Man soll uns also nicht sagen, daß die amerikanische Besetzung unseres Raumes unsere kulturelle Freiheit unangetastet lasse und daß diese Besetzung im Grunde genommen besser als der sowjetische Gulag sei, der Körper und Geist gefangen hält. Nichts ist irriger als diese schwachsinnige Behauptung, da genau das Gegenteil eingetreten ist: Amerika besetzt viel gründlicher unseren Geist als unseren Raum, unsere Kultur als unsere Kasernen, unsere Lebensgewohnheiten als unsere Straßen, unsere Felder als unseren Himmel. Schlimmer noch: Amerika besiedelt sozusagen unsere Wünsche, unsere Reflexe, unsere Meinungen. Amerika besiedelt *bereits unser Gedächtnis*. Deshalb steht es unumstößlich fest: die Wiedergeburt Europas setzt den Niedergang Amerikas voraus, den Niedergang dieses „Antieuropäertums einer praktizistischen, merkantilen, demokratisch-kapitalistischen, wesentlich weltlichen und protestantischen Kultur ..., das gerade in Amerika zu seiner letzten Schlußfolgerung gelangt ist: zum Mammonismus, zur übermäßigen Standardisierung, zur Tyrannei des Trusts und des Goldes, zur entwürdigenden Religion der ‚Sozialität' und der Arbeit, zur Zerstörung jedes metaphysischen Interesses und zur Verherrlichung des tierischen Ideals."[36]

Der deutschen Nation, der die stärkste Schädigung ihrer Identität unter allen europäischen Nationen widerfuhr, wird gleichzeitig die größte Herausforderung dieser Jahrhundertwende gestellt: Wird Deutschland fähig sein, diese tödliche Schläfrigkeit, die ungeheuere Häßlichkeit des amerikanischen Lebens[37] abzuschütteln? Ja, stellen wir die Frage! Wird Deutschland fähig sein, sein Schicksal auf Siegfrieds Amboß wieder zu schmieden, dadurch das amerikanische Phänomen auf sein tatsächliches Maß zu reduzieren und eines Tages – wie Nietzsche – zu sagen: „Was geht *mich* das erbarmungswürdige Geschwätz amerikanischer Wirr- und Flachköpfe an?"[38]

Joachim Fernaus schwere Anklage ist ein Volltreffer: „1945 waren wir Wachs in ihren Händen, heute sind wir ihr williger Schatten geworden. Was wollen wir bewahren? Unser Vaterland? Was ist das ? Die Erde?

Der Acker? Die Städte? Die Fabriken? Die Banken? Die Atommeiler? Die Supermärkte? Die Partei-Silos? Was ist des Deutschen Vaterland? Wo ist es hingekommen ? Es war doch einmal da, wo ist es nur geblieben? Was war es denn? Ach, meine verratenen Freunde, ich glaube, es war unsere Seele. Die ist es, die sie zerstört haben ... Darum verliert kein Mitleid! ... Haßt, was da über uns kommt ... aus Liebe zu dem, wonach wir hungern und was man kaputtgemacht hat, deshalb sage ich: haßt! Die Liebe ist machtlos geworden. Dort drüben, jenseits des Ozeans, steht der Schuldige.“[39] Um Europa zu *schaffen*, werden wir Amerika *abschaffen* müssen. Wenn man mit Evola bedenkt, daß der Amerikaner, die Verkörperung schlechthin des modernen, bis zum äußersten abgetriebenen Abendländers, nichts anderes als ein Schalentier ist, das sich in seinem äußeren Verhalten umso ‚härter‘ zeigt, als er im Bereich der Innerlichkeit ‚weich‘ und haltlos ist – ist das Unterfangen wahrlich nicht einschüchternd![40].
Ganz Deutschland ist zu einer riesigen Krabbenreuse geworden. Die Schalentiere, von denen Evola spricht, höhlen es aus. Deutschland ist zu einem riesigen Kalifornien geworden, wo es den wöchentlichen Fernsehdallas' – o entsetzliche Trauer! – anscheinend gelang, alle Lüneburgs, alle Bambergs, alle Marburgs vergessen zu machen. Martin Heidegger gab der kalifornischen Gefahr einen anderen Namen, als er von dem „höchsten und erfolgreichsten Scharfsinn des rechnenden Planens und Erfindens“ sprach[41]. Mit der entsetzlichen Folge: der Mord an dem meditierenden Denken. Auch Hermann Keyserling stellte die unermeßliche existentielle Kluft, die zwischen Europa und Amerika besteht, mit den Worten fest: „In Europa galt finanzielle Macht nie als letzte Instanz. Diesem wunderlichen Glauben zu huldigen gehört zu den Originalitäten der Vereinigten Staaten. In Amerika glauben die Leute wirklich, daß der Reiche ebendarum ein überlegener Mensch ist; in Amerika schafft Geldgeben tatsächlich moralische Rechtsansprüche.“[42]

Das Land des meditierenden Denkens

Germaine de Staël bemerkte: „ In Deutschland herrscht jedoch ein solcher Hang zur Reflexion, daß die deutsche Nation im wahren Sinne des Wortes als die metaphysische Nation betrachtet werden kann. Es finden sich in diesem Volk soviel Menschen, die im Stande sind, die abstraktesten Fragen zu verstehen, daß selbst das große Publikum Anteil an den Argumenten nimmt, die bei diesen Diskussionen vorgebracht werden.“[43] Mme de Staël nahm somit Thomas Mann gedanklich vorweg, der gern sagte: „Kann man Philosoph sein, ohne deutsch zu sein?“[44] Solange es die natürliche Heimat des meditierenden Denkens blieb, konnte Deutschland der übrigen Welt das Beste von sich geben: Das meditierende Denken verband es mit seiner reinsten Originalität, die es stets dazu bewog, über das Wesen, das Sein und das Werden grundlegende Fragen zu stellen. Das meditierende Denken wurzelte Deutschland in seine psychischen, kulturellen, soziologischen und politischen Partikularismen ein; das meditierende Denken brachte Deutschland in seinem Erbe zur Entfaltung; es verwob Deutschland mit seiner Identität und machte es gleichzeitig weltoffen. Und Deutschland veränderte sich, ohne sich jemals zu modifizieren. Das *berechnende* Denken *entbindet* Deutschland seiner Beziehungen, seiner Neigungen, seiner Affinitäten. Es entfremdet Deutschland allmählich sich selbst; es verbannt seine größten Denker innerhalb ihres eigenen Vaterlands. Das berechnende Denken rückt Deutschland immer mehr von seiner Geschichte ab und bringt es dagegen immer näher an die materielle Fatalität, an das Ökonomische.[45] Das berechnende Denken hobelt immer mehr ab, was Deutschland von den anderen Völkern grundsätzlich unterscheidet, indem es an die einförmigen, austauschbaren und totalitären Erfordernisse des mondialistischen Diktats angepaßt, d. h. verstümmelt wird. Das berechnende Denken anonymisiert Deutschland. In diesem Sinne verbeißt sich der Liberalismus darin, die lebendigen Traditionen dieses Landes und alles, was von der Entfaltung seines Werdens zeugt, zu ersticken, indem er alle Hebel an sich reißt, die die Sitten und Bräuche lenken. Der Liberalismus manipuliert den Geschmack, die Moden, die Gadgets, die Schlager, die Bilder, die er den abgedroschenen Klischees von Cosmopolis ablauscht. Er vervielfacht die Information, um die Fährten besser durcheinander zu bringen, die Reflexion zu verdummen, die Konzentration zu entmutigen, jede Spur eines meditierenden Denkens zu verwischen. Das berechnende Denken schafft allmählich die Identität, die Norm, den orientierenden Wert ab, die verschiedene Menschen in die Lage versetzen, für ein Volk gegenüber einem anderen zu stehen. Das berechnende Denken abstrahiert die Bindungen und neutralisiert die Wurzeln, um eines Tages nicht etwa Gemeinschaften oder Völker in Beziehungen zu bringen, sondern entmenschlichte Menschenräume von einem Ende des Planeten zum anderen austauschen zu können. Das berechnende Denken verwandelt somit das deutsche Volk allmählich in eine Gütergesellschaft. In dem genormten Schmelztiegel von Cosmopolis ständig umgeformt, von seinem Germanentum immer radikaler getrennt, wird Deutschland sehr bald der Welt nicht mehr das Beste von sich geben, da dieses Bessere, das es von den anderen Völkern unterscheidet, abgeschafft sein wird. Sein Volk wird sozusagen zunächst auf Höhe der Wurzeln, der Bindungen, der Werte implodiert sein, be-

vor es in dem großen weltweiten Zusammenbrauen explodiert. Die Beobachtung von Mme de Staël und die Frage, die Thomas Mann stellte, werden dann sogar nicht mehr von Bedeutung sein: Wenn die Deutschen schon einmal in der standardisierten Cosmopolis aufgesaugt und des-integriert sind, wenn Existenz und Welt schon einmal programmiert, technokratisiert sind, ist offensichtlich, daß die Fragen über das Wesen, das Sein und das Werden nur noch als intellektuelle, sinnlose Scherereien empfunden würden in einer Welt, wo das Sein vereinheitlicht und das Werden abgeschafft wäre... bis zum Eintreten des Unvoraussehbaren, das in Deutschland als *Ernstfall* bezeichnet wird!
Wären die Götter einander gleich, so hätten sie – höchste Widersinnigkeit – nichts mehr auszutauschen. In dem Maße wie das berechnende Denken die Identität eines Volkes verwirkt, zwingt es die übrige Welt, auf eine grundlegende Originalität, die sie ergänzt und bereichert, zu verzichten. Das egalitäre Denken, das Cosmopolis nährt, schwächt die ganze Menschheit. Das meditierende Denken bleibt das wirksamste Gegenmittel zum berechnenden Denken Amerikas. Wir begreifen auf einmal die Aktualität von Heideggers Worten: „Darum gilt es, dieses Wesen des Menschen zu retten. Darum gilt es, das Nachdenken wach zu halten.“[46] Es gilt mit anderen Worten, daß wir mit den Wurzeln verbunden bleiben. Martin Heidegger macht in diesem Zusammenhang eine ebenso meisterhafte wie kategorische Erklärung: „Die *Bodenständigkeit* des heutigen Menschen ist im Innersten bedroht. Mehr noch: Der Verlust der Bodenständigkeit ist nicht nur durch äußere Umstände und Schicksale verursacht, auch beruht er nicht nur auf der Nachlässigkeit und oberflächlichen Lebensart der Menschen. Der Verlust der Bodenständigkeit kommt aus dem Geist des Zeitalters, in das wir alle hineingeboren sind.“[47] Heidegger fragt nun nach den entsetzlichen Folgen der Entwurzelung: „Wir werden noch nachdenklicher und fragen: Kann, wenn es so steht, der Mensch, kann menschliches Werk künftig noch aus einem gewachsenen Heimatboden gedeihen und in den Äther, d. h. in die Weite des Himmels und des Geistes steigen?“[48]

Das Land am Scheideweg

Um die historische Mission erfüllen zu können, die ihm der Philosoph aus dem Schwarzwald zuschreibt,[49] wird Deutschland gegen die amerikanisch-westliche Cosmopolis mit größter Energie ankämpfen müssen, mit der Energie der *Notwehr*, die die Anwendung der stärksten Mittel gegen die größte Gefahr verlangt. Deutschland wird zwischen der liberalen Konsumideologie des Westens (bzw. ihrer sowjetischen totalitären Variante) und dem europäischen Zeitalter entscheiden müssen, dem wir durch das Modell einer organischen, solidarischen und entscheidungskräftigen *Gemeinschaft* Ausdruck verleihen. Wir stimmen dabei mit Max Scheler überein, wenn er behauptet: „Wo immer ‚Gemeinschaft' auf Erden bestand, finden wir, daß den *Grundformen* des Gemeinschaftslebens ein über alle Interessen und subjektiven Gesinnungen und Absichten der einzelnen *erhabener* Wert zugestanden wird ...Und so kommt es überall, wo Gemeinschaft ist, den *Formen* des Lebens ein Selbstwert zu, der unabhängig ist vom Grade der Schätzung der Interessen, vom Glück und Leiden der einzelnen."[50]

Deutschland wird sich aus der Sackgasse herausreißen müssen, in der sein tätowiertes Genie dahinsiecht; die Irenik und der Hedonismus, die ihm durch die Zauberlehrlinge von Cosmopolis schmackhaft gemacht werden, *enthumanisieren* Deutschland, denn weder die pazifistische Utopie noch das arbeitsfeindliche Lustprinzip waren jemals die seelischen Stützen und geschichtlichen Ziele seines Germanentums. Deutschland muß in den gefahrvollen Nährboden der Geschichte eindringen – und zwar genau so, wie ein jeder Mensch, der sein Leben ordnet, seine Wesenszüge ausbildet und nach Vervollkommnung strebt, sich zu diesem Zweck der Gefahr einer besonderen Anspannung, einer Krise, eines schicksalhaften, unvorhersehbaren Ereignisses aussetzt, in dem Wissen, daß er die Bedrohung nur abwenden kann, wenn er sich ihr kämpfend widersetzt und sie überwindet. Im Volksmund spricht man gewöhnlich von einer ‚Heldentat', die sich, nach Spenglers Worten, „nur durch lebendiges Vorbild und sittliche Selbstdisziplin eines befehlenden Standes ..., nicht durch viel Worte oder durch Zwang" erreichen läßt. Deutschland, das Zentrum der europäischen Geschichte, muß erneut in diese Art der Gestaltung eintreten, wenn es leben, *über*leben, *besser* leben will im ‚griechischen', faustischen, nietzscheschen Sinne des Wortes. Erst dann wird es die Zügel seiner kulturellen Verpflichtungen, seiner politischen Entscheidungen, seines historischen Entwurfs und seines Schicksals wieder ergreifen können. Deutschland muß der politischen Tätigkeit ihre *souveräne* Kraft zurückgeben, muß die Ökonomie in eine politische, sie unterordnende Entscheidung wieder integrieren, und zwar im Rahmen einer klaren und unumstrittenen Hierarchie, die den Vorrang des Prinzen vor dem Kaufmann erneut bekräftigen wird. Dieser Prozeß der Ent-Amerikanisierung und zugleich der Auf-Europäisierung Deutschlands bedingt die radikale Loslösung vom Westen, von der Konsumideologie des *American Way of Life*. Deutschland, das eine gewagte Geschichte vorbildlich verkörperte, muß sich – am Nullpunkt dieser Geschichte – wieder auf seine Berufung als Volk der Bewegung im ewigen Werden besinnen. Deutschland kann, wenn es die Ketten des liberalen Gulag sprengt, ganz Europa den Willen zur Gemeinschaft, zum Fleiß, zum Kampf, den Sinn für Solidarität und Ehre, den Wert des Engagements, der Treue, das Bedürfnis nach Überwindung, den Wunsch nach Absolutem wieder einflößen.

Das Land, das die Revolution gewinnen muß

Wir befinden uns im Kulturkampf. In diesem Kampf haben wir aber nicht nur Gegner, sondern auch Verbündete: alle Völker der Dritten Welt, die ebenfalls gegen die tödliche Gefahr rebellieren. Dieser Kampf der Ideen erfordert ein außerordentliches Netz an Kenntnissen und Informationen. Und er braucht neue Führer vom Schlage eines Hutten, Leibniz, Schiller, Moltke und Clausewitz, deren Strategie nun *Metapolitik* heißt. Die Revolution des 21. Jahrhunderts wird aus dem ungeheuren Zusammenstoß des meditierenden Denkens mit dem berechnenden Denken hervorgehen, des wachrufenden Denkens mit dem verdummenden, des humanisierenden Denkens, das bodenständig macht, mit dem enthumanisierenden, das zerstreut.

Die metapolitische Ausrichtung kommt der Einsetzung einer kulturellen Gegen-Macht gleich, die sich auf eine andere Weltanschauung, eine andere Gesellschaftsauffassung, eine andere Dimension des Menschen und daher auf ein anderes Wertsystem beruft. Alain de Benoist bemerkte zu Recht: „Sich an unserem Unternehmen zu beteiligen heißt nicht, sich für eine Gruppierung gegen die anderen zu entscheiden. Es heißt endgültig aus dem Trolleybus aussteigen, der zwischen den entgegengesetzten Polen ein und derselben Ideologie hin- und herfährt ... Sich an unserem Unternehmen zu beteiligen, heißt eigentlich eine Begegnung des ‚dritten Typs' zu machen, heißt in eine andere Welt zu kommen."[51]

Europas Wiedergeburt, die Befreiung aus seiner ideologischen, politischen, geistigen Bevormundung, kann nur über den Kulturkrieg erfolgen, den einzigen Krieg nämlich, der Europa vor der geistigen Zerstörung retten kann (die durchaus einer physischen, materiellen Zerstörung vorausgehen kann, wenn Amerika morgen unseren Kontinent in einen Atomkrieg verwickeln würde). Martin Heidegger bittet uns dringend, den Kampf der Ideen zu eröffnen: „Gerade wenn die große Entscheidung über Europa nicht auf dem Weg der Vernichtung fallen soll, dann kann sie nur fallen durch die Entfaltung neuer geschichtlich *geistiger* Kräfte aus der Mitte."[52]

Auf der ersten Seite seiner bekanntesten Schrift verkündet Arthur Moeller van den Bruck: „Ein Krieg kann verloren werden. Ein unglücklicher Krieg ist niemals unwiderruflich. Der ärgste Krieg ist niemals endgültig. Aber eine Revolution muß gewonnen werden. Eine Revolution ist einmalig ... Eine Revolution ist die ureigenste Angele-

genheit einer Nation, die das betreffende Volk nur mit sich selbst auszumachen hat und von deren Ausgange die Richtungsbahn abhängt, die es in Freiheit seinen Geschicken zu geben versteht."[53]
In diesem titanischen Streit um die Wieder-Verwurzelung, in diesem entscheidenden Kampf um die Erhaltung der Kern-Substanz, in diesem Krieg um die geistige Wiederaufrüstung Deutschlands verzichten wir auf die zu eng geratenen Vorstellungen der Berufspolitiker. In dieser Hinsicht nähern wir uns der Neuen Linken, soweit ihre Standortbestimmung zuallererst in bezug auf Deutschland geschieht, und entfernen uns von der Alten Rechten, deren Position von vornherein von der Rücksicht auf Amerika bestimmt wird. Und wir begrüßen heute die Neue Linke, wenn ihre auf Deutschland bezogene Standortbestimmung auch noch zugunsten der deutschen kulturellen Werte vorgenommen wird.
Ebenso nähern wir uns heute der Neuen Linken, soweit diese bei ihrer Standortbestimmung Europa einbezieht – und wenden uns gegen die Alte Rechte, deren Standort den äußerst gefährlichen Mythos des Atlantismus beinhaltet. Hierin erkennen wir die Widersinnigkeit der politischen Etiketten, die Gefahr der Spaltungen, die innere Alterung der Parteien. Wir erkennen aber gleichzeitig den Wert der Ideen, die Bedeutung der Menschen. Schließlich sehen wir mit großer Genugtuung alle die unsichtbaren Bande, die die Menschen der organischen Gemeinschaft von morgen bereits miteinander knüpfen.
Die deutsche Neue Kultur erklärt sich für die *europäische* Herausforderung, weil diese eine Alternative in Aussicht stellt, die das Schicksal bewegt, andere Anschauungsnetze schafft, neue Bildquellen erschließt und neue Genies weckt.

Das Land, das die Völker wachrufen wird?

Deshalb werden wir für eine noch unbestimmte Zeit Deutschland in uns tragen wie ein inneres Reich und uns dabei an Richard Wagner erinnern. Wir werden die Priester des Bacchus, von denen uns Hölderlin, der Dichter der Zeit höchster Not, erzählt, weiter umherziehen lassen, denn sie verkünden unser Ideal. Lassen wir sie von einem europäischen Land zum anderen schweifen. Sie knüpfen die unsichtbaren Bande unserer inneren Reiche und bereiten uns auf die Morgendämmerung, auf den großen Schmerz vor, den Nietzsche als den letzten Befreier des Geistes bezeichnete.[54] Jason Hidjidinas äußerte im gleichen Sinne, daß der identitäre Niedergang nur unter der Bedingung zu überwinden ist, daß man sich zu einem heroischen Kampf zwingt. Er fügt aber hinzu: „Unsere Götter werden ihren Völkern nur dann Schutz gewähren, wenn diese sie nicht fremden Gottheiten vorziehen.“[55] Wir werden sowohl unseren Göttern, unseren Völkern treu bleiben müssen wie auch unseren Mythen, die uns, nach der Einschätzung Hans Jürgen Syberbergs, unsere Geschichte zu meistern helfen, vorausgesetzt, daß wir sie als den rein menschlichen Ausdruck der kulturellen Tat schlechthin auffassen.[56] Nun aber verkörpert jede Revolution einen Mythos; jede Revolution erfordert einen Teil an Mystizismus in dem absoluten Glauben an eine neue Weltordnung. Zu diesem Glauben kommt der eherne Wille der Menschen, die schon deshalb können, weil sie *wollen.* Oswald Spengler schrieb: „Sich selbst beherrschen muß man, um einer Idee dienen zu können, zu innerlichen Opfern aus *Überzeugung* bereit sein.“[57] Werner Heisenberg beteuerte seinerseits: Im Anfang war der Glaube, „der Glaube an unsere Aufgabe in dieser Welt“.[58] Friedrich Jahn stellte fest, man schöpfe ein Gefühl göttlicher Kraft aus dem Bewußtsein, etwas tun zu können, wenn man es nur wirklich wolle.[59] Und Nietzsches Zarathustra verkündete: Unfruchtbar seid ihr: *darum* fehlt es euch an Glauben.“[60]

In diesem Sinne wollen wir die Wachrufer unseres Volkes sein.[61] Wer hören kann, soll es vernehmen: Wir sind bereit, den Preis für unsere Treue gegenüber unseren Göttern, unseren Völkern, unseren Mythen zu bezahlen, weil wir zusammen mit Hölderlin wissen, daß das Rettende aus der größten Gefahr wächst. In der Mitternacht Europas ist das egalitäre Zeitalter der Massen, das Zeitalter der Einförmigkeit im Anzug. Darin liegt zwar die höchste Gefahr, gleichzeitig aber die Herausforderung zum größten Kampf und damit die stärkste Hoffnung! Wenn nämlich diese Herausforderung die Grundlagen unserer Identität so stark bedroht, weckt sie gleichzeitig den schärfsten Widerstand; und wenn sie uns im Herzen unseres ureigenen Schicksals trifft, fordert sie uns heraus, die härteste, entschlossenste, unerbittlichste Willenskraft zu entwickeln. Lassen wir also in der Mitternacht der Welt Bacchus' Priester in unserem Innern schleifen! Es sind die Verzückungen der letzten Sterne, die auf den Scheitelpunkt von Nietzsches Großem Mittag hinweisen. Wir können bereits untrügerische Vorzeichen beobachten. Wenn deutsche Jugend ihre Massenkundgebungen gegen Amerika organisiert, wacht Tristan in ihr auf und reißt der westlichen Cosmopolis die Tarnkappe ab. Wenn Hans Jürgen Syberberg erklärt, daß die Kunst Deutschland wieder erheben wird (eine Kunst, die als Rückkehr der aristokratischen Zeiten, als „elistisches, als unausrottbares Prinzip“[62] aufgefaßt wird) – dann sind es die schlummernden Kräfte Beethovens, Wagners, Mozarts, die neue Harmonien, Symbole und Bilder entwerfen, neue Mythen zur Wiederbelebung Deutschlands schaffen. Zarathustra ist ein Mutant, der mit der Rückkehr der Götter das Erwachen der Titanen ankündigt, um das Wagnis der Wissenschaft zu tragen, um uns in dem Abenteuer, in dem Ereignis, in der Geschichte, aus denen die tragfähigen Alternativen quellen, erneut anzusiedeln. Zarathustra treibt uns wieder in den Mythos, die natürliche Heimat der schöpferischen Fruchtbarkeit und des Heiligen. Das Heilige faßte der indoeuropäische Geist seit jeher mittels einer polytheistischen Weltsicht auf – nach dem Beispiel des Lebens und seiner Spannungen und im Gegensatz zum jüdisch-christlichen Logos. Zarathustra läßt uns die Ankunft eines neuen europäischen Menschen ahnen, der das Schicksal der Neuen Kultur im Sinne Ernest Renans formen wird. „Der Mensch ist nicht nur auf Erden, um glücklich oder ehrlich zu sein. Er ist auch hier, um jene höheren Lebensformen, wie die große Kunst und die selbstlose Kultur, zu verwirklichen.“ Deutschland wird wieder in die Geschichte eintreten, um sie vor der Errettung zu retten. Hören wir Heidegger: „Der Anfang ist nah. Er liegt nicht hinter uns als das längst Gewesene, sondern er steht vor uns. Der Anfang ist als das Größte im voraus über alles Kommende und so auch über uns schon hinweggegangen. Der Anfang ist in unsere Zukunft eingefallen, er steht dort als die ferne Verfügung über uns, seine Größe wieder einzuholen.“[63]

Das Land, das die Wiedergeburt des hellenischen Geistes ankündigt

Faust ist vom Schicksalsbaum heruntergestiegen. Sein Genie ist das Genie eines Mutanten, der Dionysos und Apollo in sich vereinigt. Sein Genie schuf sozusagen die ‚Hesperien‘, das Abendland wieder. Er enthüllt uns die Identität des *neuen* Deutschland. Diese Identität ist imperial; d. h. die deutschen ‚Hesperien‘, der *deutsche, ‚griechisch-hellenische‘ Wiederanfang* verkündet, über den Niedergang der Nationen als Gesellschaften hinaus, die Herausforderung des imperialen Europa, des künftigen Imperiums als Gemeinschaft. Denn Europa wird ein Imperium sein (im ursprünglichen Sinne des Wortes, der mit der Perversion des Imperialismus überhaupt nichts gemein hat), d. h. eine organische Gemeinschaft mit den gleichen biologischen, kulturellen und historischen Wurzeln, so wie sie Max Scheler bestimmte. Diese Gemeinschaft wird auf der Grundlage der gleichen ethnischen Herkunft, der gleichen Mythen, der gleichen Geschichte und des gleichen Schicksals gebildet – oder sie wird nie zustande kommen.
Faust läßt uns ein zweites Mal erkennen: An einem Zeitpunkt der Geschichte, wo Deutschland in seinem Germanentum vielleicht noch nie so zerstört war, an einem Zeitpunkt, wo Deutschland auf die materiellste, *unwirklichste* Formel erniedrigt wird, ist der deutsche Geist in seinem eigenen Vaterland verbannter und entfremdeter – gleichzeitig aber auch bewußter, intelligenter und tragischer denn je in diesem

Jahrhundert. Faust läßt uns wissen, daß der deutsche Geist *noch nie so indoeuropäisch, d. h. noch nie so ‚griechisch-hellenisch' war*; deutsch und hellenisch, wenn Carl Schmitt den Dezisionismus (die Entscheidungslehre) als das Wesen des Politischen bestimmt; deutsch und hellenisch, wenn Arnold Gehlen, der das Kennzeichnende des Menschlichen in der kulturellen Tat erfaßt, die die wagnisbereite, folglich tragische Natur des Menschen voraussetzt; deutsch und hellenisch, wenn Konrad Lorenz das moderne naturwissenschaftliche Denken an die antike Philosophie knüpft und der vitalistischen Anschauung, die den Menschen in den Strom des Lebendigen, in die organische Gesamtheit des Lebens taucht, wieder Geltung verschafft; deutsch und hellenisch, wenn Werner Heisenberg erklärt: „Niemand weiß, was die Zukunft bringen wird und von welchen geistigen Mächten die Welt regiert werden wird, aber wir können nur damit anfangen, daß wir etwas glauben und etwas wollen"[64]; deutsch und hellenisch, wenn Hans Albert eine philosophische Vision entwirft, die die Vielschichtigkeit und Vielzahl des Realen uneingeschränkt in Betracht zieht und alle Formen des Dogmatismus verurteilt; deutsch und hellenisch, wenn Gottfried Benn fordert, die Schwerter auch vor der dunkelsten Stunde der Welt niemals sinken zu lassen[65]; deutsch und hellenisch, wenn Walter Otto uns durch das Bild des Göttlichen im Spiegel des griechischen Geistes die religiöse Idee des gesamten europäischen Erbes wiedergibt in dem grundlegenden Monismus von Mensch und Natur, von Wissenschaft und Philosophie, von Menschen und Göttern; deutsch und griechisch, wenn Moeller van den Bruck beteuert: „Größe eines Menschen ist: noch etwas mehr sein, als er nur von sich aus ist. Größe eines Volkes ist: noch etwas über sich hinaus sein und von sich mitteilen, noch etwas besitzen, das es mitteilen kann"[66]; deutsch und hellenisch, wenn Max Scheler versichert, daß die Erhaltung der Völker einen höheren Wert darstellt als industrielles Wachstum[67]; deutsch und hellenisch, wenn Hans Jürgen Syberberg behauptet, daß das deutsche Volk sich erneut in den ihm zugrunde liegenden Mythen wird verwirklichen müssen; deutsch und hellenisch, wenn Ernst Jünger in der Technik nicht ein Ziel, sondern ein Mittel, die neue Mobilisierungskraft, den neuen Willen zur Macht, die neue Herausforderung erblickt, aus denen der Mensch, vielleicht, die neue Magie wird erstehen lassen ... Deshalb beruft Deutschland den ‚griechisch-hellenischen' Wiederanfang, deshalb ist Deutschland unser inneres Reich, der neue Vorbote des europäischen Schicksals.

Faust-Heidegger, der dieses hellenische Wesen so treffend verkörpert, fordert uns zur Wahrung unserer Eigenart, unseres Lebens, des Lebens *aller* Völker auf: „Wir wollen uns selbst. Denn die junge und jüngste Kraft, die über uns hinweggreift, hat darüber bereits entschieden. Die

Herrlichkeit aber und die Größe dieses Aufbruchs verstehen wir dann erst ganz, wenn wir in uns jene tiefe und weite Besonnenheit tragen, aus der die alte griechische Weisheit das Wort gesprochen: ‚Alles Große steht im Sturm'."[68]

Anmerkungen

1 Martin Heidegger, *Einführung in die Metaphysik*, Tübingen, 1953, S. 29.
2 In *Le Nouvel observateur*, 5. Mai 1980.
3 Henry de Lesquen, *La politique du vivant*, Paris 1979.
4 Kolloquium *Biologie und Zukunft des Menschen*, Paris 1974.
5 C. D. Darlington, *Die Wiederentdeckung der Gleichheit*, Frankfurt/Main 1980.
6 Robert Ardrey, *Der Gesellschaftsvertrag. Das Naturgesetz von der Ungleichheit der Menschen*, 1971.
7 M. Fournier, in *Charlie-Hebdo*, 15. März 1971.
8 Edward T. Hall, *Die Sprache des Raums*, 1976.
9 Vgl. Gerald B. Suttles, *The Social Order of the Slum*, Chicago 1966.
10 Vgl. R. Park, *Pace and Culture*, Glencoe, 1950.
11 Robert Ardrey, aaO., S. 11f.
12 Vgl. Konrad Lorenz, vor allem in *Das sogenannte Böse. Zur Naturgeschichte der Aggression*, 1963.
13 Simone Weil, *L'enracinement*, Paris 1970.
14 Vgl. Saint-Loup, *Plus de pardons pour les Bretons*, Paris 1971.
15 Martin Heidegger, aaO., S. 29f.
16 Ebd., S. 30.
17 Eric le Naour, in *L'Avenir de la France*, Februar 1971.
18 Alain de Benoist, *Les Idées à l'endroit*, Paris 1979, S. 141.
19 Mahmut Güropolu, in *Frankfurter Allgemeine Zeitung*, 3. Dezember 1981.
20 Die Wurzeln des Totalitarismus sind in der Tat mit den Wurzeln des Monotheismus verwandt. Denn – Sigrid Hunke deutet es mit besonderem Scharfsinn an – „es führen viele Wege zu Gott. Keiner der Wege ist auserwählt. Keiner ist der einzig gültige für alle Menschen, Völker und Zeiten. Keiner von ihnen ist besser als der andere. Denn alle führen zu demselben einen Unerforschlichen, das die Religionen aller Zeiten und Völker meinen, wenn sie es auch mit verschiedenen Chiffren und Bildern begriffen und mit verschiedenen Namen benannt haben – dasselbe eine Unerforschliche, das über alles Erkennen und Begreifen ewig hinausliegt und nur dem religiösen Erleben ahnbar wird. Und weil alle Wege sich dem Göttlichen von einem anderen Ausgangspunkt nähern, eröffnet ein jeder eine andere Sicht. Denn auch ein und derselbe Berg ist keinem Beschauer allseitig sichtbar, und nicht zwei Menschen bietet er denselben, völlig gleichen Anblick dar. Seine Gestalt hat Milliarden Umrisse, sein Antlitz Milliarden Profile." (*Europas eigene Religion*, Bergisch Gladbach 1981, S. 17).
21 Man denke insbesondere an die Indianer Amerikas: Psychisch ‚verseucht' hinsichtlich ihrer besonderen Vorstellungen von Welt und Kosmos – was

ihren psychischen Niedergang und schließlich ihre Auslöschung beschleunigte. Konrad Lorenz bemerkt dazu: „... Eine Kultur gestattet keine Unterbrechung ihrer Kontinuität." Daher bietet die Kolonialgeschichte „zahlreiche Beispiele dafür, daß nicht allein die Kulturen, sondern auch Völker und Rassen vernichtet wurden".

22 Arnold Gehlen, *Moral und Hypermoral*, Frankfurt/Main, S. 79.

23 Thierry Maulnier, *Le sens des mots*, Paris 1978.

24 „Zeugt es bereits von ‚rassischer' oder gar ‚rassistischer Nostalgie', wenn wir gerne Kinder haben möchten, die uns ähnlich sind?" fragt Henry de Lesquen, aaO., S. 252.

25 „Die Geschichte zeigt: Es gibt für die Vernichtung einer Minderheit zwei hauptsächliche Methoden. Die erste besteht in der schlichten Ausrottung; die zweite, subtilere, ist das Aufsaugen durch Vermischung" (Henry de Lesquen, aaO., S. 246). Konrad Lorenz weist seinerseits auf folgenden Umstand hin: „Wir wissen, daß die Mischlinge nicht ein ‚Zwischending' zwischen ihren Eltern darstellen, weder in ihrem instinktmäßigen Verhalten noch in bestimmten körperlichen Merkmalen, sondern einen Rückgriff auf stammesgeschichtlich ältere Stufen" (*Über tierisches und menschliches Verhalten. Aus dem Werdegang der Verhaltenslehre*, 1965).

26 Martin Heidegger, aaO., S. 25.

27 Julius Evola, *Il cammino del Cinabro*. Frz. Ausgabe *Le Chemin du Cinabre*, Mailand 1982, S. 201.

28 Martin Heidegger, aaO., S. 49.

29 Oswald Spengler, *Jahre der Entscheidung*, München 1933, S. 1.

30 Martin Heidegger, aaO., S. 50.

31 Ebd., S. 40f.

32 Ebd., S. 48.

33 Ebd., S. 41.

34 Thomas Mann, *Betrachtungen eines Unpolitischen*, Berlin 1920, S. 16.

35 Friedrich Nietzsche, *Zur Genealogie der Moral, München 1980, S. 278.*

36 Julius Evola, *Heidnischer Imperialismus*, Leipzig 1933, S. 89f.

37 Friedrich Nietzsche, *Sämtliche Werke*, Kritische Studienausgabe, München 1980, Bd. 9, *Nachgelassene Werke*, S. 338.

38 Ebd., Bd. 6, S. 287.

39 Joachim Fernau, *Halleluja. Die Geschichte der USA*, München 1977, S. 315f.

40 Julius Evola, *L'arco e la clava*, 1968; frz. Ausgabe *L'arc et la massue*, 1983, S. 35.

41 Martin Heidegger, *Gelassenheit*, Pfullingen 1959, S. 27.

42 Hermann Keyserling, *Amerika. Der Aufgang zu einer neuen Welt*, Darmstadt 1930.

43 Mme de Staël, *Über Deutschland*, 2. Bd., Leipzig 1813, S. 150.

44 Thomas Mann, aaO., S. 35.

45 Der ehemalige Staatschef Frankreichs Giscard d'Estaing erklärte – anläßlich eines in Cap d'Agde veranstalteten Kolloquiums seiner Partei – in ebenso triumphalem wie anmaßendem Ton, daß das Ökonomische das Politische in steigendem Maße aufsaugen müsse. Das Wirtschaftliche müs-

se immer mehr zum Lebensgrund und -ziel werden. Eine beredte Sprache, die auf die mondialistische, aseptische, von den Zauberlehrlingen des Egalitarismus zusammengebrauten Gesellschaft verweist. Diese Worte sind, unterschiedlich rhythmisiert, bei allen Tenoren des Systems anzutreffen, ob sie Genscher, Vogel, Reagan, Barre, Kohl oder Mitterrand heißen.

46 Martin Heidegger, *Gelassenheit*, aaO., S. 27.

47 Ebd., S. 18.

48 Ebd., S. 18.

49 Derselbe, *Einführung in die Metaphysik*, aaO., S. 17.

50 Max Scheler, *Gesammelte Werke*, Bd. 3, *Vom Umsturz der Werte*, ‚Das Ressentiment im Aufbau der Moralen', Bern 1955, S. 141.

51 Alain de Benoist, *Pour un gramcisme de droite*, Paris 1982, S. 21.

52 Martin Heidegger, *Einführung in die Metaphysik*, aaO., S. 41f.

53 Arthur Moeller van den Bruck, *Das dritte Reich*, Berlin 1926, S. 19.

54 Friedrich Nietzsche, vgl. Bd.3, aaO., *Die fröhliche Wissenschaft*.

55 Jason Hadjidinas, in *Vouloir,* Nr. 10, November 1984, Brüssel.

56 Hans-Jürgen Syberberg, *L'art qui sauve de la misère allemande*, in *Change*, März 1978, Paris.

57 Oswald Spengler, *Jahre der Entscheidung*, München 1933.

58 Werner Heisenberg, *Das Naturbild der heutigen Physik*, Hamburg 1955, S. 45.

59 Friedrich Jahn, *Deutsches Volkstum*, 1810.

60 Friedrich Nietzsche, *Also sprach Zarathustra*, II. Teil, *Vom Lande der Bildung*.

61 Pierre Vial, in *Les idées qui mènent le monde. Les intellectuels et l'Histoire*. In *Pour un gramcisme de droite,* aaO.

62 Hans-Jürgen Syberberg, aaO.

63 Martin Heidegger, *Die Selbstbehauptung der deutschen Universität*, 1933, S. 11.

64 Arthur Moeller van den Bruck, *Das dritte Reich*, aaO., S. 349f.

65 Ebd., S. 338. „Das Bewußtsein der Nation erwachte im Gedicht und im Gedanken, aber das Reich löste sich auf. Der deutsche Idealismus hob den Geist auf eine höchste Ebene des Menschentums, aber das Volk seiner Bekenner verfiel in Fremdherrschaft."

66 Werner Heisenberg, aaO., S. 45.

67 Gottfried Benn, in *Poèmes*, Paris 1956, S. 80 (Edition bilingue).

68 Arthur Moeller van den Bruck, *Das dritte Reich*, aaO., S. 348.

69 Max Scheler, aaO., S. 146.

70 Martin Heidegger, *Die Selbstbehauptung der deutschen Universität*, aaO., S. 22.

Philosophie

Alain de Benoist

Die Religion der Menschenrechte

Auf die Frage, wie sich so viele Vertreter relativ verschiedener Ideologien über den Begriff ‚Menschenrechte' einig sein könnten, soll ein Mitglied jener Kommission, die mit der Ausarbeitung der 1948 beschlossenen *Allgemeinen Erklärung der Menschenrechte* beauftragt worden war, geantwortet haben, daß tatsächlich ein Konsens bei diesem Begriff bestehe, unter der Bedingung allerdings, daß niemand nach dem ‚Warum' frage.[1]

Es ist offenbar sehr schön zu behaupten, daß „alle Menschen Rechte haben" oder daß „alle Menschen gleich an Würde sind." Aber was bedeuten genau diese Worte? Aufgrund welcher Tatsache haben die Menschen Rechte? Von welchem Menschen ist die Rede? Was ist eine „gleiche Würde"? Auf diese Fragen möchten wir eine Antwort geben. Die Ideologie der Menschenrechte beruht auf vier Glaubensartikeln: der Glaube an die Einheit des Menschengeschlechts und an die *moralische* Bedeutung dieser Einheit; der Glaube an die Existenz einer ‚menschlichen Person', die von den konkreten Merkmalen eines jeden Individuums unabhängig ist; der Glaube an eine ‚menschliche Natur', die Anlaß zu einem ‚Naturrecht' gibt; schließlich der Glaube an den Vorrang des Individuums über die organischen und historischen Gemeinschaften, wie die Kulturen, die Völker und die Nationen.

Der erste Glaube hält für selbstverständlich erwiesen, „daß jeder einzeln aufgefaßte Mensch Mitglied einer einzigartigen, allgemein vorherrschenden Tiergattung, des *homo sapiens*, ist, daß aber diese biologische Tatsache auch moralische Folgen in sich schließt".[2] Die Einheit des Menschengeschlechts muß hier im Sinne von *Gleichwertigkeit* aufgefaßt werden. Die Menschheit sei ‚homogen' genug, um alle Individuen für durchaus gleichwertig halten zu können – so daß die unter den Menschen feststellbaren Unterschiede als oberflächlich, zweitrangig oder vorübergehend betrachtet werden müßten. Als ‚einleuchtende Erkenntnis' ist diese Anschauung ja relativ neu: Zu Recht weist Michel Foucault darauf hin, daß „der Mensch eine Erfindung ist, deren junges Datum die Archäologie unseres Denkens offen zeigt".[3] Diese Behauptung hat aber eine lange Geschichte hinter sich.

„Die Vorstellung vom Menschen ist biblisch", behauptet Blandine Barret-Kriegel.[4] Als erste nämlich bringt die Bibel für den Uranfang der Zeiten einen einzigen Menschen (oder ein einziges Menschengeschlecht) auf die Weltbühne, der von einem ebenso einmaligen Gott geschaffen wurde. „Wenn der Hebräer über die ersten Augenblicke der Menschheit sinnt," schreiben Josy Eisenberg und Armand Abecassis, „setzt er spontan an deren Ausgangspunkt einen einzigen Urvater. Warum? Weil er auf der Ebene der ihn geistig quälenden Werte die Gleichheit der Menschen ausdrücklich betonen will, und er führt sie

auf die ursprüngliche Einheit zurück ..., auf die Einheit des Menschen, aber auch Einheit des Menschengeschlechts. Unsere Rabbiner sagen: Gott hat die Menschheit von einem einzigen Menschen aus schon deshalb geschaffen, damit keiner sagen kann: mein Vorfahr ist deinem vorausgegangen."[5] Dem fügen sie hinzu: „ Alle Menschen sind insofern gleich, als sie von ein und demselben Gott geschaffen wurden ... Gott hat einen einzigen Menschen geschaffen, um den Glauben, daß es mehrere Götter geben könnte, nicht aufkommen zu lassen. Die Einmaligkeit des Menschen zeugt also von der Einmaligkeit Gottes."[6]
Die auf dem Monohumanismus gründende Religion der Menschenrechte hängt also anscheinend von vornherein mit dem Egalitarismus *und* mit dem Monotheismus zusammen. Das biblische Denken ist auch deshalb monohumanistisch und -genetisch, weil es monotheistisch ist. Es ist die Zwangsvorstellung vom Gleichen, die Herrschaft des als fixe Idee eingesetzten *monos*: alle Menschen sind vor Jahwe vollkommen gleich.

Diese Behauptungen sind unseres Erachtens nicht stichhaltig. Der ‚Mensch' existiert für die Alten nicht. Es gibt nur Menschen: Griechen, Römer, Barbaren, Patrizier, Sklawen usw. Im 18. Jahrhundert übernahm Edmund Burke bei seiner Kritik am revolutionären Gedankengut diese Einstellung. Fast zur gleichen Zeit schreibt Joseph de Maistre: „Es gibt keinen einzigen Menschen auf der Welt. In meinem Leben habe ich unter anderem Franzosen, Italiener, Russen gesehen. Ich weiß sogar, dank Montesquieu, daß man ein Perser sein kann: was aber den Menschen anbelangt, ist er mir noch nie begegnet."[7] Zwar können wir weiterhin im allgemeinen Sinne vom ‚Menschen' – im Singular – sprechen. Es handelt sich aber hierbei lediglich um eine Sprachbequemlichkeit, um eine Abstraktion, die letztlich auf der Wahrnehmung einer gewissen Anzahl einzelner Menschen gründet.

Zu den Rechten *der* Menschen können wir uns äußern. Wir wissen Bescheid über die Grundrechte der Russen, der Afghanen, der Polen, aber auch über die der Völker, die vom amerikanischen Imperialismus unterworfen wurden. Um die abstrakten Rechte eines Menschen an sich wissen wir aber nichts – und können auch nichts wissen. Der ‚universale' Mensch existiert nicht.

Was allerdings existiert, ist eine zoologische Einheit des Menschengeschlechts; im strengen Sinne macht die Art Mensch die ‚Menschheit' aus. Ein solcher Begriff hat aber eine rein biologische Bedeutung. Nun glauben wir nicht, daß der Mensch sein Wesen aufgrund seiner biologischen Merkmale bestimmen kann. Wir sind vielmehr der Ansicht, daß das Spezifische am Menschen, d. h. was den Menschen-als-Menschen gründet und ausmacht, aus der Kultur und der Geschichte hervorgeht.

Der Mensch ist nicht nur ein Tier: er definiert sich nicht nur aufgrund seiner Gattungszugehörigkeit. Von allen Tieren ist er sogar das einzige, das von dieser Zugehörigkeit be-handelt wird. Der Mensch ist ein Kulturwesen. Auf kultureller Ebene gibt es aber kein Muster für die gesamte Menschheit. Historisch gesehen entfalten sich die Kulturen immer in der Mehrzahl. In einem kulturellen rein menschlichen Sinne von ‚Menschheit' zu sprechen heißt nichts anderes, als die Kultur zur Natur zurückzuführen, als die Geschichte auf die Biologie zu reduzieren. Es ist durchaus bemerkenswert, daß die Anhänger der Ideologie der Menschenrechte gerade in diesen ‚biologischen Reduktionismus' verfallen, indem sie ein moralisches Gebot aus einem Umstand folgern, der nur mit Zoologie zu tun hat.

Im übrigen ist der Begriff ‚Art' bzw. ‚Gattung' selbst vorübergehend: der selektive Anpassungsprozeß ruft einen Polyphormismus hervor, der mit der Zeit immer zu neuen Arten führen kann. Und vor allem zweifeln wir, daß dieser – auf den Menschen bezogene – Begriff überhaupt angemessen ist. Sofern beim Menschen die „kulturelle Vererbung" (Jacques Ruffié) die genetische ablöst, dürfen wir die Ansicht vertreten, daß sich gerade innerhalb der menschlichen Kulturen jene Differenzierung fortsetzt, die in den übrigen Gattungen ausschließlich auf der biologischen Ebene stattfindet. Die Art *homo sapiens*, unterstreicht Edmund Leach, könnte als Einheit nur unter der Bedingung betrachtet werden, daß die Kreuzungen ohne jeden kulturellen Zwang geschehen. Das trifft selbstverständlich nicht zu. „Infolge ihrer kulturellen Hemmungen verhalten sich die Menschen allesamt und überall in der Welt, *als wenn* sie Angehörige zahlreicher verschiedener Arten wären."[8]

Die zweite Überzeugung, auf der die Ideologie der Menschenrechte gründet, der Glaube an die Existenz einer ‚menschlichen Person' nämlich, läuft darauf hinaus, ein unveräußerliches Wesen des Individuums zu behaupten, das von seinen gesamten Merkmalen unabhängig wäre. „Die allgemeine Eigenschaft des Menschen, die alle übrigen umfaßt und deren Einheit bildet", schreibt Henri Ahrens, „ist seine Eigenschaft-als-Person."[9] Diese ‚Eigenschaft' gründe auf einem „absoluten und göttlichen" Element, das in der Vernunft zutage trete. „Indem die Vernunft den Menschen über seine enge Individualität erhebt, eröffnet sie seinem Verstand die Welt der Prinzipien, der Gesetze, der ewigen Ideen, des Guten und Wahren."[10] Die *Allgemeine Erklärung der Menschenrechte* behauptet ihrerseits, daß alle Menschen „Vernunft besitzen" (Artikel 1). Die gleiche Ansicht vertrat bereits Thomas von Aquin.

Diese Behauptungen sind in Wirklichkeit einfach sinnlos. Zum einen ist die Person nicht von dem zu trennen, was sie bildet, das heißt von den Eigenschaften und Merkmalen eines jeden. Sie läßt sich folglich nur differenziert von einer gegebenen Form aus erfassen. Zum anderen dürfen Person und Individuum nicht miteinander verwechselt werden. Nicht alle Individuen sind in der Lage, ebenfalls ‚personalisiert' zu werden. Und schließlich berechtigt nichts zu der Annahme, daß die Vernunft bei allen Menschen gleichmäßig verteilt ist. Die ‚Welt der Prinzipien' kann nur subjektiv bestehen. Es gibt ebensowenig ‚ewige Ideen' wie das ‚Gute' oder das ‚Wahre' an sich.

„Eine Person zu sein", schreibt Julius Evola, „ist keine einheitliche oder gleichmäßig zugeteilte Eigenschaft, ist keine bei allen in gleichem Grad vorhandene Würde, die dem Individuum automatisch zukäme, weil er der biologischen Art ‚Mensch' angehört. Die ‚Würde der menschlichen Person', von der die Verfechter des Naturrechts und die Liberalen soviel Aufhebens machen, muß – mit allem, was sie in sich schließt – da erkannt werden, wo sie tatsächlich existiert, und nicht beim erstbesten. Und wo sie überhaupt existiert, darf sie nicht in allen Fällen als gleich betrachtet werden. Sie weist verschiedene Phasen auf, und die Gerechtigkeit besteht darin, jeder dieser Stufen ein unterschiedliches Recht, eine unterschiedliche Freiheit zuzusprechen ... Außerhalb dieses Rahmens ist die Achtung vor der menschlichen Person im allgemeinen nur ein Aberglaube."[11]

Der Glaube an ein ‚Naturrecht' rührt folgerichtig von der Behauptung einer abstrakten ‚menschlichen' Person her. Es ist die Vorstellung, wonach es im Menschen ein Recht gebe, „das seiner Natur innewohnt und sich von dem in seiner Vernunft zutage tretenden göttlichen Prinzip ableitet."[12] Daran sehen wir, daß die Ideologie der Menschenrechte eine *naturalistische* ist. Von Thomas von Aquin (*Summa theologica*, 1265-73) bis Claude Lévi-Strauss (*Droit naturel et histoire*, 1954) setzt diese Ideologie voraus, daß ein ‚Naturzustand' des Menschen bestanden hat oder bestehen kann. Und die Gesellschaft hat ihren Zweck darin, diesen Zustand wiederherzustellen (Rousseau) oder zu schaffen (Locke). Diese Überzeugung verbindet das klassische Judao-Christentum, das an die ‚Naturordnung' glaubt, mit dem modernen Rationalismus, der aufgrund ‚objektiver' Realitäten und angeblich ‚universaler' Gesetze argumentiert.

Alle diese Begriffe der ‚Naturordnung', des ‚Naturrechts', der ‚menschlichen Natur' u. a. sind an sich ohnehin nicht eindeutig, da man von der *Natur* die unterschiedlichsten Vorstellungen haben kann. Der ‚Naturzustand' hat bei Kallikles, Hobbes und Rousseau nicht die gleiche Bedeutung! Stellt er einen Kriegs- oder einen Friedenszustand dar? Einen Zustand der Gerechtigkeit oder der Ungerechtigkeit? Diese Fragen warf Pufendorf in seinem Meinungsstreit mit Hobbes auf.

Wir werden sie an diesem Ort nicht beantworten; wir möchten lediglich daran erinnern, daß der Mensch unseres Erachtens keine andere Natur hat als die *Kultur*, kraft deren er sich selbst aufbaut. Wird der Mensch allein, in abstracto, außerhalb jeglicher Gelegenheit, sich in Form zu setzen, aufgefaßt, so ist er weder gut noch böse. Nur der durch die historischen Institutionen und Verwirklichungen in Form gesetzte Mensch existiert als Mensch. A. Gramsci ist, wenn auch von den marxistischen Denkschemata gehemmt, realistischer als die gewöhnlichen Verfechter der Ideologie der Menschenrechte, wenn er schreibt, daß „es keine abstrakte, beständige, unveränderliche menschliche Natur gibt", denn „die menschliche Natur umfaßt sämtliche historisch bestimmten sozialen Beziehungen".[13] Es gibt keine ‚Naturmenschen'. Die Gesellschaft hat die ‚menschliche Person' unserer Ansicht nach weniger zu erkennen, als sie mitzugestalten.
Das Postulat des Individualismus schließlich rührt ebenfalls vom Monohumanismus her. Gibt es einen ‚Menschen an sich', so fallen alle gemeinschaftlichen Zugehörigkeiten, die die Menschen voneinander unterscheiden, recht wenig in Betracht. „Die monotheistische Mentalität und ihre humanistische Behauptung bevorzugen gewissermaßen das Individuum", schreiben Josy Eisenberg und Armand Abecassis.[14] Im Namen der universal bestimmten ‚menschlichen Person' ist es ja immer möglich, sich von jeglicher Verpflichtung gegenüber einer bestimmten Gemeinschaft als entbunden zu betrachten. Die Absolutheit der Menschheit stößt dann auf die Absolutheit des Individuums, so wie der Objektivismus des Jusnaturalismus (Theorie des ‚Naturrechts') und der unbändigste individuelle Subjektivismus einander berühren: ein Beweis, daß die Extreme zusammenlaufen. Die verneinte Dimension ist die *mittlere*: die der Verankerung innerhalb einer Kultur, eines Volkes oder einer Nation.
Nun aber haben die dazwischen liegenden Gemeinschaften ebenso Rechte, wie sie Pflichten haben. Das Volk hat Rechte. Die Nation hat Rechte. Die Gesellschaft und der Staat haben Rechte. Umgekehrt hat der Einzelne auch Rechte, gemäß der historischen, ethnischen oder kulturellen Sphäre, der er angehört: es sind Rechte, die von den Werten und Merkmalen dieser Sphäre nicht zu trennen sind. Deshalb sind individuelle und kollektive Rechte in einer organischen Gesellschaftsform ebensowenig unvereinbar wie das Individuum selbst und das Volk, dem es angehört.
Eine solche Unvereinbarkeit erweist sich dagegen als bestimmend in der Sicht der Ideologie der Menschenrechte, die auf der Idee einer abstrakten ‚Person' und auf dem Egalitarismus gründet. „Ohne Hierarchie", gibt Edmund Leach zu erkennen, „kann es keine Legitimität geben, und ohne Legitimität keine dauerhafte Gesellschaftsordnung".[15]

In der Tat: „Werden in einer Gesellschaft die egalitären Ideen ernstgenommen, so glaubt jedes Individuum, daß das letztlich vom Göttlichen herrührende moralische Charisma unmittelbar und individuell in seiner Person verkörpert wird. Meine Handlungen sind ihre eigene Rechtfertigung. Ich erkenne keine moralische Autorität außerhalb meines eigenen existentiellen Ichs. Es gibt keine Übertragung der Legitimität auf andere. Die Regierungsgewalt wird nunmehr als Übel an sich betrachtet, und die sozialen Beziehungen, die das Gesellschaftsraster bilden, stehen vor der Auflösung.“[16]

„Die kollektiven Rechte“, schreibt Ghislaine René Cassin, „sind *nicht* die Menschenrechte.“[17] Die Ideologie der Menschenrechte offenbart ursprünglich sogar eine echte Phobie vor der Gemeinschaft. Das Le Chapelier-Gesetz vom 14. Juni 1791, das die früheren Zünfte aufhob, untersagt die fachgenossenschaftlichen Vereinigungen unter dem Vorwand, daß sie „der Erklärung der Menschenrechte zuwiderlaufen“!

Dennoch müssen wir an diesem Ort zwischen einzelnen Erscheinungsformen der Ideologie der Menschenrechte unterscheiden: im Gegensatz zur ‚populistischen‘ Form, die die gesellschaftliche Solidarität entschiedener in den Mittelpunkt rückt und manchmal den Staat nach wie vor als Garant des Rechts hinstellt, erweist sich die ohnehin individualistischste liberale Form eindeutig auch als die schrecklichste. Sich auf jene (juristische) Strömung stützend, die Gesellschaft und Staat, Individuum und Autorität, organische Zelle und gesellschaftlichen Körper gegeneinander aufwiegelte, verwirft sie Autorität und ‚Herrschaft‘ am ausdrücklichsten. Die von ihr entwickelte Logik schließlich läuft den kollektiven Wesenheiten am ehesten zuwider.

Wie Max Weber es nachwies,[18] ist das ‚Naturrecht‘ grundsätzlich revolutionär, denn die gesellschaftliche Ordnung wird immer in seinem Namen in Frage gestellt, und zwar dadurch, daß eine vermeintliche Legitimität einer feststehenden Legalität entgegengehalten wird. Die Ideologie der Menschenrechte, die – wie an späterer Stelle ersichtlich – gegenüber den zeitgenössischen Despotismen völlig wirkungslos bleibt, ist an die De-Strukturierung der ‚freien‘ Gesellschaften dagegen vollkommen angepaßt. „Treiben Sie den Fanatismus etwas weiter“, schreibt Louis Pauwels, „und Sie werden merken, daß alles, was das Individuum zwingt, sich als Bürger zu verhalten, den Menschenrechten entgegensteht. Sie werden den Kult des gegen den Staat gerichteten Individuums feiern. Sie werden das Steueramt, das Polizeirevier, die Kaserne und die Schule als Zwingburgen betrachten, die den Menschen erdrücken. Sie werden um die Gnade Gottes bitten, daß er Sie von Ihrer Verbindlichkeit gegenüber dem Staat, dem Schicksal der Nation und des Vaterlands entbinden. Jede Zwangmaßregel zugunsten eines kollektiven Guts wird den Menschenrechten entgegenarbeiten[19].“ Die

Ideologie der Menschenrechte ist nicht nur unfähig, die individuellen Freiheiten bei den anderen zum Erstarken zu bringen; sie trägt auch dazu bei, daß die zivilen Freiheiten bei uns verkümmern.

Indem sie die Rechte des abstrakten Einzelnen über die konkreten Zugehörigkeiten stellt, neigt die Ideologie der Menschenrechte eben sowie der Liberalismus, im Namen einer fortwährenden Gegenwart die Vergangenheit wegzuradieren und die Zukunft zurückzusetzen. „Dieser Liberalismus", bemerkt Raymond Ruyer, „wirkte sich zerstörerischer aus als die revolutionärsten, anarchistischsten Sittenlehren ... Die Forderungen der ‚Menschenrechte' sind im Grunde genommen die Forderung des Rechts, sich nicht mehr für die Lebensdauer, den Fortbestand des Volkes, dem man angehört, zu interessieren; gegen seine vierte Dimension gleichgültig zu werden und in der Freiheit des Jetzt zu leben."[20]

Als profane Übertragung der mosaischen Gesetze und der noachidischen Gebote kann die Ideologie der Menschenrechte eigentlich nur eine Reduzierung oder eine Homogenisierung bewirken (und wahrscheinlich auch bezwecken). „Jene vereinheitlichende Funktion des Dekalogs gegenüber dem Volk Moses", schreibt Ghislaine René Cassin ferner, „soll die Allgemeine Erklärung diesmal gegenüber der gesamten Menschheit ausüben."[21] Zu diesem Zweck gilt es, auf die Rechte des Menschen an sich hinzuweisen, und zwar *gegen* die konkreten Rechte der konkreten Menschen innerhalb ihrer konkreten Gemeinschaften. Der Mensch, den die Ideologie der Menschenrechte beschützt, ist ein nicht-bodenständiger. Er hat kein Erbe und keine Zugehörigkeit – oder er will beide zerstören. Dieser Mensch möchte gern, daß die anderen ebenfalls ungebunden werden. Er würde gern zusehen, wie sie ihr eigenes Erbe abtreten und zu Nachtwandlern werden. Dieses Schreckgespenst berührt uns aber nicht.

Von der Freiheit zur Schreckensherrschaft

Zu den Forderungen der Ideologie der Menschenrechte gehört die Freiheit an erster Stelle. Augustin Cochin erinnert daran, daß bereits in der liberalen Philosophie des 18. Jahrhunderts das „Gesetz der Freiheit den Leitgedanken" bildete.[22] Dieses Gesetz, fügt er hinzu, läßt sich folgendermaßen formulieren: „ Die Natur ist gut: sie trachtet nach dem Guten. Der Wille sucht es: denn wer will schon seine Zerstörung? Die Vernunft findet es. So wird der Mensch als Natur- und Vernunftwesen zwangsläufig seinen Zweck, das Gute, und sein Ziel, das Glück, erreichen – unter der einzigen Bedingung allerdings, daß man ihn frei läßt. Die Freiheit ist das Mittel zu allem Guten, sie ist das erste aller

Güter. Das Streben nach dem Guten ist aber eine Pflicht; folglich ist die Freiheit als Voraussetzung alles Guten die erste aller Pflichten. Und der gute Wille hat ein Recht auf das Gute: also ist Freiheit das erste aller Rechte."[23]

Diese Theorie einer kritischen Analyse unterziehend, stellt A. Cochin gleich fest, daß sie sich auf eine besondere Definition der Freiheit stützt. Es besteht nämlich ein großer Unterschied „zwischen den tatsächlichen Freiheiten, die als Privilegien erfochten wurden, und der prinzipiellen, als Recht geforderten Freiheit." Auch Edmund Burke hält der Ideologie der Menschenrechte ihr potentiell ‚antidemokratisches' Wesen vor und äußert die Überzeugung, daß sie die Freiheiten des Volkes gefährdet zugunsten der als „metaphysischer Entität" aufgefaßten Freiheit, die auf einer falschen Auffassung von ‚Natur' und ‚Vernunft' beruht und den Arm des erstbesten Tyrannen stärken kann. „Hat man ein Recht auf alles", schreibt er, „so vergißt man alles." Er fügt hinzu: „Der Zwang gehört ebensowie die Freiheit zum Recht der Menschen ... Alle vermeintlichen Rechte jener Theoretiker sind extrem; und so wahr sie metaphysisch auch sein mögen, so falsch sind sie moralisch und politisch."

Damit stellen wir erneut fest, wie die widersprüchlichsten Absolutheiten zueinander stoßen können. Indem die Ideologie der Menschenrechte Recht und Freiheit auf Universalien, auf eine ‚abstrakte Vollkommenheit' gründet, untergräbt sie die Freiheiten und die konkreten Rechte der Individuen und Gemeinschaften. Indem sie verschiedene Quellen des Rechts homogenisiert, d. h. vermischt, schafft sie die (für moderne Gewaltherrschaften günstigen) Voraussetzungen zu einer ständigen Aufhebung der besonderen, differenzierten Rechte im Namen eines ‚Universal- und Naturrechts'.

Was bedeutet Freiheit für die Anhänger der Menschenrechte? Blandine Barret-Kriegel antwortet: Es ist „die Zerstörung aller Disziplin."[24] Deutlicher geht es nicht. In diesem Sinne wird die Freiheit als ein *Naturzustand* des Menschen wahrgenommen, der u. a. der Gesellschaft, der Regierungsherrschaft, der sozialen Ordnung entfremdet ist. Es ist eine ‚unbegrenzte Freiheit', die dem eigentlichen Wesen des Menschen bei Rousseau entspricht; eine Freiheit, die den Menschen aufgrund ihres individuellen, als souverän aufgefaßten Willens rechtmäßig innewohnt (souverän, sofern er mit einer absoluten Souveränität verwandt ist, die vor der Gesellschaft bestanden hat.) Diese Freiheit muß von der Regierungsmacht als eine axiomatische (unanzweifelbare) Freiheit – als eine Berechtigung anerkannt werden. Da sie einer ‚Befreiung' gleichkommt, führt sie zur Verwerfung der Zugehörigkeit und der Disziplin. Sie arbeitet der Notwendigkeit entgegen; sie bedeutet Erlösung von der Notwendigkeit. ‚Frei' ist das Individuum, dem das Recht zuer-

kannt wurde, sich von jedem Zwang zu befreien – das Individuum, dessen individuelles, angeborenes Recht über das aus einer geschichtlichen Tat hervorgehende kollektive Recht gestellt wurde.
Die Auffassung der Freiheit, der wir uns anschließen, ist eine ganz andere. In dieser Auffassung „gibt es keine allgemeine abstrakte Freiheit, sondern Freiheiten, die dem eigentlichen Wesen des Menschen gemäß zum Ausdruck kommen.“[25] Ein freier Wille existiert nämlich nicht im Abstrakten; es gibt nur Willen, die von Kräften getrieben und mit Projekten verknüpft werden. Der Freiheitsbegriff ist kein philosophischer oder moralischer, sondern ein praktischer und politischer. Die Freiheit ist dem Menschen nicht präexistent, wie ein metaphysisches Recht, das er sozusagen im Wasserzeichen seiner ‚Person‘ besäße. Sie muß vielmehr erobert werden. Sie hat keine ‚spontanen Nutznießer‘, sondern nur Stifter und Bürgen. Frei wird niemand geboren, aber manche *werden* es. Die Freiheit geht nämlich aus der Unternehmung hervor, sie einzuführen oder zu erobern. Eine solche Unternehmung können sowohl Individuen als auch Gemeinschaften geplant haben. Innerhalb der Gesellschaft muß eine eroberte Freiheit vom Staat gewährleistet werden – gegen eine staatsbürgerliche Verpflichtung seitens der Gesellschaftsmitglieder. Die ‚Freiheit an sich‘ ist nicht in der gesellschaftspolitischen Ordnung zu beobachten. Zu beobachten ist lediglich ein Netz von bestimmten Rechten und Pflichten, die einer Tradition entstammen und deren Gewähr weniger in Prinzipien als in dem Vorhandensein einer wirklichen politischen Kraft enthalten ist. Die politische Freiheit, schreibt Julien Freund, „eben weil sie politisch ist, kann sich den Voraussetzungen des Politischen nicht entziehen ... Mit anderen Worten: die politische Freiheit ist nicht nur im Staat, aber man braucht einen Staat, damit sie sich äußern kann.“[26]
Weit davon entfernt, „Zwanglosigkeit“ zu sein, „erscheint die Freiheit nur dort, wo Zwangsläufigkeit besteht; d. h. sie ist Einwilligung in oder Opposition gegen einen Determinismus.“[27] Sie bewirkt nicht, daß der Zwang beseitigt wird, sondern sie geht beim Individuum aus jenem Vermögen hervor, sich seinen eigenen Merkmalen entsprechend in Form zu setzen. Sie ist keine Ursache, sie ist eine Folge.
Die eroberten, verdienten, im einzelnen bestimmten, schließlich verbürgten Freiheiten haben stets einen kulturellen Wert, sofern sie mit staatsbürgerlichen Verpflichtungen verbunden sind. Sie stehen also niemals im Widerspruch zu den gemeinschaftlichen Rechten. „Freiheit“, schreibt der Dichter Rudolf G. Binding, „ist die freiwillige Einfügung oder Einordnung in eine höchste unter Menschen geltende Ordnung. Anders wäre Freiheit Unordnung und Anarchie. Fühle, daß sie das nicht sein kann. Wir leben unter dem Gewölbe der Freiheit wie unter einem weit gespannten Himmel, der über uns steht; aber wir

ständen im Leeren und entfielen allen menschlichen hohen Gesetzen und Rechten, wenn wir den Himmel durchstießen."[28] Für Binding gibt es freie Menschen nur innerhalb ein und derselben Ordnung. Frei ist man nur unter freien Menschen. Frei zu sein heißt, die Freiheit derjenigen anerkennen, die unter dem Himmel der Freiheit leben.

Jean-Paul Sartres Auffassung (*Der Existentialismus ist ein Humanismus*, 1946) entgegen ist der Wille zur Freiheit um der Freiheit willen sinnlos. Freiheit ist nur da, damit etwas aus ihr gemacht wird. Da das Leben immer ein Kräfteverhältnis darstellt, ist die Freiheit im Abstrakten nichts anderes als der Fuchs im Hühnerstall. Lacordaire schrieb bereits: „Bei den Starken und den Schwachen unterdrückt die Freiheit, und das Gesetz befreit." Wir müssen demnach zwischen der Freiheit-zu-tun und der Freiheit-*um*-zu-tun unterscheiden. Die erste Form ist negativ, sie zieht ab; die zweite ist positiv; sie fügt hinzu. Außerdem ist die im wesentlichen unförmige Freiheit-zu-tun mit Gleichheit unvereinbar: wenn es jedem ‚frei' steht zu tun, was er will, so werden ja nicht alle diese Freiheit gleichermaßen anwenden. Die Freiheit-um-zu-tun dagegen ist von einem bestimmten Zweck nicht zu trennen. Sie ermöglicht jedem, sich zu verwirklichen, d. h. seinen eigenen Fähigkeiten entsprechend zu werden.

In Sachen Freiheit haben die Erben der europäischen Kultur übrigens von niemandem etwas zu lernen. Der Begriff der politischen Freiheit entstand im 4. Jahrhundert vor unserer Zeitrechnung in Athen. Bei den Kelten und den Germanen nahm das gesamte Volk an den politischen Entscheidungen teil. (Dort wurde auch die Frau immer als Person angesehen.) Die konkreten Freiheiten entstanden in Rom aus dem System der gegenseitigen Leistungen, innerhalb dessen Verpflichtungen und erhaltene Dienste sich die Waage hielten. Und nicht zu Unrecht rühmte Montesquieu – bei seinem Vergleich zwischen den alten europäischen Demokratien und den orientalischen Despotismen – gerade jene aus dem Norden stammenden „tapferen Völker, die aus ihrem Land ausziehen, um Tyrannen und Sklaven zu vernichten."[29] Wir könnten sogar der Frage nachgehen, ob die öffentlichen Freiheiten wegen dieses Erbes, dieser Tradition der gemeinschaftlichen Freiheiten, heutzutage noch (relativ) besser in Nordeuropa geschützt sind als in den südlichen Ländern.

Blandine Barret-Kriegel erkennt diese „aristokratische Verkettung der Freiheiten" an. „ Es ist kein Zufall", schreibt sie, „wenn die Erhaltung der Meinungsfreiheit – man denke an das Freidenkertum – von den hohen Adligen unterstützt wurde; und es ist auch kein Zufall, wenn dort, wo die Aristokratien (im zaristischen Rußland und im revolutionären Frankreich) erniedrigt wurden, die Freiheit gleichzeitig ins Wanken geriet."[30] Dann führt sie aber eine Unterscheidung zwischen

„menschlicher Freiheit" und „bürgerlicher Freiheit" ein und schreibt: „Der freiherrliche Ursprung der individuellen Freiheit und insbesondere ihre juristische Anerkennung betreffen lediglich einen Aspekt dessen, was man als Freiheit bezeichnet: die *Unabhängigkeit*, und nicht die Befreiung; die *Autonomie*, und nicht die Emanzipierung; die Freiheiten, und nicht die Freiheit."

Gerade diese Unterscheidung kommt uns trügerisch vor. Denn die Freiheit besteht ja eigentlich in der ‚Unabhängigkeit' und ‚Autonomie'. Die ‚Befreiung' und die ‚Emanzipierung', werden sie einmal von der Unabhängigkeit und der Autonomie getrennt aufgefaßt, haben nichts mehr mit dem Kampf um Freiheiten, sondern nur noch mit Kulturpathologie zu tun. Sich von seinen Zugehörigkeiten ‚emanzipieren' zu wollen heißt, sich selbst vernichten und verleugnen. Keine Gesellschaft darf zulassen, daß in ihr im Namen der ‚Freiheit' sich Mitglieder absondern und sie zerstören.

Abgesehen davon, daß die Behauptung eines solchen Rechts auf ‚Emanzipation' den Individuen keineswegs mehr an realer Freiheit einbringt, ist sie auch dazu geeignet, die schlimmsten Gewaltherrschaften zu nähren. Wenn die Freiheit nur eine zurückzuerobernde ‚Natur' ist, kann diese Zurückeroberung als ein entferntes Ziel hingestellt werden, dessen Zielsetzung die sofortige Negierung der konkreten Freiheiten rechtfertigt. Die Revolution von 1789 mündete somit durchaus folgerichtig in die Schreckensherrschaft von 1793. Stalin wurde zu seinen Lebzeiten als der bislang größte Förderer der Freiheitsidee hochgepriesen. Die Erhöhung einer abstrakten Freiheit führt immer zur Negierung der konkreten Freiheiten, so wie die Erhöhung des ‚Menschen an sich' immer auf Kosten der Einzelnen geschieht. Das ‚Universalrecht' ist der allerschlimmste Feind der Privatrechte. Am 15. Juni 1980 äußerte Philippe Sollers in seiner Rede vor dem *Comité des intellectuels pour l'Europe des libertés* (CIEL) zu Recht: „Humanitarismus und Totalitarismus sind zwei eng verbundene Denkhaltungen; ihnen wohnt die Darstellung von jener berühmten Ganzheit inne, die das Menschengeschlecht angeblich bildet ... Es ist der Tanz um das Menschenkalb."

Die Kulturen sind in Gefahr

Der mit dem Monotheismus zusammenhängende Monohumanismus führt logischerweise zu jener besonderen Erscheinungsform des Rassismus, die auf dem *Ethnozentrismus* gründet. Zu behaupten, daß es grundsätzlich nur ‚einen' Menschen gebe, heißt letzten Endes nämlich alle Menschen nach denselben Kriterien beurteilen, sie durch das gleiche Sieb schütten. Völlig objektive Kriterien kann es allerdings nicht geben – umso weniger, als es auf kultureller und geschichtlicher Ebene kein Muster für die gesamte Menschheit gibt. Die Menschen als gleich, die Kulturen als zusammengehörig zu betrachten, ihnen die gleichen Bestrebungen und Rechte zuzuschreiben heißt, sie immer von einem *einzelnen* Standpunkt aus betrachten, dem gegenüber sie nicht gleich sein *können*. „Für den Durchschnittsmenschen", schreibt Edmund Leach, „bezeichnet der Begriff *Mensch* ‚unseresgleichen, Leute unseres Schlages', und oft ist der Anwendungsbereich einer solchen Kategorie äußerst begrenzt. Daraus folgern wir, daß es eine effektive Menschengesellschaft, innerhalb deren alle Individuen, selbst nur annähernd und in irgendeinem Sinne, untereinander gleich sind, nie gab und nie geben wird – außer daß sie winzigen Ausmaßes wäre."[31] Mit anderen Worten, der Egalitarismus besteht darin, alle Menschen als gleich zu betrachten, „unter der Bedingung allerdings, daß sie *meine* moralischen Werte akzeptieren."[32]

Und Leach schließt mit den Worten: „Möglicherweise wird eine künftige Generation aufdecken, was der verheerende Trugschluß unserer Zeit war: nachdem wir mit Hilfe der naturwissenschaftlichen Methoden entdeckt hatten, daß der Mensch als zoologische Art tatsächlich einzig ist, waren wir – mit Zwang und politischer Propaganda – bestrebt, dem Menschen als Kulturwesen und moralischer Person eine ähnliche Einheitsbedeutung aufzuerlegen, die dem eigentlichen Wesen unserer menschlichen Natur widerspricht."[33]

Die Ideologie der Menschenrechte liefert das beste Beispiel für diesen ‚okzidental-biblischen' Ethnozentrismus. An der *Allgemeinen Erklärung der Menschenrechte* fällt nämlich am meisten auf, daß sich das ‚Allgemeine' auf ihre Anmaßung, es zu werden, beschränkt. In den Werten einer *besonderen* Religion, dem jüdisch-christlichen Monotheismus, gründend, ist sie nach den Worten Marcel Boisards „ein Synthese-Kompromiß zwischen dem westlichen Liberalismus, der gegenüber der Gesellschaft abstrakte Persönlichkeitsrechte definiert, und dem Marxismus, der das Individuum durch die Bindung an die Sozialgruppe zu schützen trachtet."[34] Ebenso bemerkenswert ist übrigens, daß kein einziger Vertreter der Dritten Welt in der achtköpfigen Kommission zu finden war, die mit der Ausarbeitung dieser Allgemeinen Erklärung beauftragt worden war.

Wenn wir die seit 1948 in der UNO ratifizierten Menschenrechtskonventionen auf ihren Inhalt prüfen, so lassen sich vier kanonische Abteilungen bilden. Zunächst die Grundsätze des *habeas corpus*: Selbstverfügungsrecht, Folter- und Sklavereiverbot, Bewegungsfreiheit, Recht auf Gesundheitsschutz usw. Dann die Grundsätze des *habeas animus*:

Geistes-, Glaubens- und Meinungsfreiheit, Recht auf Bildung, freie Teilnahme am kulturellen Leben usw. Danach kommen jene Grundsätze, die nicht etwa individuelle Rechte zu legitimieren trachten, sondern die westliche demokratische Staatsform: Stimmrecht und Wählbarkeit, geheime Abstimmung, gleiches Recht auf Eintritt in den Beamtendienst usw. Zuletzt werden manche recht undeutliche soziale Rechte bekräftigt: Recht auf Arbeit, Recht „auf anständige und befriedigende Arbeitsbedingungen" (Artikel 23), Recht auf gewerkschaftliche Betätigung usw.

Es leuchtet ein, daß manche dieser Grundsätze selbstverständlich sein müssen und daß sie meistens, ohne sie weltweit verkünden zu müssen, auch in allen Kulturen selbstverständlich sind, die ihr Gleichgewicht und ihre Spezifität bewahrt haben. Andere offenbaren dagegen einen aufschlußreichen Ethnozentrismus.

Was beinhaltet beispielsweise das Recht auf Kultur und Schulunterricht? Gibt es etwa auf der ganzen Erde nur eine Einheitskultur, deren Modell überall durch ein nach westlichen Kriterien ‚zivilisiertes' Schulsystem gelehrt werden müßte? Besteht nicht in manchen Kulturen auch eine traditionelle Schulung, die außerhalb der Schule geschieht? Der Westen versucht, der ganzen Menschheit eine einheitliche Form des Unterrichts und der Wissensübertragung, folglich auch eine einheitliche Kultur und Weltanschauung aufzuzwingen.

Was ist andererseits unter ‚Sklaverei' zu verstehen? Nach Auffassung der Ideologie der Menschenrechte hört die Sklaverei auf, sobald die Arbeit mit Geld entlohnt wird. Würde aber nicht die Einfuhr einer billigen fremdländischen Arbeitskraft nach Europa – aus der Sicht eines Irokesen zum Beispiel – als neue Form der Sklaverei erscheinen? Und überhaupt: Hat die westliche Welt nicht etwa neue Formen der ‚Sklaverei' und der kollektiven Unterdrückung geschaffen, und zwar durch den wirtschaftlichen Imperialismus, die kulturelle Beherrschung und die ‚Diktatur der Medien'?

Auf diese Weise erkennen wir die Gefahr, welche die ‚universalen' Prinzipien in sich bergen. Sie schließen nämlich in juristischen Bezeichnungen sowie in typisch okzidentalischen Vorstellungen Begriffe ein, die von jeder Kultur unterschiedlich wahrgenommen werden. Mit der gesamten christlichen, dann rationalistischen Philosophie – von Thomas von Aquin bis Descartes – münden sie in dieselbe Illusion ein: sie geben vor, eine juristische und philosophische Sprache für den ganzen Planeten freizulegen. Sie wollen einen einzigen Signifikanten (Ausdrucksseite des sprachlichen Zeichens) für alle Signifikate (Inhaltsseite des sprachlichen Zeichens) finden.

Diese Verfahrensweise stößt auf allerlei Hindernisse. Die islamischen Länder zum Beispiel weigern sich, die 1962 verabschiedete Konvention über die freie Partnerwahl, das Heiratsmindestalter und die Registrierung der Eheschließung zu unterzeichnen. In dem bereits erwähnten Artikel geht Marcel Boisard übrigens der Frage nach, ob es eine typische islamische Auffassung der Menschenrechte gebe. Er stellt insbesondere fest, daß in den Ländern islamischer Kultur „die Pflicht des Individuums vor seinem Recht geht. Die soziale Qualität in höchstem Grad ist eher kollektiv als interindividuell. Jener traditionelle Gegensatz, den die abendländische Philosophie zwischen persönlichem Vorteil und Gemeingut aufstellte, ist im islamischen sozialen Denken somit theoretisch nicht anzutreffen." „Da Welt, Gesellschaft und Individuum alle, auf verschiedenen Ebenen, moralische Gebote darstellen, besteht das höchste Wohl folglich in der harmonischen Anpassung an diese Gebote." Die ‚Rechte Gottes' durch die Menschenrechte ersetzen zu wollen kann dem Islam nur widersinnig vorkommen.

Der Artikel 29 der Allgemeinen Erklärung von 1948, der einzige übrigens, in dem es um die Pflichten des Individuums gegenüber der Gemeinschaft geht, erscheint in juristischer Hinsicht besonders widersprüchlich und verworren. Der Rechtsphilosoph John Finnis beurteilt ihn als „unklar" und „vieldeutig".[35] Um welche ‚Gemeinschaft' handelt es sich eigentlich? Um die Familie, die Nation, die Firma, den Stamm? Die Erklärung hält anscheinend für eine Tatsache (oder für wünschenswert), daß alle Menschen in einer gleichartigen Sozialgruppe leben, die nach westlichem Vorbild rationell und juristisch organisiert ist. Zu den im besagten Artikel erwähnten ‚Pflichten' gehört die Berücksichtigung „der Moral, öffentlichen Ordnung und allgemeinen Wohlfahrt in einer demokratischen Gesellschaft". Die Rechte und Pflichten, die mit der wirtschaftlichen, politischen oder kulturellen Unabhängigkeit der Nationalgruppen zusammenhängen, werden dagegen in keiner Weise erwähnt.

Es gilt lediglich das ‚demokratisch'-liberal-kapitalistische Modell, das auf dem westlichen Universalismus und dem bürgerlichen Individualismus gründet, in Achtung zu bringen. Was können aber außerhalb jeder kulturellen Norm die Begriffe ‚Moral' und ‚öffentliche Ordnung' überhaupt bedeuten? Letzterer Ausdruck hat nicht einmal die gleiche Bedeutung im Englischen wie im Französischen! Der Versuch, für die gesamte Menschheit die psychischen Normen der ‚allgemeinen Wohlfahrt' (*general welfare*) nach dem Hedonismus Benthams zu bestimmen, kann auf juristischer Ebene ebensowenig ernstgenommen werden.

Indem sie das Schwinden der ethisch-kulturellen Eigentümlichkeiten legitimiert, bekräftigt die Ideologie der Menschenrechte die *Erhöhung des Lebensniveaus* – die jedem ‚gebührt' – als allgemeingültiges Ideal

und wesentliches ‚Erfolgs'-Kriterium für die einzelnen Staatsformen. In diesem Sinne ist beispielsweise der 1966 geschlossene „Pakt über wirtschaftliche und soziale Rechte" zu verstehen.
Ein solches durchaus antihistorisches Ideal ist nichts anderes, wie Jürgen Habermas es treuherzig formulierte, als eine Perspektive auf Ruhe und Befriedigung im Leben. Es steht aber keineswegs fest, ob diese Aussicht dem Wunsch aller Menschengruppen entspricht oder entsprechen muß. Das Glück hat nämlich nicht nur mit Materiellem zu tun. Es besteht auch in dem zwangsläufig *besonderen* Schicksal, das sich die Völker verleihen wollen.
Die Ideologie der Menschenrechte kann sich als eine aus dem Westen importierte Lehre nur verheerend auf die Rechts- und Verfassungssysteme der Dritte-Welt-Länder auswirken. In manchen Gesellschaften bedeutet das Auseinandernehmen der Hierarchien nichts anderes, als mühevoll errungene Gleichgewichte zu zerstören. Der Verfall der Gewohnheitsrechte, die Abschaffung jener zum Schutz der Gemeinschaften gedachten Vorrichtungen erweisen sich als ebenso verhängnisvoll. Die Verfasser der Allgemeinen Erklärung von 1948 konnten sich offenbar nicht vorstellen, daß ein persönliches Recht für einen afrikanischen Bauern nicht unbedingt die gleiche Bedeutung hat wie für einen wohlhabenden Bürger aus New-York. ‚Das Individuum zu schützen' bedeutet nicht, daß man ihm überall die Vorrechte zuweist, die im christlichen kanonischen Recht oder im angelsächsischen Jusnaturalismus verankert sind. In den ländlichen Demokratien Südamerikas führt das in ein parlamentarisches Repräsentativsystem mündende Wahlrecht dazu, das Wahlgangstertum zu fördern und das Volk der Tyrannei feudaler Politiker zu unterwerfen. In manchen afrikanischen Gesellschaften kann die ‚Bewegungsfreiheit' den Zusammenbruch der traditionellen Strukturen sowie die ‚wilde' Proletarisierung eines nicht unwesentlichen Teils der Bevölkerung hervorrufen usw.
„Im Namen der Menschenrechte", bemerkt Gilles Anquetil, „kann man ohne weiteres und ungeprüft die islamisch geprägte Rechtspflege, das Kastensystem in Indien oder unzählige afrikanische Gesellschaftsriten in den Bereich der Barbarei zurückwerfen, ohne dabei die von solchen gesellschaftlichen Vorschriften übertragenen Werte zu berücksichtigen, die eine authentische Weltordnung organisieren."[36]
Wir sind aufgrund der bisherigen Ausführungen nun berechtigt, die Verbreitung der Philosophie der Menschenrechte in den Dritte-Welt-Ländern als ein (wenigstens zum Teil) Phänomen der politisch-juristischen *Akkulturation* auszulegen sowie als Verzicht auf Normen authentischen Rechts zugunsten abstrakter ‚universaler' Normen, die im kulturellen Erfahrungsgut der betroffenen Länder auf nichts verweisen. Diese Akkulturation stellt ohne Zweifel eine Form des *Neokolo-*

nialismus dar, die im unmittelbaren Widerspruch zum Selbstbestimmungsrecht der Völker steht, im Namen dessen sich die Entkolonisierung gerechterweise vollzog.

„Die Ideologie der Menschenrechte", schreibt Gilles Anquetil ferner, „postuliert in ihrem Universalismus und durchaus kantischen Rigorismus, daß alle Menschen den gleichen Bezug zum Leben und zum Tod haben und daß man ohne Bedenken von den kulturellen und religiösen Traditionen absehen kann, die diesen Bezug bestimmen."[37] Und dennoch, „so schockierend es uns erscheinen mag, müssen wir uns damit abfinden, daß ein afghanischer Untergrundkämpfer nicht nur ausschließlich für den Triumph dessen kämpft, was wir als Menschenrechte bezeichnen. Er kämpft, um eine kulturelle Ordnung zu verteidigen, in der das Verhältnis zum gegebenen oder erhaltenen Tod, die moralischen Werte, die Zeit und das Gesellschaftsprojekt in keiner Weise dem entsprechen, worum die Abendländer kämpfen."[38]

Im Dienst des Liberalkapitalismus[39]

„Der Kern der bürgerlichen Ideologie", schreibt Louis Althusser, „ist das Paar Ökonomismus-Humanismus. Der Humanismus, wenn er kein bloßes großmütiges Gerede, sondern ein zusammenhängendes und dauerhaftes System ist, hat immer eine Kehrseite: den Ökonomismus."[40] Seinerseits schreibt Edmund Leach: „Der Mensch, dieser Einheitsbegriff von universaler Tragweite, ist in Wirklichkeit ein Unterprodukt des post-kartesianischen Versuchs, alles in dieser Welt zu objektivieren, die zwischenmenschlichen Beziehungen als Waren aufzufassen, jede Sache als quantifizierbar, voraussehbar und kausal leicht überschaubar zu betrachten."[41]

Beide Äußerungen lassen erkennen, welche Hauptfunktion die Ideologie der Menschenrechte übernimmt: nämlich die *Legitimation* (und zwar auf der höchst unanfechtbaren, sowohl ideologischen, wie auch juristischen und moralischen Ebene) einer auf der Handelstätigkeit und dem bürgerlichen Liberalismus gründenden Gesellschaftsform.

Das ‚Recht auf Glück', insbesondere auf das wirtschaftliche Glück juristisch zu garantieren, heißt letzten Endes die Moral des *make money* zu stärken. Die Freiheit, so wie die Ideologie der Menschenrechte sie auffaßt, liefert dem Liberalkapitalismus tatsächlich ein wunderbares Alibi, da sie nun mit einem ‚Recht auf das öffentliche Wohl' in Verbindung gebracht wird, das die Bewegungsfreiheit der Menschen, aber auch der Produkte, die Durchlässigkeit der Grenzen, die Zerbröcklung der kollektiven Identitäten, schließlich die Atomisierung sowie die Verwandlung der Völker in Massen beinhaltet. Diesen Massen, die bloße Additionen von Einzel-,Personen' darstellen, steht es ,frei', das ,Glück' auf dem Weg der materiellen Bereicherung und des Konsums zu finden. In der auf Konsum und Geschäft basierenden ,Freizeitkultur' ist der Trieb zum ,liberalkapitalistischen Konsum' nämlich die einzige Form für das – von der Staatsgewalt ,befreite' – Individuum, sein Recht auf ,Freiheit' und auf ,Glück' geltend zu machen; das einzige, ihm zur Verfügung stehende Mittel, um seine Existenz zu verwirklichen, um seine Persönlichkeit unter Umständen zurückzufinden, die ihm keine organische Gruppe, kein mobilisierendes politisches Projekt, keine Volksangehörigkeit mehr geben können noch dürfen. Die unter ihrem doppelten Aspekt von *transnationaler Zivilisation* und wirtschaftlichem Makrosystem aufgefaßte liberalkapitalistische Gesellschaft findet demnach ihre Berechtigung in dem Ideal des auffallenden Konsums (*conspicuous consumption*), das ,befreite' und ,verglückte' Individuen erzeugt.

In *Technik und Gesellschaft als ,Ideologie'* weist Jürgen Habermas darauf hin, daß die liberalistische Gesellschaft ebenso wie – allerdings etwas später – die sowjetische durch die Erweiterung von „Sub-Systemen zweckrationalen Handelns" gekennzeichnet ist. Max Weber weist seinerseits nach, daß in einer solchen Gesellschaft die Kohäsion nicht mehr durch politische Führung erfolgt, sondern durch eine dezentralisierte *Selbstregulierung* technokratischen Wesens. Der Konsens beruht dann auf der *praktischen* Einwilligung der Individuen in eine Lebensweise, auf die sie nicht mehr verzichten können; diese Einwilligung geschieht auf der Ebene der Sub-Systeme, und nicht mehr auf allgemeiner Ebene. (Diese integrierenden Sub-Systeme können u. a. der Betrieb, die Berufssphäre, die Vereinstätigkeit, die Welt des Autos, die häusliche Sphäre sein.) Um seine Herrschaft zu behaupten, braucht das System folglich keinen politischen Diskurs und keine ,nationalen' mobilisierenden Mythen mehr. Aus dieser Tatsache ergibt sich eine Entpolitisierung und Entnationalisierung der bürgerlichen Gesellschaft – was Max Weber als deren ,Säkularisierung" bezeichnete. Die Legitimation der gesamten Gesellschaftsstruktur durch *politische* Argumentation oder „fraglose Traditionen" weicht einer Legitimation durch *wirtschaftliche* Ideologien (wie Louis Dumont es nachwies) oder durch private Ethiken, die eine materielle Lebensauffassung rechtfertigen (und sich selbst an dem mechanistischen und ökonomistischen Aspekt des internationalen zu legitimierenden Systems orientieren).

So unterschiedlichen Autoren wie Max Weber, Arnold Gehlen, Helmut Schelsky oder Martin Heidegger zufolge beruht das allgemeine System der liberalkapitalistischen Gesellschaft letzten Endes auf einer Deutung der Wissenschaft und der Technik als Tätigkeiten, die dem

Einzelnen zweckrational zu seinem ‚ökonomischen' Glück verhelfen sollen. Es kommt also darauf an, über eine Theorie zu verfügen, die eine Synthese der beiden Schlüsselbegriffe *Glück* und *Rationalität* in höchstem Maße bestätigt. Die Theorie ist die Ideologie der Menschenrechte.

Aus der Sicht ihrer Urheber weist die Ideologie der Menschenrechte mehrere Vorteile auf. In erster Linie besitzt sie ein *moralisches* Wesen, kraft dessen sie zumeist auch dort annehmbar ist, wo ein rein ‚technokratischer' Diskurs unter Umständen schlecht angenommen werden würde. „Die Lösung technischer Aufgaben", schreibt Habermas, „ist auf öffentliche Diskussion nicht angewiesen. Öffentliche Diskussionen könnten vielmehr die Randbedingungen des Systems, innerhalb dessen die Aufgaben der Staatstätigkeit als technische sich darstellen, problematisieren." Außerdem verdeckt diese Ideologie die Macht- und Bedeutungslosigkeit des politischen Diskurses einer führenden Klasse, die – da sie eine immer mehr durchökonomisierte Gesellschaft ‚auf Sicht' steuert – jeglichen legitimierenden ideologischen Diskurs vom herkömmlichen Typ entbehrt. Mit anderen Worten: In dem Augenblick, da die moderne Zivilisation, die ja auf allen Ebenen ihrer Sub-Systeme – mit Ausnahme der Erfahrungsebene – umstritten ist, keine politische Ideologie zu deren Legitimation findet, vermag nur noch die Lehre der Menschenrechte einen Konsens zu schaffen, und zwar in der (etwas lockeren) Form des *kleinsten gemeinsamen ideologischen Nenners*.

Daß die Ideologie der Menschenrechte größtenteils als eine amerikanische Ideologie hervortritt, ist unter diesen Bedingungen folgerichtig. Es ist nämlich kein Zufall, wenn die Vereinigten Staaten gleichzeitig die größten Anhänger des liberalkapitalistischen Gesellschaftsmodells sind; und wenn die zentralen Begriffe der liberalistischen Rechtsphilosophie zur Theorie der amerikanischen kapitalistischen Praxis wurde – oder genauer zum legitimierenden Kodex eines Signifikats, das nichts anderes als der Handelsaufschwung der USA ist.

Das hauptsächlich biblische Wesen der amerikanischen Ideologie der Anfänge erwies sich in dieser Hinsicht als prädisponierendes Element. „Die dialektische Verwandtschaft des amerikanischen Grundgesetzes mit dem mosaischen Gesetz drängt sich einem beinahe auf", schreibt Pol Castel. Dem fügt er hinzu: „Es ist kein Zufall, wenn die amerikanische Demokratie so viele Ähnlichkeiten mit der ersten hebräischen Regierung aufweist, denn die Founding Fathers waren mit der biblischen Welt hinlänglich bekannt" (*Le Monde*, v. 4. Juni 1979).

In *Le Monde diplomatique*[42] bemerkt Cao Huy Thuan seinerseits: „Die Menschenrechte bilden in der amerikanischen Öffentlichkeit das Fundament einer politischen Philosophie, ihr Wesen, ihre Nahrung ... Von John Quincy bis J. F. Kennedy ist der *Moralismus* ein wichtiger Bestandteil der amerikanischen Politik. Jede Zunahme des amerikanischen Einflusses fällt mit einer Rückkehr der idealistischen Begeisterung zusammen. In keinem anderen Land ist der Moralismus so ausgeprägt wie in den Vereinigten Staaten." Die Präsidentschaft ‚Jimmy' Carters bekräftigte dies bekanntlich aufs beste.

Die 1776 in Philadelphia unterzeichnete Unabhängigkeitserklärung von Amerika postuliert: „Folgende Wahrheiten erachten wir als selbstverständlich: daß alle Menschen gleich geschaffen sind; daß sie von ihrem Schöpfer mit gewissen unveräußerlichen Rechten ausgestattet sind; daß dazu Leben, Freiheit und das Streben nach Glück gehören' daß zur Sicherung dieser Rechte Regierungen unter den Menschen eingesetzt werden." Es ist wahrlich schwierig, in so wenig Sätzen soviel Unsinn auszusprechen. Daß „alle Menschen gleich geschaffen sind", stimmt nicht – und die Überlegung, ob es gut ist, daß sie es werden, kann nur subjektiv sein: Nur der Mensch ist wirklich Schöpfer, und er kann nicht von ‚Natur aus' mit irgendeinem Recht oder irgendeiner Pflicht ausgestattet worden sein. Die Regierungen wurden nicht nur eingesetzt, um die persönlichen Rechte zu sichern; sie setzten sich vielmehr selbst ein, um verschiedenen Verpflichtungen nachzukommen, allen voran der Pflicht, den Völkern ein Schicksal zu verleihen. Was die „selbstverständlichen Wahrheiten" betrifft, sind sie ebenso wenig wirklich und „selbstverständlich" wie die goldenen Berge oder die sechsfüßigen Einhörner. Aber die ganze Ideologie der Menschenrechte ‚keimt' bereits in diesen Behauptungen.

Es sei in diesem Zusammenhang festgestellt, daß die im Schoße der Französischen Revolution von 1789 entstandene Philosophie der Menschenrechte – eine rousseauistische, wenig ökonomistische und mehr politische Philosophie – von der amerikanischen stark abweicht. Sie ist weniger individualistisch, weniger universalistisch und drückt nicht gleich ein und denselben Wunsch nach einem Abschluß der Geschichte aus. Neben ihrer Theorie über den ‚Menschen an sich' weist sie dem positiven Begriff des *Staatsbürgers* eine große Bedeutung zu.

Vielleicht deshalb berufen sich die bedeutendsten Theoretiker der Menschenrechte heute eher auf die amerikanische als auf die Französische Revolution. Hannah Arendt zum Beispiel, deren Lebensweg sie in die Nähe des Marxismus brachte und die schließlich die amerikanische Auffassung der Menschenrechte[43] verteidigte, lehnt die Praxis der Französischen Revolution entschieden ab. Freiheit mit revolutionärer Gewalt zu sichern, ist für sie unannehmbar. Die Freiheit muß auf einem ununterbrochenen Gesellschaftsprozeß gegründet sein. Dadurch daß sie sich von vornherein Lockes Bourgeoisismus und Benthams Utilitarismus (u.a. Ablehnung der historisch *gründenden* Revolutionen; Wille, die Menschenrechte auf „eine spontane gesellschaftliche Organisation" und nicht auf einen politischen Bruch zu gründen) anschließt, verwirft H. Arendt den polemischen Begriff der Gesellschaftsklasse; und das führt sie dazu, das Problem der wirtschaftlichen Beherrschung und der sozialen Entfremdung nahezu völlig zu vertuschen. „In den Vereinigten Staaten von 1776", schreibt sie, „behielt der Begriff ‚Volk' (*people*) die Bedeutung der Vielzahl, deutete die unendliche Mannigfaltigkeit einer *Vielheit* an, deren Größe in ihrer Pluralität bestand." Diese Andeutung ist ebenfalls aufschlußreich. Die ‚Vielheit' ist nichts anderes als die heterogene und ‚individualisierte' *Menge*, wo jedem frei steht, ‚glücklich zu sein' und wo der ideale gesellschaftliche Raum der konsumierenden Kundschaft entsteht, auf die der Liberalkapitalismus angewiesen ist. Hannah Arendt wird somit dazu gebracht, aus der Ideologie der Menschenrechte das Instrument einer *Klassenkollaboration* zu machen, und bekräftigt gleichzeitig das Interesse, das die amerikanischen Wirtschaftskreise dieser Philosophie entgegenbringen.

Bemerkenswert ist in diesem Zusammenhang, daß der Marxist Jürgen Habermas, dem wir immerhin eine interessante Kritik des bürgerlichen Rechtswesens und des Humanitarismus der individuellen Rechte verdanken, einen ähnlichen Standpunkt wie Hannah Arendt einnimmt. Ebenso wie sie hält er der Französischen Revolution ihre ‚Heftigkeit' und ihre ‚griechischen Gedanken' vor. Ebenso wie sie vertritt er die Ansicht, daß gerade aufgrund der ‚sozialen Frage', die den ursprünglichen USA fremd war – die Revolutionäre von 1789 gezwungen waren, über den Menschenrechten eine politische Souveränität wiedereinzuführen, die er an sich als ein Übel betrachtet.

Die Verwirklichung der weltbürgerlichen Ideologie der Menschenrechte führt nämlich zu einer Einschränkung der politischen Souveränität der nationalen Staaten. Mit Bezug auf Montesquieu befürwortete Jean-Marie Benoist noch vor kurzem eine Art „Richterregierung" für Europa.[44] Nationale oberste Gerichtshöfe, die einem ‚europäischen obersten Gerichtshof' unterstünden, müßten auf alle Hemmnisse aufmerksam machen, mit denen die Regierungen den vollen Genuß der Menschenrechte erschweren könnten. Solche auf dem zweideutigen Prinzip der ‚Gewaltenteilung' gründenden Auffassungen könnten nur zur Einsetzung eines Obersten Weltgerichtshofes führen – eines ungeheuren, gegen die nationalen Mächte und Regierungen und besonders gegen diejenigen gerichteteten Gleichschaltungsapparat, die sich von den beiden amerikanischen und russischen Supermächten am meisten selbständig gemacht haben.

Der Vorrang der individuellen Rechte vor den nationalen Souveränitätsrechten ruft gegenwärtig eine gefährliche Erscheinung hervor: *die Ablösung der politischexekutiven Kategorie durch die juristische.* Indem sie im Namen einer moralischen ‚Weltinstanz' die Macht der nationalen Staaten einschränkt, zielt die Ideologie der Menschenrechte darauf ab, das Politische um seine Vorrechte zu bringen und es einer höheren juristischen Entscheidungsinstanz zu unterwerfen. Daß das Politische und sein Wesen den zersetzenden Praktiken eines metaphysischen, abstrakten Rechtswesens untergeordnet wird, führt zur Diktatur der Juristen über die Regierenden. Diese Unterordnung schließt die Absetzung der Staatsräson in sich; sie bekräftigt den Untergang des Politischen. Der eigentliche Begriff der ‚menschlichen Person', auf den die Ideologie der Menschenrechte so großen Wert legt, ist ein *juristischer*: das Recht ist die ‚natürliche' Quelle einer Theorie der Person, die das Individuum in erster Linie als Besitzer von Rechten kennzeichnet.

Schon in frühgeschichtlicher Zeit versuchte man in dem einen oder anderen Fall durch Einsetzung einer Nomokratie zu verhindern, daß die politische Macht sich für ‚allmächtig' erklärt und mit ‚Gott wetteifert'. Moses war der erste, der die Trennung zwischen dem Politischen und dem Richterlichen sowie die Unterordnung des ersten unter das zweite befürwortete. In Kanaan ist der Richter oberster Führer in Friedens- und Chef der Exekutive in Kriegszeiten. Die Regierungsmacht müßte demnach dem Gesetz untergeordnet sein und das Gesetz müßte das Abbild von Jahwes Gesetz sein. Dieses Thema wird heutzutage nach allen Seiten ausgebeutet. Das Recht drückt dann, wie Nietzsche es treffend darlegte, nichts anderes als einen ‚Willen zur Macht' aus: es dient dazu, die politisch-exekutive Souveränität zugunsten derjenigen Macht zu vernichten, die sich ihrer zu bemächtigen versucht.

Zur Zeit des Augustinus und Gregors VII. hatte schon die Kirche die christliche Theorie der Menschenrechte dazu benutzt, sich von der politisch-exekutiven Macht zu emanzipieren. Die im 18. Jahrhundert auf ideologischer Ebene erneut aufgetretene Unterordnung des Politisch-exekutiven – gegenüber dem Juristischen – nahm im vorigen Jahrhundert mit dem Konstitutionalismus zu. Die politische Tätigkeit wurde immer auf die gesetzgebende reduziert; jeder politische Konflikt unterstand dem gerichtlichen Beschluß usw. Diese Entwicklung führte zum heutigen sogenannten *Rechtsstaat*. „Nicht nur, daß das gesamte Recht mit dem Gesetz völlig übereinstimmt; das Gesetz gilt außerdem als politische Tätigkeit bzw. als politisches Tätigkeitsfeld."[45] Die Verrechtlichung des internationalen Menschenrechtsschutzes wurde mit der

Gründung des unheilvollen *Völkerbundes* (1919) konkretisiert, der 1945 von der Organisation der *Vereinten Nationen* abgelöst wurde.

Die Rechtstheorie, an die sich die Ideologie der Menschenrechte anschließt, ist selbstverständlich die ‚Naturrechtstheorie'. Wir legten bereits dar, weshalb wir diese Theorie als irrig betrachten. Wir sind nämlich der Überzeugung, daß es keinen extrinsischen (außen liegenden) Rechtsdeterminismus gibt, keine rechtliche Verbindlichkeit, die sich aus einer dem Menschen fremden Ordnung ergibt. Die vom Recht gegründete Ordnung ist ursprünglich immer eine *gewollte* und *konventionelle*; sie wird durch stillschweigende oder ausdrückliche Übereinkunft eingesetzt. Sie ist also beliebig veränderbar und modifizierbar, je nach dem Willen und den Wahlentscheidungen der Menschen. Das Recht ist im eigentlichen Sinne etwas *Künstliches*; und hierin ist es rein menschlich. Demnach kann von Rechtsgültigkeit nur innerhalb einer bestimmten Gemeinschaft die Rede sein. „Das Gesetz im juristischen Sinne ist nicht universal", unterstreicht Julien Freund. „Es gilt räumlich und zeitlich nur innerhalb der territorialen Grenzen der politischen Autorität, die den unmittelbaren Zwang ausüben kann. Seine Gültigkeit ist auf eine politische Einheit beschränkt."[46] Außerdem bezweckt das Recht nicht etwa die ‚Gerechtigkeit an sich', sondern die *konkrete Rechtlichkeit* in einer Reihe von bestimmten Fällen. „So wie das Recht Vermittlung ist und die Verhältnisse zu den anderen bestimmt, so stellt die Rechtlichkeit keine Gerechtigkeit an sich dar, sondern eine Haltung, die die Freiheit und die Interessen eines jeden achtet."[47]

Wir geraten deshalb nicht in den juristischen Positivismus, dem zufolge das Recht einzig das Ergebnis des Willens ist, der es gründet. Das hieße letzlich die Ansicht vertreten, daß alles, was eine konstituierte Behörde entscheidet, gerecht ist; das Recht würde nicht mehr die (zur Ordnung beitragende) Rechtlichkeit bezwecken, sondern lediglich die Ordnung. Das hieße ebenfalls, auf andere Art in die Vormachtstellung des Gesetzes zurückfallen, über das bereits Platons Hippias aussagte, es könne zum „Tyrannen des Menschen" werden (*Protagoras*). Das Recht enthält auch eine Wertkomponente: ein Gesetz muß, um gerecht zu sein, den spezifischen Werten der Kultur oder des Volkes entsprechen, in dem und für das es geschaffen wurde.

Von daher ist es offensichtlich, daß die Destrukturierung der politischen Macht den Zusammensturz des Rechts insofern hervorruft, als dieses nicht mehr anwendbar ist. Das Recht hat nämlich kein ureigenes Wesen. Tritt es einmal zutage, so gibt es Anlaß zu einer autonomen Tätigkeit, deren spezifisches Mittel das Prozeßverfahren ist, aber es vermag nicht, sich selbständig zu konstituieren. „Das Recht hat nur dann einen Sinn, wenn ein politischer Wille die Gesellschaft in Kenntnis setzt, daß sie sich konstituiert, sich eine Regierungsform verleiht, das heißt *ihre* Ordnung bestimmt."[48] Deshalb kann das Gesetz als Instrument der Ordnung diese nicht aus sich heraus stiften oder sie allein aufrechterhalten. „Gesetze bestehen nur dort, wo es eine gegründete Republik gibt", schrieb Hobbes. Das liegt daran, daß der zur Verwirklichung der Gesetze notwendige Zwang dem Recht nicht innewohnen kann; er wird ihm von außen beigefügt. Das an sich normende und vorschreibende Recht besitzt weder die Mittel noch die Macht, das, was es verordnet, aufzuzwingen oder einhalten zu lassen. Das bedeutet aber nicht, daß das Politische das Vollstreckungsmittel des Rechts ist. Das heißt vielmehr, daß sich das Politische das Recht *gefügig* macht, sofern nur jenes dieses verbürgern kann. So wird jener alte Gegensatz von Macht und Gesetz gelöst. Die politische Macht darf nicht an die Stelle des Rechts treten: es wäre die Willkür. Oder auch das Recht darf nicht die politische Macht ersetzen: es wäre die Ohnmacht. „In einem Rechtsstaat, wo ausschließlich das Gesetz regieren würde", schreibt ferner Julien Freund, „wäre das Recht machtlos und die Politik gelähmt."[49]

Auch die von den Verfechtern der Menschenrechtsideologie häufig vertretene Auffassung, wonach das Recht die Macht ausschließe, wonach der Rechtsstaat den Frieden sichere (da der Rückgriff auf das Gesetz genüge, den Konflikt auszuschließen) ist reine Absurdität: die Konflikte rühren nämlich aus der Unterschiedlichkeit von Kräften, die das Recht nur dann zügeln kann, wenn es sich selbst auf eine Macht stützt. Deshalb ist „Friede eine in erster Linie politische Sache, keine juristische. Erst wenn das Politische es vermag, die Gewalt sowohl innen als auch außen zunichte zu machen, kann es Lösungen auf dem rechtlichen Weg erzwingen".[50] Der tatsächliche Schutz der Freiheiten kann nur dann erfolgreich sein, wenn er auf politischer Ebene vorgenommen wird. Die Sicherung der Freiheiten setzt ein Kräfteverhältnis voraus, das für denjenigen, der sie schützen will, vorteilhaft ist.

Ganz anders verhält es sich natürlich mit der Ideologie der Menschenrechte, die sich von vornherein auf der moralisch-juristischen Ebene definiert, die das Recht dazu führt, seine eigene Sphäre auf Kosten des Politischen zu verlassen. Je mehr sich das Recht aber ausdehnt, umso mehr verdünnt es sich. Je mehr vom Recht ‚die Rede' ist, umso mehr sieht es seine Macht dahinschwinden. Für die Menschen wie für die Nationen sind begrenzte, genau beschriebene und gekennzeichnete Rechte besser als ein anspruchsvolles, egalitäres, ‚universales Recht', für dessen Anwendung keine Einschränkung, keine historische Tradition bürgen. Das Recht, das einem Menschen nur deshalb zugesprochen wird, „weil er ein Mensch ist", ist nichtig; wird dieses Recht nicht anerkannt, und schon kann keiner den Vorteil davon genießen. Nur diejenigen Rechte, die von einer politischen Macht geschützt werden oder die zu schützen sich eine politische Macht entschließt, können effektiv anerkannt und verwirklicht werden.

Schon ein kurzer Blick auf die jüngste Vergangenheit zeigt, daß sich die Ideologie der Menschenrechte beim Schutze der konkreten Freiheiten als völlig wirkungslos erwies. Sie ist freilich bestens darauf eingestellt, die westlichen Länder, in denen sie ins Leben trat, zu destrukturieren; es gelang ihr aber andererseits nicht, z. B. mehr reale Freiheit in den Ländern einzuführen, die unter sowjetischer Herrschaft stehen. Kurz nach dem russischen Einfall in Afghanistan sabotierte sie 1980 die Olympischen Spiele von Moskau im Namen des ‚Weltgewissens' und zur ‚Sanktion': sie trug letzten Endes nur dazu bei, den olympischen Geist zu vernichten.[51] In einzelnen Fällen konnten die Verfechter der Menschenrechte die Medien auf das Schicksal des einen oder anderen ‚Dissidenten' aufmerksam machen. Diese Proteste halfen dennoch nichts (außer wenn die UdSSR es für politisch einträglich hielt, ‚eine Geste zu machen').

Während Carters vierjähriger Präsidentschaft machten die USA den Schutz der Menschenrechte zum Dreh- und Angelpunkt ihrer ‚Außenpolitik'. In einer seiner vertraulichen Mitteilungen, auf die er sich ausgezeichnet verstand, gab Carter sogar zu erkennen, daß „der amerikanische *leadership* auf diesem Gebiet dazu beitragen würde, das moralische Prestige der Vereinigten Staaten, das während des Vietnam-Kriegs stark in Mitleidenschaft gezogen worden war, wiederherzustellen."[52] In der Folge gestartete Initiativen führten allerdings, in der Hauptsache, zur allseitigen Begünstigung der strategischen Interessen Rußlands.

Die Sowjetunion erkennt durchaus die Menschenrechte an. Mehrere Artikel ihrer neuen Verfassung nehmen ausdrücklich Bezug auf sie. Auch in Frankreich trug die Kommunistische Partei Anfang 1980 kein Bedenken, eine Kommission zum Schutz der Freiheiten und der Menschenrechte zu gründen. Ihr Vorsitzender, Georges Marchais, erklärte: „Der Kampf für die Menschenrechte ist für uns eine natürliche Sache, eine Selbstverständlichkeit."[53]

Hierbei handelt es sich allerdings nicht um die gleichen Rechte und vor allem nicht um den gleichen Menschen. So durften wir perplex zusehen, wie das westliche Lager echte strategische Zugeständnisse gegen einfache Absichtserklärungen (siehe die Gespräche über die Begrenzung der strategischen Rüstung SALT II) tauschte oder wie es auf der Konferenz von Helsinki die Teilung Deutschlands und die aus Jalta hervorgegangene Spaltung Europas, d. h. den Freiheitsentzug in den osteuropäischen Ländern billigte – gegen mündliche Versprechungen, die nie gehalten wurden. Am 17. März 1977 erklärte ‚Jimmy' Carter vor der UNO: „Die grundlegende Neu-Orientierung der Weltpolitik auf menschlicher Ebene schließt eine weltweite Forderung nach Einhaltung der Menschengrundrechte in sich. Die USA sind aufgrund der historischen Entwicklung, die ihr Entstehen lenkte, berechtigt, an diesem Prozeß teilzuhaben ... Das amerikanische Volk hat sich unwiderruflich dazu verpflichtet, für die Verwirklichung dieser Ideale zu sorgen." Wir konnten mittlerweile wahrnehmen, wohin diese ‚Verwirklichung' führte.

In seinem *Lettre aux giscardo-gaullistes sur une certaine idée de la France* (1980) verurteilt Alain Griotteray mit großer Sachlichkeit jene „seltsame Verwirrung des Volkes, die Politik auf Mildtätigkeit beschränken möchte."[54] „Unser Land", schreibt er, „mußte für seine Leichtgläubigkeit schwer büßen. Davon ist es heute abgekommen und hütet sich zu Recht vor jeder Politik mit universalistischen und moralisierenden Bestrebungen."[55]

Das gute Gewissen des Humanitarismus beklagt arglos, daß „die Menschenrechte seit ihrer juristischen Verankerung in höherem Maße verunglimpft werden." Wir möchten aber darauf hinweisen, daß die konkreten Freiheiten eines jeden Volkes zwangsläufig von dem Augenblick an zurücktreten mußten, da man sie durch ein ‚universales Recht' und eine abstrakte ‚Freiheit' zu ersetzen versuchte, die viel leichter zu verletzen waren. Indem die Ideologie der Menschenrechte so unklare Begriffe wie das ‚Gemeinwohl', die ‚Demokratie', das ‚Sanitätswesen' oder die ‚Moralität' als Prinzipien aufstellt, verhilft sie den tyrannischen Regierungen dazu, alle Hemmnisse zu überwinden, die die Gewohnheits- und Lokalrechte für sie darstell(t)en. Die neue chinesische Verfassung, die das ‚Recht der freien Meinungsäußerung' und des ‚freien Schriftverkehrs' garantiert, konnte beispielsweise das (konkrete) Recht zum Anschlagen der *dazibaos* dadurch aufheben, daß sie sich auf die Theorie der Menschenrechte stützte.

Einige schwarzafrikanische Staaten der nachkolonialen Zeit, die die Allgemeine Erklärung von 1948 unterzeichnet hatten, verzichteten gleichzeitig auf ihr herkömmliches Gewohnheitsrecht – da sie es viel lieber hatten, nur noch an drei Seiten eines philosophischen und moralisierenden Diskurses gebunden zu sein. Und wir sprechen hier lediglich von den politischen Freiheiten des klassischen Typs: den sprachlichen, kulturellen u. a. Freiheiten ist die Ideologie der Menschenrechte bekanntlich völlig gleichgültig, wenn nicht feindlich gesinnt.

Daß die juristischen Begriffe des angelsächsischen biblischen Demokratismus weltweit übernommen werden, erweist sich nicht nur als völlig fruchtlos für die Besserung der Verhältnisse; diese Entwicklung kennzeichnet unseres Erachtens auch einen eindeutigen Verfall des

Rechts, der übrigens auch mit dem Rückgang des Politischen zusammenhängt. Da das Recht allmählich aufhört, praxisbezogen zu sein, an Bräuche oder an überlieferte und vererbte Rechtssprechungen gebunden zu sein, wird es moralisch und ideologisch. Zum Thema wissenschaftlicher Abhandlungen umgewandelt, der Unaufgeklärtheit von Journalisten und Meinungsmachern zur Speisung gegeben, erweist es sich als völlig unfähig, seiner Aufgabe in aller Form gerecht zu werden. Damit die Völker und die Sozialgruppen sich von der wirtschaftlichen Herrschaft und der – auf die liberalkapitalistische Gesellschaftsform zurückgehende – soziokulturelle Entfremdung freimachen, müssen sie eine antiindividualistische Ideologie und Strategie übernehmen, wo die *Widerstands*räume möglichst von einem Befreiungswillen beherrscht sowie strukturiert werden, der nur souverän und politisch sein kann. Zu einer entgegengesetzten Haltung drängt leider die Ideologie der Menschenrechte, deren pseudo-befreiender Diskurs sich letzten Endes für das gesamte System verbürgt, indem er dieses anscheinend nur punktuell, auf der oberflächlichen unwesentlichen Ebene der formalen Semiologie anficht.

Rückkehr zum bürgerlichen Humanitarismus

Die Ideologie der Menschenrechte bildet heute den Sammelpunkt aller egalitären, sowohl religiösen wie auch weltlichen Strömungen nicht nur, weil die jetzige ‚egalitäre Zivilisation' eine theoretische Legitimation im höchsten Grad braucht, sondern auch weil das Thema der Menschenrechte sozusagen eine gemeinsame Entwicklungsschicht innerhalb ihres Diskurses ausmacht. Liberale und Rationalisten französischer oder angelsächsischer Tradition, gemäßigte Sozialisten, Kantianer, Marxisten, Anhänger der christlich-sozialen Bewegung, ja sogar traditionalistische Christen, alle erlebten irgendwann im Verlauf ihrer ‚ideologischen *Geschichte*' den rationalen Idealismus der Menschenrechte. Und aus diesem Grunde eignet sich dieses Thema besonders dazu, sie ökumenisch zusammenzubringen, zu einem Zeitpunkt, wo sie es am meisten nötig haben.
Nur die Ideologie der Menschenrechte war nämlich in der Lage, auf einer breiten *Rückzugstellung* eine westliche Intelligenzija neuzugruppieren, die seit etwa zehn Jahren durch das Abbröckeln ihres theoretischen Diskurses sowie den wiederholten Zusammenbruch ihrer politischen und gesellschaftlichen Modelle völlig ratlos geworden war.
Daß heute Marxisten und revolutionäre Sozialisten, deren Lehrgebäude einst den „kleinbürgerlichen Idealismus" (Lenin) und den „Forma-

lismus“ zu überwinden begehrte, erneut zum Schutz der Menschenrechte ansetzen, zeugt von einem unbestreitbaren theoretischen Rückzug des egalitären Denkens. Dieser Rückzug, dieser ideologische Widerruf fällt mit der Entwicklung des Egalitarismus, von einer dialektischen Phase zu einer soziologischen, zusammen. Die im 18. Jahrhundert eingeleitete dialektische Phase zeichnete sich durch intellektuelle Findigkeit aus: die Formulierung der Ideen ging ihrer politischen und gesellschaftlichen Umsetzung voraus. In der soziologischen Phase läuft die massive Verbreitung der egalitären Lebensformen sowie der Triumph des bürgerlichen Typus parallel zum Rückgang der revolutionären ideologischen Formulierungen und zum erneuten Aufkommen einer pseudo-humanitären Sensibilität: dann steuert das soziale Geschehen die Ideen, und nicht umgekehrt. Die egalitäre Ideologie hört damit auf, erfinderisch zu sein. Sie beschränkt sich auf ‚bescheidene‘ Formeln. Sie zielt auf Homogenisierung und Vermassung hin. Die Ideologie der Menschenrechte, als Diskurs eines Weltbürgertums und *Sinn* dieses Projekts, bildet die *Axialform* dieser ‚Vermassung‘ der Ideen.

Die intellektuellen Flugbahnen einiger französischer Ex-Marxisten oder Ex-Gauchisten – ob es sich um die Gruppe ‚Dire‘ an der Universität Vincennes handelt oder um die früheren Situationisten, um Henri Lefebvre und Roger Garaudy, um B.-H. Lévy und André Glucksmann, ja sogar um Maurice Clavel und Jean-Paul Sartre – verdeutlichen diese ‚heilige Allianz‘, die sich um die Ideologie der Menschenrechte abzeichnet (und die vor nicht allzu langer Zeit jene ‚antibürgerlichen‘ Gurus der sechziger Jahre recht erheitert hätte).

Auf Seiten der Christen ist die Entwicklung besonders bemerkbar. Vor allem das katholische Christentum bekämpfte lange Zeit die Philosophie der Menschenrechte – zu deren Gründung es dennoch in hohem Maße beigetragen hatte – als diese Philosophie dazu überging, das ‚Naturrecht‘ nicht mehr auf einer geoffenbarten Moral, sondern auf westlichen Prinzipien zu gründen. Heute aber muß das – einen Teil der Vergangenheit übersehende – Christentum sich nicht verweltlichen, um im Evangelium eine *zivile* Moral zu finden, die auf dem ‚Naturrecht‘ und auf dem Vorrang des Individuums gründet. Pater Michel Lelong durfte vor wenigen Jahren sogar schreiben, daß die Einwilligung in die Philosophie der Menschenrechte ein wichtigeres Kriterium zur Beurteilung der einzelnen Lehrgebäude darstelle als die Haltung zum Apostolischen Glaubensbekenntnis. Die unter der Schirmherrschaft des Abbé Pierre und Vladimir Jankélévitch stehende Vereinigung ‚Droits de l’homme et solidarité‘ äußerte unlängst den Wunsch, unter diesem Moto Katholiken und Freimaurer zusammenzubringen. Was Papst Johannes Paul II., den würdigen Fortsetzer des Verhaltens von Papst Paul VI., betrifft, tritt er auf seinen Reisen ebenfalls immer wieder für die ‚Menschenrechte' ein.[56]

In der strengmarxistischen Tradition, die zwischen ‚formalen' (bürgerlichen) Freiheiten und ‚realen' (sozialistischen) Freiheiten unterschied, wurde die Ideologie der Menschenrechte noch vor einiger Zeit verworfen, weil sie einer historisch überholten Phase entspreche. Im *Manifest der Kommunistischen Partei* (1848) sprach Marx seinen berühmten Fluch aus: „Aber streitet nicht mit uns, indem ihr an euren bürgerlichen Vorstellungen von Freiheit, Bildung, Recht usw. die Abschaffung des bürgerlichen Eigentums meßt. Eure Ideen selbst sind Erzeugnisse der bürgerlichen Produktions- und Eigentumsverhältnisse, wie euer Recht nur der zum Gesetz erhobene Wille eurer Klasse ist." Unter den heutigen, mehr auf humanistischen Anstand bedachten Marxisten sind es immer weniger, die auch das bürgerliche Recht als Diskurs wirtschaftlicher Legitimation verwerfen – obwohl diese Verwerfung einen der interessantesten Aspekte der marxistischen Analyse darstellt. Man könnte diese Analyse übrigens wiederaufnehmen und dabei nachweisen, daß sich die Legitimation weniger auf eine Klasse bezieht als auf eine Funktion: auf die ökonomische und kaufmännische Funktion. Die Kritik am ‚bürgerlichen humanitären Recht' ziemt sich heute nicht mehr, seitdem die Revolution in Verdacht gekommen ist, sich dem ‚Glück' zu widersetzen.

Der Verzicht auf den Antihumanismus geht nicht auf die Stimmungen eines R. Garaudy zurück. In Wirklichkeit läutete die Frankfurter Schule schon vor dem Krieg die enttäuschte und schmerzvolle Rückkehr zur Ideologie der Menschenrechte ein, der sich ein großer Teil der heutigen Linksintelligenzija mittlerweile angeschlossen hat. Ernst Bloch war einer der ersten, die die Rückkehr zur Bibel und den Verzicht auf jegliche revolutionäre Perspektive priesen. Dann folgte Erich Fromm. Was Max Horkheimer, einen der hervorragendsten Vertreter dieser Bewegung, betrifft, ist seine Entwicklung besonders aufschlußreich. Im Jahre 1933 ist er noch orthodox, wenn er in *Materialismus und Moral* schreibt: „Der Aufruf zur Moral ist machtloser denn je, aber es bedarf seiner auch nicht. Im Unterschied zum idealistischen Glauben an den ‚Ruf des Gewissens' als entscheidende Kraft in der Geschichte ist diese Hoffnung dem materialistischen Denken fremd." 1970 äußert er aber in *Kritische Theorie gestern und heute*: „So ist es gekommen, daß unsere neuere Kritische Theorie nicht mehr für die Revolution eingetreten ist ... In den Ländern des Westens würde die Revolution wieder zu einem neuen Terrorismus, zu einem neuen furchtbaren Zustand führen. Es gilt vielmehr, dasjenige, was positiv zu bewerten ist, wie zum Beispiel die Autonomie der einzelnen Person ... zu bewahren, ohne den

Fortschritt aufzuhalten ... Vielmehr sollen wir etwa das, was man einmal Liberalismus nannte, erhalten."
Vor kurzem bemerkte Noam Chomsky zu Recht, daß „Carters Politik der Menschenrechte nur einen Bruchteil jenes riesigen Unternehmens ausmacht, das in den sechziger Jahren zusammengebrochene ideologische System in seiner Gesamtheit zu restrukturieren"[57]. Diese „Restrukturierung" ist wie bereits gezeigt, eine Rückzugsstellung. Die Ideologie der Menschenrechte bildet nunmehr den Treffpunkt all derjenigen, die der Egalitarismus enttäuschte; den Ort, wo sie zugleich ihre Irrfahrtcn gestehen, ihre Pleiten zugeben, ihre Grundbestrebungen beibehalten und nach wie vor ein gutes Gewissen haben können. Sie ist der ideologische Raum, in den alle gegenwärtigen Universalismen, alle der monotheistischen Mentalität entsprungenen Systeme hineinfließen werden. Sie ist die Religion des ausgehenden 20. Jahrhunderts.

Anmerkungen

1 Berichtet in *I diritti dell' uomo*, 1960, S. 12.
2 Edmund Leach, *L'Unité de l'homme et autres essais*, 1960, S. 364.
3 Michel Foucault, *Die Ordnung der Dinge*, 1971.
4 Blandine Barret-Kriegel, *L'Etat et les esclaves*, 1979, S. 55.
5 Josy Eisenberg; Armand Abecassis, *A Bible ouverte*, 1978, S. 110.
6 Ebd., S. 112f.
7 Joseph de Maistre, *Considérations sur la France*, 1791, Kap. VI.
8 Edmund Leach, *L'Unité de l'homme et autres essais,* aaO., S. 365.
9 Henri Ahrens, *Coursde droit naturel ou de philosophie du droit*, 1859, Bd. 2, S. 17.
10 Ebd.
11 Julius Evola, *Les hommes au milieu des ruines*, 1972, S. 45f.
12 Henri Ahrens, *Cours de droit naturel ou de philosophie du droit,* aaO.
13 A. Gramsci, *The Modern Prince and Other Writings*, 1957.
14 AaO., S. 115.
15 Edmund Leach, aaO., S. 383.
16 Ebd.
17 Ghislaine René Cassin, in *L'Action gaulliste*, v. 30. April 1980.
18 Max Weber, *Rechtssoziologie*, 1960, S. 266.
19 Louis Pauwels, *La religion des droits de l'homme*, in *Le Figaro Magazine*, v. 6. September 1980.
20 Raymond Ruyer, *Le sceptique résolu*, 1979, S. 303.
21 Ghislaine René Cassin, aaO.
22 Auguste Cochin, *La Révolution et la Libre-Pensée*, 1979.
23 Ebd.
24 Blandine Barret-Kriegel, aaO., S. 67.
25 Julius Evola, aaO.

26 Julien Freund, *L'Essence du politique*, 1965, S. 315f.
27 Ebd., S. 314f.
28 Rudolf G. Binding, *Von Freiheit und Vaterland.*
29 Montesquieu, *Der Geist der Gesetze*, 17, 5.
30 Blandine Barret-Kriegel, aaO., S. 59.
31 Edmund Leach, aaO., S. 365.
32 Ebd., S. 382.
33 Ebd., S. 388.
34 Marcel Boisard, *France-Pays arabes*, Januar 1980.
35 John Finnis, *Natural Law and Natural Right*, 1980.
36 Gilles Anquetil in *Les Nouvelles littéraires*, v. 6. März 1980.
37 Ebd.
38 Ebd.
39 (d. Ü.) Der Begriff ‚Liberalkapitalismus' hat mit Toleranz und Freiheit nichts zu tun. Der ‚Liberalismus' bezieht sich vielmehr auf das Hin und Her, auf den freien Austausch der produzierten Güter zur ausschließlichen Steigerung des Marktwerts – weil der Liberalismus sich bekanntlich auf die Überzeugung stützt, daß das Glück des Menschen vom Umfang seiner materiellen Güter begrenzt sei.
40 Louis Althusser, *Was ist revolutionärer Marxismus; eine Kontroverse mit John Lewis über Grundfragen marxistischer Theorie*, 1973.
41 Edmund Leach, aaO., S. 388.
42 November 1980.
43 Vgl. u. a. folgende Werke von Hannah Arendt:, *Über die Revolution*, 1965; *Macht und Gewalt, 1971; Elemente und Ursprünge totaler Herrschaft*, 1955; *Vom Leben des Geistes,* 1979; über sie: Margaret Canovan, *The Political Thought of Hannah Arendt*, 1974, und Albert Reif (Hrsg.), *Hannah Arendt. Materialien zu ihrem Werk*, 1979.
44 Jean-Marie Benoist, *Revenir à Montesquieu*, in *Le Monde*, v. 4. März 1980.
45 Julien Freund, aaO., S. 242.
46 Julien Freund, *Le droit d'aujourd'hui*, 1972, S. 7.
47 Ebd., S. 92.
48 Ebd., S. 88.
49 Ebd., S. 10.
50 Ebd., S. 10.
51 Wir haben uns entschieden gegen den Boykott der Olympischen Spiele erklärt. Es ist übrigens bemerkenswert, daß auch bei den Verfechtern der Menschenrechte keine Einmütigkeit über das Boykottieren herrschte. Valéry Prokhorov und Michel Slavinsky, Leiter der Association pour l'Union soviétique libre, äußerten beispielsweise die Überzeugung: „Im Interesse der Menschenrechte, im Interesse des sowjetischen Volkes hätten wir freilich an den Moskauer Spielen teilnehmen müssen" (*Le Quotidien de Paris*, v. 21. Juni 1980).
52 *The Department of State Bulletin*, 13. Juni 1977.
53 Vgl. ebenfalls Francis Wurtz, *Les droits de l'homme, parlons-en!* in *Cahiers du communisme*, Oktober 1980.

54 Alain Griotteray, *Lettre aux giscardo-gaullistes sur une certaine idée de la France*, 1980, 71.

55 Ebd., S. 68.

56 In der Ansprache, die er am 22. März 1979 im internationalen Institut für Menschenrechte hielt, stellte Papst Johannes Paul II. Pius XII. als den modernen Bahnbrecher der Ideologie der Menschenrechte hin. Am 6. Oktober desselben Jahres beschrieb er vor der Organisation der amerikanischen Staaten die UNO als „die oberste Tribüne des Friedens und der Gerechtigkeit". Er beteuerte ebenfalls: „Wenn gewisse Ideologien bzw. Auslegungen des legitimen Strebens nach nationaler Sicherheit dazu führten, den Menschen samt seiner Rechte und Würde ins staatliche Joch zu spannen, so würden sie gleichermaßen aufhören, menschlich zu sein."(sic!) Anläßlich seiner Frankreich-Reise erklärte Papst Johannes Paul II. vor der UNESCO: „Die Beachtung der unveräußerlichen Rechte der menschlichen Person ist grundlegend ... Man muß den Menschen nur um des Menschen willen behaupten, und nicht aus irgendeinem anderen Grund heraus." Diese Gedanken werden ebenfalls in der Enzyklika *Redemptor hominis* (März 1979), besonders im 2. Teil, entwickelt.

57 Noam Chomsky, in *Le Monde,* v. 22. März 1980.

Religion

Sigrid Hunke

Kampf um Europas religiöse Identität

Zerstörung und Erneuerung

„Jedes Seiende ist nicht nur in seinem eigenen Sein ganz es selbst –
Es begehrt nichts anderes zu sein, als was es ist,
und will kein anderes sein –
In jedem anderen aber kann es sich nur eigentlich repräsentieren.“[1]

Es ist der deutsche Philosoph Nikolaus Cusanus, 1401 in dem Weinort Kues an der Mosel geboren und 1464 als Kardinal und Generalvikar von Rom und also als zweiter Mann nach dem Papst Pius II. einen Tag vor diesem seinem Freund in Rom gestorben, der seine tief religiös begründete Erkenntnis von der unendlichen *Ungleichheit* alles Seienden mit seiner Überzeugung vom Willen und Anspruch eines jeden auf *Selbstsein* und *Selbstidentität* verbindet. Ohne dieses Selbstsein kann der Mensch nicht im eigentlichen Sinne existieren. Denn als Folge ihrer Verschiedenheit gelangen die Menschen „nur durch unterschiedlichen Zugang“ zur göttlichen Wahrheit.
Dies war ein massiver Schlag gegen den mächtigen Bau der „allumfassenden“ katholischen Kirche, der auf den Auftrag zur Universalität und auf der allgemeinen und absoluten Geltung ihrer für alle verbindlichen Dogmen gegründet war. Skandalöser freilich war, daß der Schlag geführt wurde von einem der Ihren aus dem Kreis des Heiligen Kollegiums selbst in einer dem Kardinal Cesarini vom derzeit päpstlichen Legaten, seinem Studienfreund Nikolaus Cusanus, gewidmeten Schrift. Daß sie ohne Wirkung, aber auch ohne die üblichen Folgen an Leib und Leben für ihren ketzerischen Autor blieb, lag an dem humanistischen Luftzug, der den Vatikan durchwehte und derzeit theologische Besorgnisse durch das Schwelgen in einem hohen Ästhetizismus und in der Lektüre Vergils und Homers gründlich vertrieben hatte. Daß die häretische Abweichung sogar innerhalb der Hierarchie sich zu Wort wagte, war zwar neu, aber unter Gesinnungsfreunden ohne Belang.

I Zerstörung der religiösen Identität

Bekehren heißt „Unmögliches fordern“

Und Proteste erhoben sich, seit die Kirche den Fuß über den Limes gesetzt hatte. Dabei war es um jenes heiligen Zieles willen, alle Menschen dem Heil zuzuführen, nicht zu umgehen gewesen, daß sie, um der harten Widerstände Herr zu werden, mit den ihr zur Verfügung stehenden Mitteln Identität zertreten hatte. Widerspruch, Weigerung sprechen unüberhörbar aus den jammervollen Briefen des Bonifatius[2] an den Papst, in denen er seinem Ärger in erschütternden Klagen über die „halsstarrige" Ablehnung freien Lauf läßt, mit der die „ungeschlachten Barbaren" sich gegen seine „Bekehrung" zur Wehr setzen: „Überall Mühe und Kummer! Außen Kämpfe, innen Furcht!" klagt er und bekennt in der „Beklemmung seines Herzens" dem Bischof von Winchester: „Für uns gibt es nicht nur nach dem Ausspruch des Apostels ‚außen Kampf und innen Furcht', sondern auch innen Kampf und Furcht!" und empfängt von ihm aus England, wo man ähnlich herbe Erfahrungen mit dem „unbändigen barbarischen Sinn der Angeln" gemacht hat, in seiner Verzweiflung Ratschläge, „wie es dir nach meinem Dafürhalten am besten und raschesten gelingen könnte, die Halsstarrigkeit des unbelehrten Volkes zu brechen, indem du ihnen den eigenen Glauben als ‚Schmutz und Sünde' vorhältst, gegen die allein die Taufe helfen kann".

Als der norwegische König Hakon der Gute, der als Ziehsohn des englischen Königs „gechristet" ist, auf dem Thing in Drontheim gebietet, das Christentum anzunehmen, erheben die Norweger erregten Widerspruch gegen das Ansinnen, „daß wir unseren Glauben ablegen sollen, den unsere Väter vor uns gehabt haben und alle Voreltern, zuerst im Bronzezeitalter und dann jetzt in der Zeit der Hügelgräber, und sie sind um vieles vornehmer gewesen als wir – und dieser Glaube hat uns doch getaugt!" Sie schwören, dem König ihr Leben lang zu folgen und ihn in Ehren zu halten, wenn er nicht Unmögliches von ihnen fordere. „Wenn Ihr aber diese Sache mit so großer Strenge aufnehmen wollt, dann haben wir Bauern den Entschluß gefaßt, uns von dir zu trennen und einen anderen Führer zu wählen, der uns derart führt, daß wir in Freiheit unseren Glauben zu behalten vermögen, den wir wollen."[3]

Europa empört sich gegen die „Beschmutzung" der Seele

Aber schon im 4. Jahrhundert züngeln die ersten Flammen der Auflehnung in Trier empor und breiten sich in Windeseile über ganz Gallien aus, Flammen der Empörung über die Verachtung und „schmutzige Verdunkelung" der Sippe und Ehre und der eigenen, plötzlich für sündig erklärten Seele. Dazu greift die Abneigung gegen die „lichtscheuen Männer" um sich, die um der Sündigkeit der Welt willen freiwillig elend seien und „die Gottheit sich am Schmutz weiden lassen", und macht sich in offener Feindschaft und Gewalt Luft. Währenddessen reckt sich in Rom der erste gewaltige, die Kirche erschütternde Protest eines Mannes aus dem hohen britischen Norden empor, der mächtige Widerspruch des germanischen Denkers Pelagius, der es wagt, den großen Augustin herauszufordern, sich dem geistigen Rom entgegenzusetzen, ja dem Apostel Paulus und seiner Lehre von der sündig geborenen Seele zu widersprechen. Und obwohl in dem gigantischen Kampf dieses einen gegen eine etablierte Weltmacht, in dem die Waage sich schon auf seine Seite zu neigen beginnt und nur reine Macht entscheidet, Pelagius unterliegt, breitet sein Protest sich aus, innerhalb der Kirche selbst, in Italien zunächst, steckt Gallien an, Irland, England, ganz Westeuropa und ging niemals ganz unter. Pelagius aber war nur der erste eines durch alle Jahrhunderte bis in die Gegenwart und durch alle Völker Europas gehenden, hier und da aufstehenden, nie verstummenden Widerspruchs gegen die Lehren der Kirche[4].

Eine psychische Vergewaltigung größten Ausmaßes

Warum wehren sich Menschen gegen die Zumutungen einer Glaubenslehre, die nicht ihrer Welt entstammt? Warum nehmen sie Nachteile, Strafen, Verfolgung, sogar den Tod auf sich, um einer Glaubensthese zu widersprechen und aus innerster Überzeugung ihren eigenen Glauben zu leben? Und warum verlassen heute so viele Menschen die Kirchen, sofern sie religiöse Gründe geltend machen? Religion ist ein Wesenszug jedes Menschen. Doch alle Menschen erblicken das Göttliche von ihrem Standort aus auf je verschiedene Weise[5]. Gleichsam wie eine Stadt oder ein Berg jedem der sie umstehenden Beschauer aus seiner Perspektive einen anderen, nur ihm eigenen Anblick darbieten. Wenn auch jeder einzelne desselben Volkes, derselben Kulturgemeinschaft nie ganz dasselbe schaut wie der „Nebenstehende", so verbindet sie doch die gleiche Weise des Schauens, des Erlebens, des Denkens, dieselbe Weise des *Seins-und-Selbstverständnisses* wie der religiösen Sinngebung, in der sie gründen, in der sie sich selbst wiederfinden und daraus sie ihre Kräfte und ihr Leben nähren. Und „unser Glaube, den unsere Väter vor uns gehabt haben und alle Voreltern in der Bronzezeit und jetzt in der Hügelgräberzeit – und dieser Glaube hat uns doch getaugt!" ruft auf dem Thing in Drontheim der Bauer verzweifelt seinem König zu, der ein so schlimmes Ansinnen an sie stellt und „Unmögliches" fordert.

Die Missionierung des germanischen Europa setzte dies „Unmögliche" zielbewußt mit aller Härte und Schonungslosigkeit und mit wohlberechnetem psychologischem Gespür durch, einen geistig-seelischen Umsturz größten Ausmaßes, die psychische Vergewaltigung der Völker und jedes einzelnen, die tief in die menschliche Substanz eingriff, ihn seinem Urgrund entwurzelte, sein Wesen zerstörte und ihm den totalen Ausstieg aus sich selbst aufzwang. In dieser Missionierung – wie in jeder anderen – ging es ja nicht um einen bloßen Austausch von „Göttern", bzw. was die Missionare sich unter germanischen „Göttern" vorstellten, die sie kurzerhand, wie die vorgesprochene Taufformel besagt, zu Teufeln erklärten und an deren Stelle sie ihnen den dreieinigen Gott bringen wollten:

„Sagst du dem Teufel ab?
— Ich sage dem Teufel ab.
Sagst du allen Werken und Worten des Teufels ab,
dem Donar und dem Wodan und dem Saxnot
und allen Unholden, die ihre Genossen sind?"[6]

Wir sind es gewohnt, die „Bekehrung" oder Christianisierung mit den Augen des Licht- und Heilsbringers zu sehen gegenüber Verlorenen, des Heils Bedürftigen, im Lichte des Erretters aus einer vom Bösen gestifteten Unsittlichkeit und Sittenlosigkeit durch Aufrichtung von Gesetz und Moral, eines Lichts, das die Finsternis der Irrenden erhellt und von der Knechtschaft der Triebe und Dämonen befreit. Allein, was die Kirche Verkündigung Gottes und der Frohen Botschaft nannte und was wir mit den Augen der Missionare zu sehen pflegen, war für die Betroffenen „Zerstörung" – Zerstörung des ihnen Heiligsten, Zerstörung der Wurzeln, aus denen sie lebten und wurden, die sie sein konnten, und damit ihrer Kraftquellen, um ihr Schicksal zu bestehen und sich zu bewähren, die Zerstörung ihres innersten Kompasses, der ihnen Orientierung und Halt gebenden Sippen- und Ehebindungen, Zerstörung endlich ihrer religiösen, transzendenten Identität, ihres „Heils"[7] und des sie tragenden Seinsgrundes. Es war der Totalverlust ihrer Identität.

Damit wurde, in Jahrhunderte währender Erziehung[8] der ehrbewußten, im göttlichen Heil gründenden Männer und Frauen durch Brechung des Willens zu gehorsamer Unterordnung sowie in einem schmerzhaften Prozeß mühsamen Umdenkens und seelischer Umformung zu Sündigkeitsbewußtsein und Höllenangst, mit dem Selbstverständnis das Wertbewußtsein gänzlich aus den Angeln gehoben und ins krasse Gegenteil verkehrt und das Selbstwertgefühl von Männern und Frauen tödlich getroffen. Der Verlust jeder Orientierung kennzeichnet die auf die missionarische Umpolung der Maßstäbe folgenden Jahrhunderte durch den chaotischen Zerfall aller Sitten und aller Sittlichkeit, durch Unzucht und Frauenmißbrauch, Gewalttat, Grausamkeit, Mord. So daß sich der Bischof von Marsilia, Salvian, im 5. Jahrhundert zu dem für die Kirche beschämenden Fazit genötigt sieht: „Schlechter sind die Menschen geworden, als sie vorher waren!"[9]

Selbst Bonifatius kann nicht umhin, dem verkommenen Lüstling und Nonnenschänder, dem christlich getauften englischen König Ethilbald von Mercia, die Sittlichkeit der Ungetauften, der heidnischen Altsachsen, als Vorbild hinzustellen, „die – obwohl sie Gott nicht kennen und dessen Gesetze nicht haben – von Natur tun des Gesetzes Werk und damit sagen, es sei beschlossen in ihren Herzen".

Vom freien Sachsen zum „weinenden Knecht"

Von welchen Widersprüchlichkeiten der so gegensätzlichen Wesensgesetze der Einzelne zerrissen und in ihnen zerrieben wurde, welche seelischen Qualen, welche Verwirrungen und Verirrungen der Verlust des ureigenen Selbst, die systematische Zerstörung der religiösen Identität durch christliche Entwurzelung, Fremdbestimmung und Fremderziehung diesen Menschen zugefügt wurden, zeigt wie in einem Brennglas das Schicksal eines Sohnes des eben gewaltsam getauften Sachsenvolkes, der in der leidvollen Zerreißprobe zwischen seinem Sachsentum und Christentum einer der reifsten, seiner Zeit vorauseilenden Dichter und nach dem Schotten Eriugena selbständigster Kopf seiner Zeit wurde – und zum Rebell[10].
Im Jahre 804 wird der Sohn des sächsischen Grafen Bern geboren und zur Erziehung dem Kloster Fulda übergeben, wo er nach dem frühen Tod des Vaters, der ihn zum Erben beträchtlichen Landbesitzes und zur verlockenden Einnahmequelle gemacht hat, als noch Unmündiger vom Abt gezwungen wird, Mönch zu werden. Als er dreiundzwanzigjährig von weiterer Ausbildung aus dem Kloster Reichenau nach Fulda zurückkehrt, bricht der Konflikt offen aus. Gottschalk, der keine Berufung zum Mönch in sich spürt, fordert, vom unbändigen Freiheitsdrang der Sachsen erfüllt, seine Freilassung und die Herausgabe seines ererbten Besitzes. Doch der Abt – Hrabanus Maurus – hält den Widerstrebenden im Kloster fest. Der wagt für das „Gesetz der Freiheit" das Unerhörte. Er klagt beim Erzbischof von Mainz Hrabanus Maurus der Freiheits- und Vermögensberaubung an. Auf Befehl Kaiser Ludwigs des Frommen treten fünf Erzbischöfe, vierundzwanzig Bischöfe, vier Chorbischöfe und sechs Äbte in Mainz zur Synode zusammen. Hier erhebt die ungeheuerliche Anklage gegen seinen Abt „Gottschalk des sächsischen Grafen Bern Sohn, behauptend, er habe ihm gegen seinen Willen die Tonsur geschnitten, habe ihn mit Gewalt ergreifen lassen und an das Kloster gefesselt". „Der Sohn eines Freien", erklärt der Jüngling unbeirrt der hohen Versammlung, „darf nicht zum Sklaven gemacht werden und nicht zum *servitium Dei* des Mönchslebens gezwungen werden. Wohl schuldet die ganze Menschheit Gott ihren Dienst, aber nicht nach Mönchsregel und Klosterdisziplin. Der Mensch kann auch ohne Mönchsgelübde sein Heil finden. Mönch werden,

heißt, Sklave werden.“ Er kämpft mit aller Leidenschaft, und tatsächlich erkennt die Synode auf Freilassung, aber Einbehaltung des Besitzes. Doch Gotschalk erhebt furchtlos Einspruch gegen das ihm geschehene Unrecht, und da auch Hrabanus Maurus „wegen des geflohenen sächsischen Mönches“ das gesamte Mönchswesen „wanken“ sieht, kommt die Sache vor den Kaiser selbst.

Über den Ausgang jedoch schweigen die Quellen und gleichfalls über den offenbar „in die väterliche Freiheit“ Entlassenen. Bis zu dem Tag, an dem wir ihn – Jahre später – wieder in einer Klosterzelle, wieder als Mönch, diesmal im Kloster Hautvilliers bei Reims sehen: einen gänzlich Verwandelten, der nichts mehr von seiner Auflehnung, nichts mehr von unerträglicher Versklavung des *servitium Dei* weiß, nichts mehr von der stolzen Überzeugung, auch ohne Klostergelübde könne der Mensch sein Heil finden, – er, der freiwillig die Freiheit, um die er so erbittert gekämpft, allein vor Kirche und Reich, und die er so schwer errungen hat, wieder von sich geworfen hat.

Warum, wissen wir bis heute nicht. Dieser Sinneswandel ist unerklärlich – und er ist total. Aus seinen großen Hymnen an die Gottheit – schon als Knabe hat er zarte, innige Lieder gedichtet – blickt uns ein vollständig veränderter, von „Tränen und Furcht“ gezeichnetes Gesicht an; ein Mensch, „gebrochen von der Last unendlicher Sünden“, ein „weinender Knecht“, „der aus der tiefen Finsternis des höllischen Abgrunds“ um Erbarmen schreit:

„Umwunden mit der Fessel der Sünde
habe ich durch Sünde Deinen Zorn geweckt
Weh, was wird aus mir Elendem!“

In dieser innerlich zerbrochenen Persönlichkeit aber steckt noch immer die Unbeugsamkeit des Sachsen, eine mächtige Willenskraft, eine trotzige Unbedingtheit, die ihn jetzt erneut mit seinen Oberen und der Kirche in Konflikt geraten, ja – diesmal durch ein Übermaß des Sünder- und Sklaveseins zum Ketzer werden lassen.

An diesem unglückseligen Sachsen in der Mönchskutte offenbart sich die furchtbare Tragik, die aus der Verquickung zweier grundverschiedener geistiger und seelischer Stile, aus der Mesalliance zweier unvereinbarer, feindlich einander widersprechender religiöser Denk- und Erlebensweisen gezeugt wird[11]. Hier treten die aus dem ursprungshaften Einssein stammende germanische Unmittelbarkeit zum Göttlichen – die das Mittlertum der Kirche ketzerisch ausschaltet – und die germanische Unbedingtheit der Bejahung jeglichen Schicksals, wie es auch sei, in den Dienst der augustinischen Lehre von der Verfallenheit eines jeden Menschen mit seiner Geburt an die Erbsünde und seiner vorgeburtlichen Prädestination zu Seligkeit und Verdammnis. Ja, sie übersteigern die christliche Auffassung zur Vorherbestimmung des

gänzlich unfreien Menschen zu Erlösung oder Höllenstrafe durch einen ebenso unbeugsamen, unwandelbaren, zornigen Gott, dessen harten Willen Gottschalk vorbehaltlos bejaht und tapfer besteht, so wie seine Väter sich fraglos und furchtlos ihrem Schicksal gestellt hatten.
Und genau diesen Glauben bewahrt Gottschalk bis zu seinem Lebensende. Denn, von seinem alten Gegner, Hrabanus Maurus, den man mit dem Ehrennamen des „Praeceptor Germaniae‘ ausgezeichnet hat, als Ketzer angeklagt, wird Gottschalk auf dem einberufenen Konzil in Quiercy zu Geißelung, zu ewigem Schweigen und zu ewiger Kerkerhaft verurteilt. Das Urteil wird sofort minutiös vollstreckt. Alle anwesenden Bischöfe und Äbte nehmen eigenhändig die Geißelung in einer bis dahin beispiellosen Form vor, von der der Erzbischof Remigius von Lyon in heller Empörung berichtet: „Denn in einem so unerhörten Beispiel von Gottlosigkeit und Grausamkeit wurde jener Unglückliche mit Geißeln und Faustschlägen zu Boden gehauen, bis er, halb tot, gezwungen wurde, in ein von ihm entfachtes Feuer eigenhändig ein Buch zu werfen, in dem er Sätze aus der Hl. Schrift zusammengestellt hatte, die er auf dem Konzil vortragen wollte.“
Zwanzig Jahre schmachtete der Verurteilte in völligem Schweigen und Einsamkeit in seinem feuchten Verließ, wo er am 30. Oktober 869 starb, ohne den Angeboten der Hafterleichterung durch Widerruf seiner Glaubensüberzeugung jemals nachgegeben zu haben.

Wie lernt ein Volk sich selbst verachten?

Sünde – das Wort, das in die Herzen aller Getauften gesät wird – das ist nicht die Lüge, der Diebstahl, der Meineid, – nein das ist die Sündigkeit von Mutterleib an, durch Evas Ungehorsam in die Welt gebracht und allen Menschen ohne Unterschied vererbt, durch nichts, auch nicht durch den besten Willen, auch nicht durch die beste Tat zu tilgen. Sünde, deretwegen sie zeitlichen und ewigen Strafen verfallen sind, wenn nicht Gottes Gnade hilft. Sünde! Wie lernt ein Volk dies, was seinem innersten Wesen tief widerstreitet und dem, wie es seit Menschengedenken sich selbst verstand?
Sünde – das ist jetzt alles, was ehedem hier den Menschen zum Menschen machte und was ihm heilig war. Doch um sich nicht mehr im göttlichen Heil geborgen[12], von ihm durchstrahlt und getragen zu empfinden, um sich *nicht* mehr selbst das Maß zu geben, an dem man sich selbst mißt[13]: an seiner Ehre, um vor dem eigenen Urteil, um vor *sich selbst* zu bestehen, um sich selbst achten zu können – um sich *im Gegenteil* als Sünder zu verstehen, der sich des Heils seiner Seele aus eigenem Verdienst unwürdig fühlt, dazu bedurfte es eines totalen Bewußt-

seinswandels, der „Verbrennung“ alles dessen, was *ihm* heilig gewesen war, einer Ausreißung aller Wurzeln, mit denen er im Sein verankert war, einer Umwertung aller Werte ins absolute Gegenteil – und nicht nur der religiösen. Denn wenn Religion ein ganzheitlicher Bezug des Menschen ist, bedeutet ihre Umfunktionierung hier in Europa Umwertung nahezu aller ethischen, sozialen und sonstigen menschlichen Grundwerte, die sein Menschentum und seine Menschlichkeit bestimmt haben. Es gab kein Feld, auf dem nicht das Ureigene aus dem Boden gerissen und fremder Samen angesät wurde.

Verteufelung alles ehedem „Heil“ tragenden

Die tiefstgreifende Selbstentfremdung, die bis heute ihre tief eingegrabenen Spuren hinterlassen hat, traf die Frauen. Die germanischen Frauen[14], die als selbständige Persönlichkeiten *neben* dem Mann standen mit eigener Ehre und gleicher Entscheidungsfreiheit und gleichen Zielen lebten, werden durch das neue Vorbild, das die Kirche ihnen aufzwingt, bis ins Mark getroffen[15]. Sie werden zu Evastöchtern, die den eben bekehrten Sachsen in der „Altsächsischen Genesis“ durch den Geistlichen Caedmon als „Frau von schimpflicher Gesinnung“ nahegebracht wird, die von ihrem Adam verflucht wird:

„Fürwahr! Du Eva, hast unseren Weg mit Unglück bezeichnet!
Nun magst du die schwarze Hölle gähnen sehen,
Die gierige, gellen magst du sie von hinnen hören ...
Jetzt mag es mich gereuen, daß ich den Gott des Himmels bat,
Daß er dich hier formte für mich aus meinen Gliedern.
Jetzt hast du mich verführt zu meines Herrn Hasse,
So daß es jetzt und immerdar mich reuen mag,
Daß ich dich mit meinen Augen sah!“

Gott aber spricht zornig zu Eva und zu den sächsischen Männern und Frauen seinen furchtbaren Fluch: ein Programm, das in Zukunft nicht nur die Frauen, das auch die Männer in Pflicht nimmt:

„Gehe fort von der Freude!
Du sollst in deines Ehemannes Gewalt sein!
Von der Furcht vor deinem Gatten hart geängstigt,
Sollst du in Niedrigkeit deiner Taten Verirrung büßen ...“[16]

Die Brutalität, die, fortan in Predigt und Lehre, Erziehung und Spruchdichtung[17] hochgetragen, sich in Worten und Taten, an Strafen und Prügeln, an Frauenschändung und -beschimpfung, Frauenverachtung und Frauenhaß austobte und sich in Hexenverleumdungen und massenhaften Hexenverbrennungen dem Wahnsinn verbündete, ist so unvorstellbar wie die Tränen, die durch ein Jahrtausend geweint, und

das Leid, das diesen Stolzen, vor dem freien und ganzen Menschen in der neuen Erniedrigung zu Krüppeln ihres Menschentums und zu schwachen, unmündigen, zum Gehorsam verpflichteten, weil triebhaft-lüsternen Sünderinnen, die den Mann „von Gott abziehen", zugefügt worden ist: Frauen, denen nach den Worten des Tacitus bei den Germanen „etwas Heiliges innewohne"[18], die dem Göttlichen besonders innig verbunden seien und größeres Heil in sich tragen. An Tausenden von ihnen wird jetzt der Taufbefehl des Bischofs Remigius von Reims wortwörtlich vollzogen: „Verbrenne, was du angebetet hast!"
Wie ein allesumpflügender Tornado schlug sich die ungebetene und unwillkommene ultramontane Invasion ihre zerstörerische Bahn, brach in die intimsten Bereiche der Liebe, der Ehe und aller natürlichen Bindungen der Familie, der Sippe, des Volkes ein, verfremdete und verkehrte den Sinn von Arbeit, von Kampf und Frieden, ja von Leben und von Tod bis in den Grund. Sie „wandelte" – laut Anordnung Gregors III.[19] – die ererbten religiösen Bräuche, die Verehrung der Toten der Sippe und die Gedächtnisfeier der Ahnen um „in das Gedächtnis der Heiligen und heiligen Märtyrer", erhob Eva, die Mutter der Sünde, zur Mutter aller Menschen und gab den Völkern Noah zum Stammvater. Hatten die Könige der Goten und Langobarden ihre Herkunft von Odin abgeleitet, die norwegischen und schwedischen Könige sich auf Gott zurückgeführt, wie das Volk selbst sich hier als von göttlicher Abkunft verstand[20], so werden jetzt König David und Melchisedek, Priesterkönig von Jerusalem zur Zeit Abrahams, zu den Häuptern germanisch-europäischer Königshäuser. Ein Wechsel, der nicht nur ein Wechsel der Namen ist, sondern tief in das Geschichtsbewußtsein und in den Gang der Geschichte eingegriffen hat. Denn der König[21], wie die Frau in besonderer Weise von „Heil" erfüllt, und das politische Gemeinwesen, der Staat, das Reich[22], heilig auf Grund der göttlichen Abkunft des Volkes, büßen in der Rollenbesetzung, die der Afrikaner Augustin[23] der Römischen Papstkirche zugedacht hat (als „civitas dei", als Gottes-Reich, über die „civitas terrena" oder „diaboli", das Erden- oder Teufelsreich, die Gesamtheit der weltlichen Staaten der vom Teufel geleiteten Irdischgesinnten und Gottesfeinde, die von Gott verworfen und zum Untergang bestimmt sind, zu herrschen) ihren Heiligkeitscharakter, ihre Würde, ihre Unabhängigkeit, ihre Identität ein.

„Die Sonne hat den Schein verkehrt"

Vollends seit der Geist der Clunyazenser Kirchenreform in den Vatikan einzieht und mit ihm der feindliche Gegensatz zwischen römischem und germanischem Heiligkeitsanspruch[24] als der zwischen Hierarchie und Reich, zwischen Papst und Kaiser entbrennt, der jetzt als „tempelschändender Händler" vom Papst aus dem Tempel getrieben werden könne und jedem geringsten Geistlichen untertan sei, wird der Abgrund aufgerissen, die uralte göttlich-weltliche Einheit durch den orientalischen Dualismus kontradiktorischer, unvereinbarer, rangverschiedener Gegensätze feindlich zerschlagen. Der Zwiespalt zerbricht alle Ordnung des Reichs, weitet sich als Unheil durch die ganze sittliche und kosmische Ordnungswelt aus, so daß – wie Walter von der Vogelweide klagt – „die Sonne den Schein verkehrt", selbst „die Vöglein in den Lüften dauert unsre Not". „Sieh, wie der römische Erdkreis in Düsternis gehüllt, der Treue bar, zu frevelhaftem Beginnen und ruchlosesten Taten sich antreiben läßt!" ruft erschüttert der aus königlichem Geschlecht geborene Otto von Freising: Die Zerstörung der religiösen Grundfesten, die Entheiligung alles Irdischen und Menschlichen, auf denen die Heiligkeit des Reiches geruht hatte, „führte so viel Unglück, so viele Gefahren für Leib und Leben herbei, daß er allein genügte, um das unselige menschliche Elend zu erklären."[25]

„O weh, ich bin wie ein fauler Fisch und ein stinkendes Aas"

Wahrhaft vernichtend griff die religiöse Umpolung und Entheiligung in das Bewußtsein der Menschen und in ihr sie formendes Selbstverständnis ein. Die Erziehung durch Drohungen mit dem Jüngsten Gericht und den Strafen der Hölle, durch Schüren von Angst und durch Versprechungen, „daß ihr euch in Ewigkeit dort freuen möget, wo kein Ende, keine Qual, keine Trübsal ist, sondern ewiger Ruhm" durch die Verheißung, „den Söhnen der Auserwählten zuzugehören", vorausgesetzt, daß sie sich solcher Gnade für würdig erweisen, indem sie sich vor Gott als Elende und Sünder bekennen, die sich des Heils aus eigenem Verdienst unfähig fühlen – verlangt Zerstörung der Selbstachtung und des Selbstwertgefühls, bedeutet Selbstverachtung und Zertreten des eigenen Selbst.

Bis zu welcher Selbsterniedrigung und um welchen Preis dies geschehen konnte, zeigen die wilden Selbstanklagen eines zu Gott und zum Gottes-Täufer Johannes schreienden Mannes Heinrich, der um 1150 in den österreichischen Alpen lebte und dem „in seiner zu großen Schwachheit" und „Haltlosigkeit" „der Sünden bleiernes Gewicht" zu schwer geworden war:

> „O weh, ich staubige Asche, ich flüchtige Spreu,
> ich bin ein fauler Fisch von den Sünden bis auf die Gräten...
> Ich brüchige Ofenscherbe – was, wenn ich morgen sterbe?

Wem ich heute genehm, dem ich morgen widerwärtig,
ich stinkendes Aas –
o weh, wie oft ich lüge, in dem, was ich Gott gelobe.
Der Sünden madige Geschwüre,
die haben meine Seele verdorben und mich wie Lazarus getötet;
mein Gewissen verfault mir,
wenn mich nicht aufrichtet der Gottestäufer,
dein wunderbares Erbarmen ohn all mein Streben...
Dann habe ich Unreiner, ich Gehässiger, ich Neidvoller,
ich Zorniger, ich Habgieriger, ich Anreizer zum Bösen,
ich des Teufels Wucherer, ich aller Laster Heerhorn,
dann habe ich dich, Gottes Fahnenträger, erkorn."[26]

Vierhundert Jahre sind seit Bonifatius vergangen: Aus Germanen sind Christen geworden.

II Erneuerung der religiösen Identität

Dennoch ist die totale Identifikation mit der Sünderreligion – auch wenn man sich daran gewöhnt hatte, Urkunden mit dem Namen und dem flotten Zusatz „peccator", „Sünder", zu zeichnen – niemals die Regel. Zumal nicht bei den aktiveren, selbständigeren Geistern.

Aller seelsorgerischen Anstrengungen zur Umorientierung des Bewußtseins durch das „Aufpäppeln mit der Milch der christlichen Lehre" zum Trotz erhält sich die Art und Weise des ureigenen Denkens. Ja, es formt seinerseits die fremden Denkinhalte durch die eigene Art des Ergreifens unwillkürlich um, so daß man von einer unbewußten Germanisierung des Christentums gesprochen hat. Daraus erklären sich wesentliche Unterschiede unter seinen nationalen Ausprägungen, wie die des koptischen Christentums, das unverwechselbar ägyptische Züge trägt, des syrischen, griechisch-orthodoxen, des afrikanischen, lateinamerikanischen, des italienischen, des französischen, des deutschen, niederländischen, englischen und so fort.

Nie aber hat unter der sich langsam glättenden Oberfläche das vulkanische Gestein des inneren Widerstandes sich ganz beruhigt. Immer wieder schießen während anderthalb Jahrtausenden eruptiv durch die Decke der abendländischen Christenheit Auflehnung, Aufstand, Protest empor gegen den diktierten Glauben, der sich mit den eigenen Überzeugungen nicht vereinbaren will.

> „Es stimmt nicht, daß die beklagenswerte Situation, die Adam hervorgerufen hat, verhängnisvolle Folgen gehabt und sich auf alle Menschen vererbt hat! Die Sünde ist eine Wahlmöglichkeit, vor die der Mensch gestellt ist!“[1]

empört sich der aus dem Norden der britischen Inseln nach Rom gekommene Pelagius über die augustinische Erbsündenlehre. „Wir widersprechen Gott, er sei der Urheber menschlicher Schwäche von elenden Sündern – o blinder Unsinn!“ Wie soll *eine* Sünde eine unausweichliche Verderbnis von universaler Ausbreitung nach sich ziehen? Eine Verderbnis schon der Allerkleinsten, der eben Geborenen? Nein, sündlos wird der Mensch geboren, und Gottes Gnade offenbart sich in dem freien Willen, den er ihm gab, zu sündigen oder sich von einer Sünde abzuwenden, in der Freiheit, sich für das Gute oder für das Böse zu entscheiden, und in der Kraft, das Gute auch zu vollbringen. Denn Gottes Kraft ist es, die in uns handelt, ebenso wie es Gottes Wille selbst ist, der als Freiheit in und durch uns wirkt.

> „Es gibt nämlich in unserer Seele eine Art natürliche – wenn ich so sagen darf – Heiligkeit“[2].

In jedem Menschen liegen die Kräfte, sich über die Gebundenheit der Instinkte und über die Zwänge der Natur zu erheben und der freiwillige Vollstrecker des göttlichen Willens zu sein. Dieses Vorrecht ist unsere göttlichste Mitgift: den eigenen Willen frei dem seinen zu verbinden.

> „Ich gehorche nicht, sondern ich stimme ihm zu. Ich folge ihm aus *eigener* Überzeugung, nicht weil ich muß.“

Das ist nicht die Stimme eines Sündenbewußten, sich nach Erlösung Sehnenden. Das ist die selbstbewußte Sprache eines Menschen, der aus freier Entscheidung Gefolgschaft leistet oder versagt, gegenüber dessen freier Hingabe erzwungener Gehorsam ein Nichts ist. Zwang vernichtet. Zwang zerstört die gott-menschliche Beziehung. Nur die Freiheit des autonomen Menschen verwirklicht sie, der sich selbst das Gesetz gibt und sich selbst verantwortlich ist. Und der allein sittlich handelt. Aber nicht ein Mensch, der an die eigene Ohnmacht glaubt – und an sein Erlöstsein durch Christus.

Pelagius hatte in den christlichen Kreisen Roms eine Sittenverwilderung und Lasterhaftigkeit angetroffen, für die er die Schuld nicht einer angeborenen Sündigkeit und menschlichen Schwachheit gab, sondern dem Glauben, schon für immer errettet zu sein. Für diesen tiefer-schreckenden Vorgang des allgemeinen Sittenverfalls und religiösen Glaubensverfalls klagte er die christliche *Lehre* von der sündigen Natur des Menschen an und den *Glauben* an die durch Christi Kreuzestod bereits geschehene Erlösung aller Getauften: Sie hätten die fehlende *sittliche Verantwortung* des einzelnen verschuldet. Die christliche Predigt der menschlichen Schwachheit sei für den Verlust der Sittlichkeit verantwortlich. Dagegen lehrt er die menschliche *Stärke*:

> „Wir müssen an unsere Stärke glauben, sie zu erkennen lernen und unsere Kräfte benutzen, die gewaltig sind! Aus uns selbst und in uns besitzen wir alles, was notwendig ist, um das göttliche Gesetz zu erfüllen.“[3]

„Dein Adel, deine hohe Stellung, deine Reichtümer“, schreibt Pelagius in einem Brief an ein sechzehnjähriges junges Mädchen aus reicher römischer Adelsfamilie, „hängen nicht von dir ab. Doch niemand wird dir deine geistigen Reichtümer übertragen können *außer du selbst*!“
Wie gesagt: Augustinus wurde der Sieg zugeschanzt, Pelagius verurteilt, seine Lehre von Konzil zu Konzil verdammt, seine Schriften verboten und mit Silentium bedeckt, sie blieben verschollen, bis Anfang des 20. Jahrhunderts eine Abschrift wieder aufgefunden wurde.
Und doch erhebt sich hier eine Stimme und dort, die die Sprache des längst Vergessenen spricht. Ist es Zufall, wenn im 13. Jahrhundert ein deutscher Ritter in Wien den Verlaß auf Jesu Erlösertod als Ursache der Unsittlichkeit, Gottes Vorherbestimmung als Verführung zu Gewissenlosigkeit brandmarkt?[4] Ist es blinde Duplizität der Gedanken, wenn während der Herrschaft der Scholastik der deutsche Dominikaner und Provinzialprior der Provinz Teutonia, Professor an der Pariser Sorbonne und Leiter des Studium generale in Köln Meister Eckhart die Einheit des menschlichen Willens mit dem Göttlichen als Akt freier Zustimmung verkündet?

> „Gott zwingt den Willen nicht, er setzt ihn in Freiheit: so daß er nichts will, als was Gott und die Freiheit selber ist. Da vermag nun der Geist nichts anderes zu wollen, als was Gott will. Das ist keine Unfreiheit an ihm, das ist seine eigenste Freiheit.“[5]

Ist es nur reiner Zufall, daß im England des 18. Jahrhunderts der Earl of Shaftesbury[6] den als Sünder verleumdeten Menschen rehabilitiert als den Selbstgesetzgeber, der als Bekundung des göttlichen Urgrunds in sich selbst den Quellgrund des Sittlichen besitzt? Ist es mehr als ein willkürliches Zusammentreffen, daß im gleichen Jahrhundert – 1400 Jahre nach Pelagius – an drei verschiedenen Stellen Europas gleichzeitig pelagianische Motive spontan und sinngetreu erneut angeschlagen und zur weithin tönenden Melodie aufgenommen werden? Wenn in der Schweiz Heinrich Pestalozzi[7], in Königsberg Immanuel Kant, in Jena Friedrich Schiller, „den Abgrund füllen“ zwischen der „Furchterscheinung“ des außerweltlichen Gottes und „fremden Diktators“ und der sündigen Menschheit in „ihrer traurigen Blöße“ durch die *Ein-*

heit des dem „Innersten unserer Natur" innewohnenden „heiligen, göttlichen Wesens", „ des Göttlichen in der eigenen Brust" und im eigenen Willen, eines „Unbedingten, das im Selbst als moralisches Gesetz spricht"?[8] Wenn Schiller die Christenheit aufruft:

„Nehmt die Gottheit auf in euren Willen,
Und sie steigt von ihrem Weltenthron"?[9]

Und wenn Kant den Menschen aus seiner „selbstverschuldeten Unmündigkeit" zu einem eigenständigen, autonomen Selbst und aus dem so verschuldeten „Unvermögen, sich seines Verstandes ohne Leitung eines anderen zu bedienen" herausführt, indem er ihm die Würde zuerkennt, frei und fähig zu sein, sich selbst das Gesetz seines Erkennens und seines Handelns zu geben und sich ihm freiwillig unterzuordnen aus keinem anderen Beweggrund als aus Achtung für das Gesetz und seinen göttlichen Grund[10]? Beweisen nicht diese und Hunderte von Stimmen, daß ein und derselbe verborgene religiöse Strom, ein- und dieselbe Denkungsart unterhalb einer mehr oder weniger gelungenen Christianisierung der europäischen Völker durch die Jahrtausende strömt, in spontanen ketzerischen Widersprüchen sich bekundet, die ohne Vorbild, ohne Berührung untereinander sowohl in den Ecken, an denen der Anstoß sich ereignet, als in den Entgegnungen übereinstimmen? Eine berühmte Lebensgeschichte hat uns eine Begebenheit aufbewahrt, die solchen Übereinstimmungen den Zufallscharakter nimmt und mit unüberbietbarer Überzeugungskraft die religiöse Identität innerhalb gewaltiger Zeiträume beweist.

Auf einer Synode der „Brüdergemeinde", einer pietistischen Erwekkungsbewegung, deren Lehre der Versöhnung der tiefsündigen Menschheit mit Gott durch Christi Tod galt, unterhält sich Ende des 18. Jahrhunderts arglos ein junger, aufgeschlossener Teilnehmer, der äußerst erstaunt ist, daß man ihn nicht als einen Christen gelten lassen will, ja – höchst erschrocken, als er „eine große Strafpredigt erdulden muß" und einer der Synodalen ihn beschimpft, „ein wahrer Pelagianer zu sein". Der Bescholtene forscht daraufhin nach allem, was er über diesen ihm gänzlich unbekannten Pelagius erfahren kann – und eine Welt geht ihm auf, die der seinen tief verwandt ist. Von seinen Überzeugungen „war ich aufs innigste durchdrungen, ohne es selbst zu wissen"[11].

Es ist der fünfundzwanzigjährige Goethe, der nach diesem ihn aufrüttelnden Erlebnis ein Prometheus-Drama[12] beginnt, den ungeheuersten Protest gegen „die Götter droben". Denn während dort Prometheus die als seine Feinde hohnlachend abweist, erkennt er staunend in sich, in seiner schöpferischen Kraft das Göttliche selber. Was er für sein Eigenes gehalten hatte, das ist das Göttliche in ihm und mit ihm ununterscheidbar eines:

„So war ich selber nicht selbst,
Und eine Gottheit sprach,
Wenn ich zu reden wähnte
Und wähnt' ich, eine Gottheit spreche,
Sprach ich selbst."

So stark lebt Goethe aus diesem Urerlebnis der Einheit des Menschen mit dem Göttlichen, kraft der er die Freiheit besitzt, sich zu entscheiden, sich strebend zu bemühen, aber auch zu irren; und den inneren Kompaß, der ihn auf seinem langen Lebensweg begleitete, zeichnete er in der Gestalt Faust. Hier ist alles ein einziger Gegenbeweis gegen jene in Marienborn schon bekämpfte Lehre von der „Verdorbenheit der menschlichen Natur durch den Sündenfall" – hier erfolgt derselbe Einspruch dagegen, „daß auch bis in ihren innersten Kern nicht das mindeste Gute an ihr zu finden" – hier meldet sich sein scharfer Widerspruch gegen die Rede, der Mensch müsse „auf seine eigenen Kräfte durchaus Verzicht tun" – derselbe Protest, „er habe alles von der Gnade zu erwarten", wie Goethe in *Dichtung und Wahrheit* seine Auseinandersetzung mit den Pietisten festgehalten hat. Um den Menschen geht es: hier Mephisto, der das unbegreiflich hohe Gotteswerk Mensch in Zweifel setzt und seinen Triumph schon vorausschmeckt, wenn er es herabgezogen haben wird in die Verderbtheit der staubfressenden „berühmten Schlange" – dort der Herr, der Faust dem Teufel übergibt, übergeben *kann*, weil der göttliche Quell in ihm springt:

„Nun gut, es sei dir überlassen!
Zieh diesen Geist von seinem Urquell ab
Und führ ihn, kannst du ihn erfassen,
Auf deinem Weg mit herab –
Und steh beschämt, wenn du bekennen mußt:
Ein guter Mensch, in seinem dunklen Drange,
Ist sich des rechten Weges wohl bewußt."[13]

Gott kann – das ist der klare Gegenwurf des europäischen Menschen gegen den orientalischen Sündenfallmythos – bedenkenlos Faust dem Verführer ausliefern und ihn, ohne einzugreifen, sich selbst überlassen, weil der Mensch nie seinen „Urquell", seinen göttlichen Urgrund, die innere Magnetnadel verlieren kann, die ihm trotz allen Irrens den rechten Weg weist.

Europa behauptet das „Heil" gegen den orientalischen Dualismus

In der Reibung an der christlichen, dualistischen Spaltung des Seins in ein außerweltliches Jenseits, aus dem ein persönlicher Gott in das von allem Göttlichen entleerte, des Heils verlustig gegangene Diesseits durch Zorn und Gnade, als liebender Vater und strenger Richter lohnend und strafend eingreift, ist die uralte, spezifisch europäische Urerfahrung des *Einen* Seins und gottweltlichen Einsseins in immer neuen Aspekten wiedererweckt und bewußt geworden, durchdacht und vertieft in einer europäischen Religion entfaltet[14]. Männer und Frauen aus allen europäischen Nationen, aus allen Ständen und Berufen, die italienische Gräfin wie die niederländische Bäuerin und die französische Herzogin, der englische Bischof, der deutsche Schuster, der Schweizer Arzt und der französische Goldschmied, viele englische Physiker, deutsche Philosophen und Dichter, wie auch Jesuiten, Dominikaner, Franziskaner, Beginen, Brüder des freien Geistes, Priester, Mönche und verfolgte Gemeinschaften, die nach Amerika auswanderten und drei der großen Präsidenten der USA[15] stellten, Menschen der unterschiedlichsten Charaktere und Temperamente – sie alle, die sich mit den fremden Glaubensvorstellungen nicht abfinden konnten und in ihrer Auseinandersetzung mit ihnen jeweils zu ihrer eigenen religiösen Identität fanden, sie alle auf oft einsamen Posten, von der Kirche bedroht, verfolgt, verbrannt, stimmen, meist ohne voneinander zu wissen, wie in geheimer Verständigung dieselben Themen, dieselben Klänge an und in demselben mächtigen Chor zusammen.

Ob Meister Eckhart den schon allenthalben keimenden Gedanken des dem menschlichen Seelengrund innewohnenden Göttlichen – in dem das germanische „Heil“ als Grund der Existenz nachschwingt – in tief hinableuchtender, schöpferischer Intuition von der ‚Geburt Gottes in der Seele‘ groß entfaltet zur Wiederheiligung des erniedrigten Menschen und zur Heilung der Gott-Mensch-Einheit von ihrer Zerreißung, von ihrem Herr-Knechtsverhältnis und dem ewige-Ruhe-Suchen in Gott dem Herrn zu einem krafterfüllten, „von Heil“ erfüllten Leben der Tat und des ewigen Werdens, das durch keine Furcht und Sorge, Schwachheit und Angst zerfressen wird[16],– er erhält Nachfolge in Flandern und den Niederlanden, in Süddeutschland und der Schweiz, durch Seuse und Tauler, den Frankfurter Deutschherrn und viele andere, die, wenngleich sie dem Maß dieses außerordentlichen Mannes nicht entfernt nahekommen, in seine Fußspur treten. Und nicht diese einzelnen allein. Die Ergriffenheit durch die – gegenüber der christlichen grundverschiedenen, sogenannten „deutschen“ – Mystik weitete sich aus zu einer Volksbewegung von europäischem Ausmaß.

Wie genau und wie tief Eckhart das Empfinden und die Sehnsucht des von der endzeit- und jenseitsgestimmten Kirchenpredigt erschreckten Volkes getroffen hatte, bewies die Liebe und Zuneigung, die ihm von seinen Hörern entgegenschlug. Darin erkannte er sehr genau, wie er seinem Inquisitor ins Gesicht sagte, den Hauptanlaß für seine Beseitigung: ohne seine Beliebtheit beim Volke „wäre derartiges von meinen Neidern nicht gegen mich versucht worden“[17].

In einer Predigt hatte er einmal, mitgerissen vom Höhenflug seiner Gedanken, plötzlich innegehalten und seinen Hörerinnen tröstend versichert: „Wer diese Rede nicht versteht, der bekümmere sein Herz nicht damit. Denn sofern der Mensch dieser Wahrheit nicht gleicht, wird er diese Rede nicht verstehen. Denn es ist eine unverhüllte Wahrheit, die da gekommen ist aus dem Herzen Gottes unmittelbar."[18] Gerade die vertrauende Anhänglichkeit des Volkes und seine Aufgeschlossenheit aber bewiesen ihm, daß seine Worte vom Einssein des Wesenskerns der menschlichen Seele mit dem Göttlichen *unmittelbaren* Widerhall in ihren Herzen hatten. Weshalb? Weil eben diese Menschen *„dieser Wahrheit gleichen"*, so daß sie unvermittelt zu ihnen spricht, weil sie ihrem eigenen Wesen entspricht und sie darin übereinstimmen. Religiöse Identität!

Und obwohl diese Volksbewegung, wo immer sie sich rührte, in Arras, in Orléans, in Turin und Paris, in Nördlingen, Goslar und Köln erstickt oder blutig ausgemerzt und noch durch lutherische Intoleranz erbarmungslos verfolgt, gehetzt und gejagt wird, strömt sie unausrottbar durch die Jahrhunderte. Und es wiederholt sich, was schon dem pelagianischen Geist widerfuhr: obwohl das Werk Meister Eckharts, vor allem seine deutschsprachigen Predigten und Traktate, jahrhundertelang vergessen, in wenigen Blättern anderen Verfassern untergeschoben, ja selbst der Name dieses größten religiösen Genius des Mittelalters ausgelöscht und erst durch Franz von Baader 1816 der Nachwelt wiedergegeben wird. Da, zu ihrer aller Erstaunen entdecken die führenden Geister in Deutschland fast ohne Ausnahme schier ungläubig und in hellem Enthusiasmus unmittelbare Übereinstimmungen mit Gedanken, Elementen und Teilen ihrer eigenen Werke, eine ursprüngliche Geistesverwandtschaft des Denkens, eine beglückende Gleichgesinntheit. „Hegel", berichtet von Baader, „war so begeistert" durch den inneren Einklang und schloß seinen Ausbruch: „Da haben wir es ja, was wir wollen!" Der erbittertste Hegelgegner Arthur Schopenhauer konnte sein Lob über die „wundervollen Schriften des Meisters der Meister", den „Gipfelpunkt der deutschen Mystik", nicht hoch genug ansetzen.

Ganz ohne Kenntnis der Eckhartschen Schriften durchweht Eckhartscher Geist bereits die Werke des Dresdeners Valentin Weigel, Pfarrers in Zschopau, und des Görlitzer Schuhmachers Jakob Böhme, die Bewegung des schlesischen Adligen Caspar von Schwenckfeld, die heute in den USA fortbesteht, und die zu Edelsteinen geschliffenenen Zweizeiler des Arztes Johann Scheffler, der sich Angelus Silesius nannte, auf das erstaunlichste jedoch die tiefreligiös erfüllte Gedankenwelt Fichtes.

Auslöser sind wie überall der Aufstand gegen die dualistischen Zerspaltungen des Seins von antiker und christlicher Herkunft, der entschiedene Protest gegen den Glauben an einen jenseitigen, persönlichen Schöpfergott und gegen seine Offenbarungen durch ein heiliges Buch und durch einen Gottessohn, dessen Tod der durch den Sündenfall verderbten Menschheit Erlösung bringen soll, unter der alleinigen Bedingung des Glaubens an ihn, wozu allerdings die Gnade Gottes erforderlich sei. Solches trug dem Professor der Philosophie in Jena die „Anklage des Atheismus“ und „Feindes aller Religionen“ durch den Kursächsischen Kirchenrat ein. Die Anklage beantwortet Fichte mit seiner *Appellation an das Publikum gegen die Anklage des Atheismus* von 1799 und seinen *Anweisungen zum seligen Leben* nach Vorlesungen von 1806 in Berlin, die zu den „reifsten und tiefsten Werken der gesamten Literatur der Menschheit“ gezählt worden sind.

Dem „heillosen Götzen“, den die Menschen sich zur alleinigen Austeilung von Glückseligkeit und Genuß geschaffen haben, steht hier gegenüber – wie für Eckhart – ein Göttliches, das in seiner Unbegreiflichkeit durch keinen Begriff erfaßt werden und nur durch Negationen – wie Eckharts „Nichtperson“, „Nichtgeist“, „Nichtgott“ – oder nur im Schweigen berührt werden kann. Wiedergekehrt ist das Gott-Mensch-Verhältnis des Einsseins im Wesen, im Wollen, im Leben und Wirken, wiedergekehrt der von Eckhart gewiesene Weg vom Gott-Haben zum Gott-Sein, das heißt zu einem „wahrhaften Leben“ durch Entäußerung von allem egoistischen Begehren und vom Haften an den Dingen, an Erfolg, an Genuß, selbst von allem egoistischen Heilsstreben, bis „überhaupt gar nicht mehr Zweie, sondern nur Eins, und nicht mehr zwei Willen, sondern überhaupt nur noch Einer und derselbe Wille alles in allem ist“. Wiedergekehrt ist die ebenfalls von Eckhart gewiesene Wendung des gotterfüllten Menschen aus der Tiefe seiner Seele in die Welt der Tat und, wie für Eckhart, eines selbstlosen und zweckfreien Wirkens „sunder warumbe“, indem der Mensch mit Gott wirkt „alliu siniu werc“ als „ein mitwürker“ Gottes. Auch für Fichte ist Gott Willens- und Pflichtgrund eines Handelns, das nicht auf Erfolg ausgeht, wo der Mensch nur im Tun, rein als Tun, lebt; denn „er will es darum, weil es der Wille Gottes in ihm und sein eigener, eigentlicher Anteil am Sein ist“.

> „In diesem Handeln handelt nicht der Mensch; sondern Gott selbst in seinem ursprünglichen inneren Sein und Wesen ist es, der in ihm handelt und durch den der Mensch sein Werk wirket.“[19]

Die Übereinstimmung im Denken Eckharts und Fichtes ist so groß, daß sie über das Inhaltliche hinaus gelegentlich bis in die Sprache geht. Wenn Eckhart Anfang des 14. Jahrhunderts lehrte: „Gott und das Sein ist dasselbe“, und was außerhalb seiner ist, ist nichts – so spricht Fichte

nahezu fünf Jahrhunderte später: „Gott allein ist, und außer ihm nichts."
Und Duplizität der Fälle – im selben Jahr mit Fichtes *Appellation* erschien in Paris eine anonyme Schrift *Über die Religion,* die sich „An die Gebildeten unter ihren Verächtern" wendet. Auch hier ein Protest gegen die Beklemmnis und Düsternis der als sündig verdammten Welt! Der Autor, der dreißigjährige Schleiermacher, Prediger an der Berliner Charité, ist von einem unerhörten Freiheits- und Glücksrausch erfaßt, als er „die große Tat vollbracht, hinzuwerfen die falsche Maske, das lange mühsame Werk der frevelnden Erziehung" in einem krankhaften und krankmachenden christlich-pietistischen Glauben. Auch ihn plagt der armselige „Sklaven- und Götzendienst" jeder Mittler- und Buchreligion, auch ihm, nachdem er „die ängstliche Scheidewand" des Dualismus abgerissen hat, begegnet der „Widerschein" des Göttlichen in allem, am reinsten aber „im innersten Selbst":

> „So oft ich ins innere Selbst den Blick zurückwende, bin ich zugleich im Reich der Ewigkeit."[20]

Und gleich Meister Eckhart, doch ohne ihn zu kennen, fordert er die „Gebildeten unter den Verächtern der – christlichen – Religion" auf, sich von allem freizumachen, „und so mehr Ihr euch selbst verschwindet, desto klarer wird das Universum vor Euch dastehn, desto herrlicher werdet Ihr belohnt werden für den Schreck der Selbstvernichtung durch das Gefühl des Unendlichen in Euch". In der „Selbstvernichtung" öffnet sich die Seele für die Einwirkung des Göttlichen, so daß sie zum Leben erweckt wird und ein „neuer Mensch" geboren wird, dessen ganzes Leben fortan „aus seiner eigenen Quelle hervorgehen muß"; im Bewußtsein, daß in allem jederzeit das Göttliche durch ihn spricht, wirkt und handelt.
Indem Schleiermacher den Menschen den Imperativ setzt:

> „Strebt danach, mehr zu sein als ihr selbst! – Strebt danach, mitten in der Unendlichkeit eins (zu) werden mit dem Unendlichen und ewig (zu) sein in jedem Augenblick!"

widerspricht er bewußt dem auf „Irreligiosität" und „Selbsttäuschung" beruhenden Glauben an zwei Welten, der „das Unendliche außerhalb des Endlichen" sucht und „einen Unterschied macht zwischen dieser und jener Welt", deren Glanz, wie er klar erkennt, „seine hohe und ausländische Farbe niemals verleugnen kann"[21]. Damit tritt er, ohne es zu ahnen, in die endlose Reihe aller großen Geister Europas, die einstimmig und aus innerer Wesensnotwendigkeit die „ausländische" Zumutung, das Unendliche, Ewige, Heilige, Göttliche aus der Welt hinauszuverlagern und in einer zweiten, abgelegenen Welt unterzubringen, von sich gewiesen und es der Wirklichkeit zurückerstattet haben.

Europa wahrt die Einheit des Seins vor ihrer dualistischen Zerreißung

„Alle wenigstens, welche Religion haben“, rechtfertigt Schleiermacher die scharfe Ablehnung des allgemein als fremd empfundenen Dualismus, der das gesamte Sein zerreißt, „glauben nur an eine“.
Diese Kette nämlich, beginnend mit Anaximander und Heraklit, den ionischen Denkern des vorsokratischen, vorplatonischen, vordualistischen Hellenentums, reicht bis in die Gegenwart über Eriugena und Eckhart, Nikolaus Cusanus und Giordano Bruno, Kant und Fichte, Schelling und Hegel, Goethe und Hölderlin, Teilhard de Chardin und Jaspers und unzählige andere, bei vollständiger Einhelligkeit ihres Glaubens. Für sie alle bilden das Unendliche und das Endliche eine unlösliche Einheit dergestalt, daß das Göttliche eine andere, tiefere Dimension bildet als das grenzenlose Universum und die Unermeßlichkeit der sinnlich-konkreten Natur, eine der sinnlichen Wahrnehmung nicht zugängliche, gleichwohl die gesamte Wahrnehmungswelt umfassende und durchdringende Wirklichkeit, das zugleich unendlich über sie Hinausliegende und dennoch in allem Wesende, der ewige und doch in allem gegenwärtige Tiefen- und Seinsgrund, der alles Seiende sein macht, in allem lebt und wirkt.
Ein neuplatonisches Werk, das der Enkel Karls des Großen, Kaiser Karl der Kahle, brennend zu lesen wünschte, löste einen weiteren spezifisch europäischen Protest aus, der seit Mitte des 9. Jahrhunderts bis in die Gegenwart immer stärker und vielstimmiger werden sollte. Erhob der erste Protest sich gegen die Sündigkeitserklärung des *Menschen* entsprechend dem biblischen Sündenfallmythos und der Erbsündenlehre des Afrikaners Augustinus, so entzündete sich dieser Protest an der Sündigkeitserklärung der *Welt* durch den aus der Verfallszeit der Mittelmeerkultur stammenden, christlichen Neuplatonismus[21] und seine Lehre vom stufenweisen Abfall vom weltenfern ruhenden Ureinen bis zur gottfernen, finsteren, bösen Materienwelt.
Es war der ebenfalls von den Britischen Inseln gekommene, als Vertrauter des Kaisers, Leiter der Hofschule und Übersetzer jenes Buches am Kaiserhof bei Paris lebende Scotus Eriugena, der – wie Pelagius weder Mönch noch Priester – aufgrund seiner eigenen Schrift *Über die Entstehung der Natur* als die Nr. 1 auf den Index der von der Kirche verurteilten und verbotenen Bücher gesetzt wurde. Dieser genialste Denker seiner Zeit machte gleich zu Beginn seines Werkes unmißverständlich klar, daß er sich seine eigene Meinung unabhängig von jeder Autorität vorbehält, „die nicht von der wahren Vernunft gebilligt wird“, die ihrerseits, „weil sie sicher und wandellos sich auf ihre eigenen Kräfte stützt, keine Bekräftigung durch Zustimmung irgendeiner Autorität nötig hat“.

In ihm sträubte sich alles gegen die bewegungslos, in völliger Passivität ruhende ureine Gottheit und ihr willenloses Überquellen in eine stufenweise abgeschwächte Wirklichkeit, das in einer durch platonische und christliche Verdächtigung mit allen negativen Attributen diffamierten „Natur" endete. Diesem extremen Dualismus widersprach er leidenschaftlich:

> „Wir dürfen Gott und Kreatur nicht als zwei voneinander Getrennte betrachten, sondern als eines und dasselbe; die Kreatur gründet in Gott und Gott schafft sich in ihr auf wunderbare und unaussagbare Weise, indem er sich selbst in ihr offenbart, als der Unsichtbare sich sichtbar macht und als der Unbegreifliche begreiflich und als der Eine zu einem Vielfältigen ... indem er als Unendlicher zum Endlichen wird ... Macher von allem, in allem geworden, der ewig anfängt zu sein und als Unbeweglicher sich ins All bewegt und verkörpert, der alles in allem wird."[23]

Indem Gott sich in unaufhörlicher Schöpfung in alles entfaltet, schafft er sich selbst in allem. So sind Gott und Welt zwar in ihrer Seinsweise verschieden, aber eins und identisch in ihrem Wesen.

> „Es ist alles aus Gott und Gott in allem und alles nirgendanderswo her als aus ihm selbstgeworden, weil alles aus ihm selber und durch ihn selber und in ihm geworden ist."[24]

Die Materie, für den orientalischen Dualismus jeder Prägung äußerster finsterer Gegensatz des allein lichten Geistes und Keim alles Bösen – für Eriugena ist sie Teil des Göttlichen selbst und von göttlicher Art:

> „Von sich selbst nimmt Gott die Gelegenheiten zu seinen Theophanien und Erscheinungen, da von ihm, durch ihn, in ihm, zu ihm alle Dinge sind. Und so ist auch die Materie selbst, aus der die Welt gemacht ist, von ihm und in ihm und er selbst ist in ihr, soweit überhaupt ihr Sein erkennbar ist."[25]

Im Menschen erst kommt Gott zum Bewußtsein seiner selbst. In des Menschen geistigen, schöpferischen Kräften wirkt er und erzeugt er sich in immer neuen Wirklichkeiten, so daß der mit göttlichen Kräften schaffende Mensch zum Mitschöpfer Gottes wird.

Die Gottdurchdrungenheit der Natur im Werden und Vergehen und aller ihrer Wesen von den kleinsten bis zu den Gestirnen, der blühenden Pflanzen, der Vögel und allen Getiers, ihrer lebenfördernden und zerstörenden Elemente – sie alle sind Selbstoffenbarungen Gottes, nicht ein täuschender, fahler Schein. Indem Gott sich in allem schafft, vermindert sich nicht – wie bei Platon – seine Realität, noch schwindet sie – wie auch für den Neuplatonismus – ins Nichtseiende, im Gegenteil! Gott bringt sich in der Natur zu reicher, gesteigerter Wirklichkeit.

Diese dem europäischen Menschen so innig vertraute Naturheiligung und Naturfrömmigkeit, von Ketzergerichten und hohen Konzilien verdammt und verboten, verfolgt, wo sie sich hervorwagte wie 1215 in zwei Magistern an der Sorbonne, Almarich von Bène und David von Dinant, in den Amalrikanern, von denen 1210 vierzehn an lebendigem Leib in Paris verbrannt wurden wie noch unzählige nach ihnen, – sie ergriffen dennoch das Volk, wenn auch nur für eine kurze Spanne, wie ein Rausch der Freude zugleich mit dem Erblühen des vom arabischen Spanien überkommenen Minnesangs. So wenn ein ritterlicher Sänger aus Tirol, Friedrich von Sonnenburg, in seinen Liedern von der Gottartigkeit der Welt die Natur vom Makel des Widergöttlichen und von ihrer Erniedrigung zum Jammertal befreite:

„O wohl dir, Gottes Wundertal! ...
Du zarter Gottesgarten,
in der Gott wunderbar viel Wunder gewundert hat!
Schälte ich Gottes hohes Wunderwerk,
So schälte ich Gott an seiner Schöpfung!
Wer dich schilt, Welt, der schilt Gott!“[26]

Auch Eriugenas Name und Werk wurden nach seiner Verurteilung und der Vernichtung seiner Schriften vergessen. Und trotzdem erbt sich sein Geist der Heiligung der Natur in unendlichen Verzweigungen durch die gesamte europäische Geisteswelt, aus der kein Land zwischen Sizilien und Bergen in Skandinavien sich ausschließt. Namen drängen sich auf wie Walther von der Vogelweide und Francesco von Assisi, Giordano Bruno, der am 17. Februar 1600 in Rom lebendig verbrannt und Lucilio Vanini, der am 16. Februar 1619 in Toulouse auf dem Scheiterhaufen getötet wird, Namen wie Goethe und Hölderlin, Geibel und Rückert, Rilke und Teilhard de Chardin, um nur einige zu nennen.

An einer Gabelung dieser sich über ganz Europa weithin verzweigenden Religiosität der Gott-Natur steht Mitte des 15. Jahrhunderts einer der bedeutendsten und – ohne daß die von ihm ausgehenden Geistesströme bisher genügend aufgedeckt sind – die Zukunft wesentlich mitbestimmenden deutschen Denker. Obwohl er die höchsten Würden innerhalb der kirchlichen Hierarchie erklomm, ist er mit allem Fühlen und Denken in dem ureigenen religiösen Erbe Europas verwurzelt. Es ist der Moselländer Nikolaus von Kues (1401-1464), von seinem einstigen Schulfreund, der als Pius II. die Tiara trägt, „Cusanus“ genannt, der es als Doktor der Rechte bis zum Reformlegaten für Deutschland, zum Kurienkardinal, zum Generalvikar in Rom und Ratgeber des Papstes bringt...

In der Gottesschau dieses umfassenden Geistes treffen gleichsam drei Blickwinkel ureuropäischer Sichtweisen in einem zusammen: die Einheitsmetaphysik eines Eriugena von Gott und Welt und Gottes Werden in ihr, das Einssein von Gott und Mensch und das Werden Gottes in der Seele in der Mystik Eckharts und des Pelagius Lehre von der Freiheit des Menschen dank des Einsseins des göttlichen und des menschlichen Willens. Explicatio, Entfaltung alles Seienden aus dem Sein, aller Wesen und Dinge des gesamten Universums aus Gott – das ist Ursprung und Grund aller „Ungenauigkeit" des konkret Wirklichen, aller unendlichen Ungleichkeit, Verschiedenheit und Mannigfaltigkeit innerhalb der Schöpfung, die keine Wiederholungen, weder in Raum noch Zeit, kennt, Ursprung und Grund alles Lebens, Werdens, Bewegens aller Evolution. Alles ist Gottesentfaltung und gottentstammt, Entstehen *und* Vergehen, Zeugung *und* Zerstörung, keines kann ohne das andere sein, und auch das Negative empfängt seinen göttlichen Sinn aus dem Ganzen.

Damit heiligt der Cusaner die Welt so tief, daß sie keiner Heiligung durch Sakramente oder ein Opfer Christi bedarf. Hand in Hand mit der Wiederherstellung des uralten, im „Heil" anwesenden göttlich-weltlichen Zusammenhangs stellt der Cusaner die niedergetretene Würde und das Eigenrecht alles Irdischen, auch des Menschen wieder her, der selber explicatio Dei, Entfaltung Gottes und unmittelbar zu Gott ist – nicht nur der Papst, nicht nur der Geistliche! Auch der Laie, der einfache Mensch, ist selber Heilsträger, wie schon Eckhart wußte. Damit gibt der Deutsche jedem Laien eine Würde zurück, wie sie ihm seit Jahrhunderten von der Kirche nie zuteil geworden, die vor der Bekehrung *jedem* Menschen eigen gewesen war.

Es war dasselbe Prinzip, als der Cusaner – hundert Jahre vor dem bloßen Mittelpunktstausch des Kopernikus von Erde und Sonne unter Beibehaltung des festbegrenzten, starren antiken Kosmos – die orientalische, „hierarchische" Struktur des von hoch oben die Welt regierenden Gottes über einem ummauernden Fixsternhimmel, oberhalb des tief unten ruhenden Mittelpunkts Erde, unter der die Hölle gähnte, preisgab zugunsten eines unendlichen, grenzenlosen Alls mit unendlich vielen Mittelpunkten, da ja alles Entfaltung und Enthalt Gottes ist[27]. So hebt er die dualistischen Wertgegensätze von Himmlisch und Irdisch, von Heilig und Profan, von Geistlichem und vom Laien auf und wandelt sie in die Gleichwertung der unendlich ungleichen, individuellen Menschen, deren ein jeder auf seine Weise das Unendliche, Ewige, Göttliche repräsentiert. Bei aller Verschiedenheit der je einzigartigen Individualitäten ist ein jeder dennoch sinnvoll auf jeden anderen und das Ganze gestimmt und strebt kraft seiner inneren Unendlichkeit, zu wachsen und sich zu vervollkommnen, um in freier Entfaltung der in ihm angelegten schöpferischen Fähigkeiten und göttlichen Seinsfülle zu einem Selbst und zum Mitschöpfer und Partner Gottes zu werden. Denn jeder kann nur wahrhaft „sein", sofern Gott in ihm gegenwärtig ist, der sein Sein ausmacht. Darum kann nur er selbst sein in der Wechselseitigkeit der freien gott-menschlichen Zuwendung. Ein Selbst zu werden, hängt von ihm selber ab. In seiner schönsten und tiefgründigsten Schrift *Von Gottes Sehen* führt der Cusaner den Leser auf einen „Gleichnisweg", auf dem er Gott so anredet:

„Du sprichst in der Tiefe meines Herzens:
‚Sei du dein eigen, und ich werde dein eigen sein!'
Du hast es ganz zur Sache meiner Freiheit gemacht,
daß ich, wenn ich will, ich selber sein werde.
Bin ich nicht ich selbst, so bist Du auch nicht mein. –
Es hängt also von mir ab, nicht von Dir."[28]

Indem der Mensch sich dem Göttlichen in der eigenen Tiefe öffnet, es in sich zuläßt, gibt das Göttliche ihm sich selbst:

„Wenn ich Dein Wort höre, das in mir unaufhörlich redet
und beständig in meiner Vernunft leuchtet,
so bin ich mein eigen und frei
– nicht ein Sklave der Sünde."[29]

Das Selbstwerden durch Einswerdung mit Gott begründet des Menschen Freiheit. Seine Selbstentfaltung bedeutet die freie Verwirklichung des göttlichen Geistes, der durch ihn spricht, der göttlichen Schöpferkraft, durch die er, mit der Philosophie, mit der Kunst, mit der Technik Neues erschafft, was die Schöpfung noch nicht hervorgebracht hatte, sie bedeutet schließlich sein Selbstdenken, das sich nicht von Büchern und Autoritäten nährt, sondern durch Erfahrung aus den Büchern der Natur, die Gott geschrieben hat. Das Einssein von Gott und Mensch wird in der menschlichen Selbstentfaltung zur schöpferischen Partnerschaft.

In seinen Ketzern errang Europa seine zerstörte Identität zurück

„Jedes Seiende" - so hatte Nikolaus Cusanus, wie wir eingangs hörten, das Wesen der Selbstidentität bezeichnet, „ist nur in seinem *eigenen* Sein ganz selbst." Als Folge von Zerstörung und Verlust der Selbstidentität hatte er klar die „Uneigentlichkeit" der Existenz erkannt: „In jedem anderen kann es sich nur uneigentlich repräsentieren." Denn, so fügt er hinzu, „die nichtübertragbare Identität" auf jemand anders übertragen, geschieht unweigerlich „um den Preis des Andersseins". Damit ist das Los des europäischen Menschen während mehr als einem Jahrtausend in wenigen Worten umrissen.

Europa hatte das Schicksal, in einem Glauben leben zu müssen, der nicht der seine war und seinem Wesen, Erleben, Fühlen, Denken nicht entsprach, der „sein eigenes Sein" vergewaltigte, sein Bewußtsein durch dualistische Zerreißung alles dessen, was hier und für viele blieb,

umformte und durch Setzung fremder ihm widerstreitender Wertakzente umpolte und damit den inneren Kompaß, die nachtwandlerische Sicherheit im Beschreiten des „rechten Weges“ zerstörte. Denn Verlust der eigenen Religion als eines ganzheitlichen Seinsbezuges bedeutet Gesamtverlust der eigenen Identität.
Indem das Volk in einem schmerzhaften Umerziehungsprozeß, der Jahrhunderte in Anspruch nahm, unter den Opfern seiner Eigentlichkeit mehr oder weniger zu Christen gemäß dem ihm gepredigten Selbstverständnis des schwachen, der Gnade Gottes und der Erlösung durch den Tod seines Sohnes bedürftigen Sünders wurde, wehrten sich die mutigsten, eigenständigen und schöpferischen Geister gegen die Zumutungen des fremden Glaubens und entzündeten in der Reibung durch Widerspruch die Flamme ihrer eigenen, aus innerster Wesensnotwendigkeit aufsteigenden religiösen Überzeugung. Ungezählte Tausende nahmen ohne Rücksicht auf sich selbst die gigantische Herausforderung auf, welche die Entwürdigung und Verkrüppelung ihres Menschseins und des ihnen Heiligsten an ihren Mut und ihr schöpferisches Denken stellte. Waren es anfangs nur einzelne Große, von deren Geist sich eine nicht abreißende Spur bis in die Gegenwart zieht – von Pelagius bis Storm, Hebbel, Rilke und weiter, von Eriugena und Giordano Bruno über Goethe bis Teilhard de Chardin und Saint-Exupéry, von Meister Eckhart und Nikolaus Cusanus über Jakob Böhme bis Heidegger und Jaspers –, so wächst ihre Zahl beständig und ist in der Gegenwart in ungebrochener Kontinuität zu einer sich weit ausbreitenden, alle europäischen Nationen, alle gesellschaftlichen Schichten und alle Generationen übergreifenden religiösen Gemeinsamkeit erstarkt.
Was konnte schlagender die religiöse Identität Europas ausweisen als die spontanen Proteste und selbständigen Entgegensetzungen seiner Ketzer als Urheber eigener religiöser Schöpfungen mit eigener Perspektive und ihre immer wieder staunenerregenden Übereinstimmungen untereinander über Jahrhunderte und über alle nationalen Grenzen hinweg – Übereinstimmungen, die oft unabhängig voneinander und ohne voneinander zu wissen, allein der ihnen gemeinsamen, ureigenen Erlebensweise, der immer gleichen Gotteserfahrung, demselben Wesensgesetz in der eigenen Brust entstammten?
In seinen Tausenden von Ketzern kam Europa immer erneut und aus seinem Urgrund erneut zu sich selbst, wurde es sich in seinen größten Geistern seiner selbst, seines Wesens und seiner eigenen göttlichen Tiefe bewußt in einer eigenen europäischen Religion, die über das sich seinem Untergang zuneigende Zeitalter der Selbstentfremdung hinweg tragende Kräfte entfalten wird.

„Jedes kann nur wahrhaft ‚sein', sofern Gott in ihm sein Sein ausmacht"

Die Nur-Protestierenden freilich, die den Mut zum eigenen Selbst und die Kraft zum eigenständigen Weg abseits der ausgetretenen ideologischen Straßen nicht aufbrachten, sie warfen mit dem von Nietzsche diagnostizierten „unglaubwürdig gewordenen Glauben an den christlichen Gott" *jeden* Glauben über Bord, fegten mit dem christlichen „Jenseits" *jegliche* „Transzendenz", das heißt *jedes* „Überschreiten" der vordergründigen Dingwelt des den Sinnen und dem Verstand Gegebenen davon. Indem sie jede Bindung zerrissen, ihre eigenen Wurzeln abschnitten und sich somit aller Quellen ihrer Kraft begaben, haben sie sich als Entwurzelte, Unbehauste selbst den von Nietzsche vorhergesagten Schrecken des totalen Nihilismus ausgeliefert mit allen Ängsten und Verzweiflungen in letzter Sinnleere und Verlorenheit ihres verödeten Daseins, das nach Untergang, Ende, Totsein süchtig ist. Die christliche Entwürdigung und Entheiligung des Menschen, der Welt, der Natur hat in diesen Protestierern gegen den christlichen Gott, in diesen Aussteigern aus dem Sinn, in diesen Emigranten aus der Heillosigkeit des Diesseits – das nach dem Kappen des „Jenseits" ein „Diesseits" des Nicht-Seienden ist und „vom Nichts umdroht" – ihre letzten Opfer zugerichtet. Ihre Preisgabe aller Transzendenz rächt sich an ihnen mit dem Verlust des Seins.

Denn sie haben in ihrer Radikalität das Wesentliche für eine heile Identität selbst zerstört, das ihnen Antoine de Saint-Exupéry mit dem Gebet des Großen Kaid in der *Stadt der Wüste* in Erinnerung ruft, das hier aber auch für jene stehen mag, die auf dem Weg zu ihrer wahren religiösen Identität sind:

„Verbinde mich wieder dem Baum, von dem ich stamme!
Ich bin ohne Sinn, wenn ich allein bleibe ...
Hier bin ich aufgelöst und vorläufig.
Ich trage Verlangen, zu *sein*."[30]

Anmerkungen

I Zerstörung der religiösen Identität

1 Nikolas von Cues, *Die Kunst der Vermutung*, Auswahl aus seinen Schriften, Bremen 1957, *Über die Vermutungen*, I,13.
2 Michael Rangl, *Briefe des hl. Bonifatius*, Leipzig 1912.
3 Snorri Sturlusson, *Sage von Hakon dem Guten*, 14, in: S. Hunke, *Europas andere Religion*, Düsseldorf 1969, S. 97.
4 Hierzu Kap. ‚Gott liebt den freien Menschen', in S. Hunke: *Europas andere Religion*, aaO., S. 57-93.

5 Sigrid Hunke, *Europas andere Religion*, aaO., S. 15f, Einleitung: ‚Gott hat viele Gesichter'.
6 Ebd., S. 93.
7 Sigrid Hunke, *Tod, was ist dein Sinn*, Pfullingen 1986, Kapitel ‚Weiterleben aus dem Heil'.
8 Sigrid Hunke, *Europas andere Religion*, aaO., S. 102ff.
9 Salvian, *De gubernatione Dei*, X, VI.
10 *Die Hymnen des Mönches Gottschalk,* hrsg. von Walter Kagerah, Berlin 1936.
11 Sigrid Hunke, *Europas andere Religion*, aaO., S. 111.
12 Wilhelm Grönbech, *Religion und Kultur der Germanen*, Hamburg 1935, S. 127ff.
13 Sigrid Hunke, *Am Anfang waren Mann und Frau, Vorbilder und Wandlungen der Geschlechterbeziehungen*, Hildesheim 1986, S. 86ff.
14 Ebd., S. 80ff.
15 Ebd., S. 174ff.
16 *Heliand und Genesis*, hrsg. von Otto Behaghel, Halle 1922.
17 Franz Brietzmann, *Die böse Frau in der deutschen Literatur des Mittelalters*, Berlin 1912.
18 Tacitus, *Germania*, c. 8.
19 Michael Rangl, aaO., Brief von Gregor an Bonifatius v. 2.11.726.
20 Sigrid Hunke, *Das Reich und das werdende Europa* (‚Das Reich ist tot – es lebe Europa'), Hannover 1965, S. 29f.
21 Ebd., S. 30ff.
22 Ebd., S. 13-74.
23 Ebd., S. 26f.
24 Ebd., S. 25.
25 Ebd., S. 45ff.
26 *Das Buch der deutschen Dichtung*, hrsg. von Friedrich von der Leyen, I. Band, ‚Frühes und hohes Mittelalter', Leipzig 1939, S. 113.

II Erneuerung der religiösen Identität

1 Sigrid Hunke, *Europas andere Religion*, aaO., S. 60.
2 „Est enim, inquam, in animis nostris naturalis quaedam (ut ita dixerim) sanctitas." *Demetriasbrief*, in: Migne, *Patrologiae Ser. Latina*, Paris 1846, XXX 17, 2.
3 Ebd., XXX 17, 6.
4 Reinmar von Zweter in: *Die deutsche Literatur*, übs. und hrsg. von Boor, München 1965.
5 Meister Eckart, *Deutsche Predigten und Traktate,* üb. und hrsg. von Josef Quint, München o. J, Predigt 29, S. 291.
6 Nach Sigrid Hunke, *Europas andere Religion,* aaO., S. 77.
7 Wolfgang von Wartburg, *Geschichte der Schweiz*, München 1951, Kap. Pestalozzi, S. 178ff.
8 Immanuel Kant, *Werke*, Berlin 1913, Bd. V, *Kritik der praktischen Vernunft*, 2. Teil.

9 Friedrich von Schiller, *Das Ideal und das Leben.*
10 Immanuel Kant, *Was ist Aufklärung?*, Akademieausgabe Band 8, S. 35.; ‚Metaphysik der Sitten, Einleitung § 4'.
11 Johann Wolfgang von Goethe, *Dichtung und Wahrheit. Aus meinem Leben*, München o. J., 15. Buch, S. 506ff.
12 Johann Wolfgang von Goethe, *Werke*, Stuttgart 1950, Abt. 1, Bd. 4 ‚Frühe Dramen, Bruchstücke'.
13 Johann Wolfgang von Goethe, *Faust*, ‚Prolog im Himmel'.
14 Sigrid Hunke, *Europas andere Religion*, aaO., III. Teil, ‚Die europäische Religion', S. 421-505.
15 Die ‚unitarischen' Präsidenten der USA: John Adams, Thomas Jefferson und Abraham Lincoln; ferner Benjamin Franklin u. a.
16 Sigrid Hunke, ebd., S. 265.
17 Ebd., S. 262.
18 Meister Eckhart, in *Predigten und Traktate*, aaO., Predigt 32, S. 309.
19 Johann Gottlieb Fichte, *Sämtliche Werke*, Leipzig 1924, ‚Anweisungen zum seligen Leben', 6. Vorlesung, V, 475.
20 Friedrich Schleiermacher, *Werke*, Bd. 4, ‚Über die Religion, Reden an die Gebildeten unter ihren Verächtern', Leipzig 1911, S. 132.
21 Ebd., S. 34.
22 Sigrid Hunke, ebd., S. 41.
23 Johannes Scotus Eriugena, *Über die Einteilung der Natur*, übs. von K. Noack, Leipzig 1870-1874, III, 17.
24 Ebd., III, 22.
25 Ebd., III, 18.
26 Friedrich von Sonnenburg, in *Die deutsche Literatur*, aaO., I, 491f.
27 Nicolaus von Cues, *Die Kunst der Vermutung*, aaO., S. 225, ‚Der Laie und die Weisheit'; S. 267 ‚Der Laie über den Geist'; S. 299 ‚Das Experiment mit der Waage'.
28 Nicolaus von Cues, ebd., ‚Von der wissenden Unwissenheit' (‚De docta ignorantia'), Zweites Buch.
29 Nicolaus von Cues, ebd., ‚Von Gottes Sehen', S. 316.
30 Antoine de Saint-Exupéry, *Die Stadt in der Wüste*, übs. von O. v. Nostitz, Düsseldorf 1956, c. 173.

Vorgeschichte

Jean Haudry

Die indoeuropäische Tradition als Wurzel unserer Identität

1. Vom Indoeuropäischen zu den Indoeuropäern

Die Indoeuropäer sind keine beobachtbare Realität. Sie gehören nämlich weder zur Geschichte noch – sogar – zur Vorgeschichte. Die Geschichte setzt mit den ersten Texten ein. Von den Indoeuropäern besitzen wir überhaupt keine Texte, und werden niemals welche besitzen, denn wir wissen, daß sie das Schreiben nicht praktizierten. Und es ist *apriori* unmöglich, ihnen irgendeinen archäologischen Standort zuzuschreiben. Sind die Indoeuropäer etwa mythische Wesen, da sie nun weder zur Geschichte noch zur Vorgeschichte gehören? Nein, sie sind schlechthin die Sprecher des Indoeuropäischen, und als solche unterstehen sie in erster Linie der Sprachwissenschaft. Und wiederum ist das Indoeuropäische keine beobachtbare Realität, da es in dieser Sprache keinen Text gibt, sondern eine geistige Konstruktion oder, besser gesagt, Re-Konstruktion. Bevor wir also irgendetwas über die Indoeuropäer aussagen, müssen zwei Hypothesen auf ihre Stichhaltigkeit geprüft worden sein: die Existenz einer indoeuropäischen Gemeinsprache; die Existenz eines Volkes, und nicht einer zusammengewürfelten oder vorübergehenden Gruppe von Sprechenden. Keine dieser beiden Hypothesen ist unbedingt einleuchtend; andere Hypothesen wurden nämlich erwogen. Es ist also geboten, auf die Grundlagen der Begriffe ‚indoeuropäische Sprache' und ‚indoeuropäisches Volk' zurückzukommen. Diese Verfahrensweise wird in den einzelnen Disziplinen sehr häufig angewendet. Gerade indem sie Hypothesen formuliert und bestätigt, macht die Wissenschaft Fortschritte. Heutzutage wird die Kluft zwischen wissenschaftlicher Annahme und unmittelbarer Intuition immer größer; Hypothese bedeutet nicht Ungewißheit.

1.1 Die Hypothese einer indoeuropäischen Gemeinsprache

Diese Hypothese hat folgende wissenschaftliche Grundlagen:

a. Das Vorhandensein regelmäßiger, genauer Übereinstimmungen zwischen den einzelnen Sprachen Europas und Asiens, die aus diesem Grund als verwandt betrachtet und als ‚indoeuropäische Sprachen' bezeichnet werden.

b. Die Willkürlichkeit des Sprachzeichens: jede regelmäßige und genaue Übereinstimmung zwischen Formen, die zu zwei verschiedenen Sprachen gehören, erfordert eine Erklärung. Von Irland und Island bis Indien weisen die meisten Sprachen Europas und mehrere Sprachen Asiens (die einen lebend, die anderen ausgestorben, manche bereits im zweiten Jahrtausend vor unserer Zeitrechung belegt) miteinander nicht etwa bloße oberflächliche Ähnlichkeiten auf, sondern regelmäßige und strenge Übereinstimmungen in sämtlichen Bereichen ihres Systems: Flexion (Deklination oder Konjugation), Derivation (Bildung neuer Wörter aus einem Ursprungswort), nominale und verbale Zusammensetzung, pronominales System, Syntax, Wortschatz. Und diese Übereinstimmungen sind regelmäßig und können genau formuliert werden: Jedes Phonem oder jede Phonemreihe der einen dieser Sprachen entspricht einem Phonem bzw. einer Phonemreihe der anderen Sprache der Gruppe. Da das Sprachzeichen vom Wesen her weitgehend willkürlich ist und der Zufall (angesichts der Zahl und der äußersten Genauigkeit dieser Übereinstimmungen) ausgeschlossen ist, sind lediglich zwei Hypothesen möglich: die der Entlehnung und die des gemeinsamen Erbes. Die lexikale Entlehnung findet häufig statt, vor allem wenn es um die Bezeichnung von Realitäten geht, die selbst entlehnt sind; wir kennen zahlreiche ‚wandernde Wörter', wie zum Beispiel die Bezeichnung ‚Kaffee' und ‚Tee', die sich mit der Benutzung des von ihnen bezeichneten Erzeugnisses weit verbreiteten. Wie können wir uns aber vorstellen, daß nicht-verwandte Sprachen – von dem einen Ende Europas bis zum anderen Asiens – aus ein und derselben Sprache ihren Grundwortschatz entlehnten, zum Beispiel die Numeralien, die Verwandtschaftswörter, die Bezeichnungen der Gebrauchsgegenstände, der gewöhnlichsten Tiere und Pflanzen? Und vor allem daß sie auch ihr morphosyntaktisches System bis in den unbedeutendsten Einzelheiten, etwa die Flexionsunregelmäßigkeiten, übernahmen? Die einzige vernünftige Hypothese ist also die der genetischen Verwandtschaft, deren graphische Übertragung der Stammbaum ist:

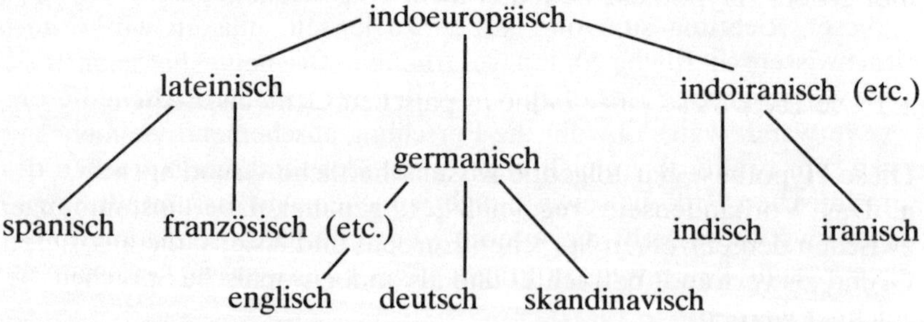

Ob es sich um die ältesten Stufen (vom Indoeuropäischen bis zu den indoeuropäischen Altsprachen) handelt oder um die neueren (vom Lateinischen bis zu den romanischen Sprachen, von der germanischen Gemeinsprache bis zu den nachgewiesenen germanischen Sprachen) bringt der Stammbaum natürlich nur einen Teil der Entwicklung zum

Ausdruck, die Divergenzen. Es gibt aber auch andere Entwicklungsprozesse, die Konvergenzen (die in dem Verzicht auf dialektische Besonderheiten bestehen) und die sogenannten ‚Änderungswellen' (phonologische, morphosyntaktische oder lexikale Neuerungen, die sich von einem Mittelpunkt aus über ein und dieselbe Zone fortpflanzen). Aber diese Vorgänge verwirren etwas die Übersichtstafel, ohne allerdings die genealogische Verwandschaft in Frage zu stellen, wie man es leicht an Entwicklungen im geschichtlichen Zeitraum beobachten kann: Im Bereich der romanischen Sprachen trugen sich übrigens überall solche Vorfälle zu, ohne daß man deshalb ihre Verwandtschaftsverhältnisse untereinander und mit dem Lateinischen in Frage stellen muß.
Mit V. Pisani[1] das Indoeuropäische als ein „Netz von Isoglossen" zu definieren ändert nichts daran: Jede Sprache ist ein „Netz von Isoglossen", das heißt die Resultante eines Komplexes gemeinsamer Entwicklungen, die die dialektalen Abweichungen nicht ausschließen. Was das Indoeuropäische anbetrifft, scheint der Anteil an dialektalen Dubletten nicht übermäßig hoch. Müssen zwei oder mehrere miteinander konkurrierende Formen rekonstruiert werden, dann besteht Grund zu der Annahme, daß sie aus unterschiedlichen Zeiten stammen: das gilt beispielsweise für die Flexion der thematischen Präsentia, wo vier verschiedene Formen für ‚er trägt' rekonstruiert wurden: **bhér-e-ti* (die am meisten belegte und wahrscheinlich die jüngste); **bhér-ti* (lateinisch *fert*); * *bhér-ey* (griechisch *phérei*); **bhér-y-o* (litauisch *beria* ‚er breitet aus'); letztere drei Formen sind älter.
Es ist möglich, und sogar wahrscheinlich, daß das Indoeuropäische ursprünglich eine der Mundarten einer älteren Gemeinsprache war. Um in dieser Richtung sinnvolle Arbeit zu leisten, müssen wir weitere sprachwissenschaftliche Daten verarbeiten. Bis heute hat man noch keine Sprachgruppe identifiziert, mit der das Indoeuropäische besonders verwandt wäre, obwohl die Forschung anscheinend vielmehr auf einen sehr breiten Vergleich angelegt ist, der sämtliche Sprachen des eurasiatischen Erdteils sowie einige Sprachen Afrikas umfaßt.[2] Aber dieser Hypothese stellt die interne Verwandtschaft der indoeuropäischen Familie keineswegs in Frage.

1.2 Die Hypothese eines gemeinsamen indoeuropäischen Volkes

Die Existenz einer Sprache schließt logischerweise die von Sprechenden in sich; aber die Gesamtheit der Sprechenden bildet nicht unbedingt ein Volk. Was man beispielsweise als ‚Frankophonie' (Französischsprachigkeit) bezeichnet, umfaßt viele Menschen, die französisch sprechen, die aber sonst nichts miteinander gemein haben und jedenfalls kein Volk bilden. Auf Grund solcher Beispiele hat man behauptet, daß die indoeuropäische Gemeinschaft von Anfang an ‚rein sprachlich' gewesen sein könne und daß die Indoeuropäer zu keiner Zeit ein Volk gebildet hätten. Bis auf die Sprachvereine gibt es in Wirklichkeit keine Gemeinschaft, die von Anfang an ‚rein sprachlich' ist. Die Sprachen sind Kommunikationsmittel und kein Selbstzweck: Menschen haben sich noch nie zusammengetan, nur um eine Sprache zu sprechen. Es geht einzig darum, in Erfahrung zu bringen, ob die indoeuropäische Gemeinschaft ein vorübergehendes, bunt zusammengesetztes Aggregat, gleich dem früheren französischen Kolonialreich, war, oder ein beständiges, homogenes Volk.

Die Vorgeschichte des indoeuropäischen Sprachsystems liefert uns ein erstes Element der Antwort: die chtonologischen Schichten, die für verschiedene nominale Flexionen, insbesondere die heteroklitischen, wiederherstellbar sind, zeugen von einer langwierigen Entwicklung des Systems; das Indoeuropäische hat eine lange Vorgeschichte. Andererseits kennen wir tatsächlich Sprachen, deren zusammengesetztes Wesen die ethnische Verschiedenheit der sie sprechenden Gemeinschaft widerspiegelt: es sind die Lingua franca und die kreolischen Sprachen. Der eine Teil des morphologischen Systems stammt von einer der Ursprachen, der andere von einer anderen Sprache. Das gilt ebenfalls für ihren Wortschatz. An eine vergleichbare Situation dachte Trubezkoi in seine berühmten *Gedanken über das Indogermanenproblem.*[3] E. Polomé[4], der diese Sprachformen vor Ort untersuchte, wies dagegen nach, daß nichts Derartiges im Indoeuropäischen feststellbar ist.

Die heute nachgewiesene Existenz einer ‚indoeuropäischen Tradition' (siehe unten, 2. 2; sie besteht zum einen in einer poetischen Formelsammlung, zum anderen in einem Korpus begrifflicher Schemen, welche Ideale und Werte der Gemeinschaft übertragen) setzt den Diskussionen über die Existenz eines indoeuropäischen Volkes ein Ende.

Zu erfragen ist noch, wie sich die indoeuropäischen Sprachen auf dem gesamteuropäischen Raum und im größeren Teil Asiens verbreiteten, bevor sie die Neue Welt erreichten. Bestimmt nicht durch ‚Streuung'. Die Streuung der Techniken und der Moden stellt kein brauchbares Modell für die Verbreitung der Sprachen dar. Sprachen werden nicht ‚gestreut', außer im Falle einer im vorgeschichtlichen Zeitalter allerdings schwer vorstellbaren kulturellen Beherrschung. Auch hier liefern feststellbare historische Parallelen die Lösung: Das Indoeuropäische verbreitete sich wie einst das Lateinische, wie später das Französische durch die Eroberung.

2. Was wissen wir über die Indoeuropäer, und wie wissen wir es?

Wir verfügen über zwei Informationsquellen. Eine mittelbare Quelle: die linguistische Paläontologie; eine unmittelbare: die ‚indoeuropäische Tradition'.

2.1 Die linguistische Paläontologie

Sie besteht darin, von der Existenz des erschlossenen Wortes auf die Kenntnis der entsprechenden Realität zu schließen. Sie wurde lange Zeit als unsere einzige Informationsquelle betrachtet. In Wirklichkeit ist sie die am wenigsten zuverlässige. Sie erfordert eine ständige Kontrolle und hat meistens nur einen unverbindlichen Wert. Zum Beispiel: Wir rekonstruieren (ohne Schwierigkeit von der Form her) ein Neutrum **áye/os-* aufgrund des altindischen *áyas-*, des awestischen *ayah-*, des lateinischen *es* und des gotischen *aiz*. Welche Bedeutung soll es aber behalten? Die lateinische und die germanische Form bezeichnen die Bronze, die iranische das Metall im allgemeinen und das Eisen im besonderen, und der ursprüngliche Sinn der indischen Form ist umstritten. Da es – aus anderen Gründen – ausgeschlossen ist, die indoeuropäische Gemeinschaft in die Eisenzeit, ja sogar in die Bronzezeit zu verlegen, setzt sich die Auffassung durch, daß die Form **áye/os-* das Kupfer bezeichnet. Daraus ersehen wir, daß die linguistischen Daten noch lange keine entscheidende Angabe zu liefern vermögen, sondern eine ständige Überprüfung durch die archäologischen Daten erfordern. Wird die Bedeutung einmal festgelegt, so stellt sich eine andere Frage: Die Form * *áye/os-* war bestimmt wie die anderen Neutra in **-e/os-* eine Ableitung. Es gibt nämlich eine Wurzel **ay-*, die ‚glänzen' bzw. ‚heizen', ‚brennen' bedeutet. In der Bedeutung ‚glänzen' handelt es sich um das gediegene gehämmerte Metall; geht man aber von der zweiten Bedeutung aus, so handelt es sich um das warm bearbeitete Metall. Dieses Beispiel veranschaulicht die Bedeutung der linguistischen Paläontologie, aber auch ihre Ungewißheiten.

2.2.1 Die überlieferte Formelsammlung

Mehrere Hunderte von Formeln, für deren ausgezeichnete Zusammensetzung Rüdiger Schmitt[5] sorgte, werden von Wortketten artikuliert, die sich in zwei oder mehreren indoeuropäischen Dichtungen (meistens im *Veda* und bei Homer, aber auch im *Awesta*, in der alten germanischen Dichtung usw.) decken. Diese Formeln sind meistens nominale Syntagmen, die sich aus einem Substantiv und einem Epitheton zusammensetzen, **kléwos ńdhgh^{w}itom* ‚unverwelklicher Ruhm', oder aus einem Substantiv mit Genitivergänzung, **kléwos nérom* ‚Ruhm der Herren'. Dazu gehören auch Komposita: das gilt für die Eigennamen, die ebenfalls eine Art traditionelle Formeln bilden.

2.2.2 Die begrifflichen Schemen

Man rekonstruiert auch eine Gruppe begrifflicher Schemen, wie das Schema Denken-Handeln-Sprechen.[6] Manche dieser Schemen können in erzählender Form auftreten, wie G. Dumézils dreifunktionales Schema oder ‚die Überquerung des Wassers der winterlichen Dunkelheit', das ich vor kurzem untersuchte[7]: in einzelnen vornehmlich germanischen Sagen überquert ein Held (an einer seichten Stelle, schwimmend usw.) nachts und *im Winter* eine *Wasser*fläche (Fluß, Meer usw.). Hier werden keine Syntagmen formal übereinandergelegt; man stellt Wortverbindungen, Strukturen unabhängig von ihrem Ausdruck gleich.
Diese Tradition, die man als ‚literarisch' bezeichnen kann (wobei es sich um eine mündliche Literatur handelt), liefert uns unmittelbar oder eine interpretatorische Bemühung voraussetzend die Ideale, die Werte, die Hauptbestrebungen und -sorgen der Indoeuropäer.

2.3 Der physische Typus der Indoeuropäer

Die Tradition unterrichtet uns auch über den physischen Haupttypus bei den Indoeuropäern. Überall in der indoeuropäischen Welt entspricht der physische Ideatypus dem nordischen Typus. Die dem physischen Typus beigemessene Bedeutung wird von der Symbolik unterstrichen, die ihm zuteil wird. In Griechenland zum Beispiel ist der zur solaren Unsterblichkeit des Elysiums (Insel der Seligen) bestimmte Held zwangsläufig blond. Umgekehrt sind die niedrigen Elemente der Bevölkerung, die feindseligen Nachbarn schwarz wie die Erde und die Nacht. Eine solche Symbolik wäre schwer vorstellbar, wenn die obere Schicht der Bevölkerung – für die die Dichter arbeiten und von der sie ihren Lohn bekommen – nicht eine helle Hautfarbe und blonde Haare gehabt hätten. Wir können ohne Bedenken daraus folgern, daß dieser Typus in der oberen Bevölkerungsschicht am meisten vertreten war, umso mehr als die Ikonographie diese Folgerung ganz und gar bestätigt. Vergleichen wir beispielsweise drei Vertreter physischer Typen aus dem klassischen Griechenland (Perikles, Sokrates und Chrysippos) miteinander, so fällt es uns nicht schwer zu entscheiden, welcher von den drei dem nordischen am nächsten kommt. Wir wissen, daß Perikles von einem der beiden bedeutendsten Adelshäuser Athens stammte, Sokrates von bescheidener Herkunft war und Chrysippos, wie mehrere andere Stoiker, aus Kleinasien kam.[8]

2.4 Die letzte gemeinsame Heimat der Indoeuropäer

Wenden wir nach strenger Überprüfung die Anregungen der linguistischen Paläontologie an, so ist es möglich, mehr oder minder nachweisbare Hypothesen über die Struktur und die Tätigkeit der Gemeinschaft aufzustellen, über die Familienstruktur und die Wohnregeln, über die Einteilungen der Ethnie, die gesellschaftliche Hierarchie, die Rolle des Königs, seine Pflichten und die der anderen Vorsteher; über die Religion, die Kriegführung, die Erzeugung, den Lebensmodus und -rahmen. Und am Schluß der Untersuchung kann man die prähistorische Archäologie zu Rate ziehen, um die letzte gemeinsame Heimat der Indoeuropäer räumlich und zeitlich zu bestimmen, den Kernbereich nämlich, in dem alle von der linguistischen Paläontologie belegten Realitäten vorhanden sein müssen. Die Frage bleibt aber offen. In Betracht gezogen wurden seit hundert Jahren die Donauländer (mitteleuropäische Ackerbauern im fünften Jahrtausend);[9] das Volk der Ockergrabstätten (Ukraine, viertes bzw. drittes Jahrtausend), eine von O. Schrader[10] verfochtene, heute von M. Gimbutas[11] wieder aufgegriffene These; das Volk der Trichterbecher-Kultur, eine alte, von L. Kilian[12] wieder verfochtene These, der diese Zivilisation als Verlängerung des lokalen Epipaläolithikums betrachtet. In einer noch zu erscheinenden Schrift schließlich vertreten Ivanov und Gamkrelidze die These von einer transkaukasischen Herkunft.[13] Diesbezüglich gibt uns die Tradition keinen Hinweis.

2.5 Die Urheimat der Indoeuropäer

Einen entscheidenden Beitrag liefert die Tradition dagegen in bezug auf die älteste, erfaßbare gemeinsame Heimat, möglicherweise den Entstehungsort der Ethnie. Ihr Zeugnis wurde aber leichtfertig verschmäht. Man hat schon lange beobachtet,[14] daß Indien, der Iran und die keltische Welt die Erinnerung an eine arktische Herkunft ihrer

Ethnie, an eine Heimat im Land der ganzjährigen langen Nacht behalten. „Ursprünglich waren die Tuatha dé Danann auf den Inseln der nördlichen Welt und lernten die Wissenschaft und die Magie, den Druidismus, die Weisheit und die Kunst.“[15] Eindeutiger als dieser irische Text über die arktische Herkunft der keltischen Tradition kann man nicht sein. Dem *Awesta* zufolge war die Heimat der Arier einst „das erste aller vorzüglichen Länder“, heute aber währt der Winter dort zehn Monate, der Sommer zwei, und diese beiden Sommermonate sind kalt. Nach einem solchen Klima in der Nähe des Irans würde man vergeblich suchen. Und die brahmanische Homologie zwischen Jahr und Tag (das Jahr der Menschen ist ein Tag der Götter und setzt sich aus einem täglichen und einem nächtlichen Teil zusammen) wird nur begreiflich, wenn das Jahr tatsächlich aus einem langen Tag und aus einer langen Nacht, wie in den zirkumpolaren Regionen, bestand. Die formale Übereinstimmung des germanischen **dagaz* (Tag) mit der litauischen Bezeichnung der warmen Jahreszeit, *dagas*, bekommt in einer solchen Homologie ebenfalls ihren Sinn.

Zu dieser ‚alten Akte‘ kommen noch griechische Daten hinzu. Die Äthiopier, die Homer an den beiden – östlichen und westlichen – Enden der Welt, am Ozean beheimatet, sind keine afrikanischen Neger, sondern „Menschen mit lichthellen Gesichtern“, die an jene Weißen des Weißen Erdteils in der indischen Tradition erinnern. Gerade bei ihnen tafelt *Zeus* zu Beginn und am Schluß der *Ilias* zwölf Tage lang mit allen Göttern. Man denkt natürlich an die zwölf Tage, die im christlichen Abendland Weihnachten von der Epiphanie trennen, sowie an die zwölf Tage, an denen die vedischen *Rbhus* (sie entsprechen den germanischen *Alfar*, die bei der Wintersonnenwende gefeiert werden) bei *Agohya* (‚der nicht verborgen bleiben darf‘ = die Sonne) schlafen. Denn der Name *Zeus* heißt ursprünglich ‚Himmelslicht‘, ‚Tageshimmel‘[16] (siehe unten 3.3), und seine Abwesenheit kann nur eine jährliche zwölftägige Nacht, gleich dem Schlaf der *Rbhus*, bedeuten.

Ferner liegt die alte indoeuropäische Bezeichnung der ‚schönen Jahreszeit‘ **ye/or-*, von der der Name der Horen, **yora-*, Frühlingsgottheiten[17] abgeleitet ist, dem Namen von Zeus’ Gattin *Hera* (* *yer-a-*) zugrunde. Die heilige Vermählung (*hieros gamos*) von Zeus und Hera symbolisiert demnach das zyklische Wiedertreffen des ‚Himmelslichts‘ oder ‚Tageshimmels‘ mit dem Jahr, die jährliche Rückkehr des Lichtes am Ende der langen Winternacht. Außerdem ist Hera ursprünglich die Schutzherrin der *Heroen*, wie ihr Name es offenbart: Die Heroen sind diejenigen, die der brahmanischen Formel gemäß „das Jahr erreichen“, d. h. „die solare Unsterblichkeit erreichen, indem sie durch die Nacht des Winters, das heißt den zweiten Tod, schreiten". Deshalb ist der Norden der Aufenthalt der Seligen: dort soll nach Ansicht der Kelten, laut Plutarch[18], „Kronos Aufenthaltsort" gelegen haben. Der Weiße Kontinent der indischen Tradition erstreckt sich bis zum „nördlichen Teil des Milchozeans". Und im *Veda* ist der Norden, der durch die Konstellation des Großen Bären definiert ist, der Sitz des *Brahmans.*[19] Die Kreisbewegung des Firmaments um diesen Himmelspol symbolisiert möglicherweise die *svastika*, die später als Symbol des Mondjahres, dann des Sonnenjahres sowie der Wohltaten des Jahres (daher ihr Name) uminterpretiert wurde. Der Norden ist laut Plutarch „der aufrechte, obere Teil der Welt" und laut Servius[20] „der höchste, Jupiters Wohnsitz am nächsten liegende Teil".[21] Im Großen Norden müssen wir nach unseren tiefsten Wurzeln suchen; von dort stammen unsere ältesten und heiligsten Traditionen.

3. Unsere drei Farben

3.1 Kultur und Zivilisation

Auf diesen Seiten wird man keine Ausführungen über die materielle Zivilisation der Indoeuropäer und kaum Angaben zu ihren Institutionen finden. Vom Standpunkt ihrer – folglich unserer – Identität liegt das Wesentliche nämlich nicht hierin. Ihre materielle Zivilisation war die eines Volkes aus dem Chalkolithikum oder Kuprolithikum (siehe oben über die Bezeichnung des ‚Kupfers') und ihre Institutionen die einzelnen, auf der Stammlinie aufgebauten Gesellschaften von gestern oder heute: Nichts Spezifisches, nichts Ursprüngliches in alledem. Wir werden dagegen feststellen, daß die Originalität der Indoeuropäer in ihrer Kultur, ihrer Tradition, ihrer Weltanschauung gründet. Diesbezüglich paßt das deutsche Wort ‚Weltanschauung' vortrefflich, denn die Fundamente ihrer Kultur sind kosmisch.

3.2 Weiß, rot und schwarz

Ob es sich um die Welt, die Gesellschaft oder den Einzelnen handelt, liegt der indoeuropäischen Anschauung unveränderlich eine Farbendreiheit zugrunde: das Weiß, das Rot und das Schwarz. Bei dem Einzelnen spricht man von ‚drei Eigenschaften', von drei ‚geistigen Prinzipien'; die Inder sagen ‚drei Fäden' (*guna*), aber mit jedem dieser drei Fäden ist eine Farbe verbunden: der *sattva* (‚Güte') ist ein leuchtendes, weißes Prinzip; der *rajas* (‚Eifer', ‚Leidenschaft') ist ein rotes Prinzip (die ursprüngliche Bedeutung dieses Begriffs werden wir in der Kosmologie wiedertreffen; der *tamas* (‚geistige Trägheit') ist ein schwarzes Prinzip, die ‚Finsternis'. Das bekräftigt die Hypothese, wonach ‚Farbe' die erste Bedeutung von *guna-* sei.[22] In bezug auf die Gesellschaft spricht man von drei ‚Funktionen' in der Folge G. Dumézils, der damals unvorsichtigerweise drei entsprechende „Gesellschaftsklassen" postulierte, als wenn die Weltanschauung zwangsläufig das Abbild der gesellschaftlichen Realität wäre. Das indische Wort *varna-*[23] und das awestische *pistra-*[24], die die drei arischen Kasten bezeichnen, erbringen den Nachweis, daß diese Kasten in Wirklichkeit grundsätzlich ‚Farben' sind. Die priesterliche Kaste hat nämlich die Farbe Weiß (und den *sattva* als Ideal), der Kriegsadel Rot als Farbe (und den *rajas* als Ideal) und die niedere Kaste schließlich hat die Farbe Schwarz, und ihr Ideal beschränkt sich auf den *tamas*.

3.3 Die drei Himmel

Ob es sich um die Gesellschaft oder um das Individuum handelt, diese Farben haben selbstverständlich keinen anderen Daseinsgrund als ihren symbolischen Wert. Sie gründen nicht auf der Haut- oder Haarfarbe, wie man es eine Zeit lang wähnte. Es sind die Farben des Himmels, oder vielmehr die Farben der drei Himmel.

Der ältesten indoeuropäischen Kosmologie (die als solche in keiner der Kosmologien des historischen Zeitalters fortlebte, die aber auf Grund ihrer Vergleichung wiederherstellbar ist) zufolge drehen sich drei Himmel um die Erde: ein weißer Tageshimmel **dyew-*, ein roter Morgen- und Abendhimmel, genannt **reg^{w}os-* (daher der altindische *rájas-*) und ein schwarzer Nachthimmel, wahrscheinlich genannt **ne/ok^{w}t-* (der die Bezeichnung ‚Nacht' hervorrief). Dieser Nachthimmel hat also die gleiche Farbe wie die Erde, um die sich die drei Himmel drehen. Möglicherweise aufgrund dieser Konstellation neigen die Triaden bei den Indoeuropäern ständig dazu, sich ein viertes Element beizulegen, häufig durch Teilung eines ihrer Bestandteile.[25]

Aus dieser ‚dynamischen' Kosmologie stammen zwei Haupttypen ‚statischer' Kosmologien:

Da ist einmal die indische Auffassung der ‚drei Welten', mit dem Himmel (* *dyáv* aus **dyéw-* ‚Tageshimmel'), dem Mittelraum (*antáriksa-*) und der Erde. Nun wird aber der Mittelraum auch *rájas-* (aus **rég^{w}os-*) genannt, wie das Prinzip des Kriegeradels, und dieser Name bedeutet ursprünglich ‚Röte'. Offenbar fungiert dieser Mittelraum als ‚roter Himmel' der Morgenröte und der Abenddämmerung.

Die andere Auffassung ist die griechische und germanische mit einer zentral gelegenen Erde, die sich von dem Himmel und der Hölle gleich entfernt befindet. Hier übernimmt die Erde die mittlere Stellung, und im Germanischen wird sie ‚Mittelraum' genannt, im Gotischen *midjungards* usw. Da Himmel und Hölle offensichtlich jeweils für den Tages- und den Nachthimmel stehen, übernimmt die Erde die Stellung des mittleren Himmels in der ‚dynamischen' Kosmologie.
Wir sehen, wie diese beiden Kosmologien auf die frühere Kosmologie der sich drehenden Himmel zurückgehen, die zwar, wie bereits erwähnt, in keiner Kosmologie des historischen Zeitalters fortlebte, dennoch in der griechischen Kosmogonie abgebildet ist, wonach *Zeus* (Tageshimmel) den besternten *Uranos* (Nachthimmel) nach der Zwischenherrschaft des *Kronos* (Trennung) ablöst.[26]

3.4 Die Homologie zwischen den Zeiteinteilungen

Der Zyklus der drei Himmel beschränkt sich nicht auf den ‚vierundzwanzigstündigen' Tag, denn es bestehen Homologien zwischen den bedeutendsten Zeiteinheiten. Die Zwölf Tage sind ein Beispiel: ursprünglich etwa den Unterschied zwischen Mondjahr und Sonnenjahr darstellend, wurden sie außerdem mit den zwölf Monaten in homologische Beziehung gebracht. Gleichermaßen gilt auch der Zyklus der drei Himmel für das Jahr und das Werden der Welt.

3.4.1 Das Jahr

Das Jahr, wiederholen die *Brahmanas*, ist ein Tag der Götter; es setzt sich aus einem täglichen und einem nächtlichen Teil zusammen. Der tägliche Teil erstreckt sich von der Winter- bis zur Sommer-Sonnenwende, der nächtliche Teil von der Sommer- bis zur Winter-Sonnenwende. Diese Homologie ist, wie oben ersichtlich, eines der Hauptargumente zugunsten der arktischen Herkunft der indoeuropäischen Tradition; denn nur in den zirkumpolaren Regionen setzt sich das Jahr tatsächlich aus einem langen Tag und aus einer langen Nacht zusammen, die durch eine Reihe von ‚Morgenröten' getrennt sind: die ‚Auroras des Jahres', deren Namen im Osterfest fortlebte (*Ostern* aus **austron*= die Auroras, die Morgenröten').

3.4.2 Der kosmische Zyklus

Das gilt ebenfalls für den kosmischen Zyklus: Hesiods Lehre der Weltzeitalter deckt sich mit den *Gesetzen des Manu* (*Manava Dharmasha-*

stra), wenn man sie von diesem Standpunkt aus betrachtet. Die Herrschaft des besternten *Uranus* (Nachthimmel) entspricht ‚Brahmas Schlaf' bei *Manu*: es ist die schwarze Periode des kosmischen Zyklus. Die Herrschaft des *Kronos* (Trennung) entspricht der ‚Dämmerung vor dem Zeitalter *krta*': es ist das Goldene Zeitalter, die erste rote Periode des Zyklus. Die einsetzende Herrschaft des *Zeus*, das Zeitalter des Silbers, entspricht dem brahmanischen *krta-yuga*; in beiden Fällen handelt es sich um ein weißes Zeitalter.

Darauf folgt erneut ein rotes Zeitalter, das Hesiod in ein Zeitalter des Kupfers[27] und in eines der *Heroen* teilt, deren König *Kronos* ist. Dieses rote Zeitalter entspricht dem *treta*, der das Zeitalter des Kriegeradels, der Kaste *ksatriya*, darstellt. Die Eisenzeit mündet in eine neue schwarze Periode, die kosmische Nacht. Hesiod unterscheidet zwei Phasen innerhalb der Eisenzeit: eine ‚Mischperiode', die dem indischen *dvapara*, das heißt dem mit der Kaste *vaisýa* (‚Dorfbewohner') übereinstimmenden Weltzeitalter entspricht, und eine zweite, durch und durch schlechte, die dem *kali* (der Kaste *śudra* gleichzusetzen) entspricht. Die Geschichte der Welt wird also durch die ewige Wiederkehr der drei Himmel, die ebenfalls im Jahr und im vierundzwanzigstündigen Tag aufeinanderfolgen, rhythmisiert.

Das der kosmischen Nacht vorausgehende rote Zeitalter und das ihr nachfolgende, einen neuen Zyklus eröffnende werden häufig als kriegerische Zeitalter aufgefaßt, die ein großer universaler Kampf kennzeichnet: die germanische ‚Götterdämmerung'[28] und die epische Übertragung desselben eschatologischen Mythos in den indischen *Mahabharata*. Und das beste Beispiel für den zykluseröffnenden Kampf liefert das indische *Vrtrahatya*: Ermordung der Schlange *Vrtra* (deren Name *Widerstand* bedeutet und mit dem neuhochdeutschen *Wehr* identisch ist). Die Aurora des kosmischen Zyklus wird ebenfalls als kriegerisch aufgefaßt: daher die kriegerischen Göttinnen, wie die griechische *Athene* oder die keltische *Brigit*.[29]

3.5 Die Götter der drei kosmischen Farben

Demnach haben sich die indoeuropäischen Götter ursprünglich anscheinend auf die drei kosmischen Farben verteilt. Es ist zwar schwierig, das indoeuropäische Pantheon zu rekonstruieren, da die Götternamen so häufig wechseln. Es steht aber nahezu fest, daß es zwei Hauptklassen umfaßte: die *deywó- oder eigentlichen Götter, die den Tageshimmel bewohnten, und die Bewohner des Nachthimmels, nämlich die Dämonen sowie die Geister der Toten. In drei Abschnitten des indoeuropäischen Bereichs ist diese Einteilung sehr deutlich, und jede der beiden Kategorien hat einen der beiden ‚souveränen Götter' an ihrer Spitze:

	Götter des Tageshimmels	Götter des Nachthimmels
Germanen	**Tiwaz* und die **tiwoz*	**Wodenaz* und die Wilde Jagd
Balten	**Deivas* und die **deivai*	**Velinas* und die *yeles (*Geister der Toten
Indoiraner	**Mitra* und die **daivas*	**Varuna* und die **asuras*

Diese Tabelle erfordert einige Erklärungen!
a) Der Name des germanischen Gottes **Tiwaz* (aus * *ywós*), der mit der generischen Bezeichnung der ‚Götter' identisch ist, benennt also ursprünglich ‚den vom Tageshimmel'; er bildet demnach ein kontrastierendes Paar mit **Wodenaz,* wobei dieser über den Nachthimmel und alles herrschte, was mit ihm symbolisch zusammenhing, darunter die *Magie* und die *Wut* (die ihm zu dem Namen verhalf) und das Reich der Toten.
b) Das baltische souveräne Paar stimmt ursprünglich mit dem vorigen nahezu überein. Aber hier hat der souveräne Gott des Tageshimmels, der dem christlichen gleichgesetzt wird, sozusagen die Oberhand gewonnen, während der souveräne Gott des Nachthimmels als der Teufel identifiziert wird.
c) In den *Brahmanas* sind die *Asuras* Dämonen, wohingegen im *Veda* die Hauptgötter, etwa *Varuna, Asuras* sind. Ursprünglich handelt es sich nämlich um Götter aus dem Nachthimmel, ‚Gebieter über die Geister der Toten' (*su*-). „Mitra ist der Tag, Varuna die Nacht", sagen die *Brahmanas*, und dieser Gegensatz ist in Betracht zu ziehen, obwohl von ihrem Namen her *Mitra* der ‚Vertrag', *Varuna*, der Eid' ist: ein weiteres Beispiel für die Homologie zwischen kosmischer und sozialer Ebene.

Die Klasse der Götter aus dem Tageshimmel unterteilt sich wiederum in zwei Unterklassen, die Götter aus dem weißen und die aus dem roten Himmel. Letzterer Klasse gehören die kriegerischen Götter und die *Auroras* an, die in einer überlieferten Formel als ‚Töchter des Tageshimmels' bezeichnet werden.
Die sichtbaren Gottheiten entfallen auf drei Klassen; zum Beispiel gehört der Gott *Mond* dem Nachthimmel, die Göttin *Sonne* dem Tageshimmel an. Das Feuer geht von dem einen zum anderen über. Eine berühmte Hymne des *gveda* (*Rigweda*) erinnert, wie es vom Lager *Varunas* und der *Asuras* zu dem der *Devas* überging.[30] Die ältesten mythologischen Strukturen sind also kosmischer Natur, und bedeutende Spu-

ren sind in der griechischen Mythologie zurückgeblieben: dort hat *Zeus* (Tageshimmel) *Hera* (schöne Jahreszeit) als Gemahlin und *Athene* (die kriegerische *Aurora*) als Tochter. Im *Phôkikon* (dem Versammlungsort der Phokidier) hat die Triade *Zeus-Hera-Athene* demnach eine kosmische Bedeutung, und man darf die entsprechende römische Triade, die sogenannte ‚Kapitolinische Triade' *Jupiter-Juno-Minerva*, sowie die etruskische *Tinia-Uni-Menrva* genauso deuten. Eine weitere Tochter des *Zeus*, *Aphrodite*, wurde der indoeuropäischen *Aurora*[31] gleichgesetzt. Wohl bemerkt handelt es sich nicht wie bei *Eos* um die Tagesaurora; sie ist gleich der germanischen **Austro* eine ‚Aurora des Jahres', und als solche wurde sie zur Göttin der Frühlingsliebschaften, dann der Liebe. Unter dem Namen *Urania* (die von *Uranus*, dem Nachthimmel vor *Zeus*, erzeugt wird, obwohl sie sonst als Tochter des *Zeus* gilt) ist sie die *Aurora* des kosmischen Zyklus. Und ihre menschliche Doppelgängerin *Helena* steht im Mittelpunkt der Trojanischen Sage; höchst wahrscheinlich gründet diese Sage ursprünglich auf dem Mythos einer entführten, gefangen gehaltenen *Aurora* und ihrer Befreiung. Die historischen Geschehnisse hätten bei dieser Hypothese lediglich die Materialität des Berichts ausgemacht, seine Form und seine ursprüngliche Bedeutung wären ganz anderer Natur gewesen, und zwar kosmischer.

3.6 Von den drei Himmeln zu den drei gesellschaftlichen ‚Farben'

Es wäre falsch zu glauben, daß die drei sozialen Funktionen das Abbild einer präexistierenden sozialen Realität seien: die gesellschaftlichen Realitäten wandeln sich, selbst in den Gesellschaften, die sich als unveränderlich begreifen, und sie können vor allem je nach dem eingenommenen Standpunkt unterschiedlich analysiert werden. Nicht alle indoeuropäischen Gesellschaften aus dem historischen Zeitraum unterteilen sich in drei Klassen, und diese, wenn es der Fall ist, entsprechen nicht einander. Außerdem sind die ‚Klassen' stets zweitrangige, ‚moderne' Realitäten, die ältere Kasten verlängern. Die Gegenüberstellung des germanischen mit dem keltischen und indoiranischen Modell offenbart zugleich ihren Parallelismus in geistiger Hinsicht und ihre Unterschiede auf der Ebene der gesellschaftlichen Realität:

Rangordnung	germanisches Modell	kelt. u. indoiran. Modell
1	**erila-* Adlige	Priester
2	**ke/arla-* Freie	Adlige
3	**thrahila-* Diener **thragila-*	Erzeuger

Wenn wir uns aber auf *das Merkgedicht von Rig* (*Edda*) beziehen, das den Gründungsmythos der früheren germanischen Gesellschaft zum Ausdruck bringt, ist jede dieser drei Kasten durch eine ‚Farbe' gekennzeichnet: die Adelskaste durch das Weiß, die Kaste der Freien durch das Rot, die der Diener durch das Schwarz. Es sind genau die drei Farben, welche die Kasten der indoiranischen Welt symbolisieren oder vielmehr definieren (da das Wort, das wir mit ‚Kaste' übersetzen, ‚Farbe' bedeutet).

Daraus ersehen wir, daß diese Farben keinen unmittelbaren Bezug zur tatsächlichen Aktivität der Menschen in der Gesellschaft haben. Und in Griechenland, wo die soziale Organisation anders ist, beruht der älteste Gründungsmythos, der von *Deukalion* und *Pyrrha*, auf dem gleichen Schema der drei Farben: *Deukalion* ‚der Weiße' und seine Gemahlin *Pyrrha* ‚die Rote' stellen nach der Sintflut die Menschheit wieder her, indem sie Steine hinter sich auf die (schwarze) Erde werfen. Dann erzeugen sie auf natürliche Weise *Hellen*, das frühere Eponym der Hellenen. Demnach rühren die Hellenen ausschließlich von den beiden oberen Prinzipien, dem Weiß und dem Rot, her – im Gegensatz zu den Prähellenen, Söhnen der Erde, die genauso wie die *Diener* der germanischen Gesellschaft und die *Züchter* der indoiranischen vom schwarzen Prinzip herrühren. Einzig das schwarze, vitale, vegetative Prinzip ist ihr Los. Die nächst höhere Kaste – *Freie* bei den Germanen, *Adlige* bei den Kelten und Indoiranern – besitzt außerdem das rote Prinzip des Eifers und der Leidenschaft, und die erste Kaste hat obendrein das weiße Prinzip.

Man kann für die Anteriorität (das frühere Bestehen) des einen oder des anderen Gesellschaftsmodells argumentieren. Ich halte persönlich das germanische Modell für älter. Die Entwicklung einer priesterlichen Kaste läßt sich durch die Notwendigkeit erklären, die Tradition und die Ethnie in einer Umgebung aufrecht zu erhalten, die zu ihrem Fortbestand ungünstig ist, das heißt in einer fremdstämmigen Umgebung. Diese Neuerung führt zu einer widersinnigen Situation: Der König wird weiterhin im Kriegeradel ausgesucht, aber diese Kaste ist nicht mehr die erste. Wie dem auch sei, das Wesentliche ist, daß beide Modelle in der grundlegenden Hierarchie übereinstimmen, die nicht die Hierarchie der Funktionen ist, sondern die der Farben. Das Fundament dieser Systeme ist demnach kosmisch und spirituell. Es handelt sich um Kasten-, und nicht um Klassengesellschaften, die auf der Funktion oder auf dem Vermögen aufgebaut sind.

3.7 Von den drei Himmeln zu den drei ‚Farben' des Einzelnen

Wir können nunmehr jene seltsame Homologie erklären, die den Einzelnen mit der Welt in Beziehung setzt. In diesen grundlegend individualistischen Gesellschaften definiert sich das Individuum nämlich nur in bezug auf die Gruppe; wir haben aber gerade festgestellt, daß die Gruppe selbst als Abbild der Welt aufgefaßt wird. Folglich wohnt jedem Individuum ein schwarzes vegetatives Prinzip inne, das die Inder *tamas* ‚Finsternis' nannten, die Entsprechung des Nachthimmels und der Erde. Die der unteren Kaste angehörenden Individuen haben nur dieses. Die Angehörigen der zweiten Kaste besitzen außerdem das rote Prinzip des Eifers und der Leidenschaft, den indischen *rajás*; sie entsprechen dem roten Himmel. Und die Angehörigen der ersten Kaste haben obendrein das weiße Prinzip der Spiritualität, den indischen *sattva*.

Diese Kastengesellschaften sind nicht deshalb erstarrte Gesellschaften. In den einzelnen Zeitaltern sind gewisse Formen der sozialen Mobilität nachgewiesen. Die legitime Geburt verleiht nicht automatisch das entsprechende Prinzip. Man kann von seiner Kaste herabkommen oder umgekehrt zu einer höheren Kaste gelangen.[32] Freilich fördern diese Gesellschaften nicht einen raschen sozialen Aufstieg; die 'Emporkömmlinge' werden dort nicht gern gesehen. Nur die Nachkommenschaft erntet die Früchte des sozialen Aufstiegs ihres Vorfahren, der hochkam. Für die traditionelle Mentalität ist die Stammlinie das Wesentliche, und das Individuum nur ein Glied der Kette. Durch seine Nachkommenschaft erlangt es sein Fortleben – durch die Erinnerung, die es hinterläßt, durch den Kult, der zu seinem Gedenken in seiner Familie gehalten wird: das ist das Prinzip des Familienkults. Wer mit seinen Glanztaten, insbesondere als ‚Gründer', als ‚Bahnbrecher', den ‚ewigen Ruhm' erlangt, gründet seine ‚Unsterblichkeit' nicht auf die Erinnerung seiner Familiengruppe, sondern auf eine viel größere Zahl von Menschen. So gelangt er zur solaren Unsterblichkeit des Elysiums oder der *Walhall*, anstatt, wie die übrigen Toten, in der Finsternis des *Erebos* bei den Griechen, der *Hel* bei den Germanen unterzugehen. Die griechische Bezeichnung dieser Menschen, die sich über den Menschenverstand erheben, beruht auf einer kosmischen Homologie: sie werden *Heroen* genannt, das heißt die Eroberer der schönen Jahreszeit; diejenigen, die die Winternacht (den zweiten Tod) durchqueren und zur solaren Unsterblichkeit gelangen. Die *Brahmanas* haben einen ähnlichen Ausdruck: ‚das Jahr erobern' bedeutet dort ‚die Unsterblichkeit erobern'.[33] Was seine Endzwecke und seinen sozialen Status anbelangt, hängt der Einzelne mit der Welt zusammen.

4. Die Gemeinschaft

4.1 Die Welt, die Gesellschaft, der Einzelne

Aufgrund der bisherigen Betrachtung ermessen wir die Nichtigkeit jeglichen ‚humanistischen', ‚individualistischen' Klärungsversuchs dieser Gesellschaft: indem ein solcher Versuch die Verhältnisse von Individuum und Gesellschaft, von Gesellschaft und Welt umkehrt, verfehlt er das Wesentliche. Die Anschauungen der Indoeuropäer lassen sich keineswegs begreifen, wenn man vom Individuum ausgeht, um die Gesellschaft zu erklären, und von der sozialen Realität, um die Weltanschauung verständlich zu machen. Die Weltanschauung muß vielmehr Ausgangspunkt sein. Sie ist es nämlich, die der ternären (dreigegliederten) Auffassung der Gesellschaft und des Einzelnen Sinn verleiht. Und die Hierarchie der kosmischen Farben gründet zugleich die soziale Hierarchie und die Wertskala.
Es sei, ohne die rekonstruierten Einrichtungen ausführlich darlegen zu müssen, an das Wesentliche erinnert: an die doppelt strukturierte Gemeinschaft, horizontal in Kasten, vertikal in Stammlinien. Diese doppelte Strukturierung kodifiziert die Mannigfaltigkeit der Gemeinschaft, die jedoch geeint und solidarisch ist. Garant und Verkörperung dieser Einheit ist der König, der wie alle übrigen Oberhäupter seine Gruppe gegenüber dem Außen und den Göttern ‚vertreten' soll. Außerdem verkörpert er die ‚Gradheit' (**reg-*, ‚König', ‚Regierender').

4.2 Die Kasten

Die Strukturierung in Kasten spiegelt die Welt wider; deshalb gilt sie als unveränderlich, ewig. Des Menschen erste Pflicht ist, die Verbindlichkeiten seiner Kaste zu erfüllen, sich nach dem Vorbild, das die Tradition ihn lehrt, zu richten im Hinblick auf den Stand, der ihm von der Geburt her zukommt. Es gibt keine allgemeingültigen Verbindlichkeiten; jeder Stand hat seine eigenen Pflichten. Diese Auffassung hatte noch lange Zeit Bestand, und mitten im christlichen Mittelalter klingt sie in einem berühmten englischen Text des 11. Jahrhunderts, dem berühmten *Dialog der Berufe*, nach, der mit den Worten schließt: „Ob du", sagt der Weise, „Weltgeistlicher, Mönch, freier Bauer oder Krieger bist, erfülle die Pflichten dieses Standes; und sei, was du bist, denn es ist Schmach und Schande für einen, nicht das sein zu wollen, was er ist und was er sein soll." Wie die Intention des Autors und seine Anspielungen auf das Zeitgeschehen auch sein mögen[34]: der Grundsatz, den er ausspricht, spiegelt eine uralte Tradition wider. Diesem Grundsatz gemäß ist der Mensch verpflichtet, dem Ideal seines Standes völlig zu entsprechen, das heißt also sich selbst im Rahmen dieses Standes zu übertreffen. Es ist kein Ideal der Lässigkeit, der Resignation, der Stagnation. Bei diesen traditionellen Gesellschaften, wo Stabilität die Grundregel ist, verwirklicht und übertrifft sich das Individuum natürlich in dem Stand, in dem er geboren ist, für den er geformt wurde; dieses Prinzip verbietet einem nicht, den Stand zu wechseln. Ausgeschlossen ist dagegen die Vermischung, das Austauschen der Rollen und der Pflichten. Wenn beispielsweise ein Bauer Soldat wird, wird er vollends Soldat sein und Bauer zu sein aufhören in einer Gesellschaft, wo beide Stände voneinander getrennt sind; woanders, etwa bei den Germanen, konnte man ‚Bauernsoldat' sein. Die Kasten können sich nicht vermischen, auch nicht im selben Individuum. Das liegt daran, daß sie Realitäten widerspiegeln, die nicht nur das Individuum, sondern auch die Gesellschaft selbst übersteigen, die Farben der drei Himmel nämlich, die bis zur allumfassenden Vermischung der kosmischen Nacht gesondert bleiben. Daher die indische Formel, wonach die ‚Vermischung der Kasten zur Hölle führt', sowie die je nach Völkern und Epochen mehr oder weniger zwingende Tendenz zur Kastenendogamie.

4.3 Die Stammlinie

Die Gemeinschaft ist ebenfalls in vertikalen Einheiten, den Stammlinien, strukturiert. Jeder Einzelne ist das Glied einer Kette, die die vergangenen Generationen mit den künftigen verbindet. Daraus ergeben sich zwei weitere Pflichten: das Andenken seiner Ahnen in Ehren halten, für seine Nachkommenschaft sorgen.

4.3.1 Seine Vorfahren ehren

Seine Vorfahren zu ehren, heißt natürlich ihnen den Familienkult erweisen, den das Familienoberhaupt als Priester verrichtet. Das heißt aber auch ihr Erbe bewahren und wenn möglich vermehren: das materielle Erbe des Erbgutes (des germanischen **athal*) für die Bodenbesitzer; das geistige Erbe ihres Ruhms oder zumindest ihres guten Ansehens, das sie ihren Nachkommen unversehrt übertragen werden. Ohne Nachkommen, die den Familienkult fortbestehen lassen, sterben die Ahnen ein zweites Mal. Schon deshalb muß jeder für seine Nachkommenschaft sorgen; und selbstverständlich für eine legitime, wertvolle Nachkommenschaft. Denn die Stammlinie ist eine geistige und biologische Entität. Daher die einzelnen, im historischen Zeitraum belegten

Vorkehrungen gegen die Ehelosigkeit und für den Schutz der noch ungeborenen Kinder. In der gesamten indoeuropäischen Welt wird die Abtreibung als ein Verbrechen, und zwar als eines der schlimmsten, betrachtet. Dagegen werden die illegitimen oder mißgebildeten Kinder zur Schau gestellt.

4.3.2 Die ‚vertikale' Strukturierung der Gesellschaft

Der rekonstruierte indoeuropäische Wortschatz und verschiedene Traditionen, insbesondere die awestische Tradition, ermöglichen, daß wir eine ziemlich genaue Vorstellung von der vertikalen Struktur der Gesellschaft haben. An der Basis befindet sich die Grundzelle einer jeden Gesellschaft, die ‚Familie' (**de/om-*, **domo-*): sie umfaßt alle unter einem Dach lebenden Verwandten, gewöhnlich den Großvater, seine Söhne, seine Schwiegertöchter, seine unverheirateten Töchter, seine Enkelkinder. Die indoeuropäische Familie scheint schon lange Zeit patrilinear und der Wohnsitz patrilokal gewesen zu sein, obwohl einzelne Daten (allerdings noch in Rekonstruktion, wir müssen das stets berücksichtigen) von einer älteren Vorherrschaft der mütterlichen Linie zeugen.

4.3.3 Stammlinie und Dorf

In den Familien unterer Kasten reicht die Erinnerung an die Stammlinie nicht weit zurück: höchstens drei oder vier Generationen jenseits des Familienvaters. Lediglich in den Familien der oberen Kaste ist die Stammlinie eine Realität. Sie wird mit einem Derivat der Wurzel **gen(H*$_1$*)-* ‚erzeugen', ‚gebären'/‚geboren werden' bezeichnet: altindisch *jâna-* (aus **gónH*$_1$*-o-*), awestisch *zantu-* (aus **génH*$_1$*-tu-*), lateinisch *gens* (aus **gn-ti-*), griechisch *génos* (aus **génH*$_1$*-e/os*). Die Stammlinie ist eine spezifisch ‚patrizische' Realität. Die ‚plebejischen' Familien haben keine andere Gruppierung als das ‚Dorf', **woyk-/*wik-*, **woyk-o-*, das im Gegensatz zur Stammlinie eine rein ‚plebejische' Einrichtung ist. Deshalb heißt in Indien die untere arische Kaste *víś-* (‚Dorf'), und seine Mitglieder *váiśya-*[35].

4.3.4 Über die Stammlinie hinaus

Über die Stammlinie oder, für die untere Kaste, über das Dorf hinaus trifft man eine stabile Institution nur in einem Teil des indoeuropäischen Bereichs, bei den Völkern der **te/owta-* (so heißt diese Institution, die wir mit ‚Volk' übersetzen können): Balten (litauisch *tautà*), Germanen (gotisch *thiuda*), Kelten (altirisch *tuath*), Italiker (oskisch *tota*); das lateinische Adjektivpronomen *totus* (‚ungeteilt', ‚in vollem Umfang') kann als eines deren Überbleibsel betrachtet werden, und der Name der Deutschen, *deutsch* (aus **theu-iska*) ist davon abgeleitet. Im sonstigen Bereich finden wir keine feste Einrichtung auf dieser Stufe: die Begriffe, die im historischen Zeitraum eine entsprechende Realität bezeichnen, beziehen sich ursprünglich ebenfalls auf die ‚Fremde': so das iranische *dahyu-* (‚Provinz', ‚Satrapie des persischen Reichs'), das sich mit dem altindischen *dásyu-* (‚Fremde, Ausland') deckt; und sehr wahrscheinlich bezeichnet das altindische *arí-* zugleich den ‚Fremdling' (gegenüber der Stammlinie) und die ‚arische Gemeinschaft'. Es wäre nun zu erfragen, ob dies ein archaisches Stadium der Gemeinschaft widerspiegelt, oder ob die arischen Stämme bei ihren weiten Wanderungen ihre ursprüngliche Einheit nicht eingebüßt hatten.

4.4 Die Vorsteher

Jede Einheit der Ethnie hat einen Vorsteher, der entweder mit einem abgeleiteten Possessivadjektiv vom Typ lat. *domi-nus* (‚Familienoberhaupt', abgeleitet von *dom-us* ‚Familie') bezeichnet wird, oder mit einem Kompositum in *pot(i)- (‚Besitzer', ‚Vorsteher', ‚Vertreter'), etwa das griechische *des-pótes* (‚Familienoberhaupt'). Auf diese Weise wurden ebenfalls der ‚Dorfvorsteher', altindisch *víś-páti-*, litauisch *viespats* (‚Herr'), und der ‚Sippenvorsteher', altindisch *jás-pa-ti-* genannt; eine entsprechende Bezeichnung gibt es allerdings weder für die römische *gens* noch für den griechischen *genos*.
Was das ‚Volk', **te/owta-*, anbetrifft, heißt sein Vorsteher manchmal ‚Volksvorsteher', ‚Oberhaupt des Volkes', gotisch *thiudans* (aus * *tewta-no-*), oder öfter **reg-* (‚Verkörperung der Gradheit').

4.5 Der ‚Gesellschaftskörper' und der König

4.5.1 Der ‚Gesellschaftskörper'

Eine alte und weitverbreitete Metapher setzt die Gemeinschaft mit einem Lebewesen gleich, das zugleich differenziert, hierarchisiert und solidarisch ist. In der germanischen Gesellschaft ist dieses Modell am besten erhalten. Die drei Kasten gehören ganz zur Volksgemeinschaft.

Das gilt ebenfalls für den alten Iran; aber nicht für Indien, wo die *śudra*, nicht-arische Eingeborene, ursprünglich ein anderes Volk bilden. Cäsars Bericht zufolge kommt die gallische ‚Plebs' bei der Politik der Nation nicht in Betracht, und in Rom war das ganze Geschick des Tribuns Menenius Agrippa erforderlich, um die auf den Aventinischen Hügel ausgewanderte Plebs davon zu überzeugen, daß sie Bestandteil des ‚Gesellschaftskörpers' sei, und zwar dank der berühmten Fabel von den Gliedern, die dem Magen den Dienst verweigerten. Und in Griechenland – im Gegensatz zu jenem athenischen Mythos der ‚Autochthonie', wonach die gesamte Bevölkerung der Erde entsprießt – hält der bereits erwähnte Mythos von Deukalion und Pyrrha die Erinnerung an eine doppelte Herkunft der griechischen Bevölkerung wach: die eigentliche ‚hellenische' Ethnie, die von Hellenen, ihrem eponymen Vorfahr und Sohn von Deukalion und Pyrrha, abstammt; sowie die Prähellenen, Söhne der Erde, die die von Deukalion und Pyrrha hinter sich geworfenen Steine befruchteten.
Der ‚Gesellschaftskörper' ist somit ein uraltes Ideal, das die Eroberungen arg strapaziert haben. Dort, wo die Indoeuropäer unter sich blieben, stellte sich das Problem nicht. In einem fremdstämmigen Land aber gerieten die indoeuropäischen Eroberer in ein Dilemma: sie mußten entweder einen Teil ihrer Identität preisgeben, indem sie sich mit den lokalen Bevölkerungen vermischen, oder zu deren Erhaltung zwei Völker bilden und dabei die organische Einheit des ‚Gesellschaftskörpers' gefährden.

4.5.2 Der König

Ob real oder ideal wird diese organische Einheit des Gesellschaftskörpers vom König verkörpert. Im *Merkgedicht von Rig* (*Edda*), das den Gründungsmythos der früheren germanischen Gesellschaft zum Ausdruck bringt, erzeugt der Gott *Ríg* (‚König'[36]) nacheinander ebenso die ersten Diener wie auch die ersten Freien und die ersten Adligen (Jarls). Ein solcher König kann als ‚Vater seines Volkes' gelten. Deshalb trägt der König, der bis auf wenige Ausnahmen aus dem Kriegeradel stammt, ebenfalls die Farben der beiden anderen Kasten und beteiligt sich an ihren Tätigkeiten. Zum Beispiel tritt der gute König für das allgemeine Wohl, die gute Ernte, die Gesundheit ein; er vermag sogar zu heilen. Der König ist nämlich der Mittler zwischen seinem Volk und den Göttern. Wie jedes andere Oberhaupt ist der König der ‚Vertreter' (**pót(i)-*) und der Priester seines Volkes. Um diesen Verpflichtungen wirksam nachzukommen, muß sich jeder Vorsteher, insbesondere der König, nach den Verhaltensregeln richten, die ihn die Tradition lehrt.

4.6. Die Rolle der Tradition

4.6.1 Die beiden Formen der Tradition

Die indoeuropäische Tradition bildete sich unter den beiden oben (2.2) erwähnten Formen hauptsächlich, um die Oberhäupter über ihre Pflichten zu belehren, deren Erfüllung den guten Fortgang der gesamten Gemeinschaft bedingt. Überall wird diese Tradition von der oberen Kaste bewahrt: die Brahmanen in Indien, die Athravan im Iran, die Druiden bei den Kelten (drei priesterliche Kasten) und bei den Germanen die **Erila-*, der Kriegeradel (siehe oben unter Ziffer 3.6). Sie sind diejenigen, die die Runen kennen, das heißt deren Doppelsinn deuten können und deren magische Anwendung beherrschen. In der Tat erwähnen die Verfasser der runischen Inschriften häufig ihre Eigenschaft als **Erila-*.
Wir haben zu Beginn dieser Untersuchung darauf hingewiesen, daß sich die Tradition unter zwei Formen (die der ‚Formeln' und die der ‚begrifflichen Schemen') darbietet. Formelhafte Übereinstimmungen lassen sich hauptsächlich zwischen der indoiranischen (*Veda, Awesta*), der griechischen (Homer, Hesiod, Pindar und die anderen Lyriker, manchmal die Tragiker) und der älteren germanischen Dichtung (nordische *Edda, Beowulf* usw.) feststellen. Diese Formeln können sich decken, was die Wiederherstellung der ‚indoeuropäischen Formel' (deren unmittelbare Verlängerung sie darstellen) ermöglicht. Zum Beispiel die Formel des ‚ewigen Ruhms':

altindisch	*śrávo ákṣitam*
griechisch	*kléwos aphthitom*
indoeuropäisch	**kléwos ndhgh^{w}itom*

Die begrifflichen Schemen treten bei ihren einzelnen belegten Äußerungen nicht unbedingt in gleicher Form zutage. Sie können sogar formal nichts gemein haben. Das gilt zum Beispiel für den Namen der drei arischen Kasten Indiens und Irans – Anwendung auf die Gesellschaft jenes begrifflichen Schemas der drei Farben (siehe oben 3.6): Keine dieser drei Kasten trägt einen verwandten Namen in Indien und im Iran.

Indien		Iran	
bráhman-	,Mann der Formel'	*athravan-*	,Priester des Feuers'
kasatríya-	,Regierungsmann'	*rathaesta*	,Streitwagenkämpfer'
rajanyà	,Königlicher'		
váiśya-	,Dorfbewohner'	*vastryo.fsuyant-*	,Züchter'

Die nicht zu leugnende Übereinstimmung ist rein *strukturell.* Solche begrifflichen Schemen müssen wir also berücksichtigen, auch wenn jegliche formale Übereinstimmung ausbleibt. Diese begrifflichen Schemen können einzelnen Berichtsformen zugrunde liegen, die sie veranschaulichen: etwa die unzähligen Episoden, die die Hierarchie der Prinzipien verdeutlichen, z. B. das berühmte ,Urteil des Paris'.
Wir täten Unrecht, wenn wir diese beiden Formen der Tradition einander gegenüberstellten, vor allem aber wenn wir eine auf Kosten der anderen bevorzugten – umso mehr, als eine Kontinuität zwischen beiden besteht. Das Schema Denken-Sprechen-Handeln beispielsweise wird zum Teil mit gleichen, zum Teil mit abweichenden Formen artikuliert:

	altindisch	altiranisch	altenglisch
denken	*man-*	*man-*	*thencean*
sprechen	*vac-*	*vak-*	*word* ,Wort'
handeln	*dha-,kr-*	*varz-*	*weorc* ,Werk'

Wir stellen fest, daß das Indische mit dem Iranischen, was die beiden ersten Begriffe anbelangt, übereinstimmt, aber mit dem Englischen für den dritten. Bezüglich des Inhalts vgl. unten, Abschnitt 5.9.4. Ferner kommen manche begriffliche Schemen bald in völlig oder teilweise einander deckenden Formeln zustande, bald in Berichten oder in Ritualen (später innerhalb der Folklore in Spielen), wobei nur deren gemeinsame Struktur und die Bedeutung, wenn überhaupt erfaßbar, auf eine Übereinstimmung schließen lassen und die Rekonstruktion eines ererbten Schemas ermöglichen. Das gilt für die oben erwähnte ,Überquerung des Wassers der winterlichen Dunkelheit'.

4.6.2 Der Inhalt der Tradition

Ein Großteil der ererbten Formeln bezieht sich auf die Tradition selbst, auf die Dichtkunst, auf die Dichter, die diese Formeln und Schemen überliefern und deren Ausdruck dank der göttlichen Inspiration ständig erneuern. Dieser Teil der überlieferten Formelsammlung bestätigt die Existenz einer ‚indoeuropäischen Literatur' sowie die gesellschaftliche Funktion dieser Literatur. Es ist nämlich keine Kunst um der Kunst willen: das Wort bedeutet dort Tat und Wirkung; das poetische Wort ist ein „gefiederter Pfeil"[38], der die Zielscheibe erreicht und seine Wirkung erzeugt: den Ruhm für den Gelobten, die Schande für den Getadelten. Zahlreiche Formeln betreffen den ‚Ruhm' und schließen den Namen **klẃ-e/os-* (‚was vernommen wird'[39]) in sich.

Wir können ohne weiteres daraus folgern, daß der Ruhm einen hohen Platz im Gemeinschaftsleben einnimmt. Das Streben nach Ruhm bewegt einen dazu, gut zu handeln; die Angst vor der Schande hält ihn davon ab, schlecht zu handeln oder sich dem Handeln zu entziehen. Wer gut handelt, wird von Dichtern hochgepriesen. Er hält seine Vorfahren in Ehren und hinterläßt ein ruhmreiches Andenken, zumindest seinen Nachkommen, manchmal aber auch den anderen. In diesem Fall gelangt er zur solaren Unsterblichkeit, wird ein Held (siehe oben 3.7). Wer schlecht handelt, wer die ungeschriebenen Gesetze der Tradition verletzt, wird von den Satirikern getadelt, und seine Schmach fällt auf die Seinen, die Vorfahren und die Nachkommen inbegriffen, zurück.

Diese traditionelle Lehre betrifft nur die Vorsteher, diejenigen nämlich, die Entscheidungen zu treffen haben, manchmal also Gewissensfragen gegenüberstehen. Die übrigen brauchen nur zu gehorchen, um ‚auf dem richtigen Weg' zu sein. Deshalb erwähnt die überlieferte Formelsammlung so häufig die **néres* (die ‚Herren') im Gegensatz zu den **wiros* (‚Alltagsmenschen', ‚Gemeinen'): der ‚Ruhm' (**kléwos-*) der Herren, ihr ‚Tatendrang' (* *ménos-*) usw. Die Form des letzteren Begriffs ist aufschlußreich: es handelt sich um das sächliche Derivat in *-*e/os-* einer Wurzel **men-*, das die geläufige Übersetzung ‚denken' (wenn auch in manchen Anwendungsfällen zutreffend) unzureichend wiedergibt. Das liegt daran, daß bei den Indoeuropäern der ‚Gedanke' ebenso wie das Wort von der Handlung nicht zu dissoziieren sind. Dies bekräftigt das oben erwähnte begriffliche Schema Denken-Sprechen-Handeln (4.6.1). Die Existenz dieses Schemas ist für den Veda und das Awesta belegt[40]. Wir haben festgestellt, daß es in der alten germanischen Dichtung ebenfalls belegt ist; das gilt auch für die griechische Dichtung. Dieses Schema besagt, daß der Gedanke und das Wort zwei höhere Formen der Handlung darstellen müssen. Träumereien und leere Worte sind eines Oberhaupts unwürdig. Ein Vorsteher muß unbedingt seinen Worten gemäß handeln; er muß natürlich seinen Verpflichtungen nachkommen, ob es sich um Vereinbarungen, Verträge, Eidespflichten handelt oder sogar um ‚Großtuereien' nach einem Trinkgelage, wie der *gylp* der angelsächsischen Herren[41]. Dieses ‚Ge-

mäß-Handeln' wird durch die Wurzel **ar-* ausgedrückt, die innerhalb der überlieferten Formelsammlung einen wichtigen Platz einnimmt und zur Bezeichnung höchst bedeutender Begriffe dient, wie die indoeuropäische Benennung der ‚Wahrheit', **(a)rta-* und die des ‚Idealtypus' **r(a)tu-*: die Wahrheit, höchster Wert in der indoeuropäischen Welt; der ‚Idealtyus', nach dem jeder seinem Stande gemäß und mit allen Kräften trachen muß.
Demnach muß jeder Vorsteher, insbesondere aber der König, treu an der Tradition festhalten, ob er Fachkundige um sich hat, die ihn daran erinnern, oder ob er selbst deren Verwahrer ist – wie jener alte König Hrothgar im *Beowulf*, der „von der fernen Vergangenheit nichts vergessen hat" (Vers 1701), von der er gelegentlich „in gehöriger Form" zu berichten weiß, indem er sich selbst auf seiner Lyra begleitet (Vers 2105).

5. Die Zukunft der indoeuropäischen Tradition

5.1 Tradition und Modernität

Es mag widersprüchlich erscheinen, Tradition und Modernität miteinander zu verbinden. Die Tradition ist die Vergangenheit, und die Kluft zwischen der modernen Welt und der Welt der Tradition wird jeden Tag größer. Die indoeuropäischen Völker, die als erste in die Modernität traten, waren auch die ersten, die sich von ihrer Tradition lossagten. Wenn die traditionellen Kulturen, wie überall in der Welt feststellbar, dazu bestimmt sind, innerhalb des sogenannten Entwicklungsprozesses (und manchmal ohne diesen Prozeß) vor der Modernität zu weichen, kann man überhaupt dann eine ‚Zukunft der indoeuropäischen Tradition' in Betracht ziehen? Ist die Tradition nicht, wie alle anderen, dazu bestimmt, zu verschwinden?

5.2 Die Frage nach der ‚indoeuropäischen Spezifität'

Lange Zeit versuchte man aufzudecken, was bei den indoeuropäischen Völkern typisch und echt indoeuropäisch ist. Aber die Spezifität, wie umgekehrt die Universalität, ist eine extreme Lage, die sich nur selten beobachten läßt und die zu zerstören eine einzige Ausnahme reicht. Ob es sich um Sprache, materielle Zivilisation oder Kultur handelt, kann kein Element als streng universal oder streng spezifisch gelten. Und dennoch gibt es keine zwei Sprachen, zwei Kulturen oder auch nur zwei Formen materieller Zivilisation, die identisch sind. Die Spezifität kommt also bei der unterschiedlichen Verbindung von Elementen zustande, die selber nicht-spezifisch sind. So definiert ist die Spezifität ein vielschichtiger Begriff, aber sie ist eine Realität; wir haben demnach allen Grund, eine ‚indoeuropäische Spezifität' anzunehmen und in Erfahrung zu bringen, was die indoeuropäischen Völker davon behalten haben.

5.3 Die echte indoeuropäische Spezifität

Um jegliche Auseinandersetzung abzukürzen und vor allem um zum Wesentlichen vorzustoßen, möchten wir uns an diesem Ort auf einen einzigen – den eindeutigsten, den am wenigsten strittigen – Aspekt der indoeuropäischen Spezifität beschränken: Es sind indoeuropäische Völker, die die Welt eroberten und die sie zu dem machten, was sie heute ist.
Zieht man die Gesamtheit der Industrie- und der entwickelten Länder in der gegenwärtigen Welt in Betracht, so stellt sich nämlich heraus, daß bis auf eine einzige Ausnahme (siehe unten, Abschnitt 5.4) alle dem indoeuropäischen Sprachbereich angehören. Hierin gründet die tatsächliche indoeuropäische Spezifität.

5.4 Die indoeuropäische Welt und Japan

Japan bildet die einzige Ausnahme. Nun aber stellten mehrere japanische Forscher[43] vor einigen Jahren fest, daß die japanische Tradition bezeichnende Übereinstimmungen mit der indoeuropäischen aufweist, und so übernahmen und bestätigten sie jene auf historische und archäologische Daten gestützte Hypothese, wonach der Iran – über Korea – das mediävale Japan beeinflußt habe. Diese bezeichnenden Übereinstimmungen beschränken sich nicht auf die dreifunktionale Struktur des japanischen Pantheons, die A. Yoshida hervorhob. Andere Parallelen wurden gezogen. Manche zeugen von einem späteren, vorwiegend griechischen und indischen Einfluß; der Mythos der Göttin Sonne, die sich in die Höhle des himmlischen Bergs zu Weltbeginn zurückzieht und die Aurora mit einer ausgedachten List herauslockt,[44] kann dagegen nur einem höchst archaischen Zustand der indoeuropäischen Tradition entsprechen, der oben unter Ziffer 3.5 erwähnt wurde: die japanische Tradition faßt den Beginn des kosmischen Zyklus wie den Jahresbeginn im zirkumpolaren Bereich mit einer versteckten Son-

ne, die in den Himmel zu locken die ihr vorausgehende Morgenröte versucht.
Mit der heute offensichtlich stark gestützten Annahme eines indoeuropäischen Einflusses auf das mediävale Japan deckt sich die indoeuropäische kulturelle Sphäre völlig mit der ‚Entwicklung'. Das bedarf einer Erklärung.

5.5 Wie die Indoeuropäer die Welt eroberten

Welche Beziehung kann tatsächlich zwischen der indoeuropäischen Tradition und der Entwicklung bestehen? Jede Ethnie hat ihre Tradition, und man kann nicht behaupten, daß die indoeuropäischen Völker diejenigen sind, die ihre am besten bewahrten. Dennoch besteht zwangsläufig ein Zusammenhang, denn das außerordentliche Schicksal dieser Menschengruppe kann nicht das Produkt des Zufalls sein.

5.5.1 Die Sprache?

Da der Begriff ‚indoeuropäisch' ursprünglich sprachlicher Natur ist, ging man der Frage nach, ob das indoeuropäische Sprachsystem oder eine seiner Strukturen diesbezüglich nicht eine entscheidende Rolle gespielt habe. Diese Hypothese kann kurzerhand abgewiesen werden. Jede Sprache als originale und spezifische Organisation der menschlichen Erfahrung zwingt diese Organisation ihren Sprechenden, vor allem wenn es sich um die Muttersprache handelt, zwar auf. Aber die Sprache spiegelt die Weltanschauung der früheren Generationen wider; sie hat auf diesem Gebiet keine eigene Dynamik. Sie ist lediglich ein Teil des urväterlichen Erbes, und nicht der bedeutendste, wie das japanische Beispiel es unter Beweis stellt.

5.5.2 Die materielle Überlegenheit?

Obwohl das sichtbarste (und das vorteilhafteste) Zeichen der Entwicklung heute in der materiellen Zivilisation zutage tritt, läßt ebenfalls nichts vermuten, daß die Indoeuropäer ursprünglich irgendeinen Vorsprung in diesem Bereich gehabt hätten. In der Folge C. Renfrews[45] gaben die Prähistoriker zwar auf, den Ursprung der materiellen Zivilisation Europas systematisch im Nahen Osten zu suchen. Sein Werk „zerstört" nach den Worten D. Philiberts[46] „die These des *Ex oriente lux*".

Ob man sie nach der Ukraine, Nordeuropa oder in das Donaugebiet (siehe oben Abschnitt 2.4) verlegt, stellt die letzte gemeinsame Heimat der Indoeuropäer nichts anderes als die Zivilisation des europäischen Kuprolithikums dar. Außerdem scheinen die Indoeuropäer auf dem Gebiet der Kunst und der Technik nicht besonders geglänzt zu haben: Überall wo die Archäologie eine indoeuropäische Penetration im nahöstlichen oder mediterranen Raum nachweist, geschieht es immer aufgrund des Gegensatzes zwischen den feinen Formen der Kunst sowie der einheimischen Techniken und den ungeschliffenen auf seiten der Eindringlinge[47]. Das ist kein Wunder: Kunstraffinements sind den Bestrebungen der Eroberer fremd.
„Weicher werden aus Erz einst andere atmend Gebilde treiben, – ich glaubte es – , formen lebendige Züge aus Marmor, führen gewandter das Wort vor Gericht und zeichnen des Himmels Bahnen genau mit dem Stab und künden steigende Sterne: du aber, Römer, gedenke durch Befehl die Völker zu lenken – das ist Kunst für dich – dem Frieden zu prägen Gesittung, Unterworf'ne zu schonen und niederzukämpfen Empörer!“ Diese Rede, die Vergil Anchises zuschreibt (*Äneis*, 6, 847f.) spiegelt genau die Vorstellungen des alten Roms, das Augustus wieder zu Ehren bringen wollte; und diese Vorstellungen sind die ihrer indoeuropäischen Vorfahren. Warum diese Geringschätzung der Kunst und der Techniken? Einfach, weil sie zu diesem Zeitpunkt lediglich die Requisiten des Komforts, des Luxus und der Üppigkeit waren; sie waren noch nicht die Instrumente der Macht (siehe Abschnitt 5.9.4).

5.5.3 Das Pferd?

Dagegen trug der Einsatz des Pferdes weitgehend zur militärischen Macht bei, und man äußerte mit einiger Wahrscheinlichkeit die Vorstellung, daß die Erfolge der indoeuropäischen Völker davon herrührten. Es gibt aber viele Reitervölker; manche kannten tatsächlich ein historisches, dennoch kaum bleibendes Schicksal; andere blieben außerhalb der Geschichte. Die Indoeuropäer, mögen sie das Pferd benutzt haben, waren zu keinem Zeitpunkt ein ‚Reitervolk‘: Wir wissen zum Beispiel, daß die homerischen Helden immer zu Fuß kämpfen und ihren Wagen nur zur Fortbewegung, niemals beim Kampf benutzen. Selbst wenn sie die Überlegenheit auf dem Gelände verleihen, reichen Pferd und Wagen ohnehin nicht aus, um eine Herrschaft von dauerndem Bestand zu stützen.

5.5.4 Die Institutionen?

Wir können daher der Frage nachgehen, ob die politischen Institutionen der Indoeuropäer nicht der Schlüssel zu ihrem dauernden Erfolg seien. Aber diese Institutionen – wenn sie sich wiederherstellen lassen – weisen keine wesenhafte Eigentümlichkeit auf. Die einzelnen Organisationstypen, die man ihnen zuschreiben kann (siehe oben, Abschnitt 4), sind in den traditionellen Kulturen nachweisbar, beispielsweise in afrikanischen Ethnien[48], deren Rolle in der Geschichte und deren Beitrag zur gegenwärtigen Weltzivilisation ohne Bedeutung waren.

5.5.5 Die drei Funktionen?

Die ‚Ideologie der drei Funktionen', die ja wahrscheinlich das einzige, der indoeuropäischen Kultur zugesprochene spezifische Element ist, wurde ebenfalls, allerdings mit mehr Glaubhaftigkeit herangezogen. Diese Erklärung würde auch für Japan gelten. Claude Lévi-Strauss wies indes nach[49], daß das dreifunktionale Modell ebenfalls in West-Polynesien, wahrscheinlich durch Entlehnung, vertreten ist. Dort wirkte es sich nicht wie in Japan aus. Und gerade innerhalb der indoeuropäischen Welt hatten die Gesellschaften, die das dreifunktionale System institutionalisierten, nicht zugleich den größten Erfolg im Bereich der Entwicklung und der Macht, ob es sich nun um die Kelten, die Inder oder die Iraner handelt. Mag dieses Modell im 10. Jahrhundert unserer Zeitrechnung in der Gunst der mediävalen Christenheit gestiegen sein, dies geschah vorwiegend, weil es die Basis zu einer inegalitären Gesellschaft lieferte, in der ein geistiger, wenn nicht politischer Vorrang dem christlichen Klerus zuerkannt wurde. Demnach dürfen wir nicht in diesem dreifunktionalen Modell den Grund für das große Weltschicksal der indoeuropäischen Völker suchen.

5.6 Der Eroberungsgeist: Lebenselan und Wille zur Macht

Eine mittelalterliche Sage, die J. Grisward[50] untersuchte, scheint mir das Andenken dessen zu bewahren, was seit dem grauen Altertum der Motor der indoeuropäischen Expansion war:

> „An einem schönen Ostersonntag hält Graf Aymeri de Narbonne – Weißbart wie blühende Flur – Hof im reichen Narbonne. Bei sich hat er Hermanjart seine Frau und seine sieben Söhne, die nun das Alter erreicht haben, den Ritterschlag zu empfangen. Nachdem er

seinen Blick lange Zeit über das Narbonensische Land hat schweifen lassen, wendet er sich an seine Söhne mit den Worten:
‚Kinder‘, sprach er, ‚ich habe euch manchen Tag ernährt;
Jeder von euch ist auch eines Kaisers wert.
Dafür danke ich Gott, unserem Vater, der alles schuf,
Daß der geringste von euch wohl eines Königs wert ist.
Eines dennoch kommt mir ärgerlich vor:
Daß ich nämlich zusehen muß, wie ihr meines Erbes harrt.
Von dem Land, das meinem Vorfahr gehörte,
Wollte ich keinen halben Fuß, nicht einmal eine Handbreite behalten;
Ich begab mich vielmehr in den Dienst eines tapferen Herrn,
Charles de France, der mächtige Kaiser,
Der mir Narbonne und dieses Lehen gab.
Ich verteidigte es gegen das Heidenvolk.
Wenn ich nun diese Grafschaft in sieben teilte,
Wäre der größte Teil wohl sehr klein.
Ich werde nichts dergleichen tun! Holt euch ein anderes Lehen!
Zieht nach Frankreich – zeigt euch erobernd –
Bei Charles Magne, dem mächtigen Kaiser
‚So wie ich es tat, als ich ein kühner Krieger war!
Denn bei meiner Treu, die ich meinem Retter schulde,
Werdet ihr keinen halben Fuß von meinem Land bekommen.
Guibert wird dieses erhalten, denn er ist der jüngste,
Und ich habe es ihm vermacht‘.“

Seinen sechs anderen Söhnen teilt Aymeri dann die Ämter und Lehen zu, zu denen er sie bestimmt. Grisward weist nach, daß diese Lehen auf die drei Funktionen entfallen. Wesentlich in unserem Zusammenhang ist aber, daß diese Lehen zu erobern sind.
Hierin liegt ein Teil der Antwort: Die Indoeuropäer haben die Welt erobert, weil sie gleich Aymeri de Narbonne handelten. Sie hatten viele Kinder, und sie flößten ihren Kindern den Wunsch ein, auch Oberhäupter, Anführer zu sein. Auf heimatlichem Boden ist aber nur Platz für einen einzigen Vorsteher. Nur einer der Söhne kann demnach seinem Vater im Amt folgen (gleichviel ob es sich um den jüngsten oder um den ältesten handelt); die anderen haben die Wahl zwischen einer untergeordneten Position und dem Abenteuer. Wir haben allen Grund zu der Annahme, daß sich viele Indoeuropäer für das Abenteuer entschieden (ob aus eigenem Antrieb oder, wie Aymeris Söhne, auf Drängen der älteren). Der zweite Fall wurde mit dem römischen Verfahren des *ver sacrum* institutionalisiert: eine ganze Generation wurde, sobald

sie das Mannesalter erreichte, ausgewiesen und mußte ihr Glück in der Ferne suchen.
Hätte Aymari nur einen Sohn gehabt oder wären die anderen sechs lieber Bauernknechte geworden, so hätte es kein Problem, und folglich keine Lösung, gegeben.

5.7 Der Eroberungsgeist und die Tradition

Aus seiner uralten Tradition schöpfte also der indoeuropäische Adel von Generation zu Generation jenen Eroberungseifer, der ihn an die beiden entgegengesetzten Enden Europas und Asiens sowie später, von Europa aus, auf die anderen Kontinente führte. Es ist möglich, den Zusammenhang zu klären. Der Wille, in der Nachkommenschaft fortzuleben, und der Wille zur Macht sind zweifellos natürliche Neigungen, die ziemlich allgemein sind. Bei den Indoeuropäern aber wurden sie durch die Lehre der beiden Wege jenseits des Grabes erheblich verstärkt: der unterirdische Weg der meisten Menschen; der himmlische und solare Weg der Helden. Wir sahen oben in den Abschnitten 2.5 und 3.7, wie der Held die strahlende Unvergänglichkeit erobert, während sich die anderen in der ununterscheidbaren Menge der Toten und in einem finsteren Aufenthaltsort verlieren. Zu Helden werden aber nur die Bahnbrecher, die Gründer, die Pioniere; diejenigen, die eine mittelmäßige und stille Existenz führen, werden nach ihrem Tod den anderen Weg einschlagen. Wir kennen die Wahl, die Achilles zwischen einem langen, düsteren Leben und einem glorreichen, aber kurzen treffen mußte; dennoch ging es in seinem Fall nicht um die Teilung der Erbmasse. Hätte er aber ruhig auf das Erbe seines Vaters Peleus gewartet, so wäre ihm der ‚ewige Ruhm‘ entgangen. Deshalb suchte er das Abenteuer vor Troja auf die Gefahr hin, sein Leben frühzeitig zu verlieren.
Bestimmt aus ähnlichen Gründen gingen so viele junge Krieger auf Abenteuer aus, weil sie einen glorreichen Tod einem düsteren Leben vorzogen. Das gilt für jene Inder, die in das Mitanni-Reich einwanderten, um dort zu herrschen[51]. Manchmal, wie im Mitanni-Reich, ließen sie sich von der einheimischen Bevölkerung schon nach einigen Generationen absorbieren; sonst gelang es ihnen, ihre Sprache und ihre Kultur durchzusetzen. So wurden riesige Gebiete Europas und Asiens einer ‚Indoeuropäisierung‘ unterzogen.

5.8 Die Dekadenz

Wir stellen aber fast überall fest, daß die ‚Heldenzeit' nicht lange währt. Die Eroberer lassen sich nieder, ihre Mentalität ändert sich. In Griechenland läßt sich diese Entwicklung am leichtesten beobachten: innerhalb weniger Jahrhunderte tauschen die Mikenäer ihre Adlerhorste gegen die Paläste ihrer Vorgänger, deren Lebensweise sie übernehmen. Gleichermaßen geht man innerhalb weniger Jahrhunderte von der heroischen Gesellschaft des ‚griechischen Mittelalters' zur dekadenten Demokratie über, die unter dem Druck der Makedonier zusammenstürzt. Und für letztere beschleunigt sich der Prozeß der Dekadenz erheblich. Die Moralisten der Antike beobachteten und beschrieben diese Erscheinungen vortrefflich: der Erfolg führt zur Aufgabe der Werte und Idole, die zum Erfolg geführt hatten. Der Sinn für die Stammfolge und das Gemeinschaftsbewußtsein geht verloren; der Egoismus erstarkt. Man hört zugleich auf, zu zeugen und seine Vorfahren zu ehren. So ging Sparta unter: die Stadt der Helden wurde philisterhaft, und um die mageren Erbschaften nicht teilen zu müssen, schränkten die spartanischen Familien die Zahl der Geburten bis zum physischen Tod ihrer Stadt ein. Auf der Ebene der politischen Einrichtungen wurde der Zyklus der Dekadenz von Platon beschrieben, der eingehend darlegte, wie man von der Aristokratie zur Plutokratie, dann zur Demokratie übergeht, um schließlich in die Tyrannei einzumünden.

Solche Zyklen folgten im Altertum, und wahrscheinlich schon früher aufeinander: das würde den wahrhaft prophetischen Charakter mancher Texte erklären, die das letzte Zeitalter des kosmischen Zyklus beschreiben, wie z. B. der Schlußteil von *Mag Tureds Schlacht* oder *Der Dialog der beiden Weisen*[52]: „Jeder wird mit Hochmut und Arroganz den äußeren Schein nicht mehr wahren, man wird keinen Rang und kein Alter mehr würdigen, weder Ehrbarkeit, noch Kunstfertigkeit, noch Bildung.

Jeder König wird verarmen.
Jeder Fachkundige wird geknickt,
Jeder Adlige verachtet, jeder Unadlige erhöht werden ..."

Ein wirklich prophetischer Text: „Jede Kunst wird Gaukelei sein ... Jeder wird dem anderen Grenzen setzen." Manche Details lassen sich nicht erfinden. Haben wir tatsächlich das letzte Weltzeitalter erreicht?

5.9 Die Hoffnung auf eine Regenerierung

5.9.1 Befinden wir uns wirklich im letzten Zeitalter?

Die Geschichte lehrt uns, daß das Werden der Menschengesellschaften gewöhnlich zyklisch verläuft: sie erfahren ihre steigende Phase, ihren Höhepunkt und ihre sinkende Phase. Ihr Zyklus ist aber selten einfach. Auf eine Periode des Verfalls kann ein Wiederanstieg folgen, so wie umgekehrt ein verheißungsvoller Anstieg frühzeitig beendet werden kann. Die traditionelle Lehre der Zeitalter darf nicht oberflächlich aufgefaßt werden. Zahlreiche Völker, indoeuropäische und andere, erlebten in der Vergangenheit Zeiten des Verfalls und der Subversion, die sie erfolgreich durchzogen.

5.9.2 Einheimische Modernität und entlehnte Modernität

Es steht fest, daß die Berührung mit unserer ‚Modernität' (ob es sich um die ‚Entwicklung' handelt oder nicht) den traditionellen Kulturen immer zum Verhängnis wird; daher die Vorstellung von einem grundlegenden Antagonismus zwischen Tradition und Modernität. Eine Unterscheidung drängt sich aber meines Erachtens auf, nämlich zwischen einer ‚entlehnten', der ethnischen Tradition völlig fremden Modernität und einer Modernität, die ich als ‚einheimisch' bezeichnen würde: Bei zahlreichen indoeuropäische Völkern ging die Modernität aus einer inneren Entwicklung hervor; sie hat sozusagen traditionelle Wurzeln, sogar in ihren schlimmsten Erscheinungsformen. Die Demokratie zum Beispiel: Bevor sie als Antriebsriemen für die okkulte Macht kosmopolitischer Oligarchien fungierte, stellte die Demokratie die Regierung des Volkes durch das Volk dar. Die athenische Demokratie ist in ihrer Anfangszeit eine Art Aristokratie, die allmählich auf die gesamte Volksgemeinschaft ausgedehnt wurde; das gilt ebenfalls für das germanische *thing*, aus dem mittelbar oder unmittelbar die modernen Demokratien der westlichen Länder hervorgingen. Es ist nicht undenkbar, daß sie sich regenerieren, indem sie mit den nötigen Anpassungen zu ihren historischen Quellen zurückkehren. Über die Zukunft der ‚Demokratien' der ‚Dritten Welt' sind wir weniger optimistisch.

5.9.3 Vom heroischen Ideal zur Entwicklung

Um zur Entwicklung zu gelangen, bedurfte es nicht nur des Willens zur Macht und des heroischen Ideals; viele andere kriegerische Völker wurden von einem ähnlichen Ideal angetrieben, ohne jemals zur Entwicklung zu kommen und sogar ohne es in ihre Kultur integrieren zu können. Umgekehrt führte die Überlegenheit im naturwissenschaftlich-technischen Bereich niemals zur Entwicklung, ohne von dem Willen zur Macht und dem heroischen Ideal unterstützt zu werden. Die Besonderheit der indoeuropäischen Völker war es, den Weg zu finden, auf dem der kriegerische Aristokrat zum ‚Industriekapitän' wird. So war der industrielle Aufschwung im Europa des 19. Jahrhunderts das Werk von Menschen, die ein Eroberungsgeist beseelte, was ihnen diese Bezeichnung einbrachte; und etwas später, in Japan, waren es Samurai, die den Grund zur gegenwärtigen wirtschaftlichen Entwicklung legten. Dieser Übergang ist historisch gesehen das Hauptereignis; ihn vollzogen aber nur die indoeuropäischen Völker und – nach ihnen – die Japaner.

Es ist nicht zu leugnen, daß bei der Entwicklung zur Industriegesellschaft sowie der späteren Entwicklung dieser Gesellschaft sich das frühere Ideal zersetzte. Mag der ‚Industriekapitän' nach wie vor dem Eroberer nahe stehen; wenn er vor dem Manager bzw. dem Bankier zurücktritt, ändert die Geschäftsführung ihren Kurs; der verwaltende, der berechnende Geist verdrängt den Eroberungsgeist. Es waren aber vor allem zwei Geschichtskatastrophen, die die Kontinuität der Entwicklung stark gefährdeten: die Französische Revolution und die russische Oktoberrevolution. Die nationalen Eliten dezimierend, versuchten sie den Bruch zu schaffen, mit der Vergangenheit ‚reinen Tisch zu machen'. Diese Prüfung blieb den anderen europäischen Ländern und Japan erspart, die dennoch ihre Nachwirkungen zu ertragen und gegen ihre Ansteckung zu kämpfen hatten.

5.9.4 Entwicklung, Wirksamkeit und Tradition

Trotz der unvermeidlichen Dekadenz, die durch die Plage zweier Revolutionen verstärkt wurde, vollzog sich der Übergang zur industrialisierten und entwickelten Gesellschaft, ohne daß es zum Bruch mit der Vergangenheit kam. Entgegen der progressistischen Propaganda, die die Entwicklung mit der Verwerfung der Tradition in Beziehung zu setzen sucht, müssen wir in der Tradition selbst den Schlüssel zum Erfolg derjenigen Völker suchen, die aus eigenem Antrieb zur Entwicklung gelangten. Ihre Wirkungskraft ist weder neu noch zufällig; sie ist nicht spontan entstanden. Sie ist vielmehr in ihrer weit zurückliegenden Vergangenheit eingezeichnet. Wir stießen oben im Abschnitt 4.6.1 auf ein begriffliches Schema, das eine hohe Bedeutung bei den Indoeuropäern einnimmt: das Schema Denken-Sprechen-Handeln. Es genügt nicht, durch die Gegenüberstellung seiner historischen Belege auf seine Existenz zu schließen; wir müssen auch dessen Bedeutung entziffern. Es ist ausgeschlossen, daß dieses Schema keinen anderen Zweck gehabt hat, als den Menschen in Erinnerung zu bringen, daß sie denken, sprechen und handeln: Formeln und Schemen drücken manchmal Paradoxa aus, aber niemals Binsenwahrheiten. Aufgrund mehrerer konvergierender Beobachtungen kann die Bedeutung meines Erachtens folgendermaßen wiederhergestellt werden: Der Gedanke und das Wort sind mit der Handlung gleichartig; genauer gesagt handelt es sich um zwei höhere Formen der Handlung. Deshalb bezeichnet z. B. die Wurzel **men-* zugleich den ‚Gedanken' und den ‚Tatendrang', den **ménos-*; das erklärt ebenfalls jenen merkwürdigen Sprachmechanismus, dem zufolge in einer verbalen Konstruktion das Verb ‚sagen' oder das Verb ‚denken' an die Stelle des Verbs ‚tun' treten, um zu bezeichnen, daß das gewöhnlich durch die materielle Handlung erzielte Ergebnis hier durch das Wort oder den Gedanken erfolgt, so wurde das Verb mit der Bezeichnung ‚untersagen', ‚mit dem Wort ausschließen' (lat. *inter-dicere*, frz. *interdire*) auf Grund eines Verbs gebildet, das ‚(physisch) ausschließen' bedeutet (lat. *inter-ficere*, das die Nebenbedeutung von ‚töten' ‚umbringen' erhielt). Dieser eine Fall bekräftigt, daß das Wort eine Tat sein kann; wir stellen fest, daß sich die Indoeuropäer dieses Umstands bewußt wurden und seine Bedeutung erkannten: daher die Bildung und die Überlieferung eines begrifflichen Schemas. Eine Moral leitet sich daraus ab: Sie besteht darin, seine Handlungen mit seinen Gedanken und seinen Worten in Einklang zu bringen; ich bezeichnete sie als „Religion der Wahrheit"; daraus ergibt sich zugleich die Ansicht, daß der Gedanke und das Wort wertlos sind, wenn sie nicht handlungsbezogen sind. Es ist begreiflich, daß solche Auffassungen, selbst wenn sie implizit bleiben, die Wirkungskraft fördern. Vergil dachte nicht anders, als er die Römer mit anderen Völkern verglich (siehe oben Abschnitt 5.5.2): Gleichviel, meinte er, daß diese mit mehr Gelehrsamkeit *gedacht*, mit mehr Beredtheit *gesprochen* haben, da ihr Wissen und ihre Reden nicht in *Taten*, das heißt in *Macht* umgesetzt wurden. Heute würde Vergil bestimmt nicht solche Worte vorbingen, denn die Wissenschaft und die Technik wurden zu den unerläßlichen Instrumenten der Macht. Neue Bereiche eröffnen sich der Eroberung; die neuen Eroberungen werden neue Helden ans Tageslicht bringen. Aus der Masse der Kultur-, Wissenschafts- und Technikbeamten werden neue Helden mit dem Geist des Prometheus hervortreten. Die Zukunft der indoeuropäischen Tradition ist nicht mehr nur ein – heute erfülltes – historisches Schicksal, sondern ein kosmisches.

Um dieses Schicksal anzunehmen, müssen wir also wir selbst sein; wir müssen die würdigen Erben der antiken Tradition sein, der wir verdanken, zu dem geworden zu sein, was wir sind. Wir müssen klar erkennen, was wir ihr verdanken; wir müssen unsere Identität zurückerobern.

Anmerkungen

1 *Revue de synthèse. Synthèse historique*, 1939.
2 M. Détrois wird demnächst (in der Reihe des *Institut d'Etudes Indo-Européennes de l'Université de Lyon 3*) den gegenwärtigen Forschungsstand darlegen.
3 *Acte linguistica*, 1, 1939, S. 81-89 (*Die Urheimat der Indogermanen*, hg. von A. Scherer, Darmstadt, 1968, S. 214-223).
4 *Creolization Theory and Linguistic Prehistory,* Festschrift for Oswald Szemerényi ed. by Bela Brogyanyi, Amsterdam 1979, S. 679-690 (*Language, Society and Paleoculture,* Essays by Edgar C. Polomé. Selected and Introduced by Anwar S. Dil, Stanford California 1982, S. 237-248).
5 *Dichtung und Dichtersprache in indogermanischer Zeit*, Wiesbaden 1967.
6 Vgl. unten 4.6.1 sowie Anmerkung 40.
7 ‚Traverser l'eau de la ténèbre hivernale', *Etudes Indo-Européennes*, 13. Juni 1985, S. 33-62.
8 Vgl. R. Peterson, ‚The Greek Face', in*The Journal of Indo-European Studies*, 2, 4, Winter 1974, S. 385-406; der Beitrag enthält u. a. aufschlußreiche Abbildungen dieser drei Persönlichkeiten.
9 P. Bosch-Gimpera, *Les Indo-Européens*, frz. Übersetzung von R. Lantier, Paris 1961. Die Ergebnisse übersetzte I. Hausherr für A. Scherers Sammelband (oben Anmerkung 3).
10 *Sprachvergleichung und Urgeschichte*, Jena 1907; Neudruck Hildesheim-New York 1980.
11 Vgl. u. a. die zusammenfassende Darstellung in *The Journal of Indo-European Studies*, 2, 3, Herbst 1974, unter dem Titel ‚An Archaeologist's View of PIE in 1975', und seine Besprechung von Bosch-Gimperas Studie (oben Anmerkung 10), die D. Rothenhöfer für A. Scherers Sammelband (oben Anmerkung 3) übersetzte.
12 *Zum Ursprung der Indogermanen*, Bonn 1983.
13 Eine zusammenfassende Darstellung ihrer früheren Schriften veröffentlichte B. Oguibénine, in *Etudes Indo-Européennes*, 4, Januar 1983, S. 63-74.
14 B. G. Tilak, *The Arctic Home in the Vedas,* 1903; frz. Übersetzung von J. und C. Rémy unter dem Titel *Origine polaire de la tradition védique*, Mailand 1979.
15 Beginn von *La Bataille de Mag Tured*, übers. v. F. Le Roux und C. J. Guyonvarc'h, *Les Druides* (Vgl. Anmerkung 15), S. 315; deutsche Übersetzung von R. Thurneysen, in *Zeitschrift für keltische Philologie*, 12, 1918, S. 400-406. Der *Dialogue des deux Sages* (‚Der Dialog der beiden Weisen') wurde allerdings nicht übersetzt.

16 Das Indoeuropäische enthält einen Begriff, der in unseren modernen Sprachen keine Entsprechung hat: **dyew-* der ‚Tageshimmel', der später entweder die Bezeichnung des Himmels oder die des Tages hervorrief.

17 Vgl. meinen Aufsatz ‚Les Heures', in *Etudes Indo-Européennes*, 16, 1985.

18 *De facto in orbe Lunae*, 26, angeführt von F. Le Roux und J. C. Guyonvarc'h, *Les Druides*, aaO., S. 301.

19 *Rgveda*, 10.82.2, übersetzt von K. F. Geldner, 1951.

20 Servitius in seinem Kommentar von Vergils *Äneis*, 2, 693.

21 Beide Textstellen sind von F. Guillaumont angeführt und übersetzt worden, in R. Bloch, *D'Héraklès à Poséidon, Mythologie et Préhistoire*, Paris 1985, S. 174.

22 Die Etymologie ist umstritten, vgl. M. Mayrhofer, *Kurzgefaßtes etymologisches Wörterbuch des Altindischen*, I, Heidelberg 1956, S. 338. Wenn wir die (trotz formaler Schwierigkeiten) mögliche Beziehung zu awestisch *gaona-* ‚(Haar-)Farbe, Art und Weise' festhalten, stammt die Bedeutung ‚Farbe' unmittelbar von der der ‚Haarfarbe' ab. Es kann sich aber auch um Homonymen handeln, wie M. Mayrhofer es in Anregung brachte, *Nachträge,* III, S. 695.

23 *‚Farbe'*, Mayrhofer (vgl. Anmerkung 22), III, S. 154.

24 Zum Verb *paes-* (‚färbig machen'; ‚zieren') eig. ‚Färbung, Farbe'; vgl. ai. *várna-*, C. Bartholomae, *Altiranisches Wörterbuch*, 908.

25 Zu dieser Feststellung kamen kürzlich A. M. Esnoul, *Studia Iranica*, Mélanges offerts à Raoul Curiel, 1, 1982, S. 83-88; und D. Dubuisson, *L'homme*, 93, Januar-März 1985, 25 (1), S. 105-121.

26 Vgl. meinen Aufsatz ‚Les trois cieux', *Etudes Indo-Européennes*, 1. Januar 1982, S. 23-48.

27 Es wird gewöhnlich ‚Bronzezeit' genannt, aber das Wort *khalkós* bezeichnet auch das ‚Kupfer'.

28 Das isländische Wort *ragnarok* bedeutet eigentlich ‚Götterschicksal'; die Bedeutung ‚Götterdämmerung' geht zurück auf eine Deformation auf Grund von *rokkr* ‚Dämmerung', ‚Dunkel' (aus **rég*^{w}*os-*).

29 Vgl. meinen Aufsatz ‚Les Aurores', 1986 erschienen in *Etudes Indo-Européennes.*

30 *Rgveda*, aaO., 10.124.

31 D. D. Boedecker, *Aphrodite's Entry Into Greec Epic*, Leiden 1974.

31 R. Pearson, ‚Some Aspects of Sicial Mobility in Early Historic Indo-European Societies', in *The Journal of Indo-Europeans Studies*, 1, 2, Sommer 1973, S. 155-161.

33 Vgl. meinen Aufsatz ‚Héra et les héros', *Etudes Indo-Européennes*, 12, Mai 1985, S. 1-51.

34 Dieser Aelfric zugeschriebene Text setzt sich für das Modell der differenzierten Gesellschaft ein, das sich im 11. Jahrhundert nach heftigen Kontroversen (G. Duby, *Les trois ordres ou l'imaginaire du féodalisme*, Paris 1978) behauptete.

35 Der entsprechende iranische Ausdruck benennt allerdings die ‚königliche Familie'.

36 Der Name ist keltischen Ursprungs, aber der Gott sowie die Gesellschaftsordnung, die dieser Mythos gründet, sind echt germanisch. Über die Bezeichnung der drei ‚Stände' dieser Gesellschaft vgl. meinen Aufsatz in *Etudes Indo-Européennes*, 15, Herbst 1985.

37 *Beowulf* (V. 285f.): „Ein kluger Krieger muß zwischen den Worten (*worda*) und den Werken (*worca*) unterscheiden, ein wohl denkender (*wel thencedh*) Krieger." Dic Triade ist in mehreren germanischen Früh-Texten in z. T. abweichender Form belegt: z. B. wird ‚denken' häufig mit dem Perfekto-Präsens *man* (aus **món-a/* ausgedrückt.

38 M. Durante, ‚Epea pieroenta', *Atti della Academia Nazionale dei Lincei*, Anno CCCLV, 1958, S. 2-44 (vgl. unter *Idg. Dichtung*, Anm. 3, S. 242-260).

39 Die Neutra in **-e/os-* entsprechen medio-passiven Verben, zum Beispiel **génH*$_1$*-e/os-* ‚was geboren wird', vom medio-passiven **genH*$_1$- ‚geboren werden', und nicht vom aktiven mit der Bedeutung ‚zeugen', ‚gebären'.

40 ‚Gedanke, Wort und Werk im Veda und im Awesta', *Antiquitates Indogermanicae. Gedenkschrift für Hermann Güntert*, Innsbruck 1974, S. 201-221.

41 Dieser Brauch wird gefördert; man betrachtet ihn als Quelle kriegerischer Großtaten, denn der Großtuer ist verpflichtet, wenn er seine Ehre nicht verlieren will, sein Handeln mit seinen Worten in Einklang zu bringen.

42 Vgl. meinen Aufsatz ‚Les composés homériques en *arti-*', in *Lalies*, 2, 1983, S. 7-12.

43 Insbesondere A. Yoshida und T. Obayashi.

44 Die Hypothese von der Invasion eines Reitervolkes auf dem Weg über Korea (im 4. Jahrtausend vor unserer Zeitrechnung) stellte der Archäologe und Historiker N. Egami bereits 1948 auf.

45 *Before Civilisation*[2], 1979.

46 *Etudes Indo-Européennes,* 13, Juni 1985, S. 63, in seiner Besprechung der französischen Übersetzung dieser Schrift.

47 Zum Beispiel auf der iranischen Hochebene, wo das Aufkommen einer schwarzen, unverzierten Keramik am Ende des 4. Jahrtausends auf das Eintreffen der Indoarier hinweisen soll. Und im Zusammenhang mit der Schnurkeramik bemerkt A. Sakellariou: „Die mindere Qualität schließt nämlich bis auf die migratorischen Bewegungen ihrer Schöpfer jeden anderen Verbreitungsträger aus", *Les Proto-Grecs*, Athen, 1980, S. 106.

48 Vgl. den Aufsatz von F. Lafargue, *Etudes Indo-Européennes*, 15, Herbst 1985.

49 *Discours de réception de M. Georges Dumézil à l'Académie Française et réponse de M. Claude Lévi-Strauss*, Paris 1979, S. 60.

50 *Archéologie de l'épopée médiévale,* Paris 1981.

51 Über diese Frage vgl. M. Mayrhofer, *Die Indo-Arier im alten Vorderasien*, Wiesbaden 1966; *Die Arier im Vorderen Orient, ein Mythos?*, Wien 1974.

52 F. Le Roux, C. J. Guyonvarc'h, *Les Druides*[2], aaO., S. 330f.

Geopolitik

Freiherr Jordis von Lohausen

Wie sicher ist Europa?

Gefahren der geographischen Lage

Wie sicher ist Europa?
So unsicher – könnte man sagen – wie es den Gefahren seiner geographischen Lage entspricht, und so sicher, wie das Maß seiner Abschreckung es zuläßt. Die Gefahren der Lage sind unabänderlich, die erreichte Abschreckung liegt im Belieben der Europäer.
Wer seine „Aggressionen“ nicht verzettelt, sondern militärischer Disziplin unterwirft, wem der Wille, sich zu behaupten, die richtigen Waffen in die Hand drückt – der hat auch an gefährdeter Stelle Aussicht, in Freiheit zu überleben.
Sicherheit ist somit zuerst eine Frage der Nachbarschaft und dann eine der dieser Nachbarschaft entsprechenden Rüstung. Bündnisse können eine solche Rüstung zwar vorübergehend ersetzen, aber nie auf die Dauer. Auf die Dauer hat jedes Land stets die Armee, die es verdient – entweder die eigene oder eine fremde. Die eigene – so meinte einmal ein finnischer Militärschriftsteller – sei besser.
Außer einer geopolitischen Antwort erheischt die gestellte Frage demnach noch eine psychologische. Beide für Europa beantworten, heißt die Stärke seiner Bedrohung in Verhältnis zu setzen zur Stärke seines Willens zu sich selbst.
Das Maß der Bedrohung läßt sich ohne Mühe von der Landkarte ablesen. Europa kann weder aus der Nähe Rußlands wegrücken noch aus der des Atlantiks. Daher stellt allein der Faktor „Lage“ eine konstante Größe im Ansatz der hier zu lösenden Gleichung dar.
Europa ist nicht nur für Europäer begehrenswert.
Es liegt im spitzen Winkel zwischen Mittelmeer und Atlantik, sperrt alle Zugänge der eurasischen Landmasse zu diesem Ozean und überwacht die Durchfahrt zum Indischen. Seine Sicherheit hängt daher davon ab, ob es selber Herr dieser Wege ist oder ob sie von fremden Mächten beherrscht werden.
Eine dritte Möglichkeit gibt es hier nicht. Wer immer kann, wird sich der europäischen Küsten bemächtigen und sich der Vorteile bedienen, die sie allen Nachbarn – Afrikanern, Asiaten wie Amerikanern – zu bieten haben.

Dazu kommt, daß Europa nicht nur über sein breites sarmatisches Vorfeld mit dem afroasiatischen Festland verbunden ist, sondern überdies noch durch drei Doppelbrückenköpfe (vergl. Skizze). Nebst der Ausschaltung jeder atomaren Bedrohung verlangt seine Sicherheit somit zu der jenes Vorfeldes noch die der drei Brückenköpfe – des skan-

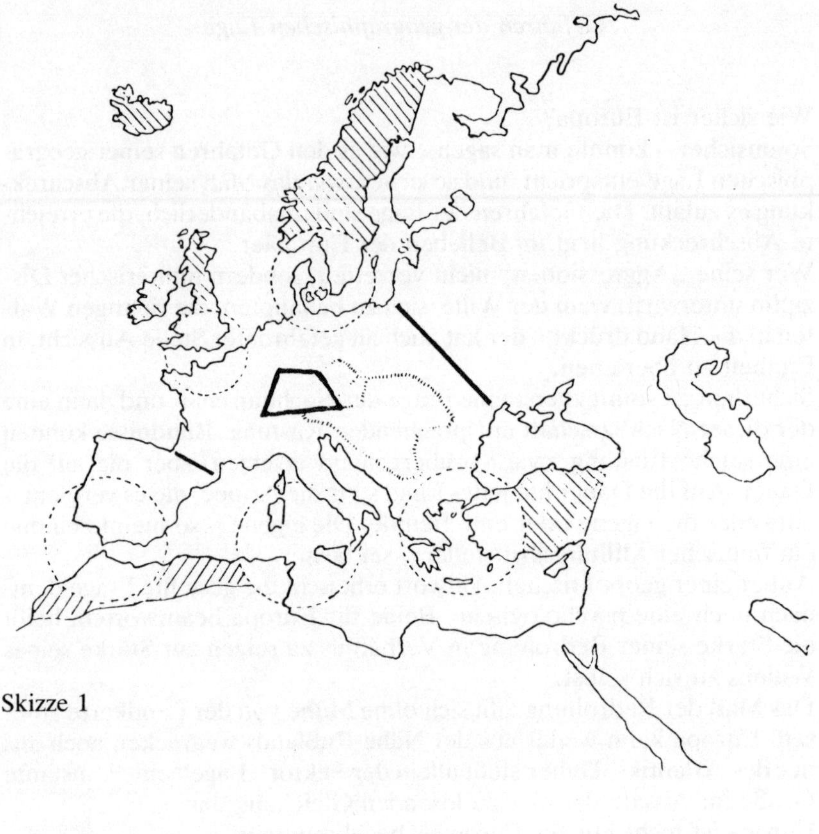

Skizze 1

Subkontinent der Brückenschläge

Kleinasien, Skandinavien, die britischen Inseln sowie Nordafrika nördlich des Atlas sind Fortsetzungen der europäischen Halbinsel jenseits der sie rings umgebenden Meerengen. Umgekehrt sind Spanien, das apenninische Italien und die nord- und westägäischen Länder Fortsetzungen Vorderasiens und Afrikas auf europäischem Boden.
Inmitten dieser fünf Brückenlandschaften liegt, von keiner von ihnen berührt, noch als Teil des europäischen Kernraums, aber doch als in sich geschlossenes Gebiet das süddeutsche Trapez. Zwischen Vogesen und Böhmerwald, Alpen und deutschem Mittelgebirge gelegen, wird es von den Einzugsgebieten der Oberläufe von Rhein und Donau (samt deren von der Aare bis zur Enns nordwärts zur Nordsee – nicht wie die Donau selber nach Osten, zum Schwarzen Meer – drängenden Nebenflüssen) gebildete und stellt neben den drei anderen (Böhmen, Mähren und dem Donaukessel) die vierte, westlichste und zugleich innerste der vier größeren europäischen Binnenlandschaften dar.

dinavischen, des atlantischen und des kleinasiatischen – sowie die Kontrolle des nördlichen Atlantiks, des Mittelländischen und des Roten Meeres.
Von den drei Brückenköpfen sind sowohl der nördliche, skandinavische, als auch der südöstliche, kleinasiatische, auf das schwerste bedroht, und der südwestliche, atlantische, nur noch auf der eigenen – spanischen – Seite in europäischer Hand. Mehr als ein Drittel der europäischen Halbinsel ist der Gewalt einer außerhalb beheimateten Macht unterworfen; der Rest mit goldenen Ketten an den Willen überseeischer Finanzherren gefesselt. Zu den Gefahren der Lage Europas treten hiermit noch – weit schwerer als diese – die seiner Abhängigkeit. Europa ist heute kein souveräner Subkontinent mehr.

Wiege der Weißen

Die Oberfläche der Erde zerfällt in zwei Hälften: den Stillen Ozean und den Rest. Der Rest, das sind die beiden Festländer und der Atlantik. Am Atlantik und der ihn fortsetzenden Arktis liegen – einander zugekehrt – vom La Plata bis zum Mackenzie und vom Kongo bis zum Lena die großen Stromgebiete der Erde.
Von weiten Ebenen umrahmt, ist der schmale Atlantik daher der vornehmlich die Kontinente verbindende Ozean, der Pazifik der sie trennende. Er trennt auch Weiß und Gelb, die beiden großen nach Vernichtung der indianischen nun noch allein Kultur tragenden Rassen.
Bis zur gewaltsamen Öffnung der chinesischen und japanischen Häfen war die innereurasische Steppe das hauptsächliche Feld ihrer Begegnung, später die See. Ihr dramatischer Höhepunkt, schlimmer noch als alle Verheerungen Dschingis-Khans: die beiden Bomben auf Hiroshima und Nagasaki.
Seit 1945 steht die schwindende, von Wohlleben angekränkelte weiße Rasse in einer dreifachen Abwehrstellung: gegen fremde Stärke im Osten (China, Japan usw.), gegen fremde Unterwanderung von Süden[1] (Afrika, Mittelamerika) und gegen die zunehmenden Zweifel an sich selber.
Die größten Schlachtfelder der Unterwanderung liegen in den Bereichen der Neuen Welt. Aber auch die Russen haben den Feind nicht nur *vor* der Tür. Auch im eigenen Haus sehen sie sich einer in beängstigendem Ausmaß zunehmenden Zahl von Asiaten gegenüber. Beide Großraummächte des Nordens stehen insofern mit Europa in einer Front. Noch immer findet sich dort die dichteste Ansammlung weißer Menschen. Sie in der Enge der Halbinsel verkümmern zu lassen, gereicht weder Rußland zum Heil noch Amerika.

Die Anlage unserer Atlanten stellt uns die Erde als eine vorwiegend westöstliche dar, als zweimalige Folge von Wasser und Land: Alte Welt, Atlantik, Neue Welt, Pazifik. Die Wege der üblichen Seefahrt unterstreichen das noch.
Man fährt rund um die Erde über Panama, Singapur, Suez, Gibraltar oder umgekehrt. Aber man fliegt über den Nordpol, und die todbringenden Kontinentalraketen sind auf den gleichen Weg eingestellt. Zeitgemäßer erscheint daher eine Darstellung der Erde mit den Polen, nicht dem Äquator als Mitte. Sie zeigt uns zwei sehr ungleiche Bilder: die nördliche Halbkugel als Schauplatz zur Arktis drängender Landmassen, die südliche als Feld um den Südpol kreisender Meere: hier extreme Landarmut, dort die Ballung der Kontinente.
Alle Festländer der Erde werden nach Norden zu breiter. Dreiviertel ihrer Masse liegen nördlich des Äquators, darunter fast alle Länder der gemäßigten Zone. Nahezu die gesamte bekannte Geschichte der Erde hat sich hier abgespielt. Hier rund um die Arktis, zwischen dem 40. und dem 50. Breitengrad sitzen die Schwerpunkte irdischer Macht: Washington – Paris – Berlin – Moskau – Peking – Tokio. Nordamerika und Nordeurasien halten die Schlüssel zur übrigen Erde. Hier am äußersten Nordwestende der Alten Welt liegt als Mitte allen irdischen Festlands Nordamerika unmittelbar gegenüber die Halbinsel Europa. Trotz deren zunehmender Entmachtung ist auch die Welt von heute immer noch europazentrisch, liegen die Hauptstädte der beiden weißen Weltmächte immer noch weitab ihrer natürlichen Mitte, nämlich statt am Michigan- und am Aralsee in möglichster Nähe Europas: New York und Washington unmittelbar London und Paris, Moskau und Leningrad unmittelbar Berlin und Stockholm gegenüber. Denn nach wie vor hängt am Besitz Europas die Herrschaft über die Welt, bezeichnet die Gegend nördlich von Paris die genaue Mitte der am meisten landbedeckten Hälfte der Erdoberfläche (Skizze 2). Wie um sein Gegenbild Neuseeland die Ozeane, scharen sich um Europa die Kontinente[2]. Westliche Verlängerung Asiens, nördliche Afrikas und nächstes eisfreies Gegenufer zu Nordamerika, findet dieses Europa im Süden die Ergänzung der Tropen, im Westen die Partnerschaft der Neuen Welt, im Osten den fehlenden Raum. Die Möglichkeit weltweiter Vormacht ist in dieser Lage ebenso eingeschlossen wie das Absinken zum amerikanischen Brückenkopf, zur asiatischen West- oder zur afrikanischen Nordprovinz. So oder so aber, ob als Abhängige, als Freie oder Gebieter bleiben die Europäer im Brennpunkt des Weltgeschehens. Europa kann weder aus der Nähe Rußlands wegrücken noch aus der des Atlantik. Die Weltabgeschiedenheit der Südsee ist ihm verwehrt. Ein für al-

Die Mitte der bewohnten Welt

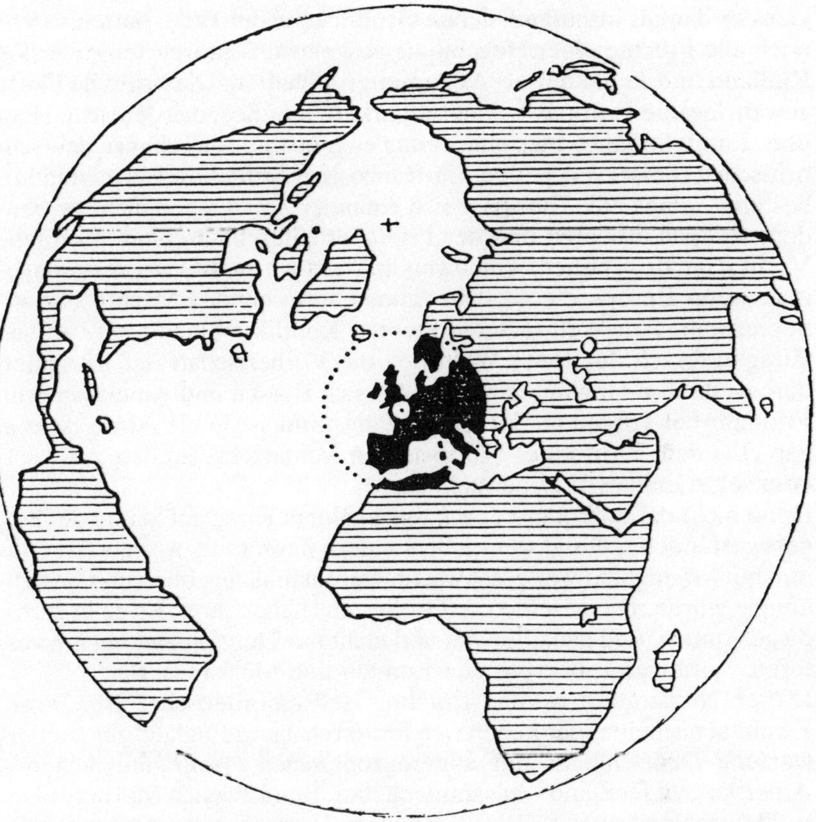

Europa – und innerhalb Europas Nordfrankreich – bezeichnet die Mitte der am meisten landbedeckten Erdhälfte, der Nordatlantik die kürzeste eisfreie Verbindung von Alter und Neuer Welt.
Die Europa abgewandte Seite der Welt umfaßt außer der Antarktis nur Australien, die Sundainseln, Neuseeland, Argentinien und Chile.

lemal bleibt es die naturgegebene Ausmündung der nordeurasischen Ebenen, deren Tor zum Atlantik. Eine solche Lage läßt seinen Bewohnern auf die Dauer keine andere Wahl als die zwischen Unterwerfung oder weit ausstrahlender Macht.

Dieser Macht hat sich Europa aus eigener Initiative begeben. Innerhalb einer Zeitspanne von nur dreißig Jahren haben zwei von London und Paris mitveranlaßte Kriege seiner Herrschaft ein vorzeitiges Ende bereitet. Zu Beginn des 20. Jahrhunderts noch Ansammlung von allein vier der damals insgesamt sieben Großmächte der Erde, hatte es 1914 noch alle Früchte einer Hegemonie ausgekostet, an welcher Amerika, Rußland und Japan nur als Außenseiter teilhatten. Die britische Flotte gewährleistete Europas Unangreifbarkeit über See, das deutsche Heer über Land. So lange hier ein, wenngleich unausgesprochenes deutsch-britisches, besser noch deutsch-französisch-britisches Einverständnis bestand, solange die Europäer sich einander, wenn schon nicht verbanden, so doch duldeten und der Friede erhalten blieb, blieb auch jene Vorherrschaft erhalten. Unabwendbar jedoch mußte sie verlorengehen, wenn Europa die großen, raumbeherrschenden Mächte der außereuropäischen Welt in seine inneren Konflikte hineinzog. Zwangsläufig zerbrach der Erste Weltkrieg die Vorherrschaft der Europäer, der zweite ihre Unabhängigkeit. „Als sich Russen und Amerikaner im Frühjahr bei Torgau an der Elbe freudestrahlend in die Arme sanken, gab es – dem Wort eines französischen Militärschriftstellers zufolge – kein selbständiges Europa mehr“[3].

Denn nicht darauf kommt es an, wer in einem Krieg auf Seiten des Siegers gestanden hat und wer nicht, sondern nur darauf, wer gestärkt aus ihm hervorging und wer geschwächt, wer unabhängig blieb und wer abhängig wurde. Die Mächte des Großraums haben ihren Krieg in Europa gewonnen, und ganz Europa und nicht nur Deutschland hat ihn verloren. Washington beerbte hier London und Moskau Berlin.

Dieser Niedergang ist das Ergebnis selbstmörderischer Bündnisse. Zweimal nacheinander haben sich Frankreich und England zur Niederwerfung Deutschlands mit außereuropäischen Großraummächten – Amerika und Rußland – zusammengetan. Beim zweiten Mal antwortete Deutschland zuerst (1939) mit dem Versuch eines Nichtangriffspakts mit Rußland, dann (1942) durch einen Stahlpakt mit Japan. Alle diese Bündnisse schlugen auf Europa zurück. Als deren Folge wird die „grand fleet“ nach 1945 abgewrackt und Resteuropa zum amerikanischen Brückenkopf abgewertet. Die Bastionen an der Donau und Ostsee (Österreich und Preußen) sind geopfert, die tropischen Ergänzungsgebiete in Schwarzafrika preisgegeben und zugleich mit ihnen die Flankendeckung der Sahara. Europa als eigenständige Macht hat aufgehört zu bestehen.

Statischer und dynamischer Schwerpunkt

Wurde hier der Wille der Europäer zu Europas Schicksal, so nächst ihm seine Lage. Ein Land wie Chile etwa kann gegebenenfalls ohne

Schaden aus der Weltpolitik aussteigen, ein Land in Europa nicht, kein europäisches Land kann das, am wenigsten – wie noch zu erläutern sein wird – Deutschland.

Europa – genauer das nördliche Frankreich, der Raum um Paris – bildet die geometrische Mitte der am meisten landbedeckten Hälfte der Erdoberfläche (Skizze 2). Mehr als 96 vom Hundert aller Menschen wohnen auf der europäischen Seite der Welt. Europa kann weder dieser seiner Mittellage entfliehen noch der Nähe Rußlands oder Afrikas. Es muß mit ihnen leben, ob zu seinem Nutzen oder zu seinem Schaden, liegt an ihm selber[4].

Drei hintereinander gereihte Länder bilden das Rückgrat der europäischen Halbinsel: Spanien, Frankreich und Deutschland.

Spanien: ihr Kopf, zugleich Torhüter des Mittelmeeres, Brücke nach Afrika und Sprungbrett über den Atlantik[5].

Frankreich: ihr einziger Innenraum, Sonderfall einer keltischen Großmacht mit germanischem Namen, aber romanischer Sprache, Drehscheibe zwischen England und Italien, Spanien und Deutschland.

Deutschland: ihr Zwischengelaß mit nach sieben Seiten hin offenen Türen. Koordinatenkreuz zwischen ozeanischer und kontinentaler, nordischer und mediterraner Welt.

Diese drei Länder bezeichnen die Längsachse Europas. Drei andere seine Querachse: Skandinavien, Deutschland und Italien und wieder drei andere seine Diagonalachse: England, Deutschland und die Balkanhalbinsel.

Alle drei Achsen finden ihre Fortsetzung in den natürlichen Schwerlinien benachbarter Kontinente: die europäische *Längsachse* beginnt in Feuerland, erreicht Europa über Brasilien und Westafrika und gelangt über Sibirien und Alaska wieder nach Feuerland. Die *Querachse* verbindet das Nordkap mit dem Kap der Guten Hoffnung und führt über Ostafrika, Ägypten und Griechenland wieder zum Nordkap zurück. Die *Diagonalachse* gelangt von Alaska über Neufundland nach Irland und führt über Vorderasien, Indien und die malaiische Inselwelt weiter bis Tasmanien. Eine vierte schließlich, die *Mittelachse* zwischen erster und dritter, folgt der Schwerlinie Eurasiens über die Ukraine und Innerasiens nach Korea (Skizze 3).

Es gibt sieben solcher Achsen. Vier davon berühren Europa und schneiden sich im Herzen Deutschlands. Sonst liegt kein Land an mehr als einer davon. Bezeichnet somit Frankreich die statische Mitte der irdischen Festländer, ihren genauen geometrischen Mittelpunkt, so Deutschland ihren dynamischen (Skizze 3) – ein Unterschied, der die beiden betroffenen Völker kaum weniger beeinflußt hat als die so sehr verschiedene Deutlichkeit ihrer Umgrenzung. Beides hat die Franzo-

Weltschnittpunkt Deutschland

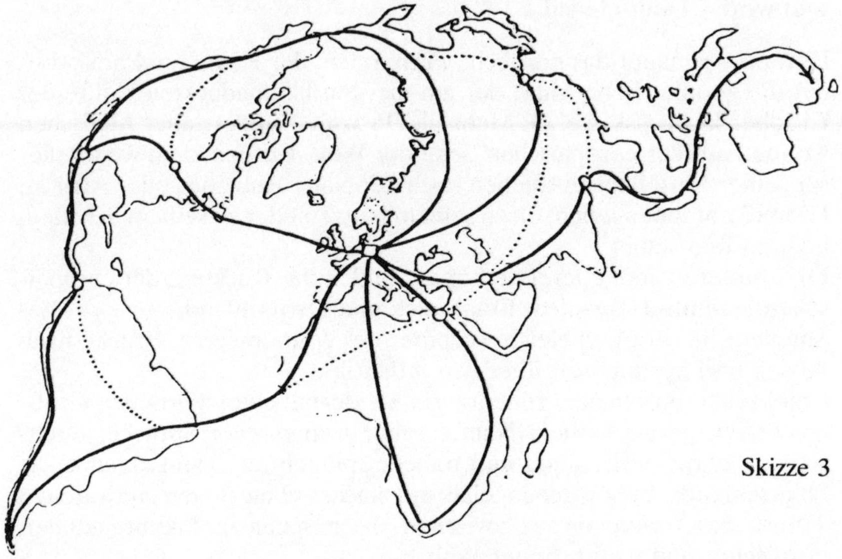

Skizze 3

—— radiale (europazentrische) Achsen .... periphere Achsen

Fünf von sieben geopolitischen Schwerlinien führen durch Europa. Sie alle schneiden sich in Deutschland.

sen ihrer Sammlung geneigter gemacht als die gern nur zu großen Heerzügen sich zusammenfindenden Deutschen.

Reicht die östliche, die russische Landschaft auch tief nach Europa herein, reicht sie hier an den Harz und die untere Elbe, so ist Rußland dennoch nicht Europa, sondern endet, wo die unförmige eurasische Landmasse in die vielgliedrige Halbinsel übergeht: an der Enge zwischen Ostsee und Schwarzem Meer, zwischen Königsberg (oder Riga) und Odessa (Skizze 4).

Europa ist ein Geschenk der See. Der Atlantik hat seine rechte Flanke geformt, das Mittelmeer seine linke. Gemeinsam, haben sie aus seiner Gestalt drei klar voneinander unterschiedene Abschnitte herausgemeißelt:

- den vorderen bildet die Pyrenäenhalbinsel,
- den mittleren das Gebiet von da bis zur Linie Hamburg (Lübeck)-Triest (bis zur Enge zwischen Nord- oder Ostsee und Adriatischem Meer),

Die drei Abschnitte der europäischen Halbinsel

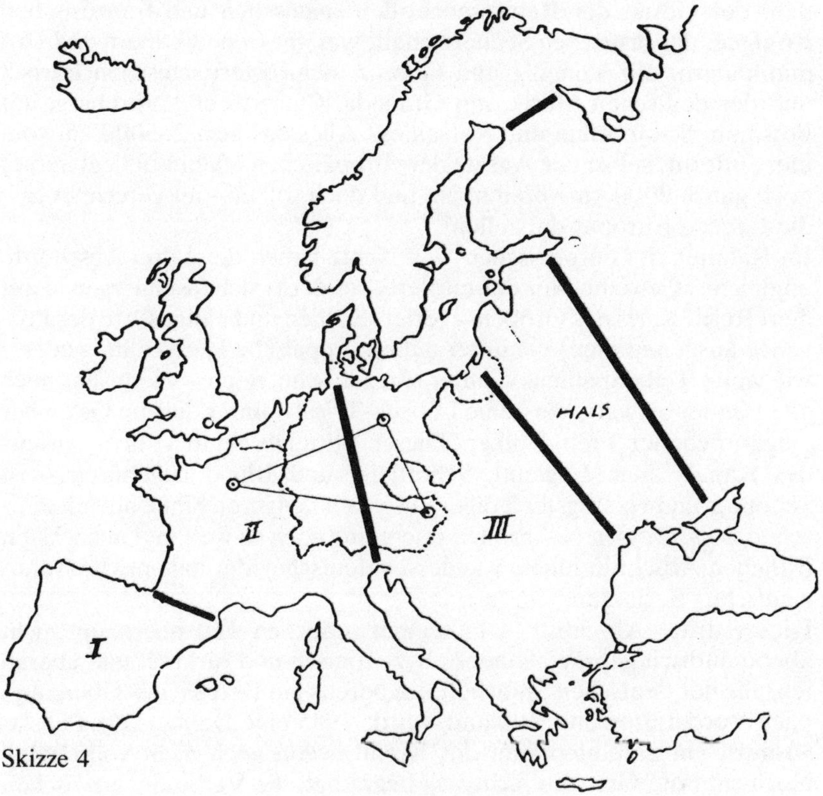

Skizze 4

. . . . . . Grenze des geschlossenen deutschen und niederländischen Siedlungsgebietes (1937)

Mittelmeer und Atlantik teilen die europäische Halbinsel in drei deutlich unterschiedene Abschnitte: Südwest, Mitte und Ost (I, II, III). Ostwärts des dritten Abschnitts verliert das Land den Charakter der Halbinsel, der hier anschließende Hals bildet den Übergang zur eurasischen Rumpflandschaft.

- den rückwärtigen der anschließende Raum bis zur Linie Königsberg–Donaumündung (bis zur nächsten Enge also, der zwischen Ostsee und Schwarzem Meer).

Hier zwischen Ostsee und Schwarzem Meer ist Europa zu Ende, hier und nicht an dem politisch wie strategisch und geschichtlich gleich bedeutungslosen Ural. Was etwa hat dieser Ural mit dem Mittelmeer zu tun? Was mit Römern und Griechen, mit Island, der Edda, den Druiden, der Gotik, der Renaissance, den spanischen und französischen Königen, der britischen Seeherrschaft, was mit Benediktinern und Dominikanern, mit Venedig und Florenz, dem österreichischen Barock und der deutschen Musik, mit Granada, Chartres und Nürnberg, mit Potsdam, Schönbrunn und Versailles? Alles das liegt 2–5000 km vom ihm entfernt; selbst der Ansatz der europäischen Halbinsel liegt immer noch ganze 2000 km von ihm ab, und doch soll er – ausgerechnet er – die Grenze Europas darstellen!

Im Rahmen der europäischen Geschichte haben diese drei Abschnitte ungleiches Gewicht. Nur der mittlere – er deckt sich fast haargenau mit dem Reich Karls des Großen – geriet (Sizilien und einige Orte der Provence ausgenommen) nie unter außereuropäische Herrschaft, weder – wie weite Teile Spaniens – unter sarazenische, noch – wie bisher noch alle Länder ostwärts der Linie Lübeck-Triest – unter die von Osten her eingebrochener Fremdvölker. Dieser Mittelabschnitt – dem jenseits des Kanals auch England, Schottland und Irland angehören – ist Schöpfer und wichtigster Träger unseres im engeren Sinne abendländischen Stils. Dessen Nährboden reicht nur noch so weit in den nächsten östlichen Abschnitt hinein wie dessen deutsche oder italienische (venezianische) Besiedlung.

Dieser dritte Abschnitt –, in seinem südlichen Teil überhaupt nicht abendländisch geprägt, sondern byzantinisch und türkisch und überall jenseits der deutschen Sprachgrenze bereits ein Bereich des Übergangs nach Vorderasien und Rußland, wurde 1945 eine Domäne des Panslawismus, ein Satellitenraum des Kreml, wenn auch nicht vollständig. Noch sind die Grenzen nicht voll begradigt, die Verbindung zwischen Nord- und Südslawen nicht hergestellt, ist der Fremdkörper Österreich nicht beseitigt, das Adriatische Meer nicht erreicht, Griechenland noch nicht unterworfen, ist die Grenze zwischen Ost und West noch nicht wieder die wie vor der Gründung der Ostmark wie vor Karl und wie vor Otto dem Großen.

Europas sechs Hauptlandschaften

Teilen dessen Küsten den europäischen Subkontinent in die eben besprochenen drei Abschnitte, so die ihn durchquerenden Gebirge dazu noch in sechs Hauptlandschaften (ohne Skandinavien und England) – darunter drei Halbinseln: die iberische, die italienische und die ägäische. Den Rumpf bilden: im Nordwesten die fränkische Kernlandschaft Europas, dann im Südosten das große Donaubecken und im

Nordosten das Land südlich der Ostsee (meist etwas ungenau „Ostelbien“ genannt).
Fast jede dieser sechs Hauptlandschaften hat im Lauf der letzten fünf Jahrhunderte wenigstens zeitweise eine Großmacht getragen, die drei Landschaften des europäischen Rumpfs, z. B. die Mächte Frankreich, Österreich und Preußen (Paris, Wien und Berlin bilden das innere

Die sechs Hauptlandschaften der europäischen Halbinsel

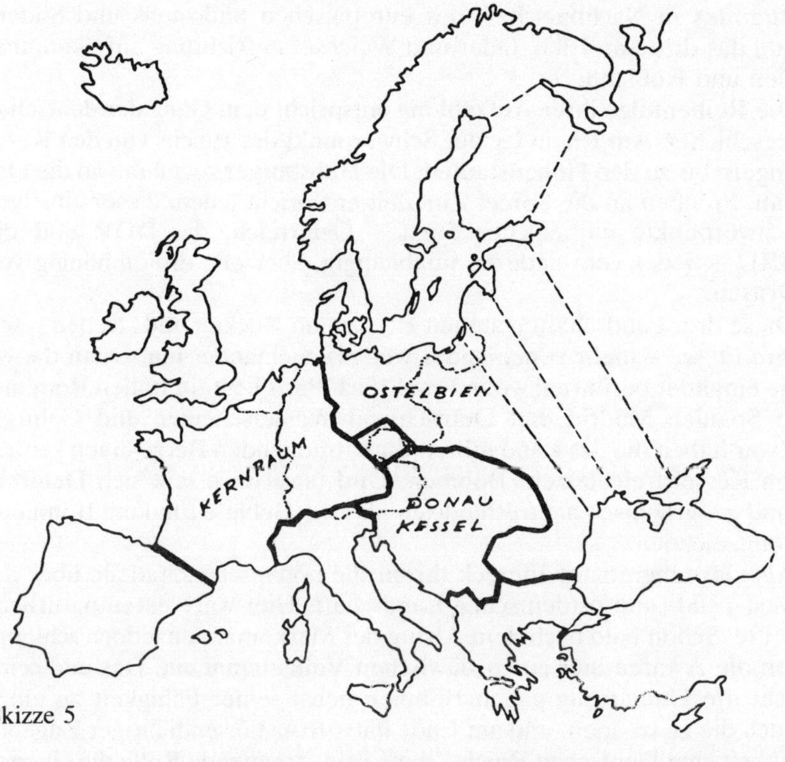

Skizze 5

...... Grenze des deutschen und niederländischen Siedlungsgebiets (1937)

Meere und Gebirge teilen die europäische Halbinsel in sieben Hauptlandschaften, darunter drei Halbinseln: die ägäische, Italien und Spanien. Sie umschließen den europäischen (fränkischen) Kernraum gemeinsam mit dem Donaukessel, der ostelbischen Grenzlandschaft und dem über See gelegenen Britannien. Ostelbien und der Bereich der unteren Donau bilden das europäische Glacis.

Dreieck der klassischen europäischen Politik, London, Petersburg und Konstantinopel das äußere).

Einige kleinere Völker – Basken, Katalanen, Tschechen, Rumänen und Bulgaren –, aber auch die Ukrainer siedeln in je zweien jener Landschaften, die großen abendländischen Völker hingegen jeweils in nur einer einzigen, die sie entweder ganz erfüllen oder wie die Franzosen wenigstens zur guten Hälfte. Nur die Deutschen allein leben in ganzen vieren, weshalb es von vornherein auch gar nicht ein Deutschland gibt, sondern – sehen wir von Südtirol ab – zumindest drei: ein westliches und rheinisches von den Alpen bis zur Nordsee mit dem Blick auf sie und auf Frankreich, danach ein vom Lauf der Donau bestimmtes in Nachbarschaft des europäischen Südostens und Südens und das dritte an Elbe, Oder und Weichsel in Richtung auf Skandinavien und Rußland.

Die Reihenfolge ihrer Aufzählung entspricht dem Gang der deutschen Geschichte. Am Rhein lag der Schwerpunkt des Reichs von den Karolingern bis zu den Hohenstaufen. Die Habsburger zogen ihn an die Donau, Preußen an die Spree. Zur Zeit entspricht jedem dieser einstigen Schwerpunkte ein eigener Staat – Österreich, die DDR und die BRD –, jeder vom anderen unabhängig, aber alle drei abhängig von Dritten.

Diese drei Landschaften stehen Rücken an Rücken und streben – wie ihre Flüsse – mehr voneinander weg als zueinander hin. Denn da, wo sie einander berühren, wo in Frankreich Paris liegt, in Italien Rom und in Spanien Madrid, hat Deutschland Wasserscheiden und Gebirge. Zwar haben die das Land mitten durchtrennenden Berge einen zentralen Kessel freigelassen: Böhmen. Und tatsächlich läßt sich Deutschland geographisch am treffendsten als „die Gebiete rund um Böhmen" kennzeichnen.

Als klar umgrenztes Viereck thront die böhmische Zitadelle über der west-, süd- und ostdeutschen Landschaft. Hier wäre deren natürliche Mitte. Schon bald nach dem Abzug der Markomannen jedoch schleppten die Awaren hier einen slawischen Volksstamm ein. Das und seine schroffe Umgürtung gaben Böhmen nebst seiner Fähigkeit zu einen auch die zu trennen, und am Ende hat – trotz tausendjähriger Zugehörigkeit zum Deutschen Reich – diese seine trennende Rolle die einende überwogen.

So wurde Deutschland mehr als sonst irgendein Land in Europa zu einem Land vorwiegend auseinanderführender Wege.

Erdteil der Brückenschläge

Wer immer sich Europas bemächtigt, tut er es ob seiner beherrschenden Stellung am Westausgang der indoatlantischen Durchfahrt. Europa ist nicht nur Weltmitte, es ist auch Tangente zu Vorderasien und Nordafrika, ein Gebiet beinahe allseitiger Brückenschläge: zuerst am Bosporus und den Dardanellen, dann an der Straße von Sizilien, bei Gibraltar, bei Calais und nochmals im Bereich der dänischen Inseln.
Tatsächlich war bis zum Aufstieg der moskowitischen Großmacht nicht die Nähe der sarmatischen Landmasse für die Geschichte der Abendländer bestimmend (und ist es für ihr alltägliches Bewußtsein auch heute noch nicht), sondern der Sog jener fünf schmalen Wasserstraßen. Dank ihnen wurde Europa trotz seiner halbinselhaften Absonderung zum Erdteil der am weitesten reichenden Kontakte (Skizze 1).
Vier europäischen Halbinseln, der balkanischen, der italienischen, iberischen und jütischen, entsprechen drei auf der anderen Seite: Kleinasien, die Atlasländer und Skandinavien. Außer Jütland zeigen sie ihren Stammländern alle den Rücken. Der Balkan, die Alpen, die Pyrenäen auf der einen Seite, der Atlas, das Hochland von Armenien und im Norden die Tundren Lapplands auf der anderen bilden nicht zu übersehende Schranken. Um so deutlicher öffnen sich jene Halbinseln ihrer Gegenküste, am deutlichsten in der Ägäis und rund um die Ausgänge der Ostsee. Das Ergebnis sind vier beiderseitige, um jene Meerengen gelagerte Brückenlandschaften. Von Natur bilden Skandinavien, Kleinasien und die Atlasländer natürliche Brückenköpfe der Halbinsel Europa. Ebenso sind Spanien, Sizilien und der Balkan sowie im Norden Jütland Gegenbrückenköpfe auf europäischer Seite. Erst mit beiden jedoch, erst im Besitz auch ihrer jenseitigen Ufer erscheint Europa als vollständige zwischen Arktis und Sahara eingebettete Einheit.
Drei dieser Brückenlandschaften – die skandinavisch-jütische, die spanisch-nordafrikanische und die ägäische bezeichnen zugleich die Eckpunkte eines beinahe gleichseitigen Dreiecks mit drei deutlich unterschiedenen Fronten, der mediterranen im Süden – in ihrer Mitte Italien – im Nordwesten der atlantischen – vor ihrer Mitte Britannien – und der kontinentalen im Osten. Hier, auch in der Mitte und an der gefährlichsten Einbruchsstelle liegt Deutschland. Dieses Dreieck ist die Urform Europas.
Wie das Kartenbild der europäischen Halbinsel das asiatische im verkleinerten Maß wiederholt – Vorderindien findet sich in Italien nachgebildet, der Ganges im Po, der Himalaya in den Alpen, Ceylon in Sizilien, der Kaukasus in den Pyrenäen, Vorderrußland in Frankreich, Sibirien in Norddeutschland, der Jang-tse-kiang in der Donau, Hinterindien und Indonesien in Griechenland – usw., so wiederholt sich auch

die scharfe Trennung von Nord und Süd in einer unterbrochenen von Spanien bis Hinterindien durchlaufenden Folge von Hochgebirgen. Ebenso wiederholt Europa die nach Westen spitz zulaufende, nach Osten in die Breite gehende Form des eurasischen Gesamtkontinents.

Ausschließlich atlantisch in Portugal, England oder Norwegen, mediterran in Italien und Griechenland, kontinental in Schweden, Preußen und Ungarn, lebt dieses Europa bereits in Frankreich und Spanien in steter Spannung zwischen atlantischen und mediterranen Wesenszügen, in Deutschland zwischen atlantischen und kontinentalen, hier von den Südhängen der Alpen her aber auch schon von mediterranen, so daß jene Dreigesichtigkeit alles Europäischen sich sogar in manchen seiner Völker widerspiegelt. Umgekehrt hat jede Verschiebung nach der einen oder der anderen jener drei Seiten hin zwangsläufig immer auch die inneren Gewichte mit verändert. Je nach Vorwiegen der atlantischen, mittelmeerischen oder kontinentalen Interessen der Europäer, je nach der Stärke ihrer Bedrohung in Flanke oder Rücken fiel jeweils mehr Bedeutung auf die West-, Süd- oder Ostseite der Halbinsel. Jede Auseinandersetzung mit den Mächten der slawischen und turanischen Welt rückt die Gegenden an die Ostsee und Donau in den Vordergrund, jede engere Beziehung zu Nordafrika und dem Nahen Osten die Länder des Mittelmeeres, jede Bindung an überseeische Bereiche die westlichen Küstengebiete.

Nicht zufällig bestätigte erst die Ungarnschlacht auf dem Lechfeld dem deutschen König dessen Vormacht über Europa, begründeten erst die Kreuzzüge den Reichtum Venedigs, entwerteten später die spanischen und portugiesischen Entdeckungen zugleich Ostsee und Mittelmeer. Die Begegnung mit dem Osten zog Macht und Ansehen Europas lange Zeit nach Deutschland und Italien, die Erschließung Amerikas verlagerte sie an das atlantische Ufer, später stellte die Hereinnahme Rußlands in das Konzert der europäischen Mächte das Gleichgewicht wieder her, bis es die Oktoberrevolution von neuem zerbrach.

In gleicher Weise zum Atlantik hin offen wie zum Mittelmeer und den Ebenen des Ostens, hat Europa in Spanien sein Sprungbrett zu Lateinamerika, in England nach den Vereinigten Staaten und Kanada, in seinen nordöstlichen Gebieten nach Rußland und Sibirien, in seinen südöstlichen zum Nahen Osten. Zugleich greift es über Gibraltar, Sizilien und Kreta nach Afrika.

In deutlicher Gegenstellung zu dieser außereuropäischen Nachbarschaft haben sich die Randmächte England, Spanien, Österreich, Preußen und Schweden entwickelt. Sie alle liegen an den Flanken und Eckpunkten der Halbinsel, zwischen ihnen das neben Frankreich noch Westdeutschland und die Niederlande mit umfassende europäische

Kerngebiet (Skizze 4). Es wiederholt die Lage Europas im kleinen. Wie dieses zwischen Afrika, Nordamerika und Asien, liegt Frankreich zwischen Spanien, Großbritannien und dem östlichen Festland.
Die Gunst dieser Mittellage wird verspielt, wenn die Gewichte der Macht derart über die Welt verteilt liegen, daß ihr gemeinsamer Schwerpunkt aus dem deutsch-französischen Kernraum der Halbinsel oder überhaupt aus Europa herausfällt. Das geschah für Frankreich durch den gleichzeitigen Aufstieg Preußens und Rußlands im 18. Jahrhundert, für Europa als Ganzes jedoch erst durch die Oktoberrevolution von 1918. Sie schied die weiße Welt in Ost und West und beließ ihr keine verbindende Mitte. Dort lag der politische Schwerpunkt fortan in Moskau, hier in Washington, einen gemeinsamen gab es nicht mehr. Über Nacht war Europa aus einer tragenden Mitte zur Grenze geworden.

Die kritische Ostgrenze

Unabhängigkeit erfordert Abstand. Europa hat im Westen den Atlantik, im Norden das Eismeer, im Süden den doppelten Gürtel von Mittelmeer und Sahara. Das schafft Abstand nach drei Seiten. Nach Osten fehlt solche Distanz. Jenseits der beiden Großmächte Preußen und Österreich wurde sie seinerzeit durch Polen gewährleistet, durch jenes locker gefügte großpolnisch-litauische Vielvölkerreich, jenen Gürtel feudaler Abhängigkeiten in den halb menschenleeren Gebieten zwischen Ostsee und Schwarzem Meer, dem ostwärts ein zweiter noch dünner besiedelter Gürtel russischer Staaten folgte – Twer, Moskau, Nowgorod – dahinter das so gut wie unbekannte Sibirien und die turanische Steppe. Die einstige Unabhängigkeit der europäischen Halbinsel, die Freiheit ihres Handelns und ihr Aufstieg zur Weltherrschaft hatte hier ihre Voraussetzung. In Front und Flanken das Meer, im Rücken aber ein nahezu unbegrenztes, damals fast unbewohntes Land. Bis an den Rand der sogenannten „Neuzeit“ gewährte diese Nachbarschaft Europa die Vorteile einer echten Insel. Es war – bis 1241 – den Überfällen der Steppe ausgesetzt, aber keiner Bedrängnis seitens bleibender Mächte. Die Weite und gleichzeitige Leere Rußlands deckten den Rücken. Das mußte sich ändern, wenn jene Leere eines Tages der Fülle wich. Je mehr sich der gewaltige Raum zwischen Karpaten und Amur mit Menschen auffüllte, umso kompakter wurde die sich dort allmählich sammelnde Macht und umso näher schob sie sich an die Grenzen. Dann wurde aus Schutz Bedrohung, und diese Bedrohung mußte sich am Ende bis ins letzte europäische Dorf hinein auswirken. Diese Gefahr wurde durch die Hinwendung Peters des Großen zu Europa eher verschärft als beseitigt. Zwar erweiterten die folgenden 200 Jahre die europäisch bestimmte Welt bis an den Pazifik. Doch stellte sich damit für Rußland die Frage erst recht, wann aus der kleinen Halbinsel im Westen auch politisch das werden würde, was sie geographisch schon war, nämlich ein Anhängsel der sarmatischen Landmasse. Die Gegenfrage, ob diese Halbinsel – mit allen ihren Buchten, Landzungen und Gebirgen ein vergrößertes Griechenland – von sich aus in die kontinentale Breite des Ostens vordringen und sie von innen her überwinden könne, wie Alexander der Große das Perserreich überwunden hatte, diese natürliche Gegenfrage der Europäer, erhielt dreimal in 150 Jahren eine verneinende Antwort: 1709 vor Polawa, 1812 in Moskau, 1943 in Stalingrad. Diese Namen bezeichnen drei Wendepunkte der europäischen Geschichte, drei Versuche, der sich abzeichnenden Gefahr zu begegnen und die westliche Welt in die Ebenen des Ostens zu tragen und dort zu verankern. Doch hatten diese drei Versuche verschiedenes Gewicht. Nur der letzte bot allenfalls Aussicht auf einen durchschlagenden Erfolg.

Die versäumte Gelegenheit

Tatsächlich stellt der Angriff der Deutschen Wehrmacht im Juni 1941 den einzigen zur richtigen Zeit unternommenen Versuch dar, Europa durch Einbeziehen des russisch-sibirischen Raums die Unangreifbarkeit eines echten Kontinents zu verleihen, den bisher letzten und aussichtsreichsten Versuch, eine Weltmacht auf europäischer Basis zu errichten. Er scheiterte nicht am zu weit gesteckten Ziel, sondern am Konzept seiner Durchführung. Er unterschied sich in nichts von dem Napoleonischen 130 Jahre zuvor: Unterwerfen des Gegners durch Vernichten seiner Armee. Dazu aber hatte Deutschland weder Menschen, noch Treibstoff, noch Fahrzeuge genug. Als die Wehrmacht 1941 vor Moskau stand, hatte sie das ihre getan. Was fortan nottat, war nicht mehr Schlachten zu gewinnen, sondern Menschen. Es war die Vorbedingung jedes dauerhaften Erfolgs von allem Anfang an.

Der große Angriff im Osten war sinnvoll nur begleitet von den Werbetrommeln einer durchdachten psychologischen Kriegführung und den Fanfaren der Befreiung. Er versprach Erfolg unter der Voraussetzung eines ihm auf dem Fuße folgenden propagandistischen Angriffs: Bilden einer russischen Gegenregierung, Auflösen der verhaßten Kolchosen und Aufteilung des Landes unter die Bauern, Einsatz des Wlassowarmee, Einsatz der estnischen, lettischen, litauischen, ukrainischen und kaukasischen Freiwilligen usw. Da all dies unterblieb, erschöpften sich die Möglichkeiten einer Kriegführung, die im gebotenen Augenblick

den Übergang von einer nur militärischen zu einer wirklich umfassenden Strategie nicht fand und infolgedessen der dreifachen Überlegenheit von Raum, Zahl und Material über kurz und lang unterliegen mußte.
Die Deutschen hatten die einmalige Gelegenheit, das Recht mit der Macht, die strategische Logik mit der politischen, die Vernunft der Landkarte mit der Parole der Selbstbestimmung zu verbinden. Dennoch verzichteten sie auf die einzige Wunderwaffe, die ihnen je zur Verfügung stand. Sie verzichteten, obgleich sie gerade ihr – dem von Wilson 1918 verkündeten und 1919 verratenen Selbstbestimmungsrecht – ihre großen und unblutigen Erfolge des Jahres 1938 verdankten. Sie waren die einzigen, die sich ungescheut dafür einsetzen konnten, sie allein waren unbelastet. Die Italiener hatten Abessinien unterworfen, die Japaner Korea. Das Glück Amerikas ruhte auf der Vernichtung der roten Rasse, England und Frankreich waren die damals größten Kolonialherren der Welt. Schon 1919 hatte ihrer aller Versagen den Deutschen den Ball zugespielt. Nun waren *sie* die berufenen Vorkämpfer, und das Recht auf Selbstbestimmung das Mittel, die Welt aus den Angeln zu heben. Verrieten sie es, so verrieten sie damit auch sich selbst und stießen alle die vor den Kopf, die ihnen zu folgen bereit waren. Um jenes Rechts willen waren sie angetreten. Mit der bewahrten Achtung davor stand und fiel ihr Erfolg. Denn allein auf dem Vertrauen der Ostvölker in die von den Deutschen heraufzuführende bessere Ordnung, allein in der tätigen Mithilfe der ihnen anfangs zu Hunderttausenden zuströmenden Russen und Ukrainer – und nur darauf – ruhte die Aussicht, den Durchbruch der Wehrmacht in die Tiefen des Ostens zu vollenden und Deutschland und damit Europa unangreifbar zu machen.

In der umfassenden, durch keine Grenzen behinderten Begegnung von Deutschen und Slawen, in einer Verschränkung ihrer Lebensbereiche ähnlich jener der Araber und Berber in Nordafrika lag die Möglichkeit eines größeren, bis tief nach Sibirien reichenden Europas.
Gerade Deutsche und Russen hatten einander jede Ergänzung zu bieten. Rücken an Rücken waren sie unüberwindlich, „zwei Völker", – nach Dostojewski – „bestimmt, das Angesicht der Welt zu verändern". „Deutschland", so schrieb er, „braucht uns zu einem engen Bündnis. Sein Feld ist die westliche Welt, uns aber überläßt es den Osten."
Da beide Führungen versagten, die deutsche 1941, die russische vier Jahre später, blieb Europa auch weiterhin ohne den nötigen Spielraum, Rußland weiterhin ohne freien Zugang zum Ozean. Was in jenem Krieg zu brechen und zu beenden gewesen wäre, jedoch bestand weiter: die Vorherrschaft der angelsächsischen Seemächte und ihre unent-

wegte Einmischung in die Angelegenheiten des Festlandes. Ihre Frist wurde um Jahrzehnte verlängert.
Gerade für Rußland ergab das Zusammengehen mit ihnen keine brauchbare Lösung. Die Lösung lag im Gegenteil, im Bund mit der Halbinsel: Festland mit Festland wie auf der anderen Seite Insel mit Insel.
Die deutsch-russische Verbindung war das Gegenstück der britisch-amerikanischen. Zwar wurden 1945 Berlin, Prag, Budapest, Sofia gewonnen, aber Kopenhagen, Hamburg, Konstantinopel – der Durchbruch zur offenen See – blieb versperrt, der Rhein unerreicht, der Kernraum der Halbinsel intakt. Auch jetzt blieb Rußland Gefangener seines Kontinents. Die Allianz von raumbeherrschender Seemacht und raumbeherrschender Landmacht war sinnwidrig. Auf die Dauer ergaben Vorherrschaft zu Lande und Vorherrschaft zur See keine Ergänzung. Beide wollen die Küste, aber nur einer kann sie haben.
Der Weg zum Atlantik führte über die Deutschen. An Seite der Seemächte vertraten diese Rußland den Weg. Als Verbündete Rußlands wurden sie zu dessen verlängertem Arm. Waren Berlin und Petersburg einig, gab es keine ihnen vergleichbare Gewalt. Sie hielten dann einerseits Europa, andererseits Asien in Schach. Ihr Zusammengehen war für Rußland sinnvoller als das mit der angelsächsischen Seemacht.

Totengräber Europas

Mit Beginn des 20. Jahrhunderts war die Zeit für nutzbringende innereuropäische Kriege für immer vorbei. Das nicht rechtzeitig begriffen zu haben, war der verhängnisvolle Fehler der damaligen französischen sowie vor allem der britischen Politik. Heere und Flotten gerieten ins Schlepptau ihrer überseeischen Lieferanten. Aus guten Gründen drängten diese, erst einmal im Geschäft, auf Verlängerung ihres Kriegs bis zum spätest möglichen Zeitpunkt.
Jedes Zerwürfnis zwischen den Großmächten Europas, gleich wer zuletzt „Sieger" blieb und wer „Besiegter", jedes Eingreifen Amerikas auf europäischen Schlachtfeldern, gleichgültig zu wessen Gunsten, ging ausschließlich zu Lasten der beteiligten Europäer, zu Lasten ihrer Macht, ihrer Entwicklung, ihres Wohlbefindens, ihrer Freiheit und Unabhängigkeit.
„Wäret ihr Amerikaner doch 1916 zu Hause geblieben und bloß euren eigenen Geschäften nachgegangen" – bemerkte Churchill noch im Jahr 1936 zu einem Vertreter des ‚New-York Requirer' – „dann hätten wir 1917 mit den Zentralmächten Frieden geschlossen und eine Million

britischer und französischer Soldaten wären am Leben geblieben"; eine Feststellung, die Churchill dann nicht gehindert hat, der amerikanischen Politik seinerseits Tür und Tor zu öffnen, ihr wunschgemäß Gelegenheit zu einem noch weit größeren Geschäft zu geben als es das des Ersten Weltkrieges bereits gewesen war. Seinem Amtsvorgänger Chamberlain, der durch Vermeiden jedes neuerlichen Krieges das Britische Weltreich um jeden Preis vor der drohenden Auflösung retten und die diesem Reich todbringende Garantie für Polen umgehen wollte, fiel er durch beharrliches Hintreiben auf diesen Krieg unentwegt in den Rücken und erreichte damit, daß dieser Krieg, wie vom Weißen Haus schon seit langem gewollt, dann auch wirklich ausbrach. Als getreuer Statthalter Roosevelts – so nannte ihn de Gaulle – wurde er solcherart zum erfolgreichsten Totengräber nicht nur des britischen Weltreichs, sondern mit diesem auch aller anderen europäischen Reiche in Übersee und schließlich der europäischen Unabhängigkeit selbst. Erweitern durfte sich nur der russische Machtbereich und wiederum auf Kosten Europas. Dafür zahlte das russische Volk mehr als jedes andere mit Blut und mit dem Fortbestehen seiner inneren Unfreiheit. Wirkliche Gewinner gab es auch in diesem zweiten Krieg nur auf der anderen Seite des Atlantik, wurden doch auch die Herren im Kreml zu unabsichtlichen Förderern der amerikanischen Vorherrschaft. Denn aller gewaltigen Aufrüstung zum Trotz blieb Rußland auch weiterhin unfähig, die ihm zukommende Rolle zu spielen. Diese Rolle, die längst nicht mehr eine der bloßen Gewalt war, hätte nun aber wesentlich eine deutsche und europäische sein können, und erst über Berlin und Paris hinweg eine weltweite: beginnend mit der Öffnung aller Grenzen von Wladiwostok bis Lissabon und Gibraltar.

Gegensatz der Hemisphären

Geographisch ein Stück Asien, politisch Teil der westlichen Welt, bildet Europa die eigentliche Kontaktstelle der beiden Weltinseln – der amerikanischen und der afroasiatischen – und liegt damit im Spannungsfeld von ozeanischer und kontinentaler Weltmacht, die eine heute verkörpert in den Vereinigten Staaten, die andere in den UdSSR. Ihren wesenhaften Unterschied kennzeichnet die für eine weltumfassende Seeherrschaft weit vorteilhaftere Gestalt der westlichen Westinsel, erleichtert doch hier die verhältnismäßig geringe Ost-West-Ausdehnung (New York–San Franzisko 4000 Kilometer) die Beherrschung der beiderseitigen Ozeane viel eher als die mehr als doppelt so große Eurasiens (Bordeaux–Wladiwostok etwa 9000 Kilometer).

In der Neuen Welt liegen von Kanada bis Kolumbien nicht weniger als neun Staaten zugleich an zwei Ozeanen, in der Alten nur ein einziger: die Republik Südafrika.
Dieser Vorteil Amerikas wird durch die kurze Durchfahrt zwischen Nord- und Südamerika noch beträchtlich erhöht. Sie umfaßt die bloße Länge des Panamakanals, das sind 80 Kilometer, die ihr entsprechende jenseits des Atlantiks, die von Gibraltar bis Aden, das nahezu Achtzigfache, nämlich weit über 6000 Kilometer (Skizze 6).

Weltherrschaft aber ist zunächst Seeherschaft. Ein Land gehört dem, der die Straßen beherrscht, und die Meere sind die Straßen der Welt. Daher der unabänderliche Vorsprung seebeherrschender Mächte.
Als Ableger einer solchen sind die Vereinigten Staaten entstanden, als Gründung über See und entlang einer Küste. Von da aus drängten die weißen Eindringlinge die hier bisher allein ansässigen Indianer immer tiefer ins Land und ruhten nicht, ehe sich zwischen Atlantik und Pazifik kein Fleck Erde mehr fand, der noch seinen rechtmäßigen Eigentümern gehörte.
Sich ihrer zu entledigen, bedurfte es keiner berufsmäßigen Henker. Die weißen Siedler erledigten das Geschäft der Ausrottung aus eigener Initiative ebenso gründlich wie an Bibern und Büffeln. Sie erledigten es mit Pulver und Blei, Feuerwasser und fortgesetztem Vertragsbruch. Nur da und dort gab eine militärische Befriedungsaktion den Enterbten den Rest.
Die rassische Mehrheit vernichtete die rassische Minderheit und sperrte die spärlichen Überbleibsel als Museumsstücke in „Reservationen“. Für Einsprüche der Eingeborenen gab es keine Instanz. Solange der Prozeß ihrer Enteignung noch lief, fand sich zu ihrem Schutz weder Gesetz noch Richter noch Ankläger. Auch die Bekehrung zum Christentum half ihnen nicht: „Ein toter Indianer, ein guter Indianer!“ Es war der perfekteste Völkermord der Geschichte, und der lohnendste außerdem.
Bedurften sie dazu einer Rechtfertigung, brauchten sie sich nur als die Nachfolger der zwölf Stämme Israels zu bezeichnen. Der Gott des Alten Testaments gab einem Volk der eifrigen Bibelleser immer wieder das gute Gewissen, das es brauchte, um auch im planmäßigen Krieg gegen Frauen und Kinder einen ersprießlichen Beitrag zur rascheren Befriedung von ihnen begehrter oder verfemter Länder zu erblicken, gleich ob in den Prärien des amerikanischen Westens, in den Konzentrationslagern des Burenkrieges, ob in der Hungerblockade des Ersten Weltkrieges oder den Terrorangriffen des Zweiten samt den auf Hiroshima und Nagasaki geworfenen Atombomben. Standen eigene Interessen auf dem Spiel, so waren die Vorwände noch immer zur Hand.

Die beiden Weltinseln

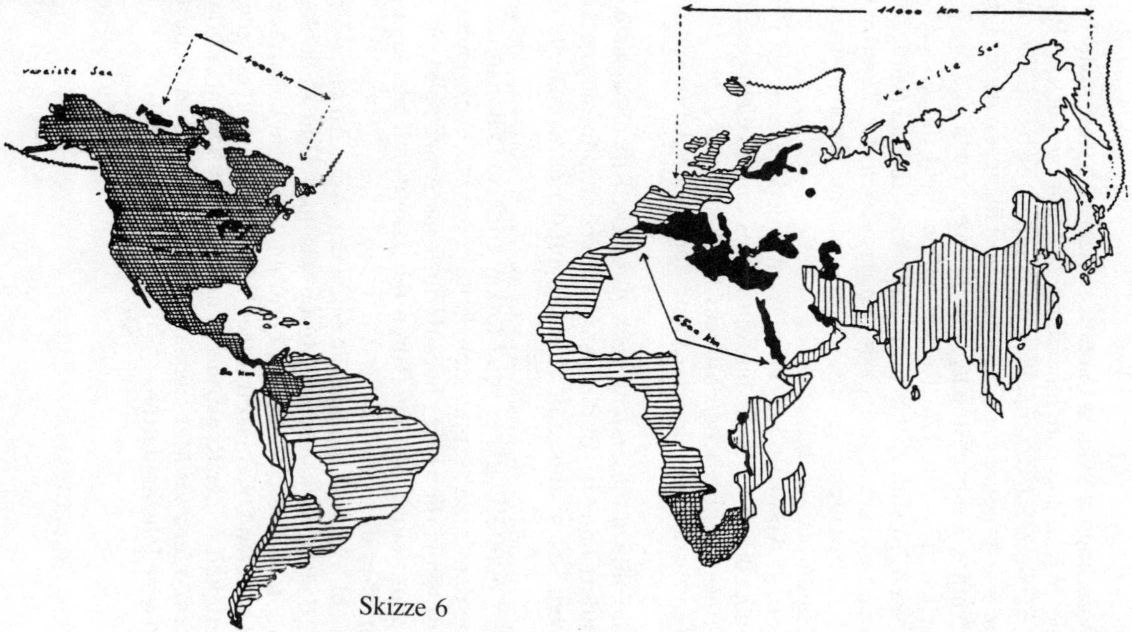

Skizze 6

- Grenzen der winterlichen Vereisung
- Binnenseen und durch Meerengen blockierte Meere
- Staaten ohne hinreichenden unmittelbaren Zugang zu einem eisfreien Ozean
- Staaten mit hinreichendem unmittelbarem Zugang zu einem eisfreien Ozean
- Staaten mit Zugang zu zwei eisfreien Ozeanen

Reichte im 20. Jahrhundert der Name Jehovas dazu allein nicht mehr aus, waren mittlerweile andere da, ihn zu ersetzen: Geld, Fortschritt, Zivilisation, Weltfriede, Demokratie ...

Hindernis Europa

Wuchsen die Vereinigten Staaten dabei von Meer zu Meer, so ihr heutiger Gegenspieler Rußland vom innersten Festland gegen dessen Ränder. Doch hat es diese Ränder, nämlich die offenen, eisfreien Ozeane, bis heute so gut wie nirgends erreicht – auch dort nicht, wo dieser Ozean von allem Anfang am nächsten lag, wo die Wege eben und die Häfen am zahlreichsten waren. Die Russen hatten nicht das Glück der Amerikaner. Nach Westen zu lag nicht halbleeres Indianerland, sondern Europa, und diesem Europa sah sich das Reich der Zaren vom Beginn seiner Entwicklung an als einem zunächst unüberwindlich scheinenden Hindernis gegenüber.
Das vermag seinen Anspruch auf Vorherrschaft jedoch nicht zu mindern: „Moskau ist das dritte Rom, und ein viertes wird es nicht geben." Dieses Wort eines prophetischen Mönchs fiel bereits im Jahre 1510, zweihundert Jahre vor Peter dem Großen, vierhundert Jahre vor Stalin.
Nach Osten hin führte dieser Anspruch zu einem Ritt ohnegleichen. Schon zweihundert Jahre bevor die ersten Yankees Kalifornien besetzten, standen vom Kreml entsandte Kosaken auf der anderen Seite des Pazifiks.
Als sie dort, fast 6000 Kilometer von Moskau entfernt, schon im Jahre 1639 die Fahne der Zaren aufpflanzten, hatte deren Macht am anderen Ende Eurasiens weder die Ostsee berührt noch das Schwarze Meer; sie reichte auch unmittelbar vor den Toren der Hauptstadt nur knappe 240 Kilometer über diese hinaus.
Europa war nicht Sibirien[6]. Es war die Mitte der Welt. An einen Völkermord nach dem amerikanischen Muster war hier nicht zu denken. Wenn überhaupt, so ließ es sich nur Schritt um Schritt in beharrlicher Ausnützung der steten Uneinigkeit seiner Völker und der oft erstaunlichen Kurzsichtigkeit seiner Regierungen unterwerfen. Das aber konnte nicht in einem oder zwei Menschenaltern geschehen. Dazu bedurfte es der Geduld von Jahrhunderten.

Rußlands Drang nach Westen

Auf Europa kam alles an. Selbst kein Kontinent, sondern nur Teil eines solchen, gehörte es zu Rußland, wie der Kopf zum Hals und den Schultern gehört. Es war dessen natürliche Fortsetzung, seine reichgegliederten Küsten die gegebene Ergänzung der eintönigen sarmatischen Landmassen[7]. Vor allem aber: es war der Zugang zur Welt.

Als die am meisten der See aufgeschlossene Landschaft der nördlichen Halbkugel hat es überdies – außer Australien und der Antarktis – alle Festländer der Erde rund um sich gruppiert wie die Nabe ihre Speichen (vergl. Skizze 7).

Notwendigerweise also war das Reich der Zaren, trotz seiner billigen Gewinne in Asien, in erster Linie auf Ausdehnung nach Westen hin angelegt, war immer Europa das erste und eigentliche Ziel; hier lag die zu jeder Zeit vor allen anderen maßgebende Front.

Folglich dachten die Zaren auch niemals daran, mit ihrer Hauptstadt aus der unmittelbaren Nähe Europas fort, etwa hinter die Wolga oder in die Mitte ihres Reichs, an den Ob oder den Jenissei, zu übersiedeln. Und schon ihr erster Nachfolger Lenin erklärte ganz unverblümt: „Wenn die Revolution gesiegt hat, wird sie ihr Hauptquartier von Moskau nach Berlin verlegen!“

Tatsächlich gelang es der russischen Politik durch ein sich beinahe stereotyp wiederholendes Verfahren fortgesetzter Teilungen

- erst der Ukraine mit den Polen
- dann Polens mit den Deutschen
- zuletzt Deutschlands mit den Alliierten

sich zuerst an der Ostsee und dann am Schwarzen Meer festzusetzen und zugleich – immer in geschickter Zusammenarbeit mit den jeweiligen Nachbarn des Nachbarn – der Reihe nach den Dnjepr und die Düna, den Njemen und die Weichsel zu überschreiten und schließlich sogar die Oder und die Elbe.

So, von Strom zu Strom vorgehend, engte sie den Lebensbereich der Europäer mehr und mehr ein. Rußland gewann an Boden, Europa verlor und verlor schließlich so viel, daß seine Selbstbehauptung heute ernsthaft in Frage gestellt ist. Was diese Selbstbehauptung vorläufig noch und nur teilweise Moskau gegenüber ermöglicht, ist zur Zeit allein der Rückhalt der Vereinigten Staaten. Und das auch nur um einen unerhörten hohen Preis. Dem zuvorzukommen, war der moskowitische Vormarsch zu langsam gewesen.

Das Straßenkreuz der Erde

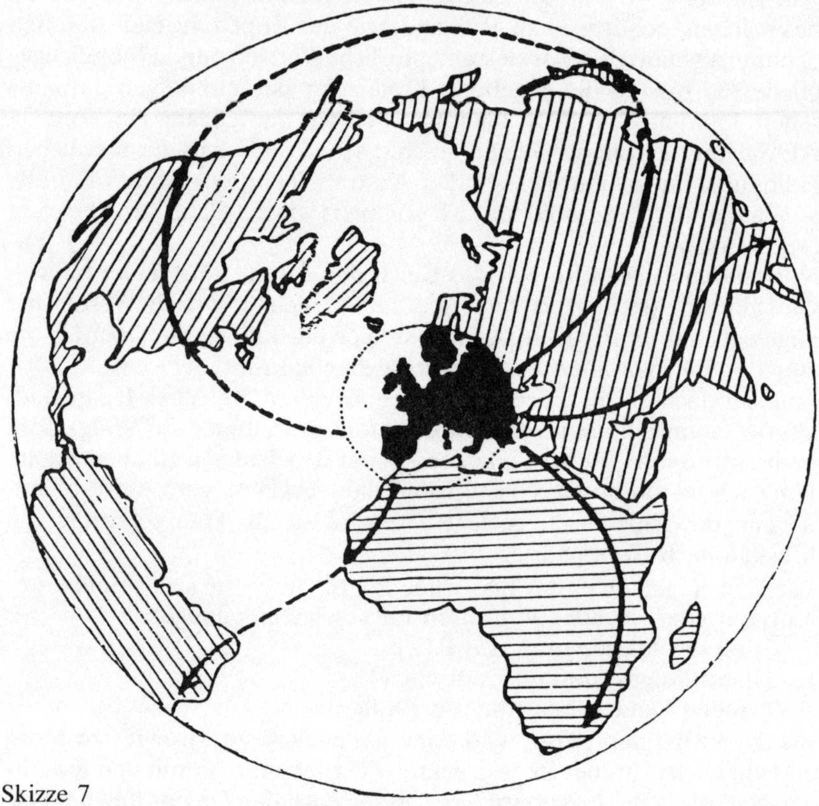

Skizze 7

Europa bezeichnet die Mitte der vier Kontinente Asien, Afrika, Nord- und Südamerika. Es liegt im Schnittpunkt der kürzesten die Alte mit der Neuen Welt verbindenden Land- und Seeverkehrswege.

Die russische Dampfwalze (1667 – 1945)

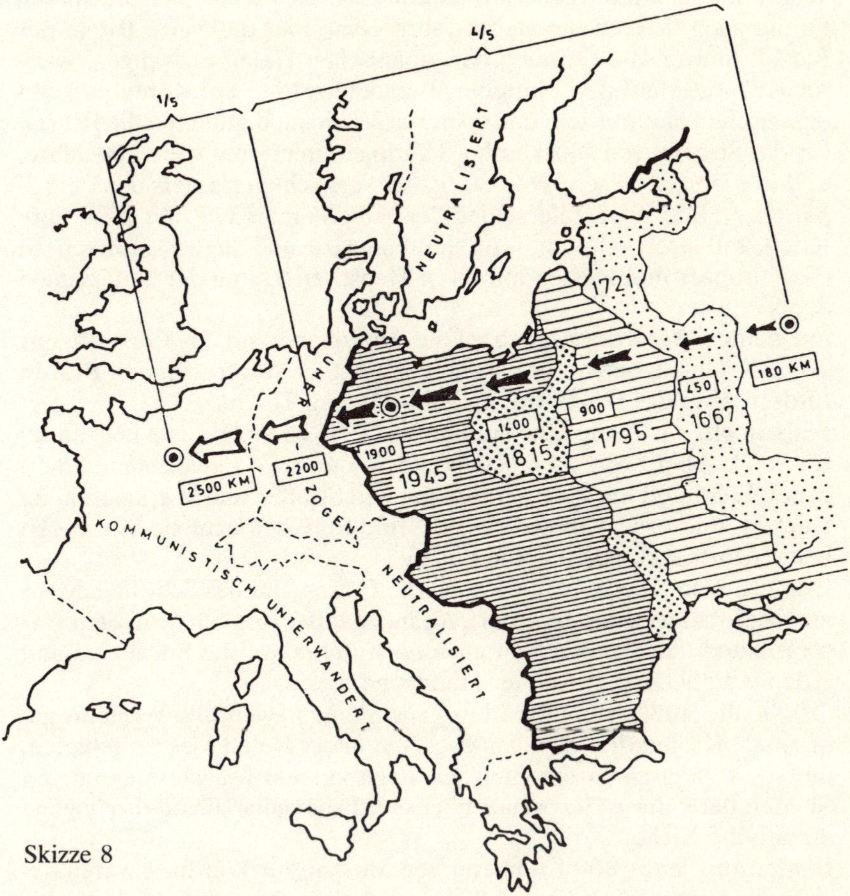

Skizze 8

In 280 Jahren näherte sich der moskowitische Machtbereich dem Westen Europas um volle 2200 km oder 4/5 der Entfernung Moskau – Paris. Es fehlen bis dahin nur noch 580 km, nach Hamburg nur noch 50, nach Istanbul 150. Rußland hat sich bis auf Sturmentfernung an die Nordsee und an das Mittelmeer herangeschoben.

Vorteil der Seeherrschaft

Während die Amerikaner in ihrem dem russischen vergleichbaren Drang nach Westen bereits im Jahre 1854 über die ganze Breite des Pazifik hinweg die Öffnung der japanischen Häfen erzwangen, während sie 1898 auf den Philippinen landeten, 1945 auf Korea und den japanischen Hauptinseln und später in Vietnam, benötigten die Russen für die Strecke von Moskau bis Thüringen immerhin volle 300 Jahre, und was sie auf diesem Weg erreichten, erreichten sie stets dank europäischer Hilfe oder zuletzt der der Amerikaner. Führten diese ihre Kriege mit ihren Schiffen, ihrer Stahlindustrie und ihren Konserven, so die Europäer und Russen mit ihren Menschen. Daher der Unterschied der Verluste.

Die beiden Weltkriege brachten die Amerikaner um den Preis von nur 287.000 Gefallenen an den Rand der Weltherrschaft; von den Russen forderten sie das Opfer von vielen Millionen Toten!

Folgerichtig rüstet die Sowjetunion seit 1945 zu Wasser wie kein anderer Staat. Aber Schiffe brauchen Häfen, brauchen sie vor allem im eigenen Land und mit eigenen Bahnen und Straßen und Werkstätten im Rücken, und brauchen sie da, wo keine fremde Macht sie blockieren kann. Murmansk allein genügt nicht.

Insofern keineswegs, bleiben doch die Ostsee und das Schwarze Meer im Kriegsfall so lange blockiert, als nicht außer Kopenhagen, dem Bosporus und den Dardanellen auch noch Gibraltar, der Suezkanal und Aden verläßlich in russischer Hand sind.

Das heißt: Rußland müßte über ganz Skandinavien und Westeuropa, über alle Küsten des Mittelländischen und des Roten Meeres gebieten, um seestrategisch in der gleichen Lage zu sein wie die Vereinigten Staaten dank ihrer Herrschaft über den Panamakanal und ihre eigene atlantische Küste.

Immerhin – jene 1800 Kilometer von Moskau zur Wartburg waren bereits vier Fünftel des Weges Moskau–Paris. Rechts und links dieser Linie steht man knapp vor dem Ziel: 50 Kilometer vor Hamburg, 130 Kilometer vor Kopenhagen, 370 Kilometer vor Rotterdam, 150 Kilometer vor Istambul und den Dardanellen und 80 Kilometer vor Saloniki.

Schild und Schwert Europas

Während Rußland auf seinem Marsch von der Moskwa zur Werra zur Weltmacht aufstieg, sanken von den vier einstigen Großmächten Europas die beiden westlichen – England und Frankreich – zur Bedeutung

Der Gefangene seines Kontinents 1978

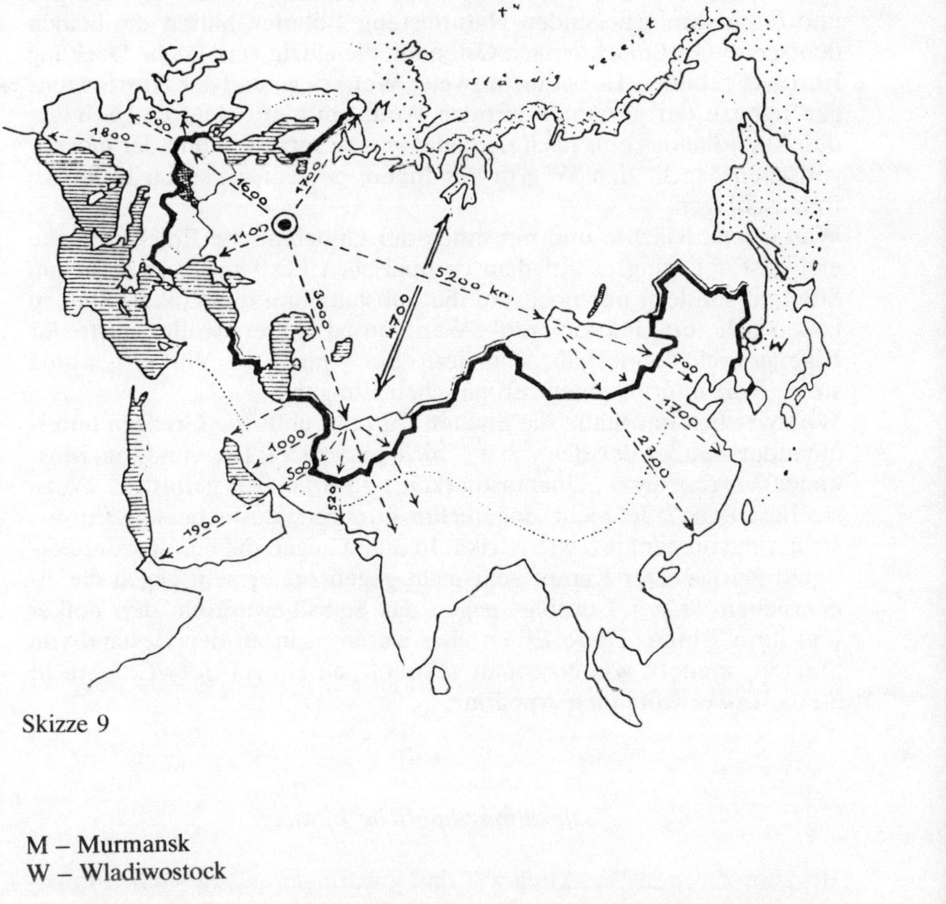

Skizze 9

M – Murmansk
W – Wladiwostock

Mit dem geglückten Umsturz in Kabul bringt das Jahr 1978 dem russischen Großreich den schon von den Zaren erhofften Einbruch auf das Hochland von Iran. Rußland gewinnt 700 km nach Süden, nähert sich dem Indischen Ozean auf 430 km und schiebt sich auch zwischen die indisch-ostasiatische und die europäische Welt. Von den 4700 km von der Mündung des Ob bis zum Indischen Ozean sind zu dieser Zeit nur noch jene letzten 430 nicht in seiner Hand.
Noch fehlt mit ihnen der dringend benötigte Hafen, fehlt die ersehnte Entlastung von Wladiwostock, Sewastopol und Murmansk, fehlt der von den im Indischen Ozean operierenden Roten Flotten schwer entbehrbare Rückhalt an einem nahe gelegenen, der Heimat über Land verbundenen Stützpunkt.

großer Kleinstaaten herab, die östlichen, Preußen und das Kaisertum Österreich, blieben überhaupt auf der Strecke.
Mit diesen beiden aber war das schwerste Hindernis bereits bewältigt; mit ihren drei Vorwerken Ostpreußen, Schlesien und Siebenbürgen und der dahinterliegenden Naturfestung Böhmen hatten die beiden deutschen Großmächte nach Osten hin die einzig verläßliche Deckung Europas gebildet. Es bedurfte zweier Weltkriege und der Anstrengungen nahezu der gesamten übrigen Welt, um hier Schild und Schwert des Abendlandes eins nach dem anderen zu zerstören und der moskowitischen Macht den Weg in das Innere der europäischen Halbinsel freizuschlagen.
Waren jene Mächte und mit ihnen der ghibellinische Reichsgedanke erst gestürzt, ging es auf dem europäischen Festland nicht mehr um Staaten, sondern nur noch um die Substanz, um die Völker. Staaten lassen sich „umfunktionieren“. Wer Europa erobern wollte, durfte ihr Eigengewicht keinesfalls schmälern. Sie – nicht die Völker – waren stets ein Hindernis jeder europäischen Einigung.
Wohlweislich hat Stalin die Staaten Europas und ihre Grenzen untereinander – außer den deutschen – nicht angetastet, Breschnew im Moskauer Vertrag ihre „Unantastbarkeit“ ausdrücklich gefordert. Wozu sie beseitigen? Je mehr ungerechte Grenzen, desto besser. Europa strotzt davon genauso wie Afrika. In ihnen liegen die bereits vorgefertigten Käfige. Der Kampf geht nicht gegen sie, er geht gegen die eigentlichen Träger Europas, gegen das Selbstbewußtsein der Völker und ihrer Eliten. Diese Eliten aber waren nicht an den Bestand von Staaten, sondern von Nationen geknüpft, an ein geistiges Erbe, nicht an die es verwaltenden Apparate.

Die ethnographische Bastion

Bis zum Zweiten Weltkrieg war das Vordringen des russischen Imperiums in den Formen, wie sie in einer Gesellschaft seßhafter Nationen üblich sind, vor sich gegangen. Man überfiel, teilte, besetzte und unterwarf fremde Länder, man zwang die Unterworfenen unter das eigene Gesetz, aber man beließ sie im Besitz ihrer Heimat. Die Staatsgrenzen verschoben sich wieder und wieder, die Volksgrenzen aber blieben, wo sie immer gewesen waren. Man vertrieb die Könige und ihre Soldaten, nicht die Bauern und Bürger.
So war es, bis Stalin in Teheran und Jalta die Vertreibung der Ost- und Sudetendeutschen verlangte. Wahrscheinlich wurde keinem seiner Partner bewußt, worum es dabei in Wirklichkeit ging. Stalin indessen

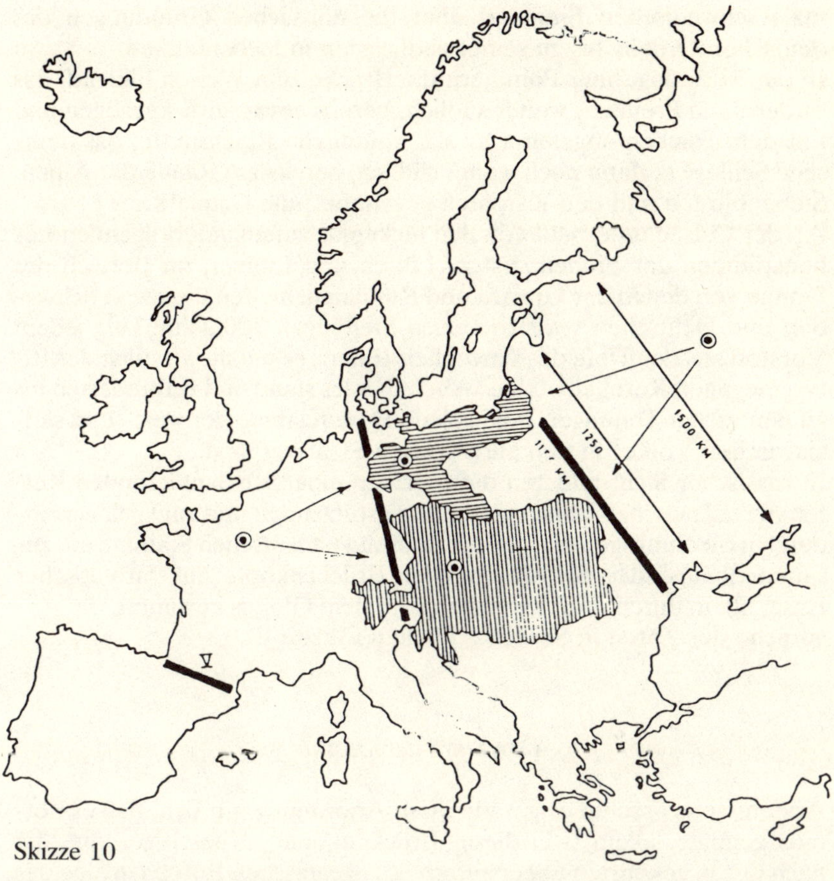

Skizze 10

In neuerer Zeit wurde Europa nach Osten hin durch zwei Großmächte gedeckt: Österreich und Preußen; dieses in entscheidender Lage auf dem geraden Weg von Moskau nach Paris, Österreich als dessen Flankendeckung hinter den Karpaten. Die Skizze zeigt die Grenzen von 1772.

sah sehr wohl voraus, welche Steine er aus dem Gefüge Europas herausbrechen mußte, um am Ende das Ganze zu Fall zu bringen.

Im Laufe der Jahrhunderte hatte das abendländische Europa ein System einander gegenseitig sich abstützender Bastionen vor seine einzige Landfront gelegt. In den Flanken weit nach vorne gestaffelt, in der Mitte – wie zum Auffangen eines aus dem Schoß der asiatischen Step-

pen vorgetragenen Angriffs – etwas zurückgenommen, zogen sich diese vorgeschobenen Stellungen des nichtslawischen Westens vom damals schwedischen Finnland über die nördlichen Gründungen des deutschen Ordens bis zu seiner südlichsten in Siebenbürgen.
In der Mitte lag, über Pommern die Brücke zum Westen bildend, das Ordensland Preußen, weiter südlich, bereits etwas zurückgezogen und mit dem Rücken angelehnt an die böhmische Reichsmitte, das deutsche Schlesien, dann noch weiter südlich, bereits am Rande der Alpen, Siebenbürgen und den Karpaten gegenüber: die Ostmark.
An der Ostsee unterbaut von den lückenlos aufeinanderfolgenden Lebensräumen der Finnen, Esten, Letten und Litauer, im Bereich der Donau von denen der Ungarn und Rumänen, hielten diese von Schweden und Deutschen vorgetriebenen Stellungen 700 Jahre lang jedem Vorstoß aus der Tiefe des slawischen Raums gegen die westlich der Elbe gelegenen Kerngebiete des Abendlandes stand und verhinderten bis zu den ersten Teilungen Polens jede Hereinnahme der west- und südslawischen Völker in den allrussischen Staatsverband.
In russischer Sicht bildeten diese beiden einander flankierenden Ketten nichtslawischer Völker und die sie stützenden und zugleich verbindenden Siedlungsgebiete der ost- und südostdeutschen Stämme ein zusammenhängendes System fremder Brückenköpfe auf sarmatischer Erde, allein durch ihre Anordnung auf dem Globus bestimmt, die Ansprüche der Zaren in Schach zu halten (Skizze 8).

Der Sturz der Bastion

Andererseits brachte es gerade diese Anordnung mit sich, daß es notfalls genügte, allein zwei dieser Brückenköpfe zu beseitigen, um die nach Osten gekehrten Speerspitzen des ozeanischen Europa in eine das innerste Europa bedrohende Ausfallstellung des Kreml zu verwandeln.

Man brauchte nur zuerst Ostpreußen mit Pommern und sodann Schlesien mitsamt dem Sudetenland aus diesem Zusammenhang herauszureißen und deren deutsche Bevölkerung durch eine slawische zu ersetzen.
Tat man das, so lösten die beiden Klammern, die Polen und Tschechen von Norden und Süden her an das abendländische Europa gefesselt hatten, ihren Griff; die Brücke zum Baltikum brach ein, und Esten, Letten und Litauer standen allein auf verlorenem Posten.
Außerdem beraubte man die Deutschen ihrer Kornkammern und der Hälfte ihrer Küsten, drückte sie in ihrer Masse gegen die französische

Die drei Zangen

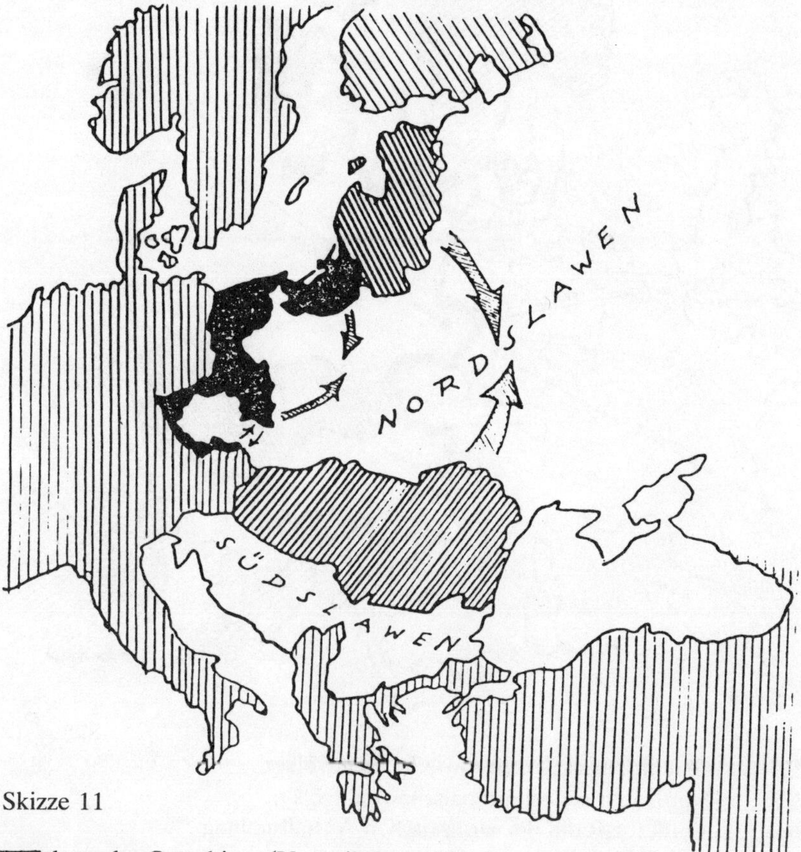

Skizze 11

deutsche Ostgebiete (Vertreibungsgebiete)
baltische Völker
Ungarn und Rumänien
Finnen und Karelier
West- und Südeuropäer, Türken

Bis 1945 bewachten die beiden einander wie Eckpfeiler eines Torbogens gegenüberliegenden Völkerarmee der Nordostdeutschen, Litauer, Letten, Esten und Finnen auf der einen Seite und der Südostdeutschen, Ungarn und Rumänen auf der anderen die Ostseeeinfahrt nach Europa. Die Deutschen hatten zwischen Niederösterreich und Schlesien die Tschechen, zwischen Schlesien und Ostpreußen die Polen in der Zange, gemeinsam mit den anderen genannten Völkern aber außerdem noch die Gesamtheit der nach Westen drängenden Slawen. Durch die Vertreibung der Ostdeutschen wird der nördliche Völkerarm abgebrochen, die baltischen Völker werden vom Westen abgesprengt, die drei Zangen beseitigt. Der Weg nach Europa ist frei.

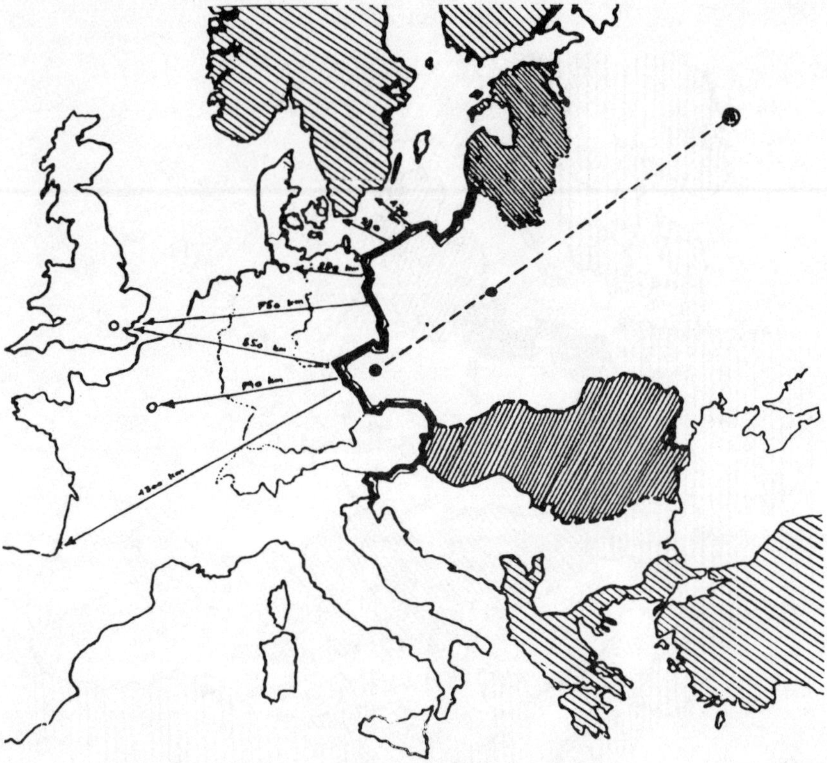

Skizze 12

Osteuropäische nichtslawische Randvölker
Nord- und südosteuropäische Randvölker
Vorderer Rand der allslawischen Ausfallstellung

Grenze und preßte das schon überfüllte Europa dabei um weitere 600 Kilometer zusammen.
Dafür saß man selbst – nun mit der Oder und Neiße (statt früher nur der Memel) als sicherem Rückhalt – in der vom Feind gesäuberten böhmischen Zitadelle, westlicher bereits als Wien und Berlin, nach Norden zu auf gleicher Höhe mit Skandinavien, nach Süden mit dem adriatischen Meer.
Den bisher nie überwundenen Wall der Karpaten hatte man dort längst hinter sich, und vor sich, als letzte noch zu durchmessende Etappe, den Rest, den eigentlichen Kernraum der Europäer vom Main zu den Pyrenäen. Alles das war erreicht mit zwei kurzen Strichen auf der Landkarte: Oder–Neiße und Kamm des Böhmerwalds.

Man hat den Europäern genommen, wovon sie am wenigsten besaßen, von ihrem Raum und ihrer Bewegungsfreiheit; wollen sie es selbst auch nicht wahrhaben, je mehr die Zeit fortschreitet, um so mehr kommt es auf das an, was sie so leichterhand preisgegeben hatten. Die Erde ist knapp geworden, nicht nur der Boden unter den Füßen der Menschen, auch das trinkbare Wasser und der Sauerstoff in der Luft. Nur wer von alldem noch im Überfluß hat, hat Aussicht, in Zukunft zu bestehen.

Das Recht auf Vertreibung

Auch Stalins Strategie Churchill und Roosevelt gegenüber entsprach den Regeln des „Go". Was er auf den Konferenzen von Teheran und Jalta scheinbar nur den Deutschen entzog, entzog er in Wirklichkeit bereits seinen Partnern. Indes sie voll Eifer die alte Partie des Zweiten Weltkriegs immer noch weiterspielten, hatte er längst eine neue gegen sie selbst eröffnet. Allein die Maßnahme der Vertreibung beeinträchtigte, ohne daß sie dessen gewahr wurden, empfindlich die Stellung der ozeanischen Mächte.

Zu ihren Lasten zerstörte sie das ethnographische Gleichgewicht auf der europäischen Halbinsel und unterhöhlte zugleich ihre Stellung auf der moralischen Ebene, mußten sie doch – auf die entschädigungslose Aussiedlung von mehr als 15 Millionen feindlicher Bürger festgelegt – offen jene Menschenrechte verleugnen, für die allein die beiden Weltkriege zu führen sie ausdrücklich vorgegeben hatten.

Gegen den Sinn jeder, auch ihrer eigenen Justiz zwang Stalin sie, einen bestimmten, allein nach strategischen Gesichtspunkten ausgewählten Teil der Deutschen für die Niederlage aller büßen zu lassen, wozu er sich eigens ein Recht außerhalb jedes bisherigen Kriegs- und Völkerrechts zusprechen ließ – eben das Recht auf Vertreibung.

Womit er wiederum – ähnliche Maßnahmen künftiger Sieger bewußt präjudizierend – alles über den Haufen warf, was auf diesem Subkontinent bislang als Recht der Sieger gegolten hatte.

Indem er dort ein bisher im großen Stil nur den Indianern angetanes Unrecht in die Rechtsordnung nunmehr auch der europäischen Völker einführte, nahm Stalin ihnen die Sicherheit ihres Daseins und setzte an ihre Stelle die Angst.

Mag der einzelne solche Gedanken auch noch so erfolgreich verdrängen, seit 1945 weiß jeder Europäer, daß ihm gegebenenfalls alles genommen werden kann, auch der Fleck Erde, von dem er lebt und auf dem er und die Seinen geboren wurden.

Das Erzeugen unterschwelliger Angst, das sogenannte „Verunsichern" des Gegners, ist eine der wichtigsten Vorsorgen jeder psychologischen

Kriegführung. Neben allem, was es sonst noch bezweckte, war das Vertreiben der Deutschen aus ihren östlichen und südöstlichen Siedlungsgebieten sowie die Begleitumstände, unter denen diese Vertreibung erfolgte – auch die Grausamkeit ist eine Waffe! – ein Stück fernwirkender psychologischer Kriegführung.
Mit ihrer Hinnahme seitens der Europäer und ihrer Anerkennung als einer völkerrechtlich zulässigen Maßnahme erlitt nicht nur ganz Europa eine Schlappe, weit gewaltiger als die vor Pultawa (1709), an der Beresina (1812) oder bei Stalingrad (1943), sondern auch der ganze sogenannte freie Westen. Die Quittung hat der Kreml noch nicht überreicht. Er wird es tun, wenn die Zeit ihm gekommen erscheint.

Die falsche Karte

Wie sehr jedoch die Maßnahme der Vertreibung auch dazu eignen mochte, die moralische Plattform der künftigen Gegner im voraus schon zu erschüttern, ihren unmittelbaren Zweck, das Eindringen Rußlands in die europäische Halbinsel durch Vorschieben der westslawischen Völker zu beschleunigen, hat sie nicht erfüllt. Die Begünstigung des Panslawismus erwies sich als Fehlspekulation.
Hatte Stalin die Schlüsselstellung der beiden Länder Ostpreußen und Schlesien im osteuropäischen Völkermosaik nur zu deutlich erkannt, die wichtigere Gesamtdeutschlands hatte er dafür jedoch übersehen und sodann – in eigenwilliger Abweichung von den Lehren Lenins – im entscheidenden Augenblick weit mehr als einseitiger Verfechter des Slawentums gehandelt denn als international denkender Kommunist. Tatsächlich erwiesen sich in der Folgezeit weder Polen noch die CSSR als musterhafte Satelliten, sondern – außer Bulgarien – einzig und allein die „Deutsche Demokratische Republik“.
Chruschtschow hat Stalin später seines Irrtums wegen heftig getadelt und ihm vorgeworfen, er habe „die Deutschen nicht verstanden“. Aber nun war das Unglück bereits geschehen. Nicht die den Alliierten verbliebenen Teile Deutschlands hatte man durch die Vertreibung geschädigt – im Gegenteil: die Vertriebenen lieferten dort die fehlenden Arbeitskräfte –, sondern die eigene sowjetisch besetzte Zone.
Wurde diese dann trotzdem, mit ihren nur 17 Millionen Menschen, ohne Marshallplanhilfe und ungeachtet aller zwangsweisen Aderlässe, durch nichts als die bloße Tüchtigkeit ihrer Bewohner zur immerhin neunten Industriemacht der Erde, so war unschwer zu berechnen, welche wirtschaftliche Bedeutung sie für Moskau erlangt hätte, wären ihr die deutschen Ost- und Sudetengebiete mit ihren abermals 16 Millionen Menschen, mit ihren Kohlengruben, Industrien und landwirt-

Die halbierte DDR

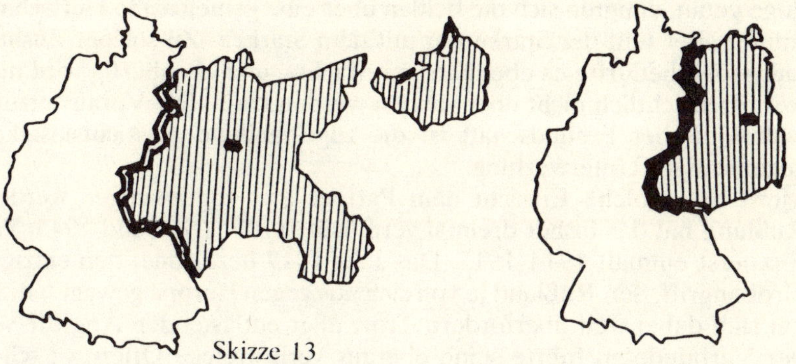

Skizze 13

Die Vertreibung der Ost- und Sudetendeutschen beraubte die DDR mehr als der Hälfte ihrer Bevölkerung. Zum Nachteil der sowjetischen Deutschlandpolitik verhinderte sie die Bindung eines der BRD an wirtschaftlichem und politischem Gewicht von vornherein ebenbürtigen Satelliten.

schaftlichen Überschüssen nicht geraubt worden, ganz zu schweigen von der politischen Stoßkraft eines solchen auf den doppelten Umfang der heutigen DDR vergrößerten kommunistischen Deutschlands!
„Wer Deutschland hat, hat Europa", hatte Lenin unzweideutig erklärt. Deutschland ist die Drehscheibe Europas, Eingang und Durchgang mit Türen nach allen Seiten. Nur mußte es *mit* den Deutschen gewonnen werden, und nicht *gegen* sie. Man hat es als Hitlers Verhängnis gewertet, Rußland ohne die Russen erobern zu wollen. So beging nun Stalin den gleichen Fehler gegenüber Deutschland. Rußland verlor darüber mindestens 40 Jahre auf dem Weg zum Atlantik.

Großraum Nordeurasien

Alle handfeste Gefahr für Europa droht zunächst immer noch von Rußland, danach erst im Gegenschlag von Amerika. Worum es zu Zeiten Peters des Großen schon ging und heute noch geht, ist – oberhalb aller sonstigen Gegensätze – der Ausgleich von kontinentaler und ozeanischer Macht. Die Europäer haben die Küsten, die Russen das Hinterland. Erst ihre Vereinigung ergibt, was sich für Amerika seit langem von selbst versteht: der geeinte Großraum von Ozean zu Ozean.
Es hieß einmal, entweder müsse Europa Rußland erobern oder Ruß-

land Europa, es würde nicht Friede sein, ehe nicht das eine oder das andere gelungen sei. Dennoch wäre den Gesetzen des Raums auch Genüge getan, einigten sich die beiden über eine gemeinsame Herrschaft. Immer aber teilt der Starke nur mit dem Starken. Zu solcher Zusammenarbeit bedürfte es ebenbürtiger Mächte, und ebenbürtig wird nur, wer offensichtlich nicht überwunden werden kann. Die Voraussetzung weltpolitischer Freundschaft ist die zugestandene Aussichtslosigkeit gegenseitiger Unterwerfung.

Meist muß solche Einsicht dem Partner erst abgezwungen werden. Rußland hat das bisher dreimal vermocht: 1709, 1813 und 1943, Europa erst einmal: 1914-1917. Das Jahr 1917 bezeichnet den einzigen Großangriff, den Rußland je von sich aus gegen Europa gewagt hat. Es hat sich dabei weit überfordert. Trotz aller entlastenden Angriffe seiner Verbündeten führte seine überaus verlustreiche Offensive schon 1917 zum völligen, sowohl militärischen als auch politischen Zusammenbruch.

Die Nachfolger des letzten Zaren dürften dessen Fehler kaum wiederholen wollen. Sie werden ein vollgerüstetes Europa nicht angreifen, trotz aller Trümpfe nicht, die sie – dank westlichen Ungeschicks – heute in Händen halten. 1914 konnte das Bismarck-Reich und sein donauländischer Verbündeter den gewaltigen Ansturm aus dem Osten noch gewissermaßen mit der linken Hand abwehren.

Europas Gegenstück im Süden

Durch richtige Politik in der Dritten Welt müßte Europa heute in der Lage sein, jedem Versuch zuvorzukommen, es durch Entzug dort lagernder, für die europäische Wirtschaft und Verteidigung unentbehrlicher Rohstoffe noch erpreßbarer zu machen, als es ohnehin bereits ist. Solche Erpressung droht von Seiten beider Weltmächte. Sie droht insbesondere von dem Augenblick an, da es diesen gelingt, sich mittels einer mehr oder minder einvernehmlich betriebenen, auch vom Weltkirchenrat abgesegneten Anti-Apartheidspolitik sowie durch den über sie erhofften Sturz der weißen Herrschaft endgültig in den Besitz aller südafrikanischen Rohstoffe zu setzen.

Manhattan neidet den Weißen Südafrikas die aus dem Abbau dieser Rohstoffe erzielbaren Gewinne, der Kreml hauptsächlich die strategische Bedeutung. Südafrika ist Europas Gegenstück auf der südlichen Erdhälfte und zugleich dessen Achillesferse, schon wegen des ihm über die Kaproute zugeführten Öls.

Noch läßt die Politik der Europäer jede Andeutung vermissen, daß sie sich ihrer unabänderlichen Schicksalsgemeinschaft mit den Weißen

Südafrikas auch nur einigermaßen bewußt wären. So wie es sich heute darbietet, Staat um Staat jeweils nur auf die nächsten Wahlen hinlebend, ist Europa im großen und ganzen eher ein Faktor der Unsicherheit als der Sicherheit und beinahe ein Raum der Verlegenheit für die es bevormundenden Weltmächte.
Anders ein Europa, das unabhängig nach beiden Seiten, dank eigener zielbewußt eingesetzter Kraft auch Deckung gäbe nach beiden. Als dritte Weltmacht vermöchte es im Bündnis mit einer vierten in Ostasien die 1945 erstarrten Fronten aufzulösen und der zuvor in Jalta begründeten unseligen Weltordnung von heute ein Ende zu setzen.
Die Frage, ob Europa es überleben wird, ist so gut wie eins mit der, ob es sich von fremden Einflüssen freimachen kann. Nur ein freies Europa hat begründete Aussicht, zu überleben. Die Zeit drängt, das dazu Notwendige zu tun.
Gegebenenfalls kann uns Amerika vor den Panzern des Kreml schützen, nicht aber der Kreml vor den Bomben der sich grollend zurückziehenden Amerikaner. Schutz gegen beides bietet nur *eigene* Macht. Ohne sie läuft Europa Gefahr, im Feuer seiner Verbündeten zu verglühen.
Vielleicht steift diese Aussicht den Europäern den Rücken. Europa ist so sicher, wie es *selbst* will.

Anmerkungen

1 Beides von Europa aus gesehen. Für Australien, Südafrika z. T. auch Amerika gelten entgegengesetzte Richtungen.

2 Nur Australien, Neuguinea, Chile, Argentinien sowie die menschenleere Arktis finden sich auf der neuseeländischen Seite der Welt, alles andere auf der europäischen.

3 Otto Mischke, *Kapitulation ohne Krieg*.

4 Darüber mehr im Aufsatz des Verfassers in den *Deutschen Annalen* 1972: *Wie sicher ist Europa?*

5 Spanien und Portugal bilden raumpolitisch eine Einheit ebenso wie die Niederlande – aber auch Polen – mit Deutschland oder Kanada mit den Vereinigten Staaten, Persien mit Afghanistan, Pakistan mit Indien usw.

6 Die Ostausdehnung des moskowitischen Reichs übertraf die nach Westen hin damals um mehr als das Zwanzigfache. Sie beträgt heute immerhin noch das Dreieinhalbfache. Das vom Kreml beherrschte Gebiet müßte nach Südwesten bis über Dakar hinausreichen und im Süden bis Dar-es-Salam, um der Entfernung von Moskau bis Kamtschatka die Waage zu halten und die russische Hauptstadt in die Mitte ihres Reichs zu bringen.

7 Um das Verständnis der hier entwickelten Gedankengänge zu erleichtern, sei ausdrücklich festgestellt, daß der Begriff „Europa" in meiner Studie nicht im Sinn landläufiger Schulgeographie verwendet werden kann. Dieser landläufige Begriff – Europa ein eigener Kontinent, seine Grenze der Ural – widerspricht der Wirklichkeit in so ziemlich jeder denkbaren Hinsicht. Weder ist Europa – wie z. B. Australien oder die Antarktis – für sich allein ein eigener Kontinent, sondern ähnlich Indien oder der arabischen Halbinsel nur ein Subkontinent der afroeurasischen Doppelinsel, noch liegen seine Grenzen im Ural. Sie liegen dort, wo in den Engen zwischen Ostsee und Schwarzem Meer die nordasiatischen Festlandmassen ihren kontinentalen Charakter verlieren und an ihrer Stelle den einer durch vorwiegend ozeanische Einflüsse geprägten Halbinsel annehmen. Da die Natur den Eingängen zu dieser Halbinsel jedoch jene unzweideutigen Schranken verweigert, die sie dem indischen in Gestalt des Himalaya und dem arabischen in der des armenischen Hochlandes gewährt, wird in der hindernislosen Übergangszone östlich der Ostsee und der Karpaten jede genaue Abgrenzung aus einer bloßen Frage der Geographie zu einer solchen der Politik, womit sich auch jeder Versuch erübrigt, die hier aufeinanderstoßenden Begriffe Asien, Europa und Rußland noch länger statisch begreifen zu wollen. Europa und Asien sind Richtungsbegriffe. Jede Kraft, die im nordeurasischen Spannungsfeld von West nach Ost dringt – also auch die der Russen im Fernen Osten – ist in diesem Sinn „europäisch", jede die von Ost nach West vorstößt – also wiederum die Russen und selbst die von ihnen vorgeschobenen Westslawen – asiatisch. Die Besetzung von Port Arthur und die Gründung von Wladiwostok trug insofern Europa nach dem Fernen Osten, die Vertreibung der Ost- und Sudetendeutschen dafür Asien – das Asien des Dschingis Khan – nach Europa.

Soziologie

Guillaume Faye

Die neuen ideologischen Herausforderungen

I Die Rückkehr der Herausforderungen

Die ideologische und kulturelle Atmosphäre im Europa der Nachkriegszeit, einem durch den Frieden und die bislang längste Hochkonjunktur domestizierten Europa, stand bis in die siebziger Jahre ausschließlich unter dem doppelten Zeichen des politischen Scheins und Trugbildes. Die denkenden Eliten konnten nichts anderes tun, als Träumen nachzuhängen, da sie um Herausforderungen, um Geschichte gebracht waren, da sie in einer warmen Gesellschaft ohne sichtbare Bedrohungen hocken blieben.

Die von Sartre eingeführte große Mode des *Engagements* trat genau zu dem Zeitpunkt auf, als Sich-Engagieren in so gut wie gar nichts mündete und weder Risiken noch grundlegende Folgen in sich schloß. „Viele Intellektuelle", schreibt Jean-Claude Guillebaud, „erlagen den stalinistischen Versuchen, als Stalin die befriedete Welt kaum noch bedrohte. Im gleichen Zug wurde man kulturell antiamerikanisch im Schutz von Washingtons Atomschirm. Und man durchlebte die imaginären Ängste einer siegenden Revolution, gerade als sich Europa ziemlich ungestört einem auf dem Wohlfahrtsstaat gründenden sozialdemokratischen Modell näherte (...) Als wenn das aus dem Alltagsleben ausgeschiedene Tragische auf dem Weg des Imaginären wieder zu Kräften hätte kommen dürfen. Nur Friede und Wachstum konnten solche geistigen Verschwendungen erlauben. Später ging der sogenannte Tiersmondismus, d. h. die Dritte-Welt-Solidarität, zweifelsohne aus dem gleichen instinktiven Willen hervor: ein Ersatzpathos zu finden und sich weiterhin –allerdings durch Substitution – an allen Schwärmereien der Geschichte zu beteiligen. Gleichermaßen blühten die heftigste Kritik an der Konsumgesellschaft, die agrarländliche Sensibilität und die Traumvorstellungen vom Nullwachstum gerade, als das Bruttonationalprodukt am stärksten wuchs."[1]

Das Europa der 80er Jahre scheint gegenüber jenem zappelnden aus den 60er Jahren geradezu entpolitisiert. Man wäre versucht zu sagen, daß der Beschleunigung unserer Dekadenz eine immer mehr ausgeprägte Oberflächlichkeit der ideologischen Auseinandersetzung entspricht. Weit liegt Mai 68 zurück, da wir auf dem Universitätscampus für oder gegen Mao, für oder gegen die spontan-proletarische Arbeiterkommune kämpften, da Rom, Berlin und Paris bei der Aufforderung zur ‚Revolution' zu vibrieren schienen.

Und dennoch wird dieses Europa des ausgehenden Jahrhunderts allem Anschein zum Trotz von einer Debatte belebt, die grundlegender ist als das hohle Wortgeklingel der Nachkriegszeit. Diese war von den al-

ten politischen Trennungslinien beherrscht, die der Marxismus, die soziale Frage und die Polarität Linke-Rechte hervorgerufen hatten. Alles trug sich zu, als wenn diese drei Jahrzehnte – nach einer fruchtbaren Parenthese (1920-1940), in der die echten Trennungslinien und die wahren ideologischen Debatten des 20. Jahrhunderts zutage getreten waren – auf völlig irreale Weise die doktrinären Konflikte des 19. Jahrhunderts wiederaufgenommen hätten.
Die Revolten auf dem Campus, die linksradikalen Unruhen, die neomarxistischen Ideologien, die Auseinandersetzungen um Feminismus, Arbeiterchristentum, Maoismus, Anarchismus usw. stellten in Wirklichkeit ein riesiges Trugbild dar, das Trugbild einer Gesellschaft ohne Herausforderungen, einer durch den mühelosen Überfluß betäubten Gesellschaft. Unter dem Anschein einer intensiven Politisierung offenbarten diese dreißig Jahre vielmehr eine tiefe Entpolitisierung, ja ‚Entideologisierung'. Das Wesentliche spielte sich in den Drugstores ab und man führte sich zum Spaß als Revolutionär oder als Befreier (ohne Proletariat und ohne Unterdrückung) auf und trug wie im Theater den mythischen Bericht von den Kämpfen des 19. Jahrhunderts vor.
Seit Ende der 70er Jahre verändert sich aber die ideologische Landschaft in Westeuropa grundlegend. Der Streit Linke-Rechte und die sich daraus ergebende Etikettierung mögen zwar die von der Öffentlichkeit immer mehr verschmähten Berufspolitiker nach wie vor entzücken; sie büßen aber ebenso wie die ‚soziale Frage' jegliche Intensität in den intellektuellen Kreisen und in der neuen politischen Kaste ein. Ein ‚zentraler Block' bildet sich um einen neuen Konsens; er umfaßt die Anhänger der Menschenrechte[2], des Liberalismus und des Atlantismus und übersteigt im übrigen die bisherigen politischen Trennungslinien derart, daß im ‚sozialistischen' Frankreich die jüngste ‚Links'-Regierung der Motor dieses neuen Blocks war!

Die ideologischen und politischen Auseinandersetzungen der ‚Nachkriegszeit' bezogen sich trotz scheinbarer Härte auf Fragen, die das *europäische Überleben* nicht unmittelbar gefährdeten; heute sieht es ganz anders aus ...
Die Entkolonisierung erwies sich trotz dramatischer Intensität nämlich nicht als Katastrophe und stellte die europäische Macht oder Ganzheit nicht aufs Spiel; wir können sogar die Ansicht vertreten, daß Europa mit der Entkolonisierung sich die Mittel zu einem neuen Start gab. Ebenso brennende wie leidenschaftlich ausgetragene Streitfragen wie die Abtreibung, die Empfängnisverhütung, der Status der Frau, die Universitätsordnung betrafen eigentlich keine fundamentalen Themen und spiegelten eher symbolische und moralische Kämpfe wider. Die

Auseinandersetzung um den Geburtenrückgang, den die Konservativen von damals auf die Abtreibung und die Empfängnisverhütung zurückführten, steht ihnen in nichts nach. Ebenfalls die unglaublichen Auseinandersetzungen um die *beat generation* (lange Haare, Popmusik, Drogen, ‚kontestierende' Jugend), die mit einer mächtigen politischen Spannung geladen waren und künstlich die Rechte gegen die Linke hetzten, stellen sich nun als völlig sinnlos heraus: sowohl diejenigen, die sich zur Verteidigung der *bürgerlichen Werte* dem Stil der neuen Generation widersetzten, als auch ihre ‚Links'-Gegner – jene Anhänger der ‚Kontestation' und der ‚Befreiung', die illusionierten Träger ‚subversiver' Anschauungen – sind angesichts der Vergeblichkeit ihres Kampfes heute alle ernüchtert. Jene Generation, deren Ideologie damals sämtliche bestehenden Gesellschafts- und Herrschaftsstrukturen in Frage stellte, hat mittlerweile die Regierungsgeschäfte übernommen und erzeugt die spießbürgerlichste, die konservativste Gesellschaft des 20. Jahrhunderts. (Diese Erscheinung erinnert an die Entwicklung im Rußland der zwanziger Jahre, als der leninistische Revolutionarismus die gerontokratischste und starrste Gesellschaft der Welt hervorbrachte.)
Die Gegner von damals haben sich nun um das gleiche Gesellschaftsmodell versöhnt. Was man als Sturmbock gegen die westliche bürgerliche Ordnung (die von der gesamten Linken unterstützte ‚Revolte der Jugend') auffaßte, war in Wirklichkeit ein phantastischer Anlauf zur Eingliederung in dieselbe Ordnung. Was die wirtschaftspolitischen Meinungsstreite (z. B. für oder gegen Verstaatlichungen) anbelangt, fallen auch sie auf das Niveau scholastischer Auseinandersetzungen zurück, da fast jeder – links und rechts – die allgemeine Legitimität bei Differenzen anerkennt, die nur Nuancen sind; da fast jeder jenes Aufeinanderprallen hinsichtlich der sozialen Revolution, der Diktatur des Proletariats, der kollektiven und sozialistischen Aneignung der Produktionsmittel endgültig vergißt. Diese ideologischen Gespenster sind endlich verschwunden, nachdem sie noch vierzig Jahre lang nach ihrem eigentlichen Tod das Bewußtsein der Eliten beherrscht hatten.

Alles hat sich geändert. Bei den neuen, sich abzeichnenden Debatten steht, wie bereits angedeutet, das Überleben unserer Kultur auf dem Spiel, und nicht mehr Detailfragen, überholte ideologische Symbole oder Anschauungsquerelen.
Die Problematik der Immigration und der mehrrassischen Gesellschaft, das mehr oder minder stillschweigende Wiederaufteten der Judenfrage, das unerwartete Anzeigen der UdSSR als des neuen Teufels durch eine Mehrheit von Intellektuellen und Politikern, der radikale Kreditschwund des marxistisch-leninistischen Kommunismus, die Re-

Zentrierung der westeuropäischen Nation um den amerikanischen Atlantismus führten zu einer Neubestimmung der Kernfragen. Was jetzt auf dem Spiel steht, ist wieder wesentlich geworden. Die neuen Debatten werfen bezeichnenderweise stets die entscheidende Frage nach der *europäischen Identität* auf.
Die Debatte kehrt zu den entscheidenden Fragen paradoxerweise zu einem Zeitpunkt zurück, da die öffentliche Meinung unter dem doppelten Schock der ‚Krise und der Hyperkonsumtion' demobilisiert und auf den Individualismus des Privatlebens ausgerichtet, des Militantismus und des Engagements überdrüssig ist. Kein Vergleich also mit der vorigen Phase, wo eine überaus lebhafte Politisierung lediglich zweitrangige Debatten betraf.
Die Rückkehr des Politischen erfolgt in einer entpolitisierten Atmosphäre, weil der öffentliche Geist die Erinnerung an eine Zeit in sich trägt, da die Intensität *der* Politik nur auf dem Fehlen von Politik beruhte. Einige Zeit wird noch vergehen, bis die neuen Herausforderungen, die heute noch auf die ‚Fachleute der Ideologie' beschränkt sind, den schweren Körper des Volkes, den schwerfälligen Geist der Öffentlichkeit durchdringen und beleben.
Ist trotzdem nicht mitten in diesem unbeschränkten häuslichen Narzismus, hinter dieser allgemein festgestellten Gleichgültigkeit gegen öffentliche Fragen das *Bedürfnis nach Verwurzelung* zu erkennen, das den neuen Kernfragen innewohnt?

Die Rückkehr zu den Traditionen, die Suche nach der familiären und der regionalen Identität siedeln sich in den kollektiven Mentalitäten allmählich an, und zwar neben dem krankhaften Psychismus der Wohlstandsjahre, der ausschließlich auf die narzistische Suche nach dem ökonomischen Ansehen ausgerichtet war, und neben der Verleugnung jeglicher Zugehörigkeit. Die in Europa herrschenden Meinungen – besonders nach der militärisch-politischen Zusammenziehung um die USA, nach dem ‚Zweiten Kalten Krieg' und der Aufstellung der amerikanischen Missiles (den konkreten Symbolen unserer Abhängigkeit) – offenbaren ebenfalls dies- und jenseits des Eisernen Vorhangs eine immer größere Abneigung gegen die Paktgebundenheit, zugleich aber den Wunsch nach einer Neutralität Europas, also eine mehr oder minder zugestandene Sezession gegenüber den westlichen Verbindlichkeiten.
Nun aber pflichten die politischen Kreise (Linke und Rechte zusammen) dem amerikanischen Liberalismus, der atlantischen Abhängigkeit gegenüber der NATO, einem Modell kosmopolitischer und ‚plurikultureller' Zivilisation (statt nationaler und europäischer Modelle) bei, und zwar merkwürdigerweise gerade in den Jahren, wo aus der

Tiefe der europäischen Völker die Ablehnung des Okzidentalismus, des Amerikanismus und des Atlantismus sowie das Bedürfnis nach Identität und Selbstbehauptung hervorzuquellen beginnen. Mit anderen Worten: die letzten Jahre haben eine gewisse *historische Scheidung* zwischen den politischen Kreisen und den Bevölkerungen vollzogen, besonders aber in den von der amerikanischen Re-Zentrierung betroffenen Ländern: Italien, Bundesrepublik, Benelux-Länder, Großbritannien. Alles trägt sich so zu, als wenn wir einem Verrat unserer ‚Vorsteher' beiwohnten, dem Aufkommen einer Spannung zwischen Völkern, die von der Verwurzelung angetan sind, und Führungskräften, die sich für den Kosmopolitismus entscheiden; zwischen Bevölkerungen, die (bewußt oder nicht) die europäische Identität wählen, und Berufspolitikern, die hauptsächlich darauf bedacht sind, bei dem amerikanischen Beschützer weiterhin in Gunst zu stehen und die Idee sowie die Sache einer europäischen unabhängigen Persönlichkeit sowohl auf politischer und geostrategischer wie auf kultureller Ebene zu leugnen. Diese sich auftuende Kluft zwischen den Völkern und ihren Führungskräften muß als positiv bewertet werden, vor allem wenn der wirtschaftliche Marasmus (Kräfteverfall) fortdauert. Diese Kluft birgt unerwartete revolutionäre Erhebungen in sich; Europa ist nicht, was manche Soziologen wie Lipovetsky[3] auch denken mögen, unbedingt *ad vitam aeternam* aus der Ära der Revolution heraus.

Von den einzelnen Herausforderungen, die der europäischen Identität gestellt werden, möchte wir hier drei bedeutende festhalten: die *mehrrassische Gesellschaft* als Herausforderung an unsere anthropologische Persönlichkeit, die *Entkulturierung* und der Verlust der Traditionen als Herausforderungen an unser kulturelles Gedächtnis, und die *technomorphe Gesellschaft* als allgemeine Herausforderung an unsere Kultur und unsere Psyche. Die strategischen und wirtschaftlichen Bedrohungen, die ebenfalls zu den neuen Herausforderungen gehören, werden an diesem Ort bewußt nicht berücksichtigt, weil das, worauf es am ehesten ankommt und was das übrige bedingt, nach unserer Überzeugung dem infrastrukturellen Bereich der kulturellen und ethnischen Identität, d. h. dem Bereich des *Inneren*, innewohnt.

II Die Herausforderung der mehr-rassischen Gesellschaft

Die meisten europäischen Länder erwachten im Laufe der letzten Jahre plötzlich mitten in einer völlig neuen Gesellschaftsform – die sie zwanzig Jahre zuvor hätten voraussehen können, die sie aber nicht voraussahen – eine Form, die bislang den USA vorbehalten zu sein schien: die mehrrassische Gesellschaftsform als Folge der Entkolonisierung, der Einwanderung von Arbeitskräften und des unterschiedlichen Bevölkerungswachstums zwischen Nord und Süd. Erstmals in seiner Geschichte – zumindest im letzten Jahrtausend – wurde Westeuropa zum Gastgeber afro-asiatischer Minderheiten, deren Anteil ständig steigt. Die Erschütterung ist erheblich, und sie tritt in Frankreich am heftigsten zutage. Die Identitätsfrage wird mit einer noch nie dagewesenen Brutalität und Dringlichkeit aufgeworfen. Aber diese Herausforderung ermöglicht den Europäern – endlich –, sich der Natur ihrer eigenen Spezifität bewußt zu werden oder wenigstens darüber nachzudenken. Die Identität, die Stärke des Zugehörigkeitsgefühls und die Bedeutung des Begriffs ‚Staatsbürgerschaft' beruhen selbstverständlich auf einer relativen *ethnokulturellen Homogenität* der Europäer; und daher müssen wir nach dem ‚Wünschbarkeitsgrad' der mehrrassischen oder plurikulturellen Gesellschaft fragen. Ein neues Zeichen immerhin: die öffentliche Debatte erörtert offen die (bislang tabuisierte) Frage nach einer eventuellen und wünschenswerten Rückkehr der Minderheiten in ihre Heimat. Meinungsbewegungen stellen sogar die Möglichkeit, die Bürgerschaft eines europäischen Staates zu erlangen, in Frage, wenn man keine europäische ethnokulturelle Herkunft hat[4]. Die mehrrassische Gesellschaft weist nämlich zwei bedeutende Nachteile auf: zum einen ist sie eine ‚mehrrassistische' Gesellschaft, in der die Gettos, der Rassenhaß, alle möglichen sozialen Kämpfe ‚blühen', wie u. a. die USA, Brasilien, Südafrika es zur Genüge dokumentieren. Zum anderen kommt dieses Gesellschaftsmodell einer *New-Yorkisierung* Europas gleich, und zwar gemäß der Logik des planetarischen Okzidents, wo die Entwurzelung, der narzistische Individualismus, die Durchmechanisierung und -merkantilisierung des Gesellschaftskörpers, der Verlust der kulturellen Identität die Regel ausmachen und den Begriff der Staatsbürgerschaft – für die Fremdstämmigen und die Einheimischen – abschaffen.

Die mehrrassische Gesellschaft zu beargwöhnen, ist heute ein Gebot: Weil wir jegliche Form des Rassismus verurteilen; weil wir der heute durchwegs pathogenen Vermassungsgesellschaft ein gemeinschaftliches Modell vorziehen und die europäische Kultur respektieren; weil jeder Mensch ein Recht darauf hat, eine Identität und eine Staatsbürgerschaft zu erhalten. Die Problematik der mehrrassischen Gesellschaft rückt übrigens in den Mittelpunkt und wird zur wichtigsten politischen Frage des ausgehenden Jahrhunderts: die echten Herausforderungen, die neuen Trennungslinien werden nämlich immer weniger eine ‚Rechte' und eine ‚Linke' gegenüberstellen (diese sozialökonomische Querele ist heute zweitrangig und überholt), sondern vielmehr die Anhänger des *Kosmopolitismus* und die der *Identität*, die nunmehr sowohl links als auch rechts zu finden sind.

Was in Europa als ‚Immigration' bezeichnet wird, ist nach der Einschätzung Albert Sauvys nichts anderes als eine „bevölkernde Kolonisierung" durch die fruchtbaren Länder Asiens und Afrikas. Wir lassen die Rückbewegung jener Kolonisierung über uns ergehen, die wir den anderen zugefügt haben. Wenn wir uns nicht vorsehen und unseren demographischen Rückgang nicht aufhalten, so wird Pierre Chaunu weiterhin behaupten können: „Deutschland ist zum Aussterben verurteilt, Deutschland weiß es aber noch nicht", mehr noch, ein größerer Teil der Einwohner Europas, vornehmlich unter den Jugendlichen, wird zu Beginn des kommenden Jahrhunderts nicht mehr europäischen Ursprungs, wahrscheinlich auch nicht mehr europäischer ‚Kultur' sein. Letztere hat nämlich ihre ‚enkulturierende' Fähigkeit eingebüßt, und die eingewanderten Bevölkerungen werden die Wahl zwischen dem ‚Maxi-Getto' und der Amerikanisierung haben. Demnach läuft Europa große Gefahr, seine *ethnokulturelle Identität zu verlieren*; und dieser Verlust ist schlimmer als die Akkulturation, als den Kulturwandel durch Fremdeinfluß, denn er ist nicht wieder gut zu machen. In seiner ganzen Geschichte war Europa noch nie so in Gefahr, von der Bildfläche zu verschwinden, wie heute – und noch nie waren sich seine Führungskräfte dessen so wenig bewußt.[5]

Zu einem Zeitpunkt, wo wir uns – zweifelsohne zu Recht – von den Genoziden verwirrt und betroffen fühlen, die andere Völker zum Teil oder ganz treffen bzw. getroffen haben, bleiben wir gleichgültig und blind gegen den ethnischen, demographischen Genozid, der heute ganz Europa bedroht.

Die Anhänger der Assimilierung der nach Europa Immigrierten (sowie die ihrer Integration durch das Getto-System einer plurikulturellen Gesellschaft) wollen genauso verfahren wie die messianischen Bekehrer der Indianer, die nivellierenden Jakobiner und vor allem die Kolonisatoren des 19. bzw. des beginnenden 20. Jahrhunderts.

Mit dem Unterschied allerdings, daß sie jetzt *uns* durchkolonisieren wollen. Es ist ein bitterer und tragischer Widerspruch der Geschichte, daß das ex-kolonisierende Europa heute an erster Stelle der endgültig

zu kolonisierenden Völker steht. Und höchste Ironie: die afro-asiatischen Immigranten, die Söhne also derjenigen, die der Kolonialismus damals zu ethnozidieren begann und deren Identität er zerstörte, werden heute dazu benutzt, Europa um den Rest seiner Identität zu bringen, sind heute die Werkzeuge unserer eigenen ‚Hyperverwestlichung'!
Die mehrrassische Gesellschaft ist zugleich die Umkehrung und die Fortsetzung der kolonialen Gesellschaft; und die Vielrassigkeit ist eine Hypostase, eine Erscheinungsform des Kolonialismus. In beiden Fällen führt der *Progressismus*, das Fortschrittlertum, den Reigen, und wir können jetzt begreifen, daß der Kolonialismus lediglich das Kindesalter der Mehrrassen-Ideologie war. Im Unterbewußtsein der Progressisten und der Sozialdemokraten muß es doch irgendwo diese Wahnvorstellung – eine Mischung von Masochismus und Alterophobie[6] – geben: Die Südvölker zu kolonisieren, zu verwestlichen und zu entkulturieren reichte nicht aus, wir müssen sie jetzt zu uns kommen lassen, damit wir *zusammen* in einer riesigen kulturellen Orgie uns gegenseitig ent-identifizieren. Wir, die die Träger eurer Entkulturierung waren, rufen euch jetzt herbei, damit ihr *uns* und *euch* entpersönlicht!
Für den früheren Ministerpräsidenten Laurent Fabius, der hierin nicht nur Jules Ferrys Anschauungen und dem Geist der Französischen Revolution, sondern auch dem der amerikanischen Verfassung treu bleibt, ist, wie er kürzlich in einer Rede ausführte, die Republik dazu berufen, eine mehrrassische Gesellschaft und Nation aufzubauen, sind die religiösen, kulturellen, ethnischen Zugehörigkeiten und Identitäten nebensächlich[7].
Die Ideologie, die die Vielrassenheit heute befürwortet und steuert, ist keineswegs neu – trotz ihres Anspruchs, es zu sein. Das Lehrgebäude der ‚République française' orientiert sich ausdrücklich an dem ‚nationalen' Modell der zentralisierenden Monarchen, das auf der Zwangsangleichung der Volksgruppen und der Abschaffung ihrer Identitäten gründete. Die Kolonisierung der Volksgruppen durch den Zentralstaat, der überseeische Kolonialismus und die heutige Vielrassenheit bzw. Assimilation gehen in Frankreich wie von selbst ineinander über. Die gegenwärtige ‚multikulturalistische' Regierungsmacht setzt lediglich die Lehren ihrer Vorgänger fort. Paradoxerweise ist die französische Identität Opfer der französischen Ideologie ...
Daß die mehrrassische Gesellschaft die Gettos schafft und den Rassismus institutionalisiert, wird durch den Umstand bekräftigt, daß ab einem gewissen Prozentsatz von ‚Farbigen' diese ihre Rassenautonomie fordern. Innerhalb der britischen Arbeiterpartei haben die Neger die Bildung einer ‚schwarzen Sektion' der Labour Party (einer echten Partei in der Partei) gefordert und erzielt (*Daily Mail*, 15. April 1985). Nach dem belgischen Beispiel, das angesichts des Flamen-Wallonen-

Konflikts sämtliche Institutionen zu doppeln gezwungen ist, machen wir uns allmählich eine Gesellschaft zurecht, in der alle Bereiche auf die verschiedenen Rassen und Ethnien zugeschnitten sind. Es erübrigt sich zu sagen, daß das Gemeinschaftsgefühl sowie die Begriffe des öffentlichen Wohls und Dienstes darunter leiden werden, daß als soziales Bindemittel nur noch die kaufmännisch-vertraglichen Beziehungen ökonomischer Interessen[8] bestehen werden.

Die mehrrassische Gesellschaft schafft es, den gewöhnlichen Rassismus und die gesellschaftliche Zersetzung mit der absoluten Herrschaft des täglichen Kosmopolitismus zu überlagern, und läuft darauf hinaus, alle menschlichen Beziehungen, die nicht auf dem materiellen Interesse beruhen, abzuschaffen. Die mehrrassische Gesellschaft, deren Wachstum mit der Verstärkung der liberalkapitalistischen Gesellschaftsform, dem Aufschwung der neoliberalen Theorien und der allmählichen Verdrängung der politischen Mächte durch die technoökonomischen im Westen zusammenhängt, ist ebenfalls eine Folgeerscheinung der ‚Neuen Konsumgesellschaft',[9] die durch die Tribalisierung des Gesellschaftskörpers gekennzeichnet ist. Daraus ergibt sich, daß die einzigen ‚warmen' Gesellschaftsbeziehungen die privaten oder intra-ethnischen (intra-tribalen) Bindungen sein werden; was die Beziehungen und ‚Verbindungen', die auf nationaler und makrosozialer Ebene erfolgen, anbelangt, sie werden immer kälter, anonym, technisch, merkantilisiert sein. Die mehrrassische Gesellschaft trägt also dazu bei, jenen pathologischen Zug der heutigen Bevölkerungen hervorzuheben und zu stärken: Zunahme der Vermassung und des anonymen Individualismus, Abstumpfung der bürgerlichen Bindungen und des gemeinschaftlichen Altruismus.

Denjenigen, die sagen: „Ganz recht! Wir werden unsere kulturelle und anthropologische Identität verlieren; na und? Eine neue universale Mischkultur entsteht. Warum sollen wir sie nicht annehmen?" müssen wir nicht nicht nur auf rationaler oder moralischer Ebene antworten. Wir müssen auch eine *Gegen*absicht bekunden, das heißt den gleichen Wunsch, den gleichen Willen, den beispielsweise Afrikaner oder Araber äußern, wenn sie sich einem eventuellen Eindringen der Europäer widersetzen und ihrer vererbten Identität treu bleiben. So wie es normal und legitim ist, daß der Araber, der afrikanische Neger, der Japaner sie selbst bleiben wollen, daß der Afrikaner zwangsläufig ein Schwarzer oder der Asiat ein Gelber ist, so ist es nämlich legitim, natürlich und notwendig, daß dem Europäer das Recht zuerkannt wird, die Vielrassenheit zu verwerfen und sich als Weißer zu behaupten. Diesen Standpunkt als rassistisch zu bezeichnen ist eine empörende Zumutung. Die eigentlichen Rassisten sind vielmehr diejenigen, die in Europa an der Bildung einer mehrrassischen Gesellschaft arbeiten.

Seien wir logisch! Wir müssen die Ansiedlung farbiger Völker in Europa ebenso bekämpfen, wie der Kolonialismus bekämpft werden mußte, dem dieselben farbigen Völker einst durch die Weißen unterzogen worden waren – und zwar im Namen des Antirassismus. Die Geschichte zeigt nämlich, daß die Gesellschaften, die sich auf die Mischung oder brutale Nebeneinandersetzung weit entfernter Bevölkerungen gründen, letzten Endes solche Gesellschaften werden, die vom Geist der Rassenfrage (wie einst bei der sozialen Frage) geplagt werden, deren unabwendbaren Hintergrund der Massenrassismus, der Alltagsrassismus bilden – wie die USA oder Brasilien es zur Genüge belegen.
Die nord- und südamerikanischen Gesellschaften erbringen den Nachweis dafür, daß die Assimilierung der einzelnen Ethnien zu einem gemeinschaftlichen und kulturellen Ganzen mißlingt und daß nur das hierarchisierte Nebeneinander der Menschengruppen fortbesteht. Glaubt man im Ernst, daß unser gegenwärtiges soziokulturelles Modell, das nicht einmal bei Alteingesessenen konsensuell wirkt, äußerst verschiedene Bevölkerungen wird verbinden können?

Im Namen des Antirassismus müssen wir also die mehrrassische Gesellschaft und ihre Verfechter verurteilen. Im Namen des Antirassismus müssen wir all diejenigen anprangern, die die Existenz der Rassen und Identitäten beseitigen wollen und deren Feinde ebenso der Stammeuropäer wie der auf seine Ethnie stolze Afrikaner sind. Die Anhänger des mehrrassischen Kosmopolitismus zielen in Wirklichkeit darauf ab, eine höchst rassistisch geprägte soziale Organisation der Welt zu gründen: Sie wollen eine planetarische Zivilisation mit *westlich-amerikanischer* Kultur errichten, wo die Weißen die Mischlinge und die Farbigen beherrschen (da letztere es schwer haben werden, sich in das ja ‚weiße' westliche kulturelle Modell einzugliedern), wo jedes Land einen heterogenen *melting-pot* darstellt, in dem eine verwestlichte Kaste herrschen wird. Es handelt sich genau um die weltweite Ausbreitung des rassistischen Modells der amerikanischen Gesellschaft. Teilen, um zu herrschen. Die Totalitarismen wollen auseinandergesprengte Gemeinschaften.
Aus Antirassismus, aus Achtung vor den Rassen und den Völkern ziehen wir diesem Modell *das Modell einer heterogenen Welt homogener Völker* (und nicht umgekehrt) vor, das allein die Achtung vor dem Anderen garantieren kann. Man wird in Europa den afrikanischen oder den arabischen Menschen achten, wenn sie nicht mehr dazu aufgefordert werden, sich zu integrieren und damit als spezifizierte Menschen zu ‚verschwinden' oder in ihre Gettos zu flüchten, wenn sie als Fremde mit eigenem Vaterland, und nicht als Parias in Assimilationsnöten betrachtet werden können.

Infolge u. a. der Vielrassenheit vollzog der Rassismus – dieses Übel der egalitären Gesellschaften, das im Assimilationsbestreben der Menschenrechte mitenthalten ist – seit einigen Jahren eine imponierende Rückkehr in die öffentlichen Debatten. Auf niedrigst biologischer Ebene erörtern heute erklärte Rassisten (im Privaten, denn das öffentliche Bekenntnis wird, wie früher im Falle der Homosexualität, bestraft) oder professionelle Antirassisten die Problematik um die Identität der Völker. Die *Rassenfrage* erlangt also heute den gleichen Status wie die *soziale* Frage und in mancher Hinsicht wie die sexuelle Frage vor einigen Jahrzehnten. Und – tragisches Verhängnis – je mehr man den Rassismus ‚tabuisiert' und gegen ihn Gesetze erläßt, desto mehr wird er zur hintergründigen Norm aller Debatten und alltäglichen Verhaltensweisen ... Der Rassismus, bösartige Endstufe der zugrunde gehenden Identitäten, wirft seinen Schatten auf jeden von uns.
Die Rassenfrage ist zum inneren Dämon der westlichen Welt nicht nur durch die Planetarisierung der Geschichte, die Abschaffung der Entfernungen oder die politischen Verfechter des Rassismus im 19. und 20. Jahrhundert geworden;[10] die Rassenpsychose ist größtenteils der Sozialdemokratie anzulasten, die sich als antirassistisch bekennt, die aber historisch seit etwa hundert Jahren für den Kolonialismus, später für den unter dem Deckmantel der ‚Entkolonisierung' getarnten Neokolonialismus, schließlich für die Organisierung der Immigration und der mehrrassischen Gesellschaft in Europa anscheinend verantwortlich ist.
Das ist aber nicht alles: Ein weiterer Faktor wirkte bei der Ausbreitung der Rassenpsychose. Paradoxer- und logischerweise sind es die sogenannten antirassistischen Kreise und die militanten Humanisten, die mit ihrer obsessiven und pathologischen Anprangerung u. a. des ‚Faschismus' und des ‚Nazismus' dazu beigetragen haben, diese Lehren in Gesellschaften wieder attraktiv und präsent zu machen, wo sie nach dem Krieg eigentlich verschwunden waren. Wir stehen hier einer der denkbar schönsten Erscheinungen sozialer Heterotelie gegenüber.

Hitler bleibt am Leben, als Mythos, dank dem Eifer seiner Widersacher, die seine Rückkehr phantasmagorisch immer wieder verkünden, obwohl er in den sechziger Jahren tatsächlich verschwunden war. Es vergeht kein Tag, ohne daß eine fragwürdige ‚historische' Veröffentlichung über nazistische Untaten, ein werbender Fernsehfilm über die Deportation, den ‚Holocaust', den Widerstand usw. herauskommt. Die Faszination gegenüber dem Phänomen Faschismus-Rassismus-Nazismus wirkt sich auf die Medien aus, unter dem pädagogischen Vorwand, die Bevölkerungen dagegen immun zu machen, oft aber mit dem Hintergedanken, ein gutes finanzielles Geschäft zu machen, wie die skan-

dalösen und zweifelhaften Affären um das ‚Tagebuch der Anne Frank' (eine Fälschung) oder um den Film ‚Holocaust' es zeigen.
Eine Psychoanalyse dieser vierzig Jahre danach immer heftiger auftretenden obsessiven Syndrome würde bei den pädagogischen Anprangerern der Dreiheit Faschismus-Rassismus-Nazismus ein Phänomen der Anziehung-Abstoßung aufdecken, den ununterdrückbaren Wunsch, ‚darüber zu sprechen', das Bedürfnis, eine Rassenpsychose und einen ausgeprägten Rassismus zwecks ihrer Erkennung (bei den anderen) sowie ihrer ständigen Verurteilung gleichzeitig zum Ausdruck zu bringen und zu verdecken. Intellektuelle wie Jean-Pierre Faye, Bernard-Henri Lévy, Albert Jacquard, André Taguieff, Simone Weil verbringen ihr Leben damit, imaginäre Hitleristen oder die Rückkehr Mussolinis hinter der kleinsten neopoujadistischen Bewegung[11] aufzustöbern, und sind eigentlich für die Verbreitung dieses ‚arischen Mythos' verantwortlich, für die ideologische ‚Verrassung' unserer Gesellschaft[12] und für die Aufrechterhaltung von Hitlers Schatten in der Vorstellungswelt der heutigen Europäer.

Ein solches Syndrom ist mit dem vergleichbar, was für den Sex in den christlichen Kreisen vor nicht allzu langer Zeit galt. Die ‚antimasturbatorischen Pfaffen' unserer Bildungsanstalten, die Schirmherrinnen, die imaginäre Orgien anprangerten, oder die Familienväter als Homosexuellenaufstöberer (-fahnder, -riecher) waren von den imaginären Vorfällen, die sie verurteilten, stark angezogen und sorgten vor allem dafür, daß sie bei anderen faszinierend und verlockend wirkten. Der von dem Sex oder der Rasse, dem Antisemitismus oder der Päderastie Besessene verbreitet, indem er sein Psychodrama von Verdächtigungen und Tabus schafft, seine Besessenheit und seine Begierden und ermöglicht somit das Auftauchen einer Erscheinung, die er anscheinend verurteilt.[13]
Eine faszinierende Atmosphäre der ‚Tabuisierung' des Phänomens vornehmlich bei den jungen Generationen zu schaffen, war nämlich eines der wichtigsten soziologischen Ergebnisse, die B.-H. Lévy, A. Taguieff und Genossen (übrigens in der Folge von Hannah Arendt) mit ihrer Ankündigung von der Rückkehr des ‚Ausschwitz-Geistes' erzielten. Das ‚Hitler-kenn-ich-nicht' hätte gegen eine Wiedergeburt rassistischer oder faschistischer Lehren dadurch immunisieren können, daß sie in Vergessenheit oder in der Fadheit der Nostalgie untergegangen wären; stattdessen hat die ständige Warnung vor einer unmittelbar bevorstehenden Wiedergeburt der widerlichen Bestie – sachlich betrachtet – wieder neonazistische Sekten ins Leben gerufen. Auch die stupide Litanei über das Thema ‚Es gibt keine Rasse' hat selbstverständlich eine rassistische Gegenoffensive gefördert. Die Warnung vor dem ‚gro-

ßen-blonden-arischen-Nazi-Rassisten'[14] ließ eine pathologische Faszination für diesen Mythos aufkommen, den man auszutreiben vorgab. Die Schriften eines Bernard-Henri Lévy[15] zeugen von einer verdächtigen Faszination für die arische Thematik sowie von einem impliziten Protest gegen die Barbarität all dessen, was aus einer ‚reinen' europäischen Kultur hervorgehen würde.

Die Rassenpsychose der herrschenden Ideologien

Die unzähligen ermahnenden Reden über den Rassismus, den Faschismus, den Nazismus; die ständige Suggerierung der angeblichen Wiedergeburt eines Massenantisemitismus; die immer wiederkehrende stupide Assoziierung[16] des blonden, gewalttätigen, rassistischen, rechtsradikalen Ariers mit seinem in der Gestalt eines Juden oder eines Südländers dargestellten Opfers tragen dazu bei, im öffentlichen Geist eine Art ‚negativen arischen Mythos' zu pflegen und zu entfalten, der sich aber genauso wie der ‚positive arische Mythos' auswirkt.
Eine Parallele kann diesbezüglich gezogen werden: So wie die westlichen und die Volksdemokratien bestrebt sind, sich zu legitimieren, ihre großartigen Pleiten in den Schatten zu stellen und das Blut, das ihnen seit 1945 an den Händen klebt, zu waschen,[17] so findet unsere Gesellschaft kein Ende, ihren Sieg über Hitler und Mussolini zu feiern, und zwar um die gegenwärtigen Fragen zu verdecken, die sie konkret nicht lösen kann: ‚Der Schoß der widerlichen Bestie ist immer noch fruchtbar', so lautet – gemäß Brechts berühmter Formel – der gründende und legitimierende Mythos einer Gesellschaft, die sich *selbst* nur noch damit rechtfertigen kann, daß sie sich als Bollwerk gegen einen latenten, jederzeit erstehbaren, nie besiegten Faschismus-Rassismus-Nazismus aufstellt.
Der Mythos des latenten Faschismus schließt die Vorstellung in sich, daß die europäische – insbesondere aber die französische und die deutsche – Kultur vom Wesen her *schuldig* sei, solche ‚Teufel' hervorzubringen,[18] und daß sie demnach unter Aufsicht bleiben und – durch den Kosmopolitismus – ihre kulturelle und ethnische Identität verlieren müsse. (Diesen Standpunkt vertritt ebenfalls die Kirche, die aus Moralität die Adoption außereuropäischer Kinder befürwortet oder die Rassenkreuzung ermutigt.) Dieser Mythos ermöglicht aber auch, die Schandtaten zu banalisieren und in den Schatten zu stellen, welche die westlichen, aber auch die kommunistischen Demokratien seit Dresden und Hiroshima immer wieder begangen haben: abgeschobene oder niedergemetzelte Bevölkerungen nach dem Krieg in Euro-

pa, Bürgschaft für die willkürlichen Annexionen der Sowjetunion, das sowjetische System der Gulags, unzählige Kriegsverbrechen durch die westlichen Demokratien und die kommunistischen Staaten bei sämtlichen Konflikten, die seit 1950 die Welt erschüttert haben usw.
Kurzum, die seit dem Krieg einbalsamierte, sorgfältig gepflegte Leiche Hitlers kommt dieser riesigen ideologisch-politischen Bewegung, die als ‚egalitär, humanitaristisch und demokratistisch' zu bezeichnen ist, zugute. Sie umfaßt von den Kommunisten bis hin zu den Liberalen alle Mitwirkenden der sogenannten ‚antifaschistischen Front', alle Erben des Judao-Christentums, dessen Hände wenn auch trocken ebenfalls mit Blut befleckt sind. Hitlers Leiche dient dazu, den impliziten Totalitarismus dieser Bewegung zu legitimieren, die Tragweite ihrer Untaten zu bagatellisieren. Die letzten wären die von Israel im Libanon begangenen Kriegsverbrechen und Völkermordversuche, die wir aber entschuldigen müssen, weil sie die Tat der ‚Auschwitz-Überlebenden' sind.
Hitler ist noch nie so oft auf dem französischen Bildschirm erschienen wie seit der Machtübernahme durch die Sozialisten 1981. Diese Bombardierung durch die Medien hat natürlich eine ganz andere Wirkung als die angestrebte. Rassismus, Antisemitismus und Hitlerismus siedeln sich in der kollektiven Vorstellungswelt als *dämonische Anwesenheit*, als teuflische Mythemen an, die, selbst wenn sie nicht sofort verlocken, dennoch im Unterbewußtsein präsent bleiben.

Paradoxerweise sind es also die ‚Anprangerer' des Nazismus, die für dessen Fortbestand sorgten, ihn sogar in Form des *Mythos* verstärkten – und damit dem schaurigen Martin Bormann a posteriori Recht gaben... Die pädagomanische Wut, den Rassismus und den Antisemitismus selbst und vor allem dort, wo sie – glücklicherweise – nicht anzutreffen sind, zu verurteilen und zu verfolgen, kristallisiert endgültig deren Vorstellung im Volksbewußtsein. Manche Leute, die bislang zwischen einem Juden und einem Nicht-Juden keinen Unterschied (jedenfalls keinen größeren als zwischen einem Katholiken und einem Evangelischen, einem Bretonen und einem Antilleneinwohner) machten, erfuhren durch die Lehrer der Antisemitismusbekämpfung, daß der Jude möglicherweise kein Bürger wie jeder andere ist, die Judenheit keine Eigenheit wie jede andere darstellt und daß der Antisemitismus eine ‚besondere' (gesteigerte) Erscheinungsform des Rassismus ist. Otto Strasser und Edouard Drumont hätten sich nichts Besseres erhoffen können. Die seit Beginn der siebziger Jahre gestarteten obsessiven Feldzüge gegen den Rassismus und den Antisemitismus führten dazu, *den Juden anzuzeigen und die gesellschaftlichen Verhältnisse zu ‚verrassen'*.

Was die neonazistischen Sekten nicht schafften, wurde von den ‚antirassistischen' Kreisen und den Sektierern der Menschenrechte vollbracht. Es war zwar nicht ihre Absicht – das muß man ihnen lassen. Sie waren eher dumm als pervers. Im Bereich der politischen Propaganda ist die Dummheit aber unverzeihbar, weil sie zu den schlimmsten und unerwartetsten Ergebnissen führen kann. Diese Ergebnisse sind heute offensichtlich: der Antisemitismus greift – nicht nur in Frankreich – wieder um sich, und zwar umso schneller, als er die verdächtige Saftigkeit der verbotenen Frucht bekommt. Was den gewöhnlichen Rassismus anbelangt, erübrigt es sich sogar, auf seine Ausprägung hinzuweisen...

Über die Verblendung hinaus ist es dennoch möglich, bei den Professionellen des Antirassismus manche unklare Appetenzen zu entdekken. Die zahlreichen Schnitzer eines Albert Jacquard[19] über die „blonden Arier" und die „Immigranten, die wie Hunde reagieren", die hitleromanischen Phantasmen eines Bernard-Henry Lévy, dessen letzter Roman eine Anthologie nazimorpher Obsession ist, das Toben eines Pierre-André Taguieff gegen den Hitlerofaschismus, den er hinter jeder Tür vermutet wie die alten Jungfern den Vergewaltiger – hat dies alles nicht mehr oder weniger mit einem verdrängten Wunsch zu tun? Eine negative Faszination freilich, die aber auf einen immer bedeutenderen Markt von Faszinierten trifft – da diese blühenden zweifelhaften Schriften angeblich zur besseren Darstellung der ‚Nazi-Gefahr' ihre ‚historischen' Aspekte offenbaren wollen.

Der Antirassismus als Träger des Rassismus

Der rassistische Gedanke, der die Kraft und Form eines Archetyps erhalten hat, bleibt nun im Pantheon der Werte als *möglicher Rückgriff*. So wie die Christen Anlaß zu schwarzen Messen und dämonischen Kulten geben, so gaben unsere lieben Demokraten und unsere vom antirassistischen Fraternalismus Besessenen Anlaß zur Entstehung einer rassistischen ‚Kultur'. In vielen Fällen schafft heute der Antirassismus den Rassismus, und nicht umgekehrt. Genauer gesagt: Indem der Antirassismus zu Unrecht und systematisch als ‚rassistisch' entweder durchweg klassische xenophobe Verhaltensweisen bezeichnet, bei denen der Rassenhaß ursprünglich nicht anzutreffen ist, oder alltäglich soziale Haltungen, die von jeglichem Rassismus frei sind, trägt er letzten Endes dazu bei, die besagten Verhaltensweisen wirklich rassistisch zu machen. Auch die von den besessenen Antirassismus-Jägern geschaffene Atmosphäre rassistischer Verdächtigung läßt die Farbigen vermuten,

daß sie überall der Diskriminierung ausgesetzt sind, was sie soziologisch dazu bewegt, sich selbst auf rassistisch diskriminierende Weise zu verhalten.
Daraus ergibt sich der äußerst nachteilige Umstand, daß jede Behauptung von einer europäischen Identität Gefahr läuft, als ‚rassistisch' diskreditiert zu werden. Und das ist überhaupt die Krone des Ganzen, da der Rassismus die Wertminderung des Anderen bezeichnet, und nicht die Selbstbehauptung. Es gilt also, als Anstifter zum Rassismus all diejenigen anzuzeigen, die eine Beziehung zwischen der durchaus legitimen Behauptung von einer europäischen ethnischen Identität und dem Rassismus herzustellen versuchen.
Alle Europäer leiden in unterschiedlichem Maße an Selbstbeschuldigung. Diese tritt bei antirassistischen Psychosen in Erscheinung, die sich der Medien und der Öffentlichkeit bemächtigen, sobald eine Affäre um einen Außereuropäer zum Gegenstand der gerichtlichen Chronik wird. Das antirassistische Drama nimmt pathologische Formen an und wirkt sich als eine Art krankhafte Autotherapie der Gesellschaft aus. Es geht darum, einen Dämon, den man in sich trägt, auszutreiben: indem man einen imaginären Rassismus (die Flut von sogenannten ‚rassistischen Verbrechen' im Zusammenhang mit den alltäglichen Schlägereien) verurteilt oder indem man sich behördlicherseits weigert, die von den Außereuropäern begangenen Delikte zu bestrafen – aus Angst, der schweren Sünde verdächtigt zu werden. Dieses masochistische Syndrom verschärft noch den Massenrassismus.

Die politischen und ideologischen Kreise, denen es an der Entwurzelung der Europäer, an ihrem Identitätsverlust viel liegt, spielen eine besonders aktive Rolle bei der Verschärfung dieses Rassismus, und zwar gemäß einer doppelten Strategie: zum einen fördern sie die mehrrassische und kosmopolitische Gesellschaftsform, die die Gettos aufrechterhält sowie die Entwurzelung der In- und Ausländer pflegt; zum anderen rufen sie einen Volksrassismus hervor, indem sie die Behörden wie die Bürger dazu anregen, die Gesetze gegen die Fremdländischen nicht anzuwenden; indem sie mit subtilen Pressekampagnen Europäer und Fremde gegeneinanderhetzen; kurzum indem sie sich ständig über den ‚bösen Wolf' auslassen, um eben den Wolf kommen zu lassen. Diese Strategie zielt darauf ab, die europäische Gesellschaft in eine Dublette der zugleich mehrrassischen und –rassistischen amerikanischen Gesellschaft zu verwandeln. Gemäß dem Beispiel der Amerikaner müssen die Europäer identitätslose Individuen werden, die in ihrem ethnischen Gefängnis eingesperrt sind, und durch die westlich-materialistische Lebensweise oder durch die ‚Kommunikation' eines schwachsinnigen audiovisuellen Apparats verbunden werden sollen.

Wird man sich dieser Realität bewußt, so kann man die Problematik des Rassismus, so wie sie von offizieller Seite dargelegt wird, auf den Kopf stellen. Der Rassismus ist auf der Seite derer, die für Europa und eventuell für weitere historische Gebilde eine mehrrassische Gesellschaftsform anstreben; der Rassismus ist auf der Seite derer, die sich das Monopol für den Antirassismus anmaßen; der Rassismus ist auf der Seite derer, die Rassenzugehörigkeit und -bewußtsein, d. h. die *Ethnizität* der Weltvölker, entwerten, die die Rassen (ein nach wie vor unschätzbarer Reichtum der Menschengattung) zu beseitigen gedenken, indem sie sie auf die Stufe bloßer individueller biologischer Kategorien, auf die Stufe bloßer ethnographischer, oberflächlicher ‚Kuriositäten' erniedrigen wollen. Der Rassismus ist auf der Seite derer, die uns weismachen wollen, daß die Anerkennung des Rassenkomplexes und der ethnischen Identitäten zum xenophoben Superioritätskomplex führe – während in Wirklichkeit die Verachtung der anderen Rassen, der *Superiorismus* wie der Rassenhaß in Gesellschaften egalitärer Nebeneinanderstellung der Rassen (USA) aufkommen. Kurzum, der Rassismus ist auf der Seite derer, welche die im biokulturellen Sinne aufgefaßte ethnische Identität zugunsten von falschen, entkulturierenden und primitiven Zugehörigkeiten entwerten: rein politische Modelle (‚westliche Demokratie', ‚Zivilisation der Menschenrechte' usw.) oder – schlimmer – ökonomische (‚Sozialismus', ‚Freie Welt' usw.).
Der echte Widerstand gegen den Rassismus bedingt vielmehr, daß die Bekräftigung des ethnischen Bewußtseins und der ethnischen Tatsache von allen Völkern, auch von dem eigenen, als legitim anerkannt wird. Das Recht auf Identität bedeutet für ein Volk auch das Recht auf eine relative ethnische Homogenität und das Recht auf eine Territorialität, das heißt auf eine *Souveränität* über eine politische Einheit, so daß die Ethnizität und das unabhängige territoriale Gebilde eindeutig zusammenfallen; das Recht eines Volkes auf Identität ist nämlich nicht gewährleistet, wenn es innerhalb einer umfangreichen politischen Einheit mit anderen Minderheiten zusammenlebt und wenn es nicht die Souveränität über ein Gebiet hat, in dem seine Ethnie am meisten vertreten ist. Eine Nebeneinandersetzung von Ethnien im Rahmen einer ‚Makrogesellschaft' führt systematisch zu einem sozialen Mosaik, wo die Gettos, der Rassenhaß, der kulturelle und religiöse Haß herrschen. Die USA, der Libanon, die westafrikanischen Länder, Südafrika, die Sowjetunion machen die Schädlichkeit des ethnischen Zusammenlebens anschaulich und bringen tribalisierte Nationen zur Schau, wo der Innenkolonialismus herrscht.

Die Ethnizität als Mittel gegen den Rassismus

Eine der negativsten politischen Nachwirkungen, die die Vielrassigkeit und der ihr innewohnende Rassismus verursachen, ist die Verschärfung des antiarabischen Rassismus[20]. Dieser, als unmittelbare Folge einer starken arabisch-moslemischen Präsenz in Westeuropa, kommt bestimmten politischen und strategischen Interessengruppen zugute; denjenigen nämlich, denen viel daran liegt, jegliche euroarabische Zusammenarbeit auf längere Sicht zu verhindern. Eine groß angelegte euroarabische Freundschaftspolitik gefährdet zum einen die Interessen des amerikanisch-sowjetischen Kondominiums im Mittelmeerraum. Die Wiedergeburt des Islams – das bedeutendste politische Ereignis in der Welt seit 1945 – stört zum anderen erheblich die Strategie des Zionismus, dessen antiarabische und -moslemische Politik sich anläßlich der libanesischen Tragödie im rechten Licht gezeigt hat. Es ist kein Zufall, wenn der antiarabische Rassismus zu einem Zeitpunkt wieder zunimmt, wo dieses ‚arme', geteilte, von den Blöcken unterworfene Europa – im Westen – um den Atlantismus, den Amerikanismus und den Zionismus neu angeordnet wird.

Die Anhänger eines aggressiven antiarabischen Rassismus, genauso wie die angeblichen Antirassisten, die – ohne Araber zu sein, sich das Recht anmaßen, sie zu ‚beschützen', und die mit viel Geschick zur Vielrassigkeit ‚anstiften', um dafür eine antiarabische Verwerfung hervorzurufen – sind die gleichen, die die Idee eines amerikanischen Europas verfechten, die den israelischen Imperialismus unterstützen, die die Palästinenser oder moslemischen Aktivisten als Kriminelle hinstellen, die kurzum alles daran setzen, um die Europäer von den Arabern zu trennen. Sie wissen nur zu gut, daß eine euroarabische Solidarität, eine weltweit auf die arabische und die europäische Einheit angelegte Politik mit dem Zusammenleben mehrerer Kulturen unvereinbar sind und daß man die Regel ‚Jeder an seinem Herd' übertreten muß, wenn man die Freundschaft zwischen zwei Völkergruppen lösen will.

Was für die Araber gilt, gilt auch für sämtliche Völker der Dritten Welt: die Anhänger der mehrrassischen Gesellschaft treiben die europäischen Bevölkerungen zu einer Logik des Hasses auf alle, die im 21. Jahrhundert unsere Verbündeten gegen die beiden Blöcke werden müßten. Sie wollen uns auf den Weg der USA zwingen, dieser riesigen mehrrassischen Gesellschaft, deren gesamte Politik auf der Logik des Antagonismus zwischen Dritter Welt und westlichem Imperialismus aufgebaut ist.

III Der Ethnozid der Europäer

Neben der Gefahr der mehrrassischen Gesellschaft und dem Verlust ihrer anthropologischen Identität betrifft die zweite Herausforderung, mit der sich die europäische Zivilisation auseinanderzusetzen hat, die Aufgabe der eigenen Kultur und der Verzicht darauf, sich eine neue zu geben.

Die Hintansetzung der deutschen und der griechischen Kultur

Deutschland symbolisiert im heutigen Europa die Verdrängung aus dem Erbe, die systematische Entkulturierung, die Untreue gegenüber der Herkunft. Das von beiden Jalta-Komplizen auseinandergenommene Deutschland war das Labor der Amnesie, ein Symbol für den gemeinsam von dem sowjetischen Rußland und dem amerikanischen Westen gestarteten Versuch einer *Auslöschung* der europäischen Identität. Das Vaterland Goethes, Mozarts, Hölderlins wurde zur Figur des europäischen kulturellen Martyriums, wurde der Ort, wo sich die vorsätzliche und programmierte Zerstörung der kulturellen und nationalen Identität am wirksamsten herausgestellt hat. Darum wird möglicherweise aus Deutschland der stärkste Widerstand gegen diese identitäre Entwurzelung hervorgehen; eine Bewegung, die vielleicht zur Volksbewegung werden und das übrige Europa nach sich ziehen wird; selbst wenn besagte Bewegung historisch von den französischen und italienischen intellektuellen Eliten der ‚Neuen Rechten' ausging.
Der Verlust der kulturellen Identität, der den Europäern droht, sowie der Versuch, sie um ihre Herkunft – insbesondere ihre ‚griechische', ‚homerische' – zu bringen, bildet die akuteste Gefahr, uns aus der Geschichte zu verdrängen, an uns einen endgültigen Ethnozid zu begehen, und zwar mit einer schrecklicheren Wirksamkeit als die politisch-militärische Neutralisierung oder die wirtschaftliche Kolonisierung, denen wir ebenfalls zum Opfer gefallen sind.
In seiner *Einführung in die Metaphysik* erklärt Heidegger, daß ein Volk in die Geschichte mit der Poesie eintritt, die seinen *logos* und seine *Sprache* gründet und die es gleichzeitig als *Volk* gründet. Und wir Europäer, erklärt er ferner, begannen mit den vorsokratischen und homerischen Dichtern bzw. Philosophen als solche zu existieren. Was spielt sich aber heute ab, welche Bedeutung kommt dem kulturellen Krieg zu, der Europa gemacht wird, damit es als solches zu existieren aufhört – wenn nicht der Versuch, in unserem Gedächtnis Parmenides, Heraklit und Homer durch die Bibel und die Propheten zu ersetzen?

Deutschland und die deutsche Kultur sind natürlich den heftigsten Angriffen ausgesetzt, sofern sie ‚am griechischsten' sind, sofern sie zum metaphysischen Volk, dem philosophisch ‚hütenden' Volk Europas, dem geopolitischen Volk der Mitte gehören.
Die deutsche Kultur, ihre Philosophen und vor allem ihre Dichter in den riesigen lauwarmen Ozean der westlichen Zivilisation (d. h. des Sammelsuriums, das in den USA seit hundert Jahren zustande gekommen ist) zu versenken, das ist die Garantie dafür, daß sich die Deutschen und die übrigen Europäer affektiv nicht mehr auf ihr Erbe berufen werden, daß ihr Gedächtnis nicht mehr in ihrem Erbe wurzeln wird, sondern in der Kaugummi-Kultur der amerikanischen Cowboys, Rocker, Pastoren oder Trucker. Die Deutschen und die Europäer werden endgültig zu existieren aufgehört haben, wenn sie die Überzeugung gewonnen haben, daß sie die Söhne der ‚Menschheit' seien, daß ihre Kultur ebenso von Hollywood und Milton Friedman wie von Parmenides oder Hölderlin herstamme.
Nach Bernard-Henry Lévy dozierte Jacques Attali, der Berater von Präsident Mitterrand, daß es „keine europäische Identität gibt". Die Verbissenheit, mit der manche Kreise jegliche Bekräftigung einer spezifischen Kultur und Anthropologie unterbinden, erscheint als eine neuere gesellschaftspolitische Erscheinung von besonderer Bedeutung. Europa existiert nicht, sagen sie, Europa ist nur die ‚B-Zone' des Westens. Europa hat überhaupt niemals existiert, es ist lediglich das Produkt von Kreuzungen, von *melting-pots*. Die Hervorhebung des trügerischen Umstands, daß Europa stets kosmopolitisch gewesen sei und eigentlich zu keiner Zeit eine, seine Spezifität gefunden habe, zielt natürlich darauf hin, die augenblickliche Zerstörung unserer Identität durch den Kosmopolitismus als normale und positive Fortsetzung dessen hinzustellen, was seit jeher gewesen sei.[21] Der ‚Identitätskrieg' beherrscht demnach unsere Jahrhundertwende. Es handelt sich um einen kulturellen, politischen, geopolitischen, anthropologischen und vor allem *ideologischen* Krieg. Für oder gegen die Identität? So lautet die ‚große' Frage, die heute, ausdrücklich oder nicht, sämtliche ideologischen Debatten beseelt. Seitdem die französische ‚Nouvelle Droite' als Losungswort das ‚Recht auf Verschiedenheit' verlangte, wurde dieses überall aufgegriffene Thema zu einem der Dreh- und Angelpunkte der neuen Gruppierungen und Debatten. Da sie diesem ‚Recht auf Verschiedenheit' nichts entgegenzusetzen hatten, versuchten allerdings die Gegner der Identität der Völker, die Anhänger des Kosmopolitismus, die ja zugleich die Erben des Individualismus, des Liberalismus und der sogenannten Menschenrechte sind – es auf recht geschickte Weise von innen zu neutralisieren. Wie? Indem sie es als Recht auf *individuelle Verschiedenheit* auffaßten.

Aus der Sicht einer identitären Ideologie der Verwurzelung kann eine derart verzerrende Auffassung der ‚Verschiedenheit' überhaupt nichts werden. Die u. a. von dem Genetiker Albert Jacquard[22] verfochtene Lehre von der individuellen Verschiedenheit liegt allen Gesellschaften, die nichts anderes als Mosaiken und tribalisierte Additionen von Gettos darstellen, zugrunde und befindet sich genau in der Linie der heute voll im Angriff liegenden okzidentalistisch-amerikanischen Ideologie. Das Recht auf Verschiedenheit ist unter dem Aspekt einer *gemeinsamen Verschiedenheit* aufzufassen. Das ‚Recht auf Verschiedenheit' ist in erster Linie das Recht auf *Zugehörigkeit*, Zugehörigkeit zu einer *Volksgemeinschaft*.

Das Dogma von der Einheit des Menschengeschlechts

Zu den Dogmen des jüdisch-christlichen Universalismus, die die Identität der Völker besonders gefährden, gehört das von der *Einheit des Menschengeschlechts*, wobei letzteres als metaphysische Substanz begriffen wird. Diese Idee der einzigartigen Menschheit (eine Addition von Individuen und Kindern desselben Gottvaters), die anormale und nur vorläufige Zugehörigkeiten verwerfen soll, rührt von der biblischen Menschenauffassung – einer offensichtlich ethnozidären und totalitären Auffassung – her. Die biblische Argumentation drängt eine Weltanschauung auf, wo das Absolute gegenüber den besonderen Vorstellungen entscheidend ist, wo die Betrachtung vom Allgemeinen zum Besonderen – bei ausbleibender Wechselbeziehung – führt: das Besondere befindet sich stets in einem entwerteten Unterhalb. Diese der Weltanschauung der europäischen Paganismen völlig entgegengesetzte Argumentation „leitet das, was wir über das Besondere wissen können, von dem ab, was wir über das Absolute wissen sollen"[23] – ihr wird jedoch gegenwärtig von der gesamten Biologie, Anthropologie und Physik widersprochen. In der Genesis und in der Lehre der Kirchenväter gründet sowohl dieser ethnozidäre Mythos von der Einheit des Menschengeschlechts wie auch der Archetypus eines universalen Menschen (einer monogenetischen Wesenheit aus demselben Stamm); und dieses Modell führt zur Entwertung der Identitäten.
Der Rassismus, kennzeichnende Haltung der egalitären und entwurzelten Gesellschaften, gründet u. a. in diesem biblischen und christlichen Begriff von der Einheit des Menschengeschlechts. In der Tat: Selbst wenn die Besonderheiten der einzelnen Menschengruppen zugunsten eines ‚neutralen' und ‚allgemeingültigen' Modells (die Menschheit, die göttliche Filiation, der adamische Mythos usw.) herabgesetzt werden, bleibt dennoch dieses als überlegen geltende Modell,

nach dem sich zu richten alle aufgefordert sind, das Modell einer geoffenbarten Wahrheit, die ursprünglich nur einer *Minderheit* eigen war: das Gesetz Jahwes, die Lehre der Kirche und heute, in der Folge, die Zivilisation des jüdisch-christianisierten Westens.

Das ‚Recht' *aller* Menschen auf die christliche Taufe und später auf die ‚Zivilisation' (Ideologie der Menschenrechte) zu bekräftigen, heißt also implizit zugeben, daß ihr eigenes ethnisch-kulturelles Modell unterlegen ist und daß sie sich an dem Minderheitsmodell der Bibel, dann des Okzidents zu orientieren haben. Wenn der jüdisch-christliche Universalismus tatsächlich der Nährboden des Rassismus (sowohl der Assimilation wie auch der Superiorität) ist, so müssen sich die Europäer heute dessen bewußt werden, daß ein solcher Rassismus, wenn er einst zu ihren Gunsten und auf Kosten der kolonisierten Völker arbeitete, heute infolge einer ironischen Umkehrung eben gegen die europäische Identität wirkt, die *ihrerseits* zugunsten der mehrrassischen (d. h. der *a-rassischen*) Gesellschaft und des kulturellen Zusammenbrauens eines planetarisch gewordenen Okzidents verschwinden soll.

Auch wenn Blandine Barret-Kriegel zu Recht behaupten konnte, daß „die Vorstellung vom Menschen biblisch ist"[24], müssen wir sofort hinzufügen, daß diese Vorstellung rassistisch und für die in ihrem Namen begangenen Geno- und Ethnozide verantwortlich ist und daß diese Vorstellung auf keiner Tatsache beruht. Der Gattungsbegriff ‚Mensch' ist nämlich nicht *menschlich*; er ist zoologisch. Das gesamte paganische Denken (hierbei von der Ethologie und der Anthropologie bestätigt) betont dagegen, daß die *Völker* und die *Menschen*, die hauptsächliche Realität der menschlichen Erscheinung, eine biokulturelle und nicht mehr zoologische Realität darstellt, daß die Kulturen und die Personen sich selbst bauen, indem sie der rein tierischen Realität einer ‚Menschheit' entgehen. Letztere fassen die Genetiker übrigens immer mehr als *polygenetisch* auf; das heißt, daß sie auf mehrere genetische, vor der Homo sapiens-Stufe differenzierte Quellen zurückgeht und daß sie gleich den übrigen lebenden Gattungen dazu berufen ist, sich zu differenzieren und zu stauden.[25]

Robert Jaulin,[26] Edmund Leach und viele andere hoben hervor, daß die modernen Totalitarismen, die Ethnozentrismen, die Alterophobie (Negierung der Identität des Anderen durch Angleichung an sich selbst) ihren Ursprung in dem biblischen Universalismus und seiner progressistischen Auffassung der Geschichte (Eschatologie zur Abschaffung der Unterschiede) hat und daß das heutige Europa paradoxerweise den Ideologien zum Opfer fällt, die es verehrt und zur Unterwerfung der anderen benutzt hatte. Der Biblismus, der dem Anderen (dem Heiden oder dem Moslem) seine Religion verwehrte; der Jakobinismus, der die Legitimität der ethnischen Partikularismen bestritt; der

progressistische Okzidentalismus, der im Namen der Menschenrechte (weltliche Version der christlichen Nächstenliebe) die Indianer von ihrer Indianität und die Afrikaner von ihrem Tribalismus ‚befreien' wollten, kehren nun ihre ethnozidäre Logik gegen die Europäer selbst; ihnen spricht heute dieselbe Ideologie das Recht auf Bekräftigung ihrer kulturellen Identität ab, das Recht auf Bewahrung ihrer Ethnizität und sogar ihrer politischen Souveränität.
Der Okzident ist schon deshalb ethnozidär, weil er bekehrungssüchtig ist und weil diese Proselytenmacherei die tragische Verbindung des früheren expansiven Dynamismus der Europäer mit dem jüdisch-christlichen Universalismus ist. Die westliche Zivilisation, die sich als moralische Lehre, als Pastoraltheologie versteht, begann mit der Christianisierung Europa zu entkulturieren. Es wundert also nicht, daß dieses okzidentalisierte Europa – als Stätte des sogenannten Eröffnungsethnozids – und seine Verlängerung (UdSSR-USA) den anderen den gleichen Ethnozid zufügt, den es selbst aussteht.

Da sich nun aber der planetarisch werdende Okzident gegen seine Geburtsstätte Europa wendet, erfahren die Europäer sozusagen ihren *zweiten Ethnozid*. Der erste war das Werk der Christianisierung (Einführung einer dem lokalen Heidentum fremden Mentalität); der zweite war das Werk der Okzidentalisierung, der gegenwärtigen Mondialisierung, mit ihrer doppelten Logik der endgültigen Identitätszerstörung: mehrrassische Gesellschaft und Amerikanisierung.
Der erste Ethnozid, welcher der Einbürgerung des Christentums entsprach, war nicht völlig zerstörend, weil das religiöse Zeitalter des Christentums, vor allem mit dem Katholizismus, ein Synkretismus europäischer und heidnischer Werte war. Das ‚christliche' Europa blieb Europa, wenn auch eingeschränkt. Der zweite dagegen ist mit einem radikalen Identitätsverlust gleichzusetzen, da wir das Judao-Christentum in seiner Vollendung, d. h. die eigentliche Essenz des Biblismus erdulden: den Aufbau der Weltkirche in Form der entwurzelten Weltgesellschaft.
Im Hinblick auf den zweiten Ethnozid schreibt Pierre Bérard: „Die Verstoßung des Anderen stellt die offensichtlichste Äußerung von Alterophobie dar. Der Ethnozentrismus äußert sich aber auf eine subtilere, da anscheinend weniger polemische Weise; es handelt sich um die Negierung des anderen durch Angleichung an sich selbst. Die negierende Handlung stellt hier den Anderen als nicht-fern, als identisch hin, so daß die Möglichkeit, das Problem der Verschiedenheit zu erörtern und die Identität sowie die Originalität der anderen Kultur nicht mehr gegeben ist. Diese Halluzination, sofern man sich in der Andersheit spiegelt, sich in dem ‚Anderen' sieht, hat mit ‚externer Autosko-

pie' zu tun. Ideologisch gesehen wird sie von einer noumenalen, einer bloß gedachten Auffassung der Menschheit hervorgerufen."
Pierre Bérard ist der Ansicht, daß das christliche Aufpropfen auf die heidnische europäische Kultur eine entkulturierende Wirkung hatte und eine ‚synkretische', unbeständige Kultur hervorbrachte, aus der wir heute austreten müßten. Er schreibt dazu: „Die Trümmer der heidnischen Kultur strömten in das ‚Unterbewußte' des Gesellschaftskörpers zurück, während sich ein christliches ‚Über-Ich' schichtweise bildete und seine egalitären, universalistischen Werte in immer stärkeren Dosen in die Zivilisation des Abendlands injizierte. Heute wird das kollektive Über-Ich in dem Maße zwingender, wie es die parusischen Forderungen seiner Anfangszeit entdeckt.[27]"
Demzufolge stellt der okzidentale Biblismus und die Ideologie der Menschenrechte die Indianität und die Europänität als Hindernisse für die Würde des indianischen oder europäischen Individuums hin. Erst wenn es sich seiner ethnischen und kulturellen Identitäten entäußert, wird es die Menschenwürde erlangen. Genauer gesagt: Erst wenn es das okzidental-jüdisch-christliche Modell annimmt und dem biblischen Universalismus huldigt, wird es nicht mehr unrein sein, wird es wirklich ein Mensch werden.
Die Menschen werden aufgefordert, ihre Bindungen an ihre Heimat, ihr Vaterland, ihre Ethnie aufzugeben, damit sie überhaupt als Menschen anerkannt und *gerichtet* werden können. „Der jüdische Universalismus" schreibt Robert Jaulin, „sowie seine kulturelle Nachkommenschaft (darunter das Christentum) unterscheidet sich von den anderen Zivilisationen grundsätzlich darin, daß Gott als Herr seiner Kosmologie sich nicht in die irdische Welt, in die Organisation der Staaten, der Orte einträgt.[28]" Alain de Benoist vertritt den gleichen Standpunkt. „Für Jahwe sind die Unterschiede zwischen den Menschen und den Völkern vorübergehend nebensächlich und überhaupt oberflächlich.[29]" Wie Gérard Hervé[30] weist Pierre Bérard nach, daß die biblischen Propheten („Aller Völker sind vor ihm nichts und gelten ihm als nichtig und eitel", Jesaja 40-17; und Paulens : „Da gibt es nicht mehr Juden und Griechen", Galater 3-28) die ethnischen und kulturellen Unterschiede unter den Menschen auf eine *Strafe* Gottes zurückführen und ‚eine Welt ohne Unebenheiten' herbeisehnen; und damit rechtfertigen sie den tief gründenden biblischen und jüdisch-christlichen Haß auf die *Reiche* (Imperien) und die Legitimität der Ethnozide, ja sogar der Genozide...
Der Prozeß des Identitätsverlustes und des Ethnozids gründet aber nicht ausschließlich auf der Entwurzelung und Dekulturation. Er stützt sich ebenfalls auf eine Philosophie der Geschichte sowie auf eine besondere Auffassung des Zeitlichen.

In der *linearen* Betrachtung der Zeit, die von der im Westen herrschenden Ideologie vertreten wird, ist der zentrale Begriff der Identität gefährdet. Diese Auffassung der Zeit trug u. a. dazu bei, die Akkulturation, die Entwurzelung und die Amnesie der Völker, auf die sie angewandt wurde, zu beschleunigen. Die progressistische Betrachtung der historischen Zeit (eine jüdisch-christliche Anschauung) stellt die Vergangenheit als ein endgültig Abgeschlossenes dar, das vergessen werden muß. Die Tradition wird nun zu einem sinnlosen Begriff, da eine Tradition ja nichts anderes ist als eine lebendige Vergangenheit, die innerhalb der Gegenwart wirkt und von dieser kristallisiert wird. Ausschließlich nach theologischen oder politisch-weltlichen Parusien orientiert, wurden die Europäer stets dazu bewogen, ihre Vergangenheit, also ihre Identität zu vergessen. Wenn man heute z. B. von der Unabwendbarkeit einer kosmopolitischen und amerikanisierten Gesellschaft überzeugen will, entkräftet man die europäische Vergangenheit gegenüber dem, worum es angeblich einzig geht: das messianische Warten auf eine ‚tischgenossenschaftliche', rassengemischte und multinationale Welt. In dieser linearen Betrachtung wird die Persönlichkeit der Völker – die an ihrer Vergangenheit und an nichts anderem zu messen ist – für überholt und unbedeutend erklärt; es zählt nur noch das zu erreichende ‚Ziel' ab dem Nullpunkt, ab der ‚neutralen Gegenwart', die das Heute darstellt.

Die Krise der Weiblichkeit und die Verweiblichung des Mannes

Aber nicht nur der Ethnozid, der Kulturkrieg und der westliche Progressismus bewirken die Entidentifizierung der Europäer. Zu den gegen uns eingesetzten ideologischen und kulturellen Waffen kommt eine *physiologische* Auflösung unserer Persönlichkeit. Um ihr historisches Gedächtnis gebracht, sind unsere Zeitgenossen nicht mehr darauf bedacht, ihre Stammlinie zu sichern. Sind der Anblick leerer Wiegen und der dramatische Widerspruch einer Gesellschaft, die der Jugend niedrig schmeichelt und unter der toten Last der Greise zusammenstürzt, nicht etwa das überzeugendste und tragischste Zeichen des *Europessimismus*?

Im ausgehenden 20. Jahrhundert taucht die Frage nach dem demographischen Überleben mit aller Wucht auf. Mitten im technischen Zeitalter, mitten im dumpfigen Zeitalter des bürgerlichen Überflusses quält die Rückkehr des *rein Biologischen* unser Bewußtsein. Trotz der durchaus antinatalistischen herrschenden Ideologie durchdringt der Notruf der Demographen die Mediensperre: Europa erzeugt nicht

mehr genug Kinder. Eine alternde, gegenwartsbezogene Gesellschaft, die von der Illusion einer unnatürlichen Jugendlichkeit besessen ist, gibt sowohl ihre Traditionen als ihre historische Zukunft auf.
Dadurch wird die Bedeutung der Frau umso mehr unterstrichen. Die Frauenproblematik und -mythologie beherrschen die Jahrhundertwende. Das *Bild der Frau* ist das neue Rätsel, das neue Epizentrum des europäischen Bewußtseins. Die Frau steht mit auf dem Spiel: sie schenkt das Leben und sorgt für den demographischen Fortbestand; sie ist aber auch diejenige, die die Werte weiter gibt. In einer identitätsgefährdeten Zivilisation kommt der (kulturellen und biologischen) Frauenfrage eine große Bedeutung zu.
In dem zerrissenen Bewußtsein des von seinem eigenen Untergang geplagten europäischen Menschen bekommt der Verlust der Frau und ihre mögliche Zurückeroberung heute eine tragische, zentrale Bedeutung. In der Volksvorstellung beheimatete Bilder, wie die angebliche Neigung der europäischen Frau zum Nicht-Europäer, ihre Unfruchtbarkeit gegenüber der Immigrantin oder der Frau der Dritten Welt, die ebenso sexuelle wie sozial wachsenden Forderungen der Frauen gegenüber den ihrer Virilität enthobenen Männern, bestätigen das dramatisch aufkommende Unbehagen des europäischen Mannes gegenüber der europäischen Frau; ein Unbehagen, das die Bedeutung der weiblichen Funktion in unserer niedergehenden Zivilisation erhöht und Julien Freund zu dem Ausspruch bewegt, daß wir „von der Ära der Anthropologen zu der der Gynäkologen" übergegangen sind. Der Mythos von der höheren Virilität des afrikanischen Mannes, der Anspruch der europäischen Frau auf Nicht-Befruchtung und Selbständigkeit (Überreste des ‚Feminismus'), das Aufkommen neuer sexuellen Sitten, die auf den weiblichen Organismus und seine Forderungen gelegte Bedeutung (und damit implizit auf die mögliche Impotenz des in seinem Stolz verletzten Mannes, der sich nun ‚bewähren' muß), all dies trägt dazu bei, eine Atmosphäre des Verdachts gegen die europäische Frau zu schaffen: sie soll ihrer sexuellen Treue, ihrer biologischen und genesischen Pflicht, ihrer Aufgabe, die traditionellen Werte weiter zu geben, ‚zuwidergehandelt' haben[31].
Dieser Verdacht gegen die Frau, eine subtile Mischung von chronischer Misogynie und Gynäkomanie, wohnt, begründet oder nicht, nunmehr dem gestörten Bewußtsein des verletzten Europa von heute inne. Die pornographische Überfülle (‚Busen auf der ersten Seite!'), die für alle unsere Medien kennzeichnend ist, wirkt zugleich als Kompensation und als Verstärkung der gegenüber der Frau empfundenen Frustration. Diese kennzeichnet die Psyche des europäischen Mannes, der von der Scheidung und der Ehelosigkeit, ja sogar von der Sterilisation und der Homosexualität gequält wird.

Die vermännlichte, auf der Suche nach ihrem sozialen Status befindliche europäische Frau, von der letzten Endes die Fortsetzung der biologischen Stammlinie abhängt, sieht, wie die traditionellen Merkmale der ‚Weiblichkeit' gerade zu dem Zeitpunkt schwinden, wo die unzähligen Vorträge über diese Weiblichkeit den Nachweis erbringen, daß sie nicht mehr selbstverständlich ist, und wo sich die beunruhigende Perspektive der Verschmelzung der Geschlechter abzeichnet.
Der ‚androgyne Look', der von Rockstars wie Grace Jones oder Annie Lennox verkörpert wird, drückt nicht nur ein pathogenes Phantasma des Egalitarismus aus (der die Unterschiede zwischen Männlichem und Weiblichem nun konkret leugnet), sondern offenbart auch den subtilen Willen, die Frau um ihre erzeugende und mütterliche Funktion zu bringen zugunsten des entfremdeten und gefälschten Bildes der ‚femme virile'. Diese vorherrschende Androgynie verweist auf einen der beunruhigendsten Aspekte des Identitätsverlustes, auf den biologischen Identitätsverlust nämlich: die systematische und theatralische Erhöhung der Homosexualität[32] sowie der Einsatz androgyner Modelle im Mode- und Werbungsapparat drücken eine mehr oder minder unbewußte Ablehnung der Fruchtbarkeit und der Fortpflanzung aus und unterstehen einem gewissen Willen zum biologischen Selbstmord, der mit dem sterilisierenden Narzismus der westlichen Zivilisation völlig übereinstimmt.
Die androgyne Frau und der theatralische Homosexuelle stoßen im gleichen unnatürlichen und einheitlichen Stil zueinander und bilden das Modell eines neutralen, völlig entwurzelten, sterilisierten (in beiden Sinnen) Individuums. Ein Individuum, das auf jede Nachkommenschaft, jede Zukunft und jede Tradition verzichtet hat; das uns das traurige Gesicht einer entmutigten, von dem langweiligen *No futur*-Thema besessenen europäischen Generation zeigt; das aufgegeben hat, sich geschichtlich fortzusetzen, und nur noch die anfällige Stimmung der ‚Neuen Konsumgesellschaft' fortsetzen will.
Alles läuft also auf die umfassende *Entvirilisierung* des Europäers hinaus, für die er einzig verantwortlich ist und die einer Selbstkastration, einem Selbstmord gleichkommt, allerdings einem Selbstmord ‚mit Lächeln', wie das eines traurigen Clowns. Mit einer gewissen krankhaften Freude, einem frohlockenden Masochismus billigt und fördert ein Großteil der europäischen Eliten den Verlust unserer kulturellen und anthropologischen Identität und unseren totalen Niedergang. Dieser ‚Europessimismus' verbirgt sich hinter einem Optimismus, der dennoch Glaubwürdigkeit vermissen läßt: man erspäht freudestrahlend das Aufkommen einer höchst fruchtbaren Gesellschaft kulturellen Zusammenbrauens, aus der angeblich wie in den USA eine ‚neue Identität' hervorgehen würde: die einer ‚offenen Kultur', in der sich sämtli-

che Einflüsse verwischen würden. Man will also jene alte progressistische Illusion, die Leopold Senghor bereits in den sechziger Jahren als „Zivilisation des Universalen" getauft hatte, als neuen Weg hinstellen. Zum Glück aber verwerfen neue Eliten dieses Projekt, weil sie sich seines Überaltertseins bewußt sind, weil sie es für *unästhetisch* und demobilisierend (da ohne Selbstbehauptungswillen) halten und weil sie dessen senilen *Fatalismus* erfassen. Deshalb versuchen sie umhertappend zu ihrer Identität zurückzufinden, die sich um drei Angelpunkte drehen soll: die Heimat, das nationale Vaterland und Europa, wobei letzteres die Rolle des großen verbündenden Mythos spielt, der mit zwar unscharfen, dennoch außerordentlich verlockenden Bildern gefüllt ist.

Müssen wir wieder ethnozentrisch werden?

In der Optik der *drei Identitäten*, der ‚regionalen', ‚nationalen' und ‚kontinentalen', wäre es vergeblich und lächerlich, die Stufe der nationalen Zugehörigkeit entfernen zu wollen.
Die Regionalisten wollten es eine Zeit lang. Abgesehen davon, daß dies utopisch ist und die Bedeutung der historischen Traditionen übergeht, erscheint dieser Gesichtspunkt ungemein rationalistisch und totalitär. Obwohl sich die Nationen Europas auf völlig unterschiedlichen Prinzipien (volksmäßige in Deutschland und Italien; staatliche in Frankreich, Spanien oder Polen) gründeten, bestehen sie nun als historisch-geographische Realitäten und ernten starke Zugehörigkeitsgefühle.
Man muß die nationalen, europäischen Identitäten vereinigen, sie als einander ergänzend betrachten und sie nicht gegenüberstellen. Man wird umso mehr ein Italiener, Franzose oder Deutscher sein, als man ein Europäer ist, und umso mehr ein Europäer, als man mit seiner italienischen, französischen oder deutschen Identität verbunden ist; *selbst wenn* ein ‚Franzose' zu sein nicht genau das gleiche bedeutet wie ein ‚Deutscher' zu sein. Es gilt demnach, die nationale Identität von oben (Europa) zu ergänzen und von unten (die Region) zu verankern. Diese ‚identitäre Gymnastik' wird übrigens in Frankreich am meisten Probleme aufwerfen, weil die französische Nation leider allzu oft ihren Nationalismus entweder als Universalismus (wie heute die USA) oder als Opposition zu ihren Nachbarn auslegte, in beiden Fällen nach einem antieuropäischen Schema. Alles ist aber immer möglich: War die ‚gaullistische' Ideologie – die es wiederzubeleben gälte – nicht im Grunde zugleich von dem Regionalismus und dem Bau eines blockfreien Europa-der-Nationen angezogen, in dem die französische Identität zur Behauptung der europäischen Macht beitragen sollte?

Wie die traditionellen Gesellschaften müssen wir *ethnozentrisch* werden oder wieder werden, und nicht ethnozidär. Wie Claude Lévi-Strauss es nämlich unterstreicht,[33] sind die sogenannten ‚primitiven' Völker sowie die Völker der Gegenwart, die nicht sterben wollen, dazu gezwungen, sich selbst als Mittelpunkt zu nehmen, den anderen mehr oder minder ‚fremd' zu werden. Das vielleicht beste Mittel, den Anderen zu achten, ist, ihn etwas zu vergessen...
Dem wird man entgegenhalten, daß diese Entwicklung zu einer Welt führen würde, in der jeder steril verschlossen wäre, und daß das ‚wienerische' Europa zur Zeit seines kulturellen Glanzes kosmopolitisch gewesen sei. In Wirklichkeit wohnte der frühere europäische Kosmopolitismus Europa inne, das damals allein einen Makrokosmus darstellte; alles ändert sich, wenn der Makrokosmus weltweites Ausmaß gewinnt. Der Kosmopolitismus wirkt dann sterilisierend und homogenisierend. Ein echter Austausch wie einst, als die Zivilisationen als verhältnismäßig autozentrierte ‚Blöcke' nebeneinander standen, erfolgt erst dann, wenn jeder eine starke Persönlichkeit und einen relativen Abstand zu den anderen wahrt. Alle äußerst fruchtbaren Beziehungen, die Europa mit der arabischen,[34] indischen und chinesischen Welt pflegte, veranschaulichen das. Heute hingegen führt das weltweite kulturelle Zusammenbrauen ‚plurikultureller' Gesellschaften mit Massennarzismus zu kulturellen Produkten, die denen der identitären Völker unterlegen sind, weil sie sich auf den kleinsten gemeinsamen Nenner der Menschen beziehen. Die ‚Kommunikation' bleibt entgegen einer weiteren zeitgenössischen Illusion dann weitgehend aus. Jeder schließt sich ein in seinem Getto, seiner kulturellen Zunft, seinem gesonderten Geschmack, und die Kultur verliert ihre volkstümliche und organische Bedeutung.
Nun entsteht ein kulturelles *Kaleidoskop*: Man findet ‚alles', wie in einem Supermarkt; ‚für jeden Geschmack' gibt es etwas, von Mozart bis zur *Funky*musik, aber die Kultur büßt ein, was ihre Originalität nährt: ihre Verwurzelung in einer ethnopopulären Identität. Alle Auswirkungen lassen sich zwar heute noch nicht feststellen, da die Identitäten *noch* existieren, da das Zusammenbrauen erst stattfindet und noch nicht abgeschlossen ist, da es beispielsweise im ‚arabischen Rock' noch ein arabisches Element gibt, was den Anhängern der plurikulturellen Gesellschaft zu dem Glauben verhilft, daß ein größerer Reichtum aus dem Zusammenbrauen hervorgehen werde... In Wirklichkeit, und der Untergang des Jazz zeigt es zur Genüge, liefert der kulturelle *melting pot* zwar zunächst durchaus ‚annehmbare' Erzeugnisse, mündet dann aber in die *neoprimitive* rationalisierte Massenkultur (siehe die heutigen amerikanischen Exporte), und zwar sobald die ehnopopulären Identitäten gestorben oder folklorisiert sind.

Unter diesen Voraussetzungen bleibt jeder Austausch, jede Kommunikation aus, schwindet jeder ‚Unterschied'. Die einzigen zugelassenen Unterschiede sind die, die *innerhalb* jeder aseptisierten plurikulturellen Zone wiederauftauchen, das sind die nach ‚Geschmacksklasse' oder nach soziologischen bzw. ökonomischen Kategorien programmierten kulturellen Sektoren. Es handelt sich um das letzte Stadium des kulturellen Todes. Jeder ist in seiner Konsumierung kultureller Waren, in seinem Getto gefangen und ignoriert den Anderen. Die USA liefern uns diesbezüglich einen erbaulichen Anblick: den der totalen Verachtung für alles, was nicht für den beschränkten Geschmack des Durchschnittsamerikaners vor-verdaut ist.
Eine Kultur kann nur fortbestehen, der Mensch kann der Primitivität und der Barbarei der Entgeistigung nur entgehen, die Achtung vor dem Anderen kann nur einsetzen, die Fruchtbarkeit des Gedanken- und Sensibilitätsaustausches kann nur andauern, die Erfindungskraft kann sich nur behaupten, wo die Zivilisation in einem ethnopopulären Bewußtsein wurzelt, wo die Eingebung aus dem Autozentrismus eines Volkes hervorgeht. Angesichts solcher Gefahren bietet (nach dem Wunsch Henri Gobards[35]) nur noch der ‚Kulturkampf' eine anständige Perspektive für die Europäer. Es hat keinen Zweck, sich mit der amerikanisch-westlichen Kultur abzufinden; wir müssen sie einer ständigen ‚Spannungsstrategie' unterziehen und sie, zusammen mit der mehrrassischen Gesellschaftsform, zu einer bevorzugten Zielscheibe machen.
Die Entkulturierung und der Identitätsverlust sind zum Glück nicht immer vollständig. Die Selbstverleugnung ist selten absolut. Und häufig sind es die der größten Entkulturierung, dem gewaltigsten Ethnozid ausgelieferten Völker, die aus dem tiefsten Grund des Volksgedächtnisses den Willen, sich eine neue Identität zu geben, schöpfen. Möglicherweise keimt dies im heutigen Westeuropa, und vor allem in dem Land, das systematisch am meisten entkulturiert und entwurzelt wurde: Deutschland. Soziologen und Ethnologen nennen diese Widerstands- und Wiederbelebungsphase *Gegen-Akkulturation* in bezug auf das, was sich in mehreren Regionen der Dritten Welt (Schwarzafrika, arabische Länder, Südamerika) beobachten läßt. „Zu dieser Phase rufen wir heute die europäischen Kulturen auf", schreibt Pierre Bérard, „sowie alle, die in der Welt unter dem Joch eines proselyten Okzidents seufzen. Dieser von seinen Anhängern als ‚Verus Israel' hingestellte Okzident verwirklicht das Wort aus dem Deuteronomium: ‚Der Herr, dein Gott, rottet die Völker aus, zu denen du kommst ihr Land einzunehmen' (2. Moses, 12,29).[36]"

IV Die ‚Tradition' im Lichte der faustischen Seele

Die historische Regenerierung Europas sowie seine Rückkehr zur Identität werden vielleicht nicht das Werk dieser Generation sein. Selbst wenn wir, als aktive Pessimisten, mit Verbissenheit daran arbeiten müssen, dürfen wir Hölderlins Wort nicht vergessen: der meditierende Gott haßt vorzeitiges Wachstum.
Europa seine Identität und seine Größe wiederzugeben heißt, es auf den schmalen Weg seiner Wieder-Vergeistigung außerhalb eines nunmehr religiös sterilen Judao-Christentums zu bringen. Es hieße also, einen Rückgriff auf den Paganismus zu ‚erfinden'; und das setzt voraus, daß man das ganze Volksbewußtsein auf den Fundamenten des ‚Surhumanismus' neu baut, während es heute noch von der Ernüchterung des egalitären Nihilismus bewohnt ist. Wir können die historische Bedeutung dieses Unternehmens ermessen.

Die Wahl des surhumanistischen Mythos

Diese Unternehmung muß von Eliten geführt werden, die Scharfsinn, unerschütterliche Ausdauer und vor allem unendliche Geduld aufweisen. Der eigentlichen Bekehrung des ‚Volkes' muß die Bildung einer Minderheit vorausgehen, die ihre Tradition zurückzugewinnen weiß, die innerlich wagt, die Fesseln des Egalitarismus und der tausendjährigen Ideologie des okzidentalen Humanitarismus zu brechen.
Der Urheber solcher Ideen, der Vorkämpfer dieser Verwandlung des europäischen Bewußtseins, dieser regenerierenden Umkehrung der Geschichte war Nietzsche, der die Ansicht vertrat, daß ein geschichtlicher Wieder-Anfang nur von ihm ausgehen könnte. Nietzsche hatte vorausgesehen, daß seine Nachfolger den Aufschwung der egalitär-nihilistischen Bewegung nicht aufhalten könnten, und forderte uns auf, als aktive Nihilisten die Fortsetzung dieses Prozesses bis zur Fäulnis zu wünschen. Nietzsche hatte vorausgesehen, daß sich die Europäer in das verwandeln würden, was sie heute geworden sind: in ‚köstliche Sklaven'.
Nietzsches Aufruf an die Europäer, den tausendjährigen Nihilismus des Judao-Christentums zu überwinden, den egalitären Zyklus – wenn historisch möglich – aufzugeben und in dem Surhumanismus die Regenerierung ihrer Geschichte sowie die Rückkehr zu ihrer Identität zu erfahren – dieser Aufruf nimmt die Form eines Mythos (des ‚surhumanistischen Mythos', den Wagner und Heidegger formulierten) an, das heißt die denkbar realitätschwerste und stärkste Form.[37]

Warum ein Mythos? Weil zu einer Zeit, wo alles Gedachte von jüdisch-christlichen und egalitären Werten geprägt ist, die surhumanistische Botschaft der neuen europäischen Identität – will sie die Geister nicht erschrecken – in einer irrationalen und verschlüsselten Form dargelegt werden muß, die mehr die Sensibilität als den Intellekt anspricht. Eine Regenierung des europäischen Paganismus, eine historische Verwirklichung des Surhumanismus, eine Überwindung des westlichen Egalitarismus setzen nämlich, wie Nietzsche es ausdrücklich betonte, eine Umwertung aller bislang angenommenen Werte voraus.

Die Anhänger einer europäischen Regenierung durch Überwindung und Lossagung vom Judao-Christentum und Egalitarismus werden also bei ihren metapolitischen und kulturellen Unternehmungen darauf achten müssen, diesen ‚Anteil des Mythos', der im Dunkeln den Rückgriff schützt, zu bewahren.

Wir müssen uns sehr davor hüten, für die europäische Identität und Regenerierung gemäß dem Surhumanismus eintreten zu wollen, indem wir die Sprache und die ‚politischen' Verpflichtungen einer gewissen Rechten und einer gewissen Linken übernehmen, da alle politischen Diskurse im heutigen Europa, selbst die positivsten, sich innerhalb der egalitären Weltanschauung befinden. Der Diskurs der ‚Regeneratoren' Europas darf ferner nicht darauf abzielen, diejenigen zu überzeugen, die *von jeher* die Träger und Propheten der egalitären Weltanschauung, also die Totengräber Europas und jedes Reichs sind, auch nicht diejenigen, die das surhumanistische Projekt niemals begreifen und sogar wollen werden, weil sie geistig vom Egalitarismus *besetzt* sind.

Das surhumanistische Projekt wendet sich an all diejenigen, die die heidnische Weltanschauung – häufig ohne es zu wissen – in sich tragen und die zahlreicher als angenommen sind, da der Schatten der Götter immer noch vorhanden ist, die alten Pantheons immer noch fruchtbar und imstande sind, *junge* Götter ins Leben zu rufen. Wie Meister Eckhart es formulierte, ist ein solcher Diskurs für diejenigen gemacht, die ihn bereits in ihrem Herzen als ihre eigene Wahrheit tragen.

Zwischen dem Egalitarismus und dem Surhumanismus, zwischen Dostojewski und Nietzsche, einer jüdisch-christlichen Geschichte und einem neopaganischen Schicksal zu wählen heißt für den heutigen Europäer nicht zwischen Falschem und Wahrem, Bösem und Gutem wählen. Es handelt sich um eine freie Wahl, da wir von keiner absoluten Tradition ‚prädeterminiert' sind. Es ist eine Wahl, die auf dem Willen beruht; eine Wahl zwischen Möglichkeiten, die alle gleich authentisch sind; eine Wahl, die letzten Endes eher aufgrund ästhetischer als rationaler Kriterien getroffen wird. Entweder entscheidet man sich – aus durchaus zulässigen Gründen – für ein jüdisch-christliches, humanitaristisches Europa als kosmopolitische Zweigstelle eines weltweiten Ok-

zidents; oder man entscheidet sich aus gefühlsmäßigen und ästhetischen Gründen gegen die jetzige Entwicklung (die von diesem Standpunkt aus ‚Dekadenz' ist) für ein identitäres, auf den imperialen und heidnischen Teil seiner Tradition ausgerichtetes Europa; ein Europa nämlich, das B.-H. Lévy überall (legitim und subjektiv) als ‚barbarisch' hinstellt, das man auch – wird man von einer anderen Weltanschauung beseelt – als einzig ‚kulturales' betrachten kann. Mit der gleichen Wahlentscheidung sind übrigens mehrere außereuropäische Völker, vor allem die Araber, konfrontiert, die ebenfalls an der Wegscheide sich entweder für eine Okzidentalisierung ihrer Gesellschaft aussprechen müssen oder für die Reaktivierung des Großprojekts einer imperialen Einheit des arabisch-islamischen Vaterlands.
Diese Wahl findet also zwischen zwei ‚Traditionen' statt, und das Zukommende wird dann nicht von einer *in abstracto* projizierten ‚Zukunft' bedingt, sondern zuvorderst von einer Aneignung der Vergangenheit, einer ‚möglichen' Vergangenheit. Der Rückgriff auf Zarathustra ist die Bedingung zum Zutagetreten des Übermenschlichen.

Die Dreidimensionalität der geschichtlichen Zeit

Was die surhumanistische Weltauffassung, so wie Wagner, Nietzsche und Heidegger sie in ihrer ganzen historischen Potentialität formulierten und ans Licht zogen, eigentlich kennzeichnet, ist die Ablösung der jüdisch-christlichen linearen Zeit durch die dreidimensionale Zeit sowie die Rückgabe dieser Dreidimensionalität an den Menschen, die ihn als solchen begründet. Die dreidimensionale Zeitlichkeit gibt dem Menschen die Möglichkeit, als historisches Wesen aufzutreten.
Wie ist diese dreidimensionale Anschauung der Zeit und der Geschichte zu definieren und worin widerstreitet sie der progressistischen, vom Christentum stammenden Auffassung? Als Antwort möchten wir Giogio Locchis These zusammenfassen.[38]
Indem er die Vergangenheit ‚abtötet', indem er ihr jede Legitimität, die Gegenwart zu besetzen, abspricht, indem er die Zeit nach dem segmentären Schema (vollendete, vergessene oder versteinerte Vergangenheit — Gegenwart als ‚leerer' Nullpunkt — Zukunft als Heil und Ende der Geschichte, Abschaffung der Geschichte und somit dessen, was die Vergangenheit ausmachte) strukturiert, radiert der jüdisch-christliche Progressismus implizit das Vorhandensein der Tradition, der Identität, des Willens, historisch fortzuleben. Der *reaktionäre Traditionalismus* gehört übrigens zu dieser Strategie. Von dem Augenblick an, wo die Werke und Ereignisse der Vergangenheit für verjährt und tot erklärt werden, kann man sich leisten, sie einzubasalmieren, zu ehren und wie Fossilien zu erforschen. Die Vergangenheit wird von ei-

nem technologischen Schutz umso mehr versteinert, als sie neutralisiert und nichtwirkend ist. In der Kunst werden die Werke aus der Vergangenheit der Völker als ‚Erbe der Menschheit' hingestellt, um wohl zu zeigen, daß sie keine Zugehörigkeit und keinen Widerhall mehr in der Gegenwart haben. Sobald eine historische Forschung aufgrund der starken Erinnerungen, die sie hervorruft, zurückzuwirken droht, wird sie umgehend für streng wissenschaftlich erklärt: So war Georges Dumézils indoeuropäische Forschung der Gegenstand einer eifrigen Neutralisierungskampagne, die dem Forscher sogar Erklärungen entlockte, wonach seine Arbeiten über die Indoeuropäer überhaupt keine Auswirkungen für die Gegenwart gehabt hätten – daß die dreiteilige Ideologie der Indoeuropäer lediglich eine akademische Bedeutung habe, kurzum daß die indoeuropäische Vergangenheit Europas, die ihm gerade ein einheitliches historisches Gedächtnis geben könnte, entweder abgeschlossen oder phantasmagorisch sei. Die Indoeuropäer in einen Gegenstand bloßer Gelehrsamkeit zu verwandeln erscheint übrigens viel wirksamer, als ihre Existenz als Volk polemisch zu leugnen – wie das ebenfalls geschieht –, da letztere Strategie darauf hinausläuft, ihre Präsenz zu reaktivieren.

Dem Vergangenen der linearen Zeitauffassung (*Vergangenheit* in der Terminologie Heideggers) müssen wir das Vergangene der dreidimensionalen Zeit entgegenstellen, das Heidegger als *Gewesenheit* bezeichnet. Die Zukunft baut man nicht auf der ‚Vergangenheit', sondern auf der ‚Gewesenheit', das heißt auf dem, was den *archè*, den gründenden Anfang, enthält.[39] Die Zukunft baut man nicht auf einem Determinismus (entweder dem der Progressisten, die von der angeblichen Richtung der Geschichte be-handelt werden, oder dem der reaktionären Traditionalisten, die in der Bindung an eine geschlossene und zwingende Tradition gefangen sind), sondern auf der Treue gegenüber einem Schicksalsprojekt, für das man sich freiwillig entschieden hat. Und was wählt man? Man wählt, um historisch gründend zu sein, was sich nicht nur in der Gegenwart, sondern zugleich in der Vergangenheit und in der Zukunft beheimaten läßt, nämlich seine *Heroen*. Die Geschichte ist in ihrem authentischen Sinn *die Wahl der Heroen*.

Zwischen Abraham und Achilles ist die Alternative heute offenkundig. An der Wahl der Heroen (mehr noch als an den biologischen und kulturellen Bedingtheiten) wird erkannt, was man ein ‚Volk' nennen muß. Wagner gab übrigens vom Begriff Volk eine Definition, die mit unserer Auffassung völlig übereinstimmt. Für ihn waren die Mitglieder ein und desselben Volkes diejenigen, die, in der gleichen gegenwärtigen Not lebend, sich der von ihnen gewählten ‚Väter' gemeinsam erinnern und auch ein ebenso gemeinsames Zukunftsprojekt formulieren.

Die Vergangenheit ist dann nicht mehr, was abgeschafft und auf immer verloren ist, sondern das, was ‚geworden ist' und seine Präsenz hier und jetzt durchsetzt, ja sogar was wird, was andauert und zu werden nicht aufhört, da *die historische Zukunft das Werden der Vergangenheit aufnehmen soll.* In dieser Sicht ist die gesamte Zeit (Vergangenheit, Gegenwart und Zukunft) in einer dreifachen Osmose ein und dasselbe Werden, ein und dasselbe *Ereignis*. Die Gegenwart des Volkes ist nicht mehr jener Nullpunkt, jener leere Augenblick des asymptotischen Segments, das zum Ende der Geschichte führt, sondern Präsenz, andauernde Präsenz (*Anwesenheit* bei Heidegger). Diese Anwesenheit bei der eigenen Geschichte und innerhalb der historischen Dreidimensionalität der Zeit ist in dem griechischen Verb ‚sein' (*einai*) wiederzufinden, das ‚in der Dauer anwesend sein' bedeutet. Die Dauer schließt aber auch den Raum, d. h. die Heimat ein. Die Gegenwart der dreidimensionalen Zeitauffassung bedeutet nicht nur, daß das Volk seine eigene Geschichte besitzt, sondern auch, daß es in seinem Raum verwurzelt ist: ein zusätzlicher Grund für die herrschende kosmopolitische Mentalität, diese Anschauung der Zeit abzulehnen und ihr die lineare Auffassung vorzuziehen. Der Begriff ‚Anwesenheit', in dem die Vorsilbe ‚an' den Raum bezeichnet, weist darauf hin, daß die Gegenwart der dreidimensionalen Zeit nicht nur das stets wirkende historische Gedächtnis einschließt, sondern in seiner Fortdauer auch das Territorium der Vorfahren, den *Boden* enthält, wo das Volk seine Geschichte begangen hat und begeht.

Diese dreidimensionale Auffassung der Geschichte ist weder ‚revolutionär' noch ‚zyklisch', noch ‚reaktionär', noch ‚progressistisch'. Sie schließt diese Kategorien ein und übersteigt sie zugleich. Da wo Tradition und Modernismus als gegensätzlich betrachtet wurden, werden sie als harmonierend in Betracht gezogen. Ein solcher Gesichtspunkt ist verwandt mit dem der deutschen Konservativen Revolution, deren Auffassung der Geschichte sowohl dem Progressismus wie auch dem reaktionären Traditionalismus entgegengesetzt war.

Einen revolutionär-konservativen Standpunkt einzunehmen heißt zugleich, eine Rückkehr zum Ursprung und eine Selbstprojizierung in die Zukunft vollziehen, heißt den Willen bekunden, den Anfang wiederzufinden (Heideggers ‚griechischen Anfang') und ihn verwandelt in der Zukunft zu rehabilitieren, und zwar gemäß einem Vorgang, den Nietzsche „die ewige Wiederkehr des Gleichen" nannte. Selbstverständlich ist eine solche Perspektive überhaupt nicht erfaßbar für all diejenigen, die der linearen, eschatologischen und messianischen Auffassung der Zeit ausgeliefert sind, für die Anhänger des jüdisch-christlichen Progressismus.

Diese Perspektive können wir ebenfalls als *faustisch* bezeichnen – in bezug auf die Bedeutung von Goethes dramatischer Gestalt: der faustische Mensch ist ‚riskiert' (und Heidegger definiert den Menschenstand

als das höchste Wagnis für sich und die Welt); er ist gewissermaßen von seinen Göttern ‚verdammt', die er wagemutig und trotzend herausfordert. Der faustische Mensch ist in diesem Sinne des-installiert.
Man kann übrigens erst dann als des-installiert gelten, wenn man tief verwurzelt ist. Beide Begriffe ergänzen sich völlig. Als Europa ab dem 16. Jahrhundert zur Eroberung der Meere und der anderen Kontinente (Desinstallation) ansetzte, tat es dies als Europa und aus einer verwurzelten Position heraus. Die europäische Verwurzelung trug zur Macht und zur Intensität der Eroberungs- und Entdeckungsbewegung bei, so wie letztere die Persönlichkeit Europas zum Erstarken brachte.
Die universalistische Ideologie des Christentums war es, die die Entpersönlichung Europas beschleunigte, und nicht seine faustische und erobernde Desinstallation. Der faustische und des-installierte Wesenszug der europäischen kollektiven Persönlichkeit verleiht der europäischen Identität übrigens die Form einer ständigen Zurückeroberung. Jede Desinstallationsbewegung bedingt dafür eine neue Verwurzelung, was der (kulturellen, politischen usw.) Identität Europas die Form einer ständigen *Spannung*, einer immer riskierten und fruchtbaren *Verwandlung* gibt.
Um das faustische Wesen der historischen Persönlichkeit Europas noch besser zu definieren, müssen wir über den eigentlichen Rahmen des europäischen Menschen hinausgehen und genau festhalten, worin der Mensch selbst ein ‚historisches Wesen' ist.
Die biologisch programmierten Tiere *wissen*, *kennen* aber nicht. Sie können nicht aus ihrem Programm. Die Welt bietet sich ihnen als fertig, als anwendungsbereit dar. Der Mensch dagegen, dessen angeborene Impulse de-programmiert sind, der durch ‚Weltoffenheit' und Formbarkeit gekennzeichnet ist, besitzt im Grunde wenig Wissen, ist aber für die *Erkenntnis* geschaffen, die der Technik zugrunde liegt.

Heidegger erkannte, daß der Mensch immer in einer ‚Befindlichkeit' gegenüber sich selbst und der Welt ist, eine für ihn ständig problematische Befindlichkeit, die ihn aber unaufhaltsam zum Handeln gegen sich selbst und das Milieu bewegt. Während das Tier in die Welt, in einen Zustand der Sicherheit und der ‚Normalität' gesetzt wird (der ihm ein Einssein mit der Welt, deren Empfänger es ist, gewährleistet), wird der Mensch in die Welt geworfen (*Geworfenheit* in der Terminologie Heideggers).
Während das Tier auf die Gattung ausgerichtet ist, von dem unbewußten Fleiß seiner Gene bewohnt und beherrscht wird, kein Bewußtsein-seiner-selbst hat, ist der Mensch, wenn er zum historischen Bewußtsein gelangt, auf sich selbst (als Volk, und nicht als Individuum) ausgerichtet, wird ‚zu sich selbst' von dem ‚gerufen', was Heidegger das *Ereignis*

nennt, das heißt die Versuchung, sich selbst in ein ‚Ereignis' für die Welt zu verwandeln, ein riskiertes und störendes Ereignis.
Als ‚Wesen-in-der-Welt' definiert, muß der Mensch folglich unter dem Aspekt eines Lebenden verstanden werden, der im Gegensatz zum Tier *um seiner selbst willen* lebt. Er ist da, um er selbst zu werden, sich selbst zu gestalten, für sich selbst zu sorgen. ‚Sich-selbst' kann natürlich die Gemeinschaft, der Stamm, das Volk bedeuten, und nicht nur die ‚Menschheit' oder das ‚Individuum'. Der Heideggersche Begriff des *Daseins* bedeutet, daß die ‚Welt' nur für den Menschen da ist. Ohne den Menschen keine Welt. Was bedeutet aber dieser Begriff ‚Welt'? Die Tierwelt existiert nicht ‚für' das Tier; sie ist lediglich ein Komplex physikochemischer Signale, auf die das Tier in seiner ewigen Kopräsenz mit seiner Umwelt, in seiner ständigen Unmittelbarkeit antwortet. Die Menschenwelt ist mehr als das: sie untersteht der *historischen Existenz*. Was den historischen Menschen als historisches Tier begründet, ist gewissermaßen und trivial formuliert sein Egoismus, die Tatsache, daß er sich die Welt aneignet und sie als ‚für ihn geschaffen' deutet, als einen außerhalb seiner befindlichen Raum, den er, um für sich selbst zu sorgen, benutzen kann. Für den Menschen stellt die Welt demnach keineswegs die objektive Totalität der Seienden, die Gesamtheit der physikochemischen Welt dar.
Indem er den Völkern dieses ‚Für-sich-selbst-Sorgen' verwehrt, indem er die Behauptung ihres kollektiven Ego lähmt, fällt der jüdisch-christliche Humanitarismus auf die tierische Stufe des Gattungsbewußtseins zurück. Die Gattung wird hier mit der primitiven und verwirrenden Kategorie der ‚Menschheit' aufgefaßt, einem rein zoologischen Begriff, der jeglichen historischen Wert entbehrt und dadurch paradoxerweise un-menschlich ist. Der Egalitarismus lehnt im allgemeinen ab, den Menschen als *Person* oder als *Volk* aufzufassen, und betrachtet ihn stattdessen nur unter den zoologischen Kriterien der ‚Menschenmasse' sowie ihres Korrelats: des Individuums. Der Surhumanismus, so wie ihn die heidnische Tradition implizit formulierte und Nietzsches Denken darlegte, behauptet dagegen, daß der *Mensch aus sich heraus handelt, und nicht durch die Gattung*, d. h. jene ‚Menschheit'. Er handelt „aus sich heraus", nicht als atomisiertes Individuum, sondern als Volk oder als schöpferische Person, die die Seele und das Schicksal ihres Volkes zum Ausdruck bringt.

Der Individualismus des egalitär-humanitaristischen Bewußtseins darf nicht mit dem von uns angesprochenen ‚Personalismus'[40] verwechselt werden; er verweist vielmehr auf das Magma der Gattung, das heißt auf eine Menschheit, die nur die Addition einer Unzahl von ‚gleichen' Individuen darstellt. Diese rückschrittliche Anschauung des Menschlichen kommt in der jüdisch-christlichen Philosophie der Menschenrech-

te zum Ausdruck. Hier wird der Mensch nur als *human being* (nach der schrecklichen angelsächsischen Formulierung) aufgefaßt, das heißt im Grunde als ‚menschliches zoologisches Wesen', als Säugetier des Typs *homo*.
Und so wie es natürlich erscheint, daß alle Tiere derselben Gattung gleich sind und die gleichen ‚Rechte' haben, so hält der jüdisch-christliche Zoologismus es für ebenfalls natürlich, daß alle menschlichen Tiere gleich seien. Die Anschauung des Massenmenschen (Christentum und Okzidentalismus) und die Auffassung des Menschen als autonomes Individuum sind somit miteinander verwandt: sie verwerfen das historische Bewußtsein, sie unterwerfen das Menschliche dem Ungedachten der Gattung und dem Determinismus einer theologischen oder ökologischen Entwicklung – je nach der Lehre. So wie man aber zwischen zwei historischen Optionen, zwischen unzähligen Formen der Vergangenheit oder der Zukunft wählen kann, so kann man zwischen der Annahme dieser Historizität (Geschichtlichkeit), die der Mensch in sich trägt, und ihrer Ablehnung wählen.

Was das historische Bewußtsein, die Zeitlichkeit des Menschen, kennzeichnet und dem Tier sowie den untergehenden Zivilisationen völlig entgeht, ist sein Wille zum Fortbestehen, den Heidegger als ‚Jemeinlichkeit' bezeichnete. Mit diesem Willen sorgt der Mensch als historisches Wesen für sich selbst (siehe die Heideggersche *Sorge*, die mit der lateinischen *Cura* verwandt ist), ohne sich dem Programm der Gattung zu überlassen.
Dieses dem historischen Bewußtsein eigentümliche ‚Für-sich-selbst-Sorgen' bewegt den Menschen, sich in die Zukunft zu projizieren, indem er sich zeitlich vorausgeht und indem er die von ihm gelebte Gegenwart als ‚Schon-Vergangenes' auffaßt. In dem historischen Bewußtsein, das nicht linear, sondern nur dreidimensional sein kann (da Vergangenheit und Zukunft, die beiden einzigen Realitäten, in den einfachen Inhalt hineinschmelzen, den der gegenwärtige Augenblick darstellt), erlangt der Mensch eine einmalige ‚Selbstpräsenz', da sie das bloße unmittelbare Bewußtsein, hier und jetzt zu existieren, übersteigt, das dem Tier und den antihistorischen Zivilisationen des gegenwärtigen Okzidents eigen ist.
Die Selbstpräsenz des historischen Menschen, des historischen Ego enthält eine Tiefe und eine mehrdimensionale Intensität, die zu der Behauptung bewegen, daß die westliche Zivilisation (die von dem Ehrgeiz beherrscht wird, den Massenmenschen im Glück einer ewigen Gegenwart zu bauen) vergleichsweise den Typus eines niederen, zum Zoologischen zurückschreitenden Menschen baut, weil er nicht über

diese zeitliche Intensität der Selbstpräsenz verfügt, die das historische Bewußtsein kennzeichnet.
Die Welt des Menschen umfaßt nämlich sämtliche Relationen, die um den Menschen in seinem Interesse, im Interesse seines Willens-zur-Macht entstehen. Und diese Beziehungen entstehen *potentiell*: der Mensch definiert sich nämlich immer wieder als ein *Sein-Können*. Der Mensch, der sich seiner als Ego annehmen muß (da er ‚aufgegeben' und in die Welt ‚geworfen' wird), der für sich selbst sorgen und die Welt dementsprechend verändern (und ‚pflegen') muß, wird nämlich zu jedem Zeitpunkt vor eine Wahl gestellt, wird immer wieder aufgefordert, angesichts einer Alternative zu entscheiden und zu handeln, da die Welt – für ihn – als ein Komplex von Wechselbeziehungen, als eine ständige Inter-Kommunikation (das Heiderggersche *Mitsein*) erscheint.

Der ‚Abbau' der europäischen Geschichte

Das Judao-Christentum und der Egalitarismus scheinen den Menschen ebenfalls als historisches Wesen zu definieren. Doch dem ist in Wirklichkeit nicht so, da das Judao-Christentum in seiner eschatologischen, messianischen und segmentären Auffassung der Geschichte diese als *vorübergehend* hinstellt. Sowohl im hegelisch-marxistischen Messianismus wie auch in der progressistischen Lehre der liberalen Demokratien ist die Geschichte dazu bestimmt, sich zu vollenden und (weil sie ‚schlecht' ist) durch die Errichtung einer weltweiten Justiz, einer weltweit befriedeten Gesellschaft zum Abschluß zu kommen, so wie die Parusie im Judao-Christentum die Geschichte der Menschheit zugunsten des *regnum Christi* beenden wird. In dieser Weltanschauung ist der Mensch demnach im Grunde kein historisches Wesen; er wird nicht ewig zur Geschichte bestimmt. Zur Geschichte wird er nur vorübergehend verurteilt. Und das Heil wird ihn, sofern er dem ‚Sein-Sollen' entspricht, davon erlösen. Die jüdisch-christliche und egalitäre Anschauung des Menschen ist, wie bereits erwähnt, mit einer schlicht zoologischen Auffassung gleichzusetzen, weil sie die Dreidimensionalität des menschlichen Bewußtseins ausschließt und den Menschen nicht als ein stets historisches Wesen definiert.
Die surhumanistische Auffassung des Menschen und der Welt, die man als ‚neopaganisch' bezeichnen könnte und die in Europa mit Nietzsche wiederaufkam, behauptet dagegen, daß die Geschichte des Menschen mit dem zoologischen Leben und den ‚Dingen' nichts zu tun hat (siehe Wilhelm Dilthey). Die Geschichte ist eine supravitale, rein menschli-

che Angelegenheit, und nur der Mensch besitzt (virtuell) die Geschichtlichkeit. Und er besitzt sie als einziger, weil er die Zeit auf dreidimensionale Weise erfährt.

Nach diesem ersten Untersuchungsabschnitt können wir bereits die brennende und umstrittene Frage nach dem quantitativen und/oder qualitativen Unterschied beantworten, der bei den einzelnen Zivilisationen und ihrer jeweiligen Entwicklungsstufe zu beobachten ist.
Ist der europäische Mensch den anderen ‚überlegen', weil er als erster die moderne Technik einführte? Nein, denn die Technik gehört der Lebensordnung an, und nicht der Geschichtsordnung. Die Technik geht aus dem Biologischen hervor, denn es liegt in der genetischen Natur des Menschen, ein Techniker zu sein, um in seinem Milieu zu überleben. Aber hinsichtlich der Geschichtlichkeit des Menschen (der wohl wichtigste Gesichtspunkt) ist keine Zivilisation einer anderen überlegen. Alle Menschen, vom präneolithischen Primitiven bis zum Menschen der modernen Technik, werden von der Geschichtlichkeit bewegt, jener Geschichtlichkeit, die sich als „etwas anderes" denn das Leben enthüllt.
Und selbst wenn eine Zivilisation diese Geschichtlichkeit nicht aktualisierte, indem sie beispielsweise diesseits der Geschichte blieb, kann sie es jederzeit tun und in die Geschichte eingehen; was zum Beispiel die Völker Afrikas im 20. Jahrhundert, im Anschluß an die europäische Kolonisierung taten.
Die Geschichtlichkeit des Menschen wirft eine zweite folgenschwere Frage auf. Würde die *Tradition* dieser Geschichtlichkeit nicht entgegenwirken, indem sie das Gedächtnis daran hindert, sich in einem Entwurf zu aktualisieren, indem sie dem Menschen verbietet, ‚Wahlentscheidungen zu treffen' (die wesentliche Tat des historischen Bewußtseins) und indem die ihm ein Programm festsetzt? Käme die Tradition nicht etwa einer Art zoologischer Sperre gleich, wie der Nachklang einer tierischen Vergangenheit, wo das Verhalten der Gattung vom genetischen Code diktiert würde? Auch hier ist die Antwort negativ: die Tradition ist kein Programm in Form eines starren Codes; sie ist vielmehr auch der Gegenstand einer Wahl, einer riskierten Entscheidung; sie ist Bestandteil des historischen Bewußtseins. Jedes historische Projekt (auch jede freie Wahlentscheidung), das eine Selbstprojektion des Menschen in die Zukunft ist, bedingt die homothetische Wahlentscheidung, sich in die Vergangenheit zu projizieren, die Tradition wiederaufzubauen.
Walter Otto[41] erinnert uns daran, daß die aus den achäischen Invasionen hervorgegangene ‚neue Zivilisation' ihr Pantheon, folglich ihre re-

ligiösen Traditionen (Mythos des von Zeus besiegten Chronos) wiederherstellte. Eine Re-Interpretation der Vergangenheit und der gründenden Mythen erfolgt, sobald ein neues historisches Projekt ans Licht tritt. Im allgemeinen kann keine Projektion in die Zukunft, keine Wahlentscheidung ohne die Unterstützung der Tradition durchgeführt werden. Wir können sogar behaupten, daß das Zukunftsprojekt die Projizierung (die Fortsetzung) *einer bestimmten* Tradition betrifft. Die ‚Zukunft' des Menschen ist demnach keineswegs, wie die progressistischen Philosophen der jüdisch-christlichen segmentären Zeitauffasung es wähnen, ein Bruch oder eine ‚Fortsetzung' *der* Vergangenheit und *der* Tradition, sondern die Vergangenheit selbst (genauer gesagt ‚eine' Vergangenheit), die in das Zu-Kommende projiziert wird. Der Stoff der Geschichte ist nichts anderes als die Vergangenheit, so wie die Essenz eines historischen Projekts die Tradition ist.
Diese These soll veranschaulicht werden. Wenn wir davon ausgehen, daß unsere Epoche in Europa den Kampf zwischen zwei großen historischen und politischen Projekten (dem des egalitären Humanitarismus: aus Europa eine von der mehrrassischen Konsumgesellschaft regierte Zone des weltweiten Okzidents machen; und dem des ‚ghibellinischen' Surhumanismus: Europa als imperiales Modell gegen die ökonomistische Zivilisation gestalten) erlebt, werden beide Bewegungen, die hinsichtlich der Zukunft Europas unterschiedliche Wahlentscheidungen treffen wollen, die traditionelle Vergangenheit Europas selbstverständlich in aller Freiheit deuten, um ihre Projekte zu stützen. Die einen werden bestrebt sein, Europa in seine jüdisch-christliche Tradition einzubetten, die anderen in seine paganisch-ghibellinische. Und die gesamte Vergangenheit, ebenso die mythologische wie die künstlerische, literarische, politische und religiöse, wird dann mit Hilfe dieser beiden Subjektivitäten wiedergelesen, ohne daß man jemals von ‚objektiver' Tradition sprechen kann.

Wenn wir von der Geschichtlichkeit des Menschen sprechen, von seinem freien Vermögen, ‚nur für sich selbst zu sorgen', risikoreiche Wahlentscheidungen zu treffen und sich in die Zukunft zu projizieren – handelt es sich in der surhumanistischen Sicht nicht um *irgendeinen* Menschen oder um *alle* Menschen. Wenn jeder Mensch virtuell zum aktiven historischen Bewußtsein gelangen kann, so tun es in Wirklichkeit recht wenige. Zu ihm gelangen lediglich die *Persönlichkeiten* (die den Gegensatz zu den ‚Standardmenschen' abgeben), die ihre Zeitgenossen und ihre Nachfolger ohne ihr Zutun in die Geschichte werfen. Der Mensch verharrt meistens im dem Bereich dessen, was Heidegger das ‚Man' bezeichnete, und betritt selten die behauptende, supravitale und gewagte Stufe des menschlichen Ego. Die Behauptung des menschlichen Ego, die der historischen Tat und der Geschichte zugrunde liegt, stellt hinsichtlich der Biosphäre, des Lebens etwas Unerhörtes dar: Bruch mit den natürlichen Gesetzen der natürlichen Evolution, Substitution des genetischen Programms durch ein kulturelles. Die Technik, mag sie zwar wie oben ersichtlich aus der Lebensordnung, und nicht aus der Geschichtsordnung hervorgehen, ‚beseelt' in diesem Sinne dennoch von innen her das historische Bewußtsein und sein supravitales Wesen.

Das Einwirken der Technik auf die Masse-Energie, die lebende Zelle oder das Genom z. B. verleihen dem historischen Bewußtsein des Menschen die Fähigkeit, Lebensprogramme (die natürliche Evolution oder die Laufbahn der Planeten) durch die Entwürfe des menschlichen Willens konkret zu ersetzen. Letzten Endes entscheidet aber das historische Bewußtsein, der Wille des Ego über die Anwendung dieser Technik und über die Nutzung der damit verbundenen Möglichkeiten, die Lebensordnung zu übersteigen. Wie Heidegger es zeigte, sind natürlich die meisten Menschen (die von dem ‚Man' beherrschten ‚Standardmenschen') die *Diener* der Technik, sind ihren Forderungen unterworfen: Die Technik selbst wird aber von den Persönlichkeiten sozusagen begangen, die mit dem Willen veranlagt sind, das menschliche Ego und das ihm innewohnende ungeheuere Entscheidungsrisiko (die ‚Wahl') einzusetzen. Die Technik ist nicht übermenschlich, sondern dem Übermenschlichen unterworfen.

Die Tradition: einzige Schicksalsförderin

Erkennt man dieses faustische Vermögen zur Behauptung des menschlichen Ego als treibende Kraft der Geschichte an, so begreift man auch, daß der Surhumanismus gegenüber der Zeitlichkeit und ihrem offenbaren Determinismus zu einem Zustand der Freiheit, ja sogar der Befreiung gelangen kann. Dem faustischen und surhumanistischen Bewußtsein erscheint die Vergangenheit nämlich niemals als abgeschafft. Dieser Geschichtsauffassung zufolge ist die Macht der Tradition unzerstörbar. Sie kann jederzeit wiederauftauchen, selbst Jahrhunderte nach ihrem scheinbaren Tod. Gleich dem Gedächtnis, dem Alptraum oder dem bezaubernden Traum, der einen erneut verfolgt, obwohl er sie in Vergessenheit geraten zu sein glaubte, bleibt die Tradition, diese unerschöpfliche Zuflucht, ewig gegenwärtig, ewig gründend, bleibt eine latente Macht mitten im Realen, mitten in der Schwäche der Gegenwart, die vorüber- und vergeht.

Darum müssen wir, wie die Wechselfälle des heutigen kranken Europa

auch sein mögen, unsere uralten Traditionen, vor allem die stärksten unter ihnen bewahren; diejenigen nämlich, die uns eigentümlich sind und die uns niemand wird entreißen können, z. B. den imperialen Mythos, die griechischen Dichter und Philosophen, die Denkmäler der Literatur und der Architektur, die unsere Vorfahren errichteten, damit sie eines – heute eingetroffenen – Tages als Inspiration, als Zuflucht in einer Zeit der Not fungieren können. *Exegi monumentum aere perenius*, schrieb Vergil.
Werden wir uns dessen bewußt, daß in diesem 20. Jahrhundert die ‚Progressisten' und die ‚Revolutionäre', die Anbeter der Gegenwart und zugleich Bestatter der Vergangenheit, die senilste, die kälteste, die am wenigsten abenteuerliche Zivilisation der Geschichte hervorbrachten, die Zivilisation der weltweiten Verspießbürgerlichung und des Rückwärts-Eintritts in die Zukunft!
Trotz ihrer pathologischen technologischen Vibration, trotz ihres fieberhaften Strebens nach Mikroneuerungen schafft diese Zivilisation nichts Historisches. *Um zu schaffen, muß man konservativ sein*: Wer tatsächlich am Hergebrachten hängt, verfügt nämlich über eine dreidimensionale Anschauung der Zeit, stützt sich auf eine Vergangenheit, auf eine Tradition, die für ihn stets gegenwärtig und lebendig ist und die er nunmehr in die Zukunft projizieren kann. Der Progressist kann nichts gründen und nichts schaffen, da er die Vergangenheit und die Tradition als tot und abgeschafft betrachtet: er stützt sich auf Sand, auf das Trugbild; und dieses Trugbild besteht darin, auf der *reinen Gegenwart*, d. h. auf dem Vergänglichen selbst, zu bauen.

Der progressistische Revolutionär – ob Marxist, Sozialdemokrat, Utopist der Menschenrechte, Monomane der informatischen Planetisierung (Mac Luhans Mythos des ‚globalen Dorfes') – geht von einem Nullpunkt der Geschichte (‚Jetzt') aus, ab dem alles möglich ist, wenn man die Erfahrung der Vergangenheit sowie die dort gespeicherten Kräfte außer acht läßt. Von einem solchen Nullpunkt auszugehen heißt, aber sich dazu verurteilen, in die Null auszulaufen, heißt, sich zur Erstarrung der Geschichte verurteilen, wie das Schicksal dieser Welt seit 1945 es zur Genüge zeigt, wo der Status quo, die allgemeine Ernüchterung über den Fortschritt und die Pleite der großen universalistischen Ideale den Hintergrund für die Gleichgültigkeit und die Willenlosigkeit unserer Zeitgenossen abgibt – trotz der Fortschritte einer sinnlos werdenden Technik.
Der Revolutionär-Konservative bleibt in der Geschichte, und seine Tätigkeit bleibt dadurch zukunftsgründend, zukunftsoffen. Der Progressist, der das Ende der Geschichte will und daran glaubt, stimmt dagegen mit dem reaktionären Traditionalisten in der Wahl der Erstar-

rung überein, da die Vergangenheit für ihn lediglich auch eine Leiche ist, nur eben eine, die man mumifiziert.
Sofern die Modernität des Okzidents sich als Sackgasse herausstellte, werden nur der Vergangenheitsschock, der Rückgriff auf die Vergangenheit, Europa eine abenteuerliche Zukunft schenken – vorausgesetzt, daß diese ‚Vergangenheit' nicht die des Judao-Christentums und seines Humanitarismus ist, sondern die Reaktivierung jener ‚anderen Vergangenheit' Europas, die Nietzsche als erster voll ins Bewußtsein zu heben versuchte. Im Lichte dieser anderen Vergangenheit (der paganisch-ghibellinischen Vergangenheit, die unsere gesamte Geschichte durchzieht und sogar mitten in den sogenannten ‚katholischen' Institutionen wirkte) muß die moderne Technik überdacht werden. Diese Technik, deren Nonsens heute allen offenkundig ist (weil sie nur von der Ideologie des individualistischen Wohlstands, von dem ‚humanitaristischen' Projekt einer Domestizierung der Gattung angetrieben wird), wird ihren Sinn wiederfinden, wenn sie jener von Nietzsche erkannten Forderung unterworfen wird: jener nach Herrschaft des aufgeklärten Willens-zur-Macht der schöpferischen Persönlichkeiten, die Nietzsche „Aristokratie" nennt.

Der europäische Neofuturismus

Unter dieser Bedingung wird die europäische Zukunft bestehen und Sinn bekommen: *Nur die Konservativen können die Geschichte bewahren und ein Schicksal vorbereiten* – nur sie sind demnach ‚Futuristen'. Heraklit meinte nichts anderes in seiner berühmten Fluß-Metapher: um jedesmal in einem anderen Wasser baden zu können (d. h. um dem Schicksalslauf zu folgen und in der Geschichte zu bleiben), ist es notwendig, daß der Fluß (d. h. die Geschichte als Gedächtnis) existiert.
Die *Utopie*, als ‚Sehnsucht' nach einem Schicksal und einer Zukunft, die nur von unserem Willen und unserer Vorstellungskraft abhängen, ist deshalb steril und todbringend, wenn sie nicht mit einem *Mythos* verbunden ist. Die liberale und marxistische Utopie, die Erde nach dem Modell des Egalitarismus und des Materialismus zu vereinheitlichen, beruht nicht auf einem historischen Mythos, sondern auf einer *Illusion*, auf der Wahnvorstellung von dem ‚Naturzustand' des Gesellschaftsvertrags. Eine solche Illusion hat mit der historischen Vergangenheit nichts zu tun, da der Naturzustand eine moderne Erfindung ist, die auf eine prä-historische Vergangenheit unstatthafterweise projiziert wird, und der Bezug dieser progressistischen Utopien gerade die Nicht-Geschichte ist.

Die Utopie kann sich dagegen als grundlegend erweisen, sobald sie sich auf einen Mythos stützt, d. h. auf etwas *Reales*, da der Mythos ein Bericht ist, der in die Geschichte einwächst und für den Fortbestand der Geschichte sorgen soll. In diesem Sinne kann sich die Utopie einer zeitgenössischen konservativen Revolution z. B. auf den europäischen imperialen Mythos (Römisches Kaiserreich, Heiliges Römisches Reich Deutscher Nation usw.) stützen, der eine viel *reellere* Kraft darstellt als sämtliche futurologischen Projektionen der progressistischen Utopien. Die Ideologien des heutigen Okzidents fallen nämlich durch ihr Unvermögen, die Zukunft zu gründen und das Schicksal zu gestalten, auf: ohne gründende und mobilisierende Mythen (unter dem Vorwand des ‚Realismus'...), auf dem Sand einfältiger ‚Entwürfe' der universalistisch-egalitären Lehre, und nicht auf dem festen Boden der Geschichte und der Tradition aufgebaut, haben sie kaum Aussicht auf Verwirklichung und überlassen daher die Ereignisse dem blinden Willen des technomorphen Weltsystems. Diese Ideologien erscheinen irrealistisch in ihrem vorlauten Rationalismus. Sie übersehen das Wiederauftauchen des Religiösen und des Politischen, d. h. des Mythos, wie wir es anläßlich der Ereignisse, die die arabisch-moslemische Welt erschüttern, feststellen konnten. Wir sollten alle diese von falscher Weisheit geprägten Diskurse, die ebenso eine kommunistische Gesellschaft wie einen amerikanisierten, standardisierten Weltmarkt wollen und prophezeien, nicht mehr ernst nehmen: alle diese kalten Prophezeiungen über das baldige Aufkommen eines weltweiten Modells ‚globaler Kommunikation', ‚post-industrieller Gesellschaft', das den jetzigen Zustand Kaliforniens auf den gesamten Planeten ausweiten soll.

Ziehen wir vielmehr die politischen Entwürfe und Utopien in Betracht, die sich auf die Reaktivierung eines historischen Mythos (z. B. das ‚Große Arabische Vaterland') gründen: Dieses Vorgehen erscheint viel umfassender, organischer, realistischer, weil es alle Aspekte des menschlichen, vor allem das Religiöse und das Irrationale, berücksichtigt, und sich nicht damit begnügt, die Zukunft auf der Illusion des mathematischen und wirtschaftlichen Rationalismus aufzubauen. Es ist einfach bedauerlich, daß die Völker der Dritten Welt (Mexiko, arabische Welt, Indien, Afrika) in viel größerem Maße auf solche Mythen zurückgreifen und dadurch konservativer, futuristischer und realistischer sind als wir!

Erst wenn Europa den Sinn für das Heilige und die Schicksalsgemeinschaft wiederentdeckt, wird es sich regenerieren. Wir sind diesbezüglich paradoxerweise besser dran als die Amerikaner und die Sowjetrussen, deren Gesellschaft nur auf einer rationalistischen und materialistischen Hoffnung gründet und jede mythische Spiritualität (d. h. was

Geschichte in sich trägt) endgültig aufgegeben hat zugunsten des rein technologischen und mathematischen Aufbaus ihrer Zukunft. Henry James sagte: „Ich muß nach Europa kommen, um den Sinn für das Tragische wiederzuentdecken."

Und gerade dieses Tragische fehlt dem okzidentalen und *optimistischen* Modell der USA und der Sowjetunion. Nur das Tragische ist aber geschichtsgründend. Der Optimismus des westlichen Progressismus führt zum Tod, wie die demographische Implosion es offenbart; letztere, bemerkte Pierre Chaunu, tritt in Ländern zutage, wo man die Präsenz des *Todes* nicht mehr wahrnimmt, wo die Beerdigungsriten verschwunden sind, wo der Optimismus der Konsumunmittelbarkeit, die bürgerliche Ver-Sicherung des Alltagslebens und der oberflächliche Kult der lachenden Jugendlichkeit in dem kollektiven Bewußtsein den Ahnenkult und die vertraute Präsenz des Todes ablösen. Ohne lebendiges Gedächtnis, ohne Kult um die Toten und die Ahnen, gibt es keine Kinder, keine Geschichte, keine Zukunft, ohne Tragik, kein Wille zum Überleben, ohne vergangene Stammlinie, keine zukünftige Stammlinie.

Der alte, von dem Tragischen, den Toten und dem Gedächtnis bewohnte Erdteil Europa hat paradoxerweise mehr Überlebenschancen als jene amerikanisch-okzidentale Gesellschaft, die der Atheismus (hinter der prosaischen Maske der falschen Religion der Menschenrechte) und die optimistische und absolut vergängliche Scheinjugendlichkeit der ‚technologischen Zivilisation' bewohnen.

Trotz des Zusammenbruchs des (zur ideologischen Vulgata gewordenen) Christentums als Religion bleibt Europa immer noch vom Sakralen angezogen. Es wird zu seiner kulturellen und demographischen Fruchtbarkeit zurückfinden, wenn es sich wieder Mythen und Beerdigungsriten gibt. Wir wüßten nicht, wo es die dazu nötige Energie noch schöpfen könnte außer in seinem heidnischen Gedächtnis...

Da die USA jegliches Gedächtnis aufgaben, da sie ‚ohne Vergangenheit' sein wollten, wüßten wir nicht, wo sie die Mythen, das Gedächtnis und den Sinn für das sakrale, die langfristig zu deren Überleben nötig sind, finden könnten. An anderer Stelle legten wir dar, daß Europa nur „in Dekadenz" begriffen ist (und demnach daraus herauskommen kann), die amerikanisch-okzidentale Zivilisation dagegen *der* Untergang ist[42].

Die faustische Seele, die Europa innewohnt, ist tragisch, und in dieser Hinsicht ist der jetzige ‚Europessimismus' möglicherweise fruchtbarer als der niedrige selbstzufriedene Optimismus des Amerikaners, der aber beim ersten Sturm vergehen und sich in Niedergeschlagenheit wie anläßlich des Vietnam-Kriegs verwandeln wird. Die Tragik, die durch die Bewußtwerdung der Sackgasse (in der sich augenblicklich die europäische Identität befindet) entstand, kann zu einem unerwarteten Erwachen führen. In diesem Zusammenhang müssen wir über die historische Erfahrung des *mittelalterlichen* Menschen nachdenken, der uns mindestens im gleichen Maße wie der griechische Mensch den Weg dessen aufzeigt, was wir vielleicht wieder-anfangen sollen. Der Mensch des Mittelalters leitet in seinen politischen, religiösen, baulichen Formen eine außergewöhnliche Metamorphose ein. Er befreit sich von dem, was in der Tradition belastend ist, und richtet auf letztere einen ganz neuen Blick. Als Erbauer oder Politiker schafft er radikal erneuernde Formen und macht sie sich als Traditionen zu eigen: zum Beispiel die spitzbogige Kathedrale oder das Lehnswesen. Der präfaustische mittelalterliche Mensch ist sich selbst immanent, schöpferisch. Er entdeckt einen neuen Polytheismus, eine neue Ästhetik, eine neue Politik, ohne auf die Kategorie der ‚Modernität' oder des ‚Fortschritts' zurückgreifen oder sich gegen die Vergangenheit auflehnen zu müssen. Eine solche dionysische Macht ist die Haltung, die wir angesichts unserer jetzigen Lage einnehmen müßten.

Die Renaissance und damit die künstliche Erinnerung an eine antike Welt sind kaum da, und schon sterilisiert das ‚Modell', diese ewige Schrulle, alles. Ein literarischer und toter Paganismus löst einen Katholizismus ab, der im Begriff war, *neo-heidnisch* zu werden. Und schon werfen Calvin, Luther, die Gegenreformation und die Re-Christianisierung ihre Schatten voraus. Es ist normal: Das Plagiat der künstlich zurückgerufenen Antike sterilisiert die schöpferische Magie des mittelalterlichen Menschen. Man wollte den römischen Staat, die Säulenordnung der antiken Tempel nachahmen. Man zerstörte schließlich das Feudalwesen und gab die bejahende Architektur des Ogivalstils auf, ohne natürlich die Harmonie der Griechen und der Römer jemals wiederzufinden. Man fand lediglich den modernen Staat, das Christentum und den Individualismus. Der Paganismus verließ das erlebte Unbewußte, die soziale Immanenz, den politischen, sakralen oder ästhetischen Alltag, um sich, nun unter Kontrolle stehend, in die sogenannte ‚profane Kunst' zu flüchten. Der Mensch des Mittelalters befand sich auf dem richtigen Weg: der zur Rückkehr der verklärten Götter führt.

Der neoeuropäische Geist muß sich die schöpferische Seele des Mittelalters zum Vorbild nehmen. Diese nahm die ungeheure Herausforderung auf, auf den Zusammensturz der gigantischen römischen Welt zu folgen, der bei dem Ausmaß der Katastrophe das Ende aller europäischen Zivilisation hätte nach sich ziehen können. Trotz der Umwälzung, die den Übergang von der römischen zur mediävalen Welt hervorrief, blieb die europäische Identität nämlich verwandelt und sich identisch zugleich. Den gleichen Übergang, den gleichen Bruch müssen wir nunmehr vollziehen: uns verwandeln, um unsere Identität zu bewahren; mit der progressistischen ‚Tradition' brechen, um unser eigenes Wesen zu bewahren.

Des-installiert und faustisch sein; den Traditionalismus und das, was als ‚Futurismus' bezeichnet werden könnte, miteinander verbinden können; gleichzeitig die europäische Verwurzelung und die Fortsetzung unserer Stammlinie in der zu-künftigen Geschichte vor Augen haben, d. h. jeden versteinernden reaktionären Traditionalismus und jeden sterilisierenden Gegenwartskult verwerfen; das bedingt vor allem die Ablehnung des Progressismus und seiner abscheulichen Version, der Idolatrie des ‚Zukünftigen'. Der europäische Futurismus, der europäische *Neofuturismus* könnte man sagen, setzt nunmehr paradoxerweise voraus, daß man dem Begriff der Zukunft mißtrauisch gegenübersteht.

Von der Zukunft können wir nämlich keine Erfahrung haben. Wir können keine andere Erfahrung als die der Vergangenheit haben. Die zeitgenössische Futurologie, indem sie unsere Zukunft in deterministischen Attributen einschließt, läßt uns einen Sinn der Geschichte abgöttisch verehren, neutralisiert unseren Willen, historische Projekte auszuwählen und uns eine Zukunft zu geben, bestimmt uns dagegen eine Zukunft, die einer bloßen quantitativen Steigerung der mondialistischen Konsumzivilisation entspricht. Wenn wir nicht an die Futurologen glauben, wird unsere Zukunft frei bleiben, und wir werden dort diesen ‚Vergangenheitsschock' erzeugen, vor dem sich das humanitaristische Bewußtsein so sehr fürchtet.

In der Tradition, die wir uns aussuchen, werden wir möglicherweise das Gesicht und die Inspiration unserer Zukunft finden: eine für die zeitgenössische Mentalität unvorstellbare Zukunft, eine für die ‚schöne Seele' des Humanitarismus, die Gérald Hervé geißelt[43], unannehmbare Zukunft (es ist dieselbe Seele, die sich auf der aufsteigenden Linie des Fortschritts wähnt, aber aller Wahrscheinlichkeit nach nur die vorübergehend triumphierende Figur des *westlichen Interregnums* ist.)

Dieses ‚Interregnum', in dem wir leben[44], können wir als die von Nietzsche eingeweihte Periode bezeichnen, wo der Egalitarismus seine kritische Phase erreicht und sein Tempo beschleunigt, wo Europa ablegt, was ihm an Identität übrig blieb, wo die ‚Humanität' sich gemäß dem ausgetragenen jüdisch-christlichen Projekt konkret verwirklicht, wo aber gleichzeitig der Wille, die Geschichte zu regenerieren, bei neuen Eliten wieder auftaucht.

Das gesamte 20. Jahrhundert bildet in Wirklichkeit dieses Interregnum. Es kann durchaus sein, daß es in nichts, in nichts anderes mündet als in den bereits eingeleiteten Prozeß des totalen Triumphs des Egalitarismus, der Vermassung und des endgültigen Untergangs der europäischen Zivilisation. Es kann aber auch sein, daß es nach der Ernüchterung das Ende des Egalitarismus herbeiführt. Dieses Ende ist für die meisten Zeitgenossen schwer vorstellbar, weil es nicht die ‚Verneinung' der Gleichheit oder die Ära des ‚Inegalitarismus' bedeutet, sondern vielmehr die Ära, von der an der Unterschied zwischen Egalitarismus und Inegalitarismus gegenstandslos sein wird, von der an die Wahl zwischen ‚Rassismus' und ‚Antirassismus', zwischen Kosmopolitismus und Verwurzelung keinen Sinn mehr haben wird, von der an der Streit zwischen reaktionären Traditionalisten und Progressisten, zwischen Links- und Rechtssensibilität nicht mehr wird stattfinden können, weil diese Grundfragen dann endgültig gelöst sind, weil etwas anderes dann auf dem Spiel steht, weil die Geschichtsordnung nach dem Wort Homers „durch den Blitz oder durch die Überzeugung" wiederhergestellt sein wird.

„Es gilt", schreibt Pierre Vial, „ das längste historische Gedächtnis zu haben, um eine größere Zukunft zu gründen ... Ein Volk ist ein Lebewesen. Es kann sterben; es kann eines physischen, aber auch eines geistigen Todes sterben: Ein Volk, das seine Seele verloren hat, ist ein zum Tode verurteiltes Volk ... Ein Volk ist eine Gemeinschaft, die ihrer selbst bewußt ist und in der Geschichte eben durch ihren Willen, Geschichte *zu machen*, eingetragen ist ... Was gründet ein Volk? Ein gemeinsames Erbe und der Wille, gemeinsam zu leben. Dieser Wille bleibt aber aus, wenn kein Konsens über seine historischen, kulturellen und überhaupt *mythischen* Bezugspunkte vorliegt. Die gründenden Mythen sind für das Leben eines Volkes, für sein Schicksalsbewußtsein, für seinen Willen-zu-werden unerläßlich"[45].

Die faustische Seele findet zugleich ihre Kraft und ihre Spezifität in dieser Ambivalenz: Aufruf zu den Mythen, Einsicht in die Dekadenz, die Verlassenheit. Als verdammte Seele trotzt sie dieser Verdammnis durch den Rückgriff auf die Mythen, die als einzige die Geschichte gegen die Schicksalsbestimmung regenerieren. Die heute verurteilte Zivilisation muß von der ‚faustischen Seele' beherrscht werden wollen. Julien Freund hat zu Recht nachgewiesen[46], daß die Dekadenz eine *gründende Idee* ist, daß die Bewußtwerdung einer reellen oder vermuteten Dekadenz eine historische Regenerierung nach sich ziehen könnte. Gründete sich das Heilige Römische Reich Deutscher Nation nicht auf die Idee der Dekadenz des Römischen Reichs, die alle Geister wie eine düstere Nostalgie quälte?

V Die europäische Identität im Schatten der modernen Technik

Am Kreuzweg der faustischen Seele und der europäischen Identität ist die beunruhigende Realität der modernen Techno-Wissenschaft zu finden; diese „unbestimmbare"[47] Realität, deren doppelte Gefahr darin besteht, daß sie zum einen unkontrollierbar wurde und den menschlichen Willen übersteigt, zum anderen die Identitäten in die Weltordnung des homogenen Artifizialismus eintaucht. „Die Forderung nach absoluter Gleichheit ist nichts anderes als das ideologische Produkt der unbegrenzten Anwendung der Technik", schreibt Jacques Ellul.[48]

Die aufgeworfene Frage ist wohl klar: Trüge die moderne Techno-Wissenschaft gleich dem Okzident, mit dem sie zusammenliefe, weitgehend zur Zerstörung der europäischen Identität bei, obwohl sie gerade in Europa aufkommt? Oder kann man im Gegensatz zu Elluls Einschätzung die Ansicht vertreten, daß sie mit dem Egalitarismus nicht zusammenläuft bzw. ihn nicht erzeugte, sondern daß der Egalitarismus, d. h. der Ausdruck der westlichen Ideologie es vielmehr war, der der Technik ihr vermassendes Wesen, dieses Vermögen, die Welt zu entmenschlichen, verlieh? „Die Technik", schreibt ferner J. Ellul, „war traditionell in einer Zivilisation eingeschlossen, von der sie einen Teil ausmachte; jetzt hängt alles von der Technik ab; sie beherrscht alle anderen Faktoren; sie ist jetzt ein einverleibendes Element, innerhalb dessen sich alles befindet."

Alain de Benoist[49] unterstrich, daß der weltweite ‚Technokosmus' allmählich den menschlichen Willen bei der Bestimmung – durch die Gattung – des eigenen Schicksals ablöste. Heute mehr als anläßlich der ersten industriellen Revolution lenken die ‚technologischen Neuerungen', insbesondere im Bereich der Spitzenindustrien, die Entwicklung des Wirtschafts- und Finanzsystems, das wiederum die politischen Bestrebungen bestimmt. Wir können demnach behaupten, daß der menschliche, vor allem politische Wille von einem technologischen *und* finanziellen System *entfremdet* wird, das sich in Wirklichkeit jeder Willensäußerung entzieht. Wir befinden uns tatsächlich mitten im Nihilismus, in einer Sinnimplosion.

Diese Feststellung beantwortet allerdings nicht die Zentralfrage nach dem Wesen der Technik und ob diese Technik im Grunde dazu bestimmt sei, nur diese todbringende Logik, diese Abschaffung des menschlichen Willens zu verursachen. Mit anderen Worten: Ist es die Technik selbst oder die jetzige, d. h. *okzidentale* Technik, die diese Form annimmt? Kann man – was noch nicht geschah – die Technik beherrschen? Und muß man es überhaupt? Eine Vorfrage, die wir an späterer Stelle erörtern werden.

Westlicher Technokosmus und europäische Techno-Wissenschaft

Der ‚Technomorphismus' unserer Zivilisation, die Rückführung der Ideologien und der politischen Wahlentscheidungen auf die Zwangsläufigkeit einer technokratischen Verwaltung der Menschen und der Dinge (einer angeblich neutralen Verwaltung!) – widersprechen sie nicht einer Auffassung der Technik, die dem Menschen dazu verhelfen würde, frei zu entscheiden? Alain de Benoist erklärt, daß die moderne Technik jegliche menschliche Wahl zu unterbinden neigt, indem sie den Willen und das Projekt (den Entwurf) durch einen mechanischen Fatalismus ersetzt. Wir müssen die Richtigkeit dieser Beobachtung, wenigstens innerhalb des jetzigen techno-ökonomischen Systems, bestätigen. Woran liegt es aber, daß die prä-moderne Technik nicht dazu führte, den menschlichen Willen zu sterilisieren, und daß die moderne Technik, die doch die Frucht dessen, was die Intelligenz, die Urteilskraft und der menschliche Wille elaborierten, es paradoxerweise schafft, den Menschen selbst zu roboterisieren, sich ihm zu entziehen, jeden symbolischen Gedanken zu unterbinden, die Menschenwelt zu entzaubern, indem sie sie um Entwürfe und Träume bringt?
Das liegt daran, daß die moderne Technik unter dem Einfluß der vom jüdisch-christlichen Dualismus und Individualismus durchtränkten westlich-egalitären Ideologie steht. „Nunmehr vom dualistischen, rationalistischen und universalistischen Denken beeinflußt, macht der Mensch zwischen der Welt und sich selbst eine fundamentale Trennung. Er macht aus der Welt ein Objekt, dessen Subjekt er selbst wäre ... Die Verwandtschaft von Mensch und Welt verschwindet. Der Mensch glaubt eine nunmehr entzauberte Welt zu beherrschen; in Wirklichkeit wird er selbst zum Sklaven der durchtechnisierten Welt."[50] Erst wenn die egalitäre, christianomorphe, dualistische, universalistische und rationalistische Ideologie überwunden werden kann, wird der Mensch die brutale und blinde Kraft einer sich selbst überlassenen Technik durch seinen eigenen Willen zur Macht, seine eigenen Geschichtsprojekte ersetzen können, die ihrerseits die Technik benutzen werden.
Der jüdisch-christliche und egalitäre Humanitarismus, der den hierarchischen Herrschaftsgedanken sowie den Machtbegriff ablehnt, führt paradoxerweise zu der schlimmsten Form, die diese beiden Realitäten annehmen können: Unterwerfung und Zerstörung des Menschen und

seiner Umwelt (Konsumgesellschaft und sowjetische Gesellschaft) durch die unkontrollierte Macht der Technik, die man für ‚neutral' hält. Erst eine Weltanschauung, die die Legitimität des Willens-zur-Macht des Menschen (als Wesen-*in*-der-Welt) und der Völker anerkennt, wird die Technik beherrschen, sie als Instrument, und nicht als Selbstzweck historisieren können.
Untersuchen wir das Paradoxon weiter! Da die Technik nun entzaubert ist, da sie nun keine Poetisierung, keine Verwunderung verursacht, verwandelt sie sich in eine prosaische und dadurch blinde, zerstörende Softtechnik. Der Mensch ‚sieht' nicht mehr, nimmt die Technik, die nun Bestandteil seiner Welt ist (man denke an die technologischen Krücken und Prothesen wie den Fernseher, das Auto[51]), nicht mehr distanziert wahr. Dadurch wird die Technik zu einer unkontrollierten Kraft der Unterjochung und der Zerstörung. Das geschieht, wenn der vom jüdisch-christlichen Geist geprägte Mensch die Technik nicht mehr ‚in ihrem Wesen' betrachtet, wenn er vergißt, daß er selbst ein historisches, mit Projekten ausgestattetes Subjekt ist. Das geschieht, wenn er ‚die Technik walten läßt' und durch diese naive Vertrauensseligkeit (typisch für den der jüdisch-christlichen Anschauung innewohnenden *Liberalismus*) sich selbst verurteilt, deren Sklave zu werden, und die Erde dazu verurteilt, verwüstet zu werden.

Der *pessimistische Mensch* des Paganismus – den es wieder einzusetzen gälte – weiß dagegen, daß die moderne Techno-Wissenschaft als Ausdruck der faustischen Seele äußerst riskiert ist; unter dem Blickwinkel der Gefahr und der Herausforderung, die der Mensch sich selbst stellte (die Technik und die Götter sind unser eigenes Bild, von uns und gegen uns projiziert) betrachtet, fordert die Technik dafür die Haltung des Willens zur Macht heraus. Der jüdisch-christliche Psychismus gibt sich seinerseits entweder einer optimistischen Gleichgültigkeit hinsichtlich der Natur der Technik, die er für neutral und ungefährlich hält, oder, wie der Protestant Jacques Ellul, einer Verurteilung dessen hin, was als ‚Übel' im biblischen Sinne wahrgenommen wird.
Die allzu kritischen Haltungen gegenüber der modernen Technik erscheinen allmählich dekadenzfördernd und demobilisierend. Unter dem Vorwand, uns von den Übeln der modernen Technik zu überzeugen, führen sie in Wirklichkeit dazu, die Europäer um die Macht einer Technik zu bringen, die – wir dürfen es nicht vergessen – ihnen kulturell eher gehört als jedem anderen Volk. Der antitechnische Diskurs zielt u. a. darauf ab, uns in rückschrittliche, folklorisierte Gesellschaften ohne Machtmittel zu verwandeln. Den Amerikanern und den Japanern soll die Technik gehören; den Europäern die Museen und die Folkloregruppen.

Vor der Technik dürfen wir nicht zurückweichen. Wir sind gezwungen, *den Tiger zu reiten* – nach Evolas bekanntem Ausspruch. „Wir müssen einfach ran gehen“, wie Julien Freund es formuliert. Die Inkubatoren, die Atomwaffe, die Eroberung des Weltraums, das Widernatürliche der Datenverarbeitung fordern uns heraus und bringen uns aus der Ruhe, in die eine zu literarische Kultur unsere Eliten versetzt hatte. Letztere sind im ausgehenden 20. Jahrhundert nicht mehr grundsätzlich dazu berufen, über politische Abstraktionen zu dissertieren, sondern sich um *Dinge* zu kümmern, um riskierte und beklemmende Dinge, die problematisch sind: in absehbarer Zeit wird man Kinder, von der Empfängnis bis zur Entbindung, in Inkubatoren erzeugen können[52]; man wird den genetischen Code unterbrechen und somit die Vererbung manipulieren können. Das alles erfordert Antworten, (Wahl-) Entscheidungen. Die Technik kompromittiert uns, fordert uns auf, auf die Herausforderungen zu antworten, die *wir* uns – durch sie – gestellt haben. Wegen mangelnden Willens sind die Eliten im Augenblick außerstande zu antworten und lassen die Lage verfaulen. Wenn wir – vor allem was die biogenetische Manipulation und die künstliche Befruchtung anbelangt – ohne Entwürfe und ohne Mut zum Wagnis ausharren, werden wir dem Zufall einer technologischen Revolution ausgeliefert sein, die, wie sie es übrigens immer tat, die Tabus einer jüdisch-christlichen Moral (die sich auf eine hypothetische Erhaltung der ‚natürlichen Ordnung‘ beruft) ohnehin brechen wird.

Wir müssen ins Spiel kommen, um unser Spiel überhaupt aufzuzwingen, d. h. diese Kraft und dieses Risiko, die der Technik innewohnen, annehmen und *wollen*, damit wir Herr über sie bleiben. Um aber in Erfahrungen zu bringen, ob die gegenwärtige Techno-Wissenschaft vom Wesen her mit jeglicher Form der kulturellen Identität, mit der Wiedergeburt einer Welt personalisierter Völker unvereinbar ist und ob sie mit der homogenisierenden Logik des planetarischen Okzidents eng zusammenhängt, müssen wir uns zunächst fragen, woher die Technik kommt.

Die Technik gehört zu dem, was im Menschen am menschlichsten ist, sofern der Mensch sich die Welt nur durch die Manipulationen vorstellt, denen er sie unterzieht. Wir erfassen die Welt als menschliche Welt, nicht durch unsere Sinne, sondern grundsätzlich durch die Techniken, die wir entwickeln, um im Milieu zu leben und es zu beherrschen. Jede menschliche Weltanschauung ist in erster Linie eine *technische* Weltanschauung. Unser Verhältnis zur Materie ist nicht wie beim Tier streng biologisch; es wird vielmehr durch unsere Technik mediatisiert und ausgebaut, da sie, wie A. Gehlen es erkannte, der Ersatz für einen organischen *Mangel* ist, aufgrund dessen der Mensch das Milieu nicht unmittelbar erfassen kann.

Es ist demnach falsch zu behaupten, daß die Technik dem Symbolischen entgegenstehe und daß die ‚technische Welt' eine Welt reiner Stimuli und quantitativer Zeichen sei. Es ist vielmehr die Tierwelt selbst, die als Welt von Zeichen, als wirklichkeitsquantifizierende Welt bezeichnet werden kann, da die Verhaltensschemen der Tiere *mechanisch* sind und aufgrund der umweltlichen Stimuli streng programmiert sind. Indem die Technik beim Menschen ein Gitter zwischen Welt und Wahrnehmung schiebt, verwandelt sie das Reale (das für das Tier ein ‚Imperativ' ist) in einen Komplex von Möglichkeiten und macht aus einer Wirklichkeit *an sich* eine Wirklichkeit-für-den-Menschen. Eine von Symbolen beseelte Welt ist von daher möglich, da dank der Technik die Umwelt und die gesamte Realität für den Menschen zu Bereichen werden, wo Wahlentscheidungen und eigene Auffassungen am Werk sind.

Die Technik besitzt also eine Fähigkeit an sich, das Wirkliche zu poetisieren. Das bedeutet, daß die Kultur ihr Wesen in der Technik verwirklicht. Der stets riskierende europäische Mensch fand in seiner Technik die kulturellste aller Kulturen. Es ist kein Wunder, daß alle Völker an dieser Quelle trinken und sich berauschen wollten und daß aus der weltweiten Verbreitung dieser Hyper-Kultur ein Umkehrprozeß der Entkulturierung, des Sturzes in die weltweite Sub-Kultur hervorging. Was in der kulturellen Ordnung am höchsten entwickelt ist, wird nach der Beobachtung von Konrad Lorenz auch am ehesten von Rückentwicklung, von Destabilisierung im Chaos betroffen.

Die Versuchung der Technophobie

Letzterer Aspekt der Technik prägte die Sensibilitäten am meisten, vor allem seit der großen Welle der Antitechnik-Bewegung in den sechziger und siebziger Jahren, die von den USA ausging und von den christlichen Machtgruppen unterstützt wurde: die Technik hängt nicht nur mit der Sünde des ‚Hochmuts' (Motiv des Babylonischen Turms) zusammen, sie wurde auch im 20. Jahrhundert, sachlich betrachtet, ‚gefährlich'. Trotz der Atombombe, die die Menschheit in Wirklichkeit kaum vernichten wird, hat die moderne Technik den Menschen keineswegs in einen Allzerstörer verwandelt. Der Mensch hat sich seit jeher als *animal destructor* aufgefaßt, wie die Tragödien des Äschylus es dokumentieren.

Die Angst vor dem technischen Risiko ist eine Alterserscheinung des europäischen Menschen, der es entgegenzuwirken gilt. Es ist durchaus normal, daß man das technische Risiko erkennt, bestimmt und auf-

fängt; es erscheint dagegen pathologisch, die moderne Technik und die ihr innewohnenden Risiken uneingeschränkt zu verurteilen, wie die antinuklearen Bewegungen es beispielsweise tun. Das Risiko ist übrigens nicht der Technik eigen; sofern diese als Abbild der menschlichen Tätigkeit im Grunde zum Leben (zur Biosphäre) gehört, reflektiert sie dessen Grundmerkmal, das auch alles, was im Kosmos existiert, kennzeichnet: das *Aleatorische*. Die Sonne kann explodieren oder ausgehen noch vor dem errechneten Zeitpunkt, die Erdrinde kann sich unter unseren Städten in wenig seismischen Gebieten öffnen, oder die Meteoriten können unsere Regionen bombardieren, ohne zuvor, wie allgemein üblich, in der höheren Atmosphäre verdampft worden zu sein.
Zu behaupten, daß die moderne Technik mörderisch sei, ist ebenfalls eine grobe Unwahrheit. Ganz im Gegenteil ermöglichte sie eine heute problematisch gewordene Vermehrung des Menschengeschlechts. Die industriellen Katastrophen sind äußerst selten und fordern gegenüber der klassischen Hungersnot in den landwirtschaftlichen Gesellschaften wenig Menschenleben. Die größte industrielle Katastrophe der Gegenwart, die in Zentralindien zwei- bis dreitausend Opfer forderte, wurde – vergessen wir es nicht – durch eine Düngerfabrik verursacht, die immerhin dazu beigetragen hatte, Hunderttausende von Menschenleben vor der Unterernährung zu bewahren. Was die militärische Technik anbelangt, sie ist verhältnismäßig weniger verheerend als die traditionellen Kriege (Rom verlor anläßlich der Schlacht bei Cannä 80.000 der 200.000 männlichen Erwachsenen, die es damals zählte) und tötet rein rechnerisch viel weniger, als allgemein angenommen wird.

Hinter der Mythologie der ‚Technik-als-Terror' (der ‚Elektrofaschismus' der Atomkraftwerke), hinter der Ideologie der Antitechnik verbirgt sich nicht nur eine ländliche, bukologische Nostalgie, sondern auch einer der Drehpunkte des biblischen Denkens: durch die hoch entwickelte Technik beleidigt der europäische Mensch Gott; indem er die Natur ‚vergewaltigt', eignet er sich etwas an, was ihm nicht gehört. Gleich Adam beißt er in den Apfel vom Baum der Erkenntnis und der Macht. Adam war zwar zur Arbeit verurteilt worden; es wurde aber nicht vorgesehen, daß diese Arbeit, die eine Strafe sein sollte, in eine Aneignung der Welt münden würde, in das Gegenteil also einer Strafe. Diese Ablehnung der Technik (Herausforderung der *Rationalität* griechischen Ursprungs an die göttliche *Vernunft*) hat Max Horkheimer, einer der Haupttheoretiker der Frankfurter Schule und schärfsten Gegner der auf dem Willen zur Macht gründenden Weltanschauung, eingehend formuliert[53].
Die europäische Techno-Wissenschaft darf durch die biblische Anprangerung der ‚Dämonie gegen das Werk des Schöpfers' nicht ge-

lähmt werden; wir dürfen aber auch nicht in das andere Extrem fallen, das einem umgestülpten Biblismus entspräche: die Technik als absolute Weltbeherrschung und -unterwerfung auffassen und wollen, und zwar gemäß dem klassischen luziferischen Phantasma. Da wir eine heidnische Weltsicht vertreten, erscheint uns die Natur als ‚unser' Domän; der fortgeschrittenste Vorgang wird *natürlich* und der Begriff des ‚Kunstgriffs' verblaßt.
Zu glauben, daß die Technik die Natur ‚beherrsche' und daß dies ihre eigentliche Bestimmung sei, heißt nach wie vor eine naive und rationalistische Auffassung der Technik vertreten, nämlich die eines Bacon oder eines Descartes. Mit der Technik beherrscht der Mensch die Natur nicht. Der Mensch erfindet die Technik vielmehr, weil die Natur *ihn* nach wie vor *in ihrer Gewalt hat*, weil er die Wirkungen dieser Herrschaft schwächen will. Das Tier dagegen wird von der Natur nicht beherrscht: im Gegenteil, es beherrscht die Natur, genauer gesagt, sein besonderes Ökosystem, den ‚Abschnitt der Natur', wo es vollkommen eingeführt ist. Der nicht-spezialisierte Mensch, der in die Natur geworfen wird und ihrer Beherrschung ausgeliefert ist, setzt sich durch die Technik mit der Natur auseinander. In diesem Vorgang dürfen wir kein dämonisches, gegen das Leben gerichtetes Unternehmen sehen. Der technische Weg ist ein vitaler Weg in höchstem Grade – vom gleichen Wert und mit der gleichen Funktion wie die Magie, die wir als den ersten Versuch unserer Gattung, die Welt zu rationalisieren und auf sie einzuwirken, deuten können.
Die Vorstellung, wonach die moderne Technik von der Natur abgeschnitten und abgerückt wäre, bzw. sie als bloßes Veränderungs- und Zerstörungsobjekt betrachten würde, während die traditionellen Techniken mit der Natur ‚zusammengestimmt' hätten, scheint, so einnehmend sie auch sein mag, historisch falsch. Wahrscheinlich ist das Gegenteil zutreffend. Die Bauern z. B. waren wenig ehrfurchtsvoll vor dieser ‚Natur', von der der prä-moderne Mensch übrigens wahrscheinlich keine eindeutige Vorstellung hatte. Die blinden und radikalen Veränderungen, denen die traditionelle Landwirtschaft die Umwelt unterzog, bezeugen es. Daß diese Veränderungen sich weniger auswirken als die der modernen Technik, die sich die Natur ja weltweit aneignet, ist lediglich eine Sache der Quantität, des technologischen Umfangs. Der traditionelle, präindustrielle Mensch faßte sich viel eher als Subjekt und Herr gegenüber einer Objekt-Natur auf.

Der moderne Mensch, der in einer städtisch-industriellen Welt lebt, glaubt paradoxerweise einer ‚Natur' näherzustehen, deren Begriff er gänzlich verloren hat und über die er in Entzückung gerät; er empfindet eine gewisse Schuld, die Natur zu objektivieren, zu beherrschen,

sich von ihr zu trennen. Obwohl seine technischen Mittel stärker sind (und aus diesem Grund), bedauert der moderne Mensch diese Macht und glaubt, daß sie sich gegen ihn wenden wird (Spenglers Standpunkt); er sehnt sich nach jenen Zeiten, da die bescheidenen traditionellen Techniken – seiner Ansicht nach – die Menschen mit der Mutter Natur im ‚Einklang' ließen.
Wenn wir zu dieser Harmonie und zu diesem (zwischen Mensch und Kosmos durch die griechische *technè* eingesetzten) Gleichgewicht zurückfinden wollen, müssen wir, wie Heidegger es fordert, die instrumentalistische Auffassung der ‚Technik-als-Werkzeug' aufgeben (die die biblische und okzidentale Weltsicht prägt) und der Technik einen ontologischen Status zurückgeben: Wir müssen uns des *metamorphischen Wesens* der gegenwärtigen Techno-Wissenschaft, der wesentlichen Herausforderung, die sie uns stellt, bewußt werden.
Wollen wir mit der Natur in ‚Einklang' bleiben, so dürfen wir sie nicht mehr auf fixistische Weise betrachten. Das Wesen selbst der Harmonie, ihre Bestimmung muß sich ändern, so wie sich die Technik und ihre Implikation geändert haben. Einst setzte die Harmonie mit der Natur einen Einklang mit dem voraus, was zu jener Zeit als ‚Natur' aufgefaßt wurde. Und gerade die Technik zwingt uns heute, unsere Vorstellung von der Natur, die nun auf die Masse-Energie, den kosmischen Raum und die allgemeine Relativität ausgedehnt ist, abzuändern.
In den europäischen Mentalitäten muß die *dialektische Überwindung* des Progressismus, des Ökonomismus und der westlichen Auffassung der Technik demnach ein Begriff werden. Diese Überwindung soll dazu verhelfen, auf einer anderen Ebene die Harmonie, deren sich die antiken und traditionellen Gesellschaften gegenüber ‚ihrer' Technik erfreuten, wiederzufinden. In diesem Sinne handelt es sich bei diesem qualitativen ‚Sprung' historischen Wesens, den die europäischen Völker mehrmals zu vollziehen hatten, um eine *Verwandlung*.

Wir werden somit nicht zu einem Rückschritt diesseits der Technik bewogen sein, nicht zu einer linearen Rückkehr in ein prätechnologi sches Zeitalter, nicht zu einer Ausstoßung der industriellen Welt, die, ob wir es wollen oder nicht, zu unseren Werten gehört, sondern zu einer Überwindung von oben der heutigen technomorphen Welt. Wir sind berufen, zu ‚Postprogressisten', ja zu ‚Postmodernen' zu werden (bei allen Entwertungen, die letzterer Begriff durch falschen Gebrauch erfuhr).
Das am schwersten zu widerlegende Argument bei dem Zusammenstoß der modernen Technik mit der Identität der Völker betrifft die *Planetarisierung* der Lebens- und Produktionsweisen, zu der erstere verleitet.

Ein entscheidender Punkt, der sowohl die liberalen wie auch die marxistischen Analysen über das technoökonomische Wesen vom Unterbau der Zivilisationen (wobei letztere ideologischer Natur sind) entkräftet: der planetarische Charakter der modernen Technik ebenso wie der planetarische Charakter dieser Zivilisation leiten sich keineswegs von der Technik ab, die nach Ansicht mancher, insbesondere der Liberalen, in ihrem Wesen universalistisch sei; sie rühren vielmehr von einer Bewegung, von einem Impuls, die Erde zu beherrschen, her, der Europa im ausgehenden Mittelalter ergriff. Portugal wurde übrigens als erstes Land von diesem ‚planetarischen' Impuls erfaßt. Es sei nebenbei darauf hingewiesen, daß der christliche Universalismus und sein Bekehrungsgeist, auch wenn sie sich mit diesem Planetarismus hervorragend paarten, dennoch mit diesem nicht ineinanderfließen, denn er geht auf einen europäischen psychischen Grund zurück, der sich vom Christentum unterscheidet.

Diese Bewegung wendet sich also heute gegen uns. Ein zusätzlicher Grund dafür, daß wir uns die Technik wieder aneignen, damit der Widerspruch aufhört: von einer Erscheinung entkulturiert zu werden, die aus unserer eigenen Kultur hervorging und über deren Anwendung wir nicht mehr Herr sind. Wir sind nicht dazu berufen, eine *andere* Technik zu verwirklichen, sondern endlich *die* Technik in ihrem *enthüllten* Wesen.

Gerade weil sie in ihrem Wesen so genau und intensiv das ausdrückt, was der europäische Mensch ist, wurde er, als wenn ihn ein starkes Bild seiner selbst verblendet hätte, von dieser Technik zerstört und verrückt; und wiederum konnten andere Völker, etwa die Japaner, die sich von ihr mehr distanzierten, sie fernhalten und damit ihre Kultur bewahren. Warum wirkte sich die Technik überhaupt bei uns als kulturzerstörend aus? Weil wir zwischen der Technik und ihrer Welt *und* unserer übrigen Kultur keinen Unterschied zu machen, keine Trennung zu markieren wußten noch konnten. Und warum? Weil die moderne Technik eben aus unserer Kultur hervorging, weil sie der eigentliche Ausdruck unserer Psyche war.

Sie war es übrigens derart, daß sie *gegen* das Christentum und den Willen der Kirche auftrat, wie die Historik der antiwissenschaftlichen Zensur es dokumentiert. In dieser Hinsicht ist die moderne Technik vielleicht der Ausdruck unseres *heidnischen Unbewußten*: So wie ein zu heftiger Atemzug reinen Sauerstoffs den niederstrecken kann, der von der verdorbenen Luft vergiftet war, so waren die Europäer (die sich seit langer Zeit mit einer fremden Geistesart, dem Judao-Christentum, mit kulturellen Verschmelzungen abfinden mußten) angesichts des jähen Aufbruchs der modernen Technik, d. h. des geläuterten Ausdrucks des Paganismus im 20. Jahrhundert möglicherweise nicht auf der Höhe.

Die moderne Technik als zweite Magie

Die moderne Technik birgt mindestens im gleichen Maße wie die frühere Technik Mythologie und ästhetische Mobilisierungskraft in sich. Michel Maffesoli spricht zu Recht vom „Zauber der Mikroprozessoren".[54] Die Luftfahrt, das Auto, die Weltraumforschung, die Informatik usw. haben ihre ‚Fans'; und dieser Fanatismus, moderne Version magischer Verzückungen, treibt das gesamte Volksunbewußte der tiefst verwurzelten europäischen Mythen. In der Darstellung der Science-fiction, des phantastischen, ganz mit hypertechnischen ‚Wunderwerken' durchströmten Realismus kommen heute – nicht zufällig – die Mythemen des alten Europa, vor allem das des Reichs, zum Ausdruck.

Der technische Gegenstand fungiert seit Jules Vernes als Kristallisierung des Imaginären und führt eine *magische* Mentalität wieder ein: die Welt der Roboter, der erforschenden Raumschiffe oder der Jagdbomber im Weltraum ebenso wie heute das Staunen der Jugendlichen angesichts einer Mirage 2000, das sich von der Piste sozusagen losreißt, tragen dazu bei, einen psychologischen Hintergrund wiederzuerwekken, den zu unterdrücken die vorherrschende Ideologie und das Christentum bemüht waren: faustischer Glaube an die abenteuerliche Macht des Menschen (Mythos des Erforschers), der sich bei aller Sou veränität das Recht anmaßt, *Wunder zu tun*, d. h. den ‚Gesetzen' der Natur entgegenzuhandeln (fliegen, sich von der Schwerkraft der Erde loslösen, in die Weltmeere tauchen, den Tod aufschieben, die Synthese des Lebendigen realisieren usw.).

Dem alten Ausspruch gemäß unterwirft man die Natur nur, wenn man ihr gehorcht, und in Wirklichkeit sind die ‚Wunder der Technik' nur die Anwendung natürlicher Kräfte; auf psychischer und ideologischer Ebene sieht es aber anders aus: Der faustisch gewordene europäische Mensch überschreitet durch die Wissenschaft und die Technik, was alle Zivilisationen – das Judao-Christentum inbegriffen – nicht zu verletzen wagten, nämlich die offenbare Ordnung der Natur. Und wir brauchen in diesem Zusammenhang die Verfahrensweise der griechischen *technè* nicht unbedingt zu betrauern[55], die sich als ‚Produktion', als ‚Wachsen-Lassen' verstand und Harmonie bzw. ‚Gehorsam' gegenüber der Natur pflegte. Das hieße sonst jene große Revolution des ausgehenden Mittelalters niedrig zu schätzen, die im französisch-deutsch-italienischen

Bereich den faustischen Geist, den echten europäischen Geist aufkommen sah und die den europäischen Menschen dazu trieb, sich an der Natur zu ‚vergehen', sie dem kategorischen Imperativ zu unterwerfen, *für den Menschen zu produzieren*. Alain de Benoist weist zu Recht darauf hin[56], daß eine solche Revolution natürlich ungeheuere Risiken nach sich zieht, insbesondere die Gefahr, den Menschen von der natürlichen Realität abzuscheiden und ihn in einen Roboter, ein künstliches, selbsterzeugtes Wesen zu verwandeln. Diese Risiken müssen aber getragen werden, und darin gründet die Größe der europäischen technischen Hochkultur. Die Risiken werden übrigens umso besser getragen, je mehr die Technik den sie kennzeichnenden *Trieb zur Neuerung* beibehält. Durch die ständige Des-Installation, die sie bewirkt, durch das Ausbleiben eines Endes, eines Schlußpunkts, das ihren Erfindungsprozeß kennzeichnet, durch die ‚Weltveränderungen', die sie verursacht, vollzieht die technische Neuerung nämlich zwei Hauptbewegungen.
Die erste ist die Aufrechterhaltung (oder Bereitstellung) einer Geschichtsauffassung, die der messianischen, eschatologischen des Judao-Christentums und des Progressismus völlig entgegengesetzt ist. Letztere betrachten die Geschichte als Segment, das in ein seliges Ende mündet, zu einem glücklichen Schlußpunkt führt. Die chronologische Welt der technischen Neuerung (die ‚Zeit der Technik') erscheint dagegen abenteuerlich und endlos, gleich dem kosmischen Raum oder dem Raum der Mikropartikel: *unendlich*. Demnach besteht ein Widerspruch zwischen der Zeitlichkeit der progressistischen und ‚technologischen' Ideologie (die übrigens das Nullwachstum sowie das Stillstehen der Wissenschaften in Betracht zieht, sobald die Erde industriell eine optimale Stufe einheitlichen Wohlstands erreicht haben wird) *und* der surhumanistischen Anschauung der Zeit und der Geschichte, die der europäischen Technik eigen ist. Der technologische Progressismus strebt das Ende der Geschichte an, wohingegen die techno-wissenschaftliche Neuerung implizit ihre endlose Fortsetzung meint.

Die zweite Hauptbewegung ist weit davon entfernt, dem Vorgehen der griechischen *technè* zu widersprechen (was die ‚erste' moderne Technik, die der industriellen Revolution, in Wirklichkeit tat). Die zweite moderne Technik (Mikrophysik, Genetik, Astrophysik usw.) geht zu einer erneuten *Koexistenz* mit der Natur über, was Heidegger voraussieht, auch wenn er es nicht deutlich ausspricht. Die heutige Techno-Wissenschaft entdeckt zunächst wieder, daß ihr Artifizialismus keine Trennung mit der Natur, kein ‚Ungehorsam' bedeutet, sondern eine Nachahmung, und zwar dank der ‚Vorwärtsbewegung' der Mikro- und Astrophysik: das Zyklotron gibt in der Sonne beobachtete Erscheinungen wieder, das Raumschiff – wie einst das Großschiff – setzt uns wieder in unmittelbare Beziehung zur ‚rohen Natur' des Kosmos, die Genetik deckt das bislang vom Glauben entstellte Reale des Lebens auf, die Radioelektronik konfrontiert uns mit einer neuen Dimension der Natur usw.

Die von Heidegger und weiteren Autoren, u. a. Spengler, Jünger, Ellul, vorgenommene Unterscheidung zwischen der ‚klassischen' Technik der nicht-industriellen Gesellschaften und der ‚modernen Technik' (wobei sie letzterer eine ungeheuere bzw. diabolische Macht zuerkennen, sie als ‚außergewöhnliche Tatsache' hinstellen) ist aber in Wirklichkeit nicht operativ. Der Unterschied zwischen klassischer und moderner Technik ist quantitativ, und nicht qualitativ. Wie Anthropologen und Ethologen (Adolf Portmann, Jacob von Uexküll und Konrad Lorenz) es vielfach hervorhoben, hat die Technik an sich nichts Antimenschliches, bei ihrem Unternehmen, die ‚Naturalität' zu domestizieren. Der Mensch war schon immer von dieser biologischen Anlage angeregt, sein Milieu zu beherrschen und es durch ein menschliches zu ersetzen. Es ist genau der gleiche geistige Prozeß, der einst den neolithischen Bauern dazu trieb, um die Lichtung herum zu roden, und der uns heute dazu bewegt, die gesamte Erde zu beherrschen. Aufgrund der begrenzten technologischen Mittel konnte man früher nicht ‚sehen' und wahrnehmen, daß sich die menschliche Technik mit ihrer ungeheuren Kraft auf das gesamte irdische Ökosystem bezog, während wir es heute erkennen müssen. Paradoxerweise und entgegen weitverbreiteter Vorurteile sind aber die jetzigen Inhaber der so mächtigen modernen Technik, geistig und gefühlsmäßig, viel mehr um die ‚Natur' besorgt und angesichts der (jeder Technik inhärenten) Zerstörungswerke viel zurückhaltender, als es die Zeitgenossen der präindustriellen Gesellschaft waren.

Die echte Verwandlung betrifft also nicht das technische Vorgehen an sich, sondern das *Objekt*, auf das sich nun die Herrschaft der Technik bezieht. In der ersten Phase betraf die technische Beherrschung nämlich den Menschen selbst und die Welt als wahrnehmbare Umwelt (Medizin, Landwirtschaft, Industrie, Newtonsche Naturwissenschaften). Seit der Quantenrevolution und der Formulierung der allgemeinen Relativität wagt sich die techno-wissenschaftliche Beherrschung der (astro- und mikrophysischen) Welt an die *Masse-Energie* heran. Der Gegenstand der Technik ist mit anderen Worten nicht mehr das wahrnehm- und begreifbare Milieu (vom menschlichen Körper bis zum Planeten), der Makrokosmos also, sondern der Mikrokosmos, d. h. die eigentliche Essenz der Materie und des unmittelbar nicht zu erfassenden Wirklichen. Es handelt sich um einen außerordentlichen Sprung, dessen Folgen wir erst wahrzunehmen beginnen.

Unsere Schizophrenie wird aufhören, wir werden uns mit der Technik

versöhnen, wenn wir endlich begreifen, daß sie nicht wie die Maschinen *außerhalb unser* steht, daß nur die Technologie, bloßes Anwendungsgeschick, außerhalb unser steht.
Zu behaupten, daß die Technik nicht außerhalb unser, nicht außerhalb unserer kulturellen Psyche steht, heißt einen riesigen Schritt bei der Erfassung dessen tun, was Heidegger als „Geheimnis ihres Wesens" bezeichnet. Das Wesen der Technik ist schon deshalb geheimnisvoll, weil dieses Wesen uns zu nah steht, als daß wir es richtig aufdecken könnten, weil dieses Wesen *in uns* ist, weil es aus uns hervorgeht, weil es gewissermaßen ‚wir' ist, und das sicherlich seit Anbeginn des indoeuropäischen Abenteuers. Dazu ein Beispiel: Was die Technik u.v.a. kennzeichnet, ist – wie bereits erörtert – eine *abenteuerliche Anschauung* der Zeit als Aufbau des Willens, und nicht mehr als Wiederholungszyklus ewig hingenommener Traditionen. Aber diese Anschauung der Zeit (verirrt in der zusammengebrauten linear-eschatologischen christlichen Auffassung, die aber zunächst in Europa Gestalt nahm, wo die zyklische und traditionelle Auffassung am wenigsten befestigt war) war in den früheren europäischen Kulturen virtuell vorhanden, wie Dodds[57], Vernant und viele andere es nachgewiesen haben. Mit anderen Worten: die Technik wurde von einer latenten Weltanschauung geboren. Genauer gesagt, es ist nicht die Technik, die als plötzlich auftauchender Gegenstand ‚von außen her' unsere Weltanschauung verändert hätte, sondern es ist unsere (bereits prätechnische) Weltanschauung, die schließlich die ‚Technik' verursachte und sich in ihr verwirklichte. Wir Europäer haben schon immer die ‚moderne' Technik in uns getragen; möglicherweise, dies wäre aber der Gegenstand einer anderen Untersuchung, ist sie die Essenz unserer Kultur?[58]. Unter diesen Bedingungen gebührt es uns, daß wir uns die Technik als *Tradition* wiederaneignen. Die Technik wäre dann die Aktualisierung einer Potentialität, die wir in uns tragen. Sie würde nicht mehr implizit als fremd und somit als kulturzerstörend wahrgenommen.

Außer ihrer entkulturierenden Wirkung wird der Technik, insbesondere der modernen, häufig vorgehalten, daß sie die Völker in eine einebnende und vereinheitlichende Vermassung führen würde. In Wirklichkeit ist die Technik im wesentlichen eher *inegalitär*, da sie diejenigen selektiert, die ihren Herausforderungen entgegenzuwirken vermögen, von den anderen, die dazu nicht in der Lage sind. Hat sich übrigens nicht der Abstand zwischen den Nationen seit der ‚Technologisierung' der Zivilisation vergrößert? Die von der vorherrschenden Ideologie (die die Technik zu diesem Zweck benutzt) erzeugte Vermassung und Einebnung betrifft ausschließlich die soziologischen Lebensweisen innerhalb jeder Nation und wäre sogar ohne die Hilfe der modernen Technik, langsamer aber auch sicherer, eingetreten.

Die Technik ist sogar besonders inegalitär, sofern sie als die Frucht der menschlichen List gegen die Welt auftritt. Julien Freund zeigte auf, daß die List Ungleichheit erzeugt. Bei ihrer Indifferenz kann die Natur einebnen oder nicht; auf jeden Fall kann ihr Vorgehen *nicht* als inegalitär verstanden werden. In mancher Hinsicht kann man sogar behaupten, daß die Natur das Menschentum gleichmacht, da sie alle Menschen dazu führt, vor dem Tod gleich zu werden, da sie bemüht ist, alle durch die Technik geschaffenen Ungleichheiten abzuschaffen und als unbedeutend hinzustellen.
Die Technik, die sich als *Pakt* versteht, d. h. als menschliche Auflehnung gegen den Zufall, das Aleatorische und die Verblendung des Lebens, setzt an die Stelle der dem Menschentum innewohnenden Undifferenziertheit ein inegalitäres Projekt. Zunächst ließ es nicht zu, daß jene Gleichheit, die angesichts der Naturlaunen zwischen Tieren und Menschen vorherrschte, fortbestand. Eine zweite grundlegende Ungleichheit setzte ein, als die Menschengruppen, die über eine entwikkelte Technik verfügten, denen überlegen wurden, die keine besaßen. Wenn man die Gefahren der Technik sowie ihre zerstörenden Folgen verurteilt, verwechselt man sehr häufig (gerade aufgrund dieser Deutung der Technik als der europäischen Kultur fremd und als Äußerlichkeit) die *Wirkungen* einer Ideologie mit der Technik. Der Technokosmus ist ein ‚System' (Maschinen, Wirtschaftsnetz und Verhaltensweisen), das aus der Technik, unseres Erachtens aber auf mißratene Weise, hervorging, während die Technik eigentlich eine *Weltanschauung* ist: eine Anschauung der Zeit und des Raums, der Struktur des Imaginären und des Sakralen. Dieser Annahme zufolge ist die Technik ein äußerst reichhaltiger Komplex, dessen Möglichkeiten wir noch nicht einmal mutmaßen. Die mißratene Anwendung der Technik durch die aus dem Christentum stammenden Ideologien (Rationalismus, Progressionismus) und den liberalkapitalistischen Westen hat die Technik nicht nur, wie oben dargelegt, neutralisiert und entzaubert, sondern das geschah (unbewußt) auch so, weil *die Technik virtuell und über alles ‚Poetisierung', ‚Vergöttlichung' der Welt war:* ein typischer Zug des Paganismus.
Inwiefern? Als Weltanschauung schließt die Technik in sich anscheinend nicht nur jenes forschende und abenteuerliche Verhalten, das nach der Auffassung von Lorenz und Morin die eigentliche ‚Spitze' vom Wesen der Natur darstellt, nicht nur jenen latenten Faustismus, der die Seele des europäischen Menschen ausdrückt, sondern auch eine *irrationale* und *ästhetische* Auffassung des Kosmos: zwei Aspekte, die das Judao-Christentum ununterbrochen bekämpfte.
Die Technik ist nicht nur hierarchisierend, sie ist auch ‚bezaubernd' – auch hier entgegen eines weitverbreiteten Vorurteils, wonach die Tech-

nik das verursacht hätte, was Max Weber die Entzauberung der Welt in der Neuzeit nannte. Die Technik ist *entzaubert*, und nicht Entzauberung in ihrem Wesen. Die Entzauberung der Welt, welche die Einförmigkeit, der Atheismus, die Vermassung und der Materialismus dieser Zivilisation zu erkennen geben, ist die Frucht einer *Ideologie* (des aus dem Christentum hervorgegangenen Egalitarismus), und nicht der Technik selbst.

Wenn es nach Heideggers Worten stimmt, daß der befahrene und vom Wasserkraftwerk verbaute Rhein nur noch der Rhein ‚für' die Technik ist und sein Geheimnis, seine Tiefe, seinen ‚natürlichen' Zauber verliert[59], ist es nicht weniger einleuchtend, daß mit der modernen Technik die Natur und jener verlorene Zauber auf der Ebene des Kosmos und des unendlich Kleinen wieder anzutreffen sind. Die Natur erlangt dadurch eine neue Tiefe, und die Technik findet zu jenem ‚Enthüllungseffekt' zurück, der der griechischen *technè* eigen war. Die Natur verweist nicht mehr nur auf die Pflanzen und Hügel, die für unsere Vorfahren geheimnisvoll waren, und für uns weniger rätselhaft sind. Ihre Flucht nach vorn fortsetzend und ihr Geheimnis dabei noch mehr verdichtend, verweist sie nun auf die Welt der Elementarteilchen, die Masse-Energie und den Kosmos: eine neue Realität, die mindestens ebenso geheimnisvoll und unendlich wie die ‚unmittelbare' Natur erscheint, die sich unseren Vorfahren darbot.

Somit haben europäische Technik und Wissenschaft die Welt keineswegs entzaubert: sie haben diesen Zauber ‚weiter getrieben'; die unmittelbare irdische Natur wurde zur Umwelt, als sie von der Technik beherrscht und entpoetisiert (obwohl...[60]) wurde, und eine *neue Natur* tauchte auf, durch die Bewegung der Wissenschaft und der Technik gewissermaßen entdeckt. Es ist die Natur der Astro- und Mikrophysik, die der Eroberung des Weltraums und der Masse-Energie, die jener „denkenden Partikeln", von denen Jean Charon spricht. Es ist daher wichtig, zumal sich unsere Götter nun im Kosmos befinden, diese europäische techno-wissenschaftliche Kultur mit der Eroberung des Weltraums fortzusetzen, die für die Europäer ferner den Schlüssel zu ihrer strategischen und militärischen Unabhängigkeit bildet.

Wir sollten nicht auf naive Weise versuchen, die ‚Nachteile der Technik' zu löschen, um nur deren ‚Vorteile' zu behalten – nach der dürftigen, arglosen Weise derjenigen, die die Technik ‚domestizieren' wollen, indem sie nur ihre ‚guten Seiten' behalten. Diese Sicht der Dinge geht auf einen biblischen und eudämonistischen Standpunkt zurück, der sich einbildet, daß man das ‚Gute' vom ‚Bösen' trennen könne, und der nicht begreift, daß die Technik eine organische Symbiose von ‚Positivem' und ‚Negativem' ist, die es dialektisch von oben zu überwinden gilt.

Durch die Herausforderungen, die sie enthält, ist die Technik übrigens *historisierend*: sie zwingt die Menschen, sie anzunehmen; sie spornt zur Flucht nach vorn an. Wir können sogar die Ansicht vertreten, daß ohne die Herausforderungen der modernen Technik die Geschichte und die Bewegung aus unserer Zivilisation völlig verschwunden wären. Was dem weltweiten Status quo, jenem von mehreren Autoren verurteilten ‚Ende der Geschichte' zugrunde liegt, ist die okzidentale Ideologie selbst und ihre planetarisch materialistisch-vereinheitlichende Zielsetzung. Und die Technik fungiert zugleich als Beschleuniger dieser Uniformierung (durch Mittel, die sie liefert, z. B. auf dem Gebiet der Medien und der Kommunikation) und als Bremse dieses Prozesses, indem sie vor allem unerwartete (nukleare, biologische usw.) Fragen aufwirft, Fragen, die man mit einer Reinjektion von Politischem und Militärischem, von historischen Entscheidungen überwinden muß, und das in einer der faden Führung der Ökonomie geweihten Welt.

Wohin mit der Technik?

Es geht eigentlich weniger darum zu wissen, wie die Technik zu beherrschen sei, als zu erfragen, was aus der Technik gemacht werden soll. Eine angemessene Antwort auf diese Frage werden diejenigen, die das der Technik inhärente Risiko abschaffen wollen, nicht geben können. Da sie, wie bereits dargelegt, zur Ordnung des Lebens und der lebenswichtigen Herausforderungen gehört, kann die Technik nur dann fruchtbar sein, wenn sie uns in Gefahr – eine von allen akzeptierte Gefahr – bringt, sofern das Leben zu dessen Fortbestehen die Präsenz einer zu überwindenden Gefahr voraussetzt.
Darum sind die Gefahren der Genmanipulationen, der nuklearen Programme oder der Technologien massiver Produktion (in den Meeren oder auf dem Festland) unerläßliche Herausforderungen für unsere Existenz und selbst für unser geistiges Niveau. Man kann sogar die Ansicht vertreten, daß wir – oft rückwirkend – von technischen Herausforderungen großen Ausmaßes stimuliert werden, die uns dazu verhelfen, in der Geschichte zu bleiben. Die Herausforderung der Massenkommunikationen beispielsweise ruft dafür identitäre Forderungen massenweise hervor. Wenn die mondialistischen und kosmopolitischen Lehren des Egalitarismus zu ihrer jetzigen Wirksamkeit gelangt wären, ohne daß es eine technologische Zivilisation gegeben hätte, wären sie paradoxerweise vielleicht noch wirksamer gewesen. Auch die heutige Amerikanisierung Europas ist dadurch, daß sie mit den gewaltigen Mitteln der Medientechnik und des Audiovisuellen erfolgt, sichtbarer, erkennbarer und empörender, ist damit leichter zu bekämpfen, als

wenn es sich um eine Entkulturierung ‚ohne Technik' gehandelt hätte, wie es Völker in der Vergangenheit durch die langsamen, aber tiefgreifenden Mittel der Entzündung der kulturellen Kapillarität (der kulturellen Gefäße) erleben konnten. Demtentsprechend wird es eine Bewegung zur Entamerikanisierung Europas und zur Eroberung der Identität durch die technischen Mittel leichter haben, während sich die ‚Rekulturierung' in einer traditionellen Gesellschaft äußerst schwierig gestalten würde.
Um die Frage ‚Was tun mit der Technik?' angemessen zu beantworten, müßte man zunächst den impliziten Gegensatz überwinden, der zwischen ihr und der Wissenschaft besteht, da nach Julien Freunds Untersuchung die Technik als ‚polytheistisch' sei, die Wissenschaft hingegen als ‚monotheistisch' wahrgenommen sei.
Die Wissenschaft gründet immer auf der Idee eines ‚universalen Naturgesetzes', der Einmaligkeit der Endzwecke und einer Weltwahrheit, die prophetisch zu offenbaren ihr von der Ethik der Erkenntnis gestellter Auftrag sein soll. Die Auffassung der Wissenschaft wohnt dem Zeitgeist immer noch inne, auch wenn die Mikrophysik und die Relativitätstheorie sie theoretisch zermalmten, indem sie das Reale als mannigfaltig, aleatorisch und unfaßbar umdachte.

Die moderne Technik ihrerseits, die eigentlich bereits im ausgehenden Mittelalter mit den Fortschritten in der Schiffahrt zu entstehen beginnt, wird von der vielseitigen Symbolik des Meeres beherrscht. Das Schiff als erster Gegenstand der ‚modernen Technik', das ab dem 14. Jahrhundert mit Ruder, Kompaß, Sextanten, der Technologie des hohen Segelwerks versehen wird, konkretisiert, was der Winkingische Schiffsbau bereits andeutete: der Mensch erhebt sich zum ‚Wesen des Meeres'. Er sticht allein in die feindselige See, sein Leben dem Schiff, d. h. dem technischen Artefakt, anvertrauend. Die Technik verwirklicht durch das Schiff – als Verkehrsmittel, Kampfinstrument, beweglicher Wohnort und Kunstwerk – ihr Wesen voll und ganz: Des-installation des der festländischen Geborgenheit entrissenen Menschen, um in das Risiko und in die poetisierte Welt des Abenteuers geworfen zu werden. Dieser die Technik kennzeichnenden Abschaffung der Sicherheit stellt die ‚Wissenschaft' die metaphysische Geborgenheit des Festlandes, Symbol des Schutzes und der Unbeweglichkeit, gegenüber. In der europäischen Seele führten diese beiden einander widersprechenden und ergänzenden Prinzipien der Wissenschaft und der Technik zu einer Dynamik zwischen zwei Polen: Verwurzelung/Desintallation, Wissen/Artefakt, Versenkung/Abenteuer, Natürlichkeit/Künstlichkeit.
Durch die hegemonische Präsenz der narzistisch-egalitären Werte des Okzidents werden Wissenschaft und Technik heute leider von ihren Aufgaben und ihrem Wesen abgebracht. Es kommt vor, daß die häufig

in ihrem Endzweck entstellte Technik die Wissenschaft beherrscht und die notwendige ‚Versenkung' abschafft (u. a. in Form der Merkantilisierung der Forschung).
Die Herausforderung, die einer neuen europäischen Zivilisation (einer ‚neoeuropäischen' Zivilisation) gestellt und zu einer Wieder-Bezauberung vom Bild des Ingenieurs führen würde, besteht darin, den Gegensatz zwischen Wissenschaft und Technik zu überwinden und sie miteinander zu *multiplizieren*, anstatt sie einfach zu addieren, was ihre gegenseitige Entstellung bekräftigt. Wenn die Addition zur mechanischen Ordnung der meist zerstörenden Macht gehört, gehört die Multiplikation zur organischen Ordnung der zumeist konstruktiven Macht. Die Wissenschaft stellt das Eine dar, die Technik das Vielfache; und umgekehrt entdeckt die (moderne) Wissenschaft die Mannigfaltigkeit der Welt, und die Technik wendet ihre Entdeckungen auf die Einmaligkeit der Handlung an.
Nur Europa als Land der Mitte kann die Wissenschaft und die Technik miteinander multiplizieren und aus dem Technomorphismus und dem Merkantilismus des technologischen Westens herauskommen, indem es dieser Wissenschaft und dieser Technik zu ihrem Wesen verhilft, d. h. indem es sie in das verwandelt, wozu sie zu werden bestimmt sind: die Instrumente des historischen Willens-zur-Macht, der polemischen Beherrschung des Milieus und der Wieder-Bezauberung unserer Welt. Wir Europäer sind nicht der Technik ‚verfallen' gleich Robotern, die von einem ziellosen Wirtschaftssystem gelenkt werden (wie das in den USA zutrifft); wir sind vielmehr dafür geschaffen, die Herren der Technik zu werden.
Die Frage ‚Was tun mit der Technik?' enthält einen zweiten Aspekt: den der Beziehungen zwischen Technik und Ökonomie. Es handelt sich um einen von den Philosophen der Technik meistens übersehenen, dennoch durchaus grundlegenden Bereich, da die Technik sich innerhalb eines Wirtschafts-Regimes: entfaltet und da besagtes Regime deren Äußerung verwandeln kann.

Sofern die Anwendung und die Organisation der Technik (die ‚technische Organisation der Technik' sozusagen) die Technik verdirbt und sie an ihrer Entfaltung als Äußerung der europäischen Identität hindert, müssen wir uns mit dem ökonomischen System befassen. Die Ökonomie ist es ja, die im Rahmen der gesellschaftlichen und historischen Ereignisse die Entwicklung der Technik seit über einem Jahrhundert bedingt. Das System des weltwirtschaftlichen Tausches (internationale Arbeitsteilung) trug nämlich dazu bei, die Produktion und den Verbrauch zu vereinheitlichen, eine einzige Form der Technik weltweit zu verbreiten, und zog zwei nachteilige Folgen nach sich: Verarmung der Technik selbst, die nunmehr auf ein einziges Industriemodell ausgerichtet und auf die Stufe der Konsumideologie herabgesetzt wird; Umwandlung dieser Technik in einen Faktor kultureller Homogenisierung und sozialen Materialismus.

Mit der Modellentwicklung *autozentrierter, halbautarker* Räume, die mit der Weltwirtschaft brechen würde, wären die Bedingungen erfüllt, um aus der Technik einen Faktor der Identitätsverstärkung, und nicht mehr der Entwurzelung zu machen (diese Lehre erfreut sich übrigens einer immer größeren Beliebtheit, vor allem in der Dritten Welt).

Wir haben an anderer Stelle dargelegt[61], daß die autozentrierte Wirtschaft sogar bei einer Steigerung des jetzigen wissenschaftlichen Niveaus durchaus möglich ist, wenn sie auf Großräume wie Europa oder die arabische Welt angewendet würde. An die Stelle der gegenwärtigen Weltwirtschaft kämen techno-wirtschaftliche Makrokosmen. Die Technik würde aufhören, ein Faktor der Vereinheitlichung und der Entropie zu sein, da jedes Areal, jeder autozentrierte Raum imstände wäre, *seine* technische Welt zu entwickeln, die wiederum seine Identität, seine Spezifität, seine Souveränität verstärken würde. Nach der Einschätzung François Partants wäre ein solches Modell gegenüber der krebsartigen techno-ökonomischen Entwicklung nach okzidentaler Art von ungeheurem Vorteil: es könnte die Frage der Unterernährung und der ökonomischen Abhängigkeit der Dritten Welt lösen; es würde der Menschheit einen *negentropischen* (Vielzahl von staudenden kulturellen Systemen) und heterogenen Charakter zurückgeben; es würde die Kulturen in die Lage setzen, mit *ihrer* Technik, und nicht mehr wie heute gegen und trotz einer entwurzelten und universalen Technik zu leben. Jedes Volk könnte von der Medizin bis zur industriellen oder landwirtschaftlichen Produktion eine seiner eigenen Zivilisation entsprechende Technik wiederfinden. Die Gegner dieses Modells – Liberale und Marxisten – weisen es mit dem Argument zurück, daß die Nicht-Okzidentalen dazu unfähig seien – was François Partant widerlegt[62].

Was Europa betrifft, wäre es ebenfalls möglich, der Technik ihren vermassenden und entkulturierenden Charakter zu nehmen, kurzum sie zu ent-okzidentalisieren, indem sie ‚wieder-europäisiert' wird; das setzte eine Veränderung der Ideologie sowie eine Umorganisierung der wirtschaftlichen Produktion voraus. Es ginge darum, aus der Ökonomie der Konsumgesellschaft herauszukommen und das zu bewerkstelligen, was man als ‚organische Wirtschaft' bezeichnen könnte. Letztere würde die Technik nicht mehr vornehmlich auf den individuellen Verbrauch ausrichten, sondern auf die Produktion kollektiver Güter, die den historisch mobilisierenden Projekten der Souveränität unterge-

ordnet würden. In dieser Perspektive müßte die Eroberung des Weltraums eine zentrale Rolle spielen.
Die ‚großen Entwürfe', die ‚großen Projekte' zur Mobilisierung durch die Technik (Projekte, die Abenteuer, Aggressivität, Heroismus in sich tragen) wären nicht die einzigen Anwendungen der Technik in der *antibürgerlichen* Perspektive, die wir heraufbeschwören. Die Entwicklung regionaler und lokaler Ökonomien mit zweckentsprechenden Produktionen, die soziale und ethnische Wiedereinbettung der erzeugten Güter, die Lenkung der Forschung auf nicht-kommerzielle oder sozial mobilisierende oder noch wissenschaftlich abenteuerliche Tätigkeiten würden bestimmt dazu beitragen, sowohl die Technik zu re-poetisieren wie auch der europäischen Kultur zu deren Wiederaneignung zu verhelfen. Weniger Videogeräte, Waschpulver, Gadget-Autos, und mehr Magnetzüge, Inkubatoren, Forschungsprojekte. Es ginge darum, die Technik wieder zu veredeln, indem man die von ihr erforderte menschliche Energie von den Sektoren der Überkonsumierung individuellen Wohlstands auf den Endzweck der gemeinschaftlichen Mobilisation lenkt.
Die Frage ‚Was tun mit der Technik?' erfordert noch eine Antwort. Von unserem Standpunkt aus müssen wir – im Namen der Identität des Volkes, dem man angehört – das Abenteuer der Techno-Wissenschaft fortsetzen und erweitern, ins Unbekannte fortschreiten mit der Einstellung derjenigen, die sich Ende des 15. Jahrhunderts auf die Meere stürzten.

Als „ontologische Manipulation" (nach der Formulierung Jean Bruns, der es zu Unrecht bedauert[63]) ist die Technik demnach „das dunkle Bestreben, das menschliche Wesen aus den Fugen zu bringen, aus seinen Begrenzungen hervorzuholen, um es in ein Anderswo zu projizieren, das weder zum Menschen noch zur Natur gehören würde"(Gilbert Hottois)[64]. Es gilt nach den Worten Jean Bruns, „die Differenzierung zu überwinden, die im räumlich-zeitlichen Rahmen der Existenz herrscht, innerhalb derer der Mensch wegen seiner Einengung leidet". Hierin gründet die Größe der Techno-Wissenschaft: sie projiziert den Menschen nicht ‚außerhalb seiner selbst', nicht ‚außerhalb der Natur' (wie Gilbert Hottois fälschlich annimmt), sondern in das *Mehr-Menschliche*, in das von Nietzsche genannte Übermenschliche. Weit davon entfernt, ein Instrument zur Denaturierung des Menschen zu sein, bietet die Techno-Wissenschaft die Möglichkeit zu einer erneuten Besitzergreifung, zu einer Aufnaturierung des Menschen, da der Mensch unter einer ‚Beschränkung' leidet, wenn er an die Grenzen seines ‚natürlichen' Körpers und der primitiven räumlich-zeitlichen Wahrnehmung stößt. Die Techno-Wissenschaft, über alle ihre – unaus-

bleiblichen – Gefahren hinaus, ermöglicht dem menschlichen Verstand, seine Bestrebungen zu konkretisieren, diese Lücke auszufüllen, diese Schizophrenie zu überwinden, die zwischen unserer zeitlichräumlichen Wahrnehmung und unserem Wunsch, unserem Traum, unserem Bedürfnis ‚weiterzugehen' entstanden ist.
Das Wesen der Technik steht somit dem Materialismus genau entgegen, da es einen in den Stand versetzt, der unmittelbaren räumlichzeitlichen Umwelt zu entfliehen, die Energien zur sinnlichen Überschreitung, die in unserem Neocortex ungebraucht ruhen, freizusetzen. Arthur Koestler hat dieses Bedürfnis nach Selbstüberwindung genau erkannt[65].
Die Gefahr der Technik ist nicht die Gefahr, der sie den Menschen als solchen aussetzt, oder die evolutive Herausforderung, die sie ihm stellt, sondern die Gefahr, der sie die Identität der einzelnen Völker dann aussetzt, wenn sie der universalistischen Ideologie untersteht. Die Vermassung und die kulturelle Homogenisierung des Technokosmus müssen wir verurteilen, und nicht den von ihr beschrittenen Weg, die ‚menschliche Natur zu verändern' oder genauer gesagt die Gattung bzw. einen Teil von ihr einen (zugestandenermaßen gewagten) Sprung vollziehen zu lassen. Eine solche Überlegung muß dann in einen grundlegenden Wunsch münden, den Wunsch nämlich, den Heidegger halb äußerte und den Nietzsche vorfühlte.
Wenn sie ihrem metamorphischen Geist treu bleibt und die Logik der faustischen Seele erfaßt, kann die europäische Identität ihre Rettung in der Wahlentscheidung (für die europäische Zivilisation) finden, *bis ans Ende der Technik zu gehen*. Da virtuell nicht die ‚Geschichte', sondern die Techno-Wissenschaft die Verlängerung der natürlichen Evolution ist, wäre es dann denkbar, daß die Europäer, sich hierbei von den anderen Völkern unterscheidend, die göttliche Kühnheit zeigen, die Technik – ihre Technik – zu benutzen, um eine steigende Selbstmodifizierung zu vollziehen, was Nietzsche metaphorisch als den Marsch zum Übermenschlichen bezeichnete? Von einer vereinheitlichenden, mondialisierenden Technik wäre dann nicht mehr die Rede, da sie dazu benutzt würde, die Abstände zu vergrößern, und nicht zu vermindern, zu dem Zwecke, eine neue Identität zu behaupten.

Sich auf die dem Menschen eigentümliche Plastizität stützend[66], legte Vance Packard dar, daß die Technik (indem sie dem Menschen zur Selbstmetamorphose verhelfe) die natürliche Evolution ablöse und dadurch zur tiefsten *Naturalität* des Menschen gehöre. Die gegenwärtige (und zukünftige) Techno-Wissenschaft ist keineswegs künstlich; sie ist möglicherweise das Natürlichste, genauer gesagt das Menschlichste, was der Mensch hervorgebracht haben wird. In der modernen Technik findet der Mensch seine Identität, oder hätte wenigstens die Möglichkeit, sie zu finden. Könnten wir sogar behaupten, daß die Technik das Wesen des Menschen ist?

Von der Ontogenese bis zum Tod, von Lebenserfahrungen (Freude, Angst) bis zu kollektiven Sozialerfahrungen können nämlich alle äußeren und inneren Dimensionen des Menschen von der modernen Technik manipuliert, verändert werden. Durch sie hat der Mensch keine ‚Eigentümlichkeit' mehr. Seine Plastizität wird vollständig: er kann sehr hoch aufsteigen oder sehr tief im Chaos untergehen. Daher vermehrt die Technik diese Plastizität, diese Formbarkeit, die dem Menschen eigen ist, macht ihn dabei noch gewagter, trägt zu seinem Unglück oder zu seinem Ruhm bei, ihn immer etwas mehr zu humanisieren. „Nach diesem Fazit, das den Jasperschen Begriff der Grenz-Situation verflüchtigt", bemerkt G. Hottois, „was bleibt noch an Unantastbarem im Menschen übrig, was als Bezugspunkt und Maßstab für die Technik fungieren kann?[67]"

Und an diesem Punkt treffen wir wieder auf den Begriff der Identität durch eine Problematik, die keiner unserer Zeitgenossen zu erörtern wagt, so stark wirkt sich das jüdisch-christliche Verdrängte auf die ‚Unveränderlichkeit' des Menschen aus, das ein Geschöpf Gottes sein soll, das sich selbst nicht mehr gehört und das aufgrund des fixistischen Dogmas zur Selbstentwicklung nicht berechtigt ist.

Worum handelt es sich? Um die Tatsache, daß die Völker, die die künftige Techno-Wissenschaft fest in die Hand nehmen, sich vor allem durch die Beherrschung der Genetik und der zugehörigen Wissenschaften die Möglichkeit zu einer Selbstmutation geben werden mit allen Gefahren, aber auch mit allen Möglichkeiten, die diese Wette bzw. Wagnis beinhaltet. Anstatt vereinheitlichend und einebnend zu sein, wird die Techno-Wissenschaft den Völkern, die sich ihr hinzugeben wagen, als das wichtigste Mittel erscheinen, ihre Verschiedenheit gegenüber den anderen zu behaupten und zu gestalten – wird gewissermaßen die differenzierende Logik der natürlichen Evolution ablösen[68].

VI Schlußwort

Die drei großen Herausforderungen, die der europäischen Identität heute gestellt sind und ihren historischen Fortbestand in Frage stellen, heißen Vielrassenheit, Zerstörung der eigenen Kulturen und der Traditionen, Schock der technoökonomischen Zivilisation, des ‚Technokosmus'. Keine dieser Herausforderungen, die zugleich eine Drohung interner Auflösung und externer Homogenisierung darstellen, ist unüberwindbar.
Im Gegenteil: erst bei ihrer Überwindung werden die Europäer eine neue Ära ihrer Geschichte eröffnen. Die ‚metamorphischen' Völker, zu denen wir gehören, müssen nämlich immer den einen Widerspruch leben und ihm entsprechen: sich selbst treu zu bleiben, indem sie eine Mutation ihrer selbst, eine Selbstüberwindung vollziehen. Diese wird erst durch den Verzicht auf den jüdisch-christlichen, humanitaristischen und universalistischen Anteil unseres Erbes erfolgen. Es ist unseres Erachtens die unerläßliche Bedingung, daß wir mit jenem Nihilismus Schluß machen, mit jener Krankheit, die, wie Nietzsche es erkannte, ausschließlich den modernen Europäern eigen ist und aus der jüdisch-christlichen Geistesart hervorging.
Eine solche Selbst-Überwindung umfaßt genau, was derselbe Nietzsche „die Umwertung aller Werte" nannte. Paradoxerweise sind die Europäer versucht, sich durch den Austritt aus der Geschichte und den anthropologischen bzw. kulturellen Selbstmord abzuschaffen gerade zu dem Zeitpunkt, wo die heutige Techno-Wissenschaft, Produkt ihrer eigenen Kultur, ihnen die Mittel geben würde, einst unvorstellbare Bestrebungen zu verwirklichen.
Der europäische Nihilismus läßt sich mit äußeren und mechanischen Faktoren, mit dem Verallgemeinerungsprozeß, der zum Beispiel der technomodernen Zivilisation eigen wäre, nicht erklären, sondern mit geistigen und ideologischen Faktoren, besonders mit dem Umstand, daß der tausendjährige Egalitarismus des Judao-Christentums heute sein Höchstmaß an Wirksamkeit erreicht und endlich gefruchtet hat, was nicht der Fall war, solange sich das Christentum nicht verweltlicht hatte: die Europäer dazu zu treiben, sich als Völker zu verleugnen und in einer einheitlichen ‚Menschheit' unterzugehen.
Wir werden uns eine kulturelle Persönlichkeit wiedergeben und die brandende Welle der amerikanisch-westlichen Infrastruktur stoppen, nicht etwa indem wir uns wehmütig in eine versteinerte Vergangenheit flüchten, sondern wenn wir aus allen Stücken eine neoeuropäische Kultur aufbauen. Wir haben dargelegt, daß der echte Traditionalismus

dem reaktionären Vergangenheitskult entgegensteht. Es sind die Progressisten und die Bestatter der europäischen Spezifität, die uns in harmlose Einfältige verwandeln wollen und sich daher zugleich für die Mumifizierung, den Amerikanismus und die ‚Plurikulturalität' einsetzen.

Bei dem bejahenden Entwurf einer neoeuropäischen Zivilisation, die in einer ersten Phase lediglich als Überwindung der jetzigen Ordnung, als Loslösung von der gegenwärtigen Kultur, d. h. als Gegen-Kultur erscheinen kann, muß vor allem der *Geist* der europäischen Tradition beibehalten werden. Dieser in seinem Daseinsgrund heidnische Geist ist ‚Sturmlauf', wie es zum Beispiel das feudale Zeitalter, das italienische Quattrocento, der französische Klassizismus, die romantische Bewegung oder die Unternehmung des Futurismus waren. Dieser Geist wird sich übrigens als *Energie* (En-ergie, d. h. ‚innere Arbeit', ‚geistige Kraft', *en-ergeion*) behaupten können, wenn er an den Futurismus des beginnenden Jahrhunderts wiederanknüpft. Der verborgene Geist der europäischen Kultur, den man im Laufe der Jahrhunderte immer wieder zu zähmen, zu zensieren, zu neutralisieren versuchte, ist mit dem vollen *Bewußtsein der göttlichen Ordnung zu trotzen* und dem *vollen Vertrauen in die eigenen Kräfte* verwandt: das Menschliche vergöttlichen, das ‚Wunder' vom Bereich des Übernatürlichen in den des menschlichen Willens übertragen. Der faustische Geist der alten europäischen Zivilisation, die den jugendlichen Stempel des Phönix trägt, appelliert an die von Homer besungene Tugend: den Hochmut, den hohen Mut.

Und wenn heute – als Ersatz für die todkranken Religionen – ein ‚zweiter Paganismus' zu definieren wäre, müßte man ihn sowohl in der Überwindung des ‚Glaubens an das Göttliche' wie auch in der Zurückweisung des Atheismus suchen, d. h. in der Behauptung einer Transzendenz innerhalb der Immanenz, in der *Ersetzung des Göttlichen durch das Übermenschliche*. Die Götter können in uns herunterkommen und wir, ihre neuen Herren, werden es sein, die sie rufen werden. Es kann auch sein, daß die hohe Figur des Ingenieurs eigentlich das ist, was den Appell formulieren wird.

Ein zweiter Paganismus, sollte er einmal zutage treten, wird wahrscheinlich über den Göttern das Pantheon der *Demiurgen* setzen. Der Mensch aus dem Mittelalter hatte es vielleicht geahnt. Seine Kathedralen sind nicht zur größten Ehre ‚Gottes' gebaut, wie die aus Vatikan II hervorgegangenenen ‚modernistischen' Christen (die einzigen authentischen) es völlig begriffen haben, sondern wurden zur größten Ehre des Erbauers selbst errichtet, d. h. zur größten Ehre des erbauenden Volkes. Die Kathedrale rühmt nicht den Christen, der lediglich ein am

Ende des Chors befindliches Symbol ist, sondern das *Schiff*, das souverän auf den leeren Himmel zustürmt, das die Geste des Baumeisters symbolisiert. Die Reformen, beherrscht von den traurigen Figuren Luthers, Calvins sowie der ‚normalisierenden' Päpste, verfinsterten die große Lauterkeit des Mittelalters, so wie im 20. Jahrhundert die westliche Konsumgesellschaft und der technomorphe Ökologismus die große apollinische Sonne des Futurismus verfinstert haben.

Für den Augenblick aber, da wir noch nicht sehen, wie wir aus dieser tiefsten Tiefe der Nacht herauskommen können, da wir noch nicht wissen, ob wir das erreicht haben, was Nietzsche den Grund des Nihilismus nannte, da die Ära des Fisches immer noch mit dem Tod ringt, da wir zwischen Verzweiflung und Traum geschaukelt werden, da wir auf der tastenden Suche nach unserer eigenen Persönlichkeit, unseres Doubles sind – bleibt uns dennoch der neue Anblick von Völkern, die ihren Willen zur Macht zu behaupten und dadurch vielleicht unseren in der Zukunft anzuspornen wagen.

Die Europäer, die gegenüber der mehrrassischen Gesellschaft oder der westlichen Zivilisation ihre Identität wieder aufbauen wollen, sind nämlich mit denen solidarisch, die um ihre Indianität, ihre Negritüde oder ihren Arabismus kämpfen (wollen). Die Zeit ist vorbei, da man als ‚Imperialismus' und sogar – auf eine noch mehr skandalöse und diffamierende Weise – als ‚Rassimus' das Gebaren der Europäer bezeichnen konnte, die für ihren Boden, ihre Kultur und ihre Unabhängigkeit predigten. Heute, da neue Trennungslinien aufkommen, da der Unterschied zwischen der ‚Rechten' und der ‚Linken' verschwimmt, ist der echte Krieg der Werte und der Zivilisationsentwürfe eröffnet worden – zwischen den Förderern des Menschheits*untergangs* (Apostel des humanitaristischen, egalitären, sowjetisch-amerikanischen Weltstaats, der vom bürgerlichen Materialismus des Wirtschaftskults und der Zugehörigkeitsauflösung beherrscht wird) und den Verfechtern der Identität, der Verwurzelung, kurzum der polemischen und staudenden Gattungsverschiedenheit, die im Grunde als einzige für die geistige Qualität der Gattung Homo bürgt. Indem wir Zeuge dieser europäischen Identität sind, indem wir in dem und für das Volk, dem wir angehören, Widerstand leisten, werden wir zum Schutz des *homo sapiens sapiens* und der einigen hohen Werte beitragen, die er behaupten und dem gleichgültigen, blinden Fluß des Lebens aufzwingen konnte.

Anmerkungen

1 J. C. Guillebaud, *Les combattants du grand confort*, in *Le Point*, Sondernummer, *La guerre en face*, April 1985.
2 Vgl. Stefano Sutti Vaj, *Indagine sui dirritti dell'uomo*, 1985.
3 Vgl. Gilles Lipovetsky, *L'ère du vide*, 1983.
4 Vgl. Jean-Yves Le Gallou, *La préférence nationale*, 1985.
5 Vgl. Guillaume Faye, *Nouveau discours à la nation européenne*, 1985; dt. *Rede an die Europäer*, Horn 1988.
6 Alterophobie bedeutet Abneigung gegen den Anderen.
7 *Le Monde*, v. 9. März 1985, Berichterstattung über eine von Präsident L. Fabius in Toulouse gehaltene Rede.
8 Die französische Postbehörde veröffentlichte kürzlich einen interessanten, höchst vertraulichen Bericht über das beunruhigende Entstehen von ethnisch begründeten ‚Netzen' und ‚Dienstwegen' innerhalb der offiziellen Hierarchien, die endemische Rassendiskriminierungen auf beiden Seiten verursachen.
9 Guillaume Faye, *La Nouvelle Société de consommation*, 1983.
10 In den angelsächsichen Ländern, in Deutschland und in Frankreich – dem Geburtsland des theoretischen Rassismus, wie Zeev Sternhell es nachgewiesen hat.
11 Nach dem französischen Politiker Pierre Poujade, der die Unzufriedenheit der Bauern und Kleinhändler mit der Wirtschaftspolitik in den fünfziger Jahren ausnützte und eine politische Partei gründete.
12 Über diese Frage vgl. Alain Griotteray, *Immigrés, le choc*, 1984.
13 In diesem Zusammenhang ist die unglaubliche Werbungskampagne zugunsten der mehrrassischen Gesellschaft zu erwähnen, die 1985 in Frankreich mit der Unterstützung der Regierung, der Vereinigung ‚SOS-Racisme' und z. T. der Presse gestartet wurde. Das subtile Ziel dieser Kampagne war zugleich, die französische Identität zu entwerten („Frankreich ist wie ein Mofa, es läuft mit Kraftstoffgemisch"), ethnische (namentlich antiarabische) Spannungen hervorzurufen und die mehrrassische Gesellschaft als eine Tatsache hinzustellen. Die Jugend war moralisch verpflichtet, ein (mehrere hunderttausendmal verkauftes) antirassistisches Abzeichen zu tragen; wer es ablehnte, wurde ausdrücklich beschuldigt. Das überzeugendste Ergebnis dieser Kampagne war es, die Bevölkerung bezüglich der Rassenfrage, die somit offiziell erstmals seit 1945 ans Tageslicht kam, gespalten zu haben und die Zahl der Befürworter einer brutalen Abschiebung der Farbigen erheblich zu steigern ... Wir können sogar die Ansicht vertreten, daß seit 1985 Frankreich das erste Land Europas ist, wo die Rassenfrage offen und ausdrücklich gestellt ist, wo die Identitätsfrage eine ethnische und biologische Formulierung erfährt und wo der Rassismus zu einer gewöhnlichen Denkungsart wurde, übrigens sowohl bei den Farbigen wie auch bei den anderen.
14 Nachhaltiges Thema in den Fernsehserien und den zahlreichen ‚pädagogischen' Filmen, die seit Mitte der siebziger Jahre blühen; und zwar nicht nur über das ewige Thema der ‚prachtvollen SS-Bestie'.

15 Bernard-Henry Lévy, u.a. *Der Teufel im Kopf*, 1986.
16 Wie z. B. in Roger Hanins Film *Train d'enfer*.
17 Indem sie den ‚faschistischen Totalitarismus' als phantasmagorischen Feind anzeigen.
18 Für die Autoren B.-H. Lévy und André Glucksmann ist ein identitäres und autonomes Europa *barbarisch*.
19 Anläßlich einer Fernsehsendung des zweiten Französischen Programms, die – wieder einmal – dem Rassismus gewidmet war. Albert Jacquart, der ein Genetiker sein will, in Wirklichkeit aber zum Spott der naturwissenschaftlichen Kreise wurde, versucht seit über zehn Jahren die Franzosen davon zu überzeugen, daß es keine Rassen gebe, tritt aber immer wieder als Verfechter der mehrrassischen Gesellschaft auf, um diese Gegen-Evidenz zu beweisen. Entweder gibt es sie, oder es gibt sie nicht ...
20 Vgl. Pierre Vial, *Quand l'Arabe était le diable*, in *Eléments*, Nr. 53, Frühling 1985.
21 Die gleichen Kreise, die jegliche europäische Persönlichkeit verleugnen, erkennen dagegen oft eine ‚amerikanische Identität' an, obwohl die USA gerade auf der Idee der Plurikulturalität gründen!
22 Albert Jacquart, *Eloge de la différence*, Paris 1978.
23 Alain de Benoist, *Pour une déclaration du droit des peuples*, XV. Colloque du GRECE, Paris 1982.
24 Blandine Barret-Kriegel, *L'Etat et les esclaves*, Paris 1979.
25 Jean-Pierre Hébert, *Race et intelligence*, Paris 1979
26 Robert Jaulin, *La paix blanche*, Paris 1974. Das Wort ‚stauden' ist von ‚Staude' abgeleitet.
27 Pierre Bérard, ‚Ces cultures qu'on assassine', in: *La cause des peuples*, aaO. Parusie = Wiederkunft Christi zum Endgericht.
28 Robert Jaulin, *La paix blanche*, aaO.
29 Alain de Benoist, aaO.; vgl. ebenfalls *Heidesein zu einem neuen Anfang*, Tübingen 1982.
30 Gérald Hervé, *Le mensonge de Socrate ou la question juive*, Lausanne 1984.
31 Vgl. über diese Frage André Béjin, *Sexualités occidentales*, Paris 1984.
32 Sie hat mit der Eingliederung und der Anerkennung der homosexuellen Tatsache als normaler gesellschaftlicher Komponente nichts zu tun, sondern kommt einem umgestülpten Puritanismus gleich.
33 Claude Lévi-Strauss, *Le regard éloigné*, Paris 1983.
34 Vgl. in diesem Zusammenhang Sigrid Hunke, ‚Ce que l'Europe doit aux Arabes', in *Eléments*, Nr. 53, Frühling 1985.
35 Henri Gobard, *La guerre culturelle, logique du désastre*, Paris 1978.
36 Pierre Bérard, aaO.
37 Giorgio Locchi, *Nietzsche, Wagner e il mito sovrumanista*, Rom 1982.
38 Giorgio Locchi, *Sur Heidegger*, Intervention à l'Institut Européen des Arts et Lettres, März 1985.
39 Vgl. Martin Heidegger, *Einführung in die Metaphysik*, Tübingen 1953.
40 Personalismus: Den Menschen nicht primär als denkendes, sondern als

handelndes, wertendes, praktisches Wesen betrachtende philosophische Richtung.

41 Walter Otto, *Die Götter Griechenlands*, München 1975.

42 Vgl. über diese Frage Guillaume Faye, *L'Occident comme déclin*, 1982.

43 Gérald Hervé, *Le mensonge de Socrate*, aaO.

44 Vgl. über diese Frage Alain de Benoist, *Die entscheidenden Jahre*, Tübingen 1982.

45 Pierre Vial, ‚Servir la cause des peuples?' In *La cause des peuples*, aaO.

46 Julien Freund, *La décadence*, Paris 1984.

47 Über diesen Aspekt vgl. Gilbert Hottois, *Le signe et la technique*, 1984, S. 59-115.

48 Jacques Ellul, *Le mystère technicien*, Paris 1977, S. 53.

49 Alain de Benoist, ‚Idéologies, c'est la lutte finale', in *La fin d'un monde, crise ou déclin*, Actes du VII. Colloque du GRECE, 1985; ebenfalls in *Elemente zur Metapolitik*, Nr. 2.

50 Alain de Benoist, aaO.

51 Kurzum „das System der Objekte", das Baudrillard anprangert.

52 Inkubator: *in vitro*-Befruchtung von menschlichen Geschlechtszellen, mit Heranwachsen von der ‚Konzeption' bis zur ‚Geburt'. Dieses Stadium, das wir nach den jetzigen Erkenntnissen sehr bald auf Höhe der technischen Möglichkeit erreichen werden, wird die Menschengesellschaft vor ein gewaltiges Problem stellen, über das wir schon jetzt nachdenken müssen (‚Desozialisierung' der geschlechtlichen Fortpflanzung der Gattung).

53 Vgl. Max Horkheimer, *Eclipse of Reason*, 1947.

54 Michel Maffesoli, ‚Du bon usage des mythes', in: *Le Figaro*, v. 15. April 1985.

55 Oder sie als authentischer zu erklären, wie Heidegger es manchmal tut.

56 Vgl. Alain de Benoist, ‚Spengler, Marx, Heidegger, penser la technique', in: *Nouvelle Ecole*, Nr. 42, Sommer 1985.

57 J. P. Vernant, *Mythe et pensée chez les Grecs*, 1981. Vgl. ebenfalls Bertrand Gille, *Les mécaniciens grecs*, 1980. Der Verfasser weist nach, daß die sogenannte ‚moderne', d. h. prospektive Technik sowie der „artifizialistische Pragmatismus", die wir unbedacht der industriellen Revolution zuschreiben, bei zahlreichen griechischen ‚Technikern' anzutreffen waren: Erbauer von militärischen Geräten, Architekten, Ingenieure usw. Gleichermaßen wurde um gewisse Großprojekte (vor allem um das öffentliche Bauwesen: Aquädukte, Festungen, Straßenbau, ballistische Rüstungen usw.) die Synthese verwirklicht, die wir der modernen Technik anrechneten, und zwar zwischen dem theoretischen Projekt und der von ihm vorausgesetzten mathematischen Untersuchung *und* der technologischen Verwirklichung, die im Hinblick auf ein konkretes Ziel und im Rahmen eines Etats programmiert wird.

58 Wir stellten z. B. eine auffallende Ähnlichkeit zwischen den ‚Dekorationswechseln' in der Zivilisation fest, zu denen die europäischen Künste führten (in allen Bereichen wechselten ständig neue Stile und Weltanschauungen ab, was in anderen Zivilisationen nicht vorkam) – und dem gleichen

Merkmal des ‚Schweifens', der ständigen Neuerung, des strukturellen Mutationismus, das die Welt der modernen Technik hervorbringt.
Vgl. über diesen Aspekt: A. Espinas, *Les origines de la technologie*, Paris 1897.

59 Martin Heidegger, ‚Die Frage über die Technik', in: *Vorträge und Aufsätze*, 1957.
Wir können übrigens hinzufügen, daß die Behauptung, wonach der vom Wasserkraftwerk ‚domestizierte' Fluß oder die durch den Bau eines Atomkraftwerks modifizierte ‚natürliche' Landschaft ihren ursprünglichen Zauber und ihr ‚Geheimnis' einbüßen würden, ein rein subjektiver Standpunkt bleibt, der mit einer keineswegs zu verallgemeinernden Sensibilität verbunden ist. Wir können ebensowohl die Ansicht vertreten, daß gleich dem einen Ort zur Geltung bringenden Denkmal das Wasserkraftwerk oder die Zentrale ihre Umwelt poetisieren. Was die ‚Funktionalität' der technischen und industriellen Bauten betrifft, aufgrund deren sie ‚kalt', seelenlos seien und im Gegensatz zur ‚Uneigennützigkeit' der präindustriellen Bauten stünden, muß man daran erinnern, daß diese Funktionalität ebenfalls und unter anderem in den militärischen Einrichtungen der Antike bis zum 20. Jahrhundert anzutreffen war.

60 Weil die moderne Weltanschauung uns des symbolischen Denkens entwöhnt hat, entdecken wir in der technischen Welt keinen Zauber, keinen Symbolismus mehr. An und für sich ist diese Welt aber nicht die Ursache der ‚Entsymbolisierung' der Welt; im Gegenteil, die Welt der Technik regt vielleicht mehr als jede andere zum Symbol an.

61 Guillaume Faye, *Contre l'économisme*, Paris 1982.

62 François Partant, *La fin du développement*, Paris 1978.

63 Jean Brun, *Les masques du désir*, Paris 1981.

64 Gilbert Hottois, *Le signe et la technique*, aaO.

65 Arthur Koestler, *Face au néant*, Paris 1975.

66 Vance Packard, *The People Shapers*, London 1978.

67 Gilbert Hottois, aaO.

68 Die Warnungen treffen zu spät ein: Die Selbstmutationen, die mit Hilfe der führenden Techno-Wissenschaft am Menschen selbst durchgeführt wurden, sind bereits – entweder partiell oder im Labor an Tieren, so gut wie abgeschlossen. Dazu drei Beispiele unter vielen anderen: Im Bereich der Aeronautik und der Astronautik ist die Integration des Piloten in seine Maschine so vollständig, daß man über das Übereinandergreifen der Bordelektronik (die die Sinne ersetzt) mit dem Gehirn des Piloten (das bald mit Dioden – auf dem Cortex – versehen sein wird) von *interface* Mensch-Maschine spricht. Das künftige französische Kampfflugzeug ‚Rafale', Nachfolger der ‚Mirage 2000', wird so gut wie kein Instrumentenbrett haben. Das *Gehirn des Piloten*, wo sich die Daten des Steuerns und des Schießens direkt eintragen werden, wird seine Aufgabe übernehmen. Es erübrigt sich beinahe hinzuzufügen, daß diese Art Neuerungen wahrscheinlich in den Bereich der zivilen und täglichen Anwendungen übergehen wird. Die EDV-Schirme und die unserer guten alten Fernseher werden *wahrscheinlich* eines Tages ‚Informationen' und ‚Sensationen' Platz

machen, die wir unmittelbar auf unserem Cortex wahrnehmen werden. Diese Form der technologischen Anwendung stellt uns die Möglichkleit in Aussicht, die berühmten Cyborgs, *aktive* Mensch-Maschine-Synthesen zu bekommen, von denen man nicht recht weiß, ob es sich um biologische Computer oder um informatisierte lebende Materie handelt. Die Möglichkeit interspezifischer Verflechtung, die in der Tiergenetik bereits durchgeführt werden, werden sehr bald die Frage nach der Zulässigkeit ihrer Anwendungen auf das menschliche Genom aufwerfen. Die Forschungen sind in vollem Gang und schreiten rasch fort. Der Doktor Faust arbeitet, während die Politiker und die Ideologen über das Geschlecht der Engel debattieren...

Wirtschaft

Arthur Korsenz

Plädoyer gegen die Weltwirtschaft

Dieser Aufsatz beschäftigt sich mit Fragen wirtschaftlicher Dezentralisierung, und es sei gleich zugegeben, daß er damit auf den ersten Blick in einem populären Trend liegt. Allerorten erschallt der Ruf nach Schaffung kleiner, überschaubarer Einheiten, nach mehr Demokratie; kleine Länder – wobei geringe Größe fälschlicherweise in der Regel mit Schwäche gleichgesetzt wird – genießen mehr Sympathie als Großmächte; Dialekte werden wiederentdeckt; man propagiert die Nachbarschaft als erste Stufe des Gemeinwesens; regionalistische und autonomistische Bewegungen sind sich von vornherein großer Aufmerksamkeit sicher, mögen hinter ihnen in der Realität auch nur einige wenige Leute stehen. Diese ganze Bewegung ist sehr heterogen; wie immer, wenn Neues entsteht, mischt sich Wahres mit Falschem, Sicheres mit Angenommenem.

In der Bundesrepublik Deutschland manifestiert sich diese schier unüberschaubare breite Bewegung gegen alte Formen auf der Suche nach neuen Ordnungen parteipolitisch in erster Linie bei den Grünen, mag deren Führung auch mehr, als es der Sache dienlich ist, eine Affinität zu bestimmten Ideologien des 19. Jahrhunderts zeigen.

Aber gerade bei den Verlautbarungen der Spitzen dieser Partei zeigt sich, daß Dezentralisierung nicht gleich Dezentralisierung ist. Zwar erfreut sich bei den grünen Funktionären alles Streben nach kleineren Einheiten auf ökonomischem, kulturellem oder staatlichem Gebiet großer Zuneigung. Jedoch wird dies kaum rational begründet. Man hebt nicht darauf ab, daß kleine, gut gegliederte wirtschaftliche Einheiten weniger krisenanfällig sind als große industrielle Monostrukturen; man verweist kaum darauf, daß der Mensch von seinem Wesen her überschaubare Räume besser beherrschen kann als kontinentale oder gar globale Gebilde; man stellt nicht heraus, daß eine größere Autonomie von Regionen der bessere Garant für die Pflege und Weiterentwicklung verschiedenartiger Kulturen ist, von denen Europa lebt und deren Vorhandensein und wechselseitigen Beziehungen es unter anderem seinen Vorsprung vor anderen Kontinenten verdankt. Vielmehr werden zur Begründung des Hangs zur Dezentralisierung vorzugsweise nebulöse Begriffe verwendet, deren entlarvendster zweifellos der der ‚Basisdemokratie' ist. Basisdemokratie, das heißt hier in Wirklichkeit das Mitreden aller über alles, so lange, bis man sich zum mindesten geeinigt hat, die ganze Angelegenheit auf später zu vertagen. Basisdemokratie kann man natürlich nicht fordern, wenn man nicht davon überzeugt ist, daß die Menschen von Natur aus gleich sind, daß Erscheinungen wie Führung, Elite, Hierarchie usw. nur Entartungen des gesellschaftlichen Lebens sind. Hinter der ganzen Dezentralisierungsmanie

der grünen Spitzenfunktionäre steckt also im Grunde genommen eine Art utopischer Anarchismus.
Wir wollen gleich zu Beginn betonen, daß wir von einem völlig entgegengesetzten Standpunkt ausgehen, nämlich von der natürlichen Ungleichheit der Menschen, und zwar nicht nur der Ungleichheit der Individuen, sondern auch und im Zusammenhang mit unserem Thema im besonderen von der Ungleichheit der Völker und Rassen. Wir machen uns deshalb auch nicht anheischig, Rezepte für irgendwelche exotische Gegenden zu entwickeln, sondern wir gehen von den Interessen und Notwendigkeiten Europas aus.

Unser Thema ist zunächst die zunehmend miteinander verflochtene Weltwirtschaft, wie sie sich seit dem Ende des vorigen Jahrhunderts, nur unwesentlich verzögert durch Kriege und Wirtschaftskrisen, relativ rasch entwickelt hat. Wie alle politischen Erscheinungen ist auch die Weltwirtschaft in ihrer gegenwärtigen Form ohne bestimmte ideologische Voraussetzungen nicht denkbar. Wir haben also zu prüfen, welche ideologischen Grundlagen das wirtschaftliche und politische Leben in der Welt bestimmen – wobei wir uns zunächst auf die westliche Welt beschränken.
Unbestritten ist, daß der Westen von der Ideologie des Liberalismus beherrrscht wird, daß dieser Liberalismus sich auf Adam Smith und seine Vorläufer als seine Ahnherren beruft. Das eigentliche Wesen, die ideologische Quintessenz des Liberalismus ist nun aber nicht Freihandel, Marktwirtschaft, Konkurrenzdenken, die Vorstellung von einem homo oeconomicus und dergleichen, sondern Zentrum und Ursprung dieser Ideologie zugleich ist die Vorstellung von der grundsätzlichen und natürlichen Gleichheit aller Menschen. Nur wenn gleiche Menschen nebeneinanderstehen und sich durch freie Verträge miteinander verbinden, können Einzelinteressen in ein bestimmtes harmonisches Verhältnis zueinander gebracht werden.

Nur wenn Gleichheit gegeben ist, können die Menschen auf dem Markt mit der Folge konkurrieren, daß die Bedürfnisse aller optimal gedeckt werden und das größte Glück der größten Zahl erreicht wird. Dieser Gleichheitsglaube ist natürlich nicht die Folge irgendeiner Verschwörung, sondern er entsprach dem wissenschaftlichen Standard des 18. Jahrhunderts und der Notwendigkeit des damals aufstrebenden Bürgertums, sich gegen die Ansprüche des übermächtigen absolutistischen Staates und seiner teilweise noch feudalen Strukturen durchzusetzen.
Die Situation im 20. Jahrhundert ist allerdings anders zu beurteilen. Bei einer Konkurrenz von Gleichen erfolgt der Ausgleich der Interes-

sen und Machtpositionen über den Markt, so daß keine unkontrollierte Marktmacht entstehen kann. Da jedoch in der Realität die Gleichheit der Menschen nicht gegeben war, entstanden mit dem Abbau der alten Schutzmechanismen wie Zunftordnungen usw. sehr schnell wirtschaftliche Machtkonzentrationen. Diese Entwicklung wurde begünstigt durch das Auftreten eines neuen Faktors, nämlich der modernen Technik, die es den Menschen ermöglichte, größere Räume schneller zu überwinden, Nachrichten schneller zu übermitteln, größere Menschenzusammenballungen beherrschbar und verwaltbar zu machen und größere Mengen von Gütern zu befördern. So entstanden verschiedene Wirtschaftsschwerpunkte, in welchen sich die Marktmächte konzentrierten, zunächst in Europa und dann sehr bald auch in den USA. Verschiedene weltpolitische Ereignisse, in erster Linie die Weltkriege, ließen die USA zur beherrschenden Macht der westlichen Welt auch in wirtschaftlicher Hinsicht aufsteigen, so daß Europa heute, anders als vor dem Ersten Weltkrieg, sich in starker Abhängigkeit von den Vereinigten Staaten befindet.

Die Vermutung läge nahe, daß man in den wirtschaftlichen Zentren inzwischen von den Fehlern der Vergangenheit gelernt habe und von dem Gedanken der Egalität abgegangen sei. Die Wirklichkeit zeigt jedoch, daß dies nicht der Fall ist. Dabei hat die Entwicklung inzwischen eine gewisse Eigengesetzlichkeit erlangt. Die multinationalen Konzerne in allen möglichen Branchen versuchen sich wie der US-Staat selbst immer mehr Einflußbereiche zu schaffen und ihre Herrschaft dort zu verfestigen. Das ist aber nur möglich, wenn diese abhängigen Gebiete ökonomisch eng an die Vereinigten Staaten gebunden werden. Dies wiederum ist am leichtesten zu erreichen, wenn sich der *American Way of Life*, das heißt die dortigen Konsum-, Produktions- und sozialen Gewohnheiten durchsetzen. Dieser Sachzwang korrespondiert mit dem offenbar immer noch weitverbreiteten Glauben an die Gleichheit, so daß keiner der führenden Wirtschaftler Skrupel hat, irgendwelche afrikanischen oder südostasiatischen Länder – von Europa ganz zu schweigen – zum Abbild der Vereinigten Staaten zu machen. Die betroffenen Völker befinden sich dabei insofern in einer gefährlichen Lage, als ihre Regierungen in der Regel dieser Entwicklung nicht entgegenarbeiten, da sie davon profitieren. Natürlich wäre es falsch, alles Unheil nur in den Vereinigten Staaten zu sehen, denn wirtschaftliche Nebenzentren, wie zum Beispiel Westeuropa, handeln nicht anders als die Vereinigten Staaten selbst, allerdings entsprechend ihren beschränkteren Möglichkeiten.

Der Angriff der wirtschaftlichen Machtzentren auf die noch nicht dem

eigenen Einflußbereich unterworfenen Gebiete der Erde und die Maßnahmen zur Verfestigung dieses Einflusses laufen in verschiedenen Bahnen.
Das Geld, ursprünglich eine segensreiche, den Warenaustausch erleichternde Erfindung, wurde inzwischen weitgehend zu einer Waffe des großen Kapitals umgeschmiedet.
Die Währungsströme rund um die Welt, die an hervorragender Stelle verantwortlich sind für die Devisenkursschwankungen und damit für das wirtschaftliche Schicksal ganzer Länder, bewegen sich heute weitgehend außerhalb des Einflußbereiches der Regierungen. Gleichwohl scheint dies nicht nur eine Frage der Spekulation zu sein, es handelt sich auch um eine Art ausgleichendes Chaos.

Die Vereinigten Staaten haben es aufgrund ihrer weltpolitischen Stellung verstanden, ihre Währung im Laufe der Zeit zur fast alleinigen Reservewährung der westlichen Welt zu machen. Und dies trotz einer immensen Verschuldung des amerikanischen Staates, trotz zeitweise inflationärer Entwicklungen und hoher Arbeitslosigkeitsquoten, trotz stagnierender Wirtschaft. An dieser Vormachtstellung des Dollars wurde bis heute von keiner Seite gerüttelt. Kein Mensch regt sich auch darüber auf, daß der Dollar-Kurs in keiner Weise der tatsächlichen Kaufkraft der amerikanischen Währung entspricht. Es versteht sich von selbst, daß ein Land, dessen Währung zur wichtigsten der westlichen Welt geworden ist und an der alles gemessen wird, seine ohnehin schon hervorragende Stellung dadurch nur verstärken kann. Dazu kommt, daß bei einer derart führenden Währung ein unangemessener Wechselkurs zu sehr bedenklichen Marktverzerrungen und Mißbräuchen führt.
Es gibt einige Instrumente, mit deren Hilfe man die Schuldner und ihre Volkswirtschaften unter Kontrolle halten kann. Eines der hervorragendsten Instrumente dafür ist der Internationale Währungsfonds. In diesen Fonds zahlten die beteiligten Länder ursprünglich unterschiedliche Quoten ein, und zwar 25 % in Gold und 75 % in eigener Währung. Benötigt nun eines dieser Länder Devisen, so gewährt der Fonds ihm diese aus seinen eigenen Beständen, und zwar bis 200 % der Quote. Dabei sind die ersten 25 % naturgemäß problemlos, mit wachsenden Krediten steigen die Auflagen zwecks Überwindung der der Kreditaufnahme zugrundeliegenden Schwierigkeiten. Bemerkenswert ist, daß diese Sonderziehungsrechte zum Zwecke der Intervention am Devisenmarkt erst in einem anderen Land gegen die Interventionswährung US-Dollar eingetauscht werden müssen. Wie leicht vorauszusehen war, hat sich auch im Rahmen des Internationalen Währungsfonds ein starkes Ungleichgewicht zwischen den höher entwickelten Industrie-

ländern und den anderen Staaten entwickelt. Letztere können nur bei Wohlverhalten im Sinne des IWF mit weiterer Hilfe aus den reichen Ländern rechnen. Nach aller bisherigen Erfahrung stellen die Wünsche oder – je nach dem Grad der Verschuldung – Forderungen des IWF in erster Linie auf die Stabilisierung der Währung ab, während andere Gesichtspunkte, zum Beispiel solche sozialer Art oder eine Neuordnung der Marktverhältnisse betreffend, sehr weit hintenan bleiben. Instrument und Motor zugleich zur Weltbeherrschung sind die international operierenden multinationalen Konzerne. Über ihre Wirkungsweise und über die Gefahr, daß hier Machtstrukturen nicht in, sondern neben den bestehenden Staaten im Entstehen begriffen sind, ist schon so viel geschrieben worden, daß wir uns weitere Ausführungen hierüber ersparen können. Es sollte aber noch einmal festgehalten werden, daß ein Staat wie die USA wirtschaftlich immerhin mit einer Vielzahl von Produkten auf die Welt einwirkt. Ein multinationaler Konzern aber, vor allem wenn er einen wesentlichen Lebensbereich des Menschen zu erobern sich anschickt, kann von einer gewissen Größe und Durchsetzungskraft an, wichtige Verhaltensweisen des Menschen universell bestimmen, man denke an den schon fast sprichwörtlichen Einfluß von Coca Cola, mehr aber noch von Fast-Food-Restaurants wie Mac Donald's usw.

Die multinationalen Konzerne werden meist an erster Stelle genannt, wenn es um das Phänomen des sogenannten Neokolonialismus geht, das heißt um die ökonomische Unterwerfung schwachindustrialisierter Länder mit anderen, subtileren, aber dafür umso wirksameren Methoden, als sie von den alten Kolonialmächten angewandt wurden. Durch den Zustrom ausländischen Kapitals und *know hows*, in der Regel über die multinationalen Konzerne, wurden in zahlreichen Entwicklungsländern Industrien geschaffen, die sich in erster Linie am Export und an der Produktion langlebiger Konsumgüter für höhere Einkommensbezieher im Ausland ausrichteten. Dabei bemüht sich das internationale Kapital, in erster Linie die dynamischen Branchen zu beherrschen, gleich ob ihre Produkte in erster Linie für den Export oder für den Binnenmarkt vorgesehen sind. Die einheimische Industrie ist auf die Produktion von nichtdauerhaften Gütern angewiesen, und zwar für Bevölkerungsschichten mit geringer Kaufkraft. Dieser Markt ist wenig ausdehnungsfähig; Wachstum können wir in erster Linie bei den von den internationalen Konzernen beherrschten Marktsektoren beobachten. Während die heimische Industrie von Inflation und innerstaatlichen Krisen bedroht ist und ein geringeres Lohnniveau anbieten kann, sind die internationalen Konzerne krisenfester, können hohe Löhne zahlen, ziehen die fähigsten Arbeiter an sich, und die Kluft zwischen Arm und

Reich wird so laufend vergrößert. Uwe Holtz hat am Beispiel Brasiliens diese Entwicklung nachgewiesen und gleichzeitig darauf aufmerksam gemacht, daß der Markt für die oberen 20 % der Bevölkerung Brasiliens größer ist als der Skandinaviens und deshalb die Attraktivität für die multinationalen Konzerne offensichtlich sei[1].

Neokolonialismus beherrscht aber auch die sogenannte Entwicklungshilfe. Schon die Wahl dieses Wortes ist bezeichnend: Es wird nämlich vorausgesetzt, daß auf dieser Erde überall dieselben Normen zu gelten haben. Während aber „der Prozeß europäisch neuzeitlicher Modernisierung ein außerordentlich komplexer Vorgang ist, der alle Grundlagen des menschlichen Verhaltens tangiert und sich aus spezifischen Verhaltensvoraussetzungen herleitet, die sich seit Jahrhunderten in Europa entwickelten", haben andere Kulturkreise eine völlig andere Entwicklung genommen[2]. Entwicklungshilfe also in dem Sinne, exotische Gegenden zum nordamerikanisch-europäischen Standard zu verhelfen, bedeutet nichts weiter als Verhaltensmanipulation auf allen Ebenen, an dessen Ende der Verlust der ethnischen Individualität und der Eigenart fremder Völker steht.
Gehen wir ins Detail, so sehen wir zum Beispiel, daß die Lebensmittelhilfe der USA in erster Linie dazu dient, von den Empfängerländern Gegenleistungen, die bisher verweigert wurden, zu erhalten. Die Produktion durch die einheimischen Bauern wird durch laufende Lebensmittellieferungen verhindert, und dadurch wird nicht zuletzt der einheimischen US-Landwirtschaft geholfen. Die Verschuldung der Empfängerstaaten nimmt immer mehr zu, wobei die Schraube noch dadurch angezogen wird, daß im Anfang zwar einheimische Währungen für die Bezahlung der Hilfe angenommen werden, später aber nur noch in US-Dollar bezahlt werden kann[3].
Etwas anders stellt sich der US-amerikanische Neokolonialismus in Westeuropa dar. Wirtschaftlich prosperieren die westeuropäischen Staaten in der Regel noch, liegen jedenfalls zum allergrößten Teil erheblich über dem Standard der sogenannten Entwicklungsländer. Der Einfluß US-amerikanischen Kapitals in den westeuropäischen Volkswirtschaften ist zwar nicht zu übersehen, jedoch haben zum Beispiel amerikanische Management-Methoden bei uns noch kaum reüssiert. Die enge Verwandtschaft zwischen Europäern und den weißen Amerikanern hat sogar dazu geführt, daß amerikanische Manager sich sehr schnell zum Teil wieder europäischen Normen zuwenden. Jedoch hat diese Verwandtschaft auch einen negativen Aspekt insofern, als Elemente der Sprache, kultureller Äußerungen oder der Lebensgewohnheiten von den Europäern leichter übernommen werden.
Dieses Hinausgreifen bestimmter Anschauungen und Formen des

Wirtschaftens und der sehr reale Machtanspruch des internationalen Kapitals mit seinem Hauptsitz in den USA haben für die Existenz der Menschheit verheerende Folgen. Es kämpfen hier nicht mehr Völker miteinander, von denen gegebenenfalls ein Volk unterliegt und auf seinen Trümmern neue Kulturen entstehen, sondern die Welt wird einem einheitlichen Einfluß unterworfen, die nationalen Kulturen und Gewohnheiten verschwinden; überall gilt der gleiche Standard – wenn er auch nicht erreicht wird, so wird er doch zumindestens angestrebt oder gar verehrt – , angepaßte Verhaltensweisen werden zerstört, Sitten, Gebräuche und religiöse Vorstellungen zersetzt.

Das betrifft natürlich auch die ökonomischen Verhaltensweisen spätestens dann, wenn die eigene Volkswirtschaft voll in den Sog der liberalistischen Wirtschaftsordnung geraten ist. „In Wirklichkeit gehen die Gefahren nicht von irgendeinem Dämon Technik aus, den es nicht gibt, sondern sie sind die Folge des Gebrauchs, den der Mensch von den wunderbaren Möglichkeiten der Natur macht. Der eigentliche Grund liegt darin, daß der Kapitalismus gezwungen ist, den Mehrwert zu optimieren, und nicht den Gebrauchswert. Wenn schon die auf dem Markt angebotenen Waren einen Gebrauchswert haben müssen, um Käufer zu finden, so ist für die kapitalistische Wirtschaft doch ihre wichtigste Eigenschaft, daß sie verbraucht werden. Je kurzlebiger ein Produkt, umso gewinnbringender ist es. Viele neue Erfindungen sind technisch keine neuen Erfindungen, sie sind nur die Erfindung eines neuen Konsumbedürfnisses, oder wie man auch sagt: die Entdeckung einer Marktlücke. Daß nicht der Gebrauch, sondern der Verbrauch das A und O der kapitalistischen Wirtschaft ist, gilt nicht nur auf dem Sektor der eigentlichen Konsumgüterindustrie, es gilt auch für den Konsum aller Arten von technischen Ausrüstungen und Maschinen. Das Tempo der technologischen Entwicklung ist so groß, daß ganze Industrieanlagen schon als veraltet gelten, bevor sie in Betrieb genommen worden sind. Man nennt das den ‚moralischen Verschleiß', der weit wirksamer und schnell ist als jeder Verschleiß durch normale Abnützung."[4]

Nun gibt es immer noch Leute, die dem verderblichen Einfluß der westlichen Ideologien dadurch entgehen wollen, daß sie sich dem Marxismus in die Arme werfen. Aber der Marxismus ist nur das Kind des Liberalismus: So wie dieser geht auch er von der Gleichheit der Menschen aus; so wie beim Liberalismus ist auch die utopische Gesellschaftsvorstellung des Marxismus ohne Gleichheit nicht denkbar und möglich. Infolgedessen sind auch seine imperialistischen Bestrebungen und seine Wirkungen von denen des Liberalismus zwar graduell unterschieden, prinzipiell aber durchaus gleich. Und wie der Liberalismus ist

auch der Marxismus eine universalistische Weltanschauung, geht auch er von einer weltweiten menschlichen Gesellschaft aus und propagiert eine universalistische internationale Rechtsordnung. Dementsprechend erhebt die UdSSR ebenso wie die USA einen Anspruch auf universale Einmischung und setzt ihre eigenen Interessen mit denen der Menschheit gleich.
In Europa setzt die marxistische Vormacht ihren gleichmacherischen Kolonialismus mit rüderen Methoden als der Westen, allerdings auch augenfälliger, durch. Was IWF und verwandte Organisationen auf wirtschaftlichem Sektor für den Westen sind, ist – im europäischen Raum – der *Rat für gegenseitige Wirtschaftshilfe* für die UdSSR.

Nachdem dieser Rat 1949 gegründet worden war, verlor die sowjetische Führung zunächst das Interesse an ihm, und zwischen 1950 und 1954 fanden überhaupt keine Ratstagungen statt: Der Grund war darin zu suchen, daß Stalin Osteuropa militärisch wie politisch beherrschte. Erst nach der Aufweichungswelle infolge des neuen Kurses stand die Sowjetunion vor der Notwendigkeit, die Satelliten-Staaten wirtschaftlich wieder enger an sich zu binden, da der neue Kurs zu einer gewissen Eigenständigkeit wirtschaftlicher Art geführt hatte und die Gefahr bestand, daß die 1945 zerschlagenen Beziehungen zum Westen wieder aufgenommen würden. Durch Vorspiegelung der Gleichberechtigung konnten die Länder wieder für die Zusammenarbeit gewonnen werden. Chruschtschow stellte die Dominanz der Sowjetunion erneut her – ideologisch, wirtschaftlich durch Verschuldung der kleineren Länder, militärisch wegen der inneren labilen Lage, durch Stärkung des Geheimdienstes usw. Unter dem Stichwort ‚Internationale sozialistische Arbeitsteilung' wurden den einzelnen Ländern Produktionsbereinigungen aufgezwungen und sie zur Spezialisierung auf bestimmte Produkte veranlaßt. Die damit einhergehende Einseitigkeit und Unausgewogenheit der binnenwirtschaftlichen Produktion begründete in wirtschaftlicher Hinsicht erst die Abhängigkeit der Satelliten-Staaten von der Sowjetunion.
Jedoch ist die Lage nicht so düster, wie man zu meinen glaubt. Zwar ist es in Westeuropa nur eine – wenngleich wohl wachsende – Minderheit, die sich gegen die Vormundschaft des internationalen Kapitals und der USA wehrt, jedoch ist diese Opposition in eine internationale Bewegung eingebettet. Spektakulärster Fall des Widerstandes gegen die US-amerikanischen Weltherrschaftspläne und die Machenschaften der US-amerikanischen Wirtschaft ist der Iran. Selbstverständlich sind die dortigen Führungsmethoden nicht für Europa zu empfehlen; das kann auch gar nicht sein, da es sich ja eben um den Iran, und nicht um Europa handelt und alle Voraussetzungen ganz andere sind als hier. Es

bleibt aber festzuhalten, daß erstmals ein großes Land bewußt aus dem Pferch der östlichen und westlichen Supermacht ausgebrochen ist und versucht, seinen eigenen Weg, nicht zuletzt auch in wirtschaftlicher Hinsicht, zu gehen. Nur so ist auch erklärbar, warum der Iran von den Vereinigten Staaten – und hinter vorgehaltener Hand natürlich auch von der Sowjetunion – mit soviel größerem Haß verfolgt wird als irgendwelche Diktatoren Afrikas oder Südamerikas, die zwar gegen allerhand Menschenrechte verstoßen mögen, dem Wirtschaftsimperialismus der USA und der mit ihnen verbündeten Länder jedoch nicht gefährlich werden.
Ein anderes, bei uns sehr viel unpopuläreres Beispiel für das Bemühen eines Landes, sich – mit allerdings sehr unvollkommenen Methoden – aus dem Würgegriff des internationalen Kapitals zu befreien, ist das Uganda zu Zeiten Idi Amins. Dieser hatte bei seinem Machtantritt eine Landwirtschaft vorgefunden, die primär für den Export arbeitete, also Güter herstellte, die für die einheimische Bevölkerung überhaupt nicht brauchbar waren. Die Exporterlöse blieben jedoch in erster Linie bei einer kleinen Händlerschicht, meistens nicht-ugandischer Herkunft, hängen. Idi stellte die Landwirtschaft zunächst auf die Produktion von Nahrungsmitteln für die eigene Bevölkerung um, jagte konsequenterweise die indische Händlerschicht aus dem Land und konnte immerhin den Erfolg verbuchen, daß Uganda zu seiner Zeit eines der wenigen schwarzafrikanischen Staaten war, in dem jeder Einheimische, soweit er nicht im Gefängnis saß, abends auf eine ausreichende Mahlzeit hoffen durfte. Daß Idi Amin politische Gegner den Krokodilen im Viktoriasee vorzuwerfen pflegte, ändert nichts an dieser Tatsache. Seine wirtschaftlichen Maßnahmen weisen aber darauf hin, warum nur er und nicht andere, die sich ebenso rüder Methoden bedienten, in der ganzen sogenannten freien Welt ein äußerst schlechtes Image hatte.

Jedoch nicht nur die Menschen, sondern auch die Natur wehrt sich auf Dauer gegen eine Ordnung, die unwissenschaftlich und naturfeindlich ist. Da ist zunächst das Überfüllungsproblem. „Wird ein Umweltmedium als öffentliches Gut zu einem einzigen Verwendungszweck genutzt, so muß ab irgendeinem Punkt die Kapazitätsgrenze dieses öffentlichen Gutes bei zunehmender Benutzerzahl überschritten werden, und die Benutzer rivalisieren in der Benutzung dieses Gutes und beeinträchtigen dessen Qualität."[5] Die Nutzung der Umwelt als öffentliches Konsumgut und die Inanspruchnahme als Standort für ökonomische Aktivitäten stehen in Konkurrenz. Auch um den ökonomischen Standort besteht Verwendungskonkurrenz, so daß sich hier natürliche Grenzen zeigen, die zu überschreiten aus verschiedenen Gründen nicht möglich ist. Schließlich setzen auch die Knappheit und Endlichkeit der

Ressourcen sowie die Umweltverschmutzung der wirtschaftlichen Aktivität, dem Wachstum um jeden Preis, Grenzen. Allerdings können sich die wirtschaftlichen Mächte – vernünftiges Denken vorausgesetzt – innerhalb dieser Grenzen etablieren, so daß es letztlich doch wieder auf den Menschen ankommt, ob er seine Freiheitsräume verteidigen kann und verlorene wiedergewinnt.

Man mag dem bisher Gesagten entgegenhalten, daß die weltwirtschaftlichen Beziehungen unter liberalistischem oder marxistischem Vorzeichen zwar für die Völker in erster Linie negative Folgen haben, daß aber dennoch eine Weltwirtschaft – und da jede Wirtschaft einer Ordnung bedarf, also auch eine Weltwirtschaftsordnung – als ein positives Ganzes immerhin denkbar sei. Um dies beurteilen zu können, müssen wir uns vor Augen halten, daß jede Wirtschaft von bestimmten Determinanten abhängig ist.

Zunächst sind das einmal die natürlichen Gegebenheiten, also die klimatischen Voraussetzungen, Bodenbeschaffenheit, Vorhandensein von Bodenschätzen, natürliche Verkehrsadern usw. Es dürfte offensichtlich sein, daß sie sich zum Beispiel in einer niederdeutschen Marschlandschaft notwendigerweise andere Wirtschaftsformen entwickeln mußten als im Niltal, in der Sahara oder im tropischen Regenwald.

Eine andere Determinante ist die technische Entwicklung, die im engen Zusammenhang mit Bildung und Bildungsfähigkeit innerhalb einer Volkswirtschaft zu sehen ist. Ein Arbeiter kann von der Schaufel auf einen Bagger umsteigen, wenn er sein Bildungsniveau der neuen Technologie angepaßt hat. Voraussetzung dafür ist aber, daß er überhaupt in der Lage ist, das Bildungsniveau entsprechend anzupassen.

Die technische Entwicklung, vor allem auf dem Gebiet des Verkehrs und der Kommunikation, hat sicher zu einer weitgehenden gegenseitigen Befruchtung verschiedener Völker und Kulturkreise geführt. Sie muß jedoch nicht notwendigerweise zu einer gegenseitigen Angleichung führen. Entscheidend ist, ob es möglich ist, daß die verschiedenen Traditionen, die Volkscharaktere und die spezifischen Fähigkeiten der Völker Gelegenheit haben, sich mit einer neuen, eventuell von außen übernommenen, Technik auf ihre Weise zu verbinden. Es haben wohl Ostasiaten und Europäer die Buchdruckerkunst beherrscht, aber niemand kann sagen, daß es deshalb zu einer Nivellierung der kulturellen Äußerungen gekommen sei.

Als weitere Determinante ist die Ideologie zu nennen, die in einem bestimmten wirtschaftlich relevanten Raum vorherrschend ist. Daß das Entstehen von Ideologien unter Umständen von ökonomischen Gegebenheiten abhängig sein kann, hat Marx sehr richtig erkannt. Nur ist es

in der Absolutheit und Einseitigkeit, wie Marx es ausgeführt hat, falsch. Das kanonische Zinsverbot des Mittelalters kann beim besten Willen nicht auf irgendwelche ökonomischen Gegebenheiten zurückgeführt werden; es hat aber seinerseits – begründet aus der christlichen Lehre – eine nicht abzuschätzende Wirkung auf die wirtschaftliche Entwicklung Europas und das Zusammenleben verschiedener Völker in diesem Kontinent mit sich gebracht.
Auch andere außerhalb der Ökonomie oder außerhalb des Wirkungsfeldes einer Volkswirtschaft liegende Ereignisse können das Bild einer Wirtschaft beeinflussen. Hierher gehören die Völkerwanderungen der alten Zeit ebenso wie die gegenwärtige Völkerwanderung, nämlich das Hineinsickern der farbigen südlichen Völker in Europa aufgrund der in der Heimat herrschenden ökonomischen Bedingungen. Zwar beeinflussen diese Menschen noch nicht das Bild unserer Volkswirtschaften, jedoch wird das sicher in ein oder zwei Generationen der Fall sein, wenn diese Entwicklung nicht rechtzeitig abgestoppt wird.
Im Mittelpunkt aber jedes wirtschaftlichen Handelns steht der Mensch: Er ist Produzent und Konsument, er ist Arbeiter und Händler, er ist der agierende und reagierende, der wirkende und leidende Teil in einer Volkswirtschaft. Vom Menschen hängt daher das Bild der Wirtschaft in erster Linie ab. Nun sind aber die Menschen nicht gleich. Sie sind als Individuen nicht gleich, es gibt in jeder Population Intelligente und weniger Intelligente, es gibt Starke und Schwache, es gibt Führungspersönlichkeiten und solche, die sich leicht unterordnen, es gibt schöpferische und nur nachvollziehende Menschen. Ähnlich ist das Verhältnis zwischen den Rassen, die in unterschiedlich langen Zeiten in verschiedenen Räumen, unter unterschiedlichen klimatischen und geologischen Bedingungen entstanden sind, bei denen deshalb ganz verschiedene Ausleseprozesse wirksam waren. Es wäre daher verwunderlich, wenn das Produkt überall gleich wäre. Die Durchschnittswerte der Rassen und Rassengruppen zeigen deshalb auf allen Gebieten zum Teil tiefgreifende Unterschiede. Wenn aber Menschen unterschiedlich veranlagt und unter diesem oder jenem Aspekt des Wirtschaftens unterschiedlich befähigt sind, müssen sich notwendigerweise verschiedene Formen der Wirtschaft herausbilden.
Diese Determinanten, die wir hier nicht erschöpfend aufgezählt haben, sind weder global als einheitliche Größe vorhanden, noch im zeitlichen Ablauf der menschlichen Geschichte immer gleich. Ist aber eine Wirtschaft von diesen Determinanten abhängig, so ist eine einheitliche Weltwirtschaftsordnung weder zeitlich noch räumlich denkbar.

Wie schon erwähnt wurde, wird man häufig mit pessimistischen Auffassungen konfrontiert, was den Widerstand gegen die nun schon seit

vielen Jahrzehnten andauernde Entwicklung angeht. Vor allem bezieht sich dieser Pessimismus auf Westeuropa, wo die Bevölkerung zugegebenermaßen schon weitgehend dem Sog des US-amerikanischen Lebensstils verfallen ist. Jedoch haben wir auch darauf hingewiesen, daß der Widerstand dagegen wächst. Zwar hat er im Augenblick noch keine Mehrheiten. Zwar speist er sich aus ganz verschiedenen Quellen, die uns zum Teil aus anderen Gründen recht suspekt sind. Es ist aber zunächst von sekundärer Bedeutung, welches die ursprünglichen Motive für den Widerstand gegen die US-amerikanische Dominanz sind; entscheidend ist, daß erst einmal das Denken über diese Dominanz und ihre Folgen angeregt wird. Andererseits ist es aber nicht notwendig, Mehrheiten zu gewinnen. Ein altes soziologisches Gesetz besagt vielmehr, daß bestimmte Denkrichtungen – ebenso wie Modeströmungen und dergleichen – von führenden sozialen Schichten ihren Ausgang nehmen und dann sozusagen herabsickern in die große Masse der Bevölkerung, bis sie dort populär geworden sind. Infolgedessen ist es durchaus begrüßenswert, daß heute das, was eine gewisse Presse oberflächlich ‚Anti-Amerikanismus' nennt, sich zunächst bei sogenannten linken Lehrern, Soziologen usw. verbreitet.
Die Tatsache, daß die liberalistische Ideologie naturwidrig und lebensfeindlich ist, führt notwendigerweise dazu, daß sie mit Realitäten in Konflikt kommen muß, da es Brüche und Fehlentwicklungen, die nicht vorauszuplanen sind. Die Krise ist also dem liberalistischen System immanent. Gleiches gilt – dieser Gedanke ist bei uns dank einer weitverbreiteten nichtmarxistischen Presse sehr viel populärer – für den Marxismus. Diese Brüche und Krisen sind aber weitere Verbündete für jeden Widerständler.
Zum Widerstand gehört auch, daß man sich ein Gegenbild zu dem derzeitigen Zustand der Weltwirtschaft und der von dieser Weltwirtschaft betroffenen Volkswirtschaften zu machen versucht. Wir wollen prüfen, ob ein solches Modell nicht aufgrund unserer bisherigen Erkenntnisse zu entwickeln ist.

Da es keine Weltwirtschaftsordnung geben kann und jeder Versuch, eine solche herzustellen, nur bedeutet, daß eine bestimmte Ordnung ihre Dominanz über andere ausübt und Völker und Kulturen zerstört, wäre es zunächst notwendig, daß sich ein begrenztes Gebiet, dessen Menschen biologisch und kulturell eng miteinander verwandt sind, auf eigene Füße stellt.
Die Schwierigkeit beginnt allerdings schon, wenn wir über den Umfang des begrenzten Gebietes sprechen. Einigkeit dürfte wohl darüber bestehen, daß die Bundesrepublik Deutschland bei aller wirtschaftlichen Potenz zu schwach ist, eine solche Aufgabe zu erfüllen. Aber auch ein

vereinigtes Deutschland – BRD + DDR – wäre dazu wohl zu schwach. So wie sich die politische Lage heute darstellt, ist es auch völlig abwegig, auf eine baldige Vereinigung dieser beiden Staaten zu hoffen. Daran ändern auch alle gut gemeinten Vorschläge, Pläne, Utopien nichts, da diese fast ausschließlich von Leuten stammen, die keinerlei politische Macht haben und infolgedessen keinen Einfluß auf den Gang der Ereignisse. Es ist zwar nicht undenkbar, daß einmal eine Konstellation entsteht, in welcher die beiden genannten Staaten auf neutraler Grundlage zusammengefügt werden. Solange sich diese Möglichkeit aber noch nicht einmal entfernt am Horizont abzeichnet, ist es müßig, sich über die Folgerungen aus dieser Situation Gedanken zu machen. Nach Lage der Dinge bleibt es zunächst bei Westeuropa, das sich zusammenschließen und zu einem eigenständigen politischen Faktor entwickeln muß. Es sei zugegeben, daß die heutigen Regierungen Westeuropas keinerlei Ansatzpunkt erkennen lassen, eine solche Entwicklung voranzutreiben, daß an fast keinem Punkt dieses westlichen Zipfels unseres Kontinents Menschen in verantwortlicher Stellung erkennbar sind, die den Willen haben, Europa wieder die Machtstellung in der Welt zurückzugeben, die ihm gebührt. Aufgabe aller verantwortungsbewußten Menschen muß daher sein, ausgehend von solchen Zielsetzungen wie die hier entwickelten, zunächst für eine innenpolitische Umgestaltung der Verhältnisse zu sorgen.
Unter der Voraussetzung, daß es zu der Herstellung eines solchen handlungsfähigen Europas gekommen ist, müßte sich das Verhältnis zu dem osteuropäischen Block auf zwei Ebenen gestalten. Auf der oberen Ebene spielen sich die selbstverständlichen diplomatischen Beziehungen ab, wobei wir keinen Zweifel daran lassen sollen, daß zu den hervorragendsten Zielen dieser diplomatischen Bemühungen gehören muß, offenen bewaffneten Auseinandersetzungen aus dem Wege zu gehen. Auf einer zweiten Ebene jedoch muß Westeuropa diejenigen nationalen und sozialen Bewegungen Osteuropas unterstützen, die das dortige Regime destabilisieren und ändern wollen. Wirtschaftspolitisch heißt das selbstverständlich, daß man die Feinde der Vormacht des Ostblocks, der Sowjetunion, zu stärken versucht, während man im Handel mit dem Ostblock auf bestimmten wichtigen Gebieten restriktiven Maßnahmen den Vorzug geben muß.

Europa müßte sich zunächst vom Dollar abkoppeln, das heißt es müßte den Dollar als eine Fremdwährung wie jede andere betrachten und behandeln. Dies ist allerdings nur möglich, wenn ausländische Handelspartner bereit sind, die europäische Währung zu akzeptieren. Dies wiederum aber ist nur möglich, wenn Europa über eine hinreichende ökonomische Stärke verfügt. Aufgrund der Eigenschaften des europäi-

schen Menschen, der in Europa liegenden natürlichen Ressourcen und des technischen Standards kann daran zum gegenwärtigen Zeitpunkt kein Zweifel bestehen. Man muß allerdings aufpassen, daß dieser natürliche Vorsprung nicht verwässert wird. Selbstverständlich wird man damit rechnen müssen, daß bei einer Abwendung vom Dollar als Leitwährung Gegenmaßnahmen von anderer Seite getroffen werden. Es muß demnach die innere Ordnung Europas so beschaffen sein, daß es jederzeit in der Lage ist, seinen Bewohnern auch gewisse Entbehrungen abzuverlangen. Ist die Bevölkerung dazu nicht in der Lage, oder glauben Politiker, sie sei dazu nicht in der Lage, können alle weiteren Bemühungen von vornherein eingestellt werden. Es muß daher zu den ersten Erziehungsmaximen eines europäischen Staates gehören, dem Bürger klarzumachen, daß man einen erhöhten materiellen Wohlstand, wie ihn die Bundesrepublik Deutschland zur Zeit genießt, und ein freies und unabhängiges Leben in der Welt zur gleichen Zeit nicht haben kann.
Solange man einen starken Außenhandel pflegt, wird man an irgendeinem Punkt immer wieder auf das Problem der Leitwährung stoßen. Will sich Europa von Krisen auf internationalen Märkten fernhalten und selber für Krisen gerüstet sein, so muß es sich deshalb stärker dem Gedanken der Autarkie zuwenden. Wie man sieht, bestehen hier hinsichtlich der Landwirtschaft überhaupt keine Probleme. Selbst wenn unsere Landwirtschaft mit weniger Chemie auskommen muß, was aus Gründen des Umweltschutzes und der menschlichen Gesundheit nicht nur wünschenswert, sondern notwendig ist, würde die Nahrungsmittelproduktion im europäischen Raum immer noch genügen, um alle hier lebenden Menschen ausreichend zu versorgen. Der Verzicht auf Lebensmitteleinfuhren würde zum Beispiel die USA viel härter treffen, die hier einen ihrer Hauptabnehmer haben. Somit könnte Europa für den Kauf von Getreide, das es eigentlich nicht braucht, seine Konditionen z. T. wenigstens diktieren. Rohstoffe fast aller Art sind in Europa ebenfalls reichlich vorhanden. Selbstverständlich darf der Gedanke der Autarkie nicht dazu führen, daß man sich auch wissenschaftlich von der übrigen Welt abkoppelt. Man muß jedoch bedenken, daß im wohlverstandenen Eigeninteresse, auch der anderen Staaten, der wissenschaftliche Austausch eben immer nur ein Austausch sein kann, das heißt ein *do ut des*, also niemals eine Einbahnstraße.

Natürlich wird es nie zu einem völligen Erliegen des Außenhandels kommen. Zwar setzt die Industrie aller europäischen Länder die überwiegende Masse ihrer Produkte in Europa ab, es bleibt aber doch ein Teil, der bisher nach Übersee exportiert wurde und der im eigenen Land nicht untergebracht werden kann. Auf der anderen Seite benöti-

gen wir bestimmte Rohstoffe, die in Europa entweder nicht in ausreichendem Maße vorhanden sind oder bei denen wir gezwungen sind, die eigenen Vorräte zu schonen. Um hier unüberschaubaren Verflechtungen zu entgehen und sich dem Sog des internationalen, primär US-amerikanischen Kapitals zu entziehen, wird vorgeschlagen, das Prinzip des multilateralen Waren- und Kapital-Verkehrs durch ein System bilateraler Verrechnungsabkommen zu ersetzen. Wenn man selber Marktmacht ausübt, woran bei einem vereinigten Europa kein Zweifel bestehen dürfte, kann man sich dann auch seine Handelspartner nicht nur nach ökonomischen, sondern auch nach militärischen und politischen Gesichtspunkten aussuchen. Natürlich müssen wir uns darüber im klaren sein, daß dies auf längere Sicht ein weiteres Schrumpfen des Welthandels bedeutet.
Parallel zu diesen Maßnahmen müßte ein gesteuerter und vorsichtiger Rückzug aus bestimmten internationalen Organisationen einsetzen. Auf wirtschaftlichem Gebiet gehört dazu in erster Linie IWF, Bank für internationalen Zahlungsausgleich, Weltbank usw. Es muß aber der Zukunft, den jeweiligen Gegebenheiten und Opportunitäten im wohlverstandenen eigenen Interesse überlassen bleiben, ob überhaupt, in welchem Umfange und wann ein solcher Rückzug vonstatten gehen sollte.
Zu diesem Rückzug aus den internationalen Organisationen gehört ohne Zweifel auch die Einstellung – über das notwendige Tempo kann jetzt noch nichts gesagt werden – von Entwicklungshilfe und anderen Zahlungen und Tributen. Vielmehr sollten auf lange Sicht irgendwelche Zahlungen nur erfolgen, wenn man sich dafür auf der anderen Seite auch politische oder wirtschaftliche Vorteile einhandeln kann.
Die Folgen eines solchen Rückzuges wären allerdings schwerwiegend. Obwohl an der Notwendigkeit kein Zweifel bestehen sollte, kann man doch über das Tempo schon aus militär- und machtpolitischen Gründen nichts sagen. Entscheidend ist die Entwicklung der Waffentechnik in den nächsten Jahren. Gelingt es, das Defensivwaffensystem auszubauen und zu verstärken – und zwar nicht nur in den USA, sondern auch und gerade in Europa – so würde von dieser Seite keine große Gefahr drohen. Natürlich muß Europa versuchen, die bestehenden Blöcke zu destabilisieren, einmal um seinen Einflußbereich Richtung Osten auf die dort liegenden Teile Europas auszuweiten, zum anderen im Interesse seiner eigenen Sicherheit.

Differenzierter muß man die Sache im Hinblick auf die Entwicklungsländer sehen. Es gibt ja bekanntlich nicht ‚das Entwicklungsland', so daß man hier von Fall zu Fall entscheiden muß. Für viele Staaten, die unter dieser unsinnigen Vokabel zusammengefaßt werden, gilt jedoch, daß sie übervölkert sind, daß sich Teile ihrer Bevölkerungen zur Wanderung nach Norden aufgemacht haben und daß sie politisch äußerst labile Systeme haben. Es ist also notwendig, daß Europa, wenn es schon den Welthandel hat schrumpfen lassen, so doch zumindest politisch hier Einfluß behält. Und so wie die Dinge auf dieser Welt nun einmal liegen, kann das eben auch heißen: Einfluß durch Geld. Primär sollte uns aber daran gelegen sein, in diesen Staaten diejenigen Kräfte zu stärken, die ihrerseits auf eine größere Unabhängigkeit von den Supermächten hinarbeiten und so mit uns zu einer Zusammenarbeit zu kommen versuchen. Die Lage würde sich allerdings wieder anders darstellen, wenn wir – zum Beispiel in Süd- oder Südostasien – die Bildung eines militärischen Blocks beobachten müßten, der sich eines Tages gegen Europa wenden könnte. Von einer solchen Situation sind wir jedoch wahrscheinlich noch weit entfernt.

Von den wirtschaftlichen Auswirkungen eines Rückzuges aus dem Weltmarkt für Europa mutmaßen nur diejenigen Schlimmes, die weiterhin an den Mythos von den Segnungen und der Unabdingbarkeit des Welthandels glauben.
Am wichtigsten ist zunächst die Nahrungsmittelversorgung. Hier hat man bereits 1938/39 festgestellt, daß das damalige Großdeutschland zu 84 % Selbstversorger war, das Altreich, also die deutschen Provinzen ohne Österreich, zu 83 %. Ein mitteleuropäischer Wirtschaftsblock einschließlich Skandinavien, den Benelux-Staaten, Südosteuropa und dem Baltikum konnte sich zu 90 % selbst versorgen, zusammen mit Rußland zu 96 %[6].
Es sieht heute nicht viel anders aus. Der Selbstversorgungsgrad der Bundesrepublik Deutschland mit Nahrungsmitteln betrug zum Beispiel 1983 über 90 % – wenn man die tierische Produktion aus Auslandsfuttermitteln abzieht (ohne daß aus den uns zugänglichen Quellen genauer gesagt wird, woher diese Futtermittel stammen), beträgt die Selbstversorgung 75 %. Ähnlich günstig sieht es für Gesamteuropa aus, das bekanntlich zu den großen Überschußerzeugern auf dem Gebiet der Landwirtschaft zählt. Gleiches gilt für den Außenhandel. Etwa 65 % der Einfuhren als auch der Ausfuhren der Bundesrepublik Deutschland betreffen europäische Länder. Das trifft mit wenigen Abweichungen ebenso auf die anderen europäischen Länder zu, wenn man von dem Sonderfall Sowjetunion vielleicht einmal absieht. Der Handel mit ausgesprochenen Entwicklungsländern spielt dagegen so gut wie überhaupt keine Rolle. Man fühlt sich an Dahrendorf erinnert, der einmal bemerkte, wenn alle Entwicklungsländer über Nacht im Meer versinken würden, würde das für das Bruttosozialprodukt der Industriestaaten einschließlich Europas eine Minderung von ungefähr 1 % ausma-

chen. Man würde also, mit anderen Worten, dieses Verschwinden wirtschaftlich überhaupt nicht bemerken.
Wir haben schon darauf hingewiesen, daß der Rückzug auf Autarkie nicht das Erliegen jeglichen Handels bedeutet, daß vielmehr ein maßvoller Austausch von Gütern und – damit zum Teil verbunden – eine wissenschaftliche Zusammenarbeit zwischen den verschiedenen Kulturkreisen weiterhin sinnvoll sein wird. Es wird deshalb auch nicht zu einer Stagnation der Entwicklung kommen, die es übrigens so nie gegeben hat. Auch zu einer Zeit, als sich über Europa die lähmende Macht der Kirche ausbreitete, hat es im Gefolge der Kreuzzüge, durch die Einführung von Feuerwaffen und anderen neuen Techniken immer eine technische Entwicklung gegeben, und der Eindruck der Stagnation der damaligen Zeit resultiert in erster Linie daraus, daß die neuen Technologien infolge des geringen Standes der Verkehrstechnik nur langsam wanderten. Wir dürfen aber auch nicht vergessen, daß die Masse der wissenschaftlichen Entdeckungen und der technischen Erfindungen aus Europa und von Europäern stammt, daß gerade Europa der große Lieferant für technische Innovationen gewesen ist.
Auf großen Widerstand werden unsere Vorschläge aber bei denjenigen stoßen, denen das Schicksal der sogenannten Dritten Welt besonders angelegen ist. Das unbestreitbare Elend in afrikanischen, asiatischen und südamerikanischen Ländern hat jedoch Ursachen, die sicher zum Teil durch europäische Einflüsse verursacht worden sind, die aber andererseits durch einen weitgehenden wirtschaftlichen Rückzug der Europäer aus jenen Gebieten auch wieder behoben werden könnten, wenn auch unter großen Opfern. Da ist zunächst einmal das Problem der Übervölkerung dieser Länder. Ohne Zweifel ist es in allererster Linie dadurch entstanden, daß unter europäischer Herrschaft bzw. durch sonstigen europäischen Einfluß die natürlichen Bevölkerungsregulative in diesen Ländern – Hunger, Seuchen, Krieg – weitgehend ausgeschaltet wurden. Der Hunger wurde durch verbesserte Anbaumethoden und durch die europäische Organisation der Verteilung weitgehend besiegt; um die Seuchen kümmerten sich europäische Ärzte und Missionare, die dauernden Stammeskriege wurden durch die Kolonialmacht unterbunden. Hinzu kam, daß durch die Zersetzung der einheimischen Kulturen, die durch Sitten und Gebräuche erzeugten Bevölkerungsregulierungen weitgehend ausgeschaltet wurden. Aus alledem resultierte eine ungeheuere Bevölkerungsexplosion, die auch nach der Unabhängigkeit dieser Länder nicht nachließ, da nun nicht mehr Kolonialverwaltungen, sondern besonders humanitär eingestellte Organisationen und Einzelmenschen in den Industrieländern dafür sorgten, daß möglichst viele Menschen am Leben bleiben. Zwar wird gesagt, daß von einem gewissen zivilisatorischen Standard an die Geburtenzahlen

zurückgehen werden, und man verweist in diesem Zusammenhang auf das Beispiel Westeuropas. Jedoch ist im Augenblick nicht abzusehen, woher dieser zivilisatorische Standard kommen soll, nachdem die dekolonisierten Gebiete mit vielen europäischen Einrichtungen überhaupt nichts anfangen können und diese dem Verfall überlassen; und man vergißt weiterhin, daß es auch in Europa nach der Bevölkerungsexplosion im ausgehenden 18. und 19. Jahrhundert lange Zeit gedauert hat, bis sich die Bevölkerungszahlen auf einem höheren Niveau wieder einpendelten. Es dürfte auf der Hand liegen, daß, wenn man so weiterwurstelt wie bisher, zumindest Afrika und Asien ihre Bevölkerungsmassen eines Tages überhaupt nicht mehr ernähren können und sich dann notgedrungen die Einwanderung in die nördlichen Industrieländer verstärken muß. Stoßen diese Einwanderer dann in unseren Staaten auf eine von falsch verstandenem Humanismus, christlicher Fernstenliebe und Egalitarismus geprägte Bevölkerung, wird der Zusammenbruch Europas als des schöpferischen Weltmittelpunktes nicht mehr fern sein.
Die Folgerung ist klar: Man soll, von gewissen, nicht humanitär begründeten Ausnahmen abgesehen, die Entwicklungsländer sich selbst überlassen und in Kauf nehmen, daß sie sich auf die Menschenzahlen, die sich selbst ernähren können, zurückhungern. Bei Lichte betrachtet ist dies auch humanitärer, als wie bisher fortzufahren. Rettet man heute 10 indische Kinder vor dem Hungertod, sind in der nächsten Generation aus diesen 10 indischen Kindern vielleicht mehr als 30 Menschen entstanden, die von Europa möglicherweise noch ernährt werden können, in der darauffolgenden Generation sind es vielleicht 100 und die Hungerkatastrophe wird so mit jedem Jahr des Zuwartens größer und schrecklicher.
Auch der oft gehörte Einwand, daß man sich in den Entwicklungsländern humanitär engagieren müsse, um dort der Sowjetunion nicht das Feld zu überlassen, sticht nicht. Sieht man einmal von Südamerika als einem Sonderfall ab – dort wohnen ja schließlich zu einem großen Teil europäisch-stämmige Menschen –, so gilt, daß die breiten Bevölkerungsmassen in Südostasien oder in Afrika ohnehin politisch nichts zu sagen haben, da Demokratien in unserem Sinne dort kaum existieren. Es genügt also, sich mit den führenden Gruppen – Regierung und Opposition – gut zu stellen. Vor allem aber würde ein stärkeres Engagement der Sowjetunion zum Beispiel in Schwarz-Afrika die Kräfte dieses Landes, die ohnehin durch die Rüstungsanstrengungen schon bis aufs äußerste angespannt sind, restlos überfordern.
Ich bringe noch einen Gedanken ins Spiel: Auch in Europa hat es zu allen Zeiten überlegene und unterlegene Produzenten gegeben. Nur konnten erstere nicht so leicht alle Konkurrenz aus dem Felde schlagen

wegen der ursprünglich sehr hohen Transportkosten. Im Laufe der Geschichte ist das Verkehrsnetz in Europa organisch mit der Entwicklung des Industriewesens gewachsen. So war es möglich, daß es in bestimmten Gebieten einen natürlichen Schutz des schwächeren Produzenten gab. In den Entwicklungsländern ist jedoch durch den Einfluß der Europäer die Entwicklung des Transportwesens stark vorangetrieben worden, so daß es heute den modernsten Teil der Volkswirtschaft darstellt. Diese laufende Verbesserung der Infrastruktur bietet keinen natürlichen Schutz des schwächeren Produzenten. Daraus ergibt sich eine überwältigende Überlegenheit derjenigen Betriebe, die mit westlichen Produktionsmethoden arbeiten. Die Folge ist, daß die schwächeren Betriebe ihre Arbeit einstellen. Da es andere Beschäftigungsmöglichkeiten auf dem Dorf aber nur in ganz beschränktem Umfange – wenn überhaupt – gibt, ziehen die arbeitslosen Massen in die Städte in der meist vergeblichen Hoffnung, dort ihren Lebensunterhalt fristen zu können. Schuhmacher führt als ein Beispiel für solche Entwicklungen die Seifensiederei in Indien und ihre Eliminierung durch Seifenfabriken an,[7] die nach europäischen Methoden arbeiten.

Nachdem sich nun in zahlreichen Fällen gezeigt hat, daß nach der Unabhängigkeit das europäisch initiierte Verkehrswesen verrottet und auch neuere Verkehrsbauten meist kein langes Leben haben – klassisches Beispiel: die Uhuru-Bahn von Sambia an den indischen Ozean – steht zu vermuten, daß bei einer Einstellung europäischer Entwicklungshilfe der natürliche Schutz einheimischer, schwächerer Produzenten durch hohe Transportkosten sich in relativ kurzer Zeit wieder einstellt.
Um aus der Fülle der Beispiele noch ein drittes herauszugreifen – in dem Maße, in dem die Europäer sich auf ihre eigene landwirtschaftliche Produktion besinnen und den Verbrauch überseeischer Genußmittel, Genußgifte und dergleichen entschieden drosseln, gewinnen die Entwicklungsländer wieder Land, um für ihren eigenen Bedarf zu produzieren. Dies wird sich sicher nicht für irgendwelche Handelsbilanzen, von denen der einfache Bauer sowieso nichts hat, positiv auswirken als vielmehr für die Ernährungslage der eigenen Bevölkerung.
Trotz einer mit viel Grausamkeit und viel individuellem Elend befrachteten Übergangszeit werden also die Vorteile für die Entwicklungsländer aus einem weitgehenden wirtschaftlichen Rückzug der europäischen Mächte überwiegen.

Der Rückzug auf ein begrenztes Gebiet setzt natürlich eine bestimmte Ordnung dieses begrenzten Gebietes voraus, die es in die Lage ver-

setzt, auch nach einer weitgehenden Umgestaltung der Wirtschaft und der Handelsströme und angesichts einer Welt, die ihm nicht wohlgesonnen ist – das ist sie übrigens heute, trotz des Welthandels, auch nicht – zu bestehen.
Wir wollen deshalb im folgenden einige Gesichtspunkte herausstellen, die für die innere Ordnung des begrenzten Gebietes Europa entscheidend sein sollten. Dazu gehören die Dezentralisierung, das Verhältnis von Planung und Lenkung, das Verhältnis von Arbeit und Kapital, die Einschränkung der Mobilität der Arbeitskräfte, vor allem aber die Frage des Verhältnisses von Wirtschaft und Politik.

Es ist eine Legende, daß in zurückliegenden Zeiten nur machtpolitische oder sittlich-moralische oder auch egoistische Gesichtspunkte bei politischen Entscheidungen eine Rolle spielten. Wenn es um den Besitz eines Erzbergwerks oder eines Hafens ging, so waren immer auch wirtschaftliche Entscheidungen im Spiel. Jedoch blieb es unserer Zeit, vom Liberalismus und vom Marxismus beherrscht, also von Weltanschauungen, die das Wirtschaftsleben in den Mittelpunkt ihrer Betrachtungen stellen, vorbehalten, daß wirtschaftliche Gesichtspunkte eine ganz dominierende Rolle gewinnen. Dem kommen entgegen die Auffassung von Staat als einem Versorgungsträger und das die meisten heutigen Politiker kennzeichnende monokausale Denken. Wenn der Staat primär die Aufgabe hat, seine Bürger zu versorgen, muß er vor allem um eine gut funktionierende Wirtschaft bemüht sein; infolgedessen sind alle Entscheidungen primär unter wirtschaftlichen Gesichtspunkten zu behandeln. Daß Menschen auch andere Bedürfnisse haben, ist diesem Denken ebenso unwesentlich wie die Tatsache, daß alle Teilbereiche der Wirklichkeit, in der sich der Mensch bewegt, miteinander verbunden sind. Vernetztes Denken und monokausales Denken sind nicht aufhebbare Gegensätze.
Wenn man die Realität dieser Vernetzung sieht, kann man jedoch auch die Neuordnung der Wirtschaft nur sehen als Teil einer Neuordnung aller menschlichen Lebensbereiche. Der ökonomische Sektor steht nicht isoliert für sich. Man kann deshalb auch nicht wirtschaftspolitische Ziele aufstellen, ohne daß diese in einem organischen Zusammenhang mit den Zielen anderer Lebensbereiche stehen. Wir stellen einen solchen Zusammenhang her, indem wie die Zielsetzungen für einen Teilbereich aus übergeordneten Zielsetzungen ableiten. Versuchen wir auf diese Weise eine Hierarchie der Entscheidungen aufzustellen, so stoßen wir zuletzt auf Grundentscheidungen, die rational nicht ableitbar sind. Diese lauten: 1. Das Überleben der menschlichen Art soll gesichert werden; 2. Die physische und bewußtseinsmäßige Fortentwicklung der Menschen soll gefördert werden. Aus diesen Grundentschei-

dungen leiten wir allgemein-politische Entscheidungen ab, aus diesen erst Entscheidungen für die Teilbereiche, zum Beispiel auch für die Wirtschaft.
Daraus ergibt sich zwingend, daß die allgemeine Politik Priorität haben muß, daß die Wirtschaft nur Hilfsmittel für die Politik ist, daß sie bei der Betrachtung dessen, was den Menschen nottut, nur eine untergeordnete Rolle spielen kann. Um uns nicht mißzuverstehen: Selbstverständlich muß die ausreichende Versorgung der Bevölkerung für jeden Politiker eine Selbstverständlichkeit sein. Natürlich sind Dinge, die über die Grundversorgung hinausgehen, anzustreben, natürlich ist ein gewisser Wohlstand, auch ein gewisser Luxus nichts Schlechtes, er kann sich sogar, zum Beispiel auf das kulturelle Leben, positiv auswirken. Jedoch darf das niemals Priorität genießen. Ein Staat, der den Wohlstand seiner Bevölkerung – wie heute zum Beispiel in der Bundesrepublik Deutschland – zum erstrangigen Ziel seines Handelns macht, ist bei der ersten ernsthaften Probe auf sein Überleben zum Untergang verurteilt, da für den Wohlstand niemand Opfer zu bringen bereit ist. Menschen handeln und opfern in erster Linie aus geistigen Impulsen heraus, für einen Staat, der diese Grundtatsache vernachlässigt, lohnt es sich nicht, sich einzusetzen.

Wenn wir der Dezentralisierung auf weltwirtschaftlichem Gebiet das Wort geredet haben, so liegt es nahe, nun im innerstaatlichen Rahmen damit fortzufahren. Tatsächlich sprechen viele Beweggründe dafür, einen europäischen Staat und auf unterer Ebene auch die einzelnen National-Länder zu dezentralisieren. Dem entspricht das Wesen des Menschen, der gegliederte, unterscheidbare und in sich überschaubare Räume bevorzugt, und zwar nicht nur im geographischen, sondern durchaus auch im politischen Bereich. Man führt dies darauf zurück, daß der Mensch ursprünglich in einem Savannenbereich entstanden sein soll.
In den letzten Jahrhunderten haben sich die europäischen Menschen immer mehr von Obrigkeiten und tradierten Glaubensvorstellungen emanzipiert. Nostalgiker verweisen darauf, daß etwa ein Bauer um 1500 sehr viel gebildeter gewesen sei als die Einwohner unserer Länder heute, da er mehr mit seiner Umwelt und der Natur im Einklang lebte. Sicher ist es richtig, daß den Menschen von heute viele Kenntnisse und Fähigkeiten verlorengegangen sind, und dies ist nicht nur bedauerlich, sondern unter Umständen auch gefährlich. Jedoch haben die Beseitigung des Analphabetismus, der Ausbau unseres Nachrichtensystems, die verbesserte Schulbildung gleichwohl einen viel höheren Grad von Allgemeinbildung mit sich gebracht – ungeachtet der Tatsa-

che, daß diese Bildung oft recht einseitig verläuft. Daher ist der Mensch mit sehr viel mehr Rüstzeug zum Bewältigen seiner Umwelt und seiner zwischenmenschlichen Beziehungen ausgestattet, als dies früher der Fall gewesen ist. Es muß da selbstverständlich vieles korrigiert werden, und es ist auch nicht von der Hand zu weisen, daß neueste Kommunikationsmittel, zum Beispiel das Fernsehen, wieder zu einer größeren geistigen Verarmung des Menschen führen. Per Saldo bleibt aber, daß der Durchschnittsmensch von mehr Dingen mehr versteht als frühere Menschen und deshalb auch glaubt, zum Beispiel in politischen oder in wirtschaftlichen Fragen, eher mitsprechen zu können. Das ist die Ursache des Trends zur Demokratisierung in ganz Europa, der sich nur um den Preis einer Verdummung der Massen wieder umkehren läßt. Nun läuft Demokratie bei uns heute so ab, daß in regelmäßigen Abständen die Wähler zur Wahl gerufen werden und dort über Dinge abstimmen sollen, von denen sie in ihrer Vielfalt niemals etwas verstehen können, ganz einfach aus dem Grunde, weil kein Volk nur aus Genies besteht. Etwas anderes ist es jedoch in kleinen Einheiten, zum Beispiel auf dem Dorf oder in einem eng bemessenen Stadtviertel. Hier stehen im allgemeinen Dinge an, von denen sich der Einzelne in etwa ein Bild machen und über die er dann auch guten Gewissens abstimmen kann. Einem solchen natürlichen, dem Menschen angemessenen Selbstbestimmungs- und Willensbildungsprozeß stehen alle monumentalisierenden politischen Bereichsbildungen entgegen, wie sie zum Beispiel auch bei den jüngsten Gebietsreformen in Westdeutschland entstanden sind. Das, was hierzulande als Ausfluß der Demokratie daherkommt, ist tatsächlich undemokratisch im tiefsten Sinne des Wortes.

Dezentralisierung liegt aber auch im Zuge der historischen Entwicklung. 1871 gab es in Europa 21 Staaten, 1914 30, heute 34, wobei einige wieder verschwunden und von den Imperialismen verschlungen sind. Im Mittelalter entstanden 27 volkssprachliche Schriftsprachen, im 16. Jahrhundert 11, wobei 2 wieder verschwanden. Im 19. Jahrhundert 19, wir zählen heute 60. Deutschland und Italien schlugen zwar zeitweilig einen umgekehrten Weg ein, weil hier die Dynastien keine nationale Basis hatten, jedoch zeigt sich heute auch in Westdeutschland ein Erstarken des föderalen Prinzips und in Italien ein Aufbegehren der Regionen und der unterdrückten Randvölker gegen die Zentralmacht in Rom.[8] Ähnliches gilt für die anderen romanischen Länder, die von ihrer Historie her zum Zentralismus neigen, während die nordeuropäischen Staaten immer schon großzügiger gegenüber ihren regionalen und nationalen Eigentümlichkeiten sind, mag auch hier das Verhältnis zwischen England und Irland eine unrühmliche Ausnahme bilden.

Was für die allgemeine Politik gilt, gilt auch für die Wirtschaftspolitik. Da ist einmal der Unternehmensbereich. Hier ist nach Möglichkeit dem überschaubaren Betrieb der Vorzug zu geben, mag dies auch nicht in jedem Fall möglich sein. Gleiches gilt aber auch für die Strukturierung einer Region. Dort, wo wirtschaftliche Monokulturen herrschen, wo sich Menschen zusammenballen, ist die Krisenanfälligkeit der Region, aber auch die Unzufriedenheit der in ihr lebenden Menschen bedeutend größer, als wenn man diese Fehlentwicklungen vermeidet. Wir haben heute in Westdeutschland das abschreckende Beispiel des Saarlandes oder des Ruhrgebietes und können dem das sehr viel gesünder strukturierte Gebiet in Württemberg entgegenhalten, ungeachtet der Tatsache, daß auch hier sicher vieles noch verbesserungsbedürftig ist. Die technische Entwicklung schafft immer mehr Voraussetzungen für eine wirksame Dezentralisierung sowohl im regionalen als auch im unternehmerischen Bereich. Besonders gilt dies für den Fortschritt bei den Kommunikationsmitteln. Bei einigem guten Willen ist es heute schon möglich, daß die Zentralen großer Unternehmungen, Banken, Versicherungen usw. ihren Sitz in irgendwelchen kleineren Städten in der Provinz nehmen, da die technischen Hilfsmittel bereits heute zur Verfügung stehen, jederzeit mit irgendwelchen Geschäftspartnern auf jede Weise zu kommunizieren, Konferenzen abzuhalten usw. Manche der Entwicklungen, die uns heute angeboten werden, mögen sich sicher als technologische Sackgasse erweisen, zum Beispiel der vom Bundespostministerium so sehr protegierte Bildschirmtext. Im großen und ganzen kann man aber sagen, und die letzten Jahre und Jahrzehnte belegen es, daß die Entwicklung noch lange nicht abgeschlossen ist und wir uns mit großen Schritten der Möglichkeit nähern, die Metropolen zu entlasten, den Massenverkehr mit seinen unguten Begleiterscheinungen einzuschränken und zu einem Ausgleich zwischen der Provinz und den Ballungsgebieten zu kommen.

Wir hatten schon darauf hingewiesen, daß es sicher Techniken gibt, die sich nur im Bereich eines großen Unternehmens realisieren lassen. Aber auch auf anderem Gebiet gibt es Bereiche, in denen eine Zentralisierung unumgänglich notwendig ist. Dies dürfte zum Beispiel in dem wirtschaftspolitisch besonders relevanten Gebiet der Ordnung des Geldverkehrs der Fall sein. Eine Abkoppelung Europas vom Dollar setzt voraus, daß das Nebeneinander vieler Währungen in Europa – mögen diese im einzelnen auch eine respektable Stellung in der Welt einnehmen – abgeschafft wird zugunsten einer einheitlichen europäischen Währung. Dies wiederum setzt eine Zentralnotenbank voraus,

deren Gliederung im gewissen Maße föderalistisch sein kann, so wie dies für das Verhältnis zwischen Bundesbank und Landeszentralbanken gilt. Eine europäische Zentralnotenbank setzt aber wiederum eine gewisse Einschränkung der nationalen Autonomien auf bestimmten wirtschaftspolitischen Gebieten voraus. Zum Beispiel muß eine einheitliche rechtliche, finanzpolitische und statistische Basis für ganz Europa geschaffen werden. Die Schwierigkeiten, die entstehen, wenn die Geld- und Kredit-Politik zwar supranational, die Fiskal-Politik aber von den Nationen gestaltet wird, liegen auf der Hand.
Es wird des öfteren gegen die Schaffung einer europäischen Währung eingewandt, daß sie gar nicht zu realisieren sei, da wegen der unterschiedlichen wirtschaftlichen Struktur in den einzelnen europäischen Gebieten diese Währung eine unterschiedliche Kaufkraft haben würde. Dies ist natürlich kein Gegenargument. Auch der Dollar hat in den einzelnen Regionen der Vereinigten Staaten eine unterschiedliche Kaufkraft. Dasselbe gilt übrigens auch für ein viel kleineres Gebiet, zum Beispiel die Bundesrepublik Deutschland. Es ist eine allgemeine bekannte Erscheinung, daß die DM etwa im Rhein-Main-Gebiet eine geringere Kaufkraft hat als schon in den nicht weit entfernten Kurorten der Rhön, von ländlichen Gebieten ganz zu schweigen.

Eine Betonung der Dezentralisierung bei gleichzeitiger Anerkennung der Notwendigkeit der Zentralisierung in bestimmten Sektoren bedeutet natürlich auch, daß die Planungssouveränitäten ausgewogen sein müssen. Dieses Thema soll noch erörtert werden. Da Wirtschaft aber mit einem lebendigen Organismus zu vergleichen ist, da sie vielfältigen, ständig wechselnden Einflüssen ausgesetzt ist und da sich dadurch auch die wirtschaftspolitischen Notwendigkeiten ändern, kann ein wirtschaftspolitisches Modell kein statisches Modell sein. Deshalb wird das Ausmaß von Dezentralisierung und Zentralisierung, von regionaler und zentraler Planung stets Änderungen unterworfen sein, die wirtschaftspolitisch handelnden Menschen müssen flexibel bleiben und sich dem jeweils Notwendigen anpassen. Zeiten des allgemeinen Friedens erfordern weniger Zentralismus, kriegerische Zeiten mehr. Um für alle Eventualitäten gerüstet zu sein, muß die staatliche Organisation so beschaffen sein, daß schnelle Änderungen jederzeit möglich sind.

Das Problem der Mobilität der Arbeitskräfte stellt sich für uns in erster Linie dar als das Problem der Einwanderung südländischer Völker. Davon ist nicht nur Westeuropa betroffen. Auch in die USA vollzieht sich ein ständiger Einwanderungsstrom von mexikanischen und anderen mittel- und südamerikanischen Menschen. In Jugoslawien findet eine langsame Wanderung von südlichen Völkern – Mazedonier, Albaner – nach Norden statt. Die Sowjetunion und andere osteuropäische Länder sind von dieser Wanderung wegen der geschlossenen Grenzen und der restriktiven Innenpolitik zur Zeit weniger bedroht. Jedoch erheben sich in allen mediterranen Ländern die gleichen Klagen wie in Nordeuropa. Neger wandern nach Oberägypten und in nördlicher gelegene Gebiete ein, Oberägypter nach Unterägypten, Unterägypter nach Süditalien – man muß immer hinzusetzen: auch in die nördlicher gelegenen Gebiete –, die Süditaliener schließlich wandern nach Oberitalien oder nach Mittel- und Nordeuropa. Von dieser neuen Völkerwanderung, deren Bedeutung unseren in Vier-Jahres-Perioden denkenden Politikern offensichtlich noch nicht aufgegangen ist, sind bereits viele Millionen Menschen betroffen.

Obwohl die Mehrheit der nach Deutschland, Frankreich und anderen Ländern einwandernden Menschen immer noch Gastarbeiter sind, von denen hier und da immer noch gehofft wird, daß sie eines Tages nach Hause zurückkehren, schwillt die Zahl der sogenannten Asylanten an, die offen zu erkennen geben, daß sie sich dauernd in Europa niederlassen wollen.
Natürlich ist es richtig, daß Deutschland schon immer ein Einwanderungsland war. Während aber frühere Einwanderer – Hugenotten, Polen im Ruhrgebiet usw. – immer aus Völkern stammten, die den Deutschen nahe verwandt waren und die deshalb keine Schwierigkeit hatten, sich innerhalb von wenigen Generationen zu assimilieren, handelt es sich bei den heutigen Zuwanderern in der Masse um Menschen, die aus ganz anderen rassischen und kulturellen Kreisen kommen. Für die Umkehrung dieses Wanderungsprozesses gibt es eine Reihe guter Gründe. Zunächst sind da die Engpässe in der heimischen Infrastruktur zu nennen – Wohnungen, Schulen, Straßen, Energieversorgung, Müllabfuhr und dergleichen. Zum zweiten – und das gilt umso mehr, je fremder uns diese Einwanderer sind – gibt es erhebliche Unterschiede im Bildungsstand zwischen der europäischen und der zuwandernden Bevölkerung; dieser Unterschied verstärkt sich mit steigenden Anforderungen des Produktionsprozesses. Das heißt nicht, um irgendwelchen Empörungsschreien sogleich zuvorzukommen, daß die Zuwanderer von Natur aus dümmer sind als die Europäer; ihre geistige Struktur ist nur eine andere, und sie sind auf andere Kulturzusammenhänge ausgerichtet als auf die technische Zivilisation, wie sie sich in Europa entwickelt hat. Das Zusammentreffen von Gruppen unterschiedlicher kultureller, ethnologischer und wirtschaftlicher Herkunft ist aber immer in der Lage, gefährlichen sozialen Sprengstoff zu liefern. Je größer die Gruppe der Fremden ist, mit umso größerer Wahrscheinlichkeit

entstehen soziale Konflikte. Das kommt nicht von ungefähr und hat nichts mit Intoleranz der einheimischen Bevölkerung zu tun. Die zuwandernden Menschen stammen vielmehr aus Bevölkerungsgruppen, die sich in langen Entwicklungsprozessen an Umweltbedingungen angepaßt und die den heimatlichen Verhältnissen entsprechende soziale Verhaltensweisen entwickelt haben, die sich jedoch sehr erheblich von den hiesigen unterscheiden. Eine Integration dieser Bevölkerungsgruppen in unsere Bevölkerung – selbst wenn sie wünschenswert wäre, was sie nicht ist – ist deshalb nicht möglich. Sie ist auf lange Sicht nur durchzuführen, wenn man die Schaffung einer entwurzelten Mischlingsbevölkerung auf primitiver zivilisatorischer Stufe in Kauf nimmt.

Es soll aber nicht vergessen werden, daß die Wanderung auch Nachteile für die Herkunftsländer mit sich bringt. In Süditalien versuchte man in den vergangenen Jahrzehnten, durch Ansiedlung von Unternehmen das wirtschaftliche Niveau zu heben. Allerdings ging man dabei nicht zielgerichtet vor, nahm auf die besonderen Bedürfnisse des Landes keine Rücksicht, so daß in erster Linie kapitalintensive Unternehmen mit geringem Beschäftigungseffekt angesiedelt wurden. Parallel dazu fand ein Wachstum der einheimischen Bevölkerung statt. Dies führte zu einer Abwanderung aus der Landwirtschaft wie auch aus den Städten. 1972/73, zur Zeit der sehr starken Auswanderung nach Deutschland, war die Hälfte aller Auswanderer jünger als 30 Jahre. Daraus resultierte eine anormale Struktur der Bevölkerung Süditaliens. Zudem wandern in der Regel die Leute mit der stärksten Initiative ab, die schwach Motivierten, die Leistungsschwachen, die weniger Intelligenten bleiben zurück. Daneben zeigt das Beispiel Süditalien auch, daß die Überweisungen der Auswanderer in das Heimatland in der Regel keinen wirtschaftsfördernden Aspekt haben, da sie meist für konsumtive Zwecke verbraucht werden. Ähnliches beobachtet man in der Türkei. Die Abwanderer sind bezüglich Lebensalter und Schulbildung den anderen einheimischen Arbeitskräften in der Regel überlegen. In den letzten Jahren fand eine gewisse Rückwanderung statt. Die türkische Regierung hätte diesbezüglich vor allem das Ziel haben müssen, die Rückwanderer ihren neuen und verbesserten Fähigkeiten entsprechend einzusetzen. Jedoch ist die Mehrzahl der Heimkehrer nicht wieder in die Industrie gegangen, sondern sie suchte sich selbständig zu machen, meist jedoch in Gewerbezweigen, die wenig produktiv sind und für die weitere wirtschaftliche Entwicklung des Landes von untergeordneter Bedeutung sind.
Natürlich kann und soll eine gewisse Wanderung von Arbeitskräften im europäischen Rahmen nicht verhindert werden. Man muß dabei

aber selektiv vorgehen. Die Einwanderung von nicht-europäischen Menschen muß strikt unterbunden werden; Ausnahmen darf es nur für solche geben, die sich hier in Ausbildung befinden oder im Dienst ihres Heimatlandes oder der einheimischen Industrie stehen. Aber auch innerhalb Europas müssen die Wanderungen eingeschränkt werden. Im Vordergrund muß stehen, daß nicht irgendeine Region ausblutet, die heimische Kultur, das eigene Volk dadurch bedroht wird, und auf der anderen Seite dafür woanders ungesunde Ballungsgebiete entstehen. So wird sich der Einsatz von Arbeitskräften in Gebieten fremder Kultur in erster Linie auf Inhaber höherer Positionen in der Wirtschaft beschränken.
Viel wichtiger als die Wanderung von Arbeitskräften ist die Wanderung des Kapitals. Die gezielte Einrichtung von Industrien in den Hauptabwanderungsgebieten unter Beachtung einer gesunden Struktur muß zu den Hauptanliegen einer europäischen Wirtschaftspolitik gehören. Es wird dagegen des öfteren eingewandt, daß es sich auf längere Sicht nicht verhindern ließe, daß die ins Ausland verbrachten Industrien eines Tages zu unserer Konkurrenz heranreifen. Man vergißt aber hier den Unterschied zwischen Investitionen in Europa und in Übersee. Investitionen in Italien oder in Spanien sollten für uns nichts anderes bedeuten, als wenn heute ein norddeutscher Unternehmer Niederlassungen in Bayern oder Württemberg gründet.

Bei der Frage von Planung und Lenkung geht man immer wieder von dem Gegensatzpaar der sogenannten freien Marktwirtschaft und der zentralen Verwaltungswirtschaft aus. Abgesehen davon, daß die Wirklichkeit Planungsmodelle in reiner Form überhaupt nicht kennt, ist unbestritten, daß beide Modelle – auch in der vorhanden abgeschwächten Form – zu erheblichen Fehlentwicklungen führen. Es hat deshalb allerorten das Suchen nach einem dritten Weg eingesetzt. Ein solcher dritter Weg könnte eine Form ständischer Ordnung mit besonderem Gewicht von Selbstverwaltungskörpern sein. Eucken glaubte aufgrund seiner Beobachtungen nachweisen zu können, daß sich diese Selbstverwaltungskörper entweder zu festgefügten Verbänden monopolistischer Prägung entwickeln oder zu ausführenden Organen zentraler Planstellen werden. Bei berufsständischer Ordnung fehle ihnen das Interesse an Maßnahmen, die ihren eigenen Interessen oder den Interessen der von ihnen vertretenen Mitglieder zuwiderlaufen.[9]
Das jugoslawische Modell hat sich in Westdeutschland eine Zeitlang bei der Linken großer Beliebtheit erfreut. Hier geht man von der Zielsetzung aus, die Entfremdung der Arbeiter von den Bedingungen und Resultaten ihrer Arbeit aufzuheben, ebenso die Entfremdung der gei-

stigen Potenzen der Arbeit von der Arbeit selbst. Die gesamtwirtschaftliche Planung hat indikativen Charakter, es werden gesamtwirtschaftliche Größen gesetzt, der Staat behält sich zentral die Entwicklung bedeutender Wirtschaftszweige und Einrichtungen, die Entwicklung der Infrastruktur und von zurückgebliebenen Gebieten vor. Gewisse Kompetenzen, zum Beispiel für die in Jugoslawien notwendige Devisenbewirtschaftung, wurden regional an die Republiken delegiert. Es zeigte sich jedoch, daß krisenhafte Wirtschaftserscheinungen zu immer mehr Eingriffen des Staates führten. Die Entfremdung wurde nicht überwunden, es kam zu Ungleichgewichten und Krisen. Politiker, geprägt von regionalen Interessen, konnten auf den ihnen zugewiesenen Gebieten unsinnige Projekte durchsetzen, die ineffizient waren. In den selbstverwalteten Betrieben befürworteten die Arbeiter Preiserhöhungen ihres Betriebes, kartellähnliche Organisationen und damit marktbeherrschende Positionen zu Lasten der Verbraucher.[10]

Nicht nur den Gegnern der zentralen Verwaltungswirtschaft, sondern auch den Gegnern eines dritten Weges – von dem es ja bekanntlich sehr viele verschiedene Modelle gibt – ist eigen, daß sie jede staatliche Lenkung ablehnen, da sie der Auffassung huldigen, die mehr oder weniger ideologisch geprägten Entscheidungen des Staates ließen sich rational nicht nachvollziehen und nähmen so Offenbarungscharakter an. Die Kritiker vergessen dabei, daß bei staatlicher Lenkung nicht Bedarfsstrukturen und individueller künftiger Bedarf entscheidend sein darf, sondern die sich aus den allgemeinpolitischen Zielsetzungen ableitenden Notwendigkeiten. Die Menschen mögen fehlerhaft sein, jedoch sind diese Entscheidungen nicht Sache von Massenabstimmungen, sondern von Eliten, in deren Hand die wirtschaftspolitische Macht gehört und deren Notwendigkeit und Existenz von uns bejaht wird.
Lenkung des Staates heißt aber auf der anderen Seite, daß dieser sich vor tiefgreifenden Eingriffen und vor einer Verzettelung im Detail hüten muß. In Friedenszeiten hat der Staat zwei Hauptaufgaben: 1. Er muß die wirtschaftlichen Machtgruppen auflösen und ihre Funktionen begrenzen zugunsten seiner eigenen Souveränität. 2. Er hat Ordnungsformen der Wirtschaft zu gestalten, muß aber den Bürgern die Erwerbstätigkeit überlassen. Die Gestaltung der Ordnungsformen betrifft die Gebiete Wissenschaft, Planung, Erziehung, Innenpolitik, Justiz, Finanzen und bestimmte von außenpolitischen Maximen abzuleitende Handlungen, wie zum Beispiel Nationalisierung ausländischer Industrien und dergleichen.[11] Eine solche Planung ist notwendig, da es einen sich selbst regulierenden Markt nur auf begrenzten Gebieten gibt und vor den Aufgaben der Zukunft (Familie, Probleme der Technik, Umweltschutz usw.) die profitorientierten Unternehmen aus Mangel

an Voraussicht wie an Interesse in der Regel versagen. Der „sich selbst regulierende“ Wettbewerb wird weder mit seinen eigenen Voraussetzungen (Forschung, Entwicklung, Berufsvorbildung) fertig noch mit den Folgen des Produktionsübermaßes. Auch die pluralistische Gesellschaft als Ganzes läßt wegen der Vielfalt der widerstreitenden Interessen und der mangelnden Einsicht diese Fähigkeit vermissen.

Auf dem Gebiete der Planung der verschiedensten Art muß zwischen Rahmenplanung und Regionalplanung unterschieden werden. In die Rahmenplanung müssen berufsständische Verbände eingebunden sein, ungeachtet der kritischen Anmerkungen Euckens. Es ist nämlich durchaus denkbar, daß die Planungsautonomie der berufsständischen Verbände so begrenzt und gestaltet werden kann, daß schädliche Einflüsse von dieser Seite aus vermieden werden können. Zur Rahmenplanung gehört zum Beispiel die Einführung von günstigen Krediten und Steuererleichterungen für erwünschte Produktionen, die Kontrolle bestimmter Industriezweige – umweltschädliche Industrien, Banken usw. Die Rahmenplanung kann durch die Regionalplanung für weniger entwickelte Gebiete ergänzt werden, aber auch, die geographischen Regionen übergreifend, durch Familienplanung. Da wir nicht in einer Welt der Harmonie leben, muß im übrigen der wirtschaftspolitische Aufbau des Staates so organisiert sein, daß jederzeit eine Umschaltung auf mehr Zentralismus in Zeiten der Krise möglich ist.

Bei der Diskussion um gesellschaftspolitische Fragen hat man sich immer wieder mit dem behaupteten oder möglichen Gegensatz zwischen Arbeit und Kapital auseinanderzusetzen, wobei wir hier unter Arbeit jede schöpferische Tätigkeit des Menschen, unter Kapital aber, das hier als Begriff pars pro toto verwandt wird, den Kapitaleigentümer verstehen. Jede Arbeit bedient sich des Kapitals als Mittel zum Zweck. Arbeit ist insofern auf das Vorhandensein von Kapital angewiesen. Aber auch das Kapital ist wiederum von der Arbeit abhängig, da es ja nicht aus sich selbst heraus entsteht. Solche Redensarten wie „ das Kapital arbeitet“ oder „ich lasse mein Geld für mich arbeiten“ verführen dazu, die Rolle der Arbeit bei der Entstehung des Kapitals außer acht zu lassen. Kapital wird immer durch Arbeit geschaffen und erhält seinen Sinn nur dadurch, daß sich die Arbeit seiner bedient. Wir haben es also mit dem Verhältnis von Arbeit und Kapital mit einer polaren Struktur zu tun.
Reduziert man den Begriff Kapital jedoch auf den Kapitaleigentümer, und in diesem Sinne wird das Gegensatzpaar heute immer gebraucht, so ergibt sich, daß die Kapitaleigentümer wohl auf die Arbeiter angewiesen sind, die Arbeiter jedoch sehr wohl auf die Kapitaleigentümer

verzichten können, die austauschbar sind und durchaus identisch mit den Arbeitnehmern, dem Staat oder anderen gesellschaftlichen Institutionen sein können. Da Arbeit das schöpferische Element ist, durch welches Kapital erst geschaffen wird und wirksam werden kann, da andererseits die Frage des Eigentums an Kapital von untergeordneter Bedeutung erscheint, liegt es nahe, der Arbeit Priorität einzuräumen. Zu demselben Ergebnis kommen wir, wenn wir die verschiedenen Interessen an der Existenz eines Unternehmens gegeneinander abwägen. In der modernen Industriegesellschaft haben wir es vielfach mit Eigentümern zu tun, deren Kapital auf viele Unternehmen verteilt oder deren Haftung von vornherein beschränkt ist, was es mit sich bringt, daß der Untergang eines Unternehmens zwar ärgerlich ist, aber nicht unbedingt zu Einschränkungen in der Lebenshaltung führen muß. Die Interessen des Arbeiters sind jedoch in der Regel weitgehender. In je höherem Maße seine Lebensgrundlage von der Bezahlung der erbrachten Arbeit abhängt, desto mehr muß ihm an der Weiterexistenz des Unternehmens gelegen sein. Auch von den unterschiedlichen Interessenlagen her ist demnach der Arbeit Priorität zuzuerkennen.

Dieses Problem der Priorität berührt im wesentlichen drei Bereiche: die Leitung des Unternehmens, die Verteilung des Ertrages und die Eigentumsverhältnisse am Vermögen des Unternehmens. Die gegenwärtige Situation ist unbefriedigend. Die Leitung der Unternehmen geht einseitig von der Kapitalseite aus, und zwar bei allen Gesellschaftsformen. Die Tatsache, daß in größeren Unternehmen das Management aufgrund seiner Funktion und seines Sachverstandes Machtbefugnisse gewonnen hat, die in den Regelungen des Gesetzgebers ursprünglich nicht vorgesehen waren, die Tatsache weiterhin, daß in den Eigentümerversammlungen der Kapitalgesellschaften Kräfte Einfluß gewonnen haben, die mit den Kapitaleigentümern nicht identisch sind (Depot-Stimmrecht der Banken!), ändert an dieser grundsätzlichen Tatsache nichts. Es müssen also neue Formen für die Leitung und die Verteilung von Erträgen und Vermögen gefunden werden.[12]

Ein sich wirtschaftlich in starkem Maße auf sich selbst zurückziehendes Europa kann natürlich nicht in der Welt als isolierte Insel existieren, sondern es muß vielfältige politische Beziehungen aufrechterhalten und ausbauen und sich nach Bündnispartnern umsehen.
Im Vordergrund stehen für viele noch die Beziehungen zur Sowjetunion und zu Osteuropa. Es wurde schon angedeutet, daß die Gefahr aus dem Osten heute viel übertrieben wird. Zwar ist es eine unbestreitbare Tatsache, daß die Sowjetunion nach wie vor imperialistisch agiert und daß sie selbstverständlich daran interessiert ist, Westeuropa unter ihre

Kontrolle zu bekommen. Ein vereintes Europa auf einer neuen geistigen Grundlage wäre jedoch auch in der Lage, diejenigen Mittel zu entwickeln, die abschreckend auf einen etwaigen Angreifer wirken könnten. Dies umso mehr, als man in anderen Teilen der Welt noch Verbündete gewinnen kann. Auf der anderen Seite soll nicht verkannt werden, daß die Sowjetunion und die mit ihr zwangsweise verbündeten Satelliten-Staaten selbst unter erheblichen inneren Schwierigkeiten leiden. Diese Schwierigkeiten zu verstärken, durch subversive Aktionen, durch ein bestimmtes wirtschaftspolitisches Vorgehen und durch die Ausstrahlungskraft einer neuen westeuropäischen Ordnung, muß eines der Hauptanliegen westeuropäischer Politik sein.
Vor allem muß den Völkern Osteuropas einschließlich der Sowjetunion immer wieder das Gefühl vermittelt werden, daß sie ein integraler Bestandteil Europas sind und daß sie von der europäischen Entwicklung nicht ausgeschlossen werden.
Viele Menschen, die sich mit der Zukunft Europas beschäftigen, verweisen auf Afrika als den natürlichen Ergänzungsraum dieses Kontinents. Sie meinen dabei in erster Linie Schwarz-Afrika. Es ist sicher richtig, daß dieser Teil Afrikas eine wirtschaftliche und geopolitische Ergänzung Europas darstellt. Auf der anderen Seite soll nicht verkannt werden, daß Schwarz-Afrikaner als Verbündete Europas immer nur von untergeordneter Bedeutung sein können, da sie eine völlig andere Mentalität haben und Fähigkeiten, die den Erfordernissen der von uns entwickelten Kulturzone kaum entsprechen. Dies gilt umso mehr, je mehr wir den Afrikanern Gelegenheit geben, ihre eigenen Vorstellungen vom Zusammenleben zu verwirklichen. In den weltpolitischen Konkurrenzkämpfen, die sicher noch sehr lange Zeit anhalten werden – denn der Übergang zu einer harmonisierten Weltordnung ist nicht sichtbar – wird Afrika immer einen schwachen Weltteil bilden, um dessen Besitz außerafrikanische Mächte kämpfen. Europäischer Einfluß in Afrika kann deshalb nicht in einem Bündnis unter Gleichberechtigten bestehen, sondern in einer – wie auch immer gearteten – Beherrschung Schwarz-Afrikas durch Europa.

Anders sieht es mit Asien aus. Ist schon Schwarz-Afrika in sich homogen, so gilt dies in noch viel stärkerem Maße für Asien. Trotz aller Fremdheit kann man sagen, daß die Asiaten von ihrer Mentalität und ihren Fähigkeiten her den Europäern näherstehen als die Schwarz-Afrikaner. Auch aufgrund ihres kulturellen und zivilisatorischen Niveaus sind sie eher prädestiniert, sich mit Europa, zumindest zeitweilig, zu verbünden. Dauerhafte Feindschaft kann nur dort entstehen, wo diese Länder aufgrund ihres Bevölkerungsdrucks gezwungen sind, Bevölkerungsanteile nach Europa zu exportieren. Dies ist nicht der Fall

bei Staaten, die in der Lage sind, ihre Bevölkerungsentwicklung in einem gewissen erträglichen Rahmen zu stabilisieren. Dazu gehören in erster Linie China und Japan.
Immer stärker in den Vordergrund spielen sich die islamischen Länder. Mag auch die Wohlfahrt derjenigen Staaten, die einseitig vom Ölexport abhängig sind, in naher Zukunft wieder nachlassen und mögen einige der berühmten Scheichtümer wieder in einen archaischen Zustand zurückversinken, so werden andere, von der Natur besser ausgerüstete Länder doch in Zukunft aufgrund der Dynamik des wiedererwachten Islams eine große Rolle spielen. Durch vielfältige kulturelle, zum Teil auch biologische Beziehungen sind wir mit diesen Ländern verbunden. Da sie – weit mehr als zum Beispiel Schwarz-Afrika – mit uns auch geographisch korrespondieren, eignen sie sich in ganz besonderem Maße als Bündnispartner. Dies gilt zumal, weil die Opposition sowohl gegen den US-amerikanischen als auch gegen den sowjetischen Imperialismus dort am ausgeprägtesten ist. Diese Gebiete sollten auch außerhalb Europas bei Investitionen und bei der Hilfe zu einer eigenständigen Existenz bevorzugt werden.

Bei der Frage nach etwaigen Bündnispartnern werden leider diejenigen Länder meist völlig außer acht gelassen, die von Europäern besiedelt sind, jedoch außerhalb des europäischen Raumes liegen. Es sind dies die amerikanischen Staaten, Australien und Neuseeland, sowie Süd-Afrika. Bündnisse mit diesen Ländern setzen allerdings voraus, daß sie sich nicht nur vom sowjetischen, sondern auch vom US-amerikanischen Imperialismus abwenden. Dies gilt nicht zuletzt auch für die Bevölkerung der USA selber. Wenn man die Auffassung teilt, daß die Umwelt auf das seelische und geistige Leben eines Menschen einen ungleich geringeren Einfluß ausübt als die Vererbung, muß man notgedrungen auch anerkennen, daß die historisch gesehen kurze Herrschaft des *American Way of Life* bei diesen Bevölkerungen, eine intensive Umerziehung vorausgesetzt, nur geringe Spuren hinterlassen wird. Während aber zum Beispiel in den islamischen Ländern der natürliche Widerstand gegen die Bedrohungen von außen im Wachsen begriffen ist und bereits breite Bevölkerungsschichten erfaßt hat, sind es in den amerikanischen und den anderen von uns genannten Ländern nur kleinste Gruppen, die sich augenblicklich zum Widerstand aufraffen. Es wäre Aufgabe Europas, diese Gruppen in ihrem Kampf gegen die Herrschaft der liberalistischen Mächte im eigenen Lande zu stärken.
Es mag also deutlich werden, daß Europa keinesfalls ein Land werden darf, das sich einem friedlichen Dahinvegetieren verschrieben hat. Vielmehr muß, bei allem Bestreben zur Verhinderung eines Krieges, Wehrhaftigkeit und gute Bewaffnung, vor allem aber die geistige Auf-

rüstung – wichtiger sein als ein Leben in wirtschaftlichem Luxus. Dies in erster Linie ist der Sinn unserer Forderung nach dem Primat der Politik über die Wirtschaft.

Anmerkungen

1 Uwe Holtz, *Europa und die Multis – Chance für die Dritte Welt?*, Baden-Baden 1978.
2 Henning Eichberg, *„Entwicklungshilfe“– Verhaltensumformung nach europäischem Modell?*, in: *Zeitschrift für Wirtschafts- und Sozialwissenschaften*, Berlin, 93. Jahrgang, 6. Heft, 1973.
3 Joseph Collins, Frances Moore Lappé: *Vom Mythos des Hungers – die Entlarvung einer Legende: Niemand muß hungern*, Frankfurt/Main 1978.
4 Robert Havemann, *Morgen – die Industriegesellschaft am Scheideweg – Kritik und reale Utopie*, München-Zürich 1980, S. 33f.
5 Horst Siebert, in: *Umwelt und wirtschaftliche Entwicklung*, Darmstadt 1979.
6 Friedrich Forstmeier, Hans-Erich Volkmann, *Kriegswirtschaft und Rüstung 1939 – 1945*, Düsseldorf 1977.
7 E. F. Schumacher, *Es geht auch anders – Jenseits des Wachstums*, München, Wien, Basel 1974.
8 Henning Eichberg, *Balkanisierung für Jedermann? – Nation, Identität und Entfremdung in der Industriegesellschaft*, in : *Befreiung*, Zeitschrift für Politik und Wissenschaft, Berliner Institut für Politik und Wissenschaft, Berlin, Nr. 19/20 o. J.
9 Walter Eucken, *Grundsätze der Wirtschaftspolitik*, Hamburg 1962.
10 Werner Gumpel, *Sozialistische Wirtschaftssysteme*, München 1983.
11 Warnfried Dettling, *Die gelenkte Gesellschaft*, München 1976.
12 Klausdieter Ludwig, *Für eine neue Wirtschaftsordnung*, Hamburg 1979.

Naturwissenschaften

Detlev Promp

Zur Psycho-Biologie der Identität

Der psychologische Identitätsbegriff meint die in sich und in der Zeit als beständig erlebte Einheit der Person. Er bezieht sich also auf das subjektive Bewußtsein eines Menschen von sich selbst. Dabei scheint der Mensch seiner Identität nicht von Anfang sicher zu sein. Vielmehr muß er sie, dem Psychologen Erik H. Erikson zufolge, im risikoreichen Prozeß des Heranwachsens erst entwickeln.
Für Erikson folgt die Entwicklung des Bewußtseins und des Verhaltens, wie alles organische Wachstum, dem „epigenetischen Prinzip", d. h. einem genetisch vorgegebenen Wachstumsplan. Und genau wie Stoffwechselstörungen während der Schwangerschaft die Embryonalentwicklung nachteilig beeinflussen können, können Störungen im Prozeß des Heranwachsens die Ausbildung einer gesunden Persönlichkeit verhindern. Eine gesunde Persönlichkeit ist aber vor allem durch das stabile Bewußtsein der eigenen Identität (Ich-Identität) gekennzeichnet."[1]
Der Mensch entwickelt nach Erikson seine Identität aus einer „stufenweisen Integration aller Identifikationen",[2] wobei er sich als Kleinkind zunächst einmal mit seinen Eltern identifiziert[3]. Später treten Identifikationen mit anderen Personen und auch sozialen Rollen hinzu. Aus dem ‚Ich möchte so sein wie ...' wird bei sozialer Anerkennung ein ‚Ich bin einer, der...'. Das subjektive Bewußtsein davon, was für einer man ist, ist die Ich-Identität. Diese ist jedoch kein bloßes Mosaik aus den einzelnen Identifikationen – ich bin Mann, Vater, Lehrer, Deutscher usw. usw., sondern, wie Erikson sagt, „hier hat das Ganze eine andere Qualität als die Summe seiner Teile".[4] Hier muß alles zueinander passen und miteinander funktionieren. Ebensowenig wie eine Handvoll Zahnräder eine Uhr ist, stellen die einzelnen Identifikationen Ich-Identität dar. Erst ihr sinnvoll aufeinander bezogenes Zusammenwirken gibt dem Ganzen seine harmonische Eigenart und funktionale Qualität. Wenn die Integration der einzelnen Identifikationen zur Ich-Identität („sich aufspeichernde Ich-Identität"[5]) nicht immer wieder glückt, dann haben wir neurotische Kinder, neurotische Jugendliche, neurotische Erwachsene. Und neurotische Erwachsene tragen als Identifikationsangebote für ihre Kinder, Zöglinge, Schüler usw. schon wieder den Keim für eine weitere Generation Gestörter in sich.

Dieser sich an dem evolutionären wie ontogenetischen Prinzip der stufenweisen Integration orientierende Identitätsbegriff berücksichtigt gleichermaßen die Umwelteinflüsse und die evolutionär festgelegten Regeln ihrer Verarbeitung. Er eignet sich daher bestens für eine biologisch-anthropologische Betrachtung der zugrunde liegenden Mechanismen.
Identifikation erscheint in dieser Sicht nicht einfach als Lernen, son-

dern als Lernen nach Fahrplan. Der Fahrplan kann nur eingehalten werden, wenn auf den einzelnen Stationen alles bereitsteht, was zu einer reibungslosen Abfertigung nötig ist – und das wiederum hängt von den Eigenarten des Zuges ab. Das Bild verdeutlicht die biologischen Vorstellungen von der Personagenese: Die Eigenarten des Zuges sind die stammesgeschichtlich erworbenen Eigenschaften des Menschen. Sie sind arttypisch mit rassenspezifischen und individuellen Ausprägungen.

Der Fahrplan ist der ebenfalls stammesgeschichtlich vorgegebene Wachstumsplan, von dem abhängt, was wie zu welcher Zeit im Laufe der Ontogenese verarbeitet werden kann – und muß.

Das zur Abfertigung Notwendige schließlich sind die Angebote der Umwelt, die zur rechten Zeit in der rechten Form da sein müssen, soll sich eine gesunde Persönlichkeit, soll sich Ich-Identität entwickeln.

Der Mensch erscheint hier nicht als ‚leerer Behälter', in den die Umwelt nach Belieben hineinfüllen kann, was gerade zuhanden ist. Vielmehr ist er der Aktive, der aus seinen inneren Gesetzmäßigkeiten heraus bestimmt, was er wie in sein Wahrnehmungs- und Verhaltenssystem integriert. Dabei – und das ist es, was ihn verletzlich macht – ist er allerdings zu bestimmten Zeiten auf bestimmte Angebote angewiesen. Werden ihm diese vorenthalten, dann kann die Integration der einzelnen Identifikationen mißglücken. Insofern hängt die seelische Gesundheit, ein intaktes Nervensystem vorausgesetzt, hauptsächlich von den Umweltangeboten ab.

Um herausfinden zu können, welche Umweltangebote für eine gesunde Personagenese unabdingbar sind, müßten zwei Voraussetzungen gegeben sein: 1. Es muß idealtypisch bestimmt sein, was eine ‚gesunde Persönlichkeit' ist; 2. Es müssen die inneren Gesetzmäßigkeiten bekannt sein, nach denen Umweltangebote verarbeitet und integriert werden.

Zu 1:

Gesundheit hat eine objektive und eine subjektive Seite. Objektiv beinhaltet der Begriff die Unversehrtheit und das störungsfreie Funktionieren und Zusammenspiel der Organe, subjektiv das Wohlbefinden des Menschen. Wendet man diesen Begriff auf die Persönlichkeit an, dann gibt es auf der subjektiven Seite keinerlei Probleme. Das Wohlbefinden in Form von Selbstbewußtsein und Selbstvertrauen kann ohne weiteres als Merkmal der gesunden Persönlichkeit gelten. Sehr viel schwieriger ist es, objektiv festzustellen, ob der emotionale Bereich, ob die Ansichten, ob das Verhalten gestört sind. Bei einer organischen Krankheit ist es möglich, auch dann noch von einer Krankheit zu sprechen, wenn 95 % der Bevölkerung davon befallen sind. Wenn 95 % der Bundesdeutschen sich schämen würden, Deutsche zu sein, wäre das ein Zeichen für gestörte oder mißglückte Identifikation? Wie sollte man das objektiv bestimmen? Könnte man nicht sogar sagen, das sei doch ganz normal angesichts dessen, was wir über unsere Vergangenheit immer wieder zu hören bekommen? Nun, Diabetes bleibt eine Krankheit, egal wie viele davon befallen sind. Und die Scham, das zu sein, was man ist, darf ebenfalls unabhängig von der statistischen Norm als Störung bezeichnet werden, wenn man die positive Selbstbewertung der Einzelidentifikationen zum Maßstab für ihre geglückte Integration in die Gesamtpersönlichkeit macht. Damit würde man jedoch die subjektive und die objektive Ebene wiederum vermischen, und das ist nicht zulässig. An die objektive Seite kommt man nur heran, indem man – genau wie der Mediziner die Organe und deren Funktion – das menschliche Verhaltenssystem studiert.

Zu 2:
Die inneren Gesetzmäßigkeiten, nach denen Umweltangebote verarbeitet und integriert werden, sind im wesentlichen bekannt. Auch ihre Kenntnis beruht auf dem Studium des menschlichen Verhaltenssystems, das sich damit als Schlüssel für die Frage nach den Grundlagen der Identitätsbildung erweist.
Biologisch gesehen gehört der Mensch zu den Primaten. Er ist im Gegensatz zu seinen nächsten Verwandten nicht auf ein Leben in einem bestimmten Biotop spezialisiert, sondern als typischer Kosmopolit ein „Spezialist für Nicht-Spezialisiertsein" (K. Lorenz). Diese Daseinsweise geht mit einigen Besonderheiten des Verhaltenssystems einher, die für unsere Fragestellung von größter Bedeutung sind.
Arten, die auf das Leben in einem bestimmten Biotop spezialisiert sind, verfügen in der Regel über Verhaltenssysteme, die an die Lebensbedingungen in diesem Biotop angepaßt sind. Solche genetisch bedingten, im Nervensystem fest verschalteten Wahrnehmungsschablonen und Handlungsmuster werden als angeborene auslösende Mechanismen, kurz AAMs (Rezeptor-Seite) und Instinkthandlungen (Effektor-Seite) bezeichnet. Die erblichen Schaltungen des Verhaltenssystems können sich nur auf Aspekte der Umwelt beziehen, die über viele Generationen unverändert gleich bleiben. Oft beziehen sie sich auch auf die eigene Art. So sind vielfach AAMs für das Gegengeschlecht anzutreffen, die dann beim Männchen das Balzverhalten oder beim Weibchen Sprödigkeitsverhalten bzw. das Anzeigen von Paarungsbereitschaft auslösen. Die AAMs sorgen dafür, *daß* etwas *als* etwas erkannt wird, und sie geben im Nervensystem die der erkannten Situation an-

gemessenen Handlungsimpulse, die in Form ererbter Koordinationen vorliegen, frei. Das ist das klassische Schema der Instinkthandlung. Nachzutragen ist, daß die einzelne Erbkoordination nur auszulösen ist, wenn die innere Bereitschaft dafür genügend stark ist. Nach den Erkenntnissen der Biologie hat jede einzelne Erbkoordination ein Bereitschaftspotential, das durch die endogenen Aktivitäten des Nervensystems selbst, aber auch durch bereitschaftssteigernde (= aufladende) Reize erhöht wird. Das kann so weit gehen, daß bei Ausbleiben der adäquaten Situation das Verhalten im Leerlauf losgeht. Andererseits ist es so, daß jede auslösende Situation aus mehreren einfachen Merkmalen besteht, deren auslösende Wirkung sich summiert. Bei niedrigem Bereitschaftspotential müssen möglichst alle auslösenden Merkmale gegeben sein, um das adäquate Verhalten hervorzurufen; bei hohem Potential genügen schon einige wenige. Ein hohes Bereitschaftspotential für eine bestimmte Instinkthandlung führt auch oft dazu, daß der Organismus von sich aus nach auslösenden Situationen sucht. Man nennt das Appetenzverhalten. Dieses besteht vielfach aus einfachen Lokomotionsbewegungen, kann aber auch komplexere Handlungen beinhalten.

In der Regel reichen diese Steuerungsmechanismen selbst für hochspezialisierte Arten nicht aus. Die Umwelt hat vielfach noch wichtige Aspekte, über die keinerlei Information im Erbgut gespeichert werden kann: Reviergrenzen, Merkmale des individuellen Nachwuchses bzw. der Eltern, Orientierungspunkte bezüglich des Brutplatzes usw. Reviertreue Arten müssen deshalb darauf programmiert sein, Reviergrenzen und Wege zu lernen, ebenso wie brutpflegende Arten ihren Brutplatz wiederfinden und ihre Jungen identifizieren können müssen. Hier kann es keine angeborene Information geben, wohl aber angeborene Lernprogramme. Die AAMs beinhalten dann nur sehr allgemeine Merkmale, deren individuelle Form und Ausprägung ‚hineingelernt' werden muß.

Je unspezialisierter eine Art ist, desto mehr muß gelernt werden. Das heißt, unspezialisierte Arten sind biologisch darauf vorprogrammiert, Informationen über diejenigen Aspekte ihrer jeweiligen Umwelt zu sammeln, die eine artspezifische Lebensführung ermöglichen. Sie sind neugierig, sie probieren alles Mögliche aus, sie spielen, sie sind intelligent. Das darf jedoch nicht darüber hinwegtäuschen, daß es die arttypische Lebensweise ist,[6] die als System von Instinkthandlungen diktiert, was wozu gelernt werden muß.

Beim Menschen hat die Lern-Kapazität ungeheure Ausmaße erreicht. Manche Pädagogen begannen sogar, von einer ‚unendlichen Lernfähigkeit' zu schwärmen.[7] Nun, unendlich ist sie sicher nicht, sie ist nicht einmal unstrukturiert. Denn obwohl Kosmopolit, hat auch der Mensch eine arttypische Lebensweise als sozialer Primate. Und das bedeutet, daß er bestimmten Lernzwängen ausgesetzt ist, Lernzwängen, deren stammesgeschichtliche Entwicklung gleichbedeutend ist mit der Entspezialisierung, die das Kosmopolitentum überhaupt erst ermöglicht. Stammesgeschichtliche Entspezialisierung löst die genetisch bedingte Einpassung in einen Biotop auf. Der Mensch wird deshalb aber noch lange nicht in weiche, weiße Watte geboren, sondern in einen strukturierten Lebensraum und in ein strukturiertes soziales Gefüge. In beidem muß sich aber der Mensch genau so gut orientieren können wie eine spezialisierte Art in ihrer Umwelt. Und weil in der stammesgeschichtlichen Entwicklung eminent lebenswichtige Dinge niemals dem Zufall überlassen bleiben, hat die Evolution dem Menschen Lernbereitschaften angezüchtet, die diese Orientierung sicherstellen sollen. Die Spezialisierung wird auf diese Weise aus der Phylogenese in die Ontogenese verlegt.

Die Lernmechanismen, die die ontogenetische Anpassung bewirken, sind vielfältig. Prägungsähnliche Prozesse spielen hier eine herausragende Rolle, die Hauptlast der Einpassung tragen die Gewohnheiten, weshalb der Mensch treffend als ‚Gewohnheitstier' charakterisiert wird, und schließlich ist hier noch die Verarbeitung von Informationen zu nennen, die in Symbolen verschlüsselt aufgenommen werden, also z. B. in Sprache verpackt.

Die prägungsähnlichen Lernprozesse zeigen am deutlichsten ihren zwanghaften Charakter. Der Begriff der ‚Prägung' geht auf K. Lorenz zurück. Er definierte ihn als „den Vorgang der Erwerbung des Objektes der objektlos angeborenen auf den Artgenossen gerichteten Triebhandlung".[8] Lorenz entdeckte das Phänomen, als er beobachtete, daß Gänseküken demjenigen großen, sich bewegenden Objekt folgen, das sie in einer kurzen Zeitspanne nach dem Schlüpfen als erstes zu Gesicht bekommen. In der Regel wird es sich dabei um das Muttertier handeln, zu dem das Küken auf diesem Wege eine individualisierte Bindung herstellt, experimentell kann das aber auch ein Spielzeugauto oder ein Luftballon sein. Der Zeitraum, währenddessen eine solche Prägung möglich ist, wird ‚kritische Phase', oder, wenn er eine bestimmte Größenordnung überschreitet, ‚sensible Phase' genannt. Eine einmal vollzogene Prägung ist irreversibel, und die Prägbarkeit schwindet unwiederbringlich, wenn die entsprechende kritische bzw. sensible Phase verstrichen ist.

Solche hochspezifischen Lernprozesse sind freilich in dieser Form beim Menschen bisher nicht nachgewiesen. In der biologischen Anthropologie spricht man deshalb vorsichtiger von „prägungsähnlichen Vorgängen".[9]

Denn mit Sicherheit gibt es beim Menschen Zeiten erhöhter Empfänglichkeit für bestimmte Ansinnen der sozialen Umwelt.[10] Dies sind zugleich die Phasen allgemeiner Umorganisation: das erste Lebensjahr, der Gestaltwandel im fünften Lebensjahr, die Pubertät.

In der ersten Phase dürfte es sich – genau wie beim Gänseküken – um die Herstellung einer individualisierten Bindung zu einer Bezugsperson handeln, in der Regel zur Mutter.[11] In der zweiten Phase wird möglicherweise, obwohl das Sexualverhalten noch nicht ausgereift ist, das Objekt dieses Verhaltens erworben, d. h. man lernt sich selbst als Junge oder Mädchen zu verstehen.[12] In der dritten Phase erhält das soziale Engagement sozusagen seinen Gegenstand. Der junge Mensch sucht die Zugehörigkeit zu einer größeren Gemeinschaft, deren Merkmale daher eine durchweg positive Bewertung erfahren. Der Psychologe Eyferth stellt dazu fest: „In diesem Alter der Selbsteinordnung findet sich die Spitze der Vorurteilsbereitschaft. Nirgends fallen nationalistische oder rassistische Doktrinen auf fruchtbareren Boden."[13]
Man kann diesen drei sensiblen Phasen drei Aspekte der Identitätsfindung zuordnen:

1. Die Identifizierung mit einer Bezugsperson als Grundlage der Ich-Identität;
2. Die Identifizierung mit einer Geschlechtsrolle;
3. Die Identifizierung mit einer Gruppe, und zwar einer umfassenden Gruppe.

Und nicht nur in der letzten, sondern in allen drei Phasen bilden Vor-Urteile als Urteile vorweg die Basis für die Identifikation.
Das Kind kommt sozusagen mit dem Vor-Urteil auf die Welt, daß seine Mutter es annehmen, nähren und pflegen werde. Bestätigt die Mutter (oder auch eine andere Person) dieses Vor-Urteil, dann bildet sich beim Kind das sogenannte ‚Ur-Vertrauen', nach Erikson „Eckstein der gesunden Persönlichkeit".[14] Das auf eine kalkulierbare Welt angelegte Menschlein erlebt die Welt tatsächlich als kalkulierbare und identifiziert sich mit dem ersten Garanten eben dieser Kalkulierbarkeit. Es erfährt durch seine Bezugsperson das erste ‚Ich bin einer, der...'.
Auch die Geschlechtsrollen-Identifikation beruht auf Urteilen vorweg. Das etwa fünfjährige Kind kann ja noch gar nicht überprüfen, ob das Verhalten des gleichgeschlechtlichen Elternteils oder anderer gleichgeschlechtlicher ‚Identifikationsobjekte' wirklich so beschaffen ist, daß eine Orientierung daran zu späterem Fortpflanzungserfolg verhilft. Das ist nämlich aus stammesgeschichtlicher Sicht der einzige Sinn dieses prägungsähnlichen Lernprozesses. Wenn die Fortpflanzungsfähigkeit heranreift, dann ist es eben notwendig, sich selbst schon als Ge-

schlechtswesen zu begreifen und bestimmte Erwartungen an das Gegengeschlecht zu richten.
In der Pubertät schließlich erfolgt die Suche nach Gruppenidentität. ‚Gruppe' läßt sich unter anderem dadurch definieren, daß ihre Mitglieder über gemeinsame und exklusive Merkmale verfügen. Künstliche Gruppen schaffen sich ihre Merkmale selbst, natürliche Gruppen finden ihre Merkmale vor. Natürliche Unterscheidungsmerkmale wie Hautfarbe, aber auch wie Sprache und Kultur, über die man erst reflektiert, wenn man sie längst besitzt – und nur in diesem Sinne nennen wir sie natürlich – eignen sich wegen ihrer Trennschärfe sehr viel besser für die Gewinnung von Gruppenidentität als künstliche, z. B. Vereinsfarben oder Parteibücher, zumal die künstlichen Gruppen in der Regel Subgruppen der natürlichen sind. Wenn der Jugendliche ein Wir-Gefühl entwickelt, was mit dem Entstehen von Gruppenidentität gleichbedeutend ist, dann tut er das bereits als Träger der exklusiven Gruppenmerkmale, der Sprache nämlich und der Kultur. Diese wiederum hat er sich aufgrund des Vor-Urteils angeeignet, daß es hilfreich sei für das Überleben, an den Erfahrungen der Menschen, die er kennt, zu partizipieren, d. h. von ihnen zu lernen, was im gemeinsamen Lebensraum und im gemeinsamen sozialen Gefüge von Bedeutung ist.[15]
Um nun das Wir-Gefühl entwickeln zu können, bedarf es natürlich einer positiven Bewertung und Bestätigung der eigenen Gruppenmerkmale. Bei der Entwicklung des Ur-Vertrauens liefert das Verhalten der Bezugsperson die geforderte Bestätigung, und bei der Identifikation mit einer Geschlechtsrolle ist es das Vorbild der Eltern und anderer Vertrauenspersonen, das die Orientierung als richtig erscheinen läßt. Hier aber ist die Meinung möglichst vieler – und auch von der Person fremder – Gruppenmitglieder gefragt.

Die Gruppenmerkmale sind in Prozessen der Gewohnheitsbildung und des Sprach- und Wissenserwerbs zunächst nur als reines Können und Wissen aufgenommen worden, nun sollen sie sich als bindende Elemente einer größeren Gemeinschaft bewähren. Daher die Vorurteilsbereitschaft, die Eyferth festgestellt hat: Alles, was diesem im Wachstum des Menschen verankerten Lernprozeß entgegenkommt, indem es eine positive Bestätigung der eigenen Auffassung von der Gruppe und ihren Merkmalen erlaubt, wird begierig aufgenommen. An der Schwelle zum Erwachsenenleben in eigener Verantwortung ist es für den sozialen Primaten, der der Mensch immer noch ist, von äußerster Wichtigkeit, sich der Einbettung in die erfahrungsreiche Gruppe zu versichern.
In diesen drei prägungsähnlichen Lernphasen wird eigentlich nur auf relativ kurze und dramatische Art etwas identitätsstiftend befestigt,

was in einem kontinuierlichen Lernvorgang erworben wurde und auch später noch erweiterungsfähig ist. Aber die Kontinuität ist nur scheinbar. Auch beim Lernen gibt es kein bloßes Hinzuaddieren, sondern jedes neue Element wird in das Gesamtgefüge des schon Gewußten und Gekonnten eingepaßt. Das gilt für die Gewohnheiten, die man sich in einem bestimmten Sozialverband und in einer bestimmten Umwelt aneignet, wie für die Symbolsysteme, deren man sich in eben diesem Sozialverband und dieser Umwelt bedient, als auch für das theoretische Wissen, das mit diesen Symbolsystemen vermittelt wird und das sich natürlich auf den eigenen Sozialverband und die eigene Umwelt bezieht. Nur diese Integration von Daten usw. bewirkt, daß es Identität überhaupt geben kann; und dadurch, daß diese Daten usw. zwangsläufig aus einer begrenzten Umwelt und einem schon immer gegebenen Sozialverband mit einer tradierten Sprache und einer tradierten Kultur stammen, ist diese Identität immer und unausweichlich Identität in einer Gruppe, deren Kultur, deren Symbolsysteme, Techniken usw. in Anpassung an eine gegebene Umwelt entwickelt und tradiert wurden. Die durch die stammesgeschichtliche Entspezialisierung aufgelöste Bindung an einen bestimmten Biotop ist durch das Angelegtsein auf eine individualgeschichtliche Bindung neutralisiert worden. Das ist bei allen neugierigen Kosmopoliten so. Beim Menschen ist durch die Fähigkeit zur Symbolisierung und Tradierung von Wissen noch eine kulturgeschichtliche Dimension hinzugekommen, wodurch der individuelle Erfahrungserwerb zum größten Teil geführt wird durch die generationenlang aufgespeicherte Gruppenerfahrung. Die Gruppe aber, die durch gemeinsame Sprache und Kultur gekennzeichnet ist, in unserem Sinne also die natürliche Gruppe, ist demnach von vornherein diejenige, in der sich Identität entwickelt. Deshalb erwartet der junge Mensch im Prozeß der pubertären Orientierung seines sozialen Engagements, daß eben diese Gruppe ihn als vollwertiges Mitglied akzeptiere.[16] Denn selbstverständlich bedarf das Wir-Gefühl der Bestätigung durch die bereits Etablierten.

Sehen wir uns das Verhältnis von Sozialgefüge, Umwelt und Identitätsgewinnung noch etwas näher an. Dazu setzen wir die Brille des Systemtheoretikers auf und entdecken, daß der gesamte Kosmos geschachtelt ist. Jede Schachtel erscheint dabei sowohl als Teil wie auch als Ganzes.[17] Nehmen wir das Individuum. Es erscheint als ein Ganzes. Dieses können wir freilich weiter aufteilen in andere Ganze – eine Ebene tiefer. Wir kommen dann zu den Organsystemen. Verdauungssystem, Nervensystem usw. lassen sich aufteilen in Organe, diese in Gewebe, diese in Zellen usw. usw. bis hin zu Atomen und den subatomaren Partikeln. Das Individuum ist aber nicht nur Ganzes, sondern auch Teil. Aber welches ist die nächsthöhere Ebene, die wieder ein Ganzes gibt? Die darauffolgende Ebene oder Schachtel ist wieder leichter zu bestimmen. Das ist der Planet Erde. Dann kommt das Sonnensystem, dann unsere Galaxis, schließlich der Kosmos insgesamt. Jede Ebene, die ein Ganzes bildet, besteht aus Teilen, die in geordneten Beziehungen zueinander stehen. Ein solches Ganzes kann man auch als System bezeichnen, seine Teile als Subsysteme. Diese wiederum sind – für sich betrachtet – Systeme mit Subsystemen usw. Von ‚unten' nach ‚oben' betrachtet, interagiert jedes System auf seiner Ebene mit anderen Systemen, die seine ‚Umwelt' darstellen. Das System mitsamt seiner Umwelt stellt ein System höherer Ordnung dar, das seinerseits in einer Umwelt von Systemen derselben Ordnung existiert.

Die Systemumwelt des Menschen ist sein Lebensraum, den er mit anderen Menschen teilt. Nach unserer Definition gilt das allerdings nur insoweit, als er geordnete bzw. gesetzmäßige Beziehungen zu den Elementen seiner Umwelt unterhält – zu den anderen Menschen wie zur übrigen belebten und unbelebten Natur. Und, nicht zu vergessen, es gehören auch alle vom Menschen selbst geschaffenen Umweltdinge dazu und sogar ‚geistige' Elemente der Welt: Symbole, Ideen, Pläne, Vorschriften usw., kurz – die menschlichen Artefakte und Mentifakte, soweit der Mensch geordnete Beziehungen zu ihnen unterhält. Das heißt, das gesamte Mensch-Umwelt-System ist durch das Vorhandensein von Interaktionsmustern gekennzeichnet, die andere Menschen, die artifizielle und nichtartifizielle Umwelt sowie die darauf bezogenen Mentifakte einschließen. Das System ist sozusagen der Mensch in seinem sozialen und politischen Raum, in seinem Sprachraum, seinem Kulturraum und seinem Lebensraum. Man könnte auch abgekürzt sagen: das Volk in seinem Lebensraum.
Der junge Mensch muß lernen, sich in diesem höchstkomplizierten System zurechtzufinden und zu behaupten. Er lernt aufgrund von Sprach- und Wissenserwerb, aufgrund individueller Erfahrungen und Gewohnheiten sowie aufgrund von Traditionen, seine natürlichen Bedürfnisse auf angemessene Weise zu befriedigen. Angemessen heißt, im Rahmen der geregelten Beziehungen zwischen den Elementen des Systems, wobei der einzelne natürlich immer nur einen relativ kleinen Horizont vom eigenen Standort innerhalb des Systems aus überblicken kann. Dennoch lernt er, insgesamt gesehen, sich in einer trotz ihrer Komplexität kalkulierbaren Umwelt mit einiger Sicherheit zu bewegen. Individuell unterschiedliche Ausgangspositionen und Umweltbedingungen – je nach Standort der Eltern etwa im System – sowie Unterschiede im Lernvermögen sorgen für die notwendige Vielfalt, um sämtliche unterschiedlichen Positionen besetzen zu können, die ein solches hochkom-

plexes System im Laufe seiner Genese entwickelt hat. Komplexität heißt immer nur ‚geordnete Vielfalt'. Ohne individuelle Unterschiede kann es kein hochzivilisiertes und -technisiertes Volk geben! Und ohne individuelle Unterschiede gibt es – interessanterweise – auch keine Identität. Das Bewußtsein der eigenen Existenz schließt nun einmal das Bewußtsein davon unterscheidbarer Existenzen ein. Unterscheidbarkeit bedeutet Unterschied. Sieht man also die pubertäre Orientierung des sozialen Engagements auf eine umfassende Gruppe im Rahmen der Entwicklung von Ich-Identität, dann wird man feststellen, daß es um mehr geht, als nur um ein allgemeines Gefühl der Zugehörigkeit. Vielmehr sucht der junge Mensch *als er selbst* die Bestätigung der Gruppe, denn er erhofft sich ja eine seinen individuellen Fähigkeiten und Kenntnissen angemessene Position.

Wir können außer dem entwicklungspsychologischen und dem systemtheoretischen noch einen dritten Weg beschreiten, um die Identitätsfindung aus biologisch-anthropologischer Sicht aufzuhellen. Von der Neurobiologie und Ethologie wissen wir, daß die menschliche Verhaltenssteuerung keine reine Großhirnleistung ist, sondern ihre Impulse auch aus tieferen Regionen des Zentralnervensystems erhält. Die basalen Antriebsmechanismen stellen sein stammesgeschichtliches Erbe hinsichtlich seiner Instinktorganisation.[18] Das, was bei weniger hochorganisierten Arten relativ starre, erbkoordinierte Verhaltenssequenzen sind, zeigt sich bei ihm als ein wesentlich lockerer Zusammenhang kürzester Erbkoordinationen, die aufgrund ihrer Eigenappetenzen in neuen Situationen zu neuen Verhaltensformen zusammentreten können.[19]

Diese motorischen Einzelbausteine mitsamt ihrem jeweils spezifischen Antrieb bilden sozusagen die Teile des menschlichen ‚Verhaltens-Puzzles', die zwar vielfältig, aber durchaus nicht beliebig miteinander kombinierbar sind. Auf der Wahrnehmungsseite gibt es bezüglich der Auslösung von Verhaltensmustern ein ähnliches ‚Puzzle'! Da es nicht für jede in der Ontogenese erworbene motorische Kombination (Erwerbmotorik) einen AAM geben kann, nicht einmal einen durch Erfahrung erweiterten AAM (EAAM), bilden sich im spielerischen Umgang mit Menschen, Tieren, Pflanzen, Dingen (natürlichen wie artifiziellen) die sogenannten erworbenen auslösenden Mechanismen (EAMs), indem die Situationen, in denen bestimmte Verhaltensweisen angebracht sind, gleich mitgelernt werden. Auch das durch Symbole vermittelte theoretische Wissen kann eine auslösende Funktion haben. Auf diese Weise richtet sich der zunächst relativ offene verhaltenssteuernde Mechanismus im menschlichen Zentralnervensystem nach und nach gruppen- und umweltspezifisch ein, wobei jeder Lernschritt die

folgenden Schritte kanalisiert. Mit jedem Lernen wird das Um- und Anderslernen schwieriger.
Trotz der Selbstjustierung des verhaltenssteuernden Apparates durch Lernen befindet sich das menschliche Antriebssystem durchaus nicht immer im Gleichgewicht. Reifungsbedingte Änderungen in den Phasen der Umorganisation bringen das bis dahin Erreichte durcheinander und erfordern eine Neuordnung des Verhaltens unter Berücksichtigung der nunmehr virulent gewordenen Antriebe. Es sind dies übrigens dieselben Phasen, in denen auch die geschilderten prägungsähnlichen Lernprozesse stattfinden. Die Umorganisation ist also eine beträchtliche, und es ist verständlich, daß eine jede Organisationsphase auch zu einer neuen Ebene der Identität führt.

Wir können nunmehr versuchen zu sagen, was eine objektiv gesunde Persönlichkeit ist. Die Grundvoraussetzung ist zunächst ein unversehrtes und störungsfrei funktionierendes Zentralnervensystem.[20] Größere Störungen im Stoffwechsel oder in der elektrischen Aktivität des Gehirns sind mit medizinischen Methoden relativ leicht festzustellen, ebenso Störungen infolge Verletzung. Fehlschaltungen, die dadurch zustande kommen, daß die Lernangebote der Umwelt nicht den im Zentralnervensystem bzw. seinem Entwicklungsplan stammesgeschichtlich vorprogrammierten oder den durch die vorgängigen Erfahrungen kanalisierten Lernerwartungen entsprechen, sind wesentlich schwerer zu diagnostizieren, weil sich kein meßbarer körperlicher Befund erheben läßt. Dennoch gibt es so etwas wie Verhaltensstörungen. Wenn man davon ausgeht, daß im Somatischen objektiv feststellbare Dysfunktionen immer auch die Lebens- und/oder Fortpflanzungsfähigkeit (inkl. Aufzuchtfähigkeit) beeinträchtigen, dann müßten Verhaltensweisen, Einstellungen und Charaktermerkmale, die ebenfalls die Vitalität in diesem Sinne mindern, ebenfalls als krankhaft gelten. Die objektiv gesunde Persönlichkeit müßte danach

1. durch die Abwesenheit neurologischer Befunde und
2. durch eine Verhaltenssteuerung gekennzeichnet sein, die es ihr ermöglicht, in und im Einklang mit ihrer sozialen und politischen Umwelt, ihrer Sprache und ihrer Kultur sowie ihrem Lebensraum anerkannte Positionen zu erlangen, die dem eigenen Selbstverständnis und natürlich auch den eigenen Fähigkeiten entsprechen.

Eine solche gesunde Verhaltenssteuerung kann sich nach dem, was oben ausgeführt wurde, nur bilden, wenn der Mensch in den großen Phasen der Umorganisation die notwendigen Identifikationsangebote erhält: Bezugsperson (Mutter), Geschlechtsrolle und natürliche Gruppe (Volk oder Stamm), wenn er weiter in geordnete Beziehungen zu seiner Systemumwelt hineinwachsen kann: zu seiner Sprache, zu den

geistigen und materiellen Gütern seiner Kultur, zu seinem Lebensraum und zu seiner sozialen Umwelt. All dies setzt voraus, daß die Systemumwelt selbst intakt ist. In geordnete Beziehungen zu ihr kann man nur hineinwachsen, wenn sie überhaupt noch vorherrschen. In einem in Zerfall begriffenen System lassen sich geordnete Beziehungen vielleicht noch zwischen einzelnen oder mehreren Elementen (Subsystemen) herstellen, aber eine Integration in das Gesamtsystem läßt sich auf diese Weise nicht mehr erreichen.
Wenn ein System in eine Gleichgewichtskrise gerät, etwa weil ein Stück herausgebrochen wurde (Verletzung) oder systemzerstörende Fremdkörper eingedrungen sind (Infektion), dann treten entweder neue Gleichgewichte ein, oder der Zerfall ist nicht aufzuhalten. Bei lebenden Systemen gibt es allerdings noch eine dritte Möglichkeit: sie verfügen über spezielle Subsysteme mit speziellen Eigenschaften, die, wenn die Störung nicht zu groß ist, Heilung bewirken, d. h. Wiederherstellung eines dem alten Gleichgewicht möglichst weit angenäherten Zustands. Möglicherweise ist im Mensch-Umwelt-System der Mensch ein Subsystem mit vergleichbaren Eigenschaften, denn er allein kennt dank seiner Fähigkeit zur Bewahrung und Überlieferung von Informationen frühere Gleichgewichtszustände. Allerdings muß noch eine zweite Voraussetzung erfüllt sein, um heilend wirken zu können: Die Störung muß erst einmal bemerkt werden, und zwar früh genug!

Wenn die gesunde Persönlichkeit durch geordnete Beziehungen zu ihrer Umwelt und eine darauf aufbauende Identität definiert ist, dann sind zunehmender Identitätsverlust und zunehmende Desorientierung, in der Folge abnehmende Vitalität (zu der, wie gesagt, auch die Fortpflanzungs- und Aufzuchtfähigkeit gehören) sichere Anzeichen für Krankheitserscheinungen im Mensch-Umwelt-System (oder: Volk-in-seinem-Lebensraum). Daß sich gesunde Persönlichkeiten und relativ stabile und vor allem organisch gewachsene Beziehungen zwischen den übrigen Elementen des Mensch-Umwelt-Systems bedingen, heißt nicht, daß es keine Veränderungen entlang der Zeitachse geben könnte. Sie müssen sich nur im System selbst nach dem „Order-on-Order-Prinzip" entwickeln.[21] Dabei dürfen die Anstöße ohne weiteres von außen kommen. Nur das System muß wieder ein systemerhaltendes Gleichgewicht finden können, d. h. es muß von einem Ordnungszustand in einen anderen übergehen. Alles andere ist Fortschritt ins Chaos, Zerlegung des Systems.
Die Ausbildung einer gesunden Persönlichkeit, die Entwicklung von Identität, setzt ein gesundes Mensch-Umwelt-System voraus, d. h. geordnete Beziehungen zwischen den Elementen (Subsystemen) des Systems. ‚Geordnete Beziehungen' bedeutet, daß die Elemente auf ge-

setzmäßige Weise miteinander interagieren. Verdeutlichen wir uns noch einmal, welches die Elemente des Mensch-Umwelt-Systems sind:

- Menschen
- Tiere, Pflanzen
- Boden, Wasser, Luft
- Klima, Wetter
- Artefakte (Arrangements aus den natürlichen Elementen oder deren Teile)
- Mentifakte (alle Begriffe, Ideen, Pläne, Vorschriften usw., die durch Symbole vermittelbar sind)
- Sprache

‚Gesetzmäßige Interaktion' heißt nicht, alle Elemente müßten mit allen interagieren. Es bedeutet lediglich, daß, wenn interagiert wird, dies auf gesetzmäßige Weise geschieht, wobei die Gesetzmäßigkeit sich aus den Eigenschaften der beteiligten Elemente ergibt. Die Beziehungen im System können in Unordnung geraten, wenn Elemente ihren Ort im Beziehungsgeflecht verlassen (wenn sozusagen ein Knoten im Kommunikationsnetz nicht mehr besetzt ist), wenn Elemente ihre Eigenschaften verlieren oder verändern oder wenn Fremdkörper mit systemfremden Eigenschaften in das Beziehungsgeflecht eindringen.

Wenn wir nun noch einmal unsere Liste von Elementen betrachten, dann sehen wir, daß z. B. das Waldsterben oder die Luftverschmutzung das gesamte Mensch-Umwelt-System in Unordnung bringen können. Bei einer durchgreifenden Klimaveränderung wäre der Zusammenhang noch offensichtlicher. Sehr viel weniger offensichtlich sind dagegen die Veränderungen im Beziehungsgefüge, wenn Mentifakte sich wandeln oder durch andere ersetzt werden oder auch ersatzlos verlorengehen. Sicher kann es hier auch dramatische Entwicklungen geben, durch revolutionäre Ideen etwa, aber Revolutionen führen in der Regel sehr schnell zu neuen Ordnungszuständen. Problematisch für das Mensch-Umwelt-System wird es erst, wenn die Unordnung sich nicht begrenzen und überwinden läßt.
Für die Entwicklung einer gesunden Persönlichkeit stellt sich die Lage jedoch ganz anders dar. Hier geht es ja um die stufenweise Integration von angeborenen Antriebsmechanismen, Verhaltens- und Denkgewohnheiten, theoretischen und praktischen Erfahrungen, symbolvermitteltem Wissen usw. nach Maßgabe der reifungsbedingten Organisationsprinzipien. Hier knüpft das individuelle Subsystem Mensch seine ebenso individuellen Bindungen zu anderen Subsystemen seines Mensch-Umwelt-Systems, und es entwickelt Erwartungen hinsichtlich möglicher zukünftiger Beziehungen zu solchen Subsystemen, die zur Zeit noch außerhalb seiner Reichweite liegen. Insbesondere diese Er-

wartungen bezüglich der Eigenschaften von Subsystemen, mit denen man individuelle Erfahrungen noch nicht sammeln konnte, beruhen ausschließlich auf der Integration von tradierten Mentifakten in die eigene Verhaltenssteuerung. Diese Erwartungen sind, wie schon gesagt, Urteile vorweg, Vor-Urteile. Wenn nun die tatsächlichen Eigenschaften der Subsysteme nicht den Erwartungen (sprich: Vor-Urteilen) der interaktionswilligen anderen Subsysteme entsprechen, sind Desorientierung und gestörte Beziehungen die Folge. Handelt es sich dabei noch um jene Erwartungen, die mit der Identitätsbildung aufs engste verknüpft sind (an die Pflegeperson, an das Gegengeschlecht, an die umfassende Gruppe wie Volk oder Stamm), dann kann die Identitätsbildung entweder nicht bzw. nur unvollkommen stattfinden, oder es tritt Identitätsverlust ein. Mentifakte, die das gesamte Mensch-Umwelt-System (Volk-in-seinem-Lebensraum) zunächst (scheinbar) gar nicht beeinträchtigen, können aber auf diese Weise bei der Entwicklung der individuellen Persönlichkeit zerstörend wirken.

Welche Beziehungen im Beziehungsgefüge des Mensch-Umwelt-Systems können Mentifakte beeinflussen? Die Wirksamkeit der Mentifakte erstreckt sich im großen ganzen auf die Beziehungen zwischen Menschen und den übrigen Subsystemen des Mensch-Umwelt-Systems. Das bedeutet im einzelnen: zwischen Menschen und der natürlichen Umwelt, zwischen Menschen und Sprache, zwischen Menschen und Artefakten und zwischen Menschen und anderen Mentifakten. Wegen dieser Wirksamkeit auf allen Ebenen bieten sich die Mentifakte auch als Hebel an, wenn jemand *gezielt* in das Mensch-Umwelt-System eingreifen will. Über die Einschleusung von Mentifakten mit genau vorausberechneten Eigenschaften, vielleicht noch unterstützt durch die gleichzeitige Präsentation dazu passender Artefakte, müßte sich jedes Mensch-Umwelt-System von außen manipulieren lassen.

So einfach ist das allerdings nicht. Die Mentifakte in einem Mensch-Umwelt-System beruhen weitestgehend auf Tradition und auf individuellen Erfahrungen mit der Umwelt (einschließlich der darin enthaltenen Mentifakte). Solange die individuellen Erfahrungen und das tradierte Wissen und Können zueinander passen und so Orientierung im Mensch-Umwelt-System ermöglichen, können sich gesunde Persönlichkeiten mit ausgeprägter Identität entwickeln, die ihrerseits wieder als Traditionsgeber fungieren und so Kontinuität garantieren. Die Mensch-Umwelt-Systeme, und zwar alle: alle Stämme und Völker mit ihren lebensspezifischen Kulturen und gruppenspezifischen Dialekten und Sprachen, haben sich überhaupt nur dadurch ausdifferenzieren können, daß sie ihr kulturelles Erbe gegen äußere Einflüsse einigermaßen abgeschirmt haben. Nur diese relative Geschlossenheit des Systems bewirkt, daß das Traditionsgut immer wieder durch individuelle Erfahrungen bestätigt werden kann. Und diese immerwährende Bestätigung, daß das, was man weiß, richtig ist, und das, was man kann, anerkannt wird, schafft die Sicherheit, mit der man sich in seiner Umwelt zurechtfindet. Die Genauigkeit, mit der man seinen Ort im System bestimmt, die Selbstverständlichkeit, mit der man mit anderen Subsystemen interagiert, die Angemessenheit der eigenen Erwartungen, sie sind tragende Bestandteile der eigenen Identität. Da der Mensch als Lebewesen ganz natürlich nach Sicherheit und Orientiertheit strebt, verhält er sich so, daß er Bewährtes bewahrt und an die nächste Generation weitergibt. Die Traditionen erlangen dadurch eine gewisse ‚Heiligkeit', die Sprache bzw. der Dialekt als exklusives Mittel zur Weitergabe von Wissen ebenso, wodurch die relative Geschlossenheit des Mensch-Umwelt-Systems erhalten bleibt. Hier etwas einzuschleusen, ist ausgesprochen schwierig. Wenn das System verändert werden soll, dann soll die Veränderung ja auch dauerhaft sein. Die neuen Mentifakte müssen tradierbar sein. Dazu müssen sie die ‚Heiligkeit' der vorhandenen Traditionen erst einmal erreichen, möglichst noch übertreffen.

Das ist keine Sache, die von heute auf morgen zu erledigen wäre! Alle Versuche, ein Mensch-Umwelt-System gezielt von außen zu verändern, müssen deshalb von langer Hand geplant werden. Sie erfordern generationenlange Geduld. Wer schnelle Erfolge haben will, der muß nicht die vorhandenen Mentifakte ausrotten, sondern die Menschen, die sie in ihren Köpfen beherbergen und am Leben erhalten. Dann kann man einen Lebensraum in Besitz nehmen, ihn mit anderen Menschen füllen, wodurch das System natürlich auch verändert wird. Das hat es gegeben. Die Beispiele reichen von Kanaan über Nordamerika bis Ostdeutschland. Aber Völkermord ist nicht unser Thema.

Missionare nennt man Menschen, die im Auftrage anderer in Mensch-Umwelt-Systeme hineingehen – ohne sich zu integrieren – um dort neue Mentifakte mit genau vorausberechneten Eigenschaften unterzubringen, welche bestimmte Veränderungen in dem System hervorrufen sollen. Gesunde Persönlichkeiten, die ihre Identität voll entwickelt haben, werden sich von diesen neuen Mentifakten schwerlich beeindrukken lassen. Sie wissen es ja besser. Was wird der Missionar also tun? Er wird versuchen, die Kindererziehung in die Hand zu bekommen. Geben die Erwachsenen ihre Kinder nicht freiwillig her, wird er sie mit Belohnungen, auch in Form interessanter Artefakte, ködern. Hilft auch das nichts, sucht er sich Waisenkinder zusammen, an denen er zugleich seine bessere Medizin demonstrieren kann. Überhaupt ist die Medizin ein ausgesprochen taugliches Mittel, die Vorzüge des neuen

Wissens, der neuen Mentifakte, gegenüber dem tradierten augenfällig werden zu lassen.
Die durchschlagende Wirkung dieser Verbindung von Heilerfolg und Glaubenslehre kann man schon im Neuen Testament studieren. Eine weitere Möglichkeit ist die gewaltsame Missionierung, wie etwa die der Sachsen unter Karl dem Großen, wobei aber auch hier erst die Erziehung der nächsten Generationen durch die Funktionäre der Herrschenden den gewünschten Erfolg bringt. Die Missionierung zum Zwecke der Außensteuerung, d. h. Beherrschung eines bis dahin relativ autonomen Mensch-Umwelt-Systems hat wahrscheinlich die größten Chancen, wenn sie zu einem Zeitpunkt einsetzt, an dem das System aus irgendwelchen Gründen bereits angeschlagen ist. Wenn aufgrund von Katastrophen, Kriegen oder ähnlichem die Beziehungen zwischen den Subsystemen ohnehin neu geordnet werden müssen, lassen sich neue Mentifakte am leichtesten unterbringen, und zwar auch bei Erwachsenen, weil viele von ihnen in solchen Ausnahme- und Extremsituationen verunsichert sind und dadurch Identitätsverluste erleiden. Wer dann die systemfremden Mentifakte mit der Aussicht auf neues Heil verbindet, wird mit diesen Mentifakten in Beziehung treten – und schon sind sie drin im System. Das relativ geschlossene Mensch-Umwelt-System (Volk-in-seinem-Lebensraum), das gesunde Persönlichkeiten mit ausgeprägter Identität hervorbringt, ist relativ immun gegen systemfremde Mentifakte, die das System von außen beherrschbar machen könnten. Die Identität der Menschen als Angehörige eines Volkes (oder Stammes) in einem Lebensraum garantiert die relative Autonomie des gesamten Systems. Man könnte auch umgekehrt sagen, die Ausprägung des nationalen Wir-Gefühls bei den einzelnen ist ein guter Spiegel für die Beherrschbarkeit des ganzen Volkes bzw. Stammes.

Wie wir oben ausgeführt haben, ist das Wir-Gefühl nur ein Aspekt der Identität. Ein anderer Aspekt ist das Bewußtsein der eigenen, besonderen Eigenschaften. Man ist nicht nur Teil, sondern besonderer Teil, der unterscheidbar ist von allen übrigen Teilen. Diese Ungleichheit der Elemente (Menschen) erlaubt eine Vielfalt von Beziehungen, in der Folge eine Vielfalt von Mentifakten und Artefakten als weitere Elemente und damit eine weitere Potenzierung der Beziehungsvielfalt. Die Differenzierungshöhe eines Systems ergibt sich damit aus der Vielfältigkeit der integrierten Elemente.
Ein hochkomplexes System mit einem überaus engmaschigen Beziehungsgefüge macht den Einbau systemverändernder Mentifakte fast unmöglich. Je mehr und je vielgestaltigere Passungen jedes Element zu anderen Elementen aufweist, desto schwieriger dürfte es sein, hier künstliche Elemente mit genau vorausberechenbarer Wirkung einzu-

schleusen. Die Passungen der Subsysteme ‚Mensch' entwickeln sich im Laufe der Identitätsfindung. Der Missionar, der die Kinder erzieht, wird also darauf zu achten haben, daß diese eben nicht so viele und komplizierte Passungen entwickeln, zumindest nicht an den Stellen, wo seine mitgebrachten Mentifakte angreifen sollen. Wenn auf diese Weise das Beziehungsgefüge vereinfacht wird, dann bietet es sich natürlich an, auch noch andere Elemente mit einzubeziehen. Die naturgegebenen Elemente des Mensch-Umwelt-Systems scheiden hierfür aus. Was sich jedoch verändern oder austauschen läßt, sind neben weiteren Mentifakten noch die Sprache und die Artefakte. Aber solche Veränderungen sind erst der zweite Schritt.
Am Anfang steht die Abschaffung der Ungleichheit. Nicht der faktischen, die läßt sich nicht abschaffen, das Bewußtsein der Ungleichheit wird abgeschafft. Identität in Form eines hochkomplexen Als-etwas-Seins wird reduziert auf das bloße Ich-Sein. Und den Ichs kann interindividuelle Gleichheit suggeriert werden. Die Funktion als Teil in einem großen Ganzen gerät aus dem Gesichtsfeld, übrig bleibt das individuelle Wohlbefinden, das individuelle Recht, das individuelle Vergnügen am Lustgewinn, der individuelle Anspruch – jeweils für alle.[22] Ebenso wie das Glück für den einzelnen gehört auch der Gott für den einzelnen ins Programm.
Und vor diesem Gott sind natürlich alle Menschen gleich. Ein solcher Gott, der sich um jeden einzelnen kümmert, der jeden einzelnen erlöst hat und jedem das Gleichheitsversprechen gibt, ist natürlich attraktiv – insbesondere für die Schlechtweggekommenen, die Armen und Schwachen. Diese Elemente des Mensch-Umwelt-Systems sind denn auch die zweite große Zielgruppe (neben den Kindern) unseres Missionars! Dazu gehören selbstverständlich auch die Randgruppen und Ausgestoßenen, die Zöllner und Aussätzigen des Neuen Testaments,[23] die Proletarier aller Länder, die Asozialen und die Intellektuellen, die ihrem eigenen Verstande nicht gewachsen sind.

Die Individualisierung und Vereinheitlichung als Identitäts-Ersatz ist die Einstiegsdroge, die in die Abhängigkeit führt. Da das Wir-Gefühl in bezug auf die differenzierte Großgruppe nicht mehr entstehen kann, breitet sich ein Pseudo-Wir-Gefühl aus, dessen Inhalt sich im Bewußtsein der Gleichheit erschöpft und dessen äußere Merkmale die Vereinfachung spüren lassen: Entdifferenzierung der sozialen Umgangsformen (Duzen, Verzicht auf Förmlichkeiten, Uniformierungstendenz), Ablehnung des Leistungsdenkens und Elitegedankens, Geschichtslosigkeit. Dieses Pseudo-Wir-Gefühl, verbunden mit der Heilsgewißheit, erzeugt einen richtungslosen Druck, den die Mission zur Ausbreitung benötigt. Der einzelne, nur sich und seinem Gott verpflichtet – ob das nun der Gott des Neuen Testaments ist oder der Mammon oder der Internationale Sozialismus, ist völlig egal – wird zum Instrument und merkt es nicht. Einmal dem weltumspannenden Verein des Gleichen zugehörig, ob unter dem Kreuz, dem roten oder dem weißen Stern, sind die differenzierten Passungen zerstört, die für eine systemerhaltende Funktion im Mensch-Umwelt-System und damit auch für die eigene Identität Voraussetzung sind. Sie sind ersetzt durch jene einfachen Passungen, in die die Außensteuerung eingreifen kann. Es können ‚kritische' Mentifakte plaziert werden, die aus der distanzierten Sicht des Individuums das Mensch-Umwelt-System (Volk-in-seinem-Lebensraum!), in das man eigentlich integriert sein sollte, als einen Gegenstand auf der eigenen Systemebene erscheinen lassen. Das Individuum kann ermuntert werden, sich seinem eigenen Volk, seiner Kultur, seiner Sprache, seiner Geschichte, seiner Umwelt gegenüberzustellen. Erst die Objektivierung dieser Größen macht sie kritisierbar, ‚hinterfragbar', wodurch das Individuum sich noch weiter vom System isoliert. Die Einheit von Mensch und Umwelt wird – ideologisch auf der Ebene der Mentifakte – aufgebrochen, und die Kritik, die mit der Gleichheitsdroge eingeführt wird, macht diesen Prozeß zu einem autokatalytischen.

Wenn das Mensch-Umwelt-System auf diese Weise seiner identitätsstiftenden Integrationskraft beraubt ist, läßt es sich nicht mehr verhindern, daß immer mehr systemfremde Mentifakte, auch systemfremde Artefakte, das Mensch-Umwelt-System überfluten und so die gewünschte Veränderung herbeiführen: die Verwandlung der Völker-in-ihrem-Lebensraum in Massen von Individuen in einer Weltgesellschaft!

Man muß sich darüber klar werden: Naturhaft, d. h. stammesgeschichtlich, ist der Mensch auf ein Leben in Gruppen mit gruppen- und lebensspezifischen Überlieferungen angelegt. Sein ganzer ‚Entwicklungsfahrplan' ist auf dieses Ziel hin ausgerichtet. Der mündige, autonome und seelisch gesunde Mensch ist nicht das ‚kritische' Individuum auf seiner einsamen Insel der Selbstverwirklichung im unendlichen Ozean der Gleichheit. Der mündige, autonome und seelisch gesunde Mensch ist das anerkannte Gruppenmitglied, das sich aufgrund seiner überlieferten und überschaubaren Kultur mit schlafwandlerischer Sicherheit in seinem Lebensraum bewegen kann. Die Freiheit, die der Mensch aus dieser Anerkennung und Sicherheit schöpft, hat eine ganz andere Qualität als die Freiheit zur Selbstverwirklichung des einsamen Individuums – sei es auf geistliche oder auf weltliche Art. Diese Freiheit, die nur ein funktionierendes Mensch-Umwelt-System vermitteln kann, gründet in dem sicheren Gefühl, gebraucht zu werden, und erfüllt sich darin, seine Sache gut zu machen. Nichts erhöht den Menschen mehr als die soziale Anerkennung! Nichts gibt mehr Ansporn, mehr Mut, mehr Kraft als das Bewußtsein der sozialen Verantwortung! Die Emotionalität, die mit der sozialen Bewährung und Anerkennung verbunden ist, kann als sicheres Anzeichen dafür gewertet werden, daß hier ein stammesgeschichtlich tief verwurzeltes Bedürfnis vorliegt. Wer individualisierende Mentifakte zum Zwecke der Beherrschung von außen in ein Mensch-Umwelt-System einbringen will, muß das berücksichtigen. Selbstverwirklichung reicht nicht aus, es muß auch Anerkennung und Verantwortung geben. Da sich aber beides nicht auf das eigene System beziehen darf, müssen abstrakte Begriffe, die sich auf die ganze Menschheit anwenden lassen, die konkreten Größen ersetzen.

Das Individuum bekommt daher ganz allgemein die Verantwortung für die Reinhaltung und Verbreitung des ‚richtigen' Glaubens aufgebrummt. Je nachdem, welcher Spielart individualisierender Mentifakte es erliegt, wird es für den Christlichen Glauben, die Arbeiterbewegung, die Demokratie, die Menschenrechte usw. usw. verantwortlich gemacht, indem es sich darum verdient machen darf. Und da es in einer Masse von Individuen keine soziale Anerkennung geben kann, wird auch sie individualisiert: das Individuum bekommt sie entweder im Jenseits oder aber im Diesseits – von einem Vertreter der Fremdherrschaft ganz persönlich. Die weltlichen Herrschaften bevorzugen dabei das Überreichen von Urkunden und Orden und die öffentliche Zurschaustellung in den Massenmedien, die geistlichen die Heilsprechung.

Insgesamt verkommt auf diese Weise das komplexe Beziehungsgeflecht des intakten Mensch-Umwelt-Systems zu einer in weiten Bereichen gleichgeschalteten Kommunikation zwischen den einzelnen Individuen und ihrer Führungsmacht. Diese Gleichschaltung führt aber wiederum zu einer Form der sozialen Kontrolle, die denjenigen das Leben schwer macht, die sich der kollektiven Uniformierung qua Individualisierung widersetzen. Es ist ein Teufelskreis: Die Ablehnung des Fremdartigen, die ursprünglich das intakte Mensch-Umwelt-System vor verfälschenden Fremdeinflüssen geschützt hat, ist als stammesgeschichtliche Erwerbung natürlich weiter wirksam und sorgt nun dafür, daß alle, die im Verein der Gleichen versammelt sind, jene bekämpfen, die die Gleichheitsideologie in Frage stellen. Da die Bindung an ihre abstrakte Führungsgröße (Gott, Demokratie, Sozialismus, Freiheit usw.) kein so komplexes und festes Beziehungsgefüge zuläßt wie die Bindung an das konkrete Volk, die konkrete Kultur, die konkrete Sprache und den konkreten Lebensraum, sind die isolierten Individuen in ihren Beziehungen sehr viel verletzlicher. Sie müssen ihren Besitzstand an Mentifakten daher sehr viel fanatischer verteidigen. Dem kommt der Absolutheitsanspruch der systemfremden Mentifakte entgegen: Alle internationalistischen, gleichmachenden und individualisierenden Ideologien behaupten das Monopol für Heil und Erlösung für die ganze Welt. Die gleichgeschalteten Individuen glauben deshalb, nur sie allein hätten das ‚richtige Bewußtsein', den ‚rechten Glauben' usw. Dieser Absolutheitsanspruch der Mentifakte bietet dem Menschen in der Vereinzelung den letzten Halt und die einzige Sicherheit. Die Befallenen oder Verführten, oder wie immer man sie nennen will, werden so ganz von selbst zu weiteren Agenten der Fremdherrschaft!

Wenn wir nunmehr zur Betrachtung unserer eigenen Situation übergehen, dann müssen wir uns fragen, ob es denn überhaupt noch ein Entrinnen aus diesem Teufelskreis geben kann. Egalisierende Mentifakte kursieren bei uns seit der Christianisierung unseres Volkes – wer wollte sie jetzt noch beseitigen! Und ist nicht unsere Kultur längst auf dem Wege zu einer Einheits-Unkultur nach amerikanischem Vorbild? Ist nicht in den Köpfen unserer Intellektuellen die Botschaft der (sogenannten) ‚kritischen Theorie' längst zur Selbstverständlichkeit geworden? Und unsere Sprache? Verkommt sie nicht zu einem Kauderwelsch? Gehen wir doch einmal mit offenen Augen und Ohren durch die Straßen unserer Städte und Dörfer! Erleben wir die Internationalisierung hautnah! Betreten wir einen ‚Spielpalast': Lichtblitze, Glockentöne, und vor jedem ‚Spielcomputer' – nein, kein Mensch!, ein Individuum in seiner ganzen Erbärmlichkeit ...

Die Massenmedien und Erziehungsinstitutionen fördern aus der eigenen Heilsgewißheit heraus die Individualisierung der ihnen hilflos ausgelieferten Menschen. Der ‚richtigen' Weltanschauung kann praktisch niemand mehr entrinnen. Es scheint, als hätten die systemfremden Elemente das Mensch-Umwelt-System bereits so weit verformt, daß es nicht mehr das relativ geschlossene Volk in seinem Lebensraum darstellt, sondern nur noch allseits offene Menschen in ihrer zufälligen Umgebung. Der Verlust an spezifischen Eigenschaften, den diese Transformation bewirkt hat, scheint endgültig.

Aber selbst wenn man das Bild nicht ganz so düster malt, wenn man anerkennt, daß es trotz Christentum, trotz ‚American Way of Life', trotz ‚kritischer' Theorie, trotz realer Internationalisierung durch Zuwanderung, trotz Technokratie und Bürokratie noch genügend qualitativ hinreichende Beziehungen gibt, um einen Notbetrieb des Systems zu garantieren, wird man zugeben müssen, daß zwar ein funktionierendes System da ist, von sichtbar anderer Art jedoch als die intakten Mensch-Umwelt-Systeme, die ausschließlich durch die Beziehungen der Elemente untereinander definiert sind. In den internationalisierten

Weltkultur-Systemen greifen ja nicht nur fremde Elemente individualisierend nach innen, die Individuen greifen auch über ihre Beziehungen zu den fremden Mentifakten, Artefakten, Sprachen usw. nach außen: Die Systemgrenzen zerfließen. Das System entdifferenziert sich nicht nur im Innern wegen der fehlenden Passungen zur eigenen Kultur, Geschichte, Sprache, Heimat, es entdifferenziert sich auch das nächsthöhere System, das aus den Völkern-in-ihren-Lebensräumen gebildet war: Die ehemalige Vielzahl autonomer Völker und Stämme verschwimmt zu zwei weltbeherrschenden Blöcken und der ‚Dritten Welt', einer Dreiheit wie es scheint. Doch bei genauerem Hinsehen trifft noch nicht einmal das zu. Es scheint sich eher um eine Zweiheit zu handeln, denn die ‚Dritte Welt' wird faktisch von den Blöcken beherrscht. Aber selbst die Blöcke sind noch nicht die Zweiheit, die wir meinen. Auch sie bestehen, wie der Rest der Welt, aus riesigen Massen von Beherrschten, von machtlosen Individuen, und einer weit davon entfernten Führung, die sich aus sich selbst regeneriert und deren Entscheidungsprozesse für den einzelnen überhaupt nicht nachvollziehbar sind. Die tatsächliche Einigkeit dieser Führung in allen wesentlichen Fragen wird durch den atomaren Theaterdonner bewußt verdeckt.

Wir finden in allen Teilen der Welt das Eindringen der fremden Einflüsse in die einst selbständigen Kulturen, wodurch die Menschen von ihren althergebrachten Werten abgetrennt werden. Es ist dabei egal, ob diese Einflüsse die östliche, westliche oder christliche Gleichheitsideologie mitbringen. Das Ergebnis ist in jedem Fall die Entdifferenzierung im Inneren wie die des Gesamtsystems. Diese Entdifferenzierung der historisch gewachsenen Völker und Kulturen zur Weltgesellschaft mit Weltkultur durch Internationalisierung qua Individualisierung der Menschen bedeutet, daß nur solche Beziehungen erhalten bleiben, die für das Funktionieren der Einheitswelt erforderlich sind. Aus diesem Grunde gibt es weiterhin ein Funktionieren – nur eben nicht als relativ autonomes Mensch-Umwelt-System!
Die Erde verliert nicht nur die bunte Vielfalt der Kulturen, es verlieren die Völker und Stämme auch ihre Freiheit. Und das Individuum ist einsam wie noch nie. Die deutsche Sprache kennt zwei schöne Begriffe, die die Elternschaft von angestammtem Lebensraum und überlieferter Kultur für den erwachsenen Menschen zum Ausdruck bringen: *Vaterland* und *Muttersprache*. Der Mensch, der diese Elternschaft entbehren muß, wird zur Kultur- und Heimatwaise. Er kann keine Identität entwickeln und klammert sich deshalb an abstrakte Ersatzwerte und an sein Heilswissen. Das ist unsere heutige Situation. Wir brauchen nicht auf das Wunder zu hoffen, daß wir eines Tages wieder ein relativ autonomes Volk-in-unserem-Lebensraum werden. Wir sind *längst eine*

Herde von Individuen, denen das Ganze schon aus dem Gesichtsfeld gekommen ist. Was bedeutet schon die Ablehnung der einen Gleichheitsideologie, wenn man doch der anderen verfallen ist? Was soll das Eintreten für eine saubere Umwelt, wenn Heimat kein Begriff mehr ist? Was hilft das Reden von der besseren Gesellschaft, wenn sich hinter dem abstrakten Begriff das Ende der lebendigen Völker verbirgt? Dieses letzte blinde Suchen nach dem verlorenen Paradies kann das Rad der Geschichte nicht anhalten. Zurückdrehen schon gar nicht.
Nun erwartet der geneigte Leser hoffentlich nicht, daß wir – simsalabim! – das Rezept aus dem Hute ziehen, wie es nun doch noch geht. Das Rad der Geschichte zurückzudrehen, ist, wie gesagt, unmöglich. Die Zeit schreitet fort, und die Bedingungen ändern sich. Blicken wir deshalb nicht in Wehmut auf die ‚gute alte Zeit'! Wenden wir uns nach vorn und überlegen wir.
Nicht nur unseres, alle Völker und Stämme – ganz wenige in Rückzugsgebieten vielleicht ausgenommen – haben ihre identitätsstiftende Form verloren. Sie, nicht die ‚gute alte Zeit' gilt es wiederzugewinnen. Es geht hier nicht um Heilung, um die Wiederherstellung eines Gleichgewichtszustandes: Das System funktioniert ja – nur anders. Es funktioniert auf der Basis von Individualität, nicht auf der Basis von Identität. Identität ist aber das wesentliche Zeichen für seelische Gesundheit. In einer individualisierten Welt kann es seelische Gesundheit deshalb nicht geben. Dekadenz, Verhaltensstörung, Sucht, Ängste, Kriminalität, Fortpflanzungsunfähigkeit,[24] Aufzuchtsunfähigkeit, Verteidigungsunwilligkeit usw. belegen das. Andererseits aber ist der Mensch, wie wir oben dargelegt haben, darauf angelegt, Identität zu entwickeln. Es wird ihm also etwas vorenthalten, wonach er aufgrund stammesgeschichtlicher Vorprogrammierung sucht. Bestenfalls werden ihm Ersatzangebote gemacht, die ihn während der sensiblen Phase befriedigen – wie dem Entenküken, dem man als Mutterersatz einen Luftballon unterschiebt. Es richtet dann zwar sein Nachfolgeverhalten auf diesen, ohne indes das zu finden, was es tatsächlich benötigt. Das Krankhafte bringt wiederum Krankhaftes hervor und wird so zur statistischen Norm.

Statistik besagt bekanntlich nichts über den Einzelfall. Es mag daher genug Menschen geben – und wir sind sicher, es gibt sie – die trotzdem durch glückliche Umstände ihre Identität entwickeln konnten. Nur sie könnten sinnvoll aufgefordert werden, ihre Identität zu bewahren und zu bezeugen. Mut zur Identität, das Bekenntnis zum eigenen Volk und zur eigenen Kultur, zur eigenen Geschichte und zur eigenen Heimat, kann daher nur von einigen wenigen erwartet werden. Als einzelne sind sie zudem noch ohne Wirkung auf die Allgemeinheit, die ja ihr individualistisches Selbstverständnis nicht in Frage stellen kann. Wer die eigene Identität noch hat voll entwickeln können, kann ja nicht einmal mehr die seelische Gesundheit der eigenen Nachkommen garantieren! Es bedürfte schon der gemeinsamen Anstrengung dieser ‚letzten Aufrechten', und zwar über alle Grenzen hinweg. Es bedürfte der gemeinsamen Rückbesinnung auf den Wert, auf die Schönheit, auf die Leistung des jeweils eigenen Volkes, der jeweils eigenen Sprache, der jeweils eigenen Kultur. Anders als beim früheren Gegeneinander der Völker müßten sich die gesunden Kräfte auf der ganzen Welt die Hände reichen, um gemeinsam die entdifferenzierenden Mentifakte zu neutralisieren. Humanes, artgerechtes Leben kann für den Menschen nur heißen: Leben als Volk-in-seinem-Lebensraum! Das läßt sich nicht mehr gegeneinander, wohl aber miteinander bei gegenseitiger Achtung und Anerkennung erreichen. Wir sind davon überzeugt, und die punktuelle und deshalb vergebliche Suche der Aussteiger und Alternativen nach Geborgenheit in einer ‚heilen Welt' bekräftigt uns darin, daß das Nicht-Artgemäße und deshalb Inhumane der heutigen Lebenssituation zunehmend spürbar wird – dort zumindest, wo die Entdifferenzierung am weitesten fortgeschritten ist. Wo diese kollektive Unzufriedenheit jedoch einmal hinführt, das steht in den Sternen.

Das Rezept, das wir aus dem Hut zaubern, ist also *kein* Rezept für den einzelnen. Da in Ost und West individualisierende Lehren längst den Charakter von Staatsreligionen angenommen haben, ist unser Rezept *auch nicht* für offizielle Stellen gedacht. Denn: *was aus dem Hut gezaubert wird, ist bekanntlich Illusion!* Tatsächlich können wir aus psychologischer und biologischer Sicht keinerlei Hilfeleistung geben, wie das Problem der Identitätsverhinderung durch Individualisierung zu lösen wäre. Wir haben es aufgezeigt, wir haben die Gründe genannt, und wir haben bemerkt, daß das Unbehagen der einsamen Individuen wächst. Wir wissen, was der Mensch braucht, um eine gesunde Persönlichkeit zu entwickeln. Wir wissen auch, daß ihm heute insbesondere die Identifikation mit seiner übergreifenden natürlichen Großgruppe schwergemacht wird. Wir befürchten nur, daß das Unbehagen, da der einzelne dessen Ursprung nicht kennt, sich eines Tages unkontrolliert kollektiv entladen könnte, und daß die jeweiligen Machthaber das sich anbahnende Chaos mit brutaler Gewalt verhindern werden. Die heile Eine-Welt-Gesellschaft würde dann ihr wahres Gesicht als terroristische Weltdiktatur enthüllen.

Identitätsbildung ist eine Sache von Entwicklung und Milieu. Menschen, die ihre eigene Identität nicht haben voll entwickeln können, können auch das Milieu nicht schaffen, das die heranwachsende Generation benötigt, um ihrerseits Identität auszubilden. Diesen Kreis ver-

mögen einzelne nicht zu durchbrechen, denn gerade in der Pubertät braucht der junge Mensch die Bestätigung durch die Gruppe, in der er lebt, einschließlich der ihm nicht von Person bekannten Gruppenmitglieder. Wo die Großgruppe ihre Form verloren hat (Meinungsvielfalt – was gilt noch?, Rassenmischung – wer gehört dazu?, Geschichtsverlust – wie ist die Situation entstanden?) kann sie nicht mehr formen. Formlosigkeit beim einzelnen ist die unabdingbare Folge.
Zürnen wir also nicht der Jugend! Zürnen wir auch nicht den Verirrten und Verführten! Selbst Trauer ist nicht angebracht: Sie bewegt doch nichts. Aber aufzugeben brauchen wir deshalb auch nicht. Bestimmt werden die, die sich aufrecht zu ihrem Volk, ihrer Kultur, ihrer Geschichte und ihrer Heimat bekennen, noch einmal gebraucht – als Lehrmeister für artgemäßes humanes Leben!

Anmerkungen

1 E. H. Erikson, *Wachstum und Krisen der gesunden Persönlichkeit*, Stuttgart 1953, und *Identität und Lebenszyklus*, Frankfurt/Main 1966.
2 E. H. Erikson, *Wachstum und Krisen der gesunden Persönlichkeit*, aaO., S. 52.
3 AaO., S. 35.
4 AaO., S. 52.
5 Ebd.
6 Auch „Biogramm“ oder „Biogrammatik“, nach Count, *Das Biogramm*, Frankfurt/Main 1970; Tiger/Fox, *Das Herrentier*, München 1973; E.O. Wilson, *Sociobiology*, Cambridge 1978, 6. Auflage.
7 Vgl. H. Roth, *Pädagogische Anthropologie*, Bd.1, Hannover 1971; 3. Auflage, S. 115; und W. Hammel, *Bildsamkeit und Begabung*, Hannover 1970, S. 13.
8 K. Lorenz, *Der Kumpan in der Welt der Vögel*, 1935, in: *Über tierisches und menschliches Verhalten*, Bd. 1, München 1965, S. 270.
9 I. Eibl-Eibesfeldt, *Grundriß der vergleichenden Verhaltensforschung*, München 1969, S. 242.
10 E. H. Hess, *Prägung*, München 1975, S. 403.
11 Vgl. J. Bowlby, *Mütterliche Zuwendung und geistige Gesundheit*, München 1973; B. Hassenstein, *Verhaltensbiologie des Kindes*, München 1973; E. Lausch, *Mutter, wo bist du?*, Hamburg 1974; und R. A. Spitz, *Vom Säugling zum Kleinkind*, Stuttgart 1976.
12 Vgl. B. Hassenstein, aaO., S. 62f.
13 Eyferth in H. Röhrs, *Friedenspädagogik*, Frankfurt/Main 1970, S. 130.
14 E. H. Erikson, *Wachstum und Krisen der gesunden Persönlichkeit*, aaO., S. 15.

15 Dieses Vorurteil äußert sich im sogenannten „Anfrageverhalten“ (Eibl-Eibesfeldt 1973, S. 69) und in den stammesgeschichtlich erworbenen Grundlagen des Spracherwerbs (dazu E. H. Lenneberg, *Biologische Grundlagen der Sprache*, Frankfurt/Main 1977; und D. F. Jonas/A. D. Jonas, *Das erste Wort*, Hamburg 1979).

16 In diesem Zusammenhang ist auf die Initiation hinzuweisen, die ja wohl die Annahme des Heranwachsenden in die Erwachsenengruppe auf einen Zeitpunkt konzentriert. Vgl. dazu S. N. Eisenstadt, *Von Generation zu Generation*, München 1966; L. Tiger, *Warum die Männer wirklich herrschen*, München 1972; und auch F. Rauers, *Hänselbuch*, Essen 1936!

17 Ausführlich bei A. Koestler, *Das Gespenst in der Maschine*, Wien, München, Zürich 1968; und *Der Mensch, Irrläufer der Evolution*, Bern, München 1978.

18 Vgl. D. Ploog, *Verhaltensforschung und Psychiatrie* in: Gruhle/Jung u.a., *Psychiatrie der Gegenwart*, Bd. 1/1b, Berlin, Heidelberg, New York 1964; P. D. MacLean, *Der paranoide Zug im Menschen*, in A. Koestler/J. R. Smythies, *Das neue Menschenbild*, Wien, München, Zürich 1970; K. J. Ehrhardt, *Neuropsychologie ‚motivierten‘ Verhaltens*, Stuttgart 1975; H. Rahmann, *Neurobiologie*, Stuttgart 1976; M. Adler, *Physiologische Psychologie*, 2 Bde., Stuttgart 1979; C. Becker-Carus, *Grundriß der Physiologischen Psychologie,* Heidelberg 1981 u. a.

19 P. Leyhausen (*Über die Funktion der relativen Stimmungshierarchie, dargestellt am Beispiel der phylogenetischen und ontogenetischen Entwicklung des Beutefangs von Raubtieren*, 1965, in K. Lorenz/P. Leyhausen, *Antriebe tierischen und menschlichen Verhaltens*, München 1968) nennt diese Art der Instinktorganisation „relative Stimmungshierarchie“.

20 Eigentlich müßte man auch das humorale System einschließen, denn Störungen im Hormonhaushalt können ebenfalls verhaltenswirksam sein.

21 Schrödinger nach R. Riedl, *Die Ordnung des Lebendigen*, Hamburg, Berlin 1975, S. 83 und bes. S. 249ff.

22 Vgl. dazu auch Arnold Gehlen, *Moral und Hypermoral*, Frankfurt 1969.

23 Der Gott des NT ist speziell für die Missionierung geschaffen, während der Gott des AT biederer Stammesgott ist. Dieser ist zugleich aber Vater und damit Erzeuger des neutestamentarischen Missionsgottes.

24 Auch der aufgrund „rationaler Erwägungen“ bewußte Verzicht auf Fortpflanzung ist *faktisch* Fortpflanzungsunfähigkeit!

Thule-Bibliothek
Die Geistesgegenwart der Zukunft

Pierre Krebs

Bilanz eines siebenjährigen metapolitischen Kampfes

Die Neue Schule des europäischen Denkens

Aufeinanderprallen der Werte

Unsere Epoche steckt in der Krise. Doch Krisen selbst stellen an sich nichts Neues dar: die Welt steckt nämlich in der Krise, seitdem sie Welt ist. Die Krise ist das elementare Gesetz des Lebens. Wenn die Krise als Herausforderung wahrgenommen wird, spornt sie die Tatkraft an, statt sie einzudämmen, aktiviert den Unternehmungsgeist, statt ihn zu neutralisieren. Allerdings wird die Krise heutzutage nicht mehr als Herausforderung, sondern als Fatalität wahrgenommen; als ein *Status quo*, der unabwendbar auf dem Weltgeschehen lastet. Die Dialektik scheint umgepolt: früher ordnete sich der Mensch in bezug auf die Herausforderung ein, die ihm die Krise stellte. Mit anderen Worten: der Mensch bestimmte sich selbst hinsichtlich der möglichen Veränderungen, die seine Einwirkung auf die Krise hervorrufen könnte. Er bestimmte sich selbst hinsichtlich der Überwindung der Krise, also in bezug auf die Welt, die nach der Krise entstehen würde. Dagegen scheint sich der Mensch heutzutage in bezug auf den Krisenzustand zu definieren; das heißt, er sucht nach angemessenen Mitteln, um sich in der Krise zurechtzufinden, statt sie zu beherrschen und zu überwinden. Gestern fand der Mensch in der Krise den Grund seiner Handlungen, seines Einsatzes, seines Willens zur Macht und Selbstbehauptung. Die Krise verpflichtete sozusagen das Schicksal des Menschen, sofern sie ihn zur Re-Aktion zwang und ihn Werte schaffen ließ, aus denen ein neues Schicksal erwachsen konnte. Demgegenüber findet der heutige Mensch anscheinend in der Krise den Grund für seine Passivität, seine Lossagung, seine Resignation. Hierin liegt der grundsätzliche Unterschied. Aber auch die Natur und der Ausgang der Krise haben sich verändert: Zum ersten Male haben wir nämlich das egalitäre Zeitalter betreten, das auf allen Kulturebenen, auf allen Achsen des Denkens, in allen Teilen dieser Welt gepflegt wird. Zum ersten Male hat die egalitäre Bewegung weltweites Ausmaß angenommen. Sie bedroht unmittelbar die Identität der Völker der Erde. Gleichzeitig hat die nach Sicherheit lechzende Gesellschaft der letzten Menschen (vgl. Nietzsche) erstmals das Wagnis vor aller Welt geächtet. Deshalb kann der Mensch in der Krise nur noch die irrsinnige Matrix, den Mutterboden all seiner Niederlagen und Entsagungen, all seiner Anpassungen und Niederträchtigkeiten wahrnehmen. Darin gründet ohne Zweifel die egalitäre bürgerliche Gesellschaftsform, welche Macht gegen Sicherheit tauscht, Sensibilität gegen Vernunft, Einsatz (das heißt Glauben) gegen Planung (das heißt Gesetz).

Nichts entbehrt der Mensch, der aus sich selbst lebt

Dennoch: Wer hat diese Umwertung hervorgerufen, wenn nicht der Mensch? Wer hat diese Resignation hervorgerufen, wenn nicht der Mensch? Wer hat diesen Defätismus hervorgerufen, wenn nicht der Mensch? Woraus sind die Probleme hervorgegangen, aus denen die Krise entstanden ist, wenn nicht aus dem Menschen? So lange der Mensch an die Unabwendbarkeit dieser Fatalität zu glauben gewillt ist, so lange wird er Objekt und Gegenstand der Krise bleiben, außerstande, seine Identität wieder einzuwurzeln, unfähig, in seiner organischen Zugehörigkeit die Kraft zur Bekämpfung des Universalismus zu schöpfen. So lange er die aufrechterhaltende Sicherheit dem erhöhenden Wagnis vorzieht, die mechanisierende Rationalität der aktivierenden Sensibilität, die einebnende Anpassung dem personalisierenden Einsatz, so lange wird er der ‚demobilisierte', dennoch ausgebeutete Mensch einer auf Nutzen, Verbrauch und Rentabilität aufgebauten Gesellschaft bleiben. Demgegenüber: Er braucht nur daran zu glauben, daß diese Fatalität keine ist, daß der Universalismus nicht unwiderruflich, der kommerzielle Liberalismus nicht unabänderlich sind, um das wiederzuschöpfen, was zu keiner Zeit seiner Herrschaft und seinem Maß entgangen ist; ganz einfach, weil dem Menschen, der ohne Fremdbestimmung aus sich selbst lebt, nichts entgeht.

Wir rufen zum Kulturkampf auf

In diesem Sinne ruft unsere Neue Schule zum Kulturkampf auf, das heißt zum totalen Angriff der lebendigen Kräfte unserer Ideen gegen alle totalitären Erscheinungen der Gleichheitslehre, des Kraken, der den sanften, unsichtbaren, geruchlosen Tod im Namen des Humanitarismus und des Glücks bringt; dieses Kraken, der seine Tentakel genauso vermehrt wie ein bösartiges Gewebe seine Metastasen; des Kraken, der die Völker von innen anfrißt, indem er ihre Seele gegen die trügerische Sicherheit des materiellen einseitigen Wohlstands, ihre Macht gegen die entfremdende Sicherheit der Entpolitisierung und der Lossagung eintauscht. Unsere Neue Schule ruft zum Kulturkampf auf, denn das Jahr 2000 als Angelpunkt zweier Jahrtausende wird zweifelsohne auch Wegscheide zweier Weltanschauungen sein: Universalismus oder Ethnopluralismus, Gleichheitslehre oder Differenzierungslehre, die Abfindung mit dem Nivellierungsprozeß oder das Recht auf Verschiedenheit.

Auf der Schwelle zum 21. Jahrhundert wollen wir ein neues Zeitalter der Werte und der Kultur ankündigen.

Wir appellieren an den Mut zum Wagnis

Widerstand bedeutet also heute die Neubestimmung der Ideen zur Wiederentdeckung der Werte, bedeutet Bewaffnen des Intellekts zur Mobilisierung des Bewußtseins, erweist sich als Organisierung der Erkenntnisse und Wiederaufrüstung des Willens. Widerstand in diesem Sinne heißt Europa zu einer größeren Macht verhelfen, damit es morgen ein noch größeres Schicksal bestreiten kann[1].

Die Welt wird von Ideen verändert; zumindest von denjenigen, die eine *mythische* Verankerung erhielten und von Denkern getragen werden, die zugleich Kämpfer und Gesandte zu sein vermögen. Die Geschichte der Ideen offenbart, daß die gesamte Geschichte Europas von einem Aufeinanderprallen der Werte, von einem ‚Krieg der Götter', von einer Auseinandersetzung zwischen vorrückendem christianomorphem Bewußtsein und heidnischer Psyche geprägt wird. Bis Nietzsche waren sich die Europäer dieses ‚metaphysischen' Krieges nur unvollständig bewußt geworden. Das *Thule-Seminar* als *Neue Schule der europäischen Kultur* ist dazu berufen – in enger Zusammenarbeit mit allen Denkzirkeln in Europa, die sich für die *Neue Kultur* einsetzen –, jenseits der veralteten Schubladen (mögen sie nun den Stempel der Sozialdemokratie, des Liberalismus, Kommunismus, Judao-Christentums oder des American Way of Life tragen) die sich bildenden Gemeinden der ‚Antikosmopoliten' und ‚Antimondialisten' aufzunehmen, d. h. all diejenigen, die links und rechts die kulturelle Zersetzung und rassische Auflösung Europas ablehnen. Es handelt sich um den historischen Kampf für die Wiederherstellung einer gemeinsamen Heimat: das kommende Europa.

Kampfgeist

Eine revolutionäre Bewegung geht aus der Vereinigung einer Idee, eines Willens, einer Strategie sowie einer Verpflichtung hervor. Denn

> *ohne Ideen*, die sich innerhalb einer die Welt, das Leben und die Menschen umfassenden Anschauung bewegen, gibt es keine Alternative;
>
> *ohne den Willen* zur Tat und zum Engagement – mit der Verantwortung und den Opfern, die ein solcher Wille bedingt – kann es keine Revolution geben;
>
> *ohne Strategie*, die diese Ideen wirkungsvoll einsetzt und verbreitet, gibt es keinerlei Eroberung.

Diese Notwendigkeit erkannte Lenin, als er sagte: „Ohne revolutionäre Theorie keine revolutionäre Aktion."

Aufmerksame Beobachter unserer Aktivitäten, scharfsinnige Kritiker unserer Weltanschauung benutzten bei ihren zahlreichen Versuchen, das Thule-Seminar zu definieren, gelegentlich den Ausdruck ‚Laboratorium der Ideen'. Dieser Ausdruck ist nicht eindeutig. Er trifft zu, vorausgesetzt, daß man das ‚Laboratorium' in eine lebendige, unsere Ideen vertretende Gemeinschaft (die wachsende Zahl unserer Mitglieder, Sympathisanten und Leser) eingepflanzt sieht und daß man den uns tragenden Ideen die einzige Dimension zuerkennt, die sie legitimiert, den revolutionären Schmelztiegel nämlich, in dem sie Form annehmen und innerhalb dessen sie sich durchsetzen.
Nikolai Grundtvig äußerte die Überzeugung: „Wir wollen keine Gelehrten hervorbringen, sondern lebendige Menschen, die eine ausschlaggebende Rolle im großen Befreiungskampf der Völker spielen können." Julien Freund erinnert im gleichen Zusammenhang: „Die Ideen werden erst dann zu Werten, wenn sie von der Erfahrung, vom Leben der Menschen bestätigt werden. Ob wir es wollen oder nicht, die Geschichte lehrt uns, daß die Gesellschaft keine bloße Anhäufung einzelner Lebensvorgänge ist, sondern ein Beziehungsgewebe, das Kett- und Schußfäden, das heißt hierarchische und egalitäre Beziehungen aufweist. Wenn die Kettfäden einmal gerissen sind, haben die Schußfäden keinen Halt mehr und der Stoff franst aus. Ohnc Rangordnung zerfällt das Wertgefüge, eine dekadente Gesellschaft gleicht einem ausgefransten Gewebe. Um aus dem Verfall herauszukommen, müssen wir die Kunst der Politik wiederentdecken, die Platon als den „Beruf des edlen Webers" bezeichnete."[2]

Pierre Vial weist seinerseits immer wieder auf eine der größten Lehren der Geschichte hin, man müsse nämlich zunächst die Idee säen, um dann aus Taten ernten zu können. Die Idee ist vorrangig. „Die großen Umwälzungen der Geschichte wurden von Intellektuellen vorbereitet, das heißt von Menschen, die sich berufen fühlten, zu denken und dieses Denken auch zu verbreiten; die eigene Gedankenwelt und ihre Verbreitung galten ihnen als selbstverständlich. ‚Ohne Marx kein Lenin' ist mithin eine logische Aussage ... Es erübrigt sich deshalb besonders zu betonen, daß unsere Aufgabe im Bereich der Ideen liegt – wohlverstanden als Grundlage der daraus folgenden Tat." Schon die Geschichte der Kirche bestärkt uns in dieser Ansicht: „Wer über Ideen spöttelt oder an ihrer Wirkkraft zweifelt, sollte folgendes bedenken: Mit ihrer ‚großen Weisheit' erkannte die Kirche (zu einer Zeit, da sie erst eine unbedeutende Gemeinschaft innerhalb des Römischen Reiches bildete), daß sie zunächst die Köpfe für sich gewinnen müßte, um eines Tages die gesamte Gesellschaft in die Hand zu bekommen und sie nach ihren Auffassungen gestalten zu können. Die Kirche war sich des aus-

schlaggebenden Einflusses der Ideen dermaßen bewußt, daß sie sich für tausend Jahre die ausschließliche Vorherrschaft im geistigen Leben sicherte."[3]
Somit ist dieses ‚Laboratorium' weder aseptisch in seinen Absichten (einer kulturellen Umwälzung) noch neutral in seinen Zielen (einer politischen Wiedergeburt). Ein *engagiertes* ‚Laboratorium' mit *zweckgebundenen* Ideen: diese Definition beschreibt das Thule-Seminar sicherlich am treffendsten.
Sowohl in unseren Publikationen als auch anläßlich unserer Vorträge und Seminare betonen wir immer wieder, daß unsere Weltanschauung mehr als eine Ideologie ist: Sie entspricht einem Gebäude grundlegender Werte, die seit Jahrtausenden in den europäischen Völkern lebendig sind. Wir, die sich für sie einsetzen, sind heute eine Minderheit. Sollten wir, und alle, die verwandten Sinnes sind, keinen Erfolg haben, käme die geschichtliche Wirksamkeit der europäischen Völker zum Erliegen. Folglich ist der Einsatz, um den es geht, von historischer Bedeutung in der augenblicklichen Gesellschaft.

Wir entstammen den Völkern der Ilias und der Edda, nicht denen der Bibel; wenn sich diese Erkenntnis endlich durchsetzt, werden entscheidende Wandlungen eintreten. Historiker sind sich nämlich immer mehr darüber einig, daß das Aufblühen der europäischen Kultur auf allen Ebenen nicht *wegen*, sondern *trotz* des Christentums erfolgte. Die Einführung der christlichen Weltanschauung scheiterte lange am selbstbewußten Widerstand der heidnischen Völker. Nur durch eine langwierige Synkretismusarbeit, die ihre volle Tragweite erst zu Beginn der Neuzeit erlangte, konnte sich die monotheistische Heilslehre durchsetzen, indem sie die heidnische Wesensart z. T. bis zur Unkenntlichkeit entstellte. Tatsächlich schadete der jüdisch-christliche Egalitarismus der Dynamik und der historischen Kraft Europas grundlegend, vor allem durch seine Verweltlichung, die hauptsächlich in der Reformation und Gegenreformation, der englischen Revolution im 18. Jahrhundert, dem Marxismus und Liberalismus im 19. und 20. Jahrhundert erfolgte. Die Linke *und* die Rechte gehören zu diesem ideologischen Komplex. Wir setzen uns für die Wiedereinführung des europäischen Heidentums, für die Belebung der europäischen Werte ein, die nach einem langwierigen Prozeß der Unterwanderung von den Inhalten des Judenchristentums und seines weltlichen Erben, des egalitären Individualismus, verdrängt wurden.
Unsere Neue Schule steht über der Rechten und der Linken, denn unser Gegensatz zum Egalitarismus ist radikal und umfassend. Wir wollen etwas grundsätzlich Anderes, wir verfolgen ein ganz unterschiedliches Lebensziel. Bei den Sozialdemokraten, den Liberalen, den Kom-

munisten, den Christlich-Sozialen bezieht sich der Zwiespalt lediglich auf die Art der anzuwendenden, gesellschaftlich wirkungsvollen Mittel (die Praxis), das gleiche (universalistische, individualistische usw.) Vorhaben auszuführen und der gleichen Weltdeutung zu gehorchen – selbst wenn ihre Formulierung je nach „Familie" abweicht. *Wir haben mit den anderen Denkfamilien in bezug auf die Werte, d. h. auf das Wesentliche, nichts gemein. Wir sind anders.*
Unsere Neue Schule wendet sich an alle Menschen unseres Volkes, weil sie – nach den Worten des italienischen Theoretikers Antonio Romualdi – „das Bewußtsein Europas" verkörpert ist, das Bewußtsein seiner Einheit und die intellektuelle, geistige, ethische Waffe, die ihm zur Wiedereroberung seiner Unabhängigkeit verhelfen wird.

Die vieltausendjährige europäische Kultur wurzelt in einem einzigen Volk, das in seinen Hauptzügen homogen, in seinen Erscheinungsformen aber äußerst mannigfaltig ist. Die Bevölkerungen lateinischen, hellenischen, hispanischen, germanischen, skandinavischen, keltischen und slawischen Ursprungs sind alle Erben ein und derselben anthropologischen, kulturellen und linguistischen Wurzel, wie die moderne historische Ethnographie es nachweist. Diese ‚Wurzel' stammt aus der Verschmelzung eines sogenannten ‚indoeuropäischen' Volkes mit lokalen, anthropologisch verwandten Bevölkerungen, die damals auf dem europäischen Boden verteilt waren. Die Indoeuropäer – so genannt, weil sie sich vom äußersten Ende Europas bis zum indischen Subkontinent niederließen – gaben allen europäischen Völkern ihre Sinnesart, ihre Kultur, ihre Sprache. Die europäischen Völker besitzen seit Anbeginn ihrer Geschichte das gleiche kulturelle, sprachliche und anthropologische Fundament. Die sehr früh aufgekommenen Differenzierungen entsprechen vergleichsweise ebensovielen melodischen Linien in der gleichen Sinfonie, ebensovielen Gestalten in der gleichen Freske. Die römischen und die skandinavischen Götter sind nahe verwandt. Die griechische und die deutsche Sprache drücken jede auf ihre Weise eine ähnliche Geistesart aus, und zwar mit syntaktischen und lexikalen Strukturen, die auch den lateinischen und slawischen Sprachen eigen sind. Die Mannigfaltigkeit in der Einheit, die Vielzahl an Göttern und Werten innerhalb des gleichen Sakralen bilden den Angelpunkt des indoeuropäischen Erbes.
Unsere Weltanschauung widersetzt sich also nicht *einer* Ideologie der gegenwärtigen geistigen Landschaft, sondern *allen.* Sie verfolgt dabei drei Hauptziele:
1. Eine intellektuelle Erklärung der Welt, des Menschen, der Gesellschaft, der Geschichte zu liefern, die unseren Werten und unserer Arbeitsweise entspricht, wobei diese vollständiger, zusammenhän-

gender, umfassender ist als die der bestehenden Ideologien. Es handelt sich nicht um ein Dogma, sondern um ein offenes, sich ständig entwickelndes System. Darin unterscheiden wir uns von den Marxisten, den Liberalen oder den Christen. Wir wollen den Vorteil eines weltdeutenden Schlüssels haben, ohne auf den Dogmatismus oder die Flucht aus der Wirklichkeit angewiesen zu sein.

2. Unser theoretisches Gebäude ist mit einer Veranschaulichung unserer Werte gleichzusetzen, die ihrerseits nur teilweise rational begründbar sind. Unsere Werte bleiben unveränderbar, auch wenn sich unsere Ideen wandeln; denn die Ideen sind taktische, stets zu verbessernde Mittel, um die Werte zu verwirklichen. Ausgangspunkt *unserer* Weltsicht ist die Anerkennung der tatsächlichen Lebensgrundlagen, so wie die Beobachtung, der gesunde Menschenverstand oder die Naturwissenschaften sie uns vor Augen führen: die überströmende Kraft des Lebendigen, sein vom Schicksal bedingtes, durch Gefahr geprägtes Wesen, das in offener und verdeckter Rangordnung wirkt, die ihm innewohnende, auf Entwicklung zielende Bewegung, die Krisen und Gleichgewichtsstörungen, die ihm Anlaß sind, Standfestigkeit zu entwickeln, das ständige Werden und Ringen, dem es seine Entstehung verdankt.
3. Unser ideologischer Standort macht uns die Aufgabe leichter, da wir einem Wertsystem folgen, das sich den herkömmlichen Trennungen in Linke und Rechte, Wissenschaft und Natur, Biologismus und Kulturalismus usw. entzieht. Wir treten beispielsweise zugleich für die technische Modernität und für die Verwurzelung ein, für den privaten wirtschaftlichen Unternehmungsgeist und für die Vorrangstellung der politischen Hoheitsgewalt gegenüber der Ökonomie.[4]

Die verschiedenen Erscheinungsformen eines mißratenen Weltbildes

Getragen wird die Gleichheitslehre u.a. von dem Judao-Christentum, dem Neomarxismus, der Frankfurter Schule, dem Freudo-Christentum, dem Neofeminismus à la Kate Millet, der Ideologie der Menschenrechte, dem Liberalkapitalismus und dem American Way of Life, der Bauhaus-Architektur, der informellen Kunst, den philosophischen Theorien des Individualismus, den politischen Theorien des Staats als ‚Nachtwächter‘, den pädagogischen Theorien des Behaviorismus, den Theorien des universalistischen Humanismus, den moralisierenden Hirngespinsten des ‚Weltbewußtseins‘, den juristischen Theorien des Naturrechts, den angleichenden völkermörderischen Theorien. Die

differentiale Weltanschauung, auf die wir uns berufen, ist ‚älter‘: sie gründet in der psychischen, kulturellen und historischen Typologie der ursprünglichen indoeuropäischen Völker.
Aber die differentiale Weltanschauung ist auch ‚jünger‘, nämlich dort, wo sie sich auf die modernen naturwissenschaftlichen Errungenschaften stützt: auf die Erkenntnisse der Bevölkerungsgenetik bis zu denen der Chromogenetik, der Zellularbiologie des Hirns und der Ethologie, oder auch dort, wo sie sich auf die philosophischen oder ethischen Überlegungen stützt, die die Geschichte des menschlichen Denkens abstecken: von Plato bis Konfuzius, von der nominalistischen Philosophie bis zum Mystizismus eines Meister Eckhart, von Nietzsche bis Heidegger, oder aber auf die soziobiologischen Betrachtungen eines Max Weber, eines Pareto, eines Carl Schmitt oder eines Schelsky.

Die Gleichheitslehre bietet eine reduktionistische Weltanschauung: die Völker, die in der Panmixie untergehen, werden auf das utopische Standardmodell einer möglichst homogenen Menschheit reduziert. Dieser Reduktionismus führt zugleich zu einer einengenden Auffassung des in Natur und Leben eingezeichneten Pluralismus: die Kulturen müssen eingeebnet, die Unterschiede geglättet werden; kurzum: die Verschiedenheit wird auf den Index gesetzt. Wir sind der Überzeugung, daß diese Sicht pathologisch ist, sofern sie den Polymorphismus (sprich die Vielgestaltigkeit) der Natur, das wesentliche Stauden des Lebens auf allen Stufen und in allen Ordnungen anficht. Wenn nämlich alles allem gleicht, gibt es kein Oben und kein Unten mehr, keine Motivation für das Obere, keinen Widerstand gegen das Untere. Der Schwache und der Starke, der Dummkopf und der Gescheite, der Profitmacher und der Fleißige, der Feige und der Mutige haben nun den gleichen Wert, oder vielmehr das eine erklärt das andere für nichtig. Der egalitäre Diskurs hält somit die Natur in der Abstraktion gefangen, die Kultur in der Entfremdung, das Leben im Dogma, den Menschen im Individuum und in der individualisierten Menschenmasse, das Volk in der Menschheit.
Im Gegensatz zum Egalitarismus leitet die Differenzierungslehre den Ursprung des Menschen weder vom Monogenismus (Einmaligkeit der Schöpfung) noch vom Monotheismus (Einmaligkeit Gottes) her. Sie schafft keine Trennung zwischen seiner ethnischen und seiner metaphysischen Abstammung. Sie schafft keinen Bruch – weder auf der Ebene der Herkunft noch auf der des Werdens: Der Mensch entwikkelt sich in der Kultur, die er hervorbringt. Die Differenzierungslehre definiert die Zukunft des Menschen nicht jenseits seiner Herkunft, sondern von seinen Wurzeln her. Demnach ist die Gleichheitslehre eine Lehre des Bruches. Die Differenzierungslehre dagegen zielt auf ei-

ne *Verkettung* ab: sie nimmt nämlich die biologische, historische und kulturelle Matrix des Menschen in Betracht, d. h. überhaupt seine organische Dimension, die sich auf kein Dogma reduzieren läßt, weil sie von den biokulturellen Fakten nicht zu trennen ist. Die Kultur verabsolutiert ja schon deshalb das Anderssein, weil es auf dieser Welt kein kulturelles Bezugssystem für die gesamte Menschheit gibt. Die Kulturen sind Ausdruck des Seelenlebens der Völker, der stärkste eindeutigste Beweis für deren unterschiedliches Genie und die beste Gewähr für ihre Fähigkeit, die Geschichte fortzusetzen[5].
Der polytheistischen Weltsicht völlig entgegengesetzt, gründen alle aus dem monotheistischen Dualismus abgeleiteten Ideologien in Wertvorstellungen, die den Anspruch des Absoluten, Universalen und Endgültigen erheben. Aus diesen Quellen entspringen folgerichtig politische Willkür, Intoleranz und Totalitarismus. Sie bedingen eine Entwertung der Heimat, der Verwurzelungen, der Gemeinschaften, der Selbstbestimmung.
Außerhalb der Verkettung Dualismus-Rationalismus ist der Egalitarismus in der Praxis undenkbar. Jacques Marlaud erkennt in diesem Zusammenhang, daß die dem europäischen Geist zwei Jahrtausende lang eingetrichterte rationalistische Idee „auf einem Dualismus beruht: zwischen einem rationalen Prinzip, einer organisierenden Überwelt (dem *logos*), und der Welt, unserer als vorübergehender Unordnung aufgefaßten existentiellen Welt, die der *logos* beherrscht, lenkt und eventuell mit Hilfe der Moral (der *logos* ver-menschlicht durch die erlösende Sünde) in seine Mitte wiederaufnehmen wird. Alle rationalistischen, idealistischen und theistischen Denkgebäude gehen auf dieses Schema zurück. Sokrates, Platon, Aristoteles, Thomas von Aquin, Descartes, Rousseau, Kant, Hegel, Marx und Auguste Comte formulierten Varianten dieses logo-idealistischen Dualismus."[6]

Das Christentum bleibt nach wie vor das ‚Schlüsselglied' dieser Verkettung. Die Verweltlichung, die mit dem Calvinismus und dem Luthertum einsetzt und mit der Kritischen Theorie der Frankfurter Schule (antirevolutionäre Neomarxisten) abschließt, war vom Christentum selbst vorbereitet worden, das die metaphysischen Ideale, mit denen der Christ als „außerweltliches Individuum" in Beziehung stand, auf die Erde, zu deren Veränderung, hatte herunterholen wollen. Der christliche Grundsatz, wonach der Mensch im Hinblick auf ein künftiges Gottesreich sein persönliches Heil suchen müsse, wandelte sich in den herrschenden Ideologien (denen des liberalen Kosmopolitismus oder des sozialistischen bzw. marxistischen Internationalismus) in den Wunsch um, das individuelle, meistens als wirtschaftlichen Wohlstand aufgefaßte Glück zu verwirklichen. Bei den Christen gilt die ‚Vernunft' als Erbin der Naturordnung und des göttlichen Willens. Das den Gesellschaften zugewiesene Ziel ist demnach, das individuelle Glück rational zu verwirklichen. Alle Lehrsysteme der Gegenwart stimmen darin überein. *Bis auf unseres.*

Diese Art Rationalismus, diese im Dienst eines ausschließlichen Strebens nach individuellem ‚Glück' eingesetzte Ratio wirkt sich katastrophal aus, denn die nur als Gedanke mögliche und zudem auf wirtschaftliche und soziale Formen beschränkte Verwirklichung des individuellen Glückes zerstört alles Hohe und Heilige. Vom Marxismus bis zum sozialen Christentum, vom Liberalismus bis zur Sozialdemokratie vertritt der Egalitarismus in all seinen Erscheinungsformen dieses mißratene Weltbild. Wir betonen dagegen, daß der Mensch Sinngeber und Herr der Formen ist innerhalb einer schicksalhaft bedingten, gefahrvollen Welt, deren immer neue Überwindung und zugleich Vervollkommnung unser Auftrag ist. Dieses Streben nach einer Erhöhung des Daseins, dieser Begriff des ‚Übermenschen' steht dem individualistischen Humanismus völlig entgegen.

Plädoyer für eine polytheistische Philosophie

Wir möchten es betonen: Die Kultur verabsolutiert schon deshalb das Anderssein, *weil es auf dieser Welt kein kulturelles Bezugssystem für die gesamte Menschheit gibt.* Auch Régis Debray stellt zutreffend fest, daß die „universale Gruppe nicht existiert, ebensowenig der universale Sprecher. Aber alle Menschen erhalten bei der Geburt das Sprachvermögen und alle Gruppen erhalten bei ihrer Bildung das Vermögen zu glauben. Das Sprachvermögen bedingt nicht, daß jedermann Volapuk oder Esperanto spricht; das Glaubensvermögen bedingt keine alleinige universale Religion. Es bedeutet lediglich, daß jedes gemeinschaftliche Gebilde religionsvermögend bzw. für eine besondere Religion berufen ist". Und Debray erinnert an die Worte Chomskys, daß „alles, was die Menschen voneinander unterscheidet, sie mehr interessiert als das, was sie gemeinsam haben"[8]!

Guillaume Faye bekämpft seinerseits vehement die Überzeugung, wonach „die technologische und naturwissenschaftliche Dynamik auf der Gleichschaltung der Erde zu einem fließenden Netz beruhe. Wie in der Biologie und in der Kybernetik wird die Homogenisierung ab einem bestimmten Schwellenwert rückläufig. Der Organismus wuchert krebsartig und wird anfällig, weil er nur noch eine einzige Verhaltensweise, nur noch eine einzige programmierte Antwort auf die Herausforderungen besitzt. Die großen menschlichen Verwirklichungen waren übrigens niemals das Werk der gesamten Menschheit, sondern das einzelner Völker, die durch den Wettbewerb der anderen angespornt wurden. Die technische Dynamik, der kulturelle Reichtum und die kulturelle Kreativität sind nur in einer *zersplitterten Welt* möglich, wo jede größere ethnokulturelle Einheit ihren eigenen Weg, ihre eigene Produktion und ihren eigenen Verbrauch entwickelt. Die derzeit stattfindende ideologische, politische und technische Gleichschaltung der Erde führt die Menschheit in eine Art laue Hypertrophie, wo ‚Fortschritt' in Wirklichkeit ‚Rückschritt' bedeutet." Das Überleben der Menschheit hängt vielmehr ab vom Fortleben ihrer Unterschiede, ihres inneren politischen oder wirtschaftlichen Wettstreits. „Wir befürworten ein homogenes Modell heterogener Völker (und nicht umgekehrt). Es ist die Voraussetzung zur Achtung vor dem Anderen, zur Koexistenz, zur gegenseitigen Bereicherung einer pseudogemeinschaftlichen Menschheit, die von einem einzigen weltweiten Kommunikationsnetz, einer einheitlichen Sprache und massivem, schrankenlosem Austausch versorgt wird (so daß keiner mehr kommunizieren kann!). Dem ziehen wir einzelne, unterschiedliche Völker, begrenzten Austausch, vielgestaltige Sprachen vor, damit ein echter Verkehr zwischen den einzelnen Kulturen einsetzen kann."[9]

Astrophysik und Biologie bezeugen, daß die Welt keine einmalige, unumschränkt herrschende Norm kennt. Die Welt ist vielmehr der Ort einer unbestimmten Zahl an widerstreitenden logischen Denksystemen. Alle bedeutenden naturwissenschaftlichen Denker unseres Jahrhunderts, etwa Werner Heisenberg, Karl Popper, Louis Rougier, und der vorigen Zeit, u. a. Leibniz oder Gustav Le Bon, haben den Glauben an einen rationalen, dem Weltdasein zugrunde liegenden Willen erschüttert. Heisenberg, Koestler, Monod anerkannten, daß „der Welt Inneres nicht die geringste Spur von einem solchen Willen aufweist". Vorhanden ist vielmehr „ein Übereinandergreifen gegensätzlicher Systeme, die in einem hierarchischen, relativen Gleichgewicht nebeneinander bestehen. Das planetarische Gleichgewicht ist eines dieser Systeme, die atomische Anordnung der Materie, auf mikroskopischer Ebene, ein anderes. Die organische Welt besitzt ihre eigenen grundlegenden Gesetze, die denen der physikalischen Welt aufgedrängt werden, und der geistige Bereich überragt die beiden anderen, ohne sich deshalb von ihnen selbständig gemacht zu haben, wie der Philosoph Nicolai Hartmann es deutlich darlegte"[10].

Patrick Trousson (*Nouvelle Ecole*, Winter 1985-86, S. 26-45) griff die Frage nach der Weltvorstellung innerhalb der Physik wieder auf und erbrachte entscheidende Belege. Trousson sichtet zunächst die revolutionären Auffassungen einiger Forscher, etwa Lucien Romani, Stephane Lupasco, Fritjov Capra und Jean E. Charon. Romani bekräftigt die Kontinuität der Materie, indem er den Ätherbegriff wieder aufwertet. Diesen Begriff hatte Einstein in seiner Theorie bewußt außer acht gelassen, als er die ‚Krümmung des Weltraums' in Betracht zog. Romani zufolge sei der Äther weder atomar noch molekular beschaffen, sondern bestehe „aus einem ununterbrochenen, nach allen Seiten dehnbaren Stück und könne somit alle Wellen übertragen". Der Äther sei sozusagen die Materie. „Romanis Weltsicht", bemerkt Patrick Trousson, „ist mit der verwandt, die die ältesten europäischen Traditionen uns hinterließen. Unsere Gründungsmythen, mögen es griechische, keltische oder germanische sein, legen uns nämlich die Welt als einheitliches Ganzes dar, in dem Götter und Menschen gewissermaßen wesensgleich sind. Romanis Hypothese bietet eine ähnliche Auffassung: einen gemeinsamen Grund, den grundlegenden Äther, und unterschiedliche Formen für die „einzelnen materiellen Gegenstände – die Ätherwirbel und -wellen –, wobei das Ganze und die Teile wesensgleich sind".

Nicolescu ist der Ansicht, daß die Natur ihre eigene Einheit erzeugt. „Wir fassen die Welt eher als ein System von Verknüpfungen, Verbindungen und Begebenheiten auf denn als ein System einzelner Gegenstände. Die Welt, die Natur ist eine globale Einheit, und jeder Teil empfindet, was in den übrigen Teilen des Universums geschieht. *Untrennbarkeit* kennzeichnet die grundlegende Ebene." Nicolescu trägt kein Bedenken, sich auf Philosophen wie P. D. Ouspensky und G. I. Gurdjieff zu berufen – ja sogar auf den deutschen Mystiker Jakob Böhme, der schon im 17. Jahrhundert die Überzeugung äußerte, daß das Allumfassende eins ist. Nicolescu erkennt „eine wesentliche Verbindung zwischen der Wissenschaft und der europäischen Weltsicht" (Trousson). Indem er ferner die Hypothese aufstellt, die Welt weise mehr Dimensionen auf als die vier, die unseren gewöhnlichen Zeit-Raum kennzeichnen, verwirft Nicolescu die Auffassung der Linearität (Gradlinigkeit) in Zeit und Geschichte: „Es gäbe kein ‚Vorher' und kein ‚Nachher' im gewöhnlichen Sinne", kommentiert Trousson. „Die Fortdauer wäre lediglich eine Approximation. Auch hier taucht die ursprüngliche europäische Tradition wieder auf, denn diese betrachtete die Zeit, und somit die Geschichte, niemals als rein linear und fortdauernd."

Das berühmte mystische Dreiergesetz (an dem Jakob Böhme besonders hing: Welt des Feuers, Welt des Lichts, durch Finsternis und Licht erzeugte Außenwelt) wird zum Form- bzw. Strukturgesetz bei Nicolescu. Es ist auch bei Georges Dumézil zu erkennen, wenn er die funktionale Dreiteilung innerhalb der indoeuropäischen Ideologie aufdeckt. Und desselben Gesetzes bedient sich Stephane Lupasco im Bereich der

Physik und der Biologie, wenn er den Nachweis erbringt, daß die Grundeigenschaft der Energie ihr *Antagonismus* (ihre Gegensätzlichkeit) ist. Eine entscheidende Feststellung, denn sie erhärtet bestens, was der europäische Paganismus immer wieder behauptet hat: die Welt ist zugleich *eins und mannigfaltig*, was uns Rationalismus und Dualismus auch immer einreden mögen. Jacques Marlaud bezeichnet diesen Umstand als *polemologischen Monismus*; und dieser Begriff stimmt weitgehend mit Lupascos Gesetz des energetischen Antagonismus überein.

Patrick Trousson zieht daraus folgende Schlußfolgerung: „Das Leben ist nur dort möglich, wo Verschiedenheit, Vielgestaltigkeit, Heterogenität vorhanden sind. Ordnung, Relationen, Hierarchie sind die unerläßlichen Bedingungen zum Zutagetreten des Lebendigen. Altern und Tod treten ein, wenn das Homogene allmählich das Heterogene verdrängt. Die Parallele zu den traditionellen Lehren ist offensichtlich. Die lebenden Systeme, die physikalische Theorie der Information und Lupascos Hypothese stellen unter Beweis, daß die Vermittlung von Informationen, d. h. die Erziehung und die Kultur, nur in einer mannigfaltigen und zugleich geordneten Struktur erfolgen kann. Wäre alles eingeebnet, gleichgemacht, homogenisiert, dann hätte der Begriff der Information selbst keinen Sinn mehr. Ferner treten diese (differenzierten und geordneten) lebendigen Systeme nur als Ergebnis eines Kampfes zutage – Kampf zwischen Homogenem und Heterogenem, zwischen Unordnung und Ordnung, zwischen Impulsivem und Überlegtem. Die Griechen hatten bereits diese Sicht der Natur schematisiert; indem sie uns die Geschichte vom ewigen Kampf zwischen Dionysos und Apollon hinterließen."

Solche naturwissenschaftlichen Betrachtungen, insbesondere über die Physik, bieten uns ein prächtiges, wohl das klügste, Mittel zur Wiederaneignung der Identität. Ebenfalls in *Nouvelle Ecole* (S. 44) schreibt die Physikerin Anne Jobert: „Die Wahl der Wissenschaft ist die unserer Identität. Wir müssen diese Wissenschaft anerkennen, die als europäisch zu nennen sich manche fürchten, weil sie sie als universal wollen (eine Art, sie zu verleugnen). Das ist möglicherweise der Preis unserer Zukunft: die Anerkennung unserer Wissenschaft kann uns sowohl vor dem Nihilismus wie vor der Ideolatrie hüten. Es verläuft ein äußerst schmaler Grat zwischen diesen beiden Abgründen, und wir stehen auf dem Spiel".

Eine großartige Übereinstimmung also mit der antirationalistischen und -dualistischen Lebensauffassung des Paganismus, der in der Welt ein unbeständiges, antagonistisches Gleichgewicht von Spannungen wahrnimmt, ein Feld von ständig widerstreitenden Kräften, die je nach

Affinität, Komplementarität und Feindschaft miteinander und voneinander getrennt werden".[11]
Aber auch die Physik ist im Begriff, sich von den rationalistischen, dogmatischen und reduktionistischen Denkschemata zu lösen. Sie nimmt nun Abstand von den „Dogmen", schreibt Trousson, „und sucht eine Anschauung des Wirklichen, die nicht metaphysisch und ‚rational' ist. Mit der Untersuchung über die Symmetrien in der Natur, mit der Hypothese des *bootstrap* und des grundlegenden Äthers, mit Lupascos energetischem Antagonismus zielt sie auf einen anderen Bereich des Wirklichen hin, den ‚irrationalen' und spirituellen Bereich. In Europas kultureller Tradition verwurzelt, ist die moderne Wissenschaft fähig, neue Gebiete des Wissens zu erobern. Dank Romani, Nicolescu und Charon erkennen wir das grundlegende Band zwischen Mensch und Kosmos: sie sind wesensgleich."
Die heidnische Weltanschauung faßt die Völker und die Kulturen, das Profane und das Heilige nicht anders auf: dort werden die ‚Biokulturen' als ‚Kraftfelder', die Mythen als ‚bevorzugte Ausdrucksformen dieser Werte' wahrgenommen. „In dieser nominalistischen Sicht gehören die religiösen und ideologischen Überzeugungen zu jenen ‚Derivaten', die nach W. Pareto auf organisch unreduzierbaren ‚Residuen' gründen."[12] Eine andere Form, die Wesensgleichheit von Mensch und Kosmos aufzufassen.
Es wäre an der Zeit, die Prinzipien der Frankfurter Schule zu vergessen, und endlich eine politische Philosophie zu treiben, der die Vorstellung von absoluten Prinzipien fremd ist: eine entschieden polytheistische Philosophie.

Die neuen Götter stehen vor uns

Jacques Marlaud stellte eine anschauliche Liste all der großen europäischen Denker zusammen, die seit dem Altertum und in verschiedenem Maße der nominalistischen Strömung angehören. Unter ihnen befinden sich Homer und Heraklit, Äschylus und Epikur, Lukrez und Marc Aurel, Roscelin und Meister Eckhart, Rabelais und Montaigne, Machiavelli und Shakespeare, Vico und Herder, Goethe und Nietzsche, Klages und Dilthey, Spengler und Pareto, Nicolai Hartmann und Arnold Gehlen, aber auch Carl Schmitt und Ernst Jünger, Montherlant und Clément Rosset. Diese Liste könnten wir u. a. mit Wilhelm von Ockam, Joseph de Maistre, Martin Heidegger fortsetzen.
Der Widerstreit Paganismus/Monotheismus wird offenbar, wenn man um die Unversöhnlichkeit von Polytheismus und Dualismus weiß: My-

thos oder Logos, das heißt Schicksalsschöpfung oder blindes Fügen in ein unwandelbares Gesetz. Beide Weltanschauungen streiten seit zwei Jahrtausenden im europäischen Geistesleben miteinander. Ein metaphysischer, radikaler Kampf zwischen Paganismus und Christentum, dessen Spannungen und Nachwirkungen an der Ambiguität (Doppelsinnigkeit) mancher Autoren abzulesen sind, die zwar als Christen etikettiert werden, den heidnischen Grund ihres Denkens jedoch offenbaren, vorausgesetzt daß man sie mit dem nötigen Ernst untersucht. In ihrer ausgezeichneten Schrift *Europas eigene Religion* deckte Sigrid Hunke den heidnischen Leitgedanken auf, der die gesamte europäische Geschichte durchzieht, von Heraklit bis Pelagius, von Eriugena bis Cusanus, von Giordano Bruno bis Goethe, von Hölderlin bis Rilke. Besonders ausgeprägt ist diese Ambiguität bei Meister Eckhart, dessen „nominalistischer Monismus (‚Gott erscheint nur dort, wo die Geschöpfe ihn nennen‘) mit dem idealistischen Dualismus jenes weiteren Christen, des hl. Augustinus, unversöhnlich ist, der den Vorrang des Gottesstaates vor dem Weltstaat postulierte, oder mit dem ebenso dualistischen Rationalismus eines Thomas von Aquin, der in Gott die transzendente, universale Ursache (*prima causa*) der Welt und des Denkens erkannte“. In dieses rationalistisch-dualistische Denkschema gehören – bei allen Abweichungen – ebenfalls Sokrates' „atheistische, deistische oder christliche“ Erben, ob es sich um Rousseau oder die Neomarxisten, etwa Adorno und Marcuse handelt, oder auch um den kantischen Moralismus, den hegelschen Historizismus oder den Szientismus des Auguste Comte[13].
Nun scheint der Mythos dem Menschentum innezuwohnen. Yves Christen definiert darum den Homo sapiens als „erobernden, mythoszeugenden Primaten“.[14] Somit könnte sich die heidnische Rückbesinnung als entscheidend für die Zukunft erweisen, wenn sie den neuen *Gründungsmythos* einzugeben vermöchte, den die europäische Kultur zu ihrer Regenerierung so sehr benötigt. Begünstigt wird eine derartige Entwicklung durch die außergewöhnlichen Erschütterungen, die die moderne Wissenschaft und Technologie (von der Physik bis zur Molekulargenetik) den dualistischen Theorien zufügten. Der Paganismus trägt daher die Wiedergeburt des urwüchsigsten europäischen Geistes in sich, des polytheistischen und vielschichtigen Geistes eines Heraklit, Goethe, Nietzsche oder Heidegger.

Das heidnische Göttliche bildet wohl die *Antiwelt* des christlichen. Letzteres läßt sich nicht anders auffassen als durch das absolutistische Gesetz eines zeit- und weltfernen tyrannischen Gottes, eines eigentlich ‚terroristischen‘ Gottes, sofern er die Menschen unter die Allgegenwart seiner Gesetze niederdrückt und dabei das Sakrale abschafft. Dagegen erhöht das heidnische Heilige die Menschen in den Taten, die sie frei beschlossen haben und verantworten können. Das heidnische Heilige spricht das Gedächtnis mit der Sprache der Zukunft an; es ist weder versteinerte Tradition noch grenzenloses Hirngespinst, sondern vielmehr „*Regenerierung* und *Verwandlung* der Götter, die aus der Zukunft hervortreten, um das Volk *aufzurufen*". „Bei uns Europäern, wie bei anderen Völkern, stehen die Götter, die neuen Götter, vor uns"[14]: das heidnische Heilige ist eigentlich ein innerer Aufruf an das griechische, in unserem Gedächtnis verwurzelte ‚Werde-was-du-bist'. Dieses ‚Werde-was-du-bist' ist der Schlußstein unserer Geschichte; es soll die Säule einer neuen Ordnung werden. Beim 17. GRECE-Kolloquium erklärte Alain de Benoist: „Den falschen Vorstellungen von einer ‚natürlichen Ordnung' oder von einer ‚universalen Ordnung' ziehen wir die Möglichkeit vor, eine Ordnung aufkommen zu lassen, die wir beschlossen und gewollt haben. Gegenüber der Vorstellung, jeder Mensch sei Gott oder jeder Mensch sei ein Sklave Gottes, behaupten wir beherzt, daß die Menschen heute und immer, heute und mehr denn je die Pflicht haben, die künftigen Götter zu *empfangen.*"

Wir begreifen auf einmal die außerordentliche Möglichkeit, die der Paganismus enthüllt: die eines *aktiven Humanismus* nämlich, die zur Selbstüberwindung, zur ständigen Verschiebung der intellektuellen und spirituellen Grenzen, zur Einübung schöpferischer Freiheiten und gründender Entscheidungen anregt. Mit anderen Worten: der Paganismus gibt eine Antwort auf jene ewige Frage, die den Menschen vor das Dilemma der Geschichte stellt, nämlich entweder die Geschichte fortsetzen und damit dem Leben einen Sinn verleihen, ein Schicksal schaffen oder den Status quo der Dogmen aushalten, aus der Geschichte austreten und damit unumgänglich den Bereich des Untergangs und des Todes betreten. Diese grundlegende Frage wirft Yves Christen in seiner ungewöhnliche Schrift *L'homme bioculturel* (Monaco 1986, S. 173f.) auf: An der Wegscheide muß unsere Gesellschaft über ihr Schicksal nachdenken. Sie muß wissen, wozu sie sich entwickeln kann und soll. Sie muß wissen, ob sie „das große Abenteuer der Evolution in seinen historischen und modernen Aspekten fortsetzen soll, das zur größeren Vielschichtigkeit und Unterscheidung, zur Fortdauer eines gewissen, die fortgeschrittenen technologischen Gesellschaften kennzeichnenden Risikozustands führt." Den in Frage kommenden Menschen kennzeichnete bereits Oswald Spengler (*Jahre der Entscheidung*, München 1933, S. 11) als denjenigen, „der etwas wagt, der den Mut hat, die Dinge zu sehen und zu nehmen, wie sie sind."
Schon Heraklit hatte den ‚Konflikt' – folglich auch das Risiko – als bestimmendes Lebensprinzip aufgefaßt. Die Humanwissenschaften (u. a.

Konrad Lorenz) bekräftigen diese Ansicht und damit auch die Erkenntnisse, die von der Physik im Bereich der antagonistischen Energiegesetze gewonnen wurden. Bemerkenswert in diesem Zusammenhang ist, daß alle nicht-christlichen Lebensauffassungen, von den griechischen bis zu den hinduistischen, diese lebensbestimmende polemologische Konstante in ihrer Kosmogonie aufweisen. Der Paganismus erbringt somit den Nachweis, daß er die naturwissenschaftlichen Entdeckungen viel eher werten und anwenden kann als der christliche Dogmatismus, dem die Wissenschaft bis in die verborgensten Winkel seines Denkens widerspricht. Die Wissenschaft erklärt zwar die Wirkungen, schweigt aber über die Ursachen. Sie stellt uns nackt und frei vor uns selbst, vor unsere Wahlentscheidungen und unsere Pflichten. „Da wir zögern, die Ära der Surhumanität zu betreten", schreibt Yves Christen, „stehen wir uns erneut gegenüber. Werden wir den Schritt wagen? Wenn ja, werden wir selbst unsere Zukunft schmieden. Sonst wird die Zukunft über uns richten. Ein uraltes Problem: Muß man die Normen prägen oder sie duldend ertragen? Zwischen Furcht und Hoffnung fiebernd, fragen wir uns gleich Kindern, ob wir in die Schatzhöhle eindringen werden. Ein schrecklicher, ein prächtiger Augenblick. Werden wir es wagen?" (S. 173f.) Der Paganismus antwortet mit ‚ja' im Namen dieses aktiven, höheren Humanismus, den wir in unseren bisherigen Publikationen und bei unseren Vorträgen ausführlich dargelegt haben. So nennen wir „Willen zur Macht" die Tatsache, daß jedes Lebewesen, jeder Mensch, jede Gemeinschaft, jedes Volk sich in seinem Milieu zu entwickeln sucht, um sein Leben und das seiner Nachkommen auf eine höhere Daseinsstufe zu erheben. Soweit diese Deutung des Lebens zu einer ständigen *Überwindung* der menschlichen Bedingtheit durch den Menschen selbst aufruft, können wir sie im wesentlichen als Lehre vom „Übermenschen" bezeichnen.
Diese Lehre ist religiös im tiefsten Sinne des Wortes, denn sie *verbindet* das Wesen des europäischen Menschen mit dem, was dieses Wesen im gesamten Verlauf der Geschichte kennzeichnet: mit diesem *Mehr-Sein*, das in den Künsten, Naturwissenschaften, Techniken und Eroberungen Europas enthalten ist. Der Paganismus enthüllt den religiösen Aspekt der künftigen europäischen Wiedergeburt. Mazzinis berühmter Ausspruch erhält einen besonderen Sinn: „Die Republik, die wir anstreben, wird nicht nur ein politisches Ereignis, sondern ein großer religiöser Aufbruch sein."

Der Mensch ist Sinngeber und Herr der Formen

Das Leben hat keinen anderen Sinn, als sich selbst zu vervollkommnen; die Welt enthält keine höchsten Werte. Der Mensch ist es, der durch seine Wertauswahl der Welt ihren Sinn verleiht und sie in Form setzt. Die von uns vertretene Deutung des Daseins gründet (im Gegensatz zu jener der egalitären Weltanschauung) in der gewissenhaften Beobachtung des Lebens: Seine Triebkräfte fordern nicht nur, daß wir unser Dasein erhalten, sondern darüber hinaus das Leben in der Welt, wie sie ist, steigern, indem wir ihre Gesetze anerkennen und möglicherweise neue „anwendbare" Richtlinien (z. B. die Technik) erfinden. „Wir" meint das Volk und die Tradition, die uns als Auftrag zufielen, mit anderen Worten: die europäische Welt und, vorläufig, unsere Gemeinschaft[15].

Unsere Neue Schule vertritt die kulturelle Eigenart Europas gegen die Willkür der amerikanischen und sowjetischen Blöcke, über die Heidegger treffend äußerte: „Rußland und Amerika sind beide, metaphysisch gesehen, dasselbe: die unglückselige Tollheit der entfesselten Technik und der entwurzelten Organisation des Normmenschen". Diese Wesensgleichheit von Amerika und bolschewistischem Rußland spricht Hermann von Keyserling bereits 1930 an. Seiner Ansicht nach unterscheidet sich der nur ein gesellschaftliches Organ darstellende ‚kollektive' Mensch von dem Amerikaner, der sich dem Sozialwerk widmet, lediglich darin, daß dieselbe Idee in einer unterschiedlichen Sprache ausgedrückt wird.

Unsere Neue Schule will die Erinnerung an unsere fernste Vergangenheit mit einer Zukunftsschau verbinden, um den tragischen Lebensgesetzen treu zu bleiben, aus denen Europa stets gewachsen ist. Sie will wieder den Lebensakt mit der Tat, den Lebenssinn mit dem Risiko des Handelns verbinden, um den ethischen Gesetzen treu zu bleiben, aus denen Europa stets die Berechtigung seines Daseins und seiner Freiheit gezogen hat. Sie arbeitet gleichzeitig am Aufbau einer Wissenschaft, die faustisch ist, und einer Mythologie, die ihre Ursprünge nicht mehr vergißt.

„Marx' Fehler war, mit Hegel zu glauben, daß man ab einem bestimmten Zeitpunkt des historischen Werdens eine Stufe erreiche, wo die Geschichte aufhört, wo die Synthese *unaufhebbar* ist, wo sich das Vielfache auf das Einzige reduzieren läßt. Demgemäß stellte er die Dialektik auf, wie die Christen die Geschichte aufstellen, nämlich um sie zu ihrem Ende zu bringen. Für uns aber ist die Geschichte stets mehrwertig und mehrdimensional. Sie ist lediglich die immer wieder eingesetzte Summe der Kräfte, die Menschen und Völker entfalten, um sie in unzählige Richtungen zu lenken bzw. umzulenken, die ihrem Willen und ihren Entwürfen entsprechen" (Alain de Benoist bei dem oben erwähnten GRECE-Kolloquium). Heute mehr denn je muß der Mensch wieder das werden, was er sein zu können nie aufgehört hat: ein Sinngeber und ein Herr der Formen.

Metapolitik als Kriegsschule der Ideen

Der Aktivismus unserer Ideen schließt zwar eine unerschütterliche Treue gegen Werte und Prinzipien ein, die unsere Weltanschauung kennzeichnen, setzt aber gleichzeitig methodische Konsequenz und tatkräftige Verantwortung voraus. Die Methode bzw. die Strategie, eine echte Kriegsschule des kulturellen Angriffs, heißt *Metapolitik*.

Wir betonen immer wieder, daß unser Bemühen, Ideen und Werte zu schaffen und zu verbreiten, eher mit einem historischen Kampf metapolitischen Wesens (einer Art kulturellem und ideologischem Krieg) gleichzusetzen ist als mit einer reinen Wissensvermittlung. Wir wollen die wirklich europäischen Werte und Weltanschauungen in die Geschichte zurückführen. Weitgehend verdrängt wurden sie von Gegenwerten, die unseres Erachtens für die gegenwärtige europäische Dekadenz verantwortlich sind.

Michel Wayoff erklärte anläßlich desselben Kolloquiums: „Wir sind uns der Bedeutung der kulturellen Macht bewußt und pflichten hierin Gramsci bei. Es geht nicht darum, die Machtergreifung einer politischen Partei vorzubereiten, sondern die Gesinnungen zu verändern, ein neues Wertsystem zu fördern, für dessen politische Umsetzung wir allerdings keineswegs zuständig sind."

Wer ist aber Gramsci? Antonio Gramsci, 1851 auf Sardinien geboren, wurde 1911 Mitglied der Sozialistischen Partei, wechselte wenig später zur KP über, erhielt 1922 die Mitgliedschaft im Exekutiv-Komitee der Komintern, war 1924 Abgeordneter und 1926 Generalsekretär der KPI. Das Verbot der Partei bewirkte Gramscis Internierung auf der Insel Utica, wo er die 33 Ausgaben der sogenannten „Gefängnishefte" verfaßte, deren allmähliche Verbreitung nach seinem Tod (25. April 1937) erfolgte. Sie erlangten aber erst nach 1945 größeren Einfluß auf die Strategie der linken und linksextremistischen Gruppen in Italien und darüber hinaus. Die „Gefängnishefte" sind ein Ergebnis jener Gedanken, die sich Gramsci über die Ursachen des Mißerfolges der linken Parteien im Italien der zwanziger Jahre machte. Er stellte darin zwei grundsätzliche Fragen:

1. Warum entspricht das Bewußtsein der Menschen nicht ihrem Klassenbewußtsein?

2. Warum können die oberen Klassen (die Minderheit) über die unteren Klassen (die Mehrheit) herrschen?

Aus diesen Fragen gewinnt Gramsci eine neue Bestimmung des Ideologiebegriffs, die den Ausgangspunkt jenes Unterschiedes darstellt, den er zwischen politischen und zivilen Gesellschaften macht. Mit dem Begriff ‚zivile Gesellschaft' umfaßt Gramsci sowohl die Kultur, die Religion und die Moral, als auch ihre juristische, korporative und institutionelle Umsetzung. Für ihn ist der Staat nicht auf den politischen Apparat beschränkt. Der Staat regiert zwar dank seines autoritären politischen Kraftfeldes, gleichzeitig stützt er sich aber auf intellektuelle, ethische, traditionelle Werte, die die Mehrheit der Bürger bejaht. Dies bezeichnet Gramsci als die kulturelle Macht des Staates. Im Gegensatz zu Marx, der die zivile Gesellschaft auf eine rein wirtschaftliche Basis beschränkt, innerhalb welcher Besitzer und Arbeiter gegeneinander kämpfen, sieht Gramsci in der zivilen Gesellschaft die kulturellen, geistigen und seelischen Grundlagen vereint, auf denen das allgemeine Einverständnis (*consensus social*) beruht.

Die große Wandlung der Kommunisten in Italien entsprang der richtigen Feststellung, daß die Eroberung der politischen Macht nie gelingen kann, ohne zuvor die kulturellen Grundlagen eingenommen zu haben. Eine politische Revolution bereitet sich immer im Geist vor, durch eine langwierige ideologische Entwicklung innerhalb der zivilen Gesellschaft. Um zu ermöglichen, daß die neue politische Botschaft Fuß faßt (Tätigkeit der Partei), muß man zuerst Einfluß auf die Denk- und Verhaltensweisen innerhalb der zivilen Gesellschaft nehmen (metapolitische oder kulturelle Tätigkeit). Die politische Mehrheit stützt sich also zuerst auf eine kulturelle, d. h. auf eine ideologische Mehrheit.

Die Rolle der organisch denkenden Intellektuellen besteht (im Gegensatz zu den erstarrten Intellektuellen des Systems) für Gramsci in dem hartnäckigen Bemühen, jene ideologische Mehrheit zu gewinnen, die eine Eroberung der politischen Mehrheit durchführen kann. Gramsci schlägt die Bildung einer sogenannten Avantgarde des Geistes vor, als Grundlage für die künftige Avantgarde der politischen Partei. Die organisch denkenden Intellektuellen verfolgen das Ziel, eine Umwälzung der herrschenden Werte herbeizuführen, um ihre eigenen Anschauungen durchsetzen zu können. Diese Bemühung muß folglich umfassenden Einfluß gewinnen, also auf allen kulturellen Ebenen zur Wirkung kommen, in Dichtung, Theater, Volksmusik, Film, Bildender Kunst, Presse und anderen Bereichen.

Wie bereits mehrfach unterstrichen[16] wurde, wird die metapolitische Strategie von der klaren Erkenntnis getragen, daß die Berufspolitik nutzlos geworden ist, und zwar aus drei Gründen, die den Politologen

und Soziologen wohl bekannt sind. Erstens, weil die im üblichen Sinne aufgefaßte Politik zu einem peinlichen Theater wurde, wobei das eifrige Geschwätz der Darsteller seine Überzeugungskraft längst verloren hat; zweitens, weil die gesellschaftslenkenden Entscheidungen heutzutage meist techno-ökonomischer und administrativer Natur sind; drittens, weil wir darauf abzielen, ein Wertsystem zu verbreiten, das langfristig wirken, möglicherweise mehrere miteinander konkurrierende Ideologien umfassen und – sollte es ausreifen – dies vielleicht in einer Welt tun wird, wo die jetzigen politischen Einrichtungen (der Staat im modernen Sinne des Wortes) keine lenkenden Instanzen mehr sein werden.
Und dies bedeutet nichts anderes, als daß unsere Ideen und Werte am Ende des metapolitischen Kampfes *an der Macht*, d. h. in sämtlichen sozialen Funktionen zu finden sein werden. Sie bilden dann die Grundlage der – eventuell wettstreitenden – Ideologien und der einzelnen Haltungen vor dem Leben. Aus der Geschichte der westlichen Gesellschaften ist folgende Lehre zu ziehen: Die entscheidende Macht ist weder am Abzug der Gewehre noch berufspolitischer Natur; sie ist geistiger bzw. kultureller Art.

Die Metapolitik wirkte übrigens schon lange vor ihrer theoretischen Formulierung durch Gramsci. Die Geschichte unserer Völker ist sozusagen mit metapolitischen ‚Einschlägen übersät'. Es genügt hierbei, die Geschichte des Christentums nachzulesen, das mit dem bekannten Erfolg einen echten *Kulturkrieg* gegen die griechisch-römischen, keltischen und germanischen Werte zwischen dem 2. und dem 10. Jahrhundert führte. Der Historiker Albert Mathiez schreibt: „Die echten Revolutionen, diejenigen nämlich, die nicht nur die politischen Formen und das regierende Personal umwälzen, sondern auch die Institutionen grundlegend verändern und das Eigentum verschieben –, diese Revolutionen schreiten langsam und unsichtbar dahin, bevor sie ans Tageslicht kommen. Die Französische Revolution beispielsweise war ein Jahrhundert lang, wenn gar mehr im Anzug!"[17] Die untergründigen Kräfte, die diese Revolution vorbereiteten, waren die Denk-Zirkel, die Salons, aber auch die Logen und die Klubs. Sie waren es, die vor dem Umsturz der königlichen Macht die geistigen und ideologischen Fundamente der Gegen-Macht, sprich einer Gegengesellschaft legten. Sie unterminierten die Fundamente der politischen Macht, indem sie sich die Infrastruktur der kulturellen zu eigen machten. Sie manipulierten den Strom der öffentlichen Meinung; sie manipulierten die ‚modernen' Ideen und brachten letzten Endes die Macht an sich, die öffentliche Meinung gemäß ihren ideologischen Normen und ihren philosophischen Grundüberzeugungen zu gestalten. Sie erzeugten eine schwei-

gende ideologische Mehrheit, die innerhalb der politischen Mehrheit für immer mehr Verwirrung sorgte, da diese der neu geschaffenen soziokulturellen Situation immer weniger standhalten konnte.
Guillaume Faye sieht in der Metapolitik die einzig mögliche Strategie: „Aus der Sicht der historischen Soziologie gehört die Zukunft denjenigen, die heute neue Formen der Aktion und der Mobilisierung erfinden, ohne den mediatischen und wahlmäßigen Erfolgsaussichten nachzugeben, die auf *das* Politische keineswegs verzichten, das berufspolitische Wettrennen indes vernachlässigen, die ihre Überzeugungen vortragen, ohne sich auf irgendeine parteipolitische Zentrale ausrichten zu müssen. Sie sind bestimmt auf dem richtigen Weg: Gleich jenen Denkzirkeln des 18. Jahrhunderts, die die Gesellschaftsstrukturen des Ancien régime mißachteten, werden die *Politiker*, die heute die Strukturen der berufspolitischen Klasse geringschätzen, aller Wahrscheinlichkeit nach erfolgreich sein. Wir dürfen nämlich nicht vergessen, daß wir uns *auch jetzt* im ‚alten Regime' befinden."
Die erste metapolitische Wirkung unserer Ideen ist nicht mehr zu übersehen. Die weltanschaulichen und kulturellen Debatten in Europa „stellen nicht mehr eine ‚Linke' und eine ‚Rechte' gegenüber. Sie stellen den Biblismus und den Neopaganismus gegenüber, den Kosmopolitismus und die Verwurzelung, die Anhänger und die Widersacher der Menschenrechte, die ‚Kalifornier' und die ‚Neoeuropäer'. Vertreter der ehemaligen ‚Rechten' und der ehemaligen ‚Linken' sind in den neuen Einteilungen zu finden, die die alten berufspolitischen Grenzen durchqueren und sinnerfüllter sind als die traditionellen Ideologien. Diese haben nämlich das *Wesen des Politischen* verlassen."[18]
Die Metapolitik ist außerdem der Versuch, das Politische und das Religiöse, das Wesen des Weltlichen und das des Heiligen wieder miteinander zu verbinden. Wir müssen in die kulturelle und religiöse Sphäre die spezifischen Werte der indoeuropäischen Weltanschauung (aus sämtlichen Zeitabschnitten) wieder einbinden. Diese Werte können nicht anders als tiefgreifend auf die politische Sphäre einwirken. So widerspruchsvoll es manchen vorkommen mag, ist die Metapolitik im Grunde *die Rückkehr zum Politischen über das Kulturelle.*

Das Thule-Seminar: eine Partei des Geistes

In einer Zeit, da sich politische Parteien und Gruppierungen mehren, betrachteten wir es als ein Gebot der Stunde, eine Partei des Geistes – eine Schule der Metapolitik zu gründen. Diese neue weltanschauliche Schule soll die bevorstehenden kulturellen Entscheidungen untermauern, aus denen die politischen Ziele hervorgehen werden. In diesem

Sinne gründete eine Gruppe von jungen Schriftstellern, Journalisten und Akademikern im Juli 1980 das Thule-Seminar. Mehrere Jahre heftigen Kampfes, die Veröffentlichung von vier grundlegenden Werken, nicht weniger als 200 Vorträge (in Deutschland, Österreich, Belgien, Holland, Frankreich und der Schweiz) haben die Erwartungen weit übertroffen, weil diese weltanschauliche Partei ihre erste bedeutende Schlacht bereits gewonnen hat: nämlich die Verankerung des Grundsteins, auf dem die Neue Kultur entstehen soll.

Partei des Geistes bedeutet auch *Partei der Parteinahme*. Bereits in der zweiten Ausgabe der Zeitschrift *Elemente* unterstrichen wir, daß wir die Schwierigkeiten Europas mit der notwendigen Voreingenommenheit für seine eigenen Belange beantworten. In dem allgemeinen Klima ideologischer Gleichgültigkeit, intellektuellen Versagens, theatralischen Geschwätzes und geistiger Verwirrung ergründen wir die Unterschiede, bestimmen das Heilige neu, erläutern und bestärken wir die Eigenart der Völker; wir arbeiten an wegweisenden Lösungen, die keine vereinheitlichende Vernunft jemals wird begreifen oder widerlegen können, denn sie entspringen einer Zielsetzung und der dazu nötigen Feinfühligkeit, deren Wurzeln die Jahrtausende durchziehen, in denen sich die Indoeuropäer durch ihr faustisches Verhalten hervortaten. Dieses Verhalten gründet auf einem Wertgefüge, das ihnen ermöglichte, einen Parthenon zu bauen, die organische Demokratie zu erfinden, Imperien zu gründen und Kathedralen zu errichten, das Recht festzulegen, die Technik zu schaffen und Antworten auf die Herausforderungen zu geben, die letztere hervorruft. Wir sind die Künder der neuen Zukunft Europas. Wir widmen uns voller Begeisterung den ungeheuren Aufgaben dieses Jahrhunderts, aus dem wir noch größer, noch stärker hervorgehen werden, vorausgesetzt daß wir es wollen und daß wir dazu alle ungenutzten Kräfte Europas entfalten.
Von Paris bis Wien und von London bis Madrid arbeiten wir bereits an folgenden Zielsetzungen: Kulturelle Wiedergeburt Europas; Unabhängigkeit seiner Politik, Diplomatie und Wirtschaft; Ausrichtung auf die blockfeien Länder; Kulturkrieg gegen sämtliche Entwurzelungskräfte (der Hauptfeind heißt American way of life); Bündnis mit allen Kräften der Dritten Welt, die gegen die amerikanisch-sowjetische Zange ankämpfen; Festlegung neuer historischer Entwürfe – kurz: Gründung einer dritten Kraft, eines dritten Weges, eines Neuen Europäischen Imperiums.
Wir wollen Europa daran erinnern, daß seine Zukunft in dem Erbe Heraklits, Nietzsches oder Saint-Exupérys liegt und nicht in den liberalistischen Schwindeleien, die das Denken so erfolgreich auf den Sättigungstrieb zu beschränken wußten. Wir wollen Europa den Mythos

wiedergeben, der Hameln, Nürnberg, Saragossa, Venedig und Carcassonne prägte, damit es den pazifistischen Konsumlook des kalifornisch übertünchten Wärmetods vergißt. Wir wollen ihm das Imperium der Überlieferung verwurzelter Menschen bieten, das Konzentrationslager der einförmigen Weltgesellschaft aber niederreißen. Ahnt Europa wohl schon, daß seine Zukunft einzig und allein von seiner eigenen Kraft und Bereitschaft abhängt? Immerhin schickte Europa im Jahrhundert des Dionysos seine Aria(d)ne zu den Sternen empor. Ein Zeichen der Götter?
In der Gründungsphase dieser Partei des Geistes hielt das Thule-Seminar entschieden Abstand von der Berufspolitik. Das Thule-Seminar stellte immer wieder fest, daß es an der Reifung neuer Werte arbeitet, die den Völkern Europas ihr Vaterland wiedergeben sollen, und zwar durch die Wiederverwurzelung in der ureigenen Wesensart, aus der allein kraftvolle Modernität entspringen kann.

Bei öffentlichen Vorträgen geht Guillaume Faye immer wieder auf die wesentlichen Beweggründe unseres Kampfes ein und erklärt im Namen des Thule-Seminars: „Wofür und wogegen kämpfen wir überhaupt? Gegen die atlantische Falle, für das Reich, und nicht nur für ‚unser' Reich, sondern für das aller Völker der Welt, die heute insgesamt durch das materialistische Weltbürgertum des scheinheiligen amerikanischen Predigers wie des listigen sowjetischen Genossen, die das Leben nach Vernunftbegriffen geordnet wissen möchten, in ihrer Existenz bedroht sind. Wenn wir in Frankreich gegen die mehrrassische Gesellschaft kämpfen, wenn wir in Deuschland gegen die gesteuerte Auslöschung unseres historischen Gedächtnisses und unserer nationalen Größe kämpfen, führen wir, hier wie da, den gleichen Kampf für unser zukünftiges Vaterland: Europa. Eine gewisse Flamme, die vor fünfzehn Jahren im Herzen Frankreichs wieder auflebte, die Italien, Griechenland, Belgien, Spanien, Portugal, England und Österreich durchzieht, wächst nun endlich zur höchsten Glut an. Deutschland ist von Feuer umgeben und weiß es noch nicht. Wir müssen ihm die schläfrigen Augen öffnen. Lassen Sie uns gemeinsam dieses Werk von geschichtlicher Bedeutung vollbringen!"
Der Beginn der Neuen Kultur Europas ist mittlerweile eine Realität geworden, die die Zauberlehrlinge des Egalitarismus erschreckt. Von der Iberischen Halbinsel bis nach Hellas, vom italienischen Stiefel bis Albion ist eine neue Generation am Werk. Die Vorposten der europäischen Wiedereroberung haben zwar verschiedene Nationalitäten, dasselbe Vaterland wuchs dennoch fortwährend innerhalb derselben identitären Gesinnung: Europa. Aber auch jenseits der europäischen Grenzen erwacht das identitäre Bewußtsein. In unserer Erstveröffentli-

chung (*Das unvergängliche Erbe, Alternativen zum Prinzip der Gleichheit*) stellten wir bereits fest: „Die Verfahrensweise, die wir anwenden, und die Grundlagen, auf die wir uns stützen, stehen weder allein da, noch sind sie ungewöhnlich. Überall auf der Welt – und besonders in der Dritten Welt – ist ein massiver Wille zu beobachten, sich gegen die egalitäre Erstarrungsideologie zur Wehr zu setzen. Bislang für todkrank gehaltene Kulturen werden sich ihrer Identität, ihrer Besonderheiten und somit ihres Reichtums bewußt. Sie widersetzen sich jeglichem Unterfangen, sei es politisch, religiös oder ideologisch, das auf Zusammenballung und Nivellierung hinausläuft. Menschen entdecken, was sie unterschiedlich macht. Menschen bekräftigen ihren Willen zum Leben in dem ihrem Volk gemäßen Rhythmus. Immer mehr Menschen zeugen dafür, daß das ethno-kulturelle Erbe ihres Volkes kontinuierlich ist, daß es sogar ein Verbrechen darstellt, sich an ihm zu vergreifen, zumal diese Integrität ihre Eigenart und Unvergänglichkeit gewährleistet. In Europa, jenseits der Grenzen und der Sprachen, bereiten Menschen den Weg für die morgige europäische Verbrüderung ungeachtet der unmittelbaren politischen Zufälligkeiten, der historischen Vorurteile oder der wirtschaftspolitischen Unterschiede. Die einzige Verbrüderungsform aber, die eine Lösung der Konflikte, Probleme oder Spannungen herbeiführen kann und die einer solchen Herausforderung gewachsen ist, gründet in dem Gedankenaustausch und in dem gegenseitigen Verständnis. Im Gegensatz zum Interessenaustausch und Geldschwindel als des anscheinend einzigen Ideals der durchmerkantilisierten Gesellschaft prägt und vertieft eine derartige Annäherung das Bewußtsein einer gemeinsamen Herkunft, einer gemeinsamen Geschichte und eines gemeinsamen Schicksals."

Die kulturelle Renaissance Europas kann den neuen Idealismus von morgen aufkommen lassen. Sich für die Gründung der Vereinigten Staaten von Europa einsetzend, schrieb Pierre Drieu la Rochelle bereits 1928: „Der Europäer ist fähig, ein neues originelles und unerwartetes Bauwerk zu realisieren." (*Genève ou Moscou*). In seiner Schrift *L'Avenir n'est écrit nulle part* (Paris 1978, S. 376) stellte der Ex-Minister Michel Poniatowski seinerseits fest, daß Europa „ – im historischen Augenblick der weltumfassenden Revolution – eine mögliche Antwort darstellt für uns, Einwohner des geographischen Europa, Mitglieder einer ethnokulturellen Gemeinschaft, die durch Jahrtausende Geschichte ausgestaltet wurde (...), Schmelztiegel einer eigentümlichen Kultur und Zivilisation, die die Völker nahezu aller europäischen Nationen miteinander verbindet". Dem fügen wir hinzu: Der Mensch braucht nicht nur Wohlstand, sondern vielmehr einen Lebensgrund, der seinem Leben einen Sinn verleiht. Wir wollen Europa wieder einen Lebensgrund geben, indem wir sein Schicksal neu formulieren.

In *Über Amerika* äußerte Hermann von Keyserling die Überzeugung, daß alles junge Leben in der Finsternis, im Chaos und in der Häßlichkeit reife; und das treffe auch auf die Zivilisationen zu. Das Zeitalter der Finsternis entspreche sozusagen der Schwangerschaftsphase. Europa befindet sich demnach immer noch im Zeitalter der Finsternis, und der Schaffung des Europäers stehen sämtliche dekadenten Erscheinungen unserer Zeit im Wege. Durch einen plötzlichen Umschwung sind aber gerade diese Bedingungen „im höchsten Grade dazu angetan, Ausnahme-Menschen der gefährlichsten und anziehendsten Qualität den Ursprung zu geben", behauptet Nietzsche in *Jenseits von Gut und Böse*. „Ich höre mit Vergnügen, daß unsre Sonne in rascher Bewegung gegen das Sternbild des Herkules hin begriffen ist: und ich hoffe, daß der Mensch auf dieser Erde es darin der Sonne gleich tut. Und wir voran, wir guten Europäer! – " (§ 242 und 243)
Wir müssen unserem Volk und seiner Geschichte vorausgehen. Wir müssen jene „guten Europäer" sein und behaupten daher ohne Umschweife, wie wir es bereits in der ersten Ausgabe von *Elemente* taten: Für uns ist der Intellektuelle nur im täglichen Einsatz, in der Tat ein wirklicher Kamerad, sonst verdient er nicht die Bezeichnung ‚Intellektueller', sondern nur die eines Komödianten oder Schmarotzers.

Es geht mehr denn je um dieses Europa, das ebenso eine *Rede* braucht wie Deutschland zur Zeit Fichtes. Guillaume Faye hat diese Rede[19] verfaßt. Er erinnert zunächst daran, daß „Europa aus Hellas und Rom entstanden ist, das heißt aus jener geheimnisvollen Verbindung der *politischen Ordnung* (die historisches Bewußtsein hervorruft), der philosophischen, ästhetischen Kultur (die eine umfassende Weltanschauung erzeugt) und der *technisch-wissenschaftlichen Mentalität* (die eine besitzergreifende Beherrschung der Erde nach sich zieht). Sehen wir uns vor: Wenn wir dem allen entsagten, würden wir uns selbst verraten." Und diesen Gedanken führt er folgendermaßen aus: „Und selbst wenn wir (wie die Führer der deutschen Protestjugend, ‚Grüne', Nationalrevolutionäre' u. a. es aus der Tiefe ihrer neoländlichen Dekadenz befürworten) auf den technischen-industriellen Erfolg, den internationalen Kampf, die geostrategische Macht, die demographische Fruchtbarkeit verzichteten, um unsere Folkloren, unsere Lebensqualität, unsere museenhaften Kulturen zu schützen, würden uns letztere Güter eines Tages entrissen werden. Europa ist nur in der Macht und in der emporsteigenden Verwandlung seiner Formen verwurzelt. Mit jeder Generation wechseln ebenso die ästhetischen Landschaften wie die ästhetischen Formen; und im Angriff liegt das Geheimnis unserer Verteidi-

gung. Um nicht zu sterben, sind wir zur Angst und Größe verurteilt. Unsere Zivilisation ist nicht für das Glück geschaffen."
Eine historische Herausforderung wird gestellt. Wenn wir sie nicht aufnehmen, das heißt „wenn wir den *demographischen Krieg* und den *Kulturkrieg* verlieren würden, dann würde sich das Drama in eine Tragödie verwandeln. Nichts mehr wäre noch einzufangen. Wir würden als Volk ebenso sicher von der Bildfläche verschwinden, als wenn wir ausgerottet würden". Das Schreckgespenst der Auflösung würde dann die unerträgliche Realität unseres Alltags gestalten. „Unsere Nationalsprachen würden zu Dialekten herabgewürdigt gegenüber der angloamerikanischen Verkehrssprache. Unsere Musikwerke, unsere Gemälde und unsere Bauten würden dazu verurteilt, nur noch photographische Motive für internationale Touristen zu sein, kurzum Europa als *Weltmuseum* ... Ein mehrrassisches Europa, wo die weiße Rasse unerbittlich zurückgehen würde, der Zivilisation eines amerikanisch-asiatischen Okzidents keuchend und unterwürfig folgen müßte: Sind wir bereit, diesen Wärmetod hinzunehmen? Nein, nicht wahr? Es ist dennoch der Weg, den wir einzuschlagen im Begriff sind."
Wir können, wenn wir es wollen, das Schicksal unserer Völker in eine andere Bahn lenken. Die Waffen der Zurückeroberung sind aber in erster Linie *innere* Waffen. Die Revolution, die man den anderen ankündigt, ist nämlich dieselbe, die man in sich selbst vollendet hat. Jede Revolution erfordert ihren Teil an Mystizismus in dem Glauben an eine neue Ordnung. Jede Revolution, die ein Volk wecken will, hat bereits die Revolutionäre wachgerufen. Die Erwecker eines Volkes pflegen indes ihre Treue teuer zu bezahlen: oft mit Unterdrückung oder mit dem Tod. Eine gerechte Niederlage gibt es ebensowenig wie eine dilettantische Revolution. Es gibt aber den *Mythos*, der als einziger die höchste Legitimation unseres Kampfes verkörpert. Und dieser Mythos bedeutet nichts anderes, daß wir uns für das Recht auf Verschiedenheit, für die Rechte aller Völker bereit sind zu schlagen.

Anmerkungen

1 Pierre Krebs, *Die europäische Wiedergeburt,* Aufruf zur Selbstbestimmung, Tübingen 1982.
2 *Elemente zur Metapolitik,* 1. Ausgabe 1987.
3 Ebd.
4 Auszüge einer Rede von Guillaume Faye und Pierre Krebs. Siehe: P. Krebs, *Strategie der kulturellen Revolution,* und G. Faye, *Metapolitik im ideologischen Kampf*, Thule-Bibliothek, Horn, 1988.
5 Pierre Krebs, ebd.

6 *Le renouveau païen dans la pensée française,* Paris 1986, S. 23.
7 Siehe Anmerkung 4.
8 *Critique de la raison politique ou l'inconscient religieux,* Paris 1981, S. 280.
9 *La troisième voie,* Paris 1984, S. 22 u. 28.
10 Jacques Marlaud, aaO., S. 69.
11 Ebd., S. 23.
12 Ebd., S. 24.
13 Ebd.
14 Guillaume Faye, *L'Occident comme déclin,* Paris 1984, S. 82.
15 Siehe Anmerkung 4.
16 Siehe *Elemente zur Metapolitik,* 1. Ausgabe 1986, 1. Ausgabe 1987.
17 Albert Mathiez, *Révolution française,* Vorwort.
18 *L'Occident comme déclin,* aaO., S. 46f.
19 *Discours à la Nation europénne,* Paris 1985, S. 160. Dt.: *Rede an die Europäer,* Thule-Bibliothek, Horn 1988.

Zu neuen Ufern des Geistes: Thule-Bibliothek

Thule-Bibliothek möchte zur geistigen Heimat all derer werden, die mit unseren Ideen übereinstimmen bzw. das Bedürfnis haben, ihre Ansichten zu vertiefen. Thule-Bibliothek wendet sich an alle europäischen ‚Aktivisten des Geistes', an die Ersten von morgen. Möge Thule-Bibliothek zum lebendigsten Archipel Ihrer privaten Bibliothek werden!

Pierre Krebs (Hg.)
Das unvergängliche Erbe
Mit einem Vorwort von Prof. Dr. Hans-Jürgen Eysenck. 491 Seiten, Ganzleinen mit Schutzumschlag (zur Zeit vergriffen.

Alternativen zum Prinzip der Gleichheit, Bd. 1. Die Autoren und ihre Beiträge:
A. de Benoist, *Gleichheitslehre, Weltanschauung und ‚Moral' – Der Konflikt der antiken Kultur mit dem Ur-Christentum* – Dr. P. Binding, *Wiedergewinnung der Identität* – Prof. R. Eichler, *Die bildende Kunst von heute im Fadenkreuz der Kulturrevolutionäre* – G. Faye, *Von der Konsumgsellschaft zur organischen Wirtschaft* – P. Krebs, *Elemente für eine kulturelle Wiedergeburt – Der organische Staat als Alternative in Evolas Vorstellung, Nietzsches Projekt und Saint-Exupérys Botschaft* – R. Künast, *Empirische Wissenschaften zur Gleichheitslehre* – Dr. G. Locchi, *Über den Sinn der Geschichte* – Prof. Dr. J. de Mahieu, *Der Mensch, das soziale Wesen* – Dr. A. Mohler, *Die nominalistische Wende* – J. Rieck, *Zur Debatte der Vererblichkeit der Intelligenz.*

Alain de Benoist
Die entscheidenden Jahre
Band 1 der Reihe Thule-Forum, 80 S., kart.

Zur Erkennung des Hauptfeindes! Seit Jahrzehnten besteht die in Jalta und Potsdam beschlossene Spaltung Europas. Was geschieht mit den Völkern und ihren Kulturen hüben und drüben? Alain de Benoist, der geistige Führer einer neuen französischen Denkschule geht diesen Fragen mit aller Konsequenz nach. Im westlichen Liberalismus mit seiner Gleichmacherei in Richtung auf eine Einheitsgesellschaft erkennt er eine mindestens ebenso große Gefahr wie im Totalitarismus des Ostens. Die Übertragung des materialistischen Denkens auf alle Bereiche des Lebens tötet jede menschenwürdige Ethik und Moral und macht den Westen für den Kommunismus als ‚Retter' vor der Anarchie anfällig. Zur Vorbereitung auf kommende Entscheidungen gibt dieses Buch geistige Grundlagen.

Pierre Krebs

Die europäische Wiedergeburt

Band 2 der Reihe Thule-Forum, 80 S., kart.

Aufruf zur Selbstbesinnung! In diesem Band wird die Überzeugung geäußert, daß die vor uns liegenden ‚Jahre der Entscheidung' nur durch die Einheit der Jugend und einer Strategie der Zurückeroberung überstanden werden können. Indem wir revolutionären Glauben und weltanschauliche Konsequenz zusammenführen, halten wir ein neues Zeitalter europäischer Kultur für möglich. Dem metapolitischen Geist der ‚Neuen Schule' entsprechend, stimmen wir überein, uns für Deutschland und Europa gegen Amerika, für die Kultur und gegen die Konsumware einzusetzen! Dieser Aufruf zerstört Tabus, indem er ein neues Bündnis innerhalb der Jugend besiegelt. Es geht um unser Erbe und um unsere Zukunft: Das 21. Jahrhundert wird europäisch sein!

Alain de Benoist

Heide-Sein zu einem neuen Anfang

Band 1 der Reihe Thule Konkret, 350 S., geb.

Alain de Benoist, in den letzten Jahren als geistiger Kopf der französischen Neuen Kultur durch zahlreiche Artikel und mehrere Bücher hervorgetreten, hat im vorliegenden Werk die Frage nach einer modernen Religion für Europa aufgegriffen. In einer tiefschürfenden, geschichtlich-philosophischen Auseinandersetzung mit dem Christentum und dem Judentum weist er nach, daß deren dualistische, egalitäre, monotheistische Lehre der europäischen Tradition nicht entspricht, zu Intoleranz und Nivellierung neigt und ein falsches Bild der Wirklichkeit erzeugt. De Benoist sieht Anzeichen dafür, daß Europa nach einer Zeit der Entfremdung nun wieder zu sich selbst zurückfindet, nicht zum alten Heidentum der Vorzeit, doch zu einer, wie dieses, toleranten, pluralistischen, naturhaften und kosmischen, diesseitsbezogenen Anschauung, die die Verschiedenheit betont und achtet.

Prof. Jean Haudry

Die Indo-Europäer

Thule-Bibliothek im Karolinger-Verlag, Wien, 171 S., geb..

Im Lichte der jüngsten übergreifenden Erkenntnisse in den einzelnen, einander ergänzenden Bereichen der Archäologie, Linguistik, Religionswissenschaft sagt uns dieses Buch, wer wir sind und woher wir kommen. Prof. Haudry begleitet uns durch die spannendste aller Sagas: die Geschichte unserer Vorfahren. Indem er das Erinnern an unsere Herkunft wachruft, gibt er uns nicht nur ein wertvolles Arbeitsmittel in die Hände, sondern auch ein unersetzliches Werkzeug für den Überlebenskampf unserer Völker und unserer Kultur. Wir kennen nun auch die Wurzeln unseres Erbes und können uns der Herausforderung nicht mehr entziehen, es zu hüten und wirksam zu vertreten.

Die Vorträge des *Thule-Seminar* sind in der Reihe *Thule-Rhetorik* ebenfalls erhältlich:

Pierre Krebs
Die Strategie der kulturellen Revolution
80 S., kart., Horn 1988

„Meine Damen und Herren! Wir sind in die elendsten Jahre des Untergangs eingetreten, in die schlimmsten Jahre des langsamen Todes, in die entscheidenden Jahre unseres Schicksals, und es ist kein Spengler mehr da, um es zu begreifen. Der ausgesprochene Zweck meines Kommens ist deshalb nicht, Ihnen billige Hoffnungen zu verkaufen. Hoffnung ist bekanntlich erst dann berechtigt, wenn man die Bilanz seiner Rückschläge gezogen hat. Ich bin vielmehr gekommen, um Ihnen die härtesten Worte zu sagen – weil diese unsere Zeit, die härteste aller Zeiten, von uns ebenso harte Gegenwirkungen, Widerstände und Angriffe verlangt, denen möglicherweise die einzigen ehernen Gedanken entspringen werden, die dieses Jahrhundert fordert."

Guillaume Faye
Metapolitik im ideologischen Kampf
80 S., kart., Horn 1988

„Die Ende der sechziger Jahre in Frankreich gegründete ‚Neue Rechte' ist eine Denkbewegung, die Zeitschriften, Freundeskreise, Vereinigungen und Einflußnetze umfaßt. Innerhalb von fünfzehn Jahren gestaltete sie einen ebenso ernstzunehmenden ideologischen Rahmen, wie es Marxismus und Liberalismus taten, wodurch sie in Frankreich, aber auch bereits in Belgien und Italien, den Verlauf der öffentlichen Debatte stark mitprägte. Als Teilhaber an dieser ursprünglich um den Philosophen Alain de Benoist entstandenen Denkbewegung möchte ich auf die Frage: ‚Warum denken Sie? warum schreiben Sie? warum beeinflussen Sie die Gesellschaft wie jene Denkzirkel vor der Französischen Revolution?' mit dem Hinweis antworten: Fragen Sie uns nicht danach, warum wir denken, schreiben, veröffentlichen; fragen Sie uns vielmehr danach, warum wir kämpfen."

Bibliographie

Das nachfolgende Verzeichnis erhebt keinen Anspruch auf Vollständigkeit. Die zumeist in den letzten Jahren erschienenen Titel bieten wesentliche Erkenntnisse für Forschung, Studium und Wissen – auch diejenigen unter ihnen, die in einer anderen ideologischen Sphäre beheimatet sind. Unsere differentialistischen Alternativen zum Prinzip der Gleichheit umfassen sämtliche Bereiche des Wissens. Die vorliegende Bibliographie ist bestrebt, dem Rechnung zu tragen, und schließt sich der Themengliederung dieses Werkes weitgehend an.

Der Herausgeber

Philosophie, Ethik, Wissenschaftstheorie

Abellio, Raymond, *La structure absolue.* Essai de phénoménologie génétique, Paris 1965

Albert, Hans, *Kritik der reinen Erkenntnislehre.* Das Erkenntnisproblem in realistischer Perspektive, Tübingen 1987

Baillet, Philippe, *Julius Evola e l'affermazione assoluta: Introduzione all'opera di Evola,* Padua 1978

Becher, Walter, *Der Blick aufs Ganze.* Das Weltbild Othmar Spanns, München 1985

Bämler, Alfred, *Nietzsche, filosofo e politico,* Padua 1985

Beaufret, Jean, *Entretiens avec Frédéric de Torwanicki,* Paris 1984

Behler, Ernst; Montinari, Mazzino; Müller-Lauter, Wolfgang; Wenzel, Heinz, (Hg.), *Nietzsche-Studien,* Berlin-New York

Beigbeder, Marc, *Contradiction et nouvel entendement,* Paris 1972; ders., *Le contre-Monod,* Paris 1972

Benoist, Alain de, *Nietzsche: morale et grande politique,* Paris 1973; ders., ‚Also sprach Raymond Abellio', in *Elemente zur Metapolitik,* 2. Ausgabe, Kassel 1987; ders., ‚Spengler, Marx, Heidegger: penser la technique' in *Nouvelle-Ecole,* Paris 1985

Bertram, Ernst, *Nietzsche.* Essai de mythologie, Paris 1932

Buci-Glucksman, Christine, *Gramsci et l'Etat.* Pour une théorie matérialiste de la philosophie, Paris 1975

Carrel, Alexis, *L'homme, cet inconnu,* Paris 1935; dt: *Der Mensch, das unbekannte Wesen,* Stuttgart 1950

Cysarz, Herbert, *Das Individuationsprinzip und seine Widerspiele in Natur und Geisteswelt, Geschichte und Gesellschaft,* Salzburg 1979

Evola, Julius, *I tempi e la storia,* Rom 1983; ders. *Métaphysique de la guerre,* Mailand 1985

Faye, Guillaume, ‚La problématique moderne de la raison ou la querelle de la rationalité', in *Nouvelle-Ecole,* Nr. 41, Paris 1984

Fondi, Roberto, *La révolution organiciste,* Paris 1986

Gehlen, Arnold, *Einblicke,* Frankfurt/M. 1976; ders., *Der Mensch: Seine Natur und seine Stellung in der Welt,* 7. Aufl., Frankfurt/M.-Bonn 1962; ders., *Philosophische Er-*

gebnisse und Aussagen, Bonn 1956; ders., *Theorie der Willensfreiheit und frühe philosophische Schriften,* Neuwied-Berlin 1965; ders., *Moral und Hypermoral,* Frankfurt-Bonn 1969

Giannettini, Guido, *Le origini storiche della liberta,* Rom 1981

Girsoni, Dominique, ; Maggiori, Robert, *Lire Gramsci,* Vorw. v. François Châtelet u. Marie A. Macciocchi, Paris 1973

Gramsci, Antonio, *The Modern Prince and Other Writings,* New York 1957; ders., *Philosophie der Praxis: dt. Auswahl,* Frankfurt/M. 1967

Habermas, Jürgen, *Technik und Wissenschaft als Ideologie,* Frankfurt/M. 1968; ders., *Erkenntnis und Interesse,* Frankfurt/M. 1973

Hartmann, Nicolai, *Philosophische Grundfragen der Biologie,* Göttingen 1912; ders., *Der Aufbau der realen Welt.* Grundriß der allgemeinen Kategorienlehre, 2. Aufl., Meisenheim a. Glan 1949; ders., *Kleinere Schriften,* Bd. 1: *Abhandlungen zur systematischen Philosophie,* Berlin 1955; Bd. 2: *Abhandlungen zur Philosophie-Geschichte,* Berlin 1957; Bd. 3: *Vom Neukantianismus zur Ontologie,* Berlin 1958

Heidegger, Martin, *Holzwege,* Frankfurt/M. 1950; ders., *Einführung in die Metaphysik,* Tübingen 1953; ders., *Was ist Metaphysik?,* 6. Aufl., Frankfurt/M. 1951; ders., *Identität und Differenz,* Pfullingen 1957; ders., *Nietzsche,* 2 Bde., Pfullingen 1961; ders., *Wegmarken,* Frankfurt/M. 1967

Hervé, Gérald, *Le mensonge de Socrate ou la question juive,* Lausanne 1984

Hunke, Sigrid, *Das nach-kommunistische Manifest.* Der dialektische Unitarismus als Alternative, Stuttgart 1974; dies., *Tod: Was ist dein Sinn?,* Pfullingen 1986; dies., ‚Was trägt über den Untergang des Zeitalters?' in *Elemente zur Metapolitik,* 1. Ausgabe, Kassel 1986

Janicaud, Dominique, *La puissance du rationnel,* Paris 1985

Jobert, Anne, *Le retour d'Hermès,* Paris 1984

Klages, Ludwig, *Der Geist als Widersacher der Seele,* Bonn 1977

König, Robert, *Der metaphysische Naturalismus E. G. Kolbenheyers,* Nürnberg 1971

Kolbenheyer, Erwin Guido, *Die Bauhütte,* München 1925; ders., *Paracelsus. Romantrilogie,* München 1964; ders., *Kämpfer und Mensch.* Theoretischer Nachlaß. Einführung v. Hans Frank, Heusenstamm 1981; ders., *Rationalismus und Gemeinschaftsleben.* Vorträge und Aufsätze, Heusenstamm 1982

Kremer-Marietti, Angèle, *Wilhelm Dilthey et l'anthropologie historique,* Paris 1971

Krummel, Richard F., *Nietzsche und der deutsche Geist.* Bd. 2. *Ausbreitung und Wirkung des Nietzscheschen Werkes im deutschen Sprachraum vom Todesjahr bis zum Ende des Weltkrieges.* Ein Schrifttumverzeichnis der Jahre 1901-1918, Berlin-New York 1983

Kühnelt-Leddihn, Erik R. von, *Gleichheit oder Freiheit,* Tübingen 1985

Laube, Hedwig, *Von Erwin Guido Kolbenheyers Ethos aus Naturerkenntnis,* 2. Aufl., Darmstadt 1985

Lorenz, Konrad, *Die Rückseite des Spiegels.* Versuche einer Naturgeschichte menschlichen Erkennens, München-Zürich 1973; ders., *Das Wirkungsgefüge der Natur und das Schicksal des Menschen,* München 1978; ders., *Der Abbau des Menschlichen,* München 1983

Locchi, Pierluigi, *Essai sur l'anthropologie philosophique d'Arnold Gehlen.* Université de Paris-X, Paris

Maikuma, Yoshihiko, *Der Begriff der Kultur bei Warburg, Nietzsche und Burckhardt,* Königstein 1985

Marlaud, Jacques, *Nietzsche. Decadence and Superhumanism,* Universität Pretoria 1982
Matzneff, Gabriel, *Le taureau de Phalaris.* Dictionnaire philosophique, Paris 1987
Monnerot Jules, *Les lois du tragique,* Paris 1969
Monod Jacques, *Le hasard et la nécessité.* Essai sur la philosophie naturelle de la biologie moderne, Paris 1970; dt: *Zufall und Notwendigkeit.* Philosophische Fragen der modernen Biologie. Aus dem Franz. v. Friedrich Griese, 4. Aufl., München 1979
Müller, Gerhard, *Ernst Krieck und die nationalsozialistische Wissenschaftsreform.* Motive und Tendenzen einer Wissenschaftslehre und Hochschulreform im Dritten Reich, Weinheim 1981
Nietzsche, Friedrich, *Werke.* Gesamtausgabe 20 Bde., Leipzig 1911; ders., *Nietzsche Werke,* hg. v. Karl Schlechta, 5 Bde., Frankfurt/M. 1979; ders., *Nietzsche Werke.* Kritische Gesamtausgabe, hg. v. Giorgio Colli u. Mazzimo Montinari, Berlin 1967; ders., *Ainsi parlait Zarathoustra.* Übers. und Erläuterungen von Robert Dun, Paris 1983
Ortega y Gasset, José, *La révolte des masses.* Einführung von A. Imatz, Paris 1986
Ottmann, Henning, *Philosophie und Politik bei Nietzsche,* Berlin-New York 1987
Popper, Karl R., *Die offene Gesellschaft und ihre Feinde;* Bd. 1: *Der Zauber Platons*; Bd. 2: *Falsche Propheten,* 2. Aufl., Bern 1970; ders., *Logik der Forschung: Die Einheit der Gesellschaftswissenschaften,* 5. Aufl., Tübingen 1973; ders., *Objektive Erkenntnis: ein evolutionärer Ansatz,* Hamburg 1973; ders., *Unended Quest.* An intellectual autobiography, London 1977
Rodi, Fritjof; Lessing, Hans-Ulrich, *Materialien zur Philosophie Wilhelm Diltheys,* Frankfurt/M. 1984
Rosset, Clément, *L'anti-nature.* Eléments pour une philosophie tragique, Paris 1973; ders., *Le réel et son double.* Essai de l'illusion, Paris 1976; ders., *Le réel.* Traité de l'idiotie, Paris 1977; ders., *L'objet singulier,* Paris 1980
Rougier, Louis, *Traité de la connaissance,* Paris 1955; ders., *La métaphysique et le langage,* Paris 1973; ders., *Du paradis à l'utopie,* Paris 1979
Rubercy, Eryck, de; Le Buhan, Dominique, *Douze questions posées à Jean Beaufret à propos de Martin Heidegger,* Paris 1983
Russel, Bertrand, *Warum ich kein Christ bin,* hg. v. Paul Edwards, München 1963, aus dem Engl. v. Marion Friedl-Steipe (*Why I am not a Christian*)
Samson, Lothar, *Naturtheologie und Freiheit bei Arnold Gehlen,* Freiburg 1976
Scheidt, Walter, *Die Träger der Kultur,* Berlin 1934
Schopenhauer, Arthur, *Der handschriftliche Nachlaß,* 5 Bde., hg. v. Arthur Hübscher, München 1985
Schrödinger, Erwin, *Was ist Leben?*, München 1987
Senckel, Barbara, *Individualität und Totalität.* Aspekte zu einer Anthropologie des Novalis, Tübingen 1985
Spengler, Oswald, *Der Mensch und die Technik.* Beitrag zu einer Philosophie des Lebens, München 1931; ders., *Gedanken,* München 1941
Sutti Vaj, Stefano, *Indagine sui diritti dell'uomo.* Genealogia di una morale, Rom 1985
Vollmer, Gerhardt, *Evolutionäre Erkenntnistheorie.* Angeborene Erkenntnisstrukturen im Kontext von Biologie, Psychologie, Linguistik, Philosophie und Wissenschaftstheorie, Stuttgart 1975
Weinhandl, Ferdinand, *Paracelsus-Studien,* Wien 1970
Yourcenar, Marguerite, *Mishima. Ou la vision du vide,* Paris 1981

Religionsphilosophie

Bachofen, Johann Jacob, *Mutterrecht und Urreligion*. Vorw. v. Hans G. Kipenberg, Stuttgart 1984

Beigbeder, Marc, *Portrait de Dieu*, Paris 1981

Benoist, Alain de; Marion Jean-Luc, *Avec ou sans Dieu*, Paris 1970

Deghaye, Pierre, *La naissance de Dieu ou la doctrine de Jacob Böhme*, Paris 1985

Eliade, Mircea, *Die Religionen und das Heilige*. Elemente der Religionsgeschichte, Salzburg 1954, aus d. Franz. v. Mohammed Rassem u. Inge Köck (*Le sacré et le profane*); ders., *Mythen, Träume und Mysterien,* Salzburg 1961, aus d. Franz. v. Michael Benedikt u. Matthias Vereno (*Mythes, rêves et mystères*); ders., *Kosmos und Geschichte. Der Mythos der ewigen Wiederkehr,* Hamburg 1966, aus d. Franz. v. Günther Spaltmann (*Le mythe de l'éternel retour*)

Hunke, Sigrid, *Europas andere Religion*. Die Überwindung der religiösen Krise, 2. Aufl., Bergisch Gladbach 1980; dies., *Glauben und Wissen*. Die Einheit europäischer Religion und Naturwissenschaft, Düsseldorf 1979

Varenne, Jean, *Cosmogonies védiques,* Mailand, 1982

Zum Brunn, Emilie; Libera, Alain de, *Maître Eckart. Métaphysique du verbe et théologie négative,* Paris 1984

Heidentum, indoeuropäische Glaubenswissenschaft

Altheim, Franz, *Römische Religionsgeschichte,* 2 Bde., Paris 1956

Amtmann, Rolf, *Brauchtum und Mythos*. Die vier Gestalten der Religion, Tübingen 1987

Bayet, Jean, *Croyances et rites dans la Rome antique*, Paris 1971

Baetke, Walter, *Das Heilige im Germanischen,* Tübingen 1942

Belmont, Nicole, *Parole païennes*. Mythe et folklore, Paris 1987

Benoist, Alain de, *Heide-Sein zu einem neuen Anfang,* aus d. Franz. v. Patrick de Trevillert, Tübingen 1982

Boyer, Régis, *Les sagas islandaises,* Paris 1982

Brekilien, Yann, *La mythologie celtique,* Paris 1983

Détienne, Marcel, *Dionysos à ciel ouvert,* Paris 1986

Diederichs, Ulf, (Hg.), *Germanische Götterlehre*. Nach den Quellen der Lieder- und der Prosa-Edda, Köln 1983

Evola, Julius, *Heidnischer Imperialismus*, Leipzig 1933; ders., *Symboles et ‚mythes' de la tradition occidentale*, Mailand 1980; ders., *Métaphysique de la guerre,* Mailand 1980; ders., *Les symboles héroïques de la tradition romaine,* Mailand 1981; ders., *La ‚Forza rivoluzionaria' di Roma,* Rom 1985

Farweck, F. E., *Noordeuropese mysteriën en hun sporen tot heden,* Deventer, 1981

Frick, Karl, *Das Reich Satans*. Luzifer – Satan – Teufel und die Mond- und Liebesgöttinnen in ihren lichten und dunklen Aspekten. Eine Darstellung ihrer ursprünglichen Wesenheiten in Mythos und Religion, Graz, 1986

Gernet, Louis; Boulanger, André, *Le génie grec dans la religion,* Paris 1970

Gimbutas, Marita, *The Gods and Goddesses of Orld Europe, 7000 to 3000 BC.* Myths, legends and cult images, Berkeley 1974
Gotther, Wolfgang, *Religion und Mythus der Germanen,* Leipzig 1909
Grabert, Herbert (Hg.), *Forschungen zur deutschen Weltanschauungskunde und Glaubensgeschichte.* 1. Herbert Grabert, *Volk, Aufgabe der religionswissenschaftlichen Zielsetzung*; 2. Hans Strötel, *Volksbrauch und Weltanschauung*; 3. Gero Zenker, *Germanischer Volksglaube in fränkischen Missionsberichten*; 4. Werner Preisinger, *Weltanschauung des Bonifatius,* Stuttgart o. J.; ders., *Der Glaube des deutschen Bauerntums.* Eine weltanschauungskundliche und glaubensgeschichtliche Untersuchung, Bd. 1: *Bauerntum und Christentum,* Stuttgart-Berlin 1939
Grönbech, Wilhelm, *Kultur und Religion der Germanen,* Hg. v. Otto Höfler, 2 Bde., 9. Aufl., Darmstadt 1980
Hammerbacher, Hans-Wilhelm, *Die Donar-Eiche,* Heusenstamm 1968; ders., *Irminsul und Lebensbaum,* Heusenstamm 1973
Harf-Lancner, Laurence, *Les fées au moyen-âge.* Morgane et Mélusine, Paris 1984
Hillman, James, *Le polythéisme de l'Ame,* Paris 1982
Hoefler, Otto, *Kultische Geheimbünde der Germanen,* Frankfurt/M. 1934; ders., *Verwandlkungskulte, Volkssagen und Mythen,* Wien 1973
Howard, Michael, *Magie der Runen,* Basel 1985
Hunke, Sigrid, *Europas eigene Religion.* Der Glaube der Ketzer, Bergisch Gladbach 1981
Jünger, Friedrich, *Griechische Götter,* Frankfurt/M. 1974; ders., *Griechische Mythen,* Frankfurt/M. 1974
Le Roux, Françoise; Guyonvarc'h, Christian, *Les Druides,* Rennes 1986
Levalois, Christophe, *Le symbolisme du loup,* Mailand 1979
Littleton, C. Scott, *The New Comparative Mythology.* An Anthropological Assessment of the Theories of Georges Dumézil, Berkeley-Los Angeles 1966
Mabire, Jean, *Le soleil retrouvé des Hyperboréens,* Paris 1978
Maccana, Proinsias, *Celtic Mythology,* Feltham 1970
Macmullen, Ramsay, *Paganism in the roman Empire,* London 1981
Markale, Jean, *Die Druiden. Gesellschaft und Götter der Kelten,* München 1987
Marlaud, Jacques, *Le renouveau païen dans la pensée française,* Paris 1986
Otto, Walter F., *Die Götter Griechenlands.* Das Bild des Göttlichen im Spiegel des griechischen Geistes, Frankfurt/M. 1970
Perez, Aldo, (Hg.), *Helois.* I solstizi, simbolo e attualita, Rom, 1981
Pigott, Stuart, *The Druids,* London 1968
Puhvel, Jaan, (Hg.), *Myth and Law Among the Indo-Europeans,* Berkeley 1970
Rahn Otto, *Kreuzzug gegen den Gral.* Die Geschichte der Albigenser, 4. Aufl., Struckum 1984; ders., *Luzifers Hofgesind.* Eine Reise zu den guten Geistern Europas, 2. Aufl., Struckum 1985
Reuter, Otto Sigfrid, *Das Rätsel der Edda und der arische Urglaube,* Reprint, 1922-23, Bremen 1984; ders., *Germanische Himmelskunde.* Untersuchungen zur Geschichte des Geistes , Reprint 1935, Bremen 1984; ders., *Gestalten und Gedanken im Nibelungenlied,* Reprint 1945, Bremen 1984
Reynitzsch, Wilhelm, *Von den Deutschen, ihrem Gottesdient, Druiden, Barden und Sakalden,* Reprint 1802, Asgard-Arbeitsgemeinschaft für Religions- und Weltanschauungsfragen, München 1981

Richer, Jean, *Géographie sacrée du monde grec.* Croyances astrales des anciens grecs, Paris 1983

Scheid, John, *Religion et piété à Rome*, Paris 1985

Schlund, Erhard, *Neugermanisches Heidentum im heutigen Deutschland*, Reprint 1924. Asgard-Arbeitsgemeinschaft für Religions- und Weltanschauungsfragen, München 1981

Seznec, Jean, *La survivance des dieux antiques,* Paris 1983

Simek, Rudolf, *Lexikon der germanischen Mythologie,* Stuttgart 1984

Smedt, Marc de, (Hg.), *L'Europe païenne.* Mit e. Beitrag v. A. de Benoist, ‚Le domaine grec et romain', Paris 1980

Vernant, Jean-Pierre, *Mythe et pensée chez les Grecs.* Etudes de psychologie historique, Paris 1987

Vitter, Arnaud, *Die Stedinger.* Freiheitskampf und Untergang eines Bauernvolkes. Eine Mahnung, Oldenburg, 1987

Vollmer, Dieter, *Sonnenspiegel,* Rotenburg 1983

Vries, Jan de, *Keltische Religion,* Stuttgart 1963; ders., *Altgermanische Religionsgeschichte,* 2 Bde., Berlin 1970

Wind, Edgar, *Pagan Mysteries in the Renaissance,* Oxford 1981

Judäo-Christentum

Aubert, Jean-Marie, *La femme: Antiféminisme et christianisme*, Paris 1975

Bieberbach, Ludwig, *Galilei und die Inquisition,* Reprint 1938, Bremen

Bippen, W. von; Schäfer, Dietrich; Algermissen, Konrad, (Hg.), *Das Blutbad von Verden.* Quellen zum Mord an 4500 Sachsen im Jahre 782, Reprint 1937, Bremen 1984

Bonsirven, Joseph, *La Bible apocryphe, Evangiles apocryphes,* Einl. v. Daniel-Rops, Paris 1975, aus d. Engl. v. F. Amiot

Bouché-Leclerq, Auguste, *L'intolérance religieuse et la politique*, Paris 1911

Bromme, Erich R., *Untergang des Christentums*, 5 Bde., Berlin 1979

Celsus, Auluso, *Discorso di verita,* Padua 1981

Delumeau, Jean, *Le péché et la peur.* La culpabilisation en Occident, 13è-18è siècles, Paris 1983

Deschner, Karl-Heinz, *Das Kreuz mit der Kirche.* Eine Sexualgeschichte des Christentums, Düsseldorf-Wien 1974

Dieguez, Manuel de, *Jésus,* Paris 1986

Doods, E. R., *Païens et chrétiens dans un âge d'angoisse.* Aspects de l'expérience religieuse de Marc-Aurèle à Constantin, Claix

Giuliano Augusto, *Discorsi contro i galilei,* Padua 1981

Grabert, Herbert, *Der protestantische Auftrag des deutschen Volkes.* Grundzüge der deutschen Glaubensgeschichte, Stuttgart 1936

Guignebert, Charles, *Le christianisme antique*; ders., *Le monde juif vers le temps de Jésus*, neue Ausg., Paris 1969; ders., *Jésus,* neue Ausg., Paris 1969; ders., *Le Christ*, neue Ausg., Paris 1969

Hammes, Manfred, *Hexenwahn und Hexenprozesse,* Frankfurt/M. 1977

Hiller, Helmut, *Die Geschäftsführer Gottes.* Eine kritische Geschichte der Päpste, München 1986

Kaltenbrunner, Gerd-K., *Antichristliche Konservative.* Religionskritik von rechts, München 1982

Kammeier, Wilhelm, *Die Fälschung der Geschichte des Urchristentums,* Wobbenbüll 1981

Lay, Rupert, *Die Ketzer.* Von Roger Bacon bis Teilhard, München-Wien 1981

Lo Bello, Nino, *Vatikan im Zwielicht,* Düsseldorf-Wien 1983

Mordrel, Olivier, *Le terrorisme religieux.* La grande substitution ou l'inversion des valeurs, Merdrignac 1981

Namer, Emile, (Hg.), *L'affaire Galilée,* Paris 1975

Neckel, Gustav, (Hg.), *Das Schwert der Kirche und der germanische Widerstand.* Untersuchungen zur Germanenmission, Reprint 1934, Bremen

Paris, Edmond, *Histoire secrète des Jésuites,* Paris 1970

Porfirio, *Discorsi contro i cristiani,* Padua 1981

Renan, Ernst, *Das Leben Jesu,* neu bearb. mit e. Nachw. v. Hans Wiener, Leipzig 1929, aus d. Franz. v. Hans Helling (*Vie de Jésus*); ders., *Paulus: Sein Leben und sein Wirken,* Berlin 1935, aus d. Franz. v. Erich Franzen (*Saint-Paul*); ders., *œuvres complètes,* 10 Bde., hg. v. Henriette Psichari, Paris 1947-1961; ders., *Judaïsme et christianisme,* hg. u. eingel. v. Jean Gaumier

Rill, Bernd, *Die Inquisition und ihre Ketzer,* Puchheim 1982

Rougier, Louis, *Histoire d'une faillite: La Scolastique,* Paris 1966; ders., *La genèse des dogmes chrétiens,* Paris 1972; ders., *Celse contre les chrétiens.* La réaction païenne sous l'empire romain, Paris 1977; ders., *Le conflit du christianisme primitif et de la civilisation antique,* Einf. v. A. de Benoist, Paris 1977

Sartory, Thomas, *Fragen an die Kirche,* München 1965

Scholz, Wilhelm, *Die Umwertung des germanischen Brauchtums durch die Missionierung.* Eine Feststellung, Bernsberg-Immekeppel 1974

Schwaiger, Georg, (Hg.), *Teufelsglaube und Hexenprozesse,* München 1987

Secrétan, Henri F., *La propagande chrétienne et les persécutions,* Paris 1915

Spirito, Ugo, *Cattolicesimo e communismo: Metafisica delle masse, TV e compromesso storico,* Rom 1975

Steigleder, Klaus, *Das Opus Dei.* Eine Innenansicht, Zürich-Einsiedeln 1986

Weill-Raynal, *La chronologie des Evangiles,* Paris 1968

Andere Religionen

Aron, Robert, *Le Judaïsme,* Paris 1977

Bousquet, Georges-H., *Les grandes pratiques rituelles de l'Islam,* 2. Aufl., Paris 1966; ders., *L'éthique sexuelle de l'Islam,* 2. Aufl., Paris 1966

Konwitz, Milton R., *Judaism and the American Idea,* New York 1986

Roux, Jean-Paul, *La religion des Turcs et des Mongols,* Paris 1984

Varenne, Jean, *Zoroastre,* Paris 1975; ders., *Sept Upanishads,* Paris 1981

Politische Philosophie. Politologie, Ideologien

Benoist, Alain de, *Demokratie. Das Problem,* Tübingen 1986, aus d. Franz. v. Patrick de Trevillert (*Démocratie: le problème*, Paris 1985); ders., ‚Plädoyer für eine organische Demokratie', in *Elemente zur Metapolitik*, 1. Ausgabe, Kassel 1986; ders., ‚Ideologie: es kommt zum Endkampf', in *Elemente zur Metapolitik*, 1. Ausgabe, Kassel 1987

Benoist, Alain de; Faye, Guillaume,*Las Ideas de la Nueva Derecha.* Introduccion y seleccion a cargo de Carlos Pinedo, Barcelona 1986

Benoist, Alain; Marlaud, Jacques; Tommissen, Piet, ‚Metapolitik: was ist das?' in *Junges Forum,* Hamburg 1984

Cortes, Donoso, *Essai sur le catholicisme, le libéralisme et le socialisme considérés dans leurs principes fondamentaux*, Grez-en-Bouère 1986

Debray, Régis, *Critique de la raison politique ou l'inconscient religieux,* 2. Aufl., Paris 1987

Delaporte, André, *L'ideé d'égalité en France au 18ème siècle*, Paris 1987

Fondi, Roberto, *La Révolution organiciste,* Paris 1986

Forsthoff, Ernst, *Deutsche Verfassungsgeschichte der Neuzeit,* Stuttgart 1961; ders., *Der totale Staat,* Hamburg 1933-34

Freund, Julien, *Qu'est-ce que la politique?* Paris 1965; ders. *L'essence du politique*, Paris 1965; ders., *Max Weber, philosophe,* Paris 1969; ders., *Les théories des sciences humaines,* Paris 1973; ders., *Pareto: la théorie de l'équilibre,* Paris 1974; ders., *Georges Sorel. Eine geistige Biographie,* München 1977; ders., ‚Bekenntnis eines Reaktionärs' in *Was ist reaktionär?*, hg. v. Gerd-Klaus Kaltenbrunner, Freiburg-Basel-Wien 1976; ders., *La décadence.* Histoire sociologique et philosophique d'une catégorie de l'expérience humaine, Paris 1984

Flohr, Heiner; Tönnesmann, Wolfgang, *Politik und Biologie.* Beiträge zur life-sciences-Orientierung der Sozialwissenschaften, Berlin-Hamburg 1983

Goyard-Fabre, Simone, *Nietzsche et la question politique*, Paris 1977

Hadjidinas, Jason, (Hg.), *Conscience des libertés et liberté de conscience.* 1er Colloque d'Athènes, Athen 1982; ders., *Le conflit,* 2ème Colloque d'Athènes, Athen 1983; ders., *La normalité,* 3ème Colloque d'Athènes, Athen 1984

Füsslein, Rudolf Werner, *Mensch und Staat.* Grundzüge einer anthropologischen Staatslehre, München 1973

Hormann, Wolfram, *Biologie und Politik,* Tübingen 1985

Krebs, Pierre, (Hg.), *Das unvergängliche Erbe.* Alternativen zum Prinzip der Gleichheit. Mit einem Vorwort v. Hans Jürgen Eysenck. Bd. 1, Tübingen 1981

Locchi, Giorgio, *L'essenza del fascismo*, Edizioni del Tridente 1981

Malgieri, Gennaro, (Hg.), *Proviamola nuova.* Atti del seminaro ipotesi e strategiadi una Nuova Destra, Rom 1982

Maschke, Günter, ‚Carl Schmitt in Europa', in *Der Staat.* Zeitschrift für Staatslehre, öffentliches Recht und Verfassungsgeschichte, Berlin 1986; ders., *Der Tod des Carl Schmitt.* Apologie und Polemik, Wien 1987

Polin Raymond; Polin, Claude, *Le libéralisme, espoir ou péril,* Paris 1984

Romualdi, Adriano, *Correnti politiche ed ideologiche della destra tedesca dal 1918 al 1932,* Rom 1981; ders., *La droite et la crise du nationalisme,* Paris 1982

Rougier, Louis, *La mystique démocratique.* Ses origines, ses illusions. Vorw., v. A. de Benoist; neue Ausg., Paris 1983

Rouvier, Catherine, *Les idées politiques de Gustave Le Bon,* Paris 1986

Schmitt, Carl, *Politische Romantik,* 4. Aufl., Berlin 1982; ders., *Politische Theologie.* Vier Kapitel zur Lehre von der Souveränität, 4. Aufl., Berlin 1985; ders., *Die geistesgeschichtliche Lage des heutigen Parlamentarismus,* 6. Aufl., Berlin 1985; ders., *Verfassungslehre,* 6. Aufl., Berlin 1983; ders., *Der Begriff des Politischen,* 8. erw. Aufl., Berlin 1980; ders., *Der Hüter der Verfassung,* 2. Aufl., Berlin 1969; ders., *Legalität und Legitimität,* 3. Aufl., Berlin 1980; ders., *Der Leviathan in der Staatslehre des Thomas Hobbes.* Sinn und Fehlschlag eines politischen Symbols, 2. erw. Aufl. m. e. Anhang u. e. Nachwort v. Günter Maschke, Köln-Lövenich 1982; ders., *Land und Meer,* 3. Aufl., Köln-Löwenich 1981; ders., *Donoso Cortès in gesamteuropäischer Interpretation.* Vier Aufsätze, Köln 1949; ders., *Der Nomos der Erde im Völkerrecht des Jus Publikum Europaeum,* 2. Aufl., Berlin 1974; ders., *Theorie des Partisanen.* Zwischenbemerkung zum Begriff des Politischen, 2. Aufl., Berlin 1975; siehe auch ‚Carl Schmitt 1888-1985', in *Nouvelle-Ecole,* Paris 1987

Schwinge, Erich, *Der Staatsmann.* Anspruch und Wirklichkeit in der Politik, München 1983

Sorel, Georges, *La décomposition du marxisme et autres essais,* Paris 1983

Sternhell, Zaev, *La droite révolutionnaire.* Les origines françaises du facisme, 1885-1914, Paris 1985

Tarchi, Marco, *Partito unico e dinamica autoritaria,* Neapel 1981; ders., *Al dilà della destra e della sinistra,* Rom 1982; ders., (Hg.), *Le forme del Politico.* Idee della Nuova Destra, Florenz 1984; ders., (Hg.), *Materiali sulla ‚Rivoluzione conservatrice'.* 1. La modernita, Florenz 1985; ders. i. Zusam. m. Nanni, Peppe; Campi, Alessandro, *Nuova destra e destra radicale.* Dalla evoluzione alla specificita, Florenz 1985; ders., ‚Nuova Destra: Il punto sul Dibattito', in *Diorama Letterario,* Florenz 1986

Taubes, Jacob (Hg.), *Religionstheorie und Politische Theologie.* Bd. 1: *Der Fürst dieser Welt. Carl Schmitt und die Folgen,* Paderborn 1983; ders., Bd. 2: *Gnosis und Politik,* Paderborn 1984

Tommissen, Piet, *Anti-Totalitair Denken in Frankrijk,* Brüssel 1984; ders., mit Freund, Julien, ‚Miroir de Carl Schmitt'. Sondernummer der *Revue européenne des sciences sociales,* Genf 1978

Vial, Pierre, ‚Die weltbewegende Kraft der Ideen', in *Elemente zur Metapolitik,* 1. Ausgabe, Kassel 1987; ders., (Hg.), *Etudes et Recherches pour la civilisation européenne,* 5 Bde., Paris 1987

Theorien, Theoretiker

Benoist, Alain de, *Die entscheidenden Jahre.* Zur Erkennung des Hauptfeindes, Tübingen 1982, aus. d. Franz. v. Patrick de Trevillert (*Orientations pour des années décisives,* Paris 1982); ders., *Aus rechter Sicht.* Anthologie zeitgenössischer Ideen. Bd. 1, Tübingen 1983; Bd. 2, Tübingen 1984, aus d. Franz. v. P. de Trevillert (*Vu de droite.* Anthologie critique des idées contemporaines, Paris 1977); ders., *Kulturrevolution von rechts.* Gramsci und die Nouvelle Droite, Krefeld 1985, aus d. Franz. v. C. Adelung (teilw. aus *Les Idées à l'endroit,* Paris 1979); ders., *Europe, Tiers monde: même combat,* Paris 1986

Bergfleth, Gerd (u. a.), *Zur Kritik der palavernden Aufklärung,* München 1984

Beetham, David, *Max Weber and The Theory of Modern Politics,* London 1974

Bonnard, Abel, *Les Modérés.* Le drame du présent. Einf. v. O. Mathieu, Paris 1986

Cammet, John M., *Antonio Gramsci and The Origins of Italian Communism,* Standford 1967

Eichberg, Henning, *Ethnopluralismus.* Eine Kritik des naiven Ethnozentrismus und der Entwicklungshilfe, Hamburg 1973; ders., *Nationale Identität.* Entfremdung und nationale Frage in der Industriegesellschaft, München-Wien 1978

Evola, Julius, *Revolte gegen die moderne Welt,* Interlaken 1982; ders., *L'arc et la massue,* La Maisnie 1983

Falk, Walter, *Vom Strukturalismus zum Potentialismus.* Ein Versuch zur Geschichts- und Literaturtheorie, 2. Aufl., Freiburg/B. 1984

Faye, Guillaume, *Sexe et idéologie,* Paris 1983; ders., *L'Occident comme déclin,* Paris 1984; ders., *Rede an die Europäer,* Horn 1988, aus d. Franz. v. P. de Trevillert (*Nouveau discours à la nation européenne,* Paris 1985); ders., *Metapolitik im ideologischen Kampf,* Horn 1988, aus d. Franz. v. P. de Trevillert

Fino, Guiseppe, *Mishima e la restaurazione della cultura integrale,* Padua 1981

Krebs, Pierre, *Die europäische Wiedergeburt.* Aufruf zur Selbstbestimmung, Tübingen 1982, aus d. Franz. v. P. de Trevillert; ders., *Strategie der kulturellen Revolution*, Horn 1988, aus d. Franz. v. Patrick de Trevillert

Krotky, Peter (Hg.), *Die dritte Macht,* Wien 1987

Marcuse, Herbert; Popper, Karl R., *Revolution oder Reform.* Eine Konfrontation, hg. v. Franz Stark, 3. Aufl., München 1972

Mohr, J., *Max Weber und die deutsche Politik,* Tübingen 1974

Nye, Robert, *The Origins of Crowd Psychology:* Gustave Le Bon and the Crisis of Mass Democracy in the Third Republic, London 1976

Piotte, Jean-Marc, *La pensée politique de Gramsci,* Paris 1970

Polin, Raymond, *Politique et philosophie chez Thomas Hobbes,* 2. Aufl., Paris 1977

Powys, John Cowper, *Le sens de la culture,* Lausanne 1983

Prezzolini, Guiseppe, *America con gli stivali,* Florenz 1954; ders., *Machiavelli anticristo,* Rom 1954; ders., *Manifesto del conservatori,* Mailand 1972

Sella, Piero, *L'Occidente contro l'Europa,* Mailand 1984

Spengler, Oswald, *Jahre der Entscheidung.* Deutschland und die weltgeschichtliche Entwicklung, München 1933; ders., *Reden und Aufsätze,* München 1937

Vial, Pierre, (Hg.), *Eléments pour une renaissance culturelle,* Paris 1979

Ansichten, Ideen, Gesellschaftskritik

Abellio, Raymond, *La fosse de Babel,* Paris 1962; ders., *Assomption de l'Europe,* Paris 1954; ders., *Sol Invictus,* Paris 1981

Abellio, Raymond, *La fosse de Babel,* Paris 1962; ders., *Assomption de l'Europe,* Paris 1954; ders., *Sol Invictus,* Paris 1981

Benchenane, Mustapha, *Pour un dialogue euro-arabe,* Paris 1983

Benoist, Alain de, ‚Europa am Gängelband', in *Elemente zur Metapolitik,* 2. Ausgabe, Kassel 1987

Bonnard, Abel, *Berlin, Hitler et moi,* Vorw. v. O. Mathieu, Paris 1987

Degrelle, Léon, *Degrelle persiste et signe.* Interviews recueillies pour la télévision française par Jean-Michel Charlier, Paris 1985

Dun, Robert, *Le message du verseau,* Le Puy 1977; ders. , *Le grand suicide,* Le Puy 1985

Epting, Karl, *Gedanken eines Konservativen.* Aufsätze und Vorträge, Bodman 1977

Evola, Julius, *Ecrits sur la franc-maçonnerie,* Puiseaux 1987

Faucher, Jean-André, *Le dictionnaire maçonnique,* Paris 1981

Fernau, Joachim, *Halleluja.* Die Geschichte der USA, München 1977

Frey, Gerhard, (Hg.), *Prominente ohne Maske,* 2 Bde., München 1986

Fontenay, Charles, *Epistle to the Babylonians.* An Essay on the Natural Inequality of Man, Knoxville 1969

Goetz, Karl, *I like deutsch.* Geschichte vom Glanz und Elend unserer Sprache, Berg-Bodman 1981

Hamsun, Tore, *Knut Hamsun – Amerika,* München-Wien 1981

Herte, Robert de; Nigra, Hans, *Die USA: Europas mißratenes Kind,* München-Berlin 1979, aus d. Franz. v. R. Günter (*Il était une fois l'Amérique*)

Hoggan, David, *Das blinde Jahrhundert.* Erster Teil: *Amerika, das messianische Unheil,* Tübingen 1979

Hunke, Sigrid, *Am Anfang waren Mann und Frau.* Vorbilder und Wandlungen der Geschlechterbeziehungen, Reprint 1980, Hildesheim 1987

Infiesta, José Maria, *Contra la moral del esclavo,* Barcelona 1981

Julien, Frédéric, *Les Etats-Unis contre l'Europe.* L'impossible alliance, Paris 1987

Jünger, Ernst, *Der Arbeiter,* Stuttgart 1964; ders., *Eumeswill,* Stuttgart 1977

Lorenz, Konrad, *Die acht Todsünden der zivilisierten Menschheit,* München 1974

Mahé, André; Soulès, Georges (Raymond Abellio), *La fin du nihilisme,* Paris 1987

Mahncke, Heinz, *Liebe gegen sexuelle Revolution,* Koblenz 1987

Mann, Thomas, *Betrachtungen eines Unpolitischen,* Nachw. v. H. Helbling, Frankfurt/M. 1983

Mullins, Eustace; Bohlinger, Roland, *Die Bankierverschwörung,* 2. erw. Aufl., Struckum 1987

Mattheus, Bernd; Matthes, Axel, (Hg.), *Ich gestatte mir die Revolte,* München 1985

Mishima, Yukio, *Ancora intorno al pazzo morire,* Padua 1981

Monnerot, Jules, *Désintox.* Au secours de la France décérébrée, Paris 1987

Montherlant, Henry, *Tagebücher (1930-1944),* Köln-Berlin 1956, aus d. Franz. v. Karl A. Horst (*Carnets*); ders., *Geh. spiel mit diesem Staub.* Tagebücher 1958-1964, Köln-Berlin 1968, aus d. Franz. v. Karl A. Horst (*Va jouer avec cette poussière*); ders., *Le treizième César.* Essais, Paris 1970

Morishima, Michio, *Why has Japan ‚Succeeded'?* Western Technology and the Japan Ethos, Cambridge 1983

Orwell, Georg, *1984*, Stuttgart 1950

Poniatowski, Michel, *L'avenir n'est écrit nulle part,* Paris 1978

Rillaer, Jacques van, *Les illusions de la psychanalyse,* Brüssel 1981

Saint-Loup, *Les partisans,* Paris 1985; ders., *Götterdämmerung ou Rencontre avec la Bête,* Paris 1985

Schleip, Holger (Hg.), *Zurück zur Natur-Religion?*, Freiburg/B. 1986

Sowell, Thomas, *L'Amérique des ethnies,* Lausanne 1983

Syberberg, Hans Jürgen, *Die freudlose Gesellschaft.* Notizen aus dem letzten Jahr, München-Wien 1981

Walker, Michael, ‚Auf der Suche nach dem verlorenen Amerika', in *Elemente zur Metapolitik*, 1. Ausgabe, Kassel 1986

Geopolitik

Gray, Colin S., *The Geopolitics of the Nuclear Era*. Heartland, Rimlands and the technological revolution, New York 1977

Coutau-Bégarie, Hervé, *Géostratégie de l'Atlantique Sud*, Paris 1985

Debray, Régis, *Les empires contre l'Europe*, Paris 1985

Grabowsky, Adolf, *Raum, Staat und Geschichte*. Grundlegung der Politik, Köln-Berlin 1960

Jacobsen, Hans-Adolf, *Karl Haushofer, Leben und Werk*, 2 Bde., Boppard am Rhein 1979

Lachnit, Ingo, *Die rote Armee*. Die kriegstheoretischen Grundlagen und das operative Instrument, Deutsch-europäische Studien, Hamburg 1985

Lacoste, Yves, ‚Géopolitiques allemandes', in *Hérodote*, revue de géographie et géopolitique, Paris 1984

Lohausen, Heinrich Jordis von, *Mut zur Macht*, 2. erw. Aufl., Berg am See 1981; ders., *Strategie des Überlebens*, Wien 1981

Maull, Otto, *Das Wesen der Geopolitik*, Leipzig-Berlin 1936

Mechtersheimer, Alfred, *Zeitbombe NATO*. Auswirkungen der neuen Strategien, Köln 1984

Miksche, Ferdinand-Otto, *1970-1980. Capitulation sans guerre*, Paris 1966.

Mackinder, W. H., *Geography as an Aid to Statecraft*, Oxford 1982

Penz, Lothar, *Strategische Bedingungen alternativer Verteidigung*. Deutsch-europäische Studien, Hamburg 1984

Steuckers, Robert, *Dossier géopolitique*, Brüssel, 1980; ders., ‚Une doctrine de Monroe pour l'Europe', in *Vouloir*, Wezembeek-Oppem 1985

Nationale Identität, Minderheiten, Zeitkritik

Alexandre, Pierre; Freson, Pierre, *L'Europe des ethnies ou les régions d'un Empire*. Ethnische Karte. Groupe Orphée, Lüttich 1984

Bahn, Peter, *Region, Nation, Identität*. Deutsch-europäische Studien, Hamburg 1986

Bérard, Pierre, ‚Ces cultures qu'on assassine', in *La cause des peuples*, Paris 1982

Blaschke, Jochen, (Hg.), *Handbuch der westeuropäischen Regionalbewegungen*, Frankfurt/M. 1980

Braga, Michael, *Völker zur Freiheit!* Vom Kampf europäischer Volksgruppen um Selbstbestimmung, Kiel 1982

Brandt, Peter; Ammon, Herbert, *Die Linke und die nationale Frage*. Dokumente zur deutschen Einheit seit 1945, Reinbek 1981

Breton, Roland, Lob der Verschiedenheit. Die Ethnie: Volk und Volksgruppe in der Gesellschaft der Gegenwart, Wien 1983

Damböck, Michael, *Südwestafrika im Brennpunkt der Zeitgeschichte*. Zum besseren Verständnis, Ardagger 1987

Deckert, Günter, (Hg.), *Asyl. Gestern und heute,* Weinheim 1987
Diwald, Helmut, *Mut zur Geschichte,* Bergisch Gladbach 1983
Eichberg, Henning, *Abkoppelung.* Nachdenken über die neue deutsche Frage. Koblenz 1987
Faye, Guillaume, *Le système à tuer les peuples,* Paris 1981
Francé, Raoul, *Die Entdeckung der Heimat.* Mit e. Einf. v. G. Tentschert, Asendorf 1980
Gerdes, Dirk, *Regionalismus als soziale Bewegung.* Westeuropa, Frankreich, Korsika: Vom Vergleich zur Kontextanalyse. Mit e. Vorw. v. T. Luckmann, Frankfurt/M. 1985
Grosser, Hubert, (Hg.), *Das Volk ohne Staat.* Von der babylonischen Gefangenschaft der Deutschen, Neustadt a. d. Saale 1981
Hueber, Alfons, (Hg.), *8. Mai 1945. Ein Tag der Befreiung?* Tübingen 1987
Le Bars, Michelle, *Le mouvement paysan dans le Schleswig-Holstein, 1928-1932 ;* Bern 1987
Le Bon, Gustave, *Immigration, chance ou catastrophe.* Einf. v. G. Duverger, Paris 1987
Le Gallou, Jean-Yves, (Hg.), *La préférence nationale: réponse à l'immigration.* Paris 1985
Krebs, Pierre, ‚L'Allemagne, plate-forme du destin européen', in *Troisième Voie,* Nr. 198-199, Paris 1985; ders., ‚Unser inneres Reich', in *Elemente zur Metapolitik,* 1. Ausgabe, Kassel 1986
Lorkovic, Hrvoje, *Neurotische Nationen. Gibt es solche?* Deutsch-europäische Studien, Hamburg 1983
Langendorf, Jean-Jacques, ‚Über den Völkermord an sich', in *Der Pfahl,* München 1987
Meier-Dorn, Emil, *Zu v. Weizsäckers Ansprache vom 8. Mai 1985,* 5. Aufl., Großaitingen 1986
Maschke, Günter, ‚Sterbender Konservatismus und Wiedergeburt der Nation', in *Der Pfahl,* München 1987
Mölzer, Andreas, *Österreich und die deutsche Nation,* Graz 1985
Pesteil, Jean-Louis, ‚Deutschland, weiter so?', in *Elemente zur Metapolitik,* 2. Ausgabe, Kassel 1987
Raspail, Jean, *Le camp des saints,* Paris 1973, dt: *Das Heerlager der Heiligen,* Tübingen 1985; ders., *Qui se souvient des hommes?,* Paris 1986
Riedl, Franz, (Hg.), *Menschenrechte. Volksgruppen. Regionalismus.* Festgabe für Hon. Prof. R. A. Theodor Veiter, Wien 1982
Saint-Loup, *La nuit commence au Cap-Horn,* 2. Aufl., Paris 1986, dt: *Nacht über Feuerland,* aus d. Franz. v. Ilse Krämer, Zürich 1955
Schlee, Emil, (Hg.), *Deutsche Fragen – Deutsche Antworten,* Kiel 1985
Stephens, Meic, *Minderheiten in Westeuropa,* Husum 1979
Unruh, Friedrich Franz von, *Ermutigung. Ein Appell an die Deutschen.* Berg-Bodman 1981

Geschichtsphilosophie

Berdjajew, Nicolas, Der Sinn der Geschichte, Darmstadt 1925
Chassard, Pierre, *La philosophie de l'histoire dans la philosophie de Nietzsche,* Paris 1975
Coutau-Bégarie, Hervé, *Le phénomène ‚Nouvelle Histoire'.* Stratégie et idéologie des nouveaux historiens, Paris 1983

Gehlen, Arnold, *Urmensch und Spätkultur,* Bonn 1950
Kosiek, Rolf, *Historikerstreit und Geschichtsrevision,* Tübingen 1987
Locchi, Giorgio, ‚Die Zeit der Geschichte', in *Elemente zur Metapolitik,* 1. Ausgabe, Kassel 1986
Patocka, Jean, *Essais hérétiques sur la philosophie de l'Histoire,* Paris 1985

Vor- und Frühgeschichte, klassische Archäologie

Boardman, John, *Griechische Plastik.* Die archaische Zeit. in Handbuch. Mainz 1981
Fouquet, Julien, *La mort du monde antique,* Paris 1985
Hawkins, Gerald S., *Soleil sur Stonehenge.* Un observatoire astronomique de la préhistoire, Paris 1977
Grimal, Pierre, *Sénèque ou la conscience de l'Empire,* Paris 1978; ders., *Virgile ou la seconde naissance de Rome,* Paris 1985
Günther, Hans F. K., *Lebensgeschichte des hellenischen Volkes,* Pähl 1965; ders., *Lebensgeschichte des römischen Volkes,* Pähl 1966
Guilaine, Jean, (Hg.), *L'âge du cuivre européen.* Civilisations à vases campaniformes, Paris 1985
Johnson, Anne, *Römische Kastelle,* Mainz 1987
Junkelmann, Marcus, *Die Legionen des Augustus,* Mainz 1986
Koneckis, Ralf, *Sonne, Mond und Steine.* Die Steinreihen von Le Menec (Süd-Bretagne) als jüngstzeitliche Stätte der höheren Himmelskunde. 1. Bericht, Horn 1985; ders., ‚Himmelskunde in Alteuropa', in *Elemente zur Metapolitik,* 1. Ausgabe, Kassel 1986
Lauffer, Siegried, *Daten der griechischen und römischen Geschichte,* München 1987
Magdelain, André, *La loi à Rome.* Histoire d'un concept, Paris 1978
Meier, Christian, *Cäsar,* 2. Aufl., München 1986
Pastenaci, Kurt, *4000 Jahre Ostdeutschlands.* Die Vor- und Frühgeschichte Ostdeutschlands, Bremen (Faksimile, Leipzig 1938)
Polignac, François de, *La naissance de la Cité grecque,* Paris 1984
Pleticha, Heinrich; Schönberger Otto, *Die Griechen.* Ein Lexikon zur Geschichte des klassischen Griechenlands, Bergisch Gladbach 1984
Renfrew, Colin, *Problems in European Prehistory,* Edinburgh 1979; ders., *Les origines de l'Europe. La révolution du radiocarbone,* Paris 1979
Romilly, Jacqueline de, *La tragédie grecque,* Paris 1973
Shee Twohig, Elisabeth, *The Megalithic Art of Western Europe,* Oxford 1984
Spindler, Konrad, *Die frühen Kelten,* Stuttgart 1983

Geschichte der Indoeuropäer

Altheim, Franz, *Kimbern und Runen.* Untersuchungen zur Ursprungsfrage der Runen, Berlin-Dahlem 1942; ders., *Die Krise der alten Zeit im 3. Jh. n. d. Zw. und ihre Ursachen,* 2 Bde., Berlin Dahlem; ders., *Sein und Werden in der Geschichte,* Tübingen 1950; ders., *Römische Geschichte*, 4 Bde., Berlin 1951-1953 u. 1956-1958; ders., *Niedergang der alten Welt.* Eine Untersuchung der Ursachen, Frankfurt/M. 1952

Bauschatz, Paul, *The Well and the Tree.* World and Time in Early Germanic Culture, Amherst, Massachusett 1985

Benveniste, Emile, *L'origine de la formation des noms en indo-européen*, Diss. Paris 1935; ders., *Vocabulaire des institutions indo-européennes,* 2 Bde., Paris 1969

Bosch-Gimpera, Pedro, *Les Indo-Européens,* Paris 1961, aus d. Span. v. R. Lantier (*El Probleme indoeuropeo*)

Boyer, Régis (Hg.), *Les Vikings et leur civilisation.* Problèmes actuels, rapports scientifiques, Den Haag 1976

Brast, Werner, (Hg.), *Die Externsteine.* Eine bewiesene germanische Kultstätte und Sonnenwarte. Abdruck des Berichtes v. Prof. Dr. J. Andree, Leiter der 1934 an den Externsteinen durchgeführten Ausgrabungen. Mitteilungsblatt für Vor- und Frühgeschichte, Berlin 1985

Bromme, Erich R., *Grundlagen der Siedlungsforschung,* Berlin 1981

Burgstaller, Ernst, *Felsbilder in Österreich,* Spital 1985

Burkert, Walter, *Greek Religion.* Archaic and Classical, Oxford 1986

Charachidze, Georges, *La mémoire indo-européenne du Caucase,* Paris 1987

Christlein, Rainer, *Die Alamannen,* 2. Aufl., Stuttgart 1979

Cornelius, Friedrich, *Geschichte der Hethiter.* Mit besonderer Berücksichtigung der geographischen Verhältnisse und der Rechtsgeschichte, Darmstadt 1985

Dahn, Felix, *Die Germanen.* Volkstümliche Darstellungen aus Geschichte, Recht, Wirtschaft und Kultur, Faksimile, Bremen 1985

Devoto, Giacomo, *Origini indeuropee,* Florenz 1962

Dillon, Myles; Chadwick, Nora, *Les royaumes celtiques,* Paris 1974

Dumézil, Georges, *Aspects de la fonction guerrière chez les Indo-Européens,* Paris 1956; dt: *Aspekte der Kriegerfunktion bei den Indogermanen,* Darmstadt 1964, aus d. Franz. v. Inge Köck; ders., *Mythe et épopée I. L'idéologie des trois fonctions dans les épopées des peuples indo-européens,* 3. Aufl., Paris 1979; ders., *Mythe et épopée II. Types épiques indo-européens: un héros, un sorcier, un roi,* 2. Aufl., Paris 1977; ders., *Mythe et épopée III. Histoires romaines,* 2. Aufl., Paris 1978; ders., *Les Dieux souverains des Indo-Européens,* Paris 1977

Duwel, Klaus, *Runenkunde,* Stuttgart 1968

Engler, Aulo, *Europas Stunde Null.* Der Eintritt der Germanen in die Weltgeschichte, Berg 1983

Farell, Robert, (Hg.), *The Vikings.* Chichester, Susses 1985

Franke, Alfred, *Rom und die Germanen.* Das neue Bild der deutschen Frühgeschichte, Tübingen 1980

Guillerm, Alain, *Le défi celtique,* Paris 1986

Hamkens, Freerk Haye, *Der Externstein.* Zweites Buch. Befunde. Deutungen. Kritik, Horn 1988

Hatt, Jean-Jacques, *Celtes et Gallo-Romains,* Paris 1970

Haudry, Jean, *L'indo-européen,* Paris 1979; ders., *Les Indo-Européens,* Paris 1981, dt: *Die Indo-Europäer,* aus d. Franz. v. Claude Michel, Wien 1986; ders., ‚Die Welt der Indo-Europäer', in *Elemente zur Metapolitik,* 1. Ausgabe 1986, Kassel

Haverbeck, Werner G., *Wittekinds Sieg.* Ein 1200jähriges Vermächtnis, Rotenburg/W. 1986

Hepp, Armin E., *Licht von Mitternacht.* Auf den Spuren deutscher Vergangenheit, Tübingen 1979

Herm, Gerhard, *Die Kelten.* Das Volk, das aus dem Dunkel kam, Düsseldorf 1975
Hubert, Henri, *Les Celtes et l'expansion celtique jusqu'à l'époque de la Tène,* Paris 1950; ders., *Les Celtes depuis l'époque de la Tène et la civilisation celtique,* Paris 1950
Jankuhn, Herbert, *Die Ausgrabungen in Haithabu 1937-39,* Berlin-Dahlem 1943; ders., *Haithabu.* Ein Handelsplatz der Wikingerzeit, Neumünster 1986
Kilian, Lothar, *Zum Ursprung der Indogermanen.* Forschung aus Linguistik, Prähistorie und Anthropologie, Bonn 1983
Krutas, Venceslas, *Les Celtes en Occident,* Paris 1986
Kummer, Bernhard, *Die germanische Weltanschauung nach altnordischer Überlieferung,* Leipzig 1930; ders., *Gefolgschaft, Führertum und Freiheit.* Vom Grundgesetz der Demokratie in aller Zeit, Zeven 1956
Laing, Lloyd, *Celtic Britain,* St Albans 1985
Lechler, Jörg, *5000 Jahre Deutschland.* Eine Führung in 700 Bildern durch die deutsche Vorzeit und germanische Kultur, Struckum 1983
Lehner, Thomas, *Keltisches Bewußtsein.* Wissenschaft, Musik, Poesie, München 1985
Los, Franz, *Die Ura Linda Handschriften als Geschichtsquelle,* Bonn 1973
Loude, Jean-Yves, *Kalash, les derniers infidèles de l'Hindu Kush*, Paris 1981
Louth, Patrick, *La civilisation des Germains et des Vikings,* Genf 1982
Mahieu, Jacques de, *Les inscriptions runiques précolombiennes du Paraguay,* Buenos-Aires 1972; ders., *Des Sonnengottes große Reise.* Die Wikinger in Mexiko und Peru, 2. Aufl., Tübingen 1975; ders., *Des Sonnengottes Todeskampf.* Die Wikinger in Paraguay, Tübingen 1973; ders., *Des Sonnengottes heilige Steine.* Die Wikinger in Brasilien, Tübingen 1975; ders., *Wer entdeckte Amerika?* Geheimgeographie vor Kolumbus, Tübingen 1977; ders., *Der weiße König Ipir.* Die Wikinger in Amambay. Tübingen 1977; ders., *Die Templer in Amerika* oder das Silber der Kathedralen, Tübingen 1979
Menke, Karl Theodor, *Lage, Ursprung, Namen, Beschreibung, Altertum, Mythus und Geschichte der Externsteine.* 1. Aufl. der Neuausgabe. Neudruck d. Ausgabe Münster 1824, Horn 1981
Pastenaci, Kurt, *Die Kriegskunst der Germanen,* Struckum 1986
Pirling, Renate, *Römer und Franken am Niederrhein,* Mainz 1986
Polome, Edgar C., (Hg.), *The Indo-Europeans in the Fourth and Third Millenia,* Daleview 1984
Reinerth, Hans, (Hg.), *Vorgeschichte der deutschen Stämme,* 3 Bde., Struckum 1987
Rivière, Jean-Claude, (Hg.), *Georges Dumézil à la découverte des Indo-Européens,* Paris 1979
Ruprecht, Arndt, *Die ausgehende Wikingerzeit im Lichte der Runeninschriften*, Göttingen 1958
Sakellariou, Michel, *Peuples pré-helléniques d'origine indo-europénne,* Athen 1977; ders., *Les Proto-Grecs,* Athen 1980
Schwerin von Krosigk, Hildegard, *Gustav Kossina. Der Nachlaß.* Versuch einer Analyse, Neumünster 1985
Soroceanu, Tudor; Jaroslavschi, Eugen; Glodariu, Ioan; Florescu, Radu, *Die Daker.* Archäologie in Rumänien, Mainz 1985
Spanuth, Jürgen, *Atlantis.* Heimat, Reich und Schicksal der Germanen, Tübingen 1965, Neuausgabe Osnabrück 1981; ders., *Die Atlanter.* Volk aus dem Bernsteinland, Tübingen 1976; ders., *Die Philister, das unbekannte Volk.* Lehrmeister und Widersacher

der Israeliten, Osnabrück 1980; ders., ... *und doch Atlantis enträtselt,* Neuausgabe, Osnabrück 1980
Wikander, Stig, *Der arische Männerbund,* Lund 1938
Zeller, Otto, *Der Ursprung der Buchstabenschrift und das Runenalphabet,* Osnabrück 1977

Geschichte des Untergangs der Kulturen

Altheim, Franz, *Niedergang der alten Welt.* Eine Untersuchung der Ursachen, Frankfurt 1972
Gibbon, Edward, *History of the Decline and Fall of the Roman Empire,* Leipzig 1840
Ruhland, Gustav, *Aufstieg und Niedergang der Völker nach volksorganischer Geschichtsauffassung*, Reprint 1918, Bremen
Seeck, Otto, *Geschichte des Untergangs der antiken Welt,* Stuttgart 1921
Sorel, Georges, *La ruine du monde antique,* Paris 1902
Spengler, Oswald, *Der Untergang des Abendlandes.* Umrisse einer Morphologie der Weltgeschichte, 2 Bde., München 1918-1922
Steding, Christof, *Das Reich und die Krankheit der europäischen Kultur,* Hamburg 1943
Yockey, Francis Parker, *Chaos oder Imperium?* Das Abendland zwischen Untergang und Neubeginn, Tübingen 1976, a. d. Amerik. v. Gordon (*Imperium,* Sausalito 1948)

Allgemeine Geschichte

Ashe, Geoffrey, *König Artur.* Die Entdeckung von Avalon, Düsseldorf-Wien 1986
Chadwick, John, *Die Entzifferung der Mykenischen Schrift,* Göttingen 1959, aus d. Engl. v. H. Mühlstein (*The Decipherment of Linear B*)
Dahn, Felix, *Ein Kampf um Rom,* Hanau/M. 1964
Degrelle, Léon, *Le Siècle de Hitler.* Bd. 1: *Le traquenard de Sarajevo,* Paris 1986
Diwald, Helmut, *Mut zur Geschichte,* Bergisch Gladbach 1983
Eggers, Hans, *Der Volksname Deutsch,* Darmstadt 1970
Haegendoren, Maurits van, *Flandern den Flamen,* aus d. Fläm. v. I.-C. Salm, München-Berlin 1987.
Hänel, Wolfgang, *Hermann Rauschnings ‚Gespräche mit Hitler‘.* Eine Geschichtsfälschung. Ingolstadt 1985
Heger Henrik; Matillon, Janine, *Les croates et la civilisation du livre,* Paris 1986
Hibakusha, *Wir haben überlebt.* Augenzeugen aus Hiroshima und Nagasaki berichten, München-Zürich-Wien 1986
Hilgemann, Werner, *Atlas zur deutschen Zeitgeschichte,* München 1984
Hunke, Sigrid, *Das Reich ist tot: Es lebe Europa,* Hannover 1965; dies., *Allahs Sonne über dem Abendland.* Unser arabisches Erbe, 4. Aufl., Frankfurt/M. 1980
Josephus, Flavius, *Des Flavius Josephus jüdische Altertümer,* 2 Bde., Köln 1959 aus d. Lat. u. eingel. v. Hermann Endrös (*Antiquitates Judaicae*); ders., *Der Jüdische Krieg,* 2 Bde., München 1965, aus d. Lat. u. eingel. v. H. Endrös
Kleist, Peter, *Die europäische Tragödie,* Preußisch Oldendorf 1971
Kraft, Konrad, *Zur Entstehung des Namens ‚Germania‘,* Wiesbaden 1970

Mahieu, Jacques de, *Wer entdeckte Amerika?* Geheimgeographie vor Kolumbus, Tübingen 1977; ders., *Die Flucht der Trojaner,* Tübingen 1985
Mommsen, Theodor, *Römische Geschichte,* 4 Bde., Berlin 1931
Nilsson, Martin, *Imperial Rome,* London 1926
Piganiol, André, *L'empire chrétien,* Paris 1964
Potrzebowski, *Zadruga. Eine völkische Bewegung in Polen,* Bonn 1985
Rostovtzeff, Michel, *Gesellschaft und Wirtschaft im römischen Kaiserreich,* 2 Bde., Leipzig 1929
Rougier, Louis, *Le génie de l'Occident,* Paris 1969
Roux, Jean-Paul, *Histoire des Turcs.* 2000 ans du Pacifique à la Méditerranée, Paris 1985
Salibi, Kamal, *Die Bibel kam aus dem Lande Asir.* Eine neue These über die Ursprünge Israels, Hamburg 1985

Traditionen, Volkskunst

Benoist, Alain de; Vial, Pierre, *La Mort.* Traditions populaires – Histoire et actualité, Paris 1983
Braun, Otto Rudolf, *Kleine Geschichte unserer Feiertage und Jahresfeste,* Pähl, 1981
Gerner, Manfred, *Fachwerk.* Entwicklung, Gefüge, Instandsetzung, 3. Aufl., Stuttgart 1981
Kretzschmer, Albert, *Das große Buch der Volkstrachten,* Eltville 1982
Ohling, Herta, *Im engsten Ringe.* Weg in die Weihnachszeit, Wobbenbüll 1981
Weiss, Eugène, *Le livre d'or de la famille,* Turckheim 1981
Zglinici, Friedrich von, *Die Wiege.* Volkskundlich, kulturgeschichtlich, kunstwissenschaftlich, medizinhistorisch, Regensburg 1981

Anthropologie, Verhaltensforschung

Allegro, John M., *All Manner of Men,* Springfield 1983
Ardrey, Robert, *Adam kam aus Afrika.* Auf der Suche nach unseren Vorfahren, 2. Aufl., München 1971; aus d. Amerik. v. Ilse Wingler (*African Genesis*); ders., *Adam und sein Revier.* Der Mensch im Zwang des Territoriums, München 1972; aus d. Amerik. v. Ilse Wingler, (*The Territorial Imperative*); ders., *Der Gesellschaftsvertrag.* Das Naturgesetz von der Ungleichheit des Menschen, München 1974 aus d. Amerik. v. Ilse Wingler, (*The Social Contract*); ders., *The Hunting Peoples,* New York 1976
Barker, John R., *Race,* New York 1974; gekürzte deutsche Ausgabe: *Die Rassen der Menschheit,* Stuttgart 1976
Canella, Mario, *Principi di Psicologia Razziale,* Florenz 1941; ders. , *Linamenti di Anthropobiologia,* Florenz 1943
Claus, L. F.; Stapel, W.; Spann, O.; Evola, J. *Orizzonti del Razzismo europeo,* Padua 1981
Dobzhansky, Theodosius, *Die genetischen Grundlagen der Artbildung,* Jena 1939, aus d. Engl. v. Witta Lerche; ders., *Die Entwicklung zum Menschen.* Evolution, Abstammung und Vererbung. Ein Abriß, hg. und bearb. v. F. Schwanitz, Hamburg-Berlin

1958, aus d. Engl. v. Hanna Schwanitz (*Evolution, Genetics and Man*); ders., *Dynamik der menschlichen Evolution*. Gene und Umwelt, Frankfurt/M. 1965, aus d. Amerik. v. Gerhard Heberer (*Mankind Evolving*)

Eibl-Eibesfeldt, Irenäus, *Grundriß der vergleichenden Verhaltensforschung,* München 1967; ders., *Der vorprogrammierte Mensch,* Wien-München 1973; ders., *Krieg und Frieden,* München 1975; ders., *Menschenforschung auf neuen Wegen.* Die naturwissenschaftliche Betrachtung kultureller Verhaltensweisen, Wien-München-Zürich 1976; ders., *Die Biologie des menschlichen Verhaltens*, München 1984; ders. *Liebe und Haß.* Zur Naturgeschichte elementarer Verhaltensweisen, 10. Aufl.

Evola, Julius, *Eléments pour une éducation raciale,* Puiseaux 1985

Freeman, Derek, *Liebe ohne Aggression.* Margaret Meads Legende von der Friedfertigkeit der Naturvölker, München 1983

Gayre of Gayre, Reinhold, *Miscellaneous Racial Studies 1943-1972.* Bd. 1: 1943-1946, Bd. 2: 1957-1972, Edinburgh 1972

Gehlen, Arnold, *Anthropologische Forschung,* Hamburg 1961

Geipel, John, *L'anthropologie de l'Europe.* Une histoire ethnique et linguistique, Paris 1971, aus d. Engl. v. E. de Saint-Şimon (*The Europeans. An Ethnohistorical survey*)

Gozzoli, Sergio, *Le radici e il seme,* Mailand 1982

Günther, Hans F. K., *Die Nordische Rasse bei den Indogermanen Asiens.* Mit e. Beitrag v. Jürgen Spanuth, ‚Zur Frage bei der Urheimat und Rassenherkunft der Indogermanen', Pähl

Huxley, Julian, *Entfaltung des Lebens,* Frankfurt/M.-Hamburg 1956, aus d. Engl. v. Jutta u. Theodor A. Knust (*Evolution in Action*); ders., *Evolution: the Modern Synthesis,* 3. Aufl., London 1974

Kuttner, Robert E. (Hg.), *Race and Modern Science,* New York 1967

Lahovary, Nicolas, *Les Peuples européens,* Neuchâtel (Neuenburg) 1964

Lorenz, Konrad, *Das sogenannte Böse.* Zur Naturgeschichte der Aggression, 20. Aufl., Wien 1966; ders., *Über tierisches und menschliches Verhalten.* Aus dem Werdegang der Verhaltenslehre. Gesammelte Abhandlungen, 2 Bde., München 1966; ders., *Antriebe tierischen und menschlichen Verhaltens.* Gesammelte Abhandlungen i. Z. mit Paul Leyhausen, München 1968; ders., *Vergleichende Verhaltensforschung,* Wien-New York 1978; ders., *Das Wirkungsgefüge der Natur und das Schicksal des Menschen,* 4. Aufl., München 1987

Lorenz, Konrad; Wuketis, Franz M., (Hg.), *Die Evolution des Denkens,* München 1983

Lunsden, Charles J.; Wilson, Edward O., *Genes, Mind and Culture.* The Coevolutionary Process, Cambridge 1981

Lundmann, Bertil J., *The Races and Peoples of Europe,* New York 1977; ders., *Geographische Anthropologie,* Stuttgart 1967

Mayr, Ernst, *Artbegriff und Evolution*, Hamburg 1967

Riedl, Rupert, *Die Ordnung des Lebendigen, Systembedingungen der Evolution,* Hamburg-Berlin 1975

Rössner, Hans (Hg.), *Der ganze Mensch.* Aspekte einer pragmatischen Anthropologie, München 1986

Saller, Karl; Schwidetzky, Ilse, (Hg.), *Rassengeschichte der Menschheit,* dreisprachig (dt., franz., engl.), München-Wien 1974

Schade, Heinrich, *Völkerflut und Völkerschwund,* Neckargmünd 1974

Scheidt, Walter, *Die Rassen der jüngeren Steinzeit in Europa,* München 1924; ders.,

Lehrbuch der Anthropologie, München 1948; ders., *Naturkunde des Denkens nach Beobachtungen an Kindern,* München-Berlin-Wien 1970

Schwidetzky, Ilse, *Grundzüge der Völkerbiologie,* Stuttgart 1950; dies., (Hg.), *Rassengeschichte der Menschheit,* München-Wien 1968; dies., *Hauptprobleme der anthropologischen Bevölkerungsbiologie und Evolution des Menschen,* Freiburg/B. 1971; dies., *Rassensystematik,* Mannheim-Wien-Stuttgart 1971; dies., *Das Problem des Völkertodes.* Eine Studie zur historischen Bevölkerungsbiologie, Stuttgart 1954; dies., *Rassen und Rassenbildung beim Menschen.* Typen, Bevölkerung, geographische Variabilität, Stuttgart-Hohenheim 1979

Schwidetzky, Ilse; Chiarelli, B.; Necrasov, Olga, *Physical Anthropology of European Populations, Den Haag 1981*

Sossinka, Roland, Theologie, Frankfurt/M. 1981

Thums, Karl, *Gesundes Erbe, gesundes Volk.* Die Wissenschaft der Erbgesundheitspflege, Wien 1968

Biologie, Genetik, Psychologie

Bertalanffy, Ludwig von, *Theoretische Biologie,* 2 Bde., Berlin 1932-42; ders., *Das biologische Weltbild,* Bern 1949

Buican, Denis, *L'éternel retour de Lyssenko,* Paris 1978

Chomsky, Noam, *Réflexions sur le langage,* Paris 1981

Christen, Yves, *L'heure de la sociobiologie,* Paris 1979; ders., *Marx et Darwin. Le grand affrontement,* Paris 1981; ders., *Le dossier Darwin,* Paris 1982; ders., *Biologie de l'idéologie,* Paris 1985; ders., *L'homme bioculturel.* De la molécule à la civilisation, Monaco 1986; ders., *L'égalité des sexes. L'un n'est pas l'autre,* Monaco 1987

Corman, Louis, *Le diagnostic de l'intelligence par la morphopsychologie,* Paris 1980

Darlinton, Cyril D., *Die Wiederentdeckung der Ungleichheit,* Frankfurt/M. 1980, aus d. Engl. v. Monika Curths u. Gerhard Steinborn (*The little Universe of Man*)

Dawkins, *Das egoistische Gen,* Heidelberg 1978

Engel, W., ‚Genetik und Intelligenz', in: Auftrum/Wolf, *Humanbiologie,* Berlin 1973

Ellenberger, Henri-F., *Existence: A New Dimension of Psychiatry and Psychology,* New York 1958; ders., *A la découverte de l'inconscient.* Histoire de la psychiatrie dynamique, Villeurbanne 1974

Eysenck, Hans J., *The Structure and Measurement of Intelligence,* Berlin-New York 1981; ders., *A Model for Intelligence,* Berlin 1984; ders., *A Model for Personality,* Berlin 1984; ders., *Niedergang und Ende der Psychoanalyse,* München 1985

Eysenck, Hans J.; Kamin, Leon, *Intelligence: The Battle for the Mind,* London 1981

Fuhrmann, Walter; Vogel, Friedrich, *Genetische Familienberatung.* Ein Leitfaden für den Arzt, Berlin-Heidelberg 1968

George, Wesley C., *Biology of the Race Problem,* Birmingham 1962

Haldane, John B. S., *The Inequality of Man,* New York 1938

Hebert, Jean-Pierre, *Race et intelligence,* mit e. ausführlichen Bibliographie, Paris 1977

Herrnstein, Richard J., *IQ in the Meritocracy,* Boston-Toronto 1971; dt: *Chancengleichheit – eine Utopie?,* Stuttgart 1974

Heß Dieter, *Fahrplan der Gene.* Erbfaktoren steuern die Entwicklung, Stuttgart 1972; ders., *Genetik.* Grundlagen, Erkenntnisse, Entwicklung der modernen Vererbungsforschung, 3. überarb. Aufl., Freiburg/B.-Basel-Wien 1974

Ions, Edmund, *Against Behaviouralism.* A critic of Behavioural Science, Oxford 1977
Irsigler, F. J., ‚Die Bedeutung des reptilischen Althirns in der Stammesgeschichte und in der Asymmetrie der Großhirnhemisphären', in *Neue Anthropologie – Erbe und Verantwortung*, Jahrgang 12, Heft 1 u. 2, Hamburg 1984
Jencks, Christopher; Smith, Marhall u.a., *Chancengleichheit,* Vorwort v. Helmut Becker u. e. erl. Einf. v. Lothar Krapmann, Reinbek 1973, aus d. Amerik. v. Jürgen Abel (*Inequality.* A reassessment of the effect of family and schooling in America)
Jensen, Arthur R., *Social Class, Race and Psychological Development,* in Zusam. m. M. Deutsch u. I. Katz, New York 1968; ders., *Genetics and Education,* London 1972; ders., *Educational Differences,* London 1973; ders., *Educability and Group Differences,* London 1973; ders., *Bias in Mental Testing,* New York 1979
Jerison, Harry, *Evolution of the Brain and Intelligence,* New York 1973
Jung, Emma; Hillman, James, *Anima et Animus,* Paris 1981
Knuth, Elsbeth; Hagner-Freymark, Gertraud, *Unterschiedliche Geschlechtlichkeitsrollen bedingt oder naturgegeben?* Pähl
Lesquen, Henry de; Club de l'Horloge, *La politique du vivant,* Paris 1979
Loehlin, John C., *Heredity, Environment and Personality.* A Study of 850 sets of twins; ders., *Race Differences in Intelligence*, in Zusam. m. Linzey, Gardner u. Spuhler, J. N., San Francisco 1975
Lynn, Richard, *Dimensions of Personality.* Papers in Honour of H. J. Eysenck, Oxford 1984
Mennerich, Otto, *Zeitwende.* Durch eine neue Biologie, Metaphysik und Medizin. Überarb. und hg. v. Gerda Torkler, Buxheim 1979
Meyer, Peter, *Soziobiologie und Soziologie.* Eine Einführung in die biologischen Voraussetzungen sozialen Handelns, Neuwied 1983
Oakley, David A.; Plotkin, H. C., *Brain, Behaviour and Evolution,* London 1981
Osborne, R., ‚Travis, racial, Differences in Mental Growth and School Achievement', in *Race and Modern Science,* hg. v. Robert E. Kuttner
Piaget, Jean, *Biologie und Erkentnis.* Über die Beziehungen zwischen organischen Regulationen und kognitiven Prozessen, Frankfurt/M. 1983; ders., *Abriß der genetischen Epistemologie,* aus d. Franz. v. Fritz Kubli (*L'épistémologie génétique*), Olten 1974; ders., ‚The Development of Intelligence in the Child: Heredity Environment and Self-Organisation', in *Brain and Intelligence,* hg. v. F. Richardson
Porteus, Stanley D., *The Anatomy of a Controversy,* 3 Bde., Edingburgh 1963
Promp, Detlev, ‚ Der Mensch entdeckt seine Wurzeln', in *Elemente zur Metapolitik,* 1. Ausgabe, Kassel 1986
Riedl, Rupert, *Biologie der Erkenntnis,* 2. Aufl., Berlin-München 1980; ders., *Evolution und Erkenntnis,* München 1982
Rosenberg, Alexander, *Sociobiology and The Preemption of social Science*, Oxford 1981
Ruffié, Jacques, *Le sexe et la mort,* Paris 1986
Sänger-Bredt, Irene, *Die geopferte Intelligenz.* Warnungen einer Biologin, Düsseldorf-Wien 1981
Scheidt, Walter, *Menschenartkunde.* Grundriß einer ganzheitlichen Lebenslehre für Ärzte und Psychologen, Hannover 1953; ders., *Kulturbiologie.* Vorlesungen für Studierende aller Wissensgebiete, Jena 1930; ders., *Aufbau einer neurologischen Psychologie,* Jena 1938
Shuey, Andrey M., *The Testing of Negro Intelligence,* neue Aufl., Cape Canaveral 1979

Uexküll, Jakob von, *Der Sinn des Lebens.* Gedanken über die Aufgaben der Biologie, Stuttgart 1977

Verschuer, Otmar, Frhr. von, *Eugenik.* Kommende Generationen in der Sicht der Genetik, Witten 1966

Weiss, Volkmar, *Psychogenetik.* Humangenetik in Psychologie und Psychiatrie, Jena 1982

Wells, Brian P. W., *Personality and Heredity.* An Introduction to Psychogenetics, Harlow 1981

Wendt, Gerhard G.; Theile, Ursel, *Humangenetik und genetische Beratung,* München-Berlin-Wien 1974

Wilson, Edward O., *Sociobiology.* The New Synthesis, Chicago 1975; ders., *On Human Nature,* Chicago 1978, dt: *Biologie als Schicksal.* Die soziobiologischen Grundlagen menschlichen Verhaltens, aus d. Amerik. v. Fr. Griese, Frankfurt/M.-Berlin-Wien 1980

Zimmer, Dieter E., *Der Streitum die Intelligenz.* IQ ererbt oder erworben?, 2. Aufl., München, 1975; ders., *Unsere erste Natur.* Die biologischen Ursprünge menschlichen Verhaltens, München 1979; ders., *Der Mythos der Gleichheit,* München 1980

Zwang, Gérard, *Abrégé de sexologie,* Paris 1979; ders., *La statue de Freud,* Paris 1985

Zeitler, Rudolf; Hollaender, Hans; Wohlandt, Gerd, *Studien zum Werk A. Paul Webers,* Hamburg 1979

Soziologie, Demographie

Bejin, André; Freund, Julien, (Hg.), *Racismes, Antiracismes,* Paris 1986

Baudrillard, Jean, *Simulacres et simulation,* Paris 1981

Bousquet, Georges-H., *Précis de sociologie d'après Vilfredo Pareto,* Paris 1971

Bucolo, Placido, (Hg.), *The Other Pareto,* London 1985

Busino, Giovanni, *Introduction à une histoire de la sociologie de Pareto,* Genf 1967

Busno, Giovanni; Tomissen, Piet, ‚Critique des théories du social et épistémologie des sciences humaines', in Sondernummer der *Revue des sciences sociales,* Genf, 1981

Chaunu, Pierre; Suffert, Georges, *Die weiße Pest.* Ist der Selbstmord des Westens noch zu verhindern?, Pfullingen 1980

Cheverny, Julien, *Sexologie de l'Occident,* Paris 1976

Clausen, Lars; Pappi, Franz Urban, (Hg.), *Ankunft bei Tönnies.* Soziologische Beiträge zum 125. Geburtstag von Ferdinand Tönnies, Hamburg 1981

Cohen, Percy, *Jewish Radicals and Radical Jew,* New York 1981

Dumont, Gérard-François; Durand, Guy; Sauvy, Alfred, *L'enjeu démographique,* Paris 1987

Dumont, Louis, *Homo Hierarchicus.* Essai sur le système des castes, Paris 1979

Eisermann, Gottfried, *Vilfredo Pareto. Ein Klassiker der Soziologie,* Tübingen 1987

Faye, Guillaume, ‚Auf den Spuren von Thorstein Veblen', in *Elemente zur Metapolitik,* 1. Ausgabe, Kassel 1987

Forsthoff, Ernst, *Der Staat der Industriegesellschaft,* dargestellt am Beispiel der BRD, München 1971

Freund, Julien, *Sociologie de Max Weber, , Paris 1966; ders., Les théories des sciences humaines,* Paris 1973; ders., *Pareto. La théorie de l'équilibre,* Paris 1974; ders., *Utopie et violence,* Paris 1979; ders., *La fin de la Renaissance,* Paris 1980; ders., *Sociologie du conflit,* Paris 1983; ders., *Philosophie et sociologie,* Louvain-la-Neuve 1984; ders.,

‚Die Lehre von Carl Schmitt und die Folgen', in *Elemente zur Metapolik,* 1. Ausgabe, Kassel 1986; ders., ‚Der Pluralismus der Werte', in *Elemente zur Metapolitik,* 2. Ausgabe 1987

Gauchet, Marcel, *Le désenchantement du monde.* Une histoire politique de la religion, Paris 1985

Gasset, Ortega y, *La révolte des masses,* Paris 1961

Gehlen, Arnold, *Macht einmal anders gesehen,* Zürich 1954; ders., *Soziologie.* Ein Lehr- und Handbuch zur modernen Gesellschaftskunde, hg. i. Z. mit Helmut Schelsky, Düsseldorf 1955; ders., *Studien zur Anthropologie und Soziologie,* hg. v. Heinz Maus u. Friedrich Fürstenberg, Neuwied-Berlin 1963; ders., *Die Seele im technischen Zeitalter.* Sozialpsychologische Probleme in der industriellen Gesellschaft, Hamburg 1969; ders., ‚Ist die Soziologie eine Wissenschaft von Menschen?', in Friedmann Grenz, (Hg.), *Adornos Philosophie in Grundbegriffen,* Frankfurt/M. 1974

Groothof, Hans-Hermann, *Wilhelm Dilthey – Zur Erneuerung der Theorie der Bildung und des Bildungswesens,* Hannover 1981

Hall, Edward T., *The Hidden Dimension,* New York 1966; ders., *The Silent Language,* Montreal 1973; ders., *La danse de la vie.* Temps culturel, temps vécu, Paris 1984

Hell, Victor, *L'idée de culture,* Paris 1983

Hepp, Robert, ‚Als würde der deutsche Wald das deutsche Volk überleben', Interw. mit Thor v. Waldstein, in *Elemente zur Metapolitik,* 2. Ausgabe, Kassel 1987

Hunke, Sigrid, Die Zukunft unseres unvergänglichen Erbes in Mann und Frau', in *Elemente zur Metapolitik* 2. Ausgabe, Kassel 1987

Krebs, Pierre, ‚Spektrale Analyse des Geburtenrückganges', in *Elemente zur Metapolitik,* 2. Ausgabe, Kassel 1987

Machiavelli, N., *Portrait de la France, portrait de l'Allemagne,* Lausanne 1984

Maffesoli, Michel, *L'ombre de Dionysos.* Contribution à une sociologie de l'orgie, Paris 1982

Mahieu, Jacques de, *Tratado de sociologia general,* Buenos-Aires 1969

Mommsen, Wolfgang S., *Max Weber: Gesellschaft, Politik, Geschichte,* Frankfurt/M. 1974

Pareto, Vilfredo, *Trattado di sociologia generale,* Florenz 1923; eng.: *The Mind and Society. A Treatise on general Sociology,* aus d. Ital. v. Andrew Bongiorno u. Arthur Livingstone, New York 1963

Perroux, François, *Masse et classe,* Paris 1972

Raynaud, Philippe, *Max Weber et les dilemmes de la raison moderne,* Paris 1987

Rezler, André, *Mythes politiques modernes,* Paris 1983

Sachse, Hans, *Anthropologie der Technik.* Ein Beitrag zur Stellung des Menschen in der Welt, Braunschweig 1978

Schade, Heinrich, *Völkerflut und Völkerschwund,* Neckargmünd 1974

Schelsky, Helmut, *Soziologie der Sexualität,* 2., Aufl., Reinbek 1983; ders., *Systemüberwindung, Demokratisierung, Gewaltenteilung,* 2. Aufl., München 1973; ders., *Die Arbeit tun die anderen.* Klassenkampf und Priesterherrschaft der Intellektuellen, Opladen 1975; ders., *Rückblicke eines ‚Anti-Soziologen',* Opladen 1981; ders., *Politik und Publizität,* Stuttgart-Degerloch 1983

Sennet, Richard, *Verfall und Ende des öffentlichen Lebens.* Die Tyrannei der Intimität, 2. Aufl., Frankfurt/M. 1987

Sorokin, Pitrim A., *Contemporary Sociological Theories,* neue Aufl., New York 1956; ders., *Kulturkrise und Gesellschaftsphilosophie.* Moderne Theorien über das Werden und Vergehen von Kulturen und das Wesen ihrer Krisen, Stuttgart 1953, aus d. Engl. v. Othmar Anderle (*Social Philosophy of an Age of Crisis*)

Spann, Othmar, *Gesellschaftslehre,* Berlin-München 1953

Stassinopoulos, Arianna, *La femme femme,* Paris 1975, aus d. Engl. v. Elisabeth Chayet (*The Female Woman*)

Terrassier, Charles, *Les enfants surdoués ou la précocité embarrassante,* Paris 1981

Tocqueville, Alexis de, *Über die Demokratie in Amerika,* Hg. v. Jakob Peter Mayer, Vorw. v. Carl J. Burckhard, Frankfurt/M.-Hamburg 1956

Tönnies, Ferdinand. *Gemeinschaft und Gesellschaft.* Grundrisse der reinen Soziologie, 3. Aufl., Berlin 1920

Topitsch, Ernst, ‚Begriff und Funktion der Ideologie', in *Soziophilosophie zwischen Ideologie und Wissenschaft,* Neuwied-Berlin 1966

Wieczerkowski, Wilhelm; Wagner, Harald, (Hg.), *Das hochbegabte Kind,* Düsseldorf 1981

Wirtschaftswissenschaften, politische Ökonomie

Altheim, Franz, *Utopie und Wirtschaft,* Frankfurt/M. 1957

Andreff, Wladimir, *Les multinationales,* Paris 1987

Baccou, Philippe, (Hg.), *Le grand tabou.* L'économie et le mirage égalitaire, Paris 1981

Beißwanger, Eberhard, *Freie, sittlich gestaltete Wirtschaft.* Analyse und Überwindung der herrschenden lebensfeindlichen Wirtschaftsordnungen, Struckum 1983

Brocke, Bernhard von, (Hg.), *Sombarts ‚Moderner Kapitalismus'.* Materialien zur Kritik und Rezeption, München 1987

Dumont, Louis, *Homo aequalis.* I. Genèse et épanouissement de l'idéologie économique, Paris 1976

Faye, Guillaume, *Contre l'économisme.* Principes d'économie politique, Paris 1983

Fransoni, Francesco, *Processo al capitalismo. Werner Sombart,* Padua 1984

Fried, Ferdinand, *Das Ende des Kapitalismus,* Jena 1931; ders. *Die geistigen Grundlagen der weltwirtschaftlichen Strukturwandlung* (Antrittsvorlesung Prag), Berlin-Stuttgart 1941; ders., *Wandlungen der Weltwirtschaft,* Neuausg., München 1950; ders., *Der Umsturz der Gesellschaft,* Stuttgart 1950

Kolm, Serge-Christophe, Le libéralisme moderne. Analyse d'une raison économique, Paris 1984; ders., *Philosophie de l'économie,* Paris 1986

Ludwig, Klaus D., *Für eine neue Wirtschaftsordnung.* Grundlagen der zukünftigen Volkswirtschaft. Deutsch-europäische Studien, Hamburg 1981

Proudhon, Pierre-Joseph, *Système des contradictions économiques ou philosophie de la misère,* Paris 1946

Sombart, Werner, *Der moderne Kapitalismus.* Historisch-systematische Darstellung des gesamteuropäischen Wirtschaftslebens von seinen Anfängen bis zur Gegenwart, 3 Bde., Reprint Berlin 1969, München 1987

Naturwissenschaften, empirische Wissenschaften

Asimov, Isaac, *Die Erforschung der Erde und des Himmels.* Entwicklung des menschlichen Wissens, München 1987

Aurich, Ernst, *Die Einheit der Wirklichkeit.* Moderne Physik und Tiefenpsychologie, Fellbach 1980

Bohr, Niels, *Atomphysik und menschliche Erkenntnis.* Aufsätze und Vorträge aus den Jahren 1933-1935, 2. Aufl., Braunschweig 1964
Charon, Jean A., *Der Geist der Materie,* Wien 1979
Darlington, Cyril D., *The conflict of Science and Society,* London 1948
Espagnat, Bernard, *Un atome de sagesse,* Paris 1982
Heisenberg, Werner, *Die Einheit des naturwissenschaftlichen Weltbildes,* Leipzig 1942; ders., *Wandlungen in den Grundlagen der Naturwissenschaft,* Stuttgart 1973; ders., *Gesammelte Reden und Aufsätze,* München 1973; ders., *Physik und Philosophie,* Stuttgart 1959
Lupasco, Stéphane, *L'énergie et la matière psychique,* Paris 1974; ders., *L'homme et ses trois éthiques,* Monaco 1986; ders., *L'énergie et la matière vivante,* Monaco 1987
Romani, Lucien, *Théorie générale de l'univers psychique,* Paris 1975

Ästhetik, Kunst, Musik, Dichtung

Abendroth, Walter, *Selbstmord der Musik.* Zur Ideologie und Phraseologie des modernen Schaffens
Adamy, Bernhard, *Hans Pfitzner.* Literatur, Philosophie und Zeitgeschehen in seinem Weltbild und Werk, Tutzing 1980
Beaufils, Marcel, *Comment l'Allemagne est devenue musicienne,* Paris 1983
Benn, Gottfried, *Briefe an Tilly Wedelkind, 1930-1955,* Stutgart 1986
Bessette, Jean-Claude, *Le chant de Jason,* Parthenay 1986
Boehm, Gottfried, (Hg.), *Rilke und die bildende Kunst.* Insel-Almanach auf das Jahr 1986, Frankfurt/M. 1985
Borchmeyer, Dieter, *Das Theater Richard Wagners.* Idee, Dichtung, Wirkung, Stuttgart 1982
Breker, Arno, *Prophet des Schönen. Hartmann,* München 1982
Budde, Karl, (Hg.), *Ludwig Richters Volkskunst.* Sein Holzschnitt vom Keim bis zur Blüte, Wiesbaden 1978
Buscaroli, Piero, *Bach,* Mailand 1986
Cioran, Emile-Michel, *Des larmes et des saints,* Paris 1987
Clay, Jean, *Le romantisme,* Paris 1981
Courthon, Pierre, *La peinture hollandaise et flamande,* Paris 1986
Debray-Ritzen, Pierre, *Les cahiers de Tycho de Leyde, artiste-peintre,* Paris 1982
Degrelle, Léon, *Poèmes,* Paris 1985
Dombrowski, Ernst von, *Das kleine Skizzenbuch,* München 1981
Eichler, Richard W., *Könner – Künstler – Scharlatane,* 7. Aufl., München 1978; ders., *Der gesteuerte Kunstverfall,* 3. Aufl., München 1968; ders. *Viel Gunst für schlechte Kunst,* 2. Aufl., München 1969; ders., *Die Wiederkehr des Schönen*, m. e. Vorw. v. H. Diwald, Tübingen 1984
Gehlen, Arnold, *Zeit-Bilder.* Zur Soziologie und Ästhetik der modernen Malerei, 2. Aufl., Frankfurt/M.-Bonn 1965
Gomez Davila, Nicolas, *Einsamkeiten,* Nachw. v. Franz Niedermayer, Wien 1987
Good, George P., (Hg.), *Catullus. Sämtliche Gedichte.* Lateinisch und deutsch, neu übers. v. C. Fischer, Nachw. v. B. Kytzler, München 1987
Gould, Glenn, *Von Bach bis Boulez.* Schriften zur Musik I., München-Zürich 1987
Grainville, Patrick, *Louedin,* Paris 1980
Gregor-Dellin, Martin, *Richard Wagner.* Sein Leben, sein Werk, sein Jahrhundert, München 1980

Hamsum, Knut, *Mysterien,* Nachw. v. Henry Miller, Frankfurt/M. 1973; aus d. Norweg. v. J. Sandmeier, Nachw. a. d. Amerik. v. Ursula Michels-Wenz

Hartmann, Nicolai, *Ästhetik,* Berlin 1953

Heidegger, Martin, *Der Ursprung des Kunstwerkes,* Einf. v. Hans-Georg Gadamer, Stuttgart 1965; ders., *Die Kunst und der Raum,* St. Gallen 1969

Hofmann, Werner, *Luther und die Folgen für die Kunst.* Katalog der Ausstellung in der Hamburger Kunsthalle, München 1983

Hoon, Frans de, ‚Vigeland, sculpteur païen', in *Nouvelle-Ecole,* Nr. 43, Paris 1985-1986

Huygue, René, *Les signes du temps et l'art moderne,* Paris 1985

Infiesta, José Maria, (Hg.), *Modernisme a Catalunya,* Barcelona 1981

Just, Johannes; Karpinski, Jürgen, *Sächsische Volkskunst.* Aus der Sammlung des Museums für Volkskunst Dresden, Rosenheim 1982

Kleist, Heinrich von, *Sämtliche Werke und Briefe in zwei Bänden,* hg. v. Helmut Sembdner, München 1987

Kolbenheyer, Erwin Guido, *Seht an – Die Kunst.* Vom Leben schöpferischer Menschen und vom Sinn ihrer Kunst, Heusenstamm 1982

Krebs, Pierre, *Du plus loin des mots,* Paris 1978

Krimmel, Bernd, (Hg.), *Alfons Mucha, 1860-1939,* München 1981

Kriwet, Ulrich O., (Hg.), *Poetisch ‚rebellieren'.* Bd. 1, *Lesungen im Autoren-Café zu Kassel, 1978-1981.* Gedichte und Prosa von Christine Brückner, Ingeborg Drewitz, Max von der Grün, Pierre Krebs, Johannes E. Seiffert, Karin Struck u. a., Kassel 1981

Kuckei, Max; Petersen, Wilhelm, *Nordische Volkslieder und Balladen,* 2. Aufl., Struckum 1984

Kutzli, Rudolf, *Langobardische Kunst.* Die Sprache der Flechtbänder, Stuttgart 1974

Kusch, Eugen, *Alte Kunst in Skandinavien,* Nürnberg 1964

Lipok, Erich, *Unverlierbare Heimat – Neue Ostlieder,* München 1974; ders., *Die Legende vom Adler – Deutsche Gedichte,* München 1981

Marmin, Michel; Infiesta Monterde, Manuel, *Arno Breker: le Michel-Ange du 20ème siècle,* Barcelona 1976

Mata, David, *Un mirador aragonais,* Paris 1987

Mathieu, Georges, *L'abstraction prophétique,* Paris 1984

Meiforth, Hubert, *Land und Meer,* Schwetzingen 1981

Melichar, Alois, *Überwindung des Modernismus.* Konkrete Antwort an e. abstrakten Kritiker, Wien-Frankfurt/M.-London 1954; ders., *Musik in der Zwangsjacke.* Die deutsche Musik zwischen Orff und Schönberg, 2. verb. u. verm. Aufl., Wien-Stuttgart 1959; ders., *Schönberg und die Folgen.* Eine notwendige kulturpolitische Auseinandersetzung

Muehlestein, Hans; Schmidt, Georg, *Ferdinand Hodler.* Sein Leben und Werk, Zürich 1986

Nandinda, *Die sechs Tore zur Weisheit.* Dialoge zwischen Vater und Sohn, Hamburg 1984

Osthoff, Wolfgang, (Hg.), *Symposium Hans Pfitzner, Berlin 1981.*Tagungsbericht, Tutzing 1985

Pfitzner, Hans, *Philosophie und Dichtung in meinem Leben.* Faksimile, Bremen 1982

Pinet, Hélène, *Rodin,* Stuttgart 1986

Pörtner, Rudolf, (Hg.), *Das Schatzhaus der deutschen Geschichte.* Das germanische Nationalmuseum. Unser Kulturerbe in Bildern und Beispielen, Düsseldorf-Wien 1982

Pound, Ezra, *Au cœur du travail poétique,* Paris 1980

Pozorny, Reinhard, *‚Kein schöner Land ...‘*, München 1987
Price, Billy F., (Hg.), *Adolf Hitler als Maler und Zeichner.* Ein Werkkatalog der Ölgemälde, Aquarelle, Zeichnungen und Architekturskizzen, Zug 1983
Probst, Volker G., (Hg.), *Arno Breker, der Prophet des Schönen.* Skulpturen aus den Jahren 1920-1982. Texte v. Ernst Fuchs, Katalog und Biographie v. Volker G. Probst; ders., *Das Pieta-Motiv bei Arno Breker,* Bonn 1985; ders., *Das Bildnis des Menschen im Werk Arno Breker,* Berlin-Bonn 1981
Ritter-Schaumburg, Heinz, *Sehnen und Streben.* Die Gedichte meiner Wanderzeit. Horn 1984
Ruhmer, Eberhard, *Der Leibl-Kreis und die reine Malerei,* Rosenheim 1984
Scholz, Robert, *Architektur und bildende Kunst, 1933-1945,* Preußisch Oldenburg 1977
Skouenborg, Ulrik, *Von Wagner zu Pfitzner.* Stoff und Form der Musik, Tutzing 1983
Socias, Jaume, *Salvador Dali,* Barcelona 1986
Strygowski, Josef, *Aufgang des Nordens.* Lebenskampf eines Kunstforschers um ein deutsches Weltbild, Faksimile, Bremen 1983
Syberberg, Hans-Jürgen, *Parsifal.* Ein Filmessay, München 1982
Tallarico, Luigi, *Umberto Boccioni (1882-1916) e l'ideologia politica del futurismos,* Rom 1984; ders., *Avanguardia e tradizione, da Baccioni a Burri,* Rom 1981
Trémois, Pierre-Yves, *Bestiaire solaire,* Paris 1975; ders., *Le bestiaire fabuleux,* Paris 1978; ders. *Le singe et l'homme,* Paris 197
Uhland, Ludwig, *Werke.* 4 Bde., hg. v. H. Fröschle u. W. Scheffer, München 1985
Vetter, Harald; Windisch Konrad u. a., *Lichtungen.* Zeitschrift für Literatur, Kunst und Zeitkritik, Graz 1987
Weber, A. Paul, *Werkverzeichnis der Griffelkunst.* Holzschnitte und Lithographien von 1939 bis 1981, Hamburg 1984
Windthorst, Rolf E., *Erhellungen,* Alberta 1982
Wallmann, Jürgen P., (Hg.), *Das Gottfried-Benn-Brevier,* Stuttgart 1986
Wuthenow, Ralph-Rainer, (Hg.), *Stefan George in seiner Zeit.* Dokumente zur Wirkungsgeschichte, Stuttgart 1980
Zeitler, Rudolf; Hollaender, Hans; Wohlandt, Gerd, *Studien zum Werk A. Paul Webers,* Hamburg 1979

Biographien

Abellio, Raymond, *Entretiens avec Marie-Thérèse de Brosses,* Paris 1987
Abendroth, Walter, *Hans Pfitzner,* München 1935
Arndt, Ernst, *Drieu la Rochelle.* Deutsch-europäische Studien, Hamburg 1976
Bardèche, Maurice, *Louis-Ferdinand Céline,* Paris 1987
1984
Bonnet, Jacques, (Hg.), *Georges Dumézil,* Aix-en-Provence 1983
Brassie, Anne, *Robert Brasillach ou encore un instant de bonheur,* Paris 1987
Brelaz, Michel, *Henri De Man.* Une autre idée du socialisme, CH-Grand-Lancy 1985
Chateaubriand, Alphonse de, *Procès posthume d'un visionnaire,* Paris 1987
Christen, Yves, (Hg.), *Alexis Carel.* L'ouverture de l'Homme, Paris 1986
Debray-Ritzen, Pierre, *Arthur Koestler. Un croisé sans croix,* Paris 1987
Dombrowski, Ernst von, *Gedanken über mein Leben,* München 1985
Dumézil, Georges, *Entretiens avec Didier Eribon,* Paris 1987
Dupouy, Christine, *René Char,* Paris 1987

Evola, Julius, *Le chemin du Cinabre,* Mailand 1983
Fino, Guiseppe, *Mishima, écrivain et guerrier,* Paris 1983
Goebbels, Josef, *Die Tagebücher.* Sämtliche Fragmente. Teil 1, 4 Bde. (v. 27. 06. 1924-08. 07. 1941). Interimsregister, Hg. v. Elke Fröhlich im Auftrag des Instituts f. Zeitgeschichte u. i. Verb. m. dem Bundesarchiv, München-New York 1987
Guisso, Lorenzo, *Oswald Spengler,* Padua 1981
Goeldel, Denis, *Moeller van den Bruck (1876-1925), un nationaliste contre la révolution.* Contribution à l'étude de la ‚Révolution conservatrice' et du conservatisme allemand au 20ème siècle, Frankfurt/M. 1984
Hanrez, Marc, (Hg.), *Pierre Drieu la Rochelle.* Cahiers de l'Herne, Paris 1982
Hansen, Thorkild, *Hansen: Der Hamsun-Prozeß,* Hamburg 1979
Haubtmann, Pierre, *Pierre-Joseph Proudhon.* Sa vie et sa pensée, 1809-1849, Paris 1982
Hell, Cornelius, *Skepsis, Mystik und Dualismus.* Eine Einführung in das Werk E. M. Ciorans, Bonn 1985
Henderson, William, *Friedrich List.* Eine historische Biographie des Gründers des Deutschen Zollvereines und des ersten Visionärs eines vereinten Europa, Düsseldorf 1985
Höffkes, Karl; Sauermann, Uwe, *Albert Leo Schlageter,* Kiel 1983
Imatz, Arnaud, *José Antonio et la Phalange espagnole,* Paris 1981
Jardin, André, *Alexis de Tocqueville 1805-1858,* Paris 1984
Marchione, Margherita, (Hg.), *Prezzolini. Un secolo di attivita,* Mailand 1984
Mathieu, Olivier, ‚Abellio le Cathare', in *La Nouvelle Revue de Paris,* Monaco 1986
Massot, Vicente Gonzalo, *José Antonio, un estilo espagnol de pensamiento,* Buenos Aires 1984
Paetel, Karl O., *Reise ohne Uhrzeit.* Autobiographie. Unter d. Mitwirkung v. Wolfgang D. Elfe u. John M. Spalek, Worms 1982
Polesny, Herbert, *Friedrich Ludwig Jahn, Mensch und Werk.* Aus seinem Leben, seinen Schriften und Briefen. Eckart-Schriften, Wien 1981
Prezzolini, Guiseppe, *Machiavel.* Vie de Nicolas Machiavel le Florentin, Paris 1985
Tacou, Constantin, (Hg.), *Mircea Eliade.* Cahiers de l'Herne, Paris 1978
Steuckers, Robert, *Hendrik de Man.* Ein europäischer Nonkonformist auf der Suche nach dem dritten Weg, Hamburg 1986

Die Autoren

ALAIN DE BENOIST: 45, Schriftsteller, Publizist, Studium der Literatur, der Philosophie und der Geschichte. Chefredakteur der Zeitschrift *Nouvelle-Ecole*, Mitarbeiter des *Figaro-Magazine*, der *Spectacle du Monde* sowie weiterer in- und ausländischer Zeitschriften. Zahlreiche Publikationen, u. a. *Avec ou sans Dieu*, Paris 1970; *L'Empirisme logique et la Philosophie du Cercle de Vienne*, in *Nouvelle-Ecole*, Paris 1970; *Morale et Politique de Nietzsche*, Paris 1974; *Vu de Droite*, Paris 1977 (*Aus rechter Sicht. Eine kritische Anthologie zeitgenössischer Ideen*, 2 Bde., Tübingen, 1983 u. 1984); *Les Idées à l'endroit*, Paris 1979; *Comment peut-on être païen*, Paris 1980 (*Heidesein zu einem neuen Anfang. Die europäische Glaubensalternative*, Tübingen 1982); *Les années décisives*, Paris 1982 (*Die entscheidenden Jahre. Zur Erkennung des Hauptfeindes*, Tübingen 1982); *Kulturrevolution von rechts, Gramsci und die Nouvelle Droite*, Krefeld 1985; *Démocratie. Le Problème*, Paris 1985 (*Demokratie. Das Problem*, Tübingen 1986), *Europe, Tiers monde, même combat*, Paris 1986 (deutsche Ausgabe in Kürze); *L'éclipse du sacré*, Paris 1986. Prägt die Denkschule der *Neuen Kultur* in Frankreich.

GUILLAUME FAYE: 38, Schriftsteller, Publizist, Diplom des *Institut d'études* von Paris, Diplom der Geschichte und der Erdkunde, Doktor der politischen Wissenschaften, Lehrbeauftragter an der Medizinischen Fakultät Besançon (Abteilung ‚Psychologie der Sexualität'), Mitarbeiter u. a. der Zeitschriften *Eléments*, *Nouvelle-Ecole*, Chefredakteur der Zeitschrift *J'ai tout compris*. Zahlreiche Veröffentlichungen, u. a. *Le système à tuer les peuples*, Paris 1981; *Sexe et idéologie*, Paris 1983; *Contre l'économisme*, Paris 1983; *L'Occident comme déclin*, Paris 1984; *La Nouvelle Société de Consommation*, Paris 1984; *Nouveau discours à la nation européenne*, Paris 1985 (deutsche Ausgabe in Kürze). Mitautor der Anthologie *Das unvergängliche Erbe*, Tübingen 1981. Einer der bedeutendsten Theoretiker der *Neuen Kultur* in Frankreich.

JEAN HAUDRY: 53, Schüler der *Ecole Normale Supérieure* (rue d'Ulm, Paris, 1956-1960), Habilitation in Sprachwissenschaft (1959),

Lehrauftrag für Linguistik an der Universität Montpellier (1962-1963), für Latein an der Universität Paris (1963-1966), Professor für Sanskrit und vergleichende Grammatik der indoeuropäischen Sprachen an der Universität Lyon 3. Seit 1976 Lehrstuhlinhaber für vergleichende Grammatik der indoeuropäischen Sprachen an der *Ecole Pratique des Hautes Etudes* (Paris), 4. Abteilung, Geschichts- und Sprachwissenschaft, Leiter der Abteilung ‚Sciences de l'Antiquité' an der Universität Lyon (1971-1973), Leiter des *Institut d'Etudes Indo-Européennes* an der Universität Lyon seit seiner Gründung (1981). Veröffentlichungen: *L'emploi des cas en védique*, Lyon 1977; *L'indo-européen*, Paris 1979, 2. Auflage 1984; *Les Indo-Européens*, Paris 1981, 2. Auflage 1985 (dt. Ausgabe *Die Indoeuropäer*, 1986, Thule Bibliothek, Wien); *Préhistoire de la flexion nominale*, Lyon 1982. Zahlreiche Beiträge und Studien über Fragen der vergleichenden Grammatik und der indoeuropäischen Kultur, insbesondere über die kosmische Religion der Europäer.

SIGRID HUNKE: Kultur- und Religionsphilosophin, Studium der Philosophie bei Heidegger, Nicolai Hartmann und Spranger, der Religionswissenschaft und Vergleichenden Religionsgeschichte bei Hermann Mandel, der Völkerpsychologie und allgemeinen Psychologie bei Wittmann und Graf Dürckheim, akademischer Abschluß durch Promotion 1940. Nach der Heirat in den letzten Kriegsjahren in Tanger/Marokko Studium der Araber, später über 20 Reisen in arabische Länder, meist auf Einladung der Staatschefs, von arabischen Universitäten oder Kultusministern. Zahlreiche Veröffentlichungen u. a. *Am Anfang waren Mann und Frau*, 1955, erw. Neuaufl. Bonn 1981; *Allahs Sonne über dem Abendland*, Stuttgart 1960, das internationale Anerkennung erwarb; *Das Reich ist tot, es lebe Europa*, Hannover 1985; *Europas andere Religion*, Düsseldorf 1969; *Das Ende des Zwiespalts*, Bergisch-Gladbach 1971; *Das nach-kommunistische Manifest*, Stuttgart 1976; *Glauben und Wissen*, Düsseldorf 1979; *Europas eigene Religion*, Bergisch Gladbach 1981; *Der dialektische Unitarismus*, Mainz 1982; *Tod – was ist dein Sinn*, 1986. Zahlreiche Taschenbuchausgaben, Vorträge, Abhandlungen; verschiedene kleine Kompositionen und Liederzyklen. Ehrenmitgliedschaft im Obersten Rat für islamische Angelegenheiten.

ARTHUR KORSENZ: 53, in Düsseldorf geboren; verschiedene Wohnorte wegen der Kriegsereignisse; Abitur in Kassel; Studium der Volkswirtschaft in Marburg/Lahn; 1971 bis 1986 Bankdirektor, jetzt Unternehmensberater; Mitgliedschaft in verschiedenen nationalen Verbänden.

PIERRE KREBS: 39, Schriftsteller, Publizist, Diplom der Rechtswissenschaften in Montpellier, Studium der Romanistik, der Philosophie, der Geschichte und der Alt-Skandinavistik in Göttingen. Diplom der *Ecole Supérieure de Journalisme* und der *Ecole des Hautes Etudes Sociales* von Paris. Doktorarbeit über Paul Valéry und Richard Wagner, Leiter der Zeitschrift *Elemente zur Metapolitik* und Erster Vorsitzender des Thule-Seminars e.V., zahlreiche Vorträge auf dem Gebiet der Politologie, Literatur und Philosophie, u. a. *Stendahl oder die Phänomenologie des Ich; Flaubert, Geometer des Traums, Dichter des Unbeweglichen; Phänomenologie des Eros; Die elitäre Botschaft Saint-Exupérys; Die Dialektik der übermenschlichen Herausforderung Nietzsches.* Veröffentlichungen u. a.: *Du plus loin des mots*, Paris 1978; *Der Schriftsteller, die Dämonen und die Wörter: Geometrie des Mysteriums*, übers. u. bearb. von Claude Michel, Kassel, 1980; *Das unvergängliche Erbe*, Tübingen 1981 (Herausgeber und Beitragsautor); *Poetisch rebellieren* (in Zusammenarb.), Kassel 1981; *Die europäische Wiedergeburt*, Tübingen 1982; *Strategie der kulturellen Revolution*, Horn 1988. *Le parti pris d'exister* – Aphorismes et réflexions, Wien, ersch. 1988.

JORDIS HEINRICH VON LOHAUSEN: 80, Jurastudium in Graz, ab 1936 Stabsoffizier der österreichischen Armee; nach dem Anschluß tätig an der Kriegsakademie zu Berlin; während des Zweiten Weltkriegs in Polen, Frankreich, Nordafrika und Rußland; in Gefangenschaft bis 1948; Militärattaché in London und Paris. Nach seiner ersten Veröffentlichung, *Biographische Essays,* 1954, befaßt sich General von Lohausen ausschließlich mit Geopolitik: *Strategie der Entspannung* (1972 und 1979), *Ein Schritt zum Atlantik* (1973 und 1974), *Entscheidung im Süden* (1974), *Rußlands Kampf um Afrika* (1975), *Mut zur Macht* (1979 und 1981), *Strategie des Überlebens* (1981), *Zur Lage der Nation* (in Zusammenarb., 1981). Mitarbeiter zahlreicher Zeitschriften.

DETLEV PROMP: 38, Lehrer, Publizist, Studium der Biologie und der Pädagogik, Diplom-Pädagoge, 1979-1983 wissenschaftlicher Mitarbeiter an der Universität Osnabrück, Lehraufträge für Soziologie der Erziehung und Pädagogik, zahlreiche Aufsätze und Vorträge zu biologisch-anthropologischen Themen. Langjähriger Mitarbeiter der Zeitschrift *Neue Anthropologie.*

Personenverzeichnis